D1726935

Kohlhammer

Kohlhammer Edition Marketing

Herausgeber: **Prof. Dr. Richard Köhler**
Universität zu Köln

Prof. Dr. Heribert Meffert
Universität Münster

Hermann Diller

Preispolitik

3., überarbeitete Auflage

Verlag W. Kohlhammer

Die Deutsche Bibliothek – CIP-Einheitsaufnahme

Kohlhammer Edition Marketing/Hrsg. Richard Köhler ; Heribert
Meffert. - Stuttgart ; Berlin ; Köln : Kohlhammer

Diller, Hermann : Preispolitik - 3., überarb. Aufl. - 2000

Diller, Hermann :
Preispolitik/Hermann Diller. - 3., überarb. Aufl. -
Stuttgart ; Berlin ; Köln : Kohlhammer, 2000
  (Kohlhammer-Edition Marketing)
  ISBN 3-17-016670-0

3., überarbeitete Auflage 2000

Verlagsort: Stuttgart
Umschlag: Data Images GmbH
Gesamtherstellung:
W. Kohlhammer Druckerei GmbH + Co. Stuttgart
Printed in Germany

Vorwort der Herausgeber

Mit dem nun in der dritten Auflage vorliegenden Werk wird die „Kohlhammer Edition Marketing" fortgesetzt – eine Buchreihe, die in 24 Einzelbänden die wichtigsten Teilgebiete des Marketing behandelt. Jeder Band soll in kompakter Form (und in sich abgeschlossen) eine Übersicht zu den Problemstellungen seines Themenbereiches geben und wissenschaftliche sowie praktische Lösungsbeiträge aufzeigen.

Als Ganzes bietet die Edition eine Gesamtdarstellung der zentralen Führungsaufgaben des Marketing-Management. Ebenso wird auf die Bedeutung und Verantwortung des Marketing im sozialen Bezugsrahmen eingegangen.

Als Autoren dieser Reihe konnten namhafte Fachvertreter an den Hochschulen und, zu einigen ausgewählten Themen, Marketing-Praktiker in verantwortlicher Position gewonnen werden. Sie gewährleisten eine problemorientierte und anwendungsbezogene Veranschaulichung des Stoffes. Angesprochen sind mit dem Kohlhammer Edition Marketing zum einen die Studierenden an den Hochschulen. Ihnen werden die wesentlichen Stoffinhalte des Faches möglichst vollständig – aber pro Teilgebiet in übersichtlich komprimierter Weise dargeboten.

Zum anderen wendet sich die Reihe auch an Institutionen, die sich der Aus- bzw. Weiterbildung von Praktikern auf dem Spezialgebiet des Marketing widmen, und nicht zuletzt unmittelbar an Führungskräfte des Marketing. Der Aufbau und inhaltliche Gestaltung der Edition ermöglicht es ihnen, einen raschen Überblick über die Anwendbarkeit neuerer Ergebnisse aus der Forschung sowie über Praxisbeispiele aus anderen Branchen zu gewinnen.

Was das äußere Format und die inhaltliche Ausführlichkeit betrifft, so ist mit dem Kohlhammer Edition Marketing bewusst ein Mittelweg zwischen Taschenbuchausgaben und sehr ins einzelne gehenden Monographien bestritten worden. Bei aller vom Zweck her gebotenen Begrenzung des Umfanges erlaubt das gewählte Format ein übersichtliches und durch manche didaktische Hilfen ergänztes Darstellungsbild.

Über die Titel und Autoren der Gesamtreihe informiert ein Programmüberblick am Ende des Bandes. Hier sollen nur die fünf Schwerpunktgebiete genannt werden: *Grundlagen des Marketing* (Einführungsband, Strategisches Marketing, Marketing-Planung, Marketing-Organisation und Marketing-Kontrolle) – *Informationen für Marketing-Entscheidungen* (Marktforschung, Markt- und Absatzprognosen, Konsumentenverhalten, Marktsegmentierung, Marketing-Informationssysteme, Entscheidungsunterstützung für Marketing-Manager) – *Instrumente des Marketing-Mix* (Produktpolitik, Distributionsmanagement, Preispolitik, Kommunikationspolitik, Strategie und Technik der Werbung, Verkaufsmanagement) – *Institutionelle Bereiche des Marketing* (Handelsmarketing, Investitionsgüter-Marketing, Dienstleistungs-Marketing, Marketing für öffentliche Betriebe, Internationales Marketing-Management) - *Umwelt und Marketing* (Rechtliche Grundlagen des Marketing, Social Marketing).

Der vorliegende Band „Preispolitik" von *Diller* zeichnet sich durch einen umfassenden Untersuchungsansatz aus, der theoretische Grundlagen und anwendungsbezogene Überlegungen – z.B. zur Beschaffbarkeit entscheidungsrelevanter Informationen und zur Implementation preisstrategischer Konzepte – miteinander verknüpft. Auf diese Weise ist ein Lehrbuch entstanden, das auf der Tradition der „klassischen" betriebswirtschaftlichen Preistheorie aufbaut, darüber hinaus aber wesentliche Erweiterungen aus der Sicht des Marketing-Management beinhaltet.

Die dritte, völlig neu bearbeitete Auflage zeichnet sich besonders durch die konsequente Neuausrichtung der vorgestellten preispolitischen Strategien und Instrumente am Kundennutzen und Kundenverhalten aus. Damit wird sie in innovativer Art und Weise den Anforderungen einer an den modernen Prinzipien des Beziehungsmarketing ausgerichteten Preispolitik gerecht. Gleichzeitig entwickelt Diller dabei die verhaltenswissenschaftliche Preistheorie weiter, als deren prominentester Vorreiter er im deutschsprachigen Raum gelten darf. Entsprechend umfangreich und innovativ fällt das Kapitel 4 aus, in dem ein fundierter Überblick über den aktuellen Erkenntnisstand dieses Teils der Preistheorie geboten wird. Zuvor legt der Autor auf Basis einer aktuellen Problemanalyse der Preispolitik (Kapitel 1) die konzeptionellen, begrifflichen und modelltheoretischen Grundlagen für eine solche Politik (Kapitel 2 und 3). Im Kapitel 6 präsentiert Diller die klassischen Kalkulationstechniken, seien sie kosten-, nachfrage- oder modelltheoretisch orientiert. Überproportional breiten Raum widmet er auch der Informationsbeschaffung für Preisentscheidungen (Kapitel 5), der Preis- und Konditionendifferenzierung mit ihren vielfältigen Varianten (Kapitel 8), der Preisdurchsetzung einschließlich der Preisorganisation (Kapitel 12) und dem strategischen Preismanagement (Kapitel 11). Damit wird das Buch den neueren Entwicklungen im Preis-Management besonders gerecht. Abschnitte über die Preislinienpolitik (Kapitel 7), die Preisvariation (Kapitel 9) und – erstmals – auch die Internationale Preispolitik (Kapitel 10) sowie über die speziellen preispolitischen Probleme und Konzepte im Industriegüter-, Dienstleistungs- und Handelssektor (Kapitel 13) runden die Ausführungen zu einem Werk ab, das in Niveau und sprachlicher Diktion für Lehre, Wissenschaft und Praxis gleichermaßen hervorragend geeignet erscheint.

Köln und Münster, im April 2000

Richard Köhler

Heribert Meffert

Vorwort zur dritten, vollständig neu bearbeiteten und erweiterten Auflage

Die betriebswirtschaftliche Preistheorie hat zur Jahrhundertwende einen Entwicklungsstand erreicht, der von dem der letzten Auflage dieses Werkes im Jahre 1991 ein erhebliches Stück entfernt liegt. Dazu haben sowohl der rege Gebrauch bekannter und die Kreation neuer preispolitischer Instrumente durch die Wirtschaftspraxis als auch ein wiedererwachtes wissenschaftliches Interesse an den Fragen des Preis-Managements beigetragen (vgl. Kap. 1). Die Fülle der Neuentwicklungen machte es nicht leicht, den relevanten Stoff in komprimierter Form zu präsentieren. Er hätte trotz des letztendlich erreichten Umfangs von rund 500 Seiten durchaus auch doppelt so viel Platz beanspruchen können. Insofern waren zahlreiche Selektions- und Priorisierungsentscheidungen zu treffen. Kapitel 1.3 gibt einen entsprechenden Überblick.

Wichtige Hilfestellungen hierfür erbrachten zum einen meine zahlreichen Gespräche und Beratungskontakte mit Praxisvertretern, bei denen ich in den letzten Jahren in breitem Umfang ein neu aufkeimendes Bewusstsein für die Bedeutung preispolitischer Fragen feststellte. Viele herkömmlichen Praktiken werden derzeit überdacht und z.t. auch über Bord geworfen. Das Preis-Management befindet sich zur Jahrhundertwende zweifellos in einer Reformphase. Viele Anregungen und Verbesserungsvorschläge erhielt ich auch aus Diskussionen mit Studenten und Mitarbeitern an meiner Heimatfakultät in Nürnberg sowie mit Kollegen aus der wachsenden Schar deutscher und US-amerikanischer Preisforscher. Ihnen allen möchte ich an dieser Stelle dafür herzlich danken.

Mein besonderer Dank gilt freilich den unmittelbar an der Erstellung dieser Neuauflage beteiligten Mitarbeitern/Innen, die sich in vielfacher Weise für das Zustandekommen dieses Werkes Verdienste erworben haben. An erster Stelle ist hier Dipl.-Kffr. Iris Müller zu nennen, welche die redaktionelle Bearbeitung des Textes, den Entwurf und – zusammen mit Cand. rer. pol. Ralph Nohe – auch die Anfertigung der Abbildungen sowie die Zusammenstellung des Literatur- und Stichwortverzeichnisses übernommen hat. Daneben hat sie – ebenso wie Dipl.-Kfm. Björn Ivens und Dipl.-Kfm. Alexander Haas – Textentwürfe kritisch gesichtet und z.T. auch selbst geliefert. Weil Verlage heutzutage die technische Produktion auf die Autoren verlagern, haben neben Frau Müller auch Frau Doris Häusner und Monika Uhlendahl vom Sekretariat meines Lehrstuhls viele Stunden mühseliger Schreib- und Formatierungsarbeit auf sich genommen, um eine druckfähige Textvorlage zu erstellen. Ihr bewundernswerter Einsatz und ihre Geduld verdienen meinen besonderen Respekt. Bei zahlreichen Literaturrecherchen halfen schließlich Cand. rer. pol. Anna Voutchkova, Brigitta Czurda, Stephan Kirsch, Marcus Woch und Felix Stellmaszek. Letztendlich gilt ein ganz besonderer und liebevoller Dank meiner Frau Martina, deren Interessen – wieder einmal – für die fast einjährige Überarbeitungszeit all zu oft den Arbeitszwängen einer Lehrbucherstellung hinten angestellt wurden.

Für jederlei kritische Anmerkungen zum Inhalt und Stil dieses Buches wäre ich den Lesern dankbar (Diller@wiso.uni-erlangen.de). Das Forschungsfeld der Preispolitik, dem ich mich nunmehr schon 25 Jahre verschrieben habe, hat bei mir auch nach Fertigstellung dieses Buches seine Faszination erhalten. Insofern freue ich mich auf jede konstruktive Kritik, die zur Fortentwicklung dieses wichtigen Themengebietes beitragen könnte.

Nürnberg, im Februar 2000   *Hermann Diller*

Inhaltsverzeichnis

Abkürzungsverzeichnis

asw	Absatzwirtschaft
DBW	Die Betriebswirtschaft
GfK	Gesellschaft für Konsumforschung
HBR	Harvard Business Review
JCR	Journal of Consumer Research
JM	Journal of Marketing
JMR	Journal of Marketing Research
JoRet	Journal of Retailing
LEH	Lebensmitteleinzelhandel
MARKETING-ZFP	Marketing-Zeitschrift für Forschung und Praxis
MDS	Mehrdimensionale Skalierung
MPE	Mittleres Preisempfinden
OR	Operations Research
Vpn	Versuchsperson(en)
WiSt	Wirtschaftswissenschaftliches Studium
Wisu	Das Wirtschaftsstudium – Zeitschrift für Studium und Examen
ZfB	Zeitschrift für Betriebswirtschaft
ZfbF	Zeitschrift für Betriebswirtschaftliche Forschung

Kapitel 1:   Bedeutung und aktuelles Umfeld der Preispolitik

1.1 Der Stellenwert der Preispolitik im Marketing

In der Systematik der Marketinginstrumente steht die in diesem Buch behandelte Preispolitik grundsätzlich gleichberechtigt *neben* vielen anderen Instrumenten der Marktbearbeitung und bildet mit diesen zusammen den Marketing-Mix (vgl. Meffert 1998; Kaas 2000; Steffenhagen 1994). Trotzdem besitzt sie in der Unternehmenspraxis in gewisser Weise eine herausragende Stellung. Diese resultiert im wesentlichen aus fünf Umständen:

(1) Die Preispolitik ist eine der *schärfsten Marketingwaffen(gattungen)* im Marketing-Mix. Diese Schärfe ergibt sich aus den starken *Wirkungen* (*„Preisresponse"*), die sich mit ihr am Markt erzielen lassen. Sowohl die Kunden als auch die Wettbewerber reagieren auf Preisveränderungen oft drastisch. Marktanteilsverschiebungen im zweistelligen Bereich sind keine Seltenheit, zumal Preise leicht kommunizierbar sind und auf das Interesse vieler Abnehmer stoßen, die im preisgünstigen Einkauf die zentrale Aufgabe ihres ökonomischen Verhaltens sehen.

(2) Der Preis zählt zu den *stärksten Treibern des Gewinns* und anderer Unternehmens-Oberziele, wie Marktanteil oder Kundenbindung. Diese Einflussstärke entwickelt sich auf mehreren Einflusspfaden: Zum einen bestimmt der Preis unmittelbar die Umsatzerlöse einer Unternehmung, die als Produkt aus Preis und Absatzmenge definiert sind. Des weiteren beeinflußt er unmittelbar die absetzbare Menge, da Kunden i.d.R. weniger kaufen, wenn der Preis steigt. Dadurch werden wiederum indirekt die Kosten beeinflusst, deren Höhe wegen der unterschiedlichen Auslastung der vorhandenen Kapazitäten erheblich von den Absatzmengen abhängen. Umsatzerlöse und Kosten sind wiederum die beiden Komponenten des Gewinns. Hätte VW z.B. 1998 für jeden der ca. 347.000 verkauften Modelle des Golf/Bora/Vento nur € 50 mehr erzielt, käme allein dies einer Gewinnsteigerung um 17,35 Mio. € gleich! Hätte allerdings diese Preiserhöhung zu einem Absatzrückgang um 3% geführt, wären z.B. allein die auf den Modellzyklus (5 Jahre) verteilten Entwicklungskosten von (geschätzt) ca. 2,5 Mrd. € auf 10.410 Stück weniger zu verteilen gewesen und damit die anteiligen Entwicklungskosten pro Auto von 1.440 auf 1.485, also um 45 €, gestiegen. Entsprechende Erhöhungen hätten sich auch bei anderen Fixkosten ergeben. Man erkennt an diesem Beispiel die enorme Hebelkraft von Preisen auf das Unternehmensergebnis.

Bei einer heute typischen Kostenstruktur von Großunternehmen erhöht eine Steigerung des Preises um 1% den Nettogewinn um ca. 12% (vgl. Simon/Dolan 1997, S. 14)!

(3) Die Preispolitik steht in einer *starken Interdependenz* zu anderen Marketinginstrumenten. Über diese kann deshalb nicht ohne preispolitische Festlegungen entschieden werden. Insofern erlangt die Preispolitik eine gewisse Priorität im Marketing-Mix. Beispielsweise kann die technische Auslegung eines Produktes (Qualitätspolitik) nicht ohne Blick auf die Preisbereitschaft der potentiellen Kunden festgelegt werden, bei der Vertriebswegewahl ist auf das angezielte Preissegment des Produktes und bei der Verpackung auf die Preisauszeichnungsmöglichkeiten zu achten.

(4) Die Preispolitik steht in einem *äußerst dynamischen Umfeld*, so daß über sie häufiger und gründlicher als bei anderen Marketinginstrumenten nachgedacht und ggf. entsprechend nachjustiert werden muß. Wir behandeln diese Umfeldfaktoren ausführlich im Kap. 2.3. An dieser Stelle soll nur beispielhaft auf staatliche Deregulierungen, neue Konkurrenzstrategien, veränderte Machtverhältnisse im Distributionskanal, veränderte Preisansprüche der Kunden oder neue Vertriebskanäle wie das Internet mit u.U. völlig neuen preispolitischen Ausgangsbedingungen verwiesen werden.

(5) Die Preispolitik gehört zu den *schwierigsten* und *risikoreichesten* Marketinginstrumenten im Marketing-Mix. Zum einen liegt dies an den zahlreichen Instrumenten, die der Preispolitik zur Verfügung stehen (vgl. Kap. 2.2), zum anderen an den oft ungewissen bzw. schwer einschätzbaren Reaktionen der Kunden und insb. der Wettbewerber auf eigene Preisaktivitäten (vgl. Kap.12.2). Darüber hinaus agiert man in einem hoch komplexen Umfeld mit vielen, oft interdependenten und z.T. nur schwer durchschaubaren Wirkungseffekten. Preispolitik ist demnach einerseits chancenreich, andererseits aber auch risikoträchtig.

Angesichts dieser Sonderstellung der Preispolitik verwundert es nicht, dass auch empirische Untersuchungen immer wieder zeigen, dass der Preispolitik vom Management ein besonders hoher Stellenwert zugemessen wird. So rangierte die Preisstellung nach einer Befragung von 187 Führungskräften in USA und Europa hinsichtlich des Problemdrucks deutlich an erster Stelle, vor der Produktdifferenzierung, der Neuprodukteinführung und der Vertriebskostensenkung (vgl. Simon/Dolan 1997, S. 15).

Allerdings wandelt sich die preispolitische Situation ständig. Auf einige der in jüngster Zeit sichtbar werdenden Entwicklungstrends soll nachfolgend kurz hingewiesen werden, um deutlich zu machen, vor welchem Problemhintergrund die Ausführungen in diesem Buch stehen und auf welche Fragenkreise dabei einzugehen ist.

1.2 Der Entwicklungswandel der Preispolitik

Blickt man mit größerem Abstand - soz. aus der Vogelperspektive - auf die Entwicklungen innerhalb der Preispolitik, so kann man in der Nachkriegszeit zum einen einen beträchtlichen Bedeutungszuwachs und zum anderen etliche Neuorientierungen feststellen (vgl. Diller 1999).

(1) Wachsender Stellenwert der Preispolitik

In einem nahezu polypolistischen Nachkriegsmarkt mit ausgeprägtem Kostenwettbewerb und fehlender Kaufkraft war die Preisstellung zunächst erfolgsentscheidend. Dies änderte sich mit dem beginnenden Wandel zum Käufermarkt, wachsendem Wohlstand, raschem Technologiefortschritt und den damit sich ergebenden Möglichkeiten eines ausgeprägten Qualitäts- und Servicewettbewerbs, der auch Zusatznutzenmerkmale miteinschloss. Differenzierung und Profilierung wurden zu Erfolgsstrategien, ja zum Inbegriff des (Markenartikel-) Marketing. Und so war dann auch das "Preis-Mix" bei *Kotlers* oder *Nieschlag/Dichtl/ Hörschgen*s frühen Auflagen *ein* Submix unter mehreren und in der Gewichtung höchstens gleichrangig, wenn nicht nachrangig hinter Produkt- und Kommunikations-Mix eingeordnet. Dies änderte sich erneut in den 80er und 90er-Jahren, als deutliche Sättigungstendenzen auf vielen Märkten, technologische Patt-Situationen und Nachfrageschwächen wegen z.T. sinkender Einkommen sowie ausgeschöpfter Kunden- und Umsatzpotentiale einen "Wachstumsnotstand" erzeugten, dem man vielerorts nur mit preispolitischen Mitteln beizukommen glaubte. Den Kostenspielraum hierfür hatte oft die Rationalisierungswelle in Verbindung mit Einführung des Lean Management geschaffen. Zudem emanzipierten sich die Verbraucher und entwickelten sich zu immer clevereren Einkaufsprofis, die als "smart shopper" wie ein homo oeconomicus nach Nutzenmaximierung, d.h. besten Preis-Leistungsrelationen strebten. Nicht selten kam es zur Polarisierung von Märkten und einem Wandel der ehemals pyramidenförmigen Marktschichtung in eine glockenförmige (vgl. Bekker 1992, S. 558f.). Im Einzelhandel trat das Discounting einen beeindruckenden Siegeszug an und eroberte bis heute jeweils 30 - 50% der Märkte, was dann auch schnell zur Diffusion dieses Marketingkonzepts auf andere Branchen, wie den Flugverkehr, die Finanzdienstleistungen oder die Hotellerie, führte und dem Stellenwert der Preispolitik einen enormen Aufschwung bescherte. Eine "Renaissance" der Bedeutung des Preises im Marketing-Mix war unverkennbar.

(2) Vertikalisierung

Im Gegensatz zur ersten "Blüte" des Preises in den Vor- und Nachkriegsjahren war hierbei nicht nur der scharfe horizontale, sondern auch und vor allem der enorme *vertikale Wettbewerb* ein prägendes und deshalb stilbildendes Merkmal moderner Preispolitik. Der "Kampf" aller an

der Wertkette beteiligten Unternehmen um die Verteilung der beim Endkunden erzeugten Wertschöpfung wurde aus vielerlei Gründen immer
heftiger. Zunehmende Konzentration auf der Handelsstufe oder bei industriellen Abnehmern und damit einhergehende Machtverschiebungen,
Tendenzen zur Reduzierung der Lieferantenzahl ("single sourcing"),
Konditionenwettbewerb und Wettbewerb mit Handelsmarken, verbreitete
Untereinstandspreispraktiken sowie rigoroses *Supply-Chain-Management*
stellten insb. das Key Account Management vor große preispolitische
Herausforderungen. Neuerdings zeichnet sich hier – offenkundig getrie-
ben von hohen Win-Win-Potentialen im vertikalen Beziehungsmarketing
(vgl. hierzu Diller 1989) – mit dem *Category Management* ein Wandel in
Richtung einer stärker kooperativen Preispolitik und eines „*Efficient
Pricing*" i.S. der ECR-Philosophie an (vgl. Kap. 13.3).

(3) Steigende Kundenorientierung

Der steigende Wettbewerb zwingt die Unternehmen immer stärker zu
einem strategischen Marketing i.S. des sog. strategischen Dreiecks (Ohmae 1982), nach dem ein Unternehmen einen strategischen Wettbe-
werbsvorteil gegenüber den Konkurrenten erringen muß, der es ihm ermöglicht, ein in irgendeiner Weise attraktiveres Preis-Leistungsangebot
für die potentiellen Kunden bereitzustellen. Eine derartige Fokussierung
strategischen Denkens erzwingt eine gewisse Abkehr von der weit verbreiteten Produktorientierung und eine stärkere *Kundenorientierung*.
Dies gilt auch für die Preispolitik. Die Vorteile eines Produktes gegenüber den Konkurrenten sind nämlich nur dann relevant, wenn sie in vom
Kunden wahrnehmbare und substantielle Steigerungen des angebotenen
Nutzen („customer value") umsetzbar sind. Damit ist auch beim Preismanagement eine subjektive Perspektive einzunehmen (outside-in-
Denken) und auf den erzielbaren customer value zu achten („*Value-
Pricing*"; vgl. Nagle et al. 1998, S. 86ff.; Diller 1997).

(4) Stärkere Wettbewerbsorientierung

Kundenorientierung - dies ergibt sich schon aus dem Konzept des strategischen Dreiecks - kann ohne *Wettbewerbsorientierung* nicht durchgrei-
fend sein. Beide Perspektiven sind zu bündeln, soll Preispolitik erfolgreich sein (vgl. Kap. 11.3). Entscheidend ist demnach das am customer
value des/der wichtigsten Wettbewerber *relativierte* Preis-Leistungs-
Verhältnis. Da die Preishöhe damit nicht mehr die ausschließliche Bedeutung besitzt, ist Wettbewerbsorientierung auch nicht mehr gleichbedeutend mit Preisunter- oder -überbietung, sondern (auch) eine Frage der
Preisprofilierung. Gleichzeitig verliert die Kostenorientierung an Gewicht. Die Basis für einen strategischen Preisvorteil kann nunmehr nämlich nicht nur in einer relativ besseren Kostenposition, sondern auch in
einer besseren (preispolitischen) Beziehungsposition zum Kunden liegen.

Gestützt auf die Möglichkeiten der gegenseitigen Verrechnung von Preis- und Qualitätsvor- bzw. -nachteilen im Wege der Conjoint-Analyse (vgl. Kap. 5.5.) eröffnet sich ferner die Chance, Wettbewerbsorientierung auch analytisch gestützt auf das Preis-Qualitätsverhältnis zu fokussieren. Vor allem bei Neuprodukten ergibt sich ferner in Verbindung mit den Instrumenten des TQM auch die Möglichkeit zu einer frühzeitiger im Produktentwicklungsprozess stattfindenden und „rückwärtiger" im Unternehmen ansetzenden Wettbewerbsorientierung. Dadurch kann der Preis in umfassendere Wertschöpfungsüberlegungen bis hin zur Einbeziehung der Vorlieferanten integriert werden (vgl. Hauser/Clausing 1988; Beßlich/Lumber 1994). Ein Anwendungskonzept dafür stellt das sog. *Target Costing bzw. -Pricing* dar (vgl. Seidenschwarz 1993; vgl. Kap. 12.1).

(5) Internationalisierung

Die Globalisierung der Märkte macht naturgemäß auch vor der Preispolitik nicht halt, im Gegenteil, sie wird von ihr sogar vorangetrieben, weil kostengünstiger agierende Unternehmen in anderen Kontinenten via Internet selbst in lokale Märkte eingreifen können und vor allem die gewerblichen Kunden ihre Einkaufsentscheidungen zunehmend international ausrichten (*„global sourcing"*). Damit wird auch die Preispolitik zunehmend in das internationale Marketing eingebunden, wo sie einerseits zusätzliche Aufgaben, aber auch Chancen und Risiken vorfindet. Diese werden in Kapitel 10 dieses Buches gesondert behandelt.

(6) Professionalisierung

Eine unübersehbare und für die gesamte Preispolitik eminent bedeutsame Entwicklung ist in der steigenden *Professionalisierung* der Entscheidungsfindung zu sehen. Erfolgte früher die Preisfindung oft nur intuitiv, imitativ und/oder impulsiv, unterliegt sie heute zunehmend einem analytisch von bestimmten Präferenz- und Marktmodellen geleiteten Prozedere, das zudem durch empirische Daten aus der Marktforschung gestützt werden kann und damit auch Optimierungsversuchen zugänglich wird. Hervorzuheben sind hier insb. das *Conjoint Measurement* (vgl. Kap. 5.5.3), die *Preis-Responsemessung* (5.5.4), die *Preispsychologie* (Kap. 4) sowie eine *strategische* (Kap. 11) und *implementationsorientierte* (Kap. 12) Sichtweise des Preismanagements.

Zwar zeigen empirische Studien, wie jene der Beratungsfirma Mercuri (vgl. Huckemann 1997), dass die kostenorientierte Preispolitik insb. in Klein- und Mittelbetrieben nach wie vor dominiert, andererseits signalisiert die steigende Zahl *innovativer Preiskonzepte*, wie die Bahncard der DB, das Bonusprogramm der Dt. Lufthansa oder das neue Konditionensystem von Procter & Gamble (vgl. Schobert 1996), dass Bewegung in die Praxis der Preispolitik gekommen ist und das ehedem für viele "heiße Eisen" Preispolitik aktiver und kreativer angegangen wird. Die Innovationen kommen hierbei oft "schleichend"; z.B. in Verbindung mit Programmen zur stärkeren Kundenorientierung bzw. -bindung. Auch machten weder die Individualisierung noch die Elektronisierung des Marketing vor der Preispolitik halt und führten zu innovativen Preiskonzepten. Viele Anstöße hierfür stammen dabei aus dem *Dienstleistungssektor* (vgl. Schlissel/Chasin 1991; Simon 1994; Meyer/Streich 1998; vgl. Kap. 13.2).

(7) Elektronische Märkte

Der Einbezug des *Internets* in die Informations- und Vertriebskanäle der Unternehmen schreitet in vielen Branchen rasch voran. Daneben finden immer öfter elektronische off-line-Medien, wie elektronische Produktkataloge auf CD-ROM oder stationäre elektronische Terminals, im „Electronic Marketing" ihren Einsatz (vgl. Albers/Clement/Peters 1998; Picot 1999; Bliemel/Fasscott/Theobald 1999). Davon wird auch die Preispolitik tangiert. Zu erwarten ist erstens eine größere Preistransparenz. Sie kommt weniger durch direkte Suche potentieller Kunden zustande, als durch *Zwischenschaltung professioneller Intermediäre*, z.B. Preisagenturen (vgl. Westphal 1999), Suchmaschinen (z.B. www.compare.net oder www.jango.excite.com) oder ähnliche „Preisroboter" (vgl. Simon/Schumann/Butcher 1999). Insbesondere im gewerblichen Bereich entwickelt sich dadurch zweitens ein zunehmend ungebundeneres Einkaufsverhalten mit entsprechend *steigendem Preiswettbewerb*, dem man sich nur durch *individuellere Leistungsgestaltung* zu entziehen vermag (vgl. Diller 1997b). Nicht zuletzt dadurch wird drittens mit zunehmendem Online-Marketing auch der Individualisierungsgrad der Preispolitik, also das Ausmaß der Preisdifferenzierung und Preissegmentierung steigen, z.B. durch Internet-Auktionen (vgl. Skiera 1998) oder Pflege elektronischer, individualisierter Geschäftsbeziehungen auf Basis von Database-Management-Systemen (vgl. Link/Hildebrand 1995). Das riesige „Marktgetöse" im Internet erfordert viertens besondere Profiliertheit von den Anbietern, um überhaupt wahrgenommen und elektronisch besucht zu werden. Damit kommt dem Aufbau eines entsprechenden *Preisimages* größere Bedeutung zu. Schließlich muss fünftens der Preisinformationspolitik (via elektronischen Medien) mehr Beachtung geschenkt werden, weil die Nutzer dieser Medien besondere Ansprüche an die Übersichtlichkeit und den Nutzungskomfort stellen. Insgesamt wird die Preispolitik also auch im Zeichen des Online-Marketing mit neuen Chancen, aber auch Herausforderungen konfrontiert sein. Wir werden darauf im weiteren Verlauf des Buches von Fall zu Fall zurückkommen.

1.3   Zum Aufbau des Buches

Die betriebswirtschaftliche *Preistheorie* und die wissenschaftliche *Preisforschung* sind dem skizzierten Wandel der Preispolitik teils gefolgt (z.B. bei der Preisdifferenzierung), teils vorangeschritten (z.B. beim Einsatz der Conjoint-Analyse). Die theoretische und methodische Fundierung erfolgte dabei von vier Seiten, nämlich (in der historischen Reihenfolge) durch die *Kostenrechung* bzw. das Controlling, die *mikroökonomischen Preistheorie*, die *Verhaltenstheorie (Preispsychologie)* und schließlich das *Beziehungsmarketing*. Dadurch wurden viele jener Vorwürfe, welche in früheren Jahren an die Preistheorie gerichtet wurden, zumindest teilweise obsolet. Maßgeblich für den durchaus beachtlichen Reifungsprozess ist auch die zunehmend strategische Ausrichtung der Preispolitik, die mit einer Umorientierung des Zielsystems in Richtung Kunden-, Wettbewerbs- und Ertragsorientierung einhergeht. Die mehr oder minder innovativen preispolitischen Instrumente und Konzepte liefern das "Handwerkszeug" und den Spielraum zu deren Realisation. Das durch die Professionalisierung erreichbare Preiswissen erlaubt ein "Hochleistungs-Preismanagement" und Wettbewerbsvorsprünge von beträchtlicher Bedeutung (vgl. Simon/Dolan 1997).

Neben der inhaltlichen Neuorientierung und Anpassung an die generellen Marketingtrends beeindruckt der inzwischen erreichte bzw. erreichbare *Professionalisierungsgrad*. Die verschiedenen Entscheidungs- und Implementationsprobleme der Preispolitik können durch eine große Zahl teilweise hoch entwickelter Analysemethoden, Entscheidungsmodelle und -heuristiken sowie EDV-Tools unterstützt werden. Das Preismanagement ist damit auch zu einem eigenständigen Expertengebiet herangewachsen, in dem sich ein akademisch ausgebildeter Nachwuchs besonders gut bewähren kann. Dabei gilt es, die erwähnten vier wissenschaftlichen Grundlagen zu beherrschen, wozu das vorliegende Lehrbuch einen Beitrag leisten will. Seit den ersten beiden Auflagen im Jahre 1985 und 1992 ergaben sich zahlreiche Fortentwicklungen und Themenveränderungen, die in dieser Neuauflage bis zum Literaturstand von 1999 aufgearbeitet sind.

Wir wählen dazu wie schon in den Vorauflagen einen *entscheidungstheoretischen Denkansatz*. Er soll gewährleisten, dass die Darlegungen *managementorientiert* bleiben und auch dem Praktiker unmittelbare Entscheidungshilfen bieten, soweit dies beim gegenwärtigen Wissens- und Methodenstand möglich ist. Dazu wird im *Kap. 2* zunächst das *Entscheidungsfeld* der Preispolitik relativ ausführlich dargelegt. Dieser Abschnitt eignet sich auch als Grundlage für die Behandlung der Preispolitik im Grundstudium und als Einführung für fachfremde Leser. Bewusst wurde dabei eine in der Literatur unübliche *Ausweitung des Gegenstandsbereichs* der Preispolitik vorgenommen. Diskutiert wird nicht nur die Preisfindung für Produkte oder Dienstleistungen *gegebener* Qualität und

Menge, sondern auch das Problem der *optimalen Abstimmung des Leistungsangebotes mit dem dafür geforderten Entgelt*. In dieser Form stellen sich die preispolitischen Probleme auch in der Praxis (vgl. Arbeitskreis Hax der Schmalenbachgesellschaft, 1980), sodass die herkömmliche Isolierung der Entgeltproblematik den Anforderungen nach Problemnähe diametral widerspräche. Um der stärkeren Kundenorientierung gerecht zu werden, wurde auch eine *Preisdefinition aus Kundensicht* neu aufgenommen und in den gedanklichen Rahmen des Buches integriert. Dieser entspricht damit dem modernen, auf Kundenzufriedenheit und Kundenbindung ausgerichteten Charakter des sog. *Beziehungsmarketing* (vgl. Diller/Kusterer 1988; Diller 1995).

Bewusst ausführlich sind auch die im Kap. 2 enthaltenen Darlegungen zu den *Zielen der Preispolitik* gehalten, weil diese Ziele weder für die Praxis noch für die Theorie als gegeben bzw. als problemlos angesehen werden können. Darüber hinaus wird der *unternehmenspolitische Bezug* der Preispolitik für die Planung in Unternehmungen im Rahmen einer solchen Zieldiskussion besonders deutlich. Sie ist deshalb auch als Teil einer *Allgemeinen Betriebswirtschaftslehre* zu interpretieren.

Im *3. Kapitel* werden jene „*klassischen"* *Modelle der betriebswirtschaftlichen Preistheorie* referiert, die uns unter entscheidungstheoretischen Aspekten nützlich und operational erscheinen. Die mit den modernen Methoden der Marktforschung ermittelbaren Informationen über den Preisresponse lassen hier manche Ansätze wieder attraktiver erscheinen als noch vor wenigen Jahren. Simon (1992) hat dies in seiner Monographie an vielen Beispielen deutlich gemacht. Unbehandelt lassen wir allerdings eindeutig gleichgewichtsorientierte Modelle mikroökonomischer Provenienz, z.B. Isogewinnlinienmodelle, deren Informationsanforderungen die praktischen Möglichkeiten in aller Regel ebenso überschreiten wie die vielfältigen spieltheoretischen Ansätze. Dem betriebswirtschaftlichen Verwertungszusammenhang wird damit also Priorität vor dem mikroökonomischen Erklärungszusammenhang eingeräumt.

Dieses Prinzip gilt grundsätzlich auch für die Auswahl und Diskussion der *verhaltenstheoretischen Modelle* der Preistheorie im *4. Kapitel*. Auf die innovativen Beiträge von Gabor und Granger (1961, 1964, 1966), Monroe (1971b, 1973), Lange (1972) sowie Kaas (1977) und Diller (1979) folgten in den letzten Jahren eine Fülle von Anschlussarbeiten, sodass uns eine neue Zusammenstellung und Systematisierung dieses für die Praxis besonders wichtigen Themengebietes erforderlich erschien. Wir bringen dabei auch einige eigene, teilweise bereits publizierte, teilweise aber auch neue Modellvorschläge in die Darlegungen mit ein, etwa zu den Preiserlebnissen (Kap. 4.2), den prospect-theoretischen Modellen der Preiswahrnehmung und -beurteilung (4.4), dem Preislernen (4.5) oder der Preiszufriedenheit und Preisfairness (4.7).

Ein innovatives Element der Lehrbuchliteratur zur betrieblichen Preispolitik soll auch das *Kap. 5* darstellen, in dem gesondert auf die *Informati-*

onsprobleme von Preisentscheidungen und die dafür entwickelten *Erhebungs- und Auswertungsmethoden* eingegangen wird.

Die *Kap.* 6 bis 10 widmen sich nach den grundlegenden Ausführungen im ersten Teil des Buches *spezifischen Entscheidungsproblemen* der Preispolitik. Im *Kap.* 6 stehen zunächst die Möglichkeiten der *Preisfindung bei kurzfristiger Betrachtung* zur Diskussion. Wegen der grundsätzlichen Bedeutung der dort vorgestellten Typen von Entscheidunsmodellen ist dieser Abschnitt auch für das Verständnis der nachfolgenden Diskussion der *Preislinienentscheidungen (Kap. 7)* sowie Konzepten der *Preisdifferenzierung und Preisvariation (Kap. 8 und 9)* wichtig. Die Ausführungen zur Preisdifferenzierung wurden dabei entsprechend deren Bedeutung in der Praxis erheblich ausgeweitet und um Instrumente wie die Preisbündelung, nicht-lineare Tarife oder Bonusprogramme ergänzt. Das völlig neu aufgenommene *Kap. 10* behandelt die spezifischen Probleme und Instrumente der *internationalen Preispolitik.*

Völlig neu konzipiert wurden auch die Ausführungen zur *Preisstrategie.* Diese wird nicht mehr nur als langfristig ausgerichtete Preisstellung, sondern als ein konzeptionelles, auf ganzheitliche Effekte hin ausgerichtetes Entscheidungsproblem interpretiert. Deshalb wird sie nunmehr auch den Darlegungen über die einzelnen Preisinstrumente hintangestellt (Kap. 11). Den in der Literatur lange Zeit vernachlässigten Problemen der *Preisdurchsetzung* am Markt einschließlich der hierfür relevanten aufbau- und ablauforganisatorischen Fragen widmet sich das Kap. 12. Hierbei wird die notwendige Abstimmung der Preispolitik (*Preiscontrolling*), aber auch die „*Preiskultur*" eines Unternehmens behandelt. Auch einer Reihe *preistaktischer Überlegungen*, wie z.B. der Verhandlungstechnik bei Preisgesprächen oder der optisch vorteilhaften Darstellung von Preisforderungen, wird dort ein angemessener Raum gegeben.

Da in den Kapiteln 2 bis 10 überwiegend die Perspektive eines Konsumgüterherstellers gewählt wurde, behandelt *Kap. 13* abschließend wichtige *branchenspezifische Aspekte* der Preispolitik in der *Investitionsgüterindustrie, im Dienstleistungssektor* und im *Einzelhandel.* Auch hier wurden neue Entwicklungen und Instrumente, etwa das Financial Engineering (13.1.3), das Yield Management (13.2.2.4) oder saisonale *Preisabschriften* (13.3.3.3), in die Behandlung aufgenommen.

Kapitel 2: Die Preispolitik als betriebswirtschaftliches Entscheidungsproblem

In diesem Kapitel werden die *Abgrenzung,* der *Spielraum* und die *Problematik* der Preispolitik - losgelöst von ganz bestimmten Entscheidungsanlässen - mit Hilfe *entscheidungstheoretischer Modelle und Begriffe* dargelegt. Der Ablauf folgt dem allgemeinen Strukturmodell von Entscheidungen (vgl. z.B. Heinen 1982; Dichtl 1967; Hettich 1998). In diesem Modell werden mit den Handlungsalternativen, Zielen und Umfeldbedingungen drei wesentliche Strukturmerkmale einer Entscheidung unterschieden. Deren systematische Analyse und Verknüpfung ist Voraussetzung für eine rationale Problemlösung.

Entsprechend diesem Denkraster werden im Folgenden zunächst der *Preis* (2.1.1) und die Preispolitik (2.1.2) definitorisch eingegrenzt und dann die *Instrumente und Strategien* der Preispolitik vorgestellt (2.1.3). Es folgt eine Diskussion wichtiger *preispolitischer Ziele und Zielbeziehungen* (2.2). In einem dritten Abschnitt wenden wir uns dann den relevanten *Umfeldbedingungen* für die Preispolitik zu (2.3). Wir schließen das Kapitel mit einigen konzeptionellen Überlegungen zum *Ablauf* und zur *Organisation* von Preisentscheidungsprozessen (2.4) ab. Dabei werden auch die *Risiken* von Preisentscheidungen deutlich gemacht. Alle Ausführungen verstehen sich als einführender Überblick. Vertiefungen erfolgen in den nachfolgenden Kapiteln.

2.1 Gegenstand und Parameter der Preispolitik

2.1.1 Definition des Preises

(1) Kalkulatorische Definition

Der *Preis* wird traditionell als die monetäre Gegenleistung („Entgelt") eines Käufers für ein Wirtschaftsgut definiert („kalkulatorische Preisdefinition"). Preise werden von Anbietern gefordert („Angebotspreise"), von Nachfragern geboten („Nachfragepreise") bzw. am Markt akzeptiert („Marktpreise"). Überall dort also, wo Leistungen und Gegenleistungen getauscht werden (sollen), gibt es Preise. Für bestimmte Güter bzw. Preissysteme wurden *spezielle Preisbegriffe* entwickelt: Von „*Tarifen*" spricht man immer dann, wenn der Preis an bestimmte Anwendungsbedingungen geknüpft ist, die dann – wie z.B. bei Transportdienstleistungen - häufig differenziert werden. Für Rechte gelten z.B. „*Lizenzgebüh-ren*", „*Pachten*" oder „*Mieten*", für öffentliche Güter oder Leistungen von Non-Profit-Unternehmen „*Gebühren*", für Arbeit „*Löhne*" bzw. „*Arbeitsentgelte*". Im Mittelpunkt dieses Buches stehen Preise für Sachgüter und Tarife für Dienstleistungen (zur sprachlichen Vereinfachung sprechen wir i.d.R. einfach von Gütern oder Produkten).

(2) Betriebswirtschaftliche Definition

Preise besitzen aber stets nicht nur einen *Preiszähler* (Entgelt), sondern auch einen *Preisnenner* (Leistungsumfang).

$$(2\text{-}1) \qquad p = \frac{\text{Entgelt}}{\text{Leistungsumfang}}$$

Der Einbezug des Preisnenners in die Preisdefinition hebt die für die klassische Mikroökonomie gewiss zweckmäßige, für die betriebswirtschaftliche Preistheorie aber völlig ungeeignete Prämisse „gegebener Markt" auf und fokussiert auf das Preis-Leistungs-Verhältnis der Produkte. Diese Preisdefinition nimmt damit auf die Interdependenz zwischen Leistungsumfang und Entgelt Rücksicht, die über die Kosten höherer Leistung hergestellt wird und gleichzeitig implizit die grundlegende Antinomie der Anbieter- und Nachfragerinteressen nach einem möglichst hohen bzw. niedrigen Preisquotienten deutlich macht.

(3) Kundenorientierte Definition

Der Preis lässt sich drittens allerdings auch allein *aus Kundensicht* definieren, was den Prinzipien des Marketing noch besser entspricht (vgl. Diller 1997). Denn danach kommt es bei der Marktbearbeitung nicht auf die objektiven Realitäten, sondern auf die subjektiven Wahrnehmungen der Kunden, also auf deren Preisverständnis an. Bei einer derartigen Konzeptionalisierung gilt es insb. drei Aspekte zu beachten:

(a) Aus Verbrauchersicht sind Preise *Kosten des Gütererwerbs*. Eine Trennung des Produktpreises von begleitenden Beschaffungs- und anderen Transaktionskosten, z.B. für Einkaufsfahrten, Informationseinholung, Parkgebühren, Kreditierung des Kaufbetrages, Auslieferung etc., ist nicht realitätsnah, wenn diese Kosten dem Produkt tatsächlich direkt zurechenbar sind, also keine Verbundkäufe vorliegen. Insofern ist dann eine Ausweitung des Preisbegriffs auf alle mit dem Einkauf eines Gutes für den Kunden verbundenen Kostenkomponenten zweckmäßig.

(b) Die Erfahrung zeigt, dass die Konsumenten bei der Interpretation von Preisen oft einem *pagatorischen Kostenverständnis* folgen (vgl. Kap. 4.4). Man orientiert sich also an den tatsächlichen Ausgaben („out-of-pocket-costs") und nicht den nach betriebswirtschaftlichen Prinzipien kalkulierten Kosten. Viele Verbraucher nehmen z.B. beim Kreditkauf keine finanzmathematische Vergleichsrechnung des Bar- bzw. Teilzahlungs- oder Leasingpreises vor, sondern lassen sich in erster Linie von der monatliche Belastung, also von Liquiditätsüberlegungen leiten. Für eine Preisinterpretation aus Kundensicht sind also vor allem alle ausgabenwirksamen Preiskomponenten subjektiv relevant. Dazu zählen neben dem eigentlichen Verkaufspreis auch und gerade Rabatte, Preise für in Zahlung genommene Gebrauchtwaren und ähnliche Preisminderungen, die - soz. als *negative Preiskomponenten* - die Liquiditätsbelastung senken.

(c) Vor allem bei Gebrauchsgütern werden mit der Kaufentscheidung gleichzeitig die Weichen für die *Folgekosten* des Produktkaufs im gesamten Gebrauchszyklus des Produktes gestellt. Sparsame und umweltbewusste Verbraucher achten z.B. beim Kauf eines Kühlschranks auf den Stromverbrauch und die erforderlichen Recyclingausgaben. Bei Automobilen sind die Reparaturkosten im Gebrauchszyklus oft höher als der Neuwagenpreis und variieren von Anbieter zu Anbieter. Solche und ähnliche Fälle zeigen, dass derartige, mit dem Kauf quasi vorbestimmte *Ausgaben im Verlauf des Produktgebrauchszyklus* in eine kundenorientierte Preisinterpretation einbezogen werden können. Die Unsicherheit über den tatsächlichen Anfall und die Höhe dieser Kosten machen eine Kalkülisierung dieser Ausgaben für die Käufer zum Kaufzeitpunkt freilich recht schwierig, weshalb sie de facto zum Kaufzeitpunkt doch meist nur eine unterproportionale Bedeutung spielen (vgl. Kap. 4.4).

Aus diesen Überlegungen heraus ergibt sich eine sehr weite (und ungewöhnliche), aber für eine kundenorientierte Preispolitik zielführende Preisdefinition:

> Der Preis stellt die Summe aller mittelbar oder unmittelbar mit dem Kauf eines Produktes verbundenen Ausgaben eines Käufers dar. Dabei lassen sich negative und positive Preiskomponenten unterscheiden, die sich über den gesamten Gebrauchszyklus eines Produktes hin zum effektiven Gesamtpreis saldieren.

Abb. 2-1 veranschaulicht dies am Beispiel der bei Gebrauchsgütern, wie Haushaltsgeräten oder Automobilen, relevanten Preiskomponenten.

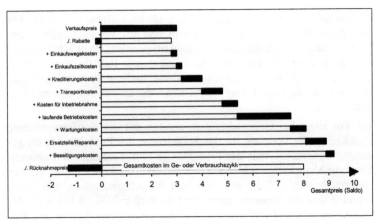

Abb. 2-1: Preisbestandteile eines Gebrauchsgutes aus Kundensicht

2.1.2 Definition der Preispolitik

Die Abgrenzung der Preispolitik folgt der jeweiligen Preisdefinition. Beim *kalkulatorischen Verständnis* geht es allein um die „Berechnung" des Entgeltes, üblicherweise auf Basis von Kosteninformationen. Die Preispolitik ist auf den Preiszähler beschränkt und mit der *Kostenträgerrechnung* oder *Preiskalkulation* identisch.

Auch in der älteren Marketingtheorie wird nur die Festsetzung des Preiszählers zum Gegenstand der Preispolitik erhoben. Maßnahmen zur Gestaltung des Preisnenners zählen dort zur Produkt- und Distributionspolitik. In das Aktionsfeld der Preispolitik eingeschlossen werden jedoch alle Maßnahmen zur Differenzierung und Variation von Entgelten. Die „Entgeltpolitik" beinhaltet bei dieser zweiten Konzeption alle absatzpolitischen Maßnahmen zur Bestimmung und Durchsetzung der monetären Gegenleistungen der Käufer für die von einer Unternehmung angebotenen Sach- und Dienstleistungen. Nur im (Ausnahme-)Fall sog. *Kompensationsgeschäfte* tritt als Gegenleistung an die Stelle einer monetären eine Sach- oder Dienstleistung.

Die definitorische Eingrenzung der Preispolitik auf Entscheidungen über die Preiszähler ist allerdings problematisch. Auf vielen Märkten ist nämlich weder die Mengen- noch die Qualitätskomponente, d.h. der Leistungsumfang, allgemeinverbindlich normiert. Als Alternativen zur erfolgreichen Ausgestaltung des Preises bieten sich deshalb oft Differenzierungen des Preisnenners, evtl. gemeinsam mit dem Preiszähler an. Beispielhaft seien genannt:

- preislich differenzierte Erst- und Zweitmarken mit identischem Grundnutzen;
- Groß- und Kleinpackungen mit unterschiedlichen Preisen pro Mengeneinheit;
- Reduktion des Packungsinhalts statt Preiserhöhung;
- Werbekostenzuschüsse an den Handel als indirekte Preisermäßigung;
- indirekte Preissenkungen durch zusätzlich gewährte Serviceleistungen oder bessere Zahlungsbedingungen;
- Rabatte bei frühzeitiger Orderung der Ware.

Das faktische Alternativenfeld der Preispolitik wird bei einer Beschränkung der Betrachtung auf den Preiszähler also recht willkürlich zerschnitten. Eine Preis-Leistungs-orientierte Definition der Preispolitik („Preis-Leistungs-Politik") zählt deshalb auch Variationen des Preisnenners zur Preispolitik, insoweit sie ergriffen werden, um einen bestimmten Preiszähler am Markt durchzusetzen. Damit soll auch dem unter strategischen und organisatorischen Gesichtspunkten sehr bedeutsamen Anliegen Rechnung getragen werden, die Preispolitik als ein Element des Marketing-Mix nicht isoliert zu optimieren, sondern möglichst wirkungsvoll in dieses Mix einzuordnen (vgl. Oxenfeldt 1975; Meffert 1998, S. 885). Beispiele dafür sind die Preisober- und -untergrenzen eines Sortiments (Abstimmung mit der Sortimentspolitik) oder die Preisinformation der Kunden in Katalogen, Preislisten oder ähnlichen Werbemitteln (Abstimmung mit der Kommunikationspolitik).

Eine zusätzliche definitorische Ausweitung erfährt die Preispolitik dann, wenn man diese – wie es die Marketingphilosophie fordert – nicht nur als Vermarktungsinstrument, sonders als Problemlösungsfeld für alle Kundenprobleme interpretiert, die im Zusammenhang mit der Begleichung des (aus Kundensicht definierten) Preises auftreten können. In diesem Falle zählen z.B. auch Preisgarantien, „Preisclubs" für Kunden oder Befragungen zur Preiszufriedenheit der Kunden zum Bereich der Preispolitik. Dieses moderne, und auch in diesem Buch zugrundegelegte Verständnis von Preispolitik (Diller 1997) folgt demnach den im sog. Beziehungsmarkeing entwickelten Leitlinien eines „marktgetriebenen", also gleichermaßen kunden- wie wettbewerbsorientierten Marketing und mündet in Verbindung mit obiger kundenorientierter Definition des Preises in folgende, hier maßgebliche Definition:

> Preispolitik umfasst alle
> - von den Zielen des Anbieters geleiteten und gesteuerten
> - Aktivitäten zur Suche, Auswahl und Durchsetzung
> - von Preis-Leistungs-Relationen
> - und damit verbundenen Problemlösungen für Kunden.

Die Bezugnahme auf die *Anbieterziele* erfolgt wegen der *betriebswirtschaftlichen Perspektive* unserer Betrachtung. Es geht nicht um Problemlösungen per se, sondern als Mittel zur langfristigen Gewinnsteigerung oder Erreichung anderer Unternehmensziele.

Die Aufgliederung in *Suche, Auswahl und Durchführung* soll den *Prozesscharakter* der Preispolitik deutlich machen und dem Umstand Rechnung tragen, dass es im Rahmen der Preispolitik nicht nur um Auswahlentscheidungen bestimmter Handlungsalternativen, sondern z.B. auch um deren Findung durch Preisforschung und Preisanalysen und um die Realisation der Alternativen unter Einsatz bestimmter Implementationstechniken, wie geschickten Preisverhandlungen, geht. Insofern rechtfertigt sich auch die synonyme Verwendung des Begriffs *Preismanagement* und *Preispolitik*.

Preis-Leistungs-Relationen und *Problemlösungen* stellen die Gegenstände der Preispolitik dar, deren Bewertung im Rahmen rationaler Entscheidungsprozesse *sowohl aus Anbieter- wie aus Nachfragersicht* zu erfolgen hat. Damit sind in die Preispolitik auch alle „Nebenleistungen", wie Preisinformation, Preisgarantien oder gemeinsam mit dem Kunden angestellte Preisanalysen (z.B. Kundennutzenrechnungen, vgl. 6.3.2.1), eingeschlossen. Abb. 2-2 stellt die definitorisch aufeinander aufbauenden Konzeptionen von Preisen und Preispolitik schematisch dar. Für dieses Buch gilt grundsätzlich – soweit nicht gesondert vermerkt – die weiteste, also die anbieter- und kundenbezogene Definition, die in manchen Abschnitten wegen der Eigenart der zu behandelnden Konzepte (z.B. Preiskalkulation) aber wieder eingeschränkt werden kann.

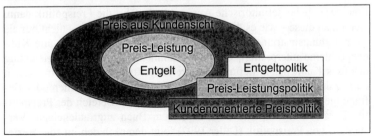

Abb. 2-2: **Definitorische Abgrenzungen für Preis und Preispolitik**

Wie vielgestaltig die Ansatzpunkte für die Preispolitik sein können, zeigt der Pkw-Markt (vgl. Jacob 1985, S. 75ff.). Der Listenpreis ist hier der im Grunde am seltensten eingesetzte Aktionsparameter. Er ändert sich „lediglich" mit den – meist jährlichen – Preisanpassungen. Daneben werden aber zahlreiche andere Aktionsparameter eingesetzt, die klassischer Weise nicht oder nur am Rande zur Preispolitik zählen, z.B.:

- Preise für *Altwageninzahlungnahme,*
- Umfang von *Fahrzeugausstattung* und *Zubehör* (bei gleichem Listenpreis),
- *Aufpreise* für Zusatzausstattungen und Modellvarianten,
- Gewährung (kostenloser) *Garantieleistungen* oder *Servicepakete,*
- Temporäre *Sondermodelle* mit Zusatzwertpaketen,
- *Firmen-* oder *Flottenrabatte,*
- *Zahlungs-* bzw. *Leasingkonditionen,*
- Kosten der *Überführung* des Pkw ab Auslieferungslager,
- Quersubventionierung des (niedrigen) Neuwagenpreises durch höhre *Ersatzteilpreise,*
- *Recyclingpreise* (Altwagenrücknahme).

Man erkennt hieran, wie verwoben die Preispolitik mit anderen Bereichen des Marketing ist und wie wirklichkeitsverengend damit jede Isolierung einzelner Aktionsparameter wirkt. Trotzdem ist zur Stoffbegrenzung eine Eingrenzung der Preispolitik auf bestimmte Entscheidungsbereiche unabdingbar. Darauf geht der nachfolgende Abschnitt ein.

2.1.3 Entscheidungsbereiche der Preispolitik

2.1.3.1 Überblick

Das mit der Preispolitik in unserem Sinne verbundene *Aktionsfeld* ist erheblich vielfältiger als jenes der Entgeltpolitik und vereint Instrumente, die in Marketing-Lehrbüchern oft als „Preis-Mix" bezeichnet werden (vgl. Kotler/Bliemel 1999, S. 757ff.; Meffert 1998, S. 467ff.; Nieschlag/ Dichtl/ Hörschgen 1997, S. 295ff.). Als *preispolitisches Instrument* definieren wir grundsätzlich jeden Aktionsparameter, mit dem Preis-Leistungs-Relationen und Preis-Problemlösungen marktwirksam ausgestaltet werden können, soweit dies der Durchsetzung preispolitischer Ziele dient. Damit sind auch die Konditionenpolitik, die Absatzfinanzierung und die Preisinformationspolitik in die Preispolitik eingeschlossen. Als *Aktionsparameter* gelten alle isoliert entscheidbaren „Stellgrößen", also Entscheidungsvariablen einer Unternehmung. Dabei kann es sich grundsätzlich um eine artmäßige, zeitliche oder intensitätsmäßige „Verstellung" oder um eine Spezifikation des am Markt gewählten Gültigkeitsbereichs (Zielung) handeln. Viele Preis-Instrumente stellen freilich spezifische *Bündel* von Aktionsparametern dar, deren analytisch getrennte Behandlung nicht mehr sinnvoll ist. Zum Beispiel stellt die räumliche Preisdifferenzierung eine Kombination aus Preishöhe (Art des Parameters), Ausmaß des Preisunterschieds (Intensität) und räumlicher Zielung mit bestimmter zeitlicher Gültigkeit dar. Wir diskutieren in diesem Buch die preispolitischen Instrumente meist als solche Bündel von Aktionsparametern. Zur Abgrenzung von anderen Marketing-Instrumenten fassen wir unter Preis-Instrumenten nur solche Bündel von Aktionsparametern zusammen, die preispolitischen Zielen dienen können. Damit wird z.B. die Anzeigengestaltung nur insoweit einbezogen, als sie die Steigerung der Preisaufmerksamkeit betrifft, wie das bei Preisanzeigen der Fall ist.

Unterscheidbar sind taktisch-operative und strategische Instrumente. Bei letzteren spricht man auch von *Preis-Konzepten*, um die Mehrdimensionalität dieser Aktionsmöglichkeiten anzuzeigen (vgl. 2.1.3.2).

Die Festlegung der *preispolitischen Ziele* obliegt dem Management und kann in einer wertfrei konzipierten Wissenschaft nicht vorgegeben, sondern nur diskutiert werden, sodass unsere Zuordnung von Aktivitäten stets nur praktisch-normativen Charakter trägt. Die Zielfindung selbst ist als gesonderter, idealtypisch dem Instrumenteneinsatz vorgelagerter, realiter aber oft mit der Instrumentenplanung stark vermischter Entscheidungsprozess (vgl. z.B. Diller 1998b, S. 165ff.) zu verstehen, der auf einer Metaebene ebenfalls zur Preispolitik zählt (vgl. 2.2).

Die prozessuale Sicht der Preispolitik führt dazu, auch Informationsentscheidungen bzgl. bestimmter Erhebungsverfahren, Analysemethoden, Entscheidungsmodelle oder Preis-Informationssysteme in den Gegenstandsbereich der Preispolitik mitaufzunehmen. Wir sprechen diesbezüglich von *Informationsinstrumenten* der Preispolitik (vgl. Kap. 5).

Schließlich ist Preispolitik zu implementieren, wobei dann *organisatorische Gestaltungsspielräume* existieren, die, soweit sie wiederum Preis-Zielen zuzuordnen sind, ebenfalls in die Preispolitik miteingeschlossen werden sollen (vgl. 2.4). Dabei kann grob zwischen aufbauorganisatorischen, also strukturellen, und ablauforganisatorischen, also prozessualen Lösungen unterschieden werden.

Damit ergeben sich zusammenfassend die in Abb. 2-3 dargestellte *Entscheidungsbereiche der Preispolitik.*

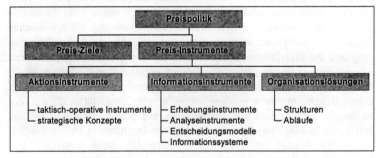

Abb. 2-3:   Entscheidungsbereiche der Preispolitik

2.1.3.2 Aktionsinstrumente

Auf der *Aktionsseite* stehen Entscheidungen zur Festsetzung, Differenzierung und Durchsetzung des Preisquotienten an. Zur Fundierung des inhaltlichen Verständnisses der Preispolitik geben wir nachfolgend einen Überblick über die diesbezüglich verfügbaren *taktisch-operativen Instrumente* und anschließend über die *strategischen Konzeptdimensionen*. Eine detaillierte Erörterung erfolgt jeweils in den nachfolgenden Kapiteln.

2.1.3.2.1 Taktisch-operative Preis-Instrumente

Wir unterscheiden zunächst grob fünf taktisch-operative Preis-Instrumente (Abb. 2-4). Ihr Einsatz erfolgt durch Variation bestimmter Aktionsparameter, die in Abb. 2-4 aufgelistet sind. Diese überschneiden sich teilweise, was aus Gründen der üblichen Instrumentenbezeichnungen in Literatur und Praxis aber in Kauf genommen wird.

Als *Anlässe* für den Einsatz dieser Instrumente kommen grundsätzlich nur drei Fälle in Frage:

(1) der Markteintritt eines Unternehmens mit *erstmaliger Entscheidung* über das Preis-Mix,

(2) die aktive *Änderung* der Aktionsinstrumente zur Erhöhung der Effektivität des Preis-Mix,

(3) die reaktive *Anpassung* der Aktionsinstrumente an Änderungen im Entscheidungsumfeld (Kostensteigerungen, Produkt- und Marketinginnovationen des Wettbewerbs, steigendes Preisinteresse der Nachfrager etc.).

Empirische Untersuchungen von Jacob (1985) zeigten, dass (3) den Regelfall der Preispolitik darstellt, es also im Allgemeinen um die Veränderung von Aktionsparametern geht, bei denen die Erfahrungen mit dem bisher gepflegten Preis-Mix eingebracht werden können. In jüngerer Zeit wagen immer mehr Unternehmen aber auch den Schritt zur aktiven und eigenständigen Ausgestaltung des Preis-Mix, um sich die damit erschließbaren Gewinnpotenziale nutzbar zu machen (vgl. Simon/Dolan 1997, S. 17ff.).

(1) Bei der *kurzfristigen Preisstellung* geht es im Wesentlichen um die (Neu-)Bestimmung der *Entgelthöhe* (Preiszähler). Man geht dabei zunächst von einem fixierten Preisnenner aus. Dafür muss ein Ausgangs-, Basis- oder Listenpreis gefunden werden, der unter normalen Umständen am Markt gefordert werden soll (vgl. Kap. 6). Häufig knüpft man dabei am Vorperiodenpreis an und berücksichtigt die zwischenzeitlich erfolgten Veränderungen im Umfeld und beim Produkt bzw. Sortiment. Auf mehrstufigen Märkten (Vertrieb über Absatzmittler) kann dabei entweder ein *Werksabgabepreis*, d.h. das von den Absatzmittlern zu leistende Ent-

① Kurzfristige Preisstellung	② Preis-differenzierung	③ Preis-variation	④ Preislinien-politik	⑤ Preis-durchsetzung
➤ Listenpreis ➤ Endverbraucherpreis ➤ Handelsspanne ➤ Grundpreis ➤ Pauschalen ➤ Barter	➤ Rabatte ➤ Konditionen ➤ Nichtlineare Tarife ➤ Preisbaukästen ➤ Kontingentierung (Y.M.) ➤ Pauschalen	➤ zeitliche Preiszonen ➤ kf. Preisaktionen ➤ dauerhafte Preisänderungen	➤ Preisobergrenzen ➤ Preisabstände • zw. Produkten • zw. Packungsgrößen ➤ Preisbündelung	➤ Preisinformation ➤ Preisoptik ➤ Preisgarantien ➤ Preisgleitklauseln ➤ Preisbindung/-empfehlung ➤ Preisverhandlungen ➤ Absatzfinanzierung ➤ Preispflege

Abb. 2-4:   Taktisch-operative Instrumente der Preispolitik

gelt, und/oder die *Handelsspanne* (Differenz des Ver- und Einkaufspreises der Absatzmittler) festgelegt werden. Kann ein Produzent - wie im Falle der vertikalen Preisbindung - den *Endabnehmerpreis* bestimmen, ergibt sich die Handelsspanne als Differenz aus dem Endabnehmerpreis und dem Werksabgabepreis bzw. der Werksabgabepreis als Differenz des Endverbraucherpreises und der Handelsspanne. Der sog. *Grundpreis* (*unit price*) stellt das geforderte Entgelt pro Füllmengeneinheit (z.B. 100g) dar. Über ihn ist regelmäßig bei der Preisstellung für unterschiedliche Packungsgrößen gleicher Produkte, also einer Variation des Preisnenners, zu entscheiden, wobei die sortimentspolitische Interdependenz der Packungsgrößen zu berücksichtigen ist (vgl. Kap. 7). Bei in verschiedene Teilleistungen aufgliederbaren Gütern (z.B. Reisen) kann man ebenso wie für von Fall zu Fall variierende, aber aus Gründen der Vereinfachung undifferenziert berechnete Leistungen (z.B. Autoreparaturen) *Pauschalpreise* definieren. Im Grunde handelt es sich hierbei um eine *Preisbündelung* bzw. um eine *Preisunifizierung*, das Gegenstück zur Preisdifferenzierung (vgl. Kap. 8). Im Falle eines *Barters* wird als Entgelt eine nicht-monetäre Gegenleistung akzeptiert, deren Spezifikation zahlreiche Varianten möglich macht. Die Erörterung solcher „*Kompensationsgeschäfte*" erfolgt wegen deren besonderer Bedeutung im internationalen Marketing in Kapitel 10.

(2) In der Praxis wird der Listenpreis eines Produktes oft durch Leistungsmodifikation und/oder Entgeltzu- bzw. -abschläge differenziert und damit an spezifische Markt- oder Produktionsverhältnisse angepasst (vgl. Kap. 8). Die relevanten Besonderheiten können abnehmerspezifisch (*personelle Preisdifferenzierung* bzw. *Preis-Segmentierung*), regionalspezifisch (*räumliche Preisdifferenzierung*) oder mengenbezogen (*mengenmäßige Preisdifferenzierung*) sein. Die Differenzierung führt bei jeder dieser Formen dazu, dass gleichzeitig mehrere Preise für die von der Unternehmung angebotenen Leistungen existieren, ohne dass eine ent-

sprechende Leistungsdifferenzierung erfolgt. Im Fall der sog. *zeitlichen Preisdifferenzierung* handelt es sich eigentlich um eine Preisvariation (siehe 3). Die eigentlichen Aktionsparameter der Preisdifferenzierung, auch *Preisstrukturpolitik* genannt, sind vor allem *Rabatte* und andere Preisnachlässe sowie die *Lieferungs- und Zahlungsbedingungen („Konditionen"*). Ferner gibt es bei Gütern mit individuell fixierbaren, differenzierten Kaufmengen, z.B. Strom, Flugleistungen, Telefonnutzung etc., die Möglichkeit *nicht-linearer Tarife*, bei denen Vorabzahlungen (z.B. Bahncard) fällig werden oder der Preis pro Einheit ab Erreichen bestimmter Verbrauchsschwellen sinkt. In beiden Fällen führt dies mit zunehmender Kauf- bzw. Verbrauchsmenge zu fallenden Durchschnittspreisen. Bei *Preisbaukästen* erfolgt die Preisdifferenzierung durch unterschiedliche Leistungsinanspruchnahme des Kunden auf der Basis eines Leistungsbaukastens, welcher die (früher oft übliche) Gesamtleistung (z.B. Produkt, Beratung, Lieferung, Installation, Garantie etc.) aufsplittet und individuelle Leistungspakete und Preise erlaubt. Damit kommt also der Preisnenner zum Einsatz, ebenso wie beim *Yield Management*, bei dem es um die zeitlich flexible, an die jeweils noch zu erwartende Nachfrage angepasste *Kontingentierung* der Angebotskapazitäten für unterschiedlich profitable Leistungsklassen (z.B. Business- und Tourist-Class bei Fluglinien) geht (vgl. Kap. 13.2). Den umgekehrten Weg beschreitet man bei *Pauschalpreisen*, die auch dann konstant gehalten werden, wenn der Arbeitsanfall, etwa für bestimmte Autoreparaturen, über das normale Maß hinausgeht. Darüber hinaus kann bei der Preisdifferenzierung auch das übrige Intrumentarium des Marketing-Mix (Produktqualität, Verpakkung, Werbung, Distribution etc.) preiswirksam differenziert werden, was dann entweder einer sog. *sachlichen Preisdifferenzierung* entspricht oder der Durchsetzung anderer Arten der Preisdifferenzierung dient. Voraussetzung für eine Preisdifferenzierung sind unterschiedliche Verhältnisse auf verschiedenen Teilmärkten des jeweiligen Gutes, insbesondere im Hinblick auf die Preissensitivität, die Verwendungszwecke und die Qualitäts- oder Serviceansprüche der Kunden.

(3) *Preisvariationen* sind kurz- oder langfristige Änderungen der Angebotspreise für einen bestimmten Zeitraum (vgl. Kap. 9). Dabei geht es im Vergleich zur kurzfristigen Preisstellung um zusätzliche Preisaktivitäten, mit denen der Angebotspreis aus preispolitischen Gründen verändert wird. Da hier nicht mehrere Preise gleichzeitig gültig sind, ist dieser Fall von der Preisdifferenzierung zu unterscheiden und auch vor teilweise anderen Hintergründen zu sehen. Streng genommen kann nur bei der Definition regelmäßiger *zeitlicher Preiszonen* (z.B. Werktage vs. Wochenende) mit unterschiedlichen Preisen auch von *zeitlicher Preisdifferenzierung* gesprochen werden. Sie erfolgt durch kalenderzeit-, bestellzeit- oder saisonbedingte *Zeitrabatte* (z.B. Frühbesteller-Rabatt) bzw. *Preisaufschläge* (z.B. Messepreise bei Hotels). Bei der Preisvariation geht es aber darüber hinaus auch um *unregelmäßige* Preisveränderungen, z.B. sog. *Abschriften* vom Ausgangspreis im Textilhandel mit fort-

schreitender Saison in Abhängigkeit vom Abverkaufserfolg (vgl. Kap. 13.3), und um *Preisaktionen* (Sonderangebotspreise), also unregelmäßige und zeitlich befristete Preissenkungen. Zum Entscheidungsfeld der Preisvariation zählt schließlich auch das richtige *Timing* und die Aufteilung von (dauerhaften) *Preisanpassungen.* Die Vielzahl der Aktionsparameter im Bereich der Preisvariation zeigt sich z.B. bei den Sonderpreisaktionen. Dort sind - neben einer Grundsatzentscheidung für oder gegen dieses preispolitische Instrument (strategischer Aspekt) - die Höhe des Preisnachlasses, dessen Modalität und Startzeitpunkt, die Zeitdauer und -häufigkeit sowie die Aktionsmenge und der jeweilige Aktionsartikel festzulegen. Darüber hinaus ist für die optimale Bewerbung dieser Aktion zu sorgen.

(4) Nahezu alle Unternehmen bieten am Markt nicht nur ein Produkt, sondern ein mehr oder weniger breites *Sortiment* an. Die Preisentscheidungen für die einzelnen Sortimentsteile können dabei nicht isoliert voneinander getroffen, sondern müssen aufeinander abgestimmt werden. Diese Aufgabenstellung ist Inhalt der sog. *Preislinienpolitik* (vgl. Kap. 7). Hierbei gilt es vor allem die komplementären und substitutiven Verbundbeziehungen im Sortiment preispolitisch auszunutzen und das optische Preisbild des gesamten Sortiments auch unter psychologischen Gesichtspunkten zu optimieren. Im Einzelnen beinhaltet die Preislinienpolitik Entscheidungen über die *Preisober- und -untergrenzen* des Sortiments, die *Preisabstände* innerhalb des Sortiments und den sog. *kalkulatorischen Ausgleich.* Schließlich ist auch die sog. *Preisbündelung* der Preislinienpolitik zuordenbar, weil dabei mehrere Leistungen aus dem Sortiment eines Unternehmens zu einem gemeinsamen, meist im Vergleich zum Einzelverkauf reduzierten "Paketpreis" angeboten werden (Beispiel: PC-Paket mit PC, Programmen und Peripheriegeräten).

(5) Ein letztes Aktionsfeld der Preispolitik ist die *Durchsetzung des geplanten Preises* am Markt, die definitionsgemäß zur Preispolitik gezählt wird, obwohl die hier einsetzbaren Aktionsparameter teilweise auch aus dem Bereich der Distributions- und Kommunikationspolitik stammen (vgl. Kap. 12). Die Probleme der Preisdurchsetzung entstehen zum einen wegen des unvollkommenen Informationsstandes, unter dem Preisentscheidungen in aller Regel getroffen werden müssen. Daraus resultieren Preisrisiken, gegen die man sich in begrenztem Umfang, z.B. durch *Preisgleitklauseln* oder durch direkte *Preisverhandlungen* mit den Abnehmern, absichern kann. Zum Zweiten liegt es in der Marketingphilosophie begründet, dass sich ein Unternehmen aktiv darum bemüht, die gewählten Angebotspreise am Markt zu realisieren. Dazu stehen insbesondere Maßnahmen zur *Preisinformation* der Kunden, zur Verbesserung der *Preisoptik* im Rahmen der *Preisauszeichnung* und *Preiswerbung* sowie vertragsrechtliche Regelungen in Form von *Preisgarantien* sowie *Preisbindungen* und *unverbindlichen Preisempfehlungen* zur Verfügung. Da die Finanzierung des Kaufpreises ein v.a. bei hochwertigen Gütern häufiges Preisproblem der Kunden darstellt, ergeben sich mit der *Ab-*

satzfinanzierung (inkl. *Leasing*) weitere preispolitische Spielräume. Die *Preispflege* stellt schließlich ein spezielles Instrument des vertikalen Preismarketing dar, bei der es um eine Harmonisierung der Preise in verschiedenen Absatzkanälen bzw. auf den Gebrauchtwarenmärkten geht.

Mit der Preisdurchsetzung eng verbunden sind die Parameter *der Preisorganisation* (vgl. Kap. 12.4). Sie betreffen insb. die *Zuständigkeiten* für verschiedene Preisaktivitäten und deren *Koordination*, das sog. *Preiscontrolling* sowie die Pflege einer spezifischen *Preiskultur* im Unternehmen.

Die dargelegten fünf taktisch-operativen Aktionsfelder der Preispolitik sind zwar teilweise inderdependent, werden hier aber nicht nur aus didaktischen und analytischen Gründen heraus getrennt behandelt. Umfassende Modelle zur simultanen Lösung dieser Aufgabe existieren nämlich nicht und können wegen der Problemkomplexität auch kaum in praktisch brauchbarer Form erwartet werden. Eine zweckmäßige „Portionierung" des Entscheidungsfeldes im Sinne einer heuristischen Problemlösungsstrategie entspricht deshalb durchaus dem Charakter des Aufgabenfeldes der Preispolitik. Auch in der Praxis wird über die Vielzahl der preispolitischen Aktionsparameter nicht simultan, sondern sukzessiv entschieden. Als Ergebnis stellt sich dann - oft erst nach vielen Rückkopplungen - das sog. *„Preis-Mix"* ein. Dieser Terminus soll unterstreichen, dass die preispolitischen Teilentscheidungen sowohl untereinander als auch im Hinblick auf das übrige Marketinginstrumentarium *koordinationsbedürftig* sind.

Diese Koordination wird nur dann gut gelingen, wenn die Preispolitik strategisch fundiert und von einem stimmigen Zielsystem gelenkt wird. Einen Überblick über dieses Entscheidungsfeld bietet der nachfolgende Unterabschnitt.

2.1.3.2.2 Strategische Preiskonzepte

Der Einsatz der operativ-taktischen Instrumente hat in sich koordiniert und im Sinne der strategischen Ziele eines Unternehmens zu erfolgen, um insgesamt möglichst hohe Durchschlagskraft zu erzeugen. Auch die Preispolitik bedarf deshalb einer strategischen Basis, einer *Preisstrategie*. Dafür existieren oft erhebliche Handlungsspielräume, welche die Unternehmung zur Entwicklung solcher *Preiskonzepte* nutzen kann, welche ihrer jeweils spezifischen Unternehmens- und Umfeldsituation am besten entsprechen und deshalb für die höchste Effektivität der Preispolitik sorgen. Preisstrategien zeichnen sich wie alle Strategien durch drei Merkmale aus (vgl. Diller/Lücking 1992, S. 1113ff.):

(1) Strategien besitzen *Grundsatz- und Langfristcharakter*. Deshalb beinhalten Preisstrategien ein *preisstrategisches Ziel-Konzept*, durch welches das Preisgeschehen auf langfristige Preiserfolge ausgerichtet werden kann. Darauf wird in Abschnitt 2.2 detailliert eingegangen (vgl. auch Kap. 11.2). Von strategischer Bedeutung sind dabei auch die *„Preis-*

Moral", d.h. Grundsätze zur Fairness des Preisgebarens, zum Zeithorizont der Preisstrategie und zur Berücksichtigung verschiedenener Stakeholder-Interessen. Angesichts großer Unsicherheiten bei Preisentscheidungen ist darüber hinaus die Risikotoleranz von Bedeutung.

(2) Strategien zielen auf die *Erschließung und Sicherung von Erfolgspotenzialen*, mit denen der Wettbewerb um die Nachfrager langfristig bestanden werden kann. Auch für den Entwurf von Preisstrategien stellt dabei das sog. *strategische Dreieck* Unternehmung – Kunde – Wettbewerber einen sinnvollen Ausgangspunkt dar. Kundenseitig gilt es, ein *„Kundennutzen-Konzept"* (vgl. Abb. 2-5) zu entwerfen, durch welches das eigene Preis-Leistungs-Angebot für den Kunden attraktiver wird als entsprechende Konzepte der Wettbewerber. Dabei ist auch grundsätzlich darüber zu bestimmen, wie intensiv der Preis als Marketingsinstrument eingesetzt werden soll (*„aktive"* versus *„passive" Preispolitik*). Da i.d.R. nicht allen Kundenwünschen gleichzeitig Rechnung getragen werden kann, beinhaltet das Kundennutzen-Konzept auch eine strategisch abgewogene Segmentierung der Kunden (*„Preis-Segmentierung"*, vgl. Kap. 11.4).

Der Wettbewerb mit den Konkurrenten wird langfristig nur zu bestehen sein, wenn die Preis-Leistungs-Vorteile auf strategischen Erfolgspotenzialen beruhen, welche den Mitbewerbern kurzfristig nicht zur Verfügung stehen und die „Unique Price Proposition" (UPP) kreieren. Dazu zählen z.B. auch ein günstiges *Preisimage* oder hohes *Preisvertrauen*. Von solchen „Preis-Assets" hängt dann wiederum ab, wie preisaggressiv oder -friedlich sich eine Unternehmung verhalten kann. Die diesbezüglichen Planungen sind in einem preispolitischen *„Wettbewerbs-Konzept"* zusammenzufassen (vgl. Abb. 2-5, vgl. Kap. 11.3).

(3) Preisstrategien sind schließlich *ganzheitliche Konzepte*, bei denen auf den optimalen „Mix", also das synergetische Zusammenwirken möglichst aller Aktionsinstrumente zu achten ist. Dadurch entstehen nicht nur Einspareffekte und Wirkungsverstärkungen, sondern auch eine bessere *Profilierung* im Wettbewerb. Preisstrategien sollten sich deshalb im Optimalfall auf eine prägnante „Formel" für den *Preisauftritt* verdichten lassen. Inhaltlich geht es dabei um die grundsätzliche Ausrichtung der oben beschriebenen operativ-taktischen Aktionsfelder, an denen deshalb das Kundennutzenkonzept, wie in Abb. 2-5 angedeutet, anknüpfen kann. Eine detaillierte Erörterung von strategischen Preiskonzepten erfolgt im Kapitel 11.

KUNDEN-NUTZEN-KONZEPT				
Preis-Segmentierung	Preis-Dominanz		UPP	Preisvertrauen
Preisleistungs-konzept	Preisdifferen-zierungs-konzept	Preisvariations-konzept	Preislinien-konzept	Preisdurch-setzungs-konzept
• Preis-Dominanz • USP • Preispositio-nierung	• Ausmaß der PD • Art der PD • Preisbau-kästen	• Ausmaß d. PV • Art d. PV • Preisdynamik im LZ	• Preislagenab-deckung • Ausmaß der Misch-kalkulation	• Preisinforma-tionsstil • Preiswerbestil • Preisab-sicherung
WETTBEWERBS-KONZEPT				
Preisaggressivität		Preisprofilierung		Preisimage
STRATEGISCHES ZIEL-KONZEPT				
Preis-Moral	Zeithorizont		Stakeholder-Interessen	Risikotoleranz

Abb. 2-5: Struktur eines strategischen Preiskonzeptes

2.2 Ziele der Preispolitik

2.2.1 Die Grundstruktur und Problematik des preispolitischen Zielsystems

Planmäßige Preisentscheidungen setzen ein *Zielsystem* voraus. Darunter ist eine bewusst ausgewählte und nach Prioritäten geordnete Menge an relevanten Zielen zu verstehen (Heinen 1976). Jeder Unternehmer hat diese Zielprioritäten dabei seinen individuellen Zielpräferenzen entsprechend selbst zu setzen. Ein wissenschaftlich objektiv „wahres" Zielsystem existiert also nicht. Die Praxis der Preispolitik und die Ergebnisse der wissenschaftlichen Erforschung von Preiswirkungen lassen jedoch eine Beschreibung und Systematisierung häufig gewählter Preisziele und eine Diskussion der damit erzielbaren Effekte zu. Dies soll in diesem Abschnitt geschehen.

Ein preispolitisches Zielsystem dient erstens dazu, dem Management Ansatzpunkte für preispolitisches Handeln zu zeigen. Dies ist am ehesten möglich, wenn man potentielle Preisziele in einer sog. Zielpyramide nach Zweck-Mittelbeziehungen hierarchisiert. Dadurch werden Oberziele definitions- oder sachlogisch heruntergebrochen und als alternative oder komplementäre „Stoßrichtungen" des Preismanagement zusammengestellt. Abb. 2-6 zeigt ein solches Zielsystem. Es stellt keineswegs alle, aber die für das Verständnis der Preispolitik wichtigsten Zielbeziehungen zusammen. Eine Diskussion der Ziele und Zielbeziehungen dieses Systems erfolgt im Abschnitt 2.2.3.

Grundsätzlich hat die Preispolitik nicht nur Marketingziele, sondern auch Ziele anderer Unternehmensbereiche zu berücksichtigen, insoweit diese von Preisaktivitäten tangiert werden. Das Zielsystem gerät dadurch in ein *Spannungsfeld absatz-, produktions- und finanzwirtschaftlicher Überlegungen*, das durch die notwendige Einbindung der Preissetzung in das Marketing-Mix noch zusätzlich „aufgeladen" wird (vgl. Arbeitskreis Hax 1980). Wir konzentrieren uns nachfolgend aber auf die Marketingziele. Die Entwicklung des Zielsystems erfolgt dabei von oben nach unten durch Festlegung eines Oberziels (Gewinn) und sukzessive definitorische oder sachlogische Zuordnung von Unterzielen. Man nähert sich dabei über aggregierte Zielvariablen wie Umsatz oder Durchschnittspreis immer mehr den kundenbezogenen Zielen, wie der Preiszufriedenheit oder dem Preisvertrauen. Dies ist notwendig (wenngleich bisher in der Preistheorie unüblich), weil letztlich das Verhalten der Kunden über den Erfolg der Preispolitik entscheidet. Erst durch eine Verknüpfung des Zielsystems mit Verhaltensweisen der Kunden wird man den modernen Anforderungen einer an Kundenorientierung und Kundenbindung ausgerichteten Preispolitik gerecht (vgl. Diller 1997).

Weil es in einer Zielpyramide auf den untersten Ebenen sehr viele mögliche Handlungsimperative gibt (z.B. „Setze die Preise kurz unter psychologische Preisschwellen", „Vermeide Preise, welche die Grenzkosten nicht mehr decken", „Halte den Preisabstand zum Preisführer"), ist eine vollständige Auflistung nicht mehr möglich. Wir beschränken die Betrachtung deshalb im Grunde auf formalisierbare Ober- und Zwischenziele und kommen auf deren *Umsetzung* in späteren Abschnitten, z.B. bei der Preiskalkulation oder der Preisdifferenzierung, immer wieder zu sprechen.

Trotz der Beschränkung auf die Ober- und Zwischenziele ist das Zielsystem der Preispolitik immer noch recht komplex. Dies liegt unter anderem daran, dass der Preis mit seiner *Geldkomponente* die Finanzseite einer Unternehmung ebenso berührt wie Produktions- und Absatzseite, die durch die (Absatz-)*Mengenwirkung* des Preises unmittelbar tangiert sind. Aus buchhalterischer Sicht beeinflusst der Preis also unmittelbar sowohl die Sollseite des GuV-Kontos (verschiedene Preise führen zu unterschiedlichen Produktionsmengen und damit Aufwendungen) als auch dessen Habenseite (Erlös = Preis x Menge). In dieser *doppelten unmittelbaren Erfolgswirksamkeit* unterscheidet sich der Preis von allen anderen absatzpolitischen Instrumenten.

Mit einem Zielsystem, wie dem in Abb. 2-6 dargestellten, werden nicht nur Handlungsoptionen offen gelegt, sondern in der Folge auch *Entscheidungskriterien* definiert, mit deren Hilfe man preispolitische Alternativen vergleichen kann. Zum Beispiel kann die Frage, ob ein Angebotspreis unterhalb der vollen Stückkosten eines Produktes akzeptabel ist, ohne Orientierung an geeigneten Zielen nicht begründet beantwortet werden (*Bewertungsfunktion von Zielen*).

Die Preispolitik ist oft auf mehrere Entscheider verteilt (vgl. Jacob 1985, S. 111; Wiltinger 1997). Ein Zielsystem ermöglichst hier auch die *Führung* und *Koordination* aller involvierten Organisationseinheiten (*Steuerungsfunktion von Zielen*). Beispielsweise wird über die Rabattgewährung häufig dezentral in den regionalen Verkaufsabteilungen entschieden. Sie bedarf deshalb einer an bestimmten Oberzielen ausgerichteten Steuerung und Kontrolle (vgl. Kap. 12.4).

Solche Bewertungs- und Steuerungsaufgaben können umso besser erfüllt werden, je genauer die preispolitischen Ziele *operationalisiert*, d.h. hinsichtlich Inhalt, Ausmaß, zeitlichem sowie segmentmäßigem Bezug festgelegt sind. Erst dann nämlich werden Ziele zu umsetzbaren und kontrollierbaren Handlungsanweisungen. Wenn beispielsweise dem Verkaufsleiter einer Supermarktfiliale für die Festsetzung der Preise des Gemüsesortiments (Segmentbezug) vorgegeben ist, dass er sich dabei so verhalten soll, dass beim Deckungsbeitrag, welcher in bestimmter Weise definiert ist (Zielinhalt), im nächsten Monat (zeitlicher Bezug) ein Zuwachs von 10% gegenüber dem Vorjahr (Ausmaß) erzielt wird, liegt ein in diesem Sinne operationales Ziel vor. Es ist leicht einsichtig, dass solche Operationalisierungen selbst wiederum schwierige Entscheidungen darstellen, zumal hierbei nicht nur sachliche, sondern auch organisatorische Aspekte eine gewichtige Rolle spielen (vgl. Diller 1998b, S. 165ff.).

Der Zielfindungsprozess gestaltet sich ferner umso komplizierter, je mehr Ziele das Zielsystem umfasst. In diesem Falle muss überprüft werden, wie die verschiedenen Ziele miteinander verträglich sind und welche Zielprioritäten gesetzt werden sollen. Beispielsweise widersprechen sich bei den Preisverhandlungen der Konsumgüterhersteller mit den in den Absatz eingeschalteten Handelsunternehmen die Ziele der (absatzfördernden) Distibutionsquotensteigerung einerseits und der von diesen Absatzmittlern geforderten, aber den Durchschnittserlös mindernden Rabattgewährung andererseits diametral (vgl. Effekte **4** und **5** in Abb. 2-6). Auch bei der Preisfindung für ein neues Produkt konfligiert das Streben nach hohen Marktanteilen (niedriger Preis) einerseits und die schnelle Amortisation der mit der Produktentwicklung verbundenen Investionen (hoher Preis) andererseits. Hier setzen die verschiedenen quantitativen Methoden der *Zielplanung* (AHP, Nutzwertanalyse, Risikoanalyse etc.) an, auf die an dieser Stelle noch nicht eingegangen werden kann.

2.2.2 Das Gewinnstreben als Oberziel

„Das Gewinnstreben ist Ausdruck des Einkommensmotivs, des Strebens nach höherem Wohlstand ... jener Personen, die der Unternehmung Eigenkapital oder residualentlohnte Unternehmensleistung zur Verfügung stellen" (Heinen 1976, S. 59). Der Gewinn entspricht damit dem erwerbswirtschaftlichen Prinzip (Ergiebigkeitsprinzip), da er als Differenz von Umsatz und Kosten definiert ist und damit implizit sowohl die Erlös- als auch die Kostenkonsequenzen unterschiedlicher Preissetzungen berücksichtigt.

Nicht zuletzt wegen der Konflikthaftigkeit preispolitischer Entscheidungssituationen ist die prämissenhafte Ausrichtung vieler theoretischer Entscheidungsmodelle am Ziel der *Gewinnmaximierung* jedoch auf heftige Kritik gestoßen (vgl. z.B. Kade 1962; Albert 1966; Hammann 1974; Wiegmann 1977; Schneider 1981, S. 253ff.). Zwar bietet das Gewinnziel den analytisch äußerst attraktiven Vorteil, dass sich in ihm absatz-, umsatz-, kosten- und in begrenztem Umfang auch liquiditätsbezogene Preiswirkungen gleichzeitig verrechnen lassen. Der Gewinn stellt damit vor allem bei langfristiger Betrachtung ein konfliktfreies Entscheidungskriterium dar, was die Entwicklung von Optimierungskalkülen der Preispolitik wesentlich erleichtert. Andererseits beeinflusst der Gewinn langfristig selbst das Datenfeld der Preispolitik und führt deshalb bei unterschiedlichem zeitlichen Bezug zu verschiedenen Optima, wird also mehrdeutig (vgl. Kupsch 1979, S. 45ff.). So können relativ hohe Preise und Gewinne beispielsweise den Eintritt neuer Marktanbieter oder die Entwicklung von preisgünstigeren Substitutionsgütern herausfordern, womit sich langfristig die Gewinnchancen vermindern. Umgekehrt können mit niedrigen Preisen und Gewinnen u.U. Konkurrenten vom Markt verdrängt und damit die zukünftigen Preis- und Gewinnspielräume vergrößert werden. Die deshalb nahe liegende Ausrichtung allein am langfristigen Gewinn ist wegen der enormen Unsicherheiten über die diesbezüglichen Wirkungen preispolitischer Alternativen allerdings oft auch nicht möglich.

Damit verliert der Gewinn aber als Entscheidungskriterium für taktisch-operative Entscheidungen an Bedeutung. Wichtiger sind besser prognostizierbare und unmittelbar mit Preisaktivitäten verknüpfte Unterziele des Gewinns, wie Umsatz, Marktanteil oder Preiszufriedenheit der Kunden. Auch die empirische Zielforschung belegt, dass in praxi mehrere, dem Gewinn formal untergeordnete Ziele, wie das Umsatz-, Marktanteils- oder das Kostenwirtschaftlichkeitsstreben, zu annähernd gleichrangigen Zielen werden (sog. „Ziel-Package"). Für solche Zielgrößen lassen sich im Übrigen auch sehr viel besser als für den von allen Mitarbeitern beeinflussten Gewinn Verantwortlichkeiten delegieren.

Daneben *operationalisiert* man den Gewinn für preispolitische Zwecke in unterschiedlicher Form und verwendet unterschiedliche Gewinnkalküle. Differenzierte Behandlung erfährt insbesondere die *Kostenseite* des Gewinns: Beim *wertmäßigen* Kostenbegriff werden Kosten als jeglicher bewerteter leistungsbezogener Güterverzehr definiert. Darunter fallen also auch sog. kalkulatorische Zusatzkosten wie der kalkulatorische Unternehmerlohn oder die Eigenkapitalzinsen, die beim *pagatorischen* Kostenbegriff nicht explizit erfasst, sondern als Gewinnbestandteil angesehen werden. Da der pagatorische Kostenbegriff generell an Ausgaben gebunden ist, lässt er als Wertansatz für fremdbezogene Potenzialfaktoren darüber hinaus nur Anschaffungspreise zu, während beim kalkulatorischen Kostenbegriff auch andere Bewertungen des Güterverzehrs (z.B. Opportunitätskosten oder Wiederbeschaffungspreise) möglich sind. Eine weitere Einengung erfährt der Kostenbegriff schließlich dann, wenn auch Fremdkapitalzinsen als Gewinnbestandteil und nicht als Kosten angesehen werden. Der entsprechend definierte Gewinn wird dann als *Kapitalgewinn* bezeichnet, während der pagatorische Kostenbegriff zum *pagatorischen Gewinn* und der wertmäßige Kostenbegriff zum *kalkulatorischen Gewinn* führt.

Für die Preispolitik erweist sich der *kalkulatorische Gewinn* unter diesen drei Gewinnbegriffen vor allem aus zwei Gründen als zweckmäßig: Erstens lässt er im Rahmen einer kostenorientierten Preiskalkulation Spielraum für den Ansatz von *Wiederbeschaffungspreisen*, was insbesondere im Hinblick auf die (reale) Substanzerhaltung bei inflationärem Umfeld von Bedeutung ist (vgl. 6.1). Zweitens ist mit verschiedenen preispolitischen Alternativen häufig ein *unterschiedlicher Kapitaleinsatz* verbunden, was beim kalkulatorischen Kostenbegriff über entsprechende kalkulatorische Zinskosten unmittelbar berücksichtigt werden kann.

Ein anderer Weg zur Berücksichtigung unterschiedlich hohen Kapitalbedarfs bei preispolitischen Alternativen besteht in der *relativen* Operationalisierung des Gewinns im Hinblick auf das eingesetzte Kapital. An die Stelle des Strebens nach absolutem Gewinn tritt dann das *Rentabilitätsstreben*. Auch die Rentabilität lässt sich dabei unterschiedlich operationalisieren: Bei der *Umsatzrentabilität* wird der Gewinn zum Umsatz (perioden- oder produktbezogen), bei der *Eigenkapitalrentabilität* zum (entscheidungsrelevanten) Eigenkapitaleinsatz und bei der *Gesamtkapitelrentabilität* zum eingesetzten Gesamtkapital in Beziehung gesetzt. Nach dem Prinzip der Extensionsentsprechung müssen bei der Eigenkapitalrentabilität der pagatorische Gewinn und bei der Gesamtkapitalrentabilität der Kapitalgewinn im Zähler des Rentabilitätsquotienten angesetzt werden. Für die Umsatzrentabilität greift man allerdings auf den kalkulatorischen Gewinn zurück. Es ist offenkundig, dass Rentabilitätsgrößen dem absoluten Gewinn als Zielgröße der Preispolitik immer dann überlegen sind, wenn verschiedene preispolitische Maßnahmen mit unterschiedlichem Kapitaleinsatz verbunden sind. Schon weil mit unterschiedlichen Preisen und in Folge davon mit unterschiedlichen Absatz- und Produktionsmengen das Umlaufvermögen variiert, wird dies in der Praxis eher der Regelfall als die Ausnahme sein. Variationen des Preisnenners bedingen darüber hinaus häufig auch kapitalbedarfsrelevante Anlageinvestitionen.

Neben der Unterscheidung von absoluten und relativen Gewinngrößen lässt sich der Gewinnbegriff auch danach differenzieren, ob er auf einer *Voll-* oder *Teilkostenbetrachtung* aufbaut. Bisher gingen wir davon aus, dass jeglicher Güterverzehr zur Gewinnberechnung herangezogen wird. Wie aus der Kostenrechnung bekannt (vgl. z.B. Layer 1967, Männel 1998), entstehen bei einer solchen *Nettogewinndefinition* jedoch erhebliche Probleme der Verrechnung echter Gemeinkosten, die durch eine mehr oder minder willkürliche *Gemeinkostenschlüsselung* nur unbefriedigend gelöst werden können. Darüber hinaus erweisen sich die *Fixkosten* bei vielen preispolitischen Fragen nicht als entscheidungsrelevant, ja sogar irreführend. So führt zum Beispiel die Berücksichtigung der Fixkosten bei einer streng kostenorientierten Preiskalkulation zu steigenden Preisen, wenn die Auslastung des Unternehmens sinkt, da jedes verkaufte Stück dann auch einen größeren Anteil der Fixkosten tragen muss (vgl. 6.2). Dies kann zu weiteren Absatzeinbußen führen, die bei einer Preissenkung vermieden werden könnten, ohne das Periodenergebnis dadurch zu beeinträchtigen.

Statt Nettogewinnen verwendet man deshalb vor allem in kurzfristig orientierten preispolitischen Kalkülen *Bruttogewinne* (*Deckungsbeiträge*). Sie können wiederum auf unterschiedlichen Teilkostenrechnungssystemen aufbauen. Für die Preispolitik am attraktivsten sind hierbei das sog. *Direct Costing* und das *System der relativen Einzelkostenrechnung* von Riebel (vgl. Riebel 1994). Beim Direct Costing ist der Deckungsbeitrag als Differenz der produktspezifischen Umsatzerlöse (U) und der variablen Kosten (K_v) innerhalb einer Periode t definiert. Es gilt also:

$$(2\text{-}2) \quad D_{it} = U_{it} - K_{vit}$$

D_{it} = Deckungsbeitrag des Produktes i in Periode t
U_{it} = Umsatzerlöse des Produktes i in Periode t
K_{vit} = Summe der variablen Kosten des Produktes i in Periode t
(i = 1 ... I; t = 1 ... T)

Bei einer Stückbetrachtung ergibt sich:

$$(2\text{-}3) \quad d_{it} = p_{it} - k_{vit}$$

d_{it} = Deckungsbeitrag pro Einheit des Produktes i
p_{it} = (durchschnittlicher) Stückpreis von i in t
k_{it} = variable (durchschnittliche) Stückkosten von i in Periode t

Der Ansatz von Deckungsbeiträgen in Preiskalkülen zur Gewinnmaximierung ist schon deshalb zulässig, weil der gewinnmaximale Preis von der Höhe der Fixkosten unabhängig ist (vgl. 6.4). Darüber hinaus erlaubt die Differenzierung von fixen und variablen Kosten die Anwendung von *Break-Even-Analysen*, denen im Rahmen der Preispolitik eine große Bedeutung zukommt (vgl. 6.3.2.3). In diesem Zusammenhang kann der Deckungsbeitrag auch als relative Größe (analog zur Umsatzrentabilität) definiert werden. Man bezeichnet ihn dann als *Deckungsbeitragsrate* (DR).

$$(2\text{-}4) \quad DR_i = \frac{p_i - k_v}{p_i}$$

Mit Hilfe der Deckungsbeitragsrate lässt sich der *kritische Umsatz* in Break-Even-Analysen sehr leicht bestimmen, weil gilt:

$$(2\text{-}5) \qquad U_{it}^{*} = \frac{K_{fit}}{DR_i}$$

U_{it}^{*} = kritischer Umsatz (Break-Even-Point), jenseits dessen Produkt i Nettogewinne abwirft

K_{fit} = Fixkosten für Produkt i in t

Darüber hinaus sind Gewinnvergleiche zwischen verschiedenen Preisalternativen und/oder Zielsegmenten anhand der Deckungsbeitragsraten rasch und einfach durchführbar. Andererseits beruht die Deckungsbeitragsrate in der bisher betrachteten Form allein auf einer Kostenkategorisierung in variable und fixe, genauer: in einzelnen Produkten zurechenbare fixe und variable Kosten. Für die Bestimmung der Deckungsbeitragsrate erweisen sich dabei ausschließlich die variablen Kosten als relevant. Für die Zwecke der Preispolitik und insbesondere der segmentspezifischen Preisdifferenzierung sind aber häufig auch fixe zurechenbare Kosten von Bedeutung.

Wenn z.B. eine Brauerei Bier zu verschiedenen Preisen an Gaststätten bzw. Einzelhandlungen verkauft, fallen in diesen beiden Absatzsegmenten unterschiedlich hohe, den beiden Absatzsegmenten aber durchaus zurechenbare Fixkosten an. Beispielsweise ist hier an kalkulatorische Abschreibungen für spezielle Abfüllanlagen oder Lieferfahrzeuge, an Lagerkosten oder Werbungskosten zu denken. Gleichzeitig variieren auch variable Kostenbestandteile, beispielsweise jene für das Verpackungsmaterial.

Eine gewinnorientierte Preispolitik erfordert in solchen Situationen den Rückgriff auf *relative Deckungsbeiträge* (RD_{it}) und *relative Deckungsbeitragsraten* (RDR_{ist}) im Sinne des Systems der relativen Einzelkostenrechnung nach Riebel (1994). Der Index s steht dabei für das jeweilige Zurechnungssegment. Die beiden Größen sind wie folgt definiert:

$$(2\text{-}6) \qquad RD_{ist} = EE_{ist} - EK_{ist}$$

RD_{ist} = Relativer Deckungsbeitrag von Produkt I in Segment s und Periode t (s = 1 ... S)

EE_{ist} = Relative Einzelerlöse von i in s und t

EK_{ist} = Relative Einzelkosten von i in s und t

$$(2\text{-}7) \qquad RDR_{ist} = \frac{EE_{ist} - EK_{ist}}{EE_{ist}}$$

RDR_{ist} gibt dann an, welcher Anteil des Erlöses einer Periode t zur Deckung der bei Aufteilung der Kosten auf die S verschiedenen Absatzsegmente verbleibenden relativen Gemeinkosten (GK_{iSt}) bzw. zur Gewinnerzielung zur Verfügung steht.

Eine letzte für die Preispolitik relevante Gewinnoperationalisierung in der Gruppe der relativen Deckungsbeiträge sind schließlich sog. *engpassbezogene Deckungsbeiträge*. Sie beruhen auf einem Opportunitätskalkül. Lässt es beispielsweise die durch einen bestimmten Preis induzierte Absatzmenge eines Produktes i wegen eines Engpasses in der

Produktion oder in anderen Bereichen nicht zu, auch ein anderes Produkt j in gewinnmaximaler Menge abzusetzen, so entstehen durch den Absatz von i Opportunitätsverluste bei j, die i direkt zurechenbar sind. Berechnet man nun nach der Formel (2-8) engpassbezogene Deckungsbeiträge, so lassen sich diese engpassbedingten Opportunitätsverluste bei der Preisfindung von i berücksichtigen.

$$(2\text{-}8) \qquad d_{Qit} = \frac{d_{it}}{Q_t}$$

d_{Qit} = Auf eine Engpasseinheit Q bezogener Stück deckungsbeitrag von i in Periode t

d_{it} = Stückdeckungsbeitrag von i in t

Q_t = In t insgesamt verfügbare Einheiten des Engpasses (z.B. Maschinenstunden, Materialmengen etc.)

Oben wurde bereits der unterschiedliche *zeitliche Bezug* der Gewinnziele angesprochen. *Langfristig* können bestimmte Gewinngrößen eine höhere Relevanz besitzen als kurzfristig und umgekehrt. Dies ist dadurch bedingt, dass das Entscheidungsfeld langfristig oftmals anders strukturiert ist als kurzfristig (Auftreten neuer Konkurrenten, Eingreifen des Staates, Abwanderung bisher treuer Kunden etc.). Das preispolitische Zielsystem erfordert deshalb *sowohl* kurz- *als auch* langfristige Zielsetzungen (vgl. Kap. 11). Eine wohl durchdachte Preisstrategie mit langfristigen Zielvorgaben ist auch wegen der bereits skizzierten *Interdependenz von preis- und investitionspolitischen Entscheidungen* erforderlich. Existenzbedrohende Überkapazitäten wie am Textilfaser- oder am Massenstahlmarkt hätten u.U. vermieden werden können, wenn letztlich preispolitisch motivierte Entscheidungen über Kapazitätserweiterungen nicht nur anhand kurzfristiger Ziele und Daten, sondern auch unter Berücksichtigung der langfristigen Perspektiven eines Unternehmens und der dafür relevanten Umfeldbedingungen getroffen worden wären.

In diesem Zusammenhang gewinnen dann jene Operationalisierungen des Gewinns an Bedeutung, die in der Investitionstheorie bzw. -rechnung entwickelt wurden. So können z.B. der *Kapitalwert* und der *interne Zinsfluss* als „dynamische" Operationalisierungen des Gewinns auch in der Preispolitik Anwendung finden. Wir wählen hier einen anderen Weg und definieren in Abb. 2-6 neben dem Gewinnziel mit der *Sicherheit des Unternehmensbestandes* und der *Unabhängigkeit des Unternehmens* zwei weitere Oberziele der Preispolitik, deren Bedeutung freilich im Vergleich zum langfristigen Gewinn weit geringer ist und auf die hier deshalb nur am Rande eingegangen wird.

2.2.3 Preispolitische Effekte

Nachfolgend erläutern wir das in Abb. 2-6 dargestellte Zielsystem mit seinen Zielkomponenten und Zielbeziehungen. Für die formulierten Effekte gilt zur Vereinfachung die ceteris paribus-Bedingung, d.h. wir isolieren die Zielbeziehung und fixieren alle anderen Zusammenhänge.

2.2.3.1 Umsatz-, Durchschnittspreis- und Rabatteffekte

Der bereits erörterte Gewinn als preispolitisches Oberziel kann definiti-onsgemäß entweder durch eine Erhöhung der Umsatzerlöse oder durch eine Senkung der Kosten verbessert werden. Die Preispolitik bietet auf beiden Seiten Ansatzpunkte. Meffert (1998, S. 472) spricht in diesem Zusammenhang von *marktgerichteten* und *betriebsgerichteten Zielen* der Preispolitik.

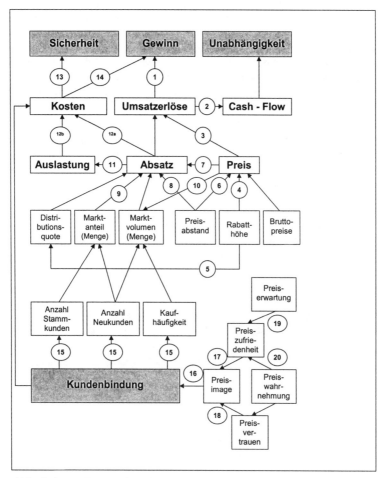

Abb. 2-6: **Das preispolitische Zielsystem**

Der *Umsatz* U_i, auch Umsatzerlös oder einfach *Erlös* genannt, ist defi-niert als die von einer Unternehmung in einer bestimmten Zeitperiode t abgesetzte Menge eines bestimmten Produktes (x_{it}), multipliziert mit den beim Absatz erzielten Preisen pro Mengeneinheit (p_{it}):

(2-9) $U_{it} = x_{it} \cdot p_{it}$

Die Umsatzerlöse aller Anbieter einer Güterart ergeben das sog. *Umsatz-* oder *Marktvolumen.* Die Umsatzerlöse einer Unternehmung werden üblicherweise durch Aufsummierung aller in einer bestimmten Periode fakturierten, d.h. den Abnehmern in Rechnung gestellten und auf den Verkaufskonten gebuchten Rechnungsbeträge ermittelt. EDV-Anlagen ermöglichen solche Prozeduren in kürzester Zeit und unter vielfältigsten Gliederungsaspekten. Nicht zuletzt diese gute Informationssituation trägt vermutlich erheblich zur großen praktischen Bedeutung des Umsatzes als Zielgröße der Preispolitik mit. Trotzdem darf nicht übersehen werden, dass auch der Umsatz *Operationalisierungs-* und damit *Begriffsspielräume* offen lässt. So kann man den *Fabrikumsatz* und den *Endverbraucherumsatz* unterscheiden, wenn mehrstufige Absatzmärkte bedient werden. Endverbraucherumsätze sind schon wegen des Pipeline-Effekts (Warenbestand im Absatzkanal) erheblich schwieriger und aufwendiger zu erfassen als Fabrikumsätze.

Man unterscheidet bei der Preisstellung *Brutto- und Nettoumsätze.* Sie differieren durch die *Mehrwertsteuer,* die als durchlaufender Posten und deshalb als erfolgsneutral anzusehen ist, und sog. *Erlösschmälerungen,* d.h. „negative Erfolgsvariablen, deren Anfall zu Lasten des Erfolgs des Unternehmens geht, wobei sie aber nicht wie Kosten mit einem Verzehr von Gütern und Leistungen verbunden sind, sondern Korrektur- bzw. Abzugsposten von den Erlöse darstellen" (Männel 1992, S. 638). Für die Erfolgsermittlung sind letztlich die Nettoumsätze entscheidend. Allerdings gibt es in der Praxis große Unterschiede bei der Definition von Brutto- und Nettoumsätzen, was darauf zurückzuführen ist, dass der Charakter und die Verrechenbarkeit der Erlösschmälerungen oft verkannt werden. So werden echte Erlösschmälerungen, etwa Kundenskonti, Naturalrabatte oder Selbstabholvergütungen, oft als Aufwendungen bzw. Kosten behandelt; umgekehrt zählt man echte Vertriebskosten, beispielsweise Umsatzprovisionen, gelegentlich zu den Erlösschmälerungen. Häufig bedient man sich in der Praxis des folgenden Berechnungsschemas:

	(1)	Bruttoumsatz
./.	(2)	in (1) enthaltene Mehrwertsteuer
./.	(3)	direkte Erlösschmälerungen
=	(4)	Nettoumsatz
./.	(5)	indirekte Erlösschmälerungen
=	(6)	„Netto-Netto-Umsatz"

Vom Bruttoumsatz werden also die darin enthaltene Mehrwertsteuer sowie die einer Leistungseinheit direkt zurechenbaren Erlösschmälerungen („Einzelerlösschmälerungen", z.B. Skonti, Sofortrabatte) abgezogen, um den Nettoumsatz zu erhalten. Dieser Nettoumsatz kann weiter von indirekten Erlösschmälerungen, etwa Jahresboni, Werbekostenzuschüssen oder ähnlichen, nur indirekt zurechenbaren Komponenten („Gemeiner-lösschmälerungen") bereinigt werden. Dazu sind allerdings problemati-sche Schlüsselungen erforderlich, etwa wenn ein Abnehmer für den Kauf *verschiedener* Waren ab einer bestimmten Umsatzhöhe einen Bonus er-hält. Das Resultat wird häufig „*Netto-Netto-Umsatz*" bzw. bei Bezug-nahme auf eine einzelne Leistungseinheit „*Netto-Netto-Preis*" genannt.

Der *Umsatzeffekt* (**1**) des Preises wird in der Preis-Umsatzfunktion abge-bildet, die wir im Kapitel 3.3 ausführlich behandeln werden. Umsatzstei-gerungen können danach bei elastischer Marktreaktion je nach Aus-gangssituation sowohl durch Preiserhöhungen als auch durch Preissen-kungen erzielt werden!

Der Umsatz ist gleichzeitig wesentlicher Treiber des *Cash Flow* (**2**), aber auch des notwendigen *Kapitaleinsatzes* für das mit dem Umsatz steigen-de Umlaufvermögen, z.B. für Lager- oder Forderungsbestände. Dies kann wiederum Rückwirkungen auf die kapitalmäßige Unabhängigkeit und die Investitionskraft eines Unternehmens besitzen. Der Einfluss preispolitischer Entscheidungen auf Art, Umfang und Kombination der eingesetzten Produktionsfaktoren zieht also auch *kapital- bzw. finanz-wirtschaftliche Konsequenzen* nach sich. Aus finanzpolitischen Gründen sind nun zusätzlich zu den bereits erörterten Zielen einerseits *Liquiditäts-ziele* zu berücksichtigen und andererseits *Kapitalkosten* in die preispoliti-schen Überlegungen mit aufzunehmen. Dies erhöht naturgemäß die Kon-fliktträchtigkeit des Zielsystems.

Bricht man den Umsatz definitorisch in das Produkt aus Absatzmenge und Durchschnittspreis weiter auf, so kommen andere wichtige Zusam-menhänge der Preispolitik zum Vorschein. Retrospektiv ergibt sich der sog. *Preiseffekt* (**3**), also der positive Umsatzeinfluss einer Preiserhöhung bei konstantem Absatz, aus dem am Markt tatsächlich erzielten *Durch-schnittspreis* über alle Kunden hinweg. Dieser geplante Durchschnitts-preis wird durch *Rabatteffekte* (**4**) negativ beeinflusst, die insb. bei Preis-verhandlungen auftreten, bei denen der Anbieter seine Preisvorstellungen nicht voll durchsetzen kann, sondern Preisnachlässe und Sonderkonditio-nen gewährt. Umgekehrt kann durch Abbau solcher Preisnachlässe eine Gewinnverbesserung bewirkt werden.

Besonders virulent sind solche Effekte bei marktmächtigen Abnehmern, etwa beim Vertrieb über große Handelskonzerne. Andererseits reizt der Absatz über diese Konzerne mit oft Tausenden von Verkaufsstellen, weil hierdurch ein *Distributionseffekt* (**5**) erzielt werden kann, der seinerseits Marktanteil und Absatz positiv beeinflusst. Hier stellt sich dem Mana-gement also ein typisches Optimierungsproblem für zwei konfliktäre preispolitische Ziele.

2.2.3.2 Absatz- und Wettbewerbseffekte

Auf nicht-monopolistischen Märkten wird der Durchschnittspreis auch maßgeblich vom Preisabstand zum Preis der Wettbewerber beeinflusst (*Preisabstandseffekt* 6). Je nach Wettbewerbsstrategie (vgl. Porter 1987) kann die Unternehmung dabei entweder selbst einen angestrebten Preisabstand definieren und die Preisführerschaft zu übernehmen versuchen oder sich als Preisfolger an die Preise des Wettbewerbs anpassen (vgl. Kap. 11.3).

Ein zentraler Zusammenhang im preispolitischen Zielsystem betrifft den Einfluss des Preises auf die *Absatzmenge* des jeweiligen Produktes (x_i), kurz auch Absatz genannt. Auf ihn wird im Kapitel 3.2 ausführlich eingegangen. Im Normalfall steigt der Absatz mit sinkenden Preisen, wobei sehr unterschiedliche Funktionsverläufe auftreten können. Der Einfluss der Preishöhe auf den Absatz wird als *„Absatzresponse"* (7) bezeichnet und in *Preis-Absatzfunktionen* quantitativ dargestellt (vgl. 3.2). Die unmittelbare und deshalb im Allgemeinen auch relativ leicht messbare Wirkung der Preishöhe auf den Absatz begründet die Bedeutung dieses Ziels im Rahmen der Bemühungen um eine optimale Preispolitik. Darüber hinaus ist die Absatzmenge eine wichtige Ausgangsgröße für eine Reihe betrieblicher Teilpläne, z.B. die Produktions-, Investitions- und Personalplanung.

Den maßgeblichen Einfluss auf die Stärke des Absatzresponse hat allerdings nicht der absolute, sondern der relative Preis im Vergleich zur Konkurrenz (*Preisrelationseffekt* 8). Hier kann es zu einer spezifischen *Wettbewerbsdynamik* mit preispolitischen Aktionen und Reaktionen der Preisakteure am Markt kommen, die es im Rahmen eines strategischen Wettbewerbskonzeptes grundsätzlich zu fundieren und durch laufende Preisjustierungen operativ auszuführen gilt.

Werden preispolitische Aktivitäten vor allem unter solchen konkurrenzbezogenen Aspekten ergriffen, empfiehlt sich statt des Absatzes der *mengenmäßige* bzw. *wertmäßige Marktanteil* als Zielgröße. Er ist als Quotient aus dem Absatz bzw. dem Umsatz eines Produktes und dem mengenmäßigen bzw. wertmäßigen Marktvolumen definiert. Das preispolitische Ziel der *Verdrängung* von Mitwettbewerbern kann auf diese Weise quantitativ formuliert werden. Darüber hinaus wird der Marktanteil nicht direkt von saisonalen oder konjunkturellen Schwankungen berührt und erweist sich deshalb als bessere Kontrollgröße für die Preispolitik als beispielsweise der Absatz.

Zum Absatz ergibt sich einerseits eine definitorische Beziehung, weil dieser das Produkt aus Marktvolumen und Marktanteil darstellt, andererseits eine sachlogische Abhängigkeit, wenn bei Marktstagnation (= konstantes Marktvolumen) der Absatz nur durch Verdrängung von Wettbewerbern gesteigert werden kann (*Verdrängungseffekt* 9). Umgekehrt kann man insb. bei neuen Produktgattungen versuchen, mit der Preispolitik das Marktvolumen zu steigern und daraus Absatzwachstum zu generieren (*Marktausweitungseffekt* **10**). Auch hierbei wird über den *Lebens-zykluseffekt* (**11**) eine *langfristige* Wirkungskette berührt, wenn es um Produkte geht, die nur einmal oder in sehr langen Zeitabständen gekauft werden (TV, Staubsauger etc.). In solchen Fällen bedeutet die Ausweitung des Marktvolumens eines Jahres das (vorzeitige) Erschließen eines Teils des im gesamten Produktlebenszyklus vorgegebenen Absatzpotenzials, also eine Beschleunigung dieses Lebenszyklus. Damit einher gehen entsprechende Auslastungseffekte (**11**).

2.2.3.3 Kosten- und Sicherheitseffekte

Neben dem Umsatz und seinen Unterzielen bestimmen definitionsgemäß die *Kosten* die Höhe des Gewinns. Für die Preispolitik stellen sie eher eine Nebenbedingung als eine Zielgröße dar. Allerdings ist der sachlogische Zusammenhang zwischen Preisen und Kosten für die Optimierung der Preisstellung von ganz zentraler Bedeutung. Dies liegt erstens daran, dass die Kosten kurzfristig (**12a**) wie langfristig (**12b**) maßgeblich von der Absatz- bzw. Produktionsmenge abhängen, die wiederum von der Preishöhe bestimmt wird. Die Mehrerlöse (Mindererlöse) von Preissenkungen (Preiserhöhungen) müssen also mit den dadurch verursachten Mehrkosten (Minderkosten) gegengerechnet werden. Analytische Grundlage dafür sind *Preis-Kostenfunktionen* (vgl. 3.4). Zweitens existiert über den sog. *Erfahrungskurveneffekt* (**12b**) ein preisstrategisch sehr bedeutsamer langfristiger Zusammenhang zwischen der über die Zeit kumulierten Produktionsmenge und dem Kostenniveau, der jenen Firmen einen Kostenvorsprung verleiht, die frühzeitiger ihre Produktionserfahrungen in Kostensenkungen umsetzen. Da auf lange Sicht eine Unternehmung nur dann überleben kann, wenn die Erlöse die Kosten zumindest decken, stellt die Berücksichtigung der Kosten im Rahmen der Preispolitik schließlich drittens auch eine Ausprägung des Strebens nach *Sicherheit* und *Substanzerhaltung* dar. Die Berücksichtigung dieses *Substanzerhaltungseffekts* (**14**) bei der Preisfestsetzung soll verhindern, dass das Untenehmenspotenzial durch Unterschreiten von *Preisuntergrenzen* langfristig gemindert wird.

Kapitalwirtschaftliche Bedeutung besitzt auch die Frage, ob eine an der realen Substanzerhaltung einer Unternehmung orientierte Preisgestaltung bei inflationärem Umfeld auf *Wiederbeschaffungspreise* als Kostenwerte zurückgreifen soll. Die über den Preis beeinflussten Umsatzerlöse müssen grundsätzlich ausreichen, um die im Produktionsprozess verbrauchten Potenzialfaktoren in gleicher Qualität wiederbeschaffen zu können. Wird dies bei einer kostengebundenen Preisbestimmung nicht berücksichtigt, entstehen bei Beschaffungspreissteigerungen Scheingewinne, die - soweit sie versteuert und ausgeschüttet werden - die Substanz einer Unternehmung vermindern und das finanzielle Gleichgewicht gefährden. Einen gewissen Ausgleich dafür können allerdings Kapazitätserweiterungseffekte mit sich bringen, die durch die zeitlich auf einen längeren Zeitraum verteilten Rückflüsse von Investitionsaufwendungen entstehen (vgl. Hax 1957, S. 225ff.).

Die *Problematik* einer kostenorientierten Preispolitik liegt dabei in der *Kostenverrechnung* auf Artikel, Aufträge oder andere Kalkulationsobjekte, die sich nicht immer streng nach dem Kostenverursachungsprinzip vornehmen lässt (vgl. 6.2). Die dabei auftretenden Probleme sind dann nur unter Einbezug weiterer Ziele in das Entscheidungskalkül lösbar. Ein typisches Beispiel dafür ist die Berechnung von Produktionskosten nach dem *Tragfähigkeitsprinzip* im Rahmen der Preiskalkulation von Kuppelprodukten, die damit letztlich am Umsatzziel orientiert ist. Trotz dieser Einschränkungen erfüllen die Kosten im Rahmen der Preispolitik wichtige Steuerungs- und Bewertungsfunktionen.

Hinsichtlich der zweckmäßigen *Spezifikation und Operationalisierung der Kosten* im Rahmen der Preisfindung liefert die betriebswirtschaftliche Kosten(rechnungs)theorie zahlreiche Grundsätze. Eine erste wichtige Kostenkategorisierung stellt die Unterscheidung von *Ist-* und *Plankosten* dar (Zeitbezug der Kosten). Da Entscheidungen immer zukunftsgerichtet sind, kommen für preispolitische Entscheidungskalküle immer nur *Plankosten*, d.h. der im Voraus bestimmte, bewertete und leistungsbezogene Mittelverzehr in Betracht. Dies wird deutlich, wenn man sich vor Augen hält, dass die *Mengenkomponente* des Leistungsverzehrs über den Preis-Absatz-Zusammenhang stark vom zukünftigen Preis der abgesetzten Güter abhängt und auch die *Wertkomponente* durch inflatorische und andere ökonomische Entwicklungen (z.B. Ressourcenverknappung) ständigen Veränderungen unterliegt. Andererseits beinhaltet die Preispolitik auch die *Kontrolle* preispolitischer Entscheidungen und bedarf deshalb auch bestimmter *Istko-*steninformationen, zumal diese dann wiederum zum Ausgangspunkt für eine zukunftsgerichtete Kostenplanung werden.

Eine zweite preispolitisch relevante Kostenkategorisierung bezieht sich auf die Abhängigkeit der Kosten vom Beschäftigungsgrad. *Variable Kosten* (K_v) verändern sich mit dem Beschäftigungsgrad, *fixe Kosten* (K_f) sind von ihm unabhängig. Viele Kostenarten besitzen allerdings sowohl fixe als auch variable Komponenten und werden deshalb *semivariabel* genannt.

Speziell im Hinblick auf die Preiskalkulation, d.h. die kostengebundene Preisfindung, werden nach dem Kriterium der Zurechenbarkeit drittens *Einzel-* und *Gemeinkosten* unterschieden. Einzelkosten lassen sich einer einzelnen Leistungseinheit nach dem *Kostenverursachungsprinzip* unmittelbar zurechnen, während dies bei Gemeinkosten nicht möglich ist, da sie für verschiedene und/oder eine Mehrzahl von Leistungseinheiten anfallen. Im Bemühen um den Ausbau der Kostenrechnung vom reinen Abrechnungs- zu einem Entscheidungsinstrument wird in modernen Kostenrechnungssystemen der Begriff der Einzelkosten relativiert, indem als Zurechnungsobjekt nicht nur einzelne Leistungseinheiten, sondern auch andere Kalkulationsobjekte zugelassen werden (Riebel 1994). Man spricht deshalb von *relativen Einzel-* bzw. *relativen Gemeinkosten*.

Neben den sunk costs als Spezialfall irrelevanter Kosten spielen im Rahmen der Preispolitik auch *Opportunitätskosten* als Spezialfall der relevanten Kosten eine Rolle. Sie stellen den „entgehenden Nutzen dar, den man in der besten aller nicht realisierten Alternativen hätte erzielen können" (Hummel/Männel 1995, S. 117). Solche Entscheidungssituationen treten vor allem bei der *Preislinienpolitik* (vgl. Kap. 8) sowie bei der Bestimmung von *Preisuntergrenzen* (vgl. 6.3.2.3) auf.

2.2.3.4 Kundenpolitische Effekte

Die von der volkswirtschaftlichen Preistheorie übernommene aggregierte Betrachtung der Folgen unterschiedlicher Preise auf Absatz, Marktanteile, Kosten und Gewinne verstellte lange Zeit den Blick dafür, dass hinter diesen Erfolgsgrößen individuelle Kundenentscheidungen stehen. Die individuelle Akzeptanz eines Angebotspreises, die Wertschätzung des Preis-Leistungsverhältnisses eines Anbieters oder das wahrgenommene

Preisimage eines Discounters wie Aldi sind z.B. allesamt *Verhaltens-merkmale* potentieller oder bereits gewonnener Kunden(gruppen), die als preispolitische Ziele fungieren können, wenn man Preispolitik kundenorientiert ausgestalten will. Die hier zweckmäßigen Konzepte und Modelle werden in Kapitel 4 näher dargelegt.

Die Verknüpfung solcher kundenpolitischer Ziele mit den bisher behandelten Zielgrößen unserer preispolitischen Zielpyramide kann über die *Kundenbindung* erfolgen, die sich nicht nur in der Preispolitik als immer wichtigere Zielgröße einer kundenorientierten Marketingpolitik herausschält (vgl. Diller 1996, Bruhn/Homburg 1999). Das Ausmaß der Kundenbindung – gemessen z.B. am Wiederkaufverhalten oder an der positiven Einstellung zum Anbieter - ist maßgeblich für den Umfang des *Kundenstamms* und damit für den Marktanteil, weil dieser letztlich auf den Einkäufen von Kunden beruht (vgl. Abb. 2-6). Dabei spielt freilich auch der *Kundenwert* eine Rolle, insb. die oft sehr unterschiedliche *Kaufhäufigkeit* der jeweiligen Kunden, die bei ihnen erzielten Preise und aufgewendeten Kosten und das Ausmaß an Weiterempfehlung (Referenzwert der Kunden) sowie dadurch bewirkter Neukundengewinnung (vgl. Cornelsen 2000). Wir kennzeichnen all diese Wirkungszusammenhänge als *Kundenbindungseffekte* (15), die einerseits den Marktanteil, andererseits aber auch das Marktvolumen zu steigern und die (Kunden-bearbeitungs-) Kosten zu senken vermögen.

Der entscheidende Zusammenhang zur Preispolitik wird über den *Preis-image-Effekt* (16) hergestellt. Untersuchungen zur Kundenzufriedenheit zeigen, dass die Kundenbindung umso höher ist, je besser das Preisimage eines Anbieters ausfällt (vgl. Diller/That 1999). Unter dem Preisimage kann dabei eine Einstellung der Kunden hinsichtlich aller subjektiv wahrgenommenen Preis(fehl)leistungen verstanden werden. Sie wird ihrerseits von der (aktuellen) *Preiszufriedenheit* (17) und vom (langfristigen) *Preisvertrauen* (18) bestimmt (vgl. Kap. 4). *Preiszufriedenheit* ist als Ergebnis eines Vergleichs zwischen Preiserwartungen und wahrgenommenen Preisleistungen ein kognitives (vom Denken gesteuertes) Konstrukt. Demgegenüber wird das Preisvertrauen von den langfristig angesammelten Erfahrungen mit dem Preisgebaren des Anbieters und der dadurch aufgebauten Preissympathie bzw. -antipathie, also Gefühlen geprägt. Für das Verständnis entscheidend ist auch, dass sich beide Größen nicht nur auf die Preishöhe (den in der klassischen Preistheorie im Vordergrund stehenden Parameter) beziehen, sondern auf *alle* Preisleistungen eines Anbieters, also auch auf das Preis-Leistungsverhältnis und die sog. Preisnebenleistungen, z.B. transparente Preisinformationen oder gute Preisberatung (vgl. ausführlich Abschnitt 4.7).

Mit derartigen Zielen „landet" unser preispolitisches Zielsystem bei konkreten Sachzielen hinsichtlich der Ausgestaltung des preispolitischen Instrumentariums. Gleichzeitig erzwingt es damit eine Einschätzung der Wirkungen dieser Instrumente aus der subjektiven Sicht der Kunden, was ein wesentliches Element der Kundenorientierung darstellt. Welche praktische Bedeutung dies haben kann, zeigt das Beispiel der Deutschen Bahn AG, deren Fahrpreise nach einer Analyse Schneiders (1999a, S. 115ff, 1999b) von den Kunden weit überschätzt (z.b. Hamburg-Stuttgart um durchschnittlich 87%) werden (*Preiswahrnehmungseffekt* 20), sodass es zur Absatzsteigerung u.U. sinnvoller ist, die Preisinformationspolitik zu forcieren als die Preise zu senken. In anderen Fällen, z.b. beim Konzept von „who's perfect" eines in München ansässigen Vermarkters von Designermöbeln 2. Wahl, mag es dagegen angebracht sein, den *Preiserwartungseffekt* (**19**) zu benutzen, indem die Beschädigungen als unbedeutend, der dafür gebotene Preisvorteil aber als gewaltig dargestellt wird. Mit einer derartig ausgerichteten Preiswerbung wird Preisunzufriedenheit von vornherein vermieden und ein positives Preisimage aufgebaut.

Die 20 dargestellten Effekte schöpfen das preispolitische „Triebwerk" keineswegs vollständig aus. Für ein Grundverständnis der bei Preisentscheidungen wichtigen Zielgrößen reichen sie jedoch aus. In späteren Abschnitten dieses Buches werden sie dann an geeigneter Stelle sowohl vertieft als auch durch weitere Effekte ergänzt.

2.3 Umfeldbedingungen preispolitischer Entscheidungen

2.3.1 Überblick

Neben den bereits erörterten Parametern und Zielen stellen bestimmte Umfeldbedingungen des Entscheiders ein drittes Strukturmerkmal preispolitischer Entscheidungen dar. Sie lassen sich definitorisch als Menge all jener Gegebenheiten abgrenzen, die entweder den Einsatz bestimmter preispolitischer Parameter(-ausprägungen) von vornherein einschränken (etwa gesetzliche Verbote) bzw. erst möglich machen (z.B. ein zur Mischkalkulation geeignetes Sortiment) oder die zielrelevanten Wirkungen dieser Parameter positiv oder negativ beeinflussen, ohne selbst vom Entscheidungsträger beeinflussbar zu sein.

Umfeldbedingungen tangieren also sowohl den Aktionsraum als auch den Ergebnisraum der Preispolitik. Was dabei als Gegebenheit, also vom Entscheider nicht beeinflussbar angesehen werden muss, hängt dabei auch vom jeweiligen Planungshorizont ab. Der Terminus Gegebenheit darf im Übrigen nicht dazu verleiten, Umfeldbedingungen nur als Restriktionen für die Preispolitik zu interpretieren. In vielen Fällen beinhalten sie vielmehr auch Chancen für preispolitisches Handeln. Insofern sind Informationen über relevante Umfeldbedingungen nicht nur für die Bewertung, sondern schon für die Generierung von preispolitischen Alternativen überaus wichtig. Beispielsweise kann die Gegebenheit, dass Endverbraucher durchgestrichene Preise bei Preisgegenüberstellungen oft genug als einzigen Anker bei der Preisbeurteilung heranziehen, dazu benutzt werden, Preise in der Preiswerbung optisch besonders vorteilhaft darzustellen.

Die Menge preispolitisch relevanter Umfeldbedingungen konstituiert den *situativen Bedingungsrahmen*, den ein Entscheidungsträger theoretisch zu berücksichtigen hätte, wollte er *alle* seine anstehende Entscheidung beeinflussenden Gegebenheiten berücksichtigen. Da dies wegen der ungeheuren Vielzahl von näher oder entfernter liegenden Umfeldfaktoren preispolitischer Entscheidungsfelder nie ganz gelingen wird, bemüht sich die betriebswirtschaftliche Preistheorie ebenso wie die Praxis seit langem um brauchbare *Modelle* zur vereinfachten Abbildung, Strukturierung und theoretischen Durchdringung dieser situativen Bedingungen.

Zur *Strukturierung* eignet sich vor allem eine systemtheoretische Interpretation der Unternehmung und ihres Umfelds (vgl. Abb. 2-6 in Anlehnung an Meffert 1998, S. 28). Bei einer solchen Betrachtung sieht sich der preispolitische Entscheidungsträger in ein in vielerlei Subsysteme untergliederbares internes Umfeldsystem eingebettet, auf das er einerseits selbst Einfluss nimmt, das aber andererseits auch einen *internen Bedingungsrahmen* für sein Handeln darstellt. Beispiele für derartige interne Umfeldbedingungen der Preispolitik sind die gegebene Produktionskapazität, das Verhandlungsgeschick des Außendienstes, die technischen Möglichkeiten zur Differenzierung der Verpackung eines Produktes oder die finanzielle Situation der Unternehmung.

Das Unternehmungssystem interagiert wiederum mit dem *externen Umfeld*. Preispolitisch besonders bedeutsam ist hierbei der *Absatzmarkt*, der mit den konkurrierenden Anbietern, Absatzmittlern, Absatzhelfern und Nachfragern als wichtigsten Elementen seinerseits ein komplexes *Marktsystem* darstellt, das vielfältige relevante Gegebenheiten für die Preispolitik aufweist.

Das Marktsystem steht in Interaktion mit ökonomischen, technischen, politischen oder sonstigen Gegebenheiten und Kräften eines *Makrosystems*, dessen Kenntnis damit indirekt auch für die Preispolitik von Bedeutung ist.

Die verschiedenen Umfeldsysteme der Preispolitik enthalten sowohl *aktive* als auch *passive Elemente*. Aktive Elemente, etwa Konkurrenten oder Nachfrager, zeichnen sich durch autonomes und/oder reaktives Handeln aus. Bei ihnen erweist es sich deshalb im Gegensatz zu passiven Elementen als erforderlich, über ein Konstatieren hinaus Aktions- und Reaktionshypothesen bzw. -theorien zu entwickeln, um die Wirkungen preispolitischer Aktionen einschätzen zu können. Damit treten neben die *Strukturmerkmale Verhaltensmerkmale* des preispolitischen Umfelds, deren Prognose mit mehr oder minder großen *Unsicherheiten* verknüpft ist.

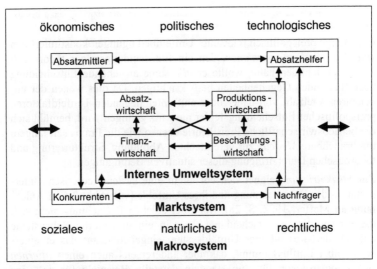

Abb. 2-7: Umfeldsysteme der Preispolitik

2.3.2 Das interne Umfeldsystem

Interne Umfeldbedingungen der Preispolitik entspringen grundsätzlich zeitlich vorgelagerten oder strategisch übergeordneten Entscheidungen der Unternehmung; denn eine Unternehmung kann prinzipiell selbst bestimmen, welche Produktionsfaktoren sie in welcher Menge und in welcher Verknüpfung einsetzen will. Zu einem, meist allerdings nur sehr geringen Teil werden solche Entscheidungen auch unter preispolitischen Zielsetzungen getroffen. Insofern zählen bestimmte innerbetriebliche Tatbestände, etwa das Fertigungsprogramm, einmal zu den Entscheidungsparametern, ein anderes Mal jedoch zu den Umfeldbedingungen preispolitischer Entscheidungen.

Eine vollständige Auflistung aller relevanten internen Umfeldbedingungen ist angesichts der Vielfalt möglicher und tatsächlicher Faktorkombinationen kaum möglich. Unterscheidet man mit dem Produktions-, dem Absatz-, dem Finanz- und dem Beschaffungsbereich nur vier Subsysteme einer Unternehmung, kann jedoch der Einfluss der wichtigsten Randbedingungen der Preispolitik zumindest *beispielhaft* verdeutlicht werden.

Die *produktionswirtschaftlichen* Entscheidungen über die Ausstattung des Unternehmens mit sog. Potenzialfaktoren (Gebäuden, Anlagen, Maschinen, Arbeitskräften usw.), die Fertigungsbreite und -tiefe sowie der Prozessablauf nehmen beispielsweise Einfluss darauf,

- bei welchem Preis die Nachfrage aus *Kapazitätsgründen* nicht mehr befriedigt werden kann,
- welche *Grenzkosten* bei preisbedingten Absatzveränderungen auftreten und wie weit die Unternehmung vom *Betriebsoptimum* entfernt ist,
- wie *flexibel* die Produktion zu Zwecken der Preisdifferenzierung umgestellt werden kann,
- welche *Produktvarianten* zur Preisdifferenzierung entwickelt werden können,
- ob genügend *Lagerraum* zur Verfügung steht, um durch kürzere Lieferzeiten Preisspielräume gewinnen zu können.

Kostenwirtschaftliche Entscheidungen, wie sie z.b. im Zusammenhang mit der Neustrukturierung von Unternehmensprozessen (Reengineering) oder beim Lean Management getroffen werden, tangieren also die Preispolitik eminent. Letztlich werden dort die Weichen für die preispolitische Wettbewerbsfähigkeit einer Unternehmung gestellt. Gelegentlich werden (z.b. bei VW-Seat) sogar neue Fabriken gebaut, um wettbewerbsfähige Kostenstrukturen und damit Preise zu ermöglichen.

Absatzwirtschaftliche Entscheidungen über die *Art und Form der abzusetzenden Leistungen* und die dafür zur Verfügung stehenden Ressourcen können u.a. ausschlaggebend dafür sein,

- inwieweit eine *sortimentsübergreifende Preispolitik* und eine Mischkalkulation möglich ist,
- inwieweit die *Preisbündelung* zur Absatzförderung eingesetzt werden kann,
- welche Art von *Preiswerbung* angemessen ist,
- welche *vertriebskostenbedingten Preisunterschiede* zur Konkurrenz bestehen,
- ob dem *Außendienst* des Unternehmens Spielraum für Preisverhandlungen gegeben werden kann,
- ob ein Konkurrenzpreis wegen besserer Produkt- oder Serviceleistungen überschritten werden kann.

Dabei ist die Interdependenz der Preispolitik mit anderen Entscheidungsfeldern des Absatzbereiches wegen ihrer Einbindung in das Marketing-Mix besonders groß. Daraus ergibt sich wiederum die Aufgabe, durch koordinierte mittel- und langfristige Veränderungen der Absatzbedingungen eine möglichst günstige Ausgangssituation für die Preispolitik zu schaffen und deren Spielraum zu wahren. Dies verdeutlicht nochmals den ambivalenten Charakter bestimmter Umfeldbedingungen.

Finanzwirtschaftliche Gegebenheiten bezüglich *Höhe, Struktur* und *Flexibilität des verfügbaren Kapitals* können die Preispolitik ebenfalls mitbestimmen. Beispielsweise

- erfordern Liquiditätsspannungen u.U. ein Unterschreiten kostenbedingter Preisuntergrenzen,
- verbietet sich eine zu starke Preiserhöhung, wenn die dadurch verursachten *Cash-flow-Einbußen* die Finanzierung von Produkt- oder Verfahrens-Innovationen gefährden,
- begrenzt das verfügbare *Werbebudget* den Spielraum der Preiswerbung,
- verbietet sich der Einsatz der *Absatzfinanzierung* bei angespannter Finanzlage usw.

Schließlich bestimmen auch *beschaffungspolitische Umstände* nicht selten den Spielraum der Preispolitik mit, wenn beispielsweise Mengenrabatte von Seiten der Lieferanten durch eine Qualitäts- oder Verpackungsvariation zu Zwecken der Preisdifferenzierung verloren gehen und der Preisspielraum damit eingeengt wird.

Soweit die internen Umfeldbedingungen nicht (nur) die Weite des Aktionsraums der Preispolitik festlegen, sondern (auch) ergebnisbeeinflussend wirken, können sie häufig in *Kostenkalkülen* quantitativ erfasst und analysiert werden. Die innerbetriebliche Situation spiegelt sich dann in einer ganz bestimmten *Kostenstruktur*, d.h. in einem bestimmten Kostenniveau, in bestimmten Anteilen verschiedener Kostenarten und in ganz bestimmten Kostenfunktionen, also Abhängigkeiten der Kosten von bestimmten Einflussgrößen, wider. Nur diese Kosten*struktur* ist für die preispolitischen Entscheidungsträger ein Datum, nicht jedoch die absolute Höhe der (Voll-)Kosten. Wie oben bereits dargelegt, können Letztere nämlich durch Preisentscheidungen unmittelbar oder mittelbar und auch kurzfristig beeinflusst werden.

Eine *kostenorientierte Preispolitik* kann also nicht bedeuten, dass die Preise von der Höhe der Stückkosten abhängig gemacht werden, ganz abgesehen davon, dass dieser Betrag beim Auftreten von Gemeinkosten niemals exakt ermittelbar ist. Eine kostenorientierte Preispolitik ist vielmehr immer nur insoweit sinnvoll, wie sie die *Gewinnwirkungen* bestimmter Kostenstrukturen, d.h. Niveaus, Verteilungen und Veränderbarkeiten bzw. Abhängigkeiten der Kosten berücksichtigt. Selbst ein Verkauf unter Selbstkosten, ja sogar unter variablen Kosten kann sinnvoll sein, wenn der *Gesamtgewinn* der Unternehmung dadurch (z.B. im Wege von Verbunderlösen) positiv beeinflusst wird. Ohne zusätzliche Kriterien sind die Kosten allein deshalb also auch als Preisuntergrenzen nicht akzeptierbar.

Wenn trotzdem in der Praxis häufig Preise „kalkuliert", also beispielsweise in Form einer Zuschlagskalkulation ausschließlich kostengebunden festgelegt werden, ist dies Ergebnis des oben bereits dargelegten Charakters der *Kosten als Sicherheitsziel*. Darüber hinaus spielen hier die im Vergleich zu einer marktbezogenen Preisbildung sehr viel geringeren Informationsprobleme und Unsicherheiten ebenso eine Rolle wie der Umstand, dass u.U. auch die Konkurrenten ihre Preise nach diesem Verfahren bilden und der Preisabstand somit nie größer als der Kostenabstand werden kann. Schließlich fließen in die Rechtfertigung ausschließlich kostenorientierter Preise häufig auch sozialethische Argumente ein, weil die Kosten und insbesondere der in ihnen enthaltene Material- und Arbeitsaufwand als einzige Anhaltspunkte für einen *„gerechten" Preis* gelten.

Diese Auffassung, die eine interessante, bis auf die griechische Antike, insbesondere aber auf die Scholastik zurückgreifende Historie aufweist (vgl. Schinzinger 1982), lässt jedoch die dem Preis innewohnende volkswirtschaftliche Lenkungsfunktion völlig außer Betracht. Soll diese Lenkungsfunktion erhalten bleiben, stellen in diesem Sinne „überhöhte" Preise sozusagen das Schmieröl eines marktwirtschaftlichen Getriebes dar, ohne das der Wettbewerbsmotor nicht in Schwung kommt, da den Produzenten zunächst der Anreiz zur Innovation und später zur Nachahmung von Innovationen fehlt. Beides sind im modernen Wettbewerbsverständnis jedoch unverzichtbare Wettbewerbselemente.

2.3.3 Das Marktsystem

Jede Unternehmung, die aktive Preispolitik betreibt, versucht, mit Hilfe des preispolitischen Instrumentariums auf den Absatzmarkt in ihrem Sinne einzuwirken. Ob und inwieweit dies gelingt, hängt ganz wesentlich von den Gegebenheiten des jeweiligen Marktes ab. Das Absatzmarktsystem, mit dem die Unternehmung interagiert, beinhaltet deshalb eine zweite, besonders wichtige Gruppe von Umfeldbedingungen der Preispolitik.

Wegen der Vielzahl der Systemelemente und der Komplexität der Wirkungsprozesse stellt die Modellierung des Absatzmarktsystems allerdings ein schwieriges Unterfangen dar. Im Folgenden wird deshalb keine in sich geschlossene Theorie des Marktsystems entwickelt, sondern sukzessiv auf verschiedene preispolitisch relvante Merkmale des Absatzmarktsystems eingegangen (Partialanalyse). Zunächst wenden wir uns dabei *allgemeinen Marktcharakteristika* zu, erörtern anschließend wichtige Merkmale der *Konkurrenzsituation* und widmen uns dann dem *Absatzmittler*- sowie dem *(End)Nachfragerverhalten*.

2.3.3.1 Allgemeine Marktcharakteristika

Marktdefinition

Märkte werden in der Wirtschaftstheorie häufig als „ökonomische Orte des Austausches bestimmter Güter", d.h. als alle sachlich, örtlich und nach Marktteilnehmern genau abgegrenzte Gelegenheiten des Verkaufs von Produkten oder Dienstleistungen definiert (vgl. z.B. Jacob 1971, S. 27). Wie eng oder weit ein Markt dabei abgegrenzt wird, ist eine Frage der Zweckmäßigkeit, d.h. abhängig vom Analyseziel. Entscheidend ist, dass alle relevanten *Konkurrenzbeziehungen* erfasst werden und für den definierten (Teil-)Markt tatsächlich eine *Markttrennung*, d.h. ein Ausschluss von Arbitragemöglichkeiten und eine Abwanderung (Zulauf) von Nachfragern in (von) andere(n) Teilmärkte(n) unmöglich ist (vgl. Bauer 1992a, S. 710f.; Jacob 1971, S. 28ff.).

Hinsichtlich der Stärke der Konkurrenzbeziehungen gilt es, operationale Maßstäbe zu finden. Oft werden *Kreuzpreiselastizitäten* vorgeschlagen, die freilich ein problematischer Indikator sind, weil sie sich auf die ceteris-paribus-Bedingung stützen, die realiter nicht eingehalten wird (vgl. Bauer 1992, S. 711). Einen anderer, wenn auch teurer Weg führt über die Messung der von den Kunden *subjektiv empfundenen Ähnlichkeit* der Produkte (vgl. Dichtl/Andritzky/Schobert 1977). Eine objektive Variante dieses Vorgehens ist das sog. *Funktionalmarktkonzept* von Pfeiffer et al. (1977), bei dem nach abstrakten Produktzwecken gefragt wird, aus denen sich Substitutionsbeziehungen herleiten lassen. Schließlich wurde im Strategischen Marketing das Verfahren der *Branchenstrukturanalyse* entwickelt, bei dem es um die Bestimmung der *Rivalität einer Branche* geht (Porter 1987, S. 34). Darin eingebettet ist das Konzept der *strategischen Gruppen*, das innerhalb einer Branche Untergruppen von Unternehmen mit höherer Ähnlichkeit und Rivalität unterscheidet. Schon wegen gewisser Qualitätsunterschiede, aber auch unterschiedlichen Vertriebswegen, Kundenprioritäten etc. ist es in der Tat so, dass selten alle Anbieter eines Marktes relevante Wettbewerber darstellen, sondern meist nur einige wenige (vgl. Jacob 1985, S. 181). Über sie ist der Vertrieb meist gut informiert, sodass das Problem der Marktabgrenzung eher theoretischer Natur ist. Allerdings spielen Fragen der Abgrenzung des *relevanten Marktes* im Wettbewerbsrecht eine große Rolle, etwa bei der Bestimmung von Marktmacht nach §19 KartG. Bei gegebenem Absatzvolumen fällt der Marktanteil (als ein Machtindikator des KartG) nämlich umso geringer aus, je weiter der Markt abgegrenzt wird.

Produktmerkmale

Zur preispolitischen Charakterisierung eines Marktes können auch bestimmte Produktmerkmale herangezogen werden. Für preisstrategische Entscheidungen spielt beispielsweise die jeweilige *Lebenszyklusphase* eines Produktes bzw. einer Produktgattung eine besondere Rolle. Neue und innovative Produkte besitzen zunächst keine Konkurrenten und verleihen der Preispolitik deshalb einen erheblich größeren Spielraum als Produkte in der Reife- bzw. Degenerationsphase. In Verbindung damit ist auch der *Sättigungsgrad* eines Marktes preispolitisch bedeutsam. In gesättigten Märkten ist die Gefahr eines Preisverfalls aufgrund unausgelasteter Produktionskapazitäten besonders groß. Umgekehrt bieten ungesättigte und expandierende Märkte sehr viel bessere Möglichkeiten, durch relativ hohe und/oder differenzierte Preise Gewinnspielräume auszuschöpfen.

Als weitere preispolitisch relevante Produktmerkmale sind zu nennen:

- Die *Dringlichkeit des Bedürfnisses*, zu dessen Befriedigung ein Produkt dient. Hohe Dringlichkeit, wie sie z.b. bei Medikamenten, Grundnahrungsmitteln oder Baustahl vorliegt, vermindert die Elastizität der Nachfrage, erhöht aber die Kreuzpreiselastizität.

- Die *Dauerhaftigkeit* eines Gutes spielt insofern eine Rolle, als die Käufer bei vielen dauerhaften Gütern, z.b. Möbeln, Automobilen oder Büchern, die Erst- oder Wiederbeschaffung zeitlich verschieben können, beispielsweise um auf Preissenkungen zu warten. Dies erhöht die Preiselastizität der Nachfrage einerseits nicht unbeträchtlich, schafft aber u.U. auch eine gewisse Konjunkturabhängigkeit der Preisreagibilität.

- Die *Saison-* und *Modeabhängigkeit* eines Gutes nimmt ebenfalls Einfluss auf den preispolitischen Spielraum; modische Produkte können im Allgemeinen zu höheren Preisen verkauft werden als Standardware. Besitzt der Absatz eines Gutes Saisonschwankungen, ergibt sich u.U. die Notwendigkeit zur Preisvariation, um den Absatz zu verstetigen und Saisonspitzen preispolitisch voll auszunutzen.

- Schließlich ist die *absolute Preislage eines Gutes* selbst ein Einflussfaktor des preispolitischen Spielraums. Neue Käuferschichten lassen sich nämlich durch eine Preissenkung bei Gütern mit relativ hohen Preisen leichter erschließen als bei niedrigpreisigen Gütern, die bereits für die meisten Abnehmer erschwinglich sind. Weiterhin ist der hohe Preis bei manchen Gütern selbst ein nutzenstiftendes Merkmal, weil er Exklusivität und Sozialprestige verspricht. In solchen Fällen kann deshalb ein *Snobeffekt* auftreten, d.h. die Nachfrage bei fallendem Preis sinken.

Weitere Produktmerkmale mit Einfluss auf die Preiselastizität und damit die Intensität des Preiswettbewerbs werden im Zusammenhang mit der marktorientierten Preiskalkulation (Kap. 6.3) erläutert.

Marktvollkommenheit

Zu den auch preistheoretisch besonders wichtigen Marktcharakteristika zählt der Vollkommenheitsgrad eines Marktes. In einem vollkommenen Markt (theoretischer Grenzfall)

- werden *völlig homogene Produkte* gehandelt (keine Leistungsunterschiede zwischen allen Anbietern; dadurch Fehlen von Präferenzen der Nachfrager für bestimmte Anbieter),

- herrscht *vollkommene Markttransparenz*,

- handeln alle Marktteilnehmer nach dem *Maximumprinzip*, streben also nach maximalem Nutzen bzw. Gewinn und

- vollziehen sich alle *Reaktionsprozesse* mit *unendlich großer Geschwindigkeit*, d.h. ohne jegliche Verzögerung.

Nach Jevons *„law of indifference"* kann es auf homogenen Märkten keine Preisunterschiede geben, weil dann alle Nachfrager sofort zum preisgünstigeren Anbieter abwandern würden, woraufhin die übrigen Anbieter ihren Preis ebenfalls sofort anpassen würden, sodass es - wegen der unendlich schnellen Anpassung - gar nicht erst zu Käuferfluktuationen kommen kann (vgl. Jevons 1888).

Besondere Bedeutung für die Marktvollkommenheit kommt der *Preistransparenz* zu. Darunter ist die Vollständigkeit, Richtigkeit und Aktualität der Kenntnisse der Marktteilnehmer über die am jeweiligen Markt angebotenen Leistungen und deren Preise zu verstehen. Hohe Preistransparenz bei den Nachfragern verschärft für die Anbieter das Risiko, den Preis falsch festzusetzen. Gleichzeitig erfordert sie ein hohes Maß an Preisflexibilität, weil Preisveränderungen von Konkurrenten schnell marktwirksam werden. Wie hoch der Grad an Preistransparenz auf einem Absatzmarkt tatsächlich ist, hängt u.a. auch von bestimmten Absatz- bzw. Beschaffungshelfern, etwa Preisagenturen, preisbeobachtenden Marktforschungsinstituten, Presseorganen oder Verbraucherverbänden, ab. Auch sie zählen deshalb zum externen Umfeld der betrieblichen Preispolitik.

In der Realität sind alle Märkte mehr oder weniger unvollkommen, was für die Anbieter erst die Voraussetzung dafür schafft, den Preis als Aktionsvariable einzusetzen: Die Leistungsangebote unterscheiden sich im Grund- und/oder Zusatznutzen (*Produktheterogenität)*, die Markttransparenz ist - nicht zuletzt wegen der Kosten der Informationsbeschaffung - unvollständig und Anbieter wie Nachfrager streben nicht unbedingt nach Nutzenmaximierung, sondern verwenden oft vereinfachende Entscheidungsregeln. Schließlich nehmen die Anpassungsprozesse gelegentlich Jahre in Anspruch. Je ausgeprägter solche Unvollkommenheiten des Marktes ausfallen, desto größere Spielräume resultieren daraus für die Preispolitik.

Organisationsform der Preisbildung

Ein weiteres charakteristisches Merkmal von Absatzmärkten ist schließlich deren *Organisation bei der Preisbildung* (vgl. Abb. 2-8). Nicht immer nämlich erfolgt der Absatz im sog. *„fixierten System"*, wo das Unternehmen den (Plan-)Abgabepreis festsetzt und sich seine Abnehmer zu diesem Preis selbst sucht. So gibt es *Auktions- und Börsensysteme*, bei denen die Nachfrager Preisgebote abgeben können, die dann – je nach gewählten Regeln – vom Anbieter akzeptiert werden müssen oder nicht. Mithin ist der Preis hier nicht a priori fixiert. Auktionen (synonym: *Versteigerungen*) besitzen traditionell beim Verkauf von Raritäten und Gebrauchtwaren sowie für börsenfähige Güter (Rohstoffe, Landwirtschaftsgüter etc.) eine gewisse Bedeutung, gewinnen zunehmend aber auch für andere Produktbereiche Relevanz, weil mit dem *Internet* ein neues Medium zur Verfügung steht, das solche Verkaufsformen selbst für Massenprodukte relativ einfach und effizient möglich macht (vgl. McAfee/McMillan 1987; Skiera 1999; vgl. Kap. 9).

Preisfixierung	Marktparameter	
	Preis	Preis und andere Angebotsmerkmale
Ja	**Fixierte Systeme:** Preisangebote, Submissionen	**Vermittlungssysteme:** Preisagenturen, elektronische Matchingsysteme
Nein	Auktionen, Börsen und Ausschreibungen	**Verhandlungssysteme:** Kostenvoranschläge, Preisanfragen, Preisfeilschen

Abb. 2-8: Organisationsformen der Preisbildung

Für viele Rohstoffe und andere relativ homogene Güterarten existieren schon lange *Börsen*, an denen ausschließlich die Angebots- und Nachfragemengen über den Preis entscheiden. Die hohe Markttransparenz - auch zwischen verschiedenen Börsenplätzen - macht hierbei im Gegensatz zu Auktionen eine spürbare Preisdifferenzierung nahezu unmöglich. Börsenähnliche Veranstaltungen (z.B. *Hausmessen*) werden auch von großen Einkaufsverbänden oder Genossenschaften veranstaltet, was persönliche Präferenzen aus dem Preisbildungsprozess ausschaltet und zu besonders konkurrenzintensiven Absatzmärkten führt. Ähnlich verhält es sich bei Auktionen für nicht-fungible Wirtschaftsgüter (z.B. landwirtschaftliche Produkte, Kunstobjekte).

Im Gegensatz zu solchen institutionalisierten Formen der Preisbildung erfolgt die Lieferantenauswahl und die Preisbestimmung insbesondere auf den Zwischenmärkten industrieller Güter sowie im Investitionsgüterbereich häufig auch im Wege einer *Ausschreibung*. Hier fordern Abnehmer die Anbieter öffentlich oder durch direkten Kontakt auf, ihre Preisangebote für bestimmte Leistungen abzugeben. Während bei Ausschreibungen öffentlicher Unternehmungen, sog. *Submissionen*, die Preise irreversibel, also im Nachhinein nicht mehr veränderbar sind (fixiertes System), finden im privaten Bereich oft auch Folgeverhandlungen über Preise und Leistungen mit den Anbietern statt. Das preispolitische Risiko der Anbieter ist hier also geringer.

Insbesondere auf gewerblichen Märkten (business-to-business) werden Preise oft individuell zwischen Anbieter und Nachfrager *ausgehandelt*, sie entstehen also in einem Wechselspiel von Preisgeboten des Anbieters und Preiswünschen des Nachfragers. Eine schwache Form stellen *Kostenvoranschläge* oder *unverbindliche Preisanfragen* dar. Um dabei nicht nur ein (auktionsähnliches) *Preisfeilschen* zu starten, eröffnen sich die Verhandlungspartner hier meist zusätzliche Verhandlungsspielräume durch Öffnung anderer Angebotsparameter, wie Qualitäten, Zubehör, begleitende Dienstleistungen, Lieferkonditionen etc.

Auf elektronischen Märkten werden schließlich *Vermittlungssysteme* praktiziert, bei denen z.B. institutionelle *Preisagenten* nach preisgünstigen bzw. preiswürdigen Anbietern suchen oder der Nachfrager *Suchmaschinen* mit Vorgabe spezifischer Angebotsmerkmale und Preisgrenzen aktiviert, um das für ihn optimale Angebot ausfindig zu machen (*„Matching-System"*). Dazu müssen die Anbieter Preisgebote stellen, können aber z.B. durch Preisbaukästen mit Teilpreisen für verschiedene Teilleistungen das Angebot und mit ihm die Preise differenzieren (vgl. Kap. 9).

2.3.3.2 Die Konkurrenten

Eine zur theoretischen Erklärung wie zur praktischen Bewältigung des Preiswettbewerbs überaus wichtige Umfeldbedingung stellen die Konkurrenten auf einem gegebenen Markt dar. Die meisten preistheoretischen Entscheidungsmodelle knüpfen deshalb an bestimmten Konkurrenzsituationen an (vgl. 6.4).

Der modellhaften Charakterisierung der Konkurrenzsituation dienen insbesondere sog. *Marktmorphologien,* die sich an *der Zahl der Marktteilnehmer* auf der Angebots- und Nachfrageseite, also an strukturellen Merkmalen, orientieren (vgl. 3.1). Andere Klassifizierungen der Konkurrenzsituation setzen am *Marktverhalten* der konkurrierenden Anbieter an. Als weiterer konzeptioneller Ansatzpunkt zur Beschreibung der Konkurrenzsituation können die *Abnehmerpräferenzen* für bestimmte Anbieter dienen, wie sie z.B. in Positionierungsmodellen ermittelt werden.

Letztlich entscheidend ist das preispolitische *Verhalten* der Wettbewerber. Wenn sie z.B. einem Marktführer stets im Preis zu 100% folgen, kann dieser ein quasi-monopolistisches Preisverhalten wählen. Je aggressiver Konkurrenten dagegen operieren, umso größer wird die sog. oligopolistische Interdependenz, also die gegenseitige Preisabhängigkeit im Wettbewerb.

Die *Marktaggressivität* lässt sich dabei am Grad der Konfliktbereitschaft, der Initiative im Preiswettbewerb, dem Streben nach Marktdominanz und der Risikobereitschaft bzw. -fähigkeit der jeweiligen Konkurrenten festmachen (vgl. Lücking 1995, S. 14ff.). Durchaus kennzeichnend für moderne Märkte ist dabei der Umstand, dass bestimmte Unternehmen gleichzeitig als Kooperationspartner *und* als Konkurrenten agieren. Besonders deutlich wird dies am Beispiel der strategischen Allianzen der Luftfahrtgesellschaften, die soz. eine zusätzliche Metaebene des Wettbewerbs kreieren, auf der Gruppen von Wettbewerbern gegeneinander antreten. Mit der vor allem vom Internet ausgelösten Neustrukturierung der Vertriebswege kommt es auch immer häufiger vor, dass industrielle Anbieter in direkte (horizontale) Konkurrenz zu ihren eigenen Kunden (z.B. Händlern) geraten, welche die Güter an denselben Abnehmerkreis verkaufen. Dies wird naturgemäß zu Konflikten und preispolitischen Problemen führen.

Die Wettbewerber eines Marktes agieren oft in verschiedenen *Preissegmenten*, innerhalb derer ein intensiverer Wettbewerb herrscht als zwischen den Segmenten (vgl. Blattberg/Wisniewski 1989). Unternehmen in mittleren Marktpreislagen stehen allerdings in einer wettbewerbsintensiveren Position als Hoch- bzw. Tiefpreisanbieter. Bei Über- bzw. Unterschreitung ihrer Preisklassengrenzen stoßen sie in den (meist stärker ausgeprägten) Kompetenzbereich der Randanbieter und dabei auf deren Gegenwehr, da sie keine Ausweichmöglichkeiten besitzen. Ferner treten *Wettbewerbsasymmetrien* auf, weil die höherwertigen Produkte für Kunden niedrigerer Preissegmente attraktiver sind als die Mittelklasse-Produkte für Hochpreiskunden (vgl. Kap. 11.3). Generell wird die Konkurrenzreaktion auf eigene Preisveränderungen umso stärker sein, je mehr sich deren negative Wirkungen auf die Wettbewerber auf einen oder einige wenige Konkurrenten konzentrieren. Insofern ist dann doch auch die Anzahl der Konkurrenten ein entscheidendes Merkmal des Preisumfeldes.

Umfragen von Jacob (1985, S. 181) zeigten, dass in allen Märkten – auch in polypolistisch strukturierten – die Anbieter nur eine begrenzte Zahl von Wettbewerbern, meist weniger als zehn, als direkte Konkurrenten empfinden. Dies hängt mit der Heterogenität der Produktqualitäten zusammen, die jeden Markt vielfach unterteilt. Insofern verhalten sich die meisten Unternehmen wie Oligopolisten. Sie verfügen über einen gewissen Preisspielraum, den sie ohne Konkurrenzreaktion auszuschöpfen versuchen.

Für die Preispolitik wichtig ist es dabei, sich ein möglichst klares Bild über die preispolitischen Möglichkeiten und Ziele (Können und Wollen) der Wettbewerber zu machen. Dabei spielen eine Vielzahl von Faktoren, z.B. deren Größe und Austrittsbarrieren, aber auch die Anzahl und Zugangsbeschränkungen potentieller Konkurrenten, das Kapazitätsniveau und -wachstum, die regionale, sachliche, zielgruppenmäßige und zeitliche Überschneidung des eigenen Marktes mit denen der Konkurrenten, die Kostenstruktur und Gewinnlage der Konkurrenten usw., eine wichtige Rolle. Wir kommen darauf bei vertiefter Behandlung der Preisinstrumente in den nachfolgenden Kapiteln zurück.

2.3.3.3 Die Absatzmittler

Industrielle Produkte werden von Produzenten häufig nicht direkt, sondern indirekt, d.h. unter Zwischenschaltung von Groß- und/oder Einzelhandelsbetrieben, an die Endkunden vertrieben. Dies gilt insbesondere im Konsumgüter- und hier wiederum im Verbrauchsgüterbereich, während der Investitionsgüterverkauf vorwiegend durch die Hersteller selbst bewerkstelligt wird.

Bei indirektem Absatz existieren mehrere Marktstufen und damit mehrstufige Absatzmärkte. Ein Hersteller kann bei einer solchen Marktkonstellation seine preispolitischen Überlegungen in vielen Fällen nicht allein auf die erste nachfolgende Marktstufe beschränken, obwohl für ihn mit dem „Hineinverkauf" seiner Ware in diese Marktstufe der Erlösprozess abgeschlossen ist.

Auf mehrstufigen Märkten existiert nämlich sowohl ein *horizontaler Wettbewerb* zwischen den Produzenten bzw. Händlern untereinander als auch ein *vertikaler Wettbewerb* zwischen der Hersteller- und der Handelsstufe (vgl. Abb. 2-9). Im Rahmen des horizontalen Wettbewerbs kämpfen die Anbieter um Marktanteile am Absatz- oder Umsatzvolumen ihres jeweiligen Marktes. Auf der Einzelhandelsstufe bildet sich dabei der Marktpreis (Endverbraucherpreis) eines Gutes. Die Differenz zwischen diesem Preis und den Kosten für die Herstellung und den Vertrieb dieses Gutes auf allen Marktstufen stellt das *Gewinnpotenzial* dar, um dessen Verteilung es im vertikalen Wettbewerb geht: Je höher (niedriger) der Abgabepreis (und damit die Gewinnspanne) des Herstellers bzw. je niedriger (höher) die Handelsspanne ist, desto größer (geringer) ist der Gewinnanteil des Herstellers. Im Gegensatz zum horizontalen Wettbewerb wird dieser vertikale Verteilungskampf i.d.R. im Wege *direkter Preisverhandlungen* ausgetragen, wobei sich die *Machtposition* der Verhandlungspartner auch aus ihrer jeweiligen Wettbewerbsposition im horizontalen Wettbewerb ergibt. Der vertikale Wettbewerb wird dabei von den Händlern häufig als „Ventil" für Preiszugeständnisse im horizontalen Wettbewerb eingesetzt. Je schärfer der Preiswettbewerb auf der Handelsstufe geführt wird, desto stärker wird deshalb der Druck auf die Hersteller, ihre Abgabepreise an den Handel zu senken. Horizontaler und vertikaler Wettbewerb stehen also in einer engen Interdependenzbeziehung.

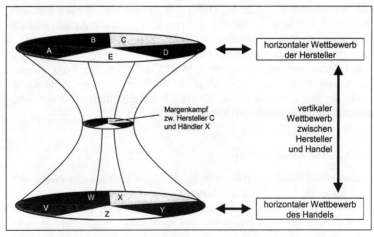

Abb. 2-9:   Horizontaler und vertikaler Wettbewerb

Diese Interdependenz macht den Handel und sein Preisgebaren zu einer extrem bedeutsamen Umfeldgröße für die Konsumgüterhersteller. In ritualisierten „Jahresgesprächen" werden die für das nächste Jahr gültigen Preise und Konditionen verhandelt, wobei die Handelsunternehmen in aller Regel mit bestimmten Preisabschlagsforderungen in die Verhandlungen gehen. Diesem Preisdruck wird seitens der Hersteller durch entsprechend gut vorbereitete Preisverhandlungen, aber auch durch spezifische preispolitische Instrumente, wie z.b. Preisbindung, Preisempfehlung, selektiven Vertrieb oder die Konditionengestaltung und Rabattpolitik, Rechnung zu tragen versucht (vgl. Kap. 12.3).

Die Bedeutung dieses Umfeldes für die Preispolitik eines Produzenten ist umso größer,

- je elastischer die Endnachfrager auf Preisveränderungen reagieren und je größer damit die Fühlbarkeit der Konkurrenz auf der Handelsstufe für den einzelnen Händler ist,
- je elastischer der Handel auf Veränderungen der ihm verbleibenden bzw. garantierten Handelsspanne gegenüber den Lieferanten reagiert (*„Spannenelastizität"*),
- je schwächer die Machtstellung des Herstellers im Absatzkanal ist und
- je mehr Instrumente dem Produzenten zur Verfügung stehen, um auf den Preis nachgelagerter Marktstufen Einfluss zu nehmen.

Vor allem auf den Konsumgütermärkten haben sich alle vier Einflussfaktoren seit etwa 1970 zuungunsten der Produzenten entwickelt. Die Antinomie der preispolitischen Zielsetzungen des Handels und der Industrie (vgl. hierzu Meffert/Steffenhagen 1976; Dichtl/Diller 1972; Hansen 1972; Engelhardt 1976) trat deshalb immer deutlicher zu Tage. Sie erfordert von den Herstellern ein spezifisches, auf den Handel ausgerichtetes („vertikales") Marketing, um die eigenen preispolitischen Zielsetzungen zur Geltung zu bringen (vgl. Diller 1989). Nirgends wird dies deutlicher als bei der *Einführung neuer Produkte,* wo der Preis bzw. Preisnachlässe in unterschiedlichster Form für die Adoptionsentscheidung des Handels eine zentrale Rolle spielen (vgl. Bauer 1980, S. 260ff.). Ein weiterer Konfliktpunkt sind seit vielen Jahren *Untereinstandspreisverkäufe* bekannter Markenartikel, die der Handel im Rahmen einer gesamtbetrieblichen Imagekonzeption dazu einsetzt, um seine Leistungsfähigkeit gegenüber potentiellen und tatsächlichen Kunden zu belegen (Diller 1979; Schneider 1982). Die Hersteller befürchten dadurch Image- und Distributionsverluste, Funktionsrückverlagerungen im Service und nicht zuletzt einen Preisverfall im Handel, der auf die oben geschilderte Weise auf sie selbst zurückschlägt. In den letzten Jahren häufen sich allerdings die Versuche, durch ein kooperatives *Category Management* auch in der Preispolitik zu konstruktiven, an der Verbraucherreaktion orientierten Konzepten zu gelangen (vgl. Goerdt 1999; Kap. 13.3).

2.3.3.4 Die Nachfrager

Neben den Konkurrenten und den Absatzmittlern bilden die Nachfrager die dritte Gruppe der am Markt agierenden Kräfte. Umfang, Struktur und

Verhalten dieser Gruppe sind für die Preispolitik von zentraler Bedeutung; denn ob eine bestimmte Preispolitik zu den angestrebten absatzwirtschaftlichen Zielen führt, hängt letztlich davon ab, ob und wie die Nachfrager darauf reagieren. Selbst ein Monopolist ist darauf angewiesen, dass zumindest ein Teil der Nachfrager seinen Preis akzeptiert.

Das Verhalten der Nachfrager gegenüber dem Preis wird hier als *Preisverhalten* oder *Preisbewusstsein* bezeichnet. Es umfasst eine Vielzahl von offen beobachtbaren, aber auch inneren (psychischen) Prozessen. In der klassischen betriebswirtschaftlichen Preistheorie wurde aus diesem umfangreichen Repertoire von Verhaltensweisen meist nur die Reaktionsvariable Kauf/Nichtkauf bzw. Kaufmenge betrachtet und auf aggregierter Ebene in Form von Preis-Absatzfunktionen modelliert. Aus der Perspektive der Käuferverhaltenstheorie handelt es sich hierbei also um makroanalytische S-R-Modelle. Bestimmte Verhaltensprämissen sind aber auch hier erforderlich, um zu preispolitisch relevanten Gesetzmäßigkeiten vorzustoßen. So werden in vielen preistheoretischen Modellen folgende Annahmen getroffen:

- *rationales Handeln* beim Kauf im Hinblick auf eine *Nutzenmaximierung,*

- vollkommene *Markttransparenz* bzw. ökonomisch *rationales Informationsverhalten,*

- objektive (fixierte) Qualität der zur Auswahl stehenden Kaufalternativen als Maßstab des subjektiven Nutzens (*Produkthomogenität*).

Das in solchen Modellsansätzen zum Ausdruck kommende Verbraucherbild eines „*homo oeconomicus*" stellt für viele preispolitische Fragen eine unzweckmäßige und wirklichkeitsverzerrende Vereinfachung der Realität dar. Es kann wichtige Aspekte des Preisbewusstseins weder isomorph beschreiben (z.B. das Ausmaß der Preiskenntnisse) noch erklären (z.B. die Präferenz für teurere Güter trotz objektiv gleicher Qualität), noch prognostizieren (z.B. die Folgen der Überschreitung von sog. Preisschwellen). Die Verbraucher streben meist weder nach *optimalen* Lösungen ihrer Konsumprobleme, noch sind sie über ihr Entscheidungsfeld immer hinreichend informiert. Sie handeln nicht immer rein vernunftgesteuert, sondern auch emotional. Sie besitzen häufig *keine festen Präferenzen*, sondern entscheiden spontan, habitualisiert oder nach routinemäßigen Regeln, wobei auch *Inkonsistenzen* entstehen können. Manches Mal spielt der Preis eine dominierende, manches Mal gar keine Rolle beim Kaufentscheid; gelegentlich wird ein Gut gerade wegen seines hohen, gelegentlich wegen eines niedrigen Preises gekauft: Objektive Preisunterschiede spiegeln sich im *subjektiven Preisempfinden* vieler Verbraucher recht unterschiedlich und in Abhängigkeit von Faktoren wider, die auch die Anbieter mitbestimmen können. Sie vermögen z.B. *Preiserlebnisse* auszulösen oder die *Preisoptik* günstig zu färben.

Oftmals sind es gerade diese scheinbar oder tatsächlich irrationalen Elemente im Preisverhalten der Verbraucher, die preispolitischen Aktionsraum und Gewinnchancen bieten, aber auch Fallstricke legen. In zunehmendem Umfang finden deshalb *verhaltenstheoretische Modelle* Eingang in die betriebswirtschaftliche Preistheorie. In solchen Modellen werden nicht nur direkte Preis-Reaktionszusammenhänge, sondern auch intervenierende Variablen aus dem inneren (psychischen) Organismus der Käufer, wie z.b. das *Interesse am Preis, die Preiskenntnisse* oder die *Preiswahrnehmung*, behandelt (S-O-R-Modelle). Die wichtigsten Modelle und Erkenntnisse zum Preisbewusstsein werden in Kapitel 4 gesondert behandelt. Abb. 2-11 gibt einen schematischen Überblick über die dort behandelten Konstrukte, die modelltechnisch zwischen den preispolitischen Stimuli (S) und den je nach Zielsetzung unterschiedlichen preispolitischen Reaktionsgrößen als Organismus-Variablen stehen.

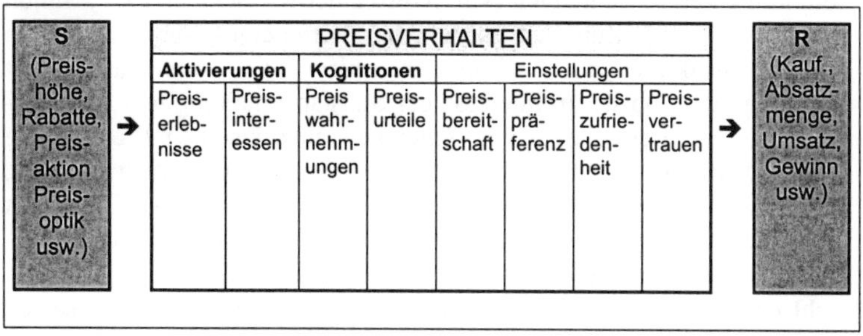

S (Preishöhe, Rabatte, Preisaktion Preisoptik usw.)	PREISVERHALTEN								R (Kauf., Absatzmenge, Umsatz, Gewinn usw.)
	Aktivierungen		Kognitionen		Einstellungen				
	Preiserlebnisse	Preisinteressen	Preiswahrnehmungen	Preisurteile	Preisbereitschaft	Preispräferenz	Preiszufriedenheit	Preisvertrauen	

Abb. 2-11: **Variablensystem verhaltenswissenschaftlicher S-O-R-Preismodelle**

2.3.4 Das Makrosystem

Neben den bisher behandelten Faktoren des internen Umfeldsystems und des Marktsystems nehmen eine Vielzahl von Bedingungen aus dem nicht zum direkten „Aufgabenumfeld" (Meffert 1998, S. 28) zählenden *Makrosystem* Einfluss auf den Aktionsspielraum der betrieblichen Preispolitik. In Abb. 2-7 wurde dieses Makrosystem in ein ökonomisches, politisches, technologisches, soziales, natürliches und rechtliches Subsystem aufgeteilt. Die darin jeweils enthaltenen Elemente nehmen branchen- und unternehmensindividuell recht unterschiedlich starken, unmittelbaren oder mittelbaren Einfluss auf die Preispolitik. Sie können deshalb hier nur exemplarisch erörtert werden.

Innerhalb der *ökonomischen* Rahmenbedingungen ist insbesondere auf die *Konjunkturlage*, die *außenwirtschaftliche Verflechtung* und die *Inflationsrate* in jenen Ländern hinzuweisen, in denen eine Unternehmung ihre Güter absetzen will.

Mangelndes Marktwachstum oder sogar Rezessionen erschweren z.B. erfahrungsgemäß eine Überwälzung von Kostensteigerungen auf die Abgabepreise erheblich. Die Anbieter können ihr Wachstumsstreben in einer solchen Situation jeweils nur auf Kosten der Marktanteile von Mitwettbewerbern verwirklichen, wogegen diese ihrerseits preispolitische Instrumente einsetzen werden. Darüber hinaus steigt in rezessiven Perioden häufig auch der Preiswiderstand am Markt, d.h. die Preis-Nachfragefunktion verschiebt sich zuungunsten der Anbieter. Es liegt in einer solchen Situation für die Unternehmen nahe, auf den *Exportmärkten* einen preispolitischen Ausgleich zu suchen. Die Möglichkeiten dazu werden allerdings durch unbeeinflussbare außenwirtschaftliche Entwicklungen (Welthandel, Protektionismus, Wechselkurse etc.) wesentlich mitbestimmt.

Inflationäre Entwicklungen tangieren die Preispolitik in besonderem Maße und mehreren Richtungen (vgl. Kretschmer/Kretschmer 1974; Simon 1992, S. 187 ff.): Zunächst entsteht bei Verteuerung der eingesetzten Produktionsfaktoren ein *Kalkulationsproblem*. Die Unternehmung hat insb. zu prüfen, ob sie im Interesse der Substanzerhaltung bzw. der Vermeidung einer Besteuerung von Scheingewinnen bei ihrer Preisfindung auf Anschaffungs- oder Wiederbeschaffungskosten rekurrieren soll (vgl. 6.2 sowie Kroeber-Riel 1970; Schildbach/Schweigert 1974). Dabei gilt es zweitens zu berücksichtigen, dass durch eine Überwälzung der gestiegenen Faktorkosten auf die Absatzpreise Gewinneinbußen wegen einer nicht (mehr) optimalen Position auf der Preis-Absatzfunktion entstehen können. Die Preisentwicklung auf den Beschaffungs- und Absatzmärkten verläuft nämlich in der Regel nicht parallel (vgl. hierzu Koll 1979). Die sog. *Netto-Markt-Position* (vgl. Koll 1979, S. 442) eines Unternehmens wird sich durch solche Divergenzen also verändern. Darüber hinaus tangieren drittens ungleichmäßige Inflationsraten auf verschiedenen regionalen oder sachlichen Gütermärkten naturgemäß den *Substitutionswettbewerb* (Beispiel: Energiemarkt). Viertens schließlich bergen inflationäre Entwicklungen für einen Hersteller immer dann Preisrisiken, wenn Vertragsabschluss, Produktion, Lieferung und Zahlung zeitlich weit auseinander liegen. Dies bedingt den Einsatz risikoreduzierender preispolitischer Maßnahmen, etwa in Form von Preisgleitklauseln (vgl. 12.3.2).

Auch das *politische Umfeld* eines Unternehmens tangiert die betriebliche Preispolitik oftmals ganz wesentlich sowohl in positiver wie in negativer Richtung. Besonders deutlich wird dies bei direkten Eingriffen des Staates in die Preispolitik der Unternehmen, beispielsweise in Form von *Preisstopps* oder *Preiskontrollen*. Abgesehen vom Bereich staatlich administrierter Preise sind in der Bundesrepublik Deutschland allerdings nur mittelbar preiswirksame wirtschafts- und steuerpolitische Maßnahmen (z.B. steuerlich zulässige Abschreibungssätze, direkte oder indirekte Subventionen) praktisch bedeutsam.

Das Preisniveau und die Preispolitik auf dem Markt für Wohnungseigentum werden z.B. seit Jahren von steuerrechtlichen Tatbeständen (Abschreibungssätze, Bauherrenmodelle etc.) wesentlich beeinflusst. Geschickte Anbieter können hier, wie auch in anderen Märkten (z.B. Werbegeschenke, Bildungsangebote, Leasingleistungen), durch

Ausloten der steuerrechtlichen Möglichkeiten Preisvorteile für den Kunden in Form von Steuernachlässen bzw. -verschiebungen erzielen. Andererseits belastet eine Reihe von Steuern die Kostensituation der Unternehmen, ohne dass man diese Steuerbelastungen immer ungehindert auf den Abgabepreis überwälzen kann.

Eine ausführliche Analyse der preispolitischen Wirkungen von Steuern findet man bei Wacker (1962) sowie Wöhe (1995). Unter preistheoretischen Gesichtspunkten zeigt sich dabei, dass weder *Substanzsteuern* (wegen ihrer Proportionalität zum Gewinn) einen Einfluss auf den optimalen Preis (gleichwohl aber natürlich auf das Gewinniveau) besitzen. *Mengenabhängige Steuern und Abgaben* (Verbrauchssteuern auf Produktionsfaktoren, Sozialversicherungsanteile des Arbeitgebers, Konsum- und Umsatzsteuern) dagegen beeinflussen die Grenzkosten und damit das Preisoptimum. Sieht man die Preis-Absatzfunktion als gegeben an und befindet sich der Preis vor einer Erhöhung solcher Steuern beim Gewinnoptimum, kann eine vollständige *Steuerüberwälzung* in dem Sinne, dass sich der Gesamtgewinn der Unternehmung nicht verändert, also nie gelingen.

Aus dem *technologischen Umfeld* stechen als preispolitisch relevante Einflussfaktoren vor allem technisch bedingte *Substitutionsprozesse* (z.B. von Mechanik auf Elektronik) oder *verfahrenstechnische Innovationen* (z.B. Fertigungsroboter) hervor. Sie prägen das preispolitische Entscheidungsfeld sowohl von der Kosten- als auch von der Nachfrageseite her entscheidend mit.

Als Beispiel für preispolitisch relevante Entwicklungen im sozialen Makrosystem sei auf die *Geburtenrate* sowie auf die Bedeutung der *Mode* verwiesen, welche das Niveau der Preis-Absatzfunktion auf vielen Märkten wesentlich beeinflussen.

Beispiele für preispolitisch (v.a. im primären Wirtschaftssektor) relevante Faktoren des *natürlichen Umfelds* sind das *Wetter,* die *Erntebedingungen* oder die vorhandenen *Rohstoffbestände.* Sie beeinflussen zum einen die Beschaffungskosten, zum anderen aber auch das Nachfrageniveau oder die Nachfrageelastizität (z.B. Getränke oder Eiscremeabsatz in Hitzeperioden).

Von beträchtlicher preispolitischer Bedeutung sind die *rechtlichen Rahmenbedingungen.* Grundsätzlich können Unternehmen bei der Festlegung ihrer Preise frei entscheiden. Wie jede Freiheit unterliegt jedoch auch die der Preisfestsetzung den Bindungen der Rechtsordnung (Art. 2 Abs. 1 GG). Mit den rechtlichen Vorschriften werden wichtige Interessen der Allgemeinheit oder Rechte anderer Marktteilnehmer am Markt geschützt (vgl. Wirtz 1981, S. 218, Schmalen 1982, S. 233). Dabei sind im deutschen Preisrecht grundsätzlich drei Rechtsprinzipien von Bedeutung:

(1) *Das Prinzip der Privatautonomie* beinhaltet die Möglichkeit zur freien Entfaltung des eigenen (preispolitischen) Willens, soweit dies die Allgemeinheit nicht schädigt und nicht gegen die guten Sitten verstößt.

(2) *Der Schutz des Wettbewerbssystems* gilt als grundlegender Pfeiler der deutschen Wirtschaftsordnung. Dem Preismechanismus kommt innerhalb dieses Systems eine zentrale Steuerungsfunktion zu. (vgl. hierzu Bartling 1980, S. 12ff.; Diller 1981) Seine theoretische Begründung findet dieses Prinzip in der sog. Wohlfahrtsökonomik (vgl. Neumann 2000).

(3) *Das Prinzip des Verbraucherschutzes* ist im Grunde im Prinzip der Privatautonomie enthalten, wird aber durch den Wandel des ursprünglichen Wettbewerbsleitbildes der vollkommenen Konkurrenz zu einem "weiten" oder sogar "engen" Oligopol zu einem dritten selbständigen Normzweck des Preisrechts.

Die rechtlichen Rahmenbedingungen in Deutschland erweisen sich bei der Erfüllung dieser Prinzipien als recht unübersichtlich und teils sogar widersprüchlich, weil sie ihre Grundlage nicht in einem geschlossenen Preisrecht, sondern in vielen Einzelgesetzen und Verordnungen besitzen. Die wesentlichen sind nachfolgend aufgelistet.

- Gesetz gegen Wettbewerbsbeschränkung bzw. Kartellgesetz (KartG)
- Gesetz gegen unlauteren Wettbewerb (UWG)
- Rabattgesetz (RabattG)
- Zugabeverordnung (ZugabeVO)
- Bürgerliches Gesetzbuch (BGB)
- Handelsgesetzbuch (HGB)
- Gesetze zur Berechnung staatlich administrativer Preise (VPÖA)
- Preisberechnungsvorschriften bei öffentlichen Aufträgen (LSP)
- Wirtschaftsstrafgesetz (WiStG) (§2a: Verbot unangemessen hoher Preise)
- Allgemeine Geschäftsbedingungen (AGB) und Gesetz zur Regelung des Rechts der Allgemeinen Geschäftsbedingungen (AGBG)
- Preisangabenverordnung (PAngV)
- Tabaksteuergesetz (TabStG)

Die zentralen Rechtsgrundlagen des Preisrechts sind im *Gesetz gegen Wettbewerbsbeschränkungen* (*KartG, früher GWB*) sowie im *Gesetz gegen den unlauteren Wettbewerb* (*UWG*) verankert. Beide Gesetze besitzen ähnliche Schutzfunktion im Hinblick auf die drei genannten Rechtsprinzipien. Sie unterscheiden sich jedoch in Art und Zeitpunkt der Eindämmung von Praktiken. Während mit dem KartG vor allem marktweite Gefährdungstatbestände bekämpft bzw. verhindert werden sollen, regelt das UWG individuelle Verstöße einzelner Konkurrenten. Die Rechtsdurchsetzung erfolgt konsequenterweise beim UWG durch die Marktteilnehmer, also die Betroffenen selbst (seit 1974 besitzen auch rechtsfähige Verbraucherverbände Klagebefugnis). Das KartG lässt dagegen auch behördliche Kontrollen durch die Landes- und Bundeskartellbehörden zu, ohne dass es dazu einer individuellen Klage oder Meldung eines Marktteilnehmers bedarf. Allerdings ist dies immer nur dann möglich, wenn bereits spürbare Auswirkungen bestimmter Eingriffstatbestände nachgewiesen werden können, weshalb der Rechtsdurchsetzungszeitpunkt beim KartG meist sehr viel später als beim UWG liegt (vgl. Wirtz 1981, S. 219).

Kartellgesetz

Die wichtigsten *Einzelbestimmungen des KartG* zum *horizontalen Preiswettbewerb* betreffen *Preiskartelle* (= Vereinbarungen über Preisfestlegung oder sonstige Koordination) und sog. *Open-price-Systeme* (= vereinbartes Preismelde- bzw. Marktinformationsverfahren), die nach § 1 KartG verboten sind. Die §§ 2-7 stellen Ausnahmetatbestände vom Kartellverbot dar (wobei Rabatt-, Export- und Importkartelle als Freistellungstatbestand im neuen KartG gestrichen wurden). Zivilrechtlich ergibt sich daraus die Unwirksamkeit des Vertrages oder Beschlusses nach §134 BGB. Nach KartG ist allein der Abschluss eines Kartellvertrages, nicht erst die Hinwegsetzung über die Unwirksamkeit des Vertrages oder Beschlusses (§ 38 Abs. 1 alte Fassung), mit einer Geldbuße bedroht (§ 81 Abs. 1 Satz 1 KartG) (vgl. Kahlenberg 1998, S. 1594).

Vertikale Wettbewerbsbeschränkungen werden mit Ausnahme des Preis- und Konditionenbindungsverbots (§14-15) künftig weiterhin nur der Missbrauchsaufsicht der Kartellbehörde unterstellt. Die sog. *Preisbindung der 2. Hand* (vertikale Preisbindung), bei der sich ein Unternehmen gegenüber dem Lieferanten verpflichtet, bei Geschäften mit Dritten seine Preisgestaltung nach den Richtlinien des Lieferanten vorzunehmen, ist nach §14 KartG verboten. Damit wurde insb. den Konsumgüterherstellern ein bis zum Erlass dieses Gesetzes (1974) äußerst wirkungsvolles Instrument genommen, das sie vor dem Preiswettbewerb auf nachgelagerten Märkten schützte, das aber auch informations- und distributionspolitische Vorteile mit sich brachte (vgl. Jacob 1971, S. 249 ff.; Hax 1961, 1975). Auch *Preisempfehlungen* sind grundsätzlich gem. § 22 Abs. 1 KartG verboten, wobei die Absätze 2 und 3 Ausnahmetatbestände des Empfehlungsverbots regeln (vgl. 12.3). Auch § 23 KartG stellt einen Freistellungstatbestand des Empfehlungsverbots des § 22 KartG dar, da hierin unverbindliche Preisempfehlungen *für Markenwaren* unter bestimmten Umständen als rechtskonform gelten.

Eine weitere, in § 19 KartG geregelte Einschränkung der Preispolitik betrifft den sog. *Preismissbrauch*. Verfügen ein oder mehrere Unternehmen über eine marktbeherrschende Stellung und nutzen sie diese missbräuchlich aus, indem sie z.B. wesentlich überhöhte Preise fordern (*Ausbeutungsmissbrauch*), so verstößt dies nach neuem KartG gegen ein unmittelbar wirkendes Verbot. Bei Verstoß drohen Bußgeld und Schadensersatzpflichten, wobei Unternehmen sich durch die Geltung von §19 Abs. 1 als Schutzgesetz i.S.v. § 823 Abs 2 BGB und § 33 KartG künftig ohne Einschaltung der Kartellbehörden mit zivilrechtlichen Schadensersatz und Unterlassungsklagen wehren können.

Einen ähnlichen Ansatzpunkt für die Kartellbehörde bietet das *Diskriminierungsverbot* und das Verbot der *unbilligen Behinderung* des

§20 KartG. Hiermit sollen Behinderungen kleiner und mittlerer Wettbewerber durch marktmächtige Unternehmen vermieden werden. Das neue KartG verwendet dabei in § 20 Abs. 4 unbillige *Verkäufe unter Einstandspreis* als Regelbeispiel, die damit ausdrücklich verboten sind, sofern diese nicht sachlich gerechtfertigt sind und nicht nur gelegentlich erfolgen (vgl. dazu auch Köhler 1999).

UWG

Die Generalklausel des § 1 UWG regelt den Anspruch auf Schadensersatz und Unterlassung bei einem Verstoß gegen die *guten Sitten* im geschäftlichen Verkehr zu Zwecken des Wettbewerbs. Für die Preispolitik ergibt sich daraus eine unlautere Preisfestsetzung sowohl bei *Preisunterbietungen* als auch bei *überhöhten Preisforderungen*. Letzteres gilt als *Ausbeutungsmissbrauch*, d.h. die anbietende Unternehmung missbraucht ihre Machtstellung zum Schaden des Abnehmers. (vgl. Baumbach/Hefermehl 1996, § 1 UWG, Rdn. 876ff.). Bei der rechtlichen Bewertung der Preisunterbietung ist zu unterscheiden, ob der Wettbewerber durch Gesetz, Vertrag oder Gebührenordnung an die Einhaltung bestimmter Preise gebunden ist, oder ob es sich um ungebundene Waren handelt. Im ersten Fall erhält der Unterbietende einen ungerechtfertigten Wettbewerbsvorsprung, was als sittenwidrige Handlung gegen § 1 UWG verstößt. Preisunterbietungen bei nicht preisgebundenen Waren können wegen der individuellen Behinderung der Mitwettbewerber, wegen Gefährdung des Wettbewerbsbestandes oder wegen der gemeinschaftsschädlichen Nachahmungsgefahr unlauter sein (vgl. Ahlert 1996, S. 235). Eine *Behinderungs-* bzw. *Vernichtungsunterbietung* liegt dann vor, wenn die Preisunterbietung in der Absicht erfolgt, Mitwettbewerber zu schädigen oder vom Markt zu verdrängen (Ahlert 1996, S. 236). Der Nachweis dafür erweist sich allerdings als problematisch und wird an folgenden Indizien festgemacht (Ahlert 1996, S. 236):

- ständiger Verkauf zu Verlustpreisen ohne sachlich gerechtfertigten Grund,

- gezieltes Vorgehen gegen bestimmte Wettbewerber,

- örtliche Preisdifferenzierung,

- Planmäßigkeit.

Einen eindeutigen Fall der unlauteren Preisunterbietung stellt die sog. *Preisschleuderei* dar. Darunter ist zu verstehen, dass ein Unternehmen extrem niedrige Preise festsetzt, obwohl bereits das sichere Ausscheiden aus dem Markt nicht mehr verhindert werden kann. Diese Preisschleuderei schadet dann nur noch den anderen Marktteilnehmern (vgl. Wirtz 1981, S. 221).

Eine weitere für die sog. *irreführende Preiswerbung* relevante Regelung findet sich in § 3 UWG, worin irreführende Angaben untersagt werden. Hiermit soll der Verbraucher z.B. vor sog. *Lockvogelangeboten* geschützt

werden. Ein solches liegt vor, wenn ein Anbieter mit einzelnen Niedrigpreisen bei einem nicht unerheblichen Teil der Verbraucher den falschen
Eindruck erweckt, in seinem gesamten Sortiment entsprechend preisgünstig zu sein, wenn der Verkäufer nicht über ausreichende Lagermengen
verfügt, um die bei einem solchen Preis zu erwartende Nachfrage zu befriedigen zu können, oder wenn er versucht, den Käufer, der das niedrigpreisige Produkt erstehen möchte, im Verkaufsgespräch zum Kauf einer
anderen Ware zu bewegen. Der erstgenannte Eingriffstatbestand kann
bereits dadurch umgangen werden, dass die Untereinstandspreise deutlich als "Sonderangebote" deklariert werden. Nach Meinung des BGH
wird der Ausnahmecharakter solcher Niedrigpreisangebote dadurch hinreichend ersichtlich.

Schließlich werden in den §§ 6-8 *Sonderverkäufe* und ähnliche Veranstaltungen geregelt.

Sonstige Rechtsvorschriften:

Die *Zugabenverordnung* verbietet grundsätzlich in § 1 Abs. 1 ZugabeVO
im geschäftlichen Verkehr eine Zugabe (Ware oder Leistung) anzubieten,
anzukündigen oder zu gewähren, um den Absatz der Hauptware zu fördern. Von diesem Grundsatzverbot werden jedoch in Abs. 2 Ausnahmetatbestände, wie die Zugabe von Reklamegegenständen von geringem
Wert, ein bestimmter oder auf bestimmte Art zu berechnender Geldbetrag, eine bestimmte oder auf bestimmte Art zu berechnende Menge gleicher Ware etc. geregelt.

Im Gegensatz zur Zugabeverordnung soll das *Rabattgesetz* nur den
Letztverbraucher schützen. Nach § 1 RabattG sind Preisnachlässe, die
nach Maßgabe des Gesetzes angekündigt und gewährt werden, erlaubt.
Demnach sind nur Barzahlungsnachlässe (§§2-5 RabattG), Mengen-
nachlässe (§§ 7-8 RabattG) und Sondernachlässe (§ 9 RabattG) möglich.
Bei Zusammentreffen mehrerer Preisnachlassarten darf ein solcher gemäß § 10 RabattG jedoch nur für zwei Arten gewährt werden. Zwischen
allen anderen Wirtschaftsstufen ist volle Rabattfreiheit gegeben, d.h. hier
sind Formen wie Treue- oder Funktionsrabatte möglich (vgl. Ahlert/
Schröder 1989, S. 247). Das Rabattgesetz ist derzeit stark umstritten, da
es Bonusprogramme und andere Formen der Kundenbindungspolitik
behindert.

Die *Preisangabenverordnung* regelt in § 1 PaVO, Preise für Letztverbraucher einschließlich der Umsatzsteuer und sonstiger Preisbestandteile,
unabhängig von einer Rabattgewährung anzugeben. Maßgeblich sind die
Prinzipien der *Preiswahrheit* und *Preisklarheit* (vgl. Diller 1978a).

§ 138 BGB regelt *Wucherpreise*, d.h. Preise die in einem auffälligen
Missverhältnis zur Gegenleistung stehen oder die durch Ausnutzung ei-
ner Notlage oder Unerfahrenheit des Vertragspartners zustande kommen.
Diese gelten als nichtig bzw. strafbar.

Aus den vorherigen Ausführungen, die das Europäische Recht wegen der ständigen Veränderungen gar nicht und das deutsche Preisrecht nur zum Teil erfassen, ist bereits ersichtlich, welchen vielfältigen rechtlichen Beschränkungen die Preispolitik unterliegt. Angesichts der Bedeutung der Preispolitik im Wettbewerb und der Unzulänglichkeiten des Preisverhaltens der Verbraucher (vgl. Kap. 4) ist dies gut verständlich. Voreiligen Rufen nach Deregulierung sollte man deshalb u.E. vorsichtig gegenüberstehen. Die hinter diesen Regelungen stehenden Schutzinteressen gelten nämlich mehr denn je.

2.4 Der Ablauf preispolitischer Entscheidungsprozesse

Die Darlegungen in den vorangegangenen Abschnitten haben deutlich gemacht, dass sowohl das Zielsystem als auch der situative Bedingungsrahmen der Preispolitik überaus komplexer Natur sind. In kaum einem anderen Bereich des Marketing gilt es ähnlich viele und gleichzeitig miteinander interdependente Einflussgrößen bei der Entscheidung zu berücksichtigen. Die gelegentlich anzutreffende Unterscheidung einer kosten- *oder* konkurrenzorientierten Preispolitik ist deshalb u.E. nicht sehr glücklich. In Wirklichkeit sind stets *alle* oben erläuterten Umfeldbedingungen mehr oder minder bedeutsam und bei Preisentscheidungen zu berücksichtigen (vgl. Kaas 1981). Dieser Umstand hat mehrere wichtige unternehmenspolitische Konsequenzen:

(1) Die Preispolitik birgt relativ hohe *Risiken* in sich (vgl. Kap. 12.2).

(2) Die Preispolitik kann *nicht* auf *Patentrezepten* oder einfachen Berechnungsformeln aufgebaut werden.

(3) Die Preispolitik benötigt eine *langfristige* und *strategische Orientierung* (vgl. Kap. 11).

(4) Die Preispolitik bedarf einer geplanten strukturellen und ablaufbezogenen *Organisation* (vgl. Kap. 12.4).

Die *Preisrisiken* sind nicht nur durch die Vielzahl relevanter Einflussgrößen, sondern vor allem durch die Unsicherheiten über deren zukünftige Entwicklung bedingt. Dies gilt sowohl für strukturelle Daten als insbesondere auch für die Verhaltensweisen der Marktakteure (vgl. Wiegmann 1977, S. 135ff.). Das preispolitische Risiko kann allerdings durch sorgfältige Informationsunterstützung gemindert werden.

In Kap. 5 werden wir die wichtigsten dabei einsetzbaren Informationsquellen und -instrumente näher erläutern. Die modellhafte Behandlung des Unsicherheitsproblems in der betriebswirtschaftlichen Preistheorie ist dagegen relativ wenig fortgeschritten (vgl. Krelle 1957; Haas 1965; Köhler 1968). Entscheidungtheoretische (z.B. Sengupta 1967; Green 1963/1977), regelungstheoretische (z.B. Baetge 1974), multivariat-statistische (z.B. Frederick 1971) oder risikoanalytische (z.B. Turner 1972; Köhler/Üebele 1983) Ansätze erbringen hier meist nur Teillösungen oder Problemverlagerungen.

Die *Zweifelhaftigkeit von Patentrezepten*, wie etwa der Kosten-plus-Gewinnaufschlag-Regel, die über lange Jahre in vielen Wirtschaftsbereichen „funktionierte", zeigte sich vor allem in den rezessiven Wirtschaftsphasen der 70er und den Marktsättigungsphasen der 80er und 90erJahre. Mehr und mehr wuchs hier die Erkenntnis, dass eine erfolgreiche Preispolitik eine sorgfältige Abwägung aller relevanten Umfeldbedingungen und entsprechende Informationsunterstützung voraussetzen (vgl. Oxenfeldt 1973; 1975). Besonders riskant und deshalb sorgfältig abzuwägen ist die Preispolitik in sog. High-Tech-Märkten, weil die Dynamik dieser Märkte kaum Spielraum zum Ausmerzen von Preisfehlern gewährt.

Die preistheoretischen Entscheidungsmodelle der traditionellen Theorie decken diese Aufgabenstellung nur zu einem geringen Teil ab. Sie beschränken sich nämlich im Wesentlichen auf die *Optimierungsphasen* und lassen die Anregungs-, Such-, Abstimmungs-, Durchsetzungs- und Kontrollphase preispolitischer Entscheidungsprozesse völlig außer Betracht. Sie wurden deshalb zunehmend ergänzt durch *Entscheidungsheuristiken*, die zwar oft nur vage Empfehlungen beinhalten, aber das sorgfältige Durchlaufen aller logischen Schritte zur Preisfindung nahe legen. Ein typisches Beispiel dafür sind die zusammenfassenden Empfehlungen von Monroe (1979, S. 277f.) zur besseren Bewältigung preispolitischer Entscheidungen. Sie lauten:

1) **Entwickle konsistente Ziele!**
   a) Sorge für ein klar formuliertes, operationales und konsistentes Zielsystem!
   b) Entwickle Zielprioritäten und kläre die Zielbeziehungen!
   c) Gewährleiste, dass jeder an der Preispolitik beteiligte Entscheider die relevanten Ziele versteht!

2) **Identifiziere Alternativen!**
   a) Entwickle ausreichend Alternativen für eine problemgerechte Preispolitik!
   b) Vermeide traditionelle Denkmuster, fördere die Kreativität!

3) **Beschaffe die relevanten Informationen!**
   a) Gewährleiste, dass die Informationen über Käufer und Konkurrenten aktuell und zukunftsbezogen sind!
   b) Schaffe Bewusstsein dafür, dass Informationen nicht nur Berichte über Vergangenes, sondern zukunftsbezogen sein müssen!
   c) Beteilige die Marktforscher an den preispolitischen Problemen!
   d) Achte darauf, dass Kosteninformationen tatsächlich die Konsequenzen der preispolitischen Alternativen aufzeigen!
   e) Diskutiere die Kostenaspekte mit Personen aus dem Rechnungswesen!

f) Analysiere die Wirkungen der einzelnen Alternativen hinsichtlich knapper Ressourcen, Anlagen, Produktionsablauf, Cash-flow, Marktanteil und Gewinn!

4) **Treffe die Preisentscheidung!**
   a) Nutze die verfügbaren Informationen voll aus!
   b) Bringe alle relevanten Variablen in die richtige Beziehung zueinander!
   c) Nehme Sensitivitätsanalysen vor, um die wichtigsten Variablen zu bestimmen!
   d) Berücksichtige die menschlichen und organisatorischen Probleme der Entscheidung!
   e) Berücksichtige die langfristigen Wirkungen der Entscheidung!
   f) Berücksichtige den Lebenszyklus des Produktes!
   g) Berücksichtige Erfahrungseffekte bei steigendem Produktionsvolumen!

5) **Sorge für Feedback und Kontrolle!**
   a) Entwickle Vorkehrungen dafür, dass die Preisentscheidungen mit der Marketing-Strategie kongruieren!
   b) Sorge für ein Informationssystem, das allen zuständigen Stellen die Ergebnisse der verschiedenen Preisentscheidungen vermittelt!

Die *strategische Orientierung der Preispolitik* bringt zwar einerseits zusätzliche Informationsprobleme und Unsicherheiten, erweist sich aber schon aus folgenden Gründen vor allem bei Preisentscheidungen für neue Produkte als unumgänglich (vgl. Kap. 11):

- Viele Preisentscheidungen stehen in Interdependenz mit langfristigen *Investitionsprogrammen* und besitzen deshalb erhebliche *Tragweite*.
- Die Vielzahl der Preisinstrumente müssen harmonisch aufeinander abgestimmt und zu einer strategisch wirksamen *Ganzheit* ausgestaltet werden.
- Die Preispolitik in der Einführungsphase eines neuen Produktes nimmt u.U. entscheidenden Einfluss auf den gesamten Verlauf des *Produktlebenszyklus*.
- Auch bei kurzfristigen preispolitischen Entscheidungen ist mit Carry over- und Verzögerungseffekten zu rechnen.
- Die Preispolitik einer Unternehmung ist stets in deren *Preishistorie* eingebunden und benötigt aus innerbetrieblichen wie marktbezogenen Gründen langfristige *Kontinuität*.
- Die Preispolitik ist mit einer umfassenderen und langfristig ausgerichteten *Marketingstrategie* abzustimmen.

Dass die zweckmäßige *Organisation der Preispolitik* bei einer so breiten, aber durchaus realitätsgerechten Problemperspektive zu einem bedeutsamen Teilaspekt der Entscheidungsfindung wird, liegt auf der Hand. Sowohl hierarchiemäßig als auch nach der funktionalen Ausrichtung sind sehr unterschiedliche Organisationsbereiche in die preispolitischen Entscheidungsprozesse zu integrieren. Sie reichen von der Unternehmensspitze und der Marketingleitung über Informations- und Koordinationsstellen, wie das Rechnungswesen, das Controlling, die Marktforschung oder das Product Management, bis hin zu Linienstellen im Verkauf (einschließlich Außendienst, dem oft eine gewisse Preiskompetenz eingeräumt wird), der Produktion und u.U. auch im Einkauf. Wir behandeln diese Fragen speziell in Kapitel 12.3.

Die multipersonale Aufteilung des Entscheidungsprozesses schafft auch Abstimmungsprobleme und erfordert spezifische Planungsinstrumente, wie z.B. strategische Rahmenpläne, rollierende Budgets (vgl. 6.3.3) oder ergebnisorientierte Beurteilungs- und Entlohnungssysteme. Darauf kann im Rahmen dieses Buches allerdings meist nur am Rande eingegangen werden.

Kapitel 3: Grundmodelle der betriebswirtschaftlichen Preistheorie

In der klassischen betriebswirtschaftlichen Preistheorie wurde für die in Kap. 2 dargelegten Beziehungen zwischen der Preishöhe einerseits und den relevanten Zielgrößen (Absatz, Umsatz, Gewinn) bzw. Umweltvariablen andererseits eine Reihe grundlegender Modelle entwickelt. Als „klassisch" werden diese Modelle deshalb bezeichnet, weil sie - oft in Anlehnung an Modelle der volkswirtschaftlichen Mikroökonomie, aber mit anderer Zielsetzung - keine (explizite) verhaltenswissenschaftliche Ausrichtung besitzen. Sie beschränken sich vielmehr auf direkt beobachtbare, ökonomische Variablen. Teilweise handelt es sich lediglich um (taxonomische) Beschreibungs-, teilweise um Erklärungs- oder Entscheidungs-(Optimierungs-)modelle. Wie Müller-Hagedorn (1984, S. 544ff.) gezeigt hat, besitzen einige dieser Modelle implizit allerdings durchaus auch einen verhaltenswissenschaftlichen Kern.

Wir stellen aus der Fülle der klassischen Modellansätze an dieser Stelle nur jene vor, die für die Erklärung preispolitischen Verhaltens und für die praktische Bewältigung von Preisentscheidungen elementare Bedeutung besitzen und deshalb auch im weiteren Verlauf des Buches Anwendung finden. Im Einzelnen handelt es sich um

1) Morphologische Markttypologien,
2) Preis-Absatzfunktionen und Elastizitätskoeffizienten,
3) Preis-Umsatzfunktionen,
4) Preis-Kostenfunktionen,
5) Preis-Gewinnfunktionen.

Ferner stellen wir ein Nutzenmodell der neueren Preistheorie vor. Es stellt eine Fortentwicklung der Preis-Absatzfunktion auf Basis von nominalen Kaufmodellen dar.

3.1 Morphologische Markttypologien

Morphologische Markttypologien dienen der idealtypischen Charakterisierung von Märkten nach preispolitisch relevanten Merkmalen (vgl. 2.3.3). Am häufigsten wird dabei auf den *Vollkommenheitsgrad des Marktes* und auf die *Anzahl der Anbieter bzw. Nachfrager* Bezug genommen.

Agiert auf einem gegebenen Markt mit vielen Nachfragern nur ein Anbieter, spricht man von einem (Angebots-)Monopol, bei wenigen bzw. vielen Anbietern dagegen von einem Oligopol bzw. Polypol. Kombiniert man diese Ausprägungen mit den entsprechenden Kategorien auf der Nachfrageseite, so ergibt sich die in Tab. 3-1 dargestellte morphologische Markteinteilung (vgl. Möller 1962, S. 185). Dabei unterstellt man jeweils etwa gleiche Größe (Marktanteil) aller Anbieter. Ist diese Voraussetzung nicht gegeben, sondern existiert neben einigen großen Anbietern auch noch eine mehr oder minder große Zahl kleiner Anbieter, liegt ein *Teiloligopol* vor.

Anbieter / Nachfrager	einer	wenige	viele
einer	Bilaterales Monopol	Beschränktes Nachfrage-monopol	Nachfrage-monopol (Monopson)
wenige	Beschränktes Angebots-monopol	Bilaterales Oligopol	Nachfrage-oligopol (Oligopson)
viele	Angebots-monopol	Angebots-oligopol	Polypol

Tab. 3-1:   Einfache Marktmorphologie

Kombiniert man das Merkmal der Anzahl der Marktteilnehmer mit dem der Marktvollkommenheit (vgl. 2.3.3.1) und unterscheidet dabei lediglich vollkommene *("homogene")* und unvollkommene *("heterogene")* Märkte, so verdoppelt sich die Anzahl der in Tab. 3-1 dargestellten Marktformen. Zur Kennzeichnung der unvollkommenen Märkte wird dabei gelegentlich die Endsilbe -poloid (z.B. Monopoloid, Oligopoloid usw.) angehängt (vgl. z.B. Möller 1962). Polypole bei (un-)vollkommenen Märkten heißen auch Märkte *atomistischer (polypolistischer) Konkurrenz.* Von praktischer Relevanz sind freilich i.d.R. nur unvollkommene (heterogene) Märkte. Empirischen Untersuchungen zufolge (vgl. z.B. Wied-Nebbeling 1985, S. 28f.) herrschen auf den industriellen Absatzmärkten in der Bundesrepublik Deutschland aufgrund zunehmender Konzentration hauptsächlich *oligopolistische Marktstrukturen* vor. Nur eine relativ kleine Gruppe von Unternehmen war anhand ihres Marktanteils, der Anzahl der Abnehmer und Konkurrenten als *Polypolist* einzuordnen. Auf Seiten der Nachfrager besitzen wegen der zunehmenden Konzentration im Handel heute oftmals einige wenige Handelsbetriebe erhebliche Marktanteile. Insbesondere die Zwischenmärkte von Konsumgüterproduzenten entwickeln sich deshalb zunehmend zu *bilateralen Teiloligopolen.* Dagegen agiert die Zulieferindustrie für die Konsumgüterherstellung (z.B. Autozubehörteile) nicht selten auf *oligopsonistischen* Märkten.

Da Marktmorphologien der beschriebenen Art nur zwei Merkmale berücksichtigen, ist ihr Aussagewert naturgemäß auf eine relativ grobe Charakterisierung der *Konkurrenzsituation* bzw. der *Marktstruktur* beschränkt. Das tatsächliche Marktverhalten und die Möglichkeit des Markteintritts neuer Anbieter *(potentielle Konkurrenz)* sowie die Interdependenz des horizontalen und vertikalen Wettbewerbs auf verschiedenen Marktstufen bleiben dabei unberücksichtigt. Darüber hinaus ist unklar, wo die Grenze zwischen „wenigen" und „vielen" Marktteilnehmern gezogen werden soll.

3.2 Preis-Absatzfunktionen und Elastizitätskoeffizienten

3.2.1 Gegenstand und Kennwerte von Preis-Absatzfunktionen

Preis-Absatzfunktionen sind formale Modelle über den Zusammenhang zwischen der Höhe des Angebotspreises und der erwarteten Absatzmenge eines Produktes. In allgemeiner Form behandeln sie also die Beziehung

(3-1) $x_i = f(p_i)$ bzw.

(3-2) $p_i = f(x_i)$.

Bei Definition des Preises als Aktionsparameter und des Absatzes als Zielgröße, bringt (3-1) das Anliegen des funktionalen Modells besser zum Ausdruck als die in der Preistheorie an sich übliche Form (3-2). Die Preis-Absatzfunktion stellt dann nämlich eine spezifische *Marktreaktionsfunktion* zwischen der *Aktionsvariablen Preis* und der *Reaktionsvariablen Absatz* dar. Sie entspricht so auch dem statistischen Modell der Regressionsanalyse, die oft als Schätzverfahren für die empirische Ermittlung der Funktionsparameter herangezogen wird (vgl. 5.5.4). Der Preis stellt hier die unabhängige, die Absatzmenge die abhängige Variable dar. Bei der graphischen Darstellung wird der Preis auf der Abszisse und die Absatzmenge auf der Ordinate abgetragen. Abb. 3-1 verdeutlicht dies am Beispiel einer linear fallenden Funktion, für die gilt: x = 400 – 50p. Andere Funktionsverläufe werden im nächsten Abschnitt behandelt.

Preis-Absatzfunktionen wie (3-1) modellieren die Nachfrage nicht auf individuellem, sondern auf *aggregiertem Niveau*, d.h. über alle relevanten Nachfrager hinweg. Der Rückgang der Nachfrage mit steigendem Preis kann dabei durch Ausscheiden von Käufern wegen Überschreitens ihrer individuellen Höchstpreise und/oder durch geringere *Kaufmengen* pro Käufer zustande kommen. Bei Gebrauchsgütern ist (kurzfristig) nur der erste Fall, bei Verbrauchsgütern eher der letztere Fall relevant. Wichtig wird diese Unterscheidung im Rahmen der mengenmäßigen Preisdifferenzierung (vgl. 8.2.2). Dort werden deshalb individuelle *Nachfragefunktionen* (x_i (p_i): wieviel kauft ein Kunde zum Preis p?) und *Zahlungsbereitschaftsfunktionen* (ZB (q_i): wieviel ist ein Kunden für eine bestimmte Nachfragemenge maximal zu zahlen bereit?) unterschieden. Damit wird auch die Höhe der sog. *Konsumentenrente* bestimmbar, die angibt, um wieviel der Marktpreis unter dem individuellen Maximalpreis („*Reservationspreis*") liegt. Wenn Kunden um den Preis verhandeln, stellt der ausgehandelte Preis schließlich den sog. „*Transaktionspreis*" dar (vgl. Friege 1996).

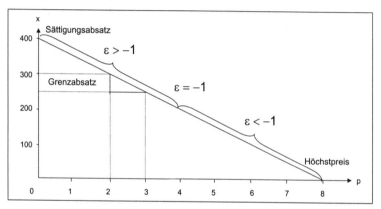

Abb. 3-1: **Graphische Darstellung einer linearen Absatzfunktion und ihrer Kennwerte**

Wie jede Funktion, kann auch die Preis-Absatzfunktion durch verschiedene *Kennwerte* charakterisiert werden (vgl. auch Abb. 3-1):

1) Der Wert der Funktion bei p = 0 zeigt den sog. *Sättigungsabsatz* an (x = f(0)).

2) Der Wert für f(p) = 0 signalisiert dagegen den *Höchstpreis,* bei dem der Absatz auf 0 sinkt.

3) Die Steigung der Funktion ($(\partial f(p) / \partial p$) entspricht dem sog. *Grenzabsatz,* d.h. der *absoluten* Absatzveränderung bei Erhöhung des Preises um eine Einheit („*direkter Preisresponse*").

4) Die *relative* Veränderung des Absatzes im Vergleich zur *relativen* Veränderung des Preises wird *Preiselastizität* genannt. Für sie gilt also:

$$(3-3) \quad \varepsilon \; = \; \frac{\partial f(p)}{f(p)} : \frac{\partial p}{p}$$

81

Die *Preiselastizität* drückt demnach aus, um wieviel Prozent sich der Absatz verändert, wenn der Preis um ein Prozent verändert wird. ε ist allerdings streng genommen nicht als Bogen-, sondern als *Punktelastizität*, d.h. für infinitesimal kleine Änderungen von p bzw. x, definiert. Sie kann dann sehr einfach nach Formel (3-4) berechnet und bei linearem Funktionsverlauf auch geometrisch bestimmt werden, indem die Länge der oberhalb des betrachteten Punktes liegende Strecke der Preis-Absatzfunktion durch die der unteren dividiert wird.

$$(3\text{-}4) \quad \varepsilon = \frac{\partial x}{x} : \frac{\partial p}{p} = \frac{\partial x \cdot p}{\partial p \cdot x}$$

Als *Punktelastizität* nimmt ε bei linearen Preis-Absatzfunktionen zwingend an jeder Stelle der Funktion einen anderen Wert an, wobei die Grenzwerte bei 0 bzw. -∞ liegen. Gleichwohl spiegeln flacher verlaufende Funktionen insgesamt eine geringere Preiselastizität wider als steilere. Ist die relative Mengenänderung kleiner als die relative Preisänderung, also ε > -1 bzw. $|\varepsilon| < 1$, so spricht man von unelastischer, im Falle ε < -1 bzw. $|\varepsilon| > 1$ von elastischer Nachfrage.

5) Enthält die Preis-Absatzfunktion als unabhängige Variable nicht nur den Angebotspreis des betrachteten Gutes (p_i), sondern auch die Preis anderer Güter (p_j; j = 1 ... J), stellt die *Kreuzpreiselastizität* ε_{ij} einen weiteren Kennwert der Funktion dar. Sie gibt an, um wie viel Prozent sich der Absatz des Gutes i verändert, wenn der Preis des Produktes j um 1% verändert wird. Es gilt also:

$$(3\text{-}5) \quad \varepsilon_{ij} = \frac{\partial x_i}{x_i} : \frac{\partial p_j}{p_j} = \frac{\partial x_i \cdot p_j}{\partial p_j \cdot x_i}$$

Bei konkurrierenden (substitutiven) Gütern nimmt ε_{ij} positive, bei komplementären Gütern negative Werte an.

Die *Kreuzpreiselastizität* wurde von Triffin (1962, S. 103ff.) auch als Instrument zur Charakterisierung der Konkurrenzsituation vorgeschlagen. Sie wird deshalb auch als *Triffinscher Koeffizient* bezeichnet. Bei ε_{ij} = 0 liegt dabei die Situation fehlender Konkurrenzgebundenheit („Substitutionslücke"), bei 0 < ε_{ij} < ∞ der Fall heterogener Konkurrenz und bei ε_{ij} → ∞ der Fall homogener Konkurrenz vor. Im Gegensatz zur morphologischen Markteinteilung steht damit ein eindeutiges Kriterium zur Abgrenzung verschiedener Marktformen zur Verfügung. Beide Vorgehensweisen lassen sich allerdings auch kombinieren (vgl. Schmalen 1995, S. 55ff.).

3.2.2 Formen von Preis-Absatzfunktionen

Der genaue Verlauf einer Preis-Absatzfunktion bedarf als modellhafte Hypothese über die Marktreaktion sowohl einer theoretischen Begründung als auch einer empirischen Überprüfung. Wegen der Vielzahl von Einflussfaktoren, welche die Marktreaktion bestimmen, wird dabei kein Modell generelle Gültigkeit für sich beanspruchen können. Es muss deshalb auch nicht verwundern, dass bei einer Vielzahl von empirischen Untersuchungen sehr unterschiedliche Funktionsverläufe statistisch nachgewiesen wurden. Trotzdem lassen sich für die in der Realität besonders häufig anzutreffenden Marktsituationen *vier typische Funktionsformen* unterscheiden (vgl. Simon 1992, S. 101ff.), deren Kennwerte und Verlauf in Tab. *3-2* gegenübergestellt sind. Es handelt sich zunächst um das *lineare* und das *multiplikative* Modell, das jeweils sowohl ohne (Typ 1a bzw. 2a) als auch mit (Typ 1b bzw. 2b) Berücksichtigung des Einflusses von Preisen konkurrierender Produkte ausgestaltet werden kann. Die beiden anderen Grundtypen weisen einen *doppelt geknickten* (S-förmigen) bzw. einen *logistischen Verlauf* auf und beziehen Konkurrenzeinflüsse ebenfalls in die Modellstruktur mit ein. Die Modelle 1a und 2a sind deshalb grundsätzlich für monopolistische Marktsituationen relevant, während die restlichen Modelle für Märkte mit heterogener Konkurrenz ($0<\varepsilon_{ij}<\infty$) zugeschnitten sind.

Zur Operationalisierung des Einflusses der mit i konkurrierenden Produkte j wird meist der *marktanteilsgewichtete Durchschnittspreis* $\bar{p}_j$ gewählt, für den gilt:

$$(3\text{-}6) \qquad \bar{p}_j \;=\; \frac{1}{\sum m_j} \sum_{j=1}^{J} m_j \cdot p_j$$

m_j = Marktanteil des konkurrierenden Produktes j
($\Sigma\, m_j + m_i = 1$)

p_j = Preis des konkurrierenden Produktes j = (1 ... J)

Man kann aber auch paarweise Betrachtungen einzelner Produkte wie bei Modell (4) oder Gruppierungen der Konkurrenzprodukte (z. B. für Teiloligopole) vornehmen (vgl. z. B. Albach, 1979). Weitere Operationalisierungsvarianten von Preis-Absatzfunktionen werden in Abschnitt 5.5.4 behandelt.

Tab. 3-2: **Vergleichende Darstellung der vier Grundtypen von Preis-Absatzfunktionen**

Modelltyp \ Kennwerte	linear, ohne Konkurrenzeinfluss (1a)	linear, mit Konkurrenzeinfluss (1b)	multiplikativ, ohne Konkurrenzeinfluss (2a)	multiplikativ, mit Konkurrenzeinfluss (2b)	doppelt gekrümmte Funktion (3)	logistische Funktion (4)
Funktionsspezifikation	$x_i = \alpha + \beta p_i$ ($\alpha>0, \beta<0$)	$x_i = \alpha + \beta p_i + \gamma \overline{p_j}$ ($\gamma>0$)	$x_i = \alpha \cdot p_i^{\beta}$	$x_i = \alpha \cdot p_i^{\beta} \cdot \overline{p_j}^{\gamma}$ ($\beta<0; \gamma>0$)	$x_i = \alpha + \beta + \gamma_1 \cdot \sinh[\gamma_2(\overline{p_j} - p_i)]$	$x_i = \alpha + \dfrac{\beta \cdot p_i^{n}}{\sum \beta_j \cdot p_j^{n}}$
Sättigungsabsatz	α	$\alpha + \gamma\overline{p_j}$	$\to \infty$	$\to \infty$	α	α
Höchstpreis	$-\alpha/\beta$	$-(\alpha + \gamma\overline{p_j})/\beta$	$\to \infty$	$\to \infty$	nicht allgemein bestimmbar	$\to \infty$
Grenzabsatz	β	β	$\alpha \cdot \beta \cdot p_i^{\beta-1}$	$\alpha \cdot \beta \cdot p_i^{\beta-1} \cdot \overline{p_j}^{\gamma}$	$\beta - \gamma_1 \cdot \gamma_2 \cdot \cosh[\gamma_2(\overline{p_j} - p_i)]$	$\gamma_1 \cdot x_i(1-x_i)/p_i$
Preiselastizität	$\dfrac{\beta p_i}{\alpha + \beta p_i}$	$\dfrac{\beta p_i}{\alpha + \beta p_i + \gamma p_j}$	β	β	$\dfrac{\beta - \gamma_1 \cdot \gamma_2 \cdot \cosh[\gamma_2(\overline{p_j} - p_i)]p_i}{x_i}$	$-\beta_i(1-x_i)$
Kreuzpreiselastizität	-	$\dfrac{\gamma \overline{p_j}}{\alpha + \beta p_i + \gamma p_j}$	-	$-\beta$	$\dfrac{\gamma_1 \cdot \gamma_2 \cdot \overline{p_j}/x_i \cdot}{\cosh[\gamma_2(\overline{p_j} - p_i)]}$	$-\beta \cdot x_j$
graphische Darstellung des Funktionsverlaufs						

1) Lineare Preis-Absatzfunktionen

Das lineare Modell für den *Monopolfall*

(3-7) $x_i = \alpha + \beta p_i$

$(\alpha, \beta$ = Funktionsparameter; $\alpha > 0$; $\beta < 0)$

bzw. für den *Konkurrenzfall*

(3-8) $x_i = \alpha + \beta p_i + \gamma \overline{p}_j$

$(\gamma$ = Funktionsparameter; $\gamma > 0)$

unterstellt, dass der Absatz von i mit steigenden Preisen von i kontinuierlich fällt, weil β auf den negativen Zahlenraum definiert ist. Damit wird dem in der volkswirtschaftlichen Theorie postulierten *Gesetz der fallenden Nachfrage,* das seinerseits auf den *Gossenschen Gesetzen* beruht, Rechnung getragen. Die Funktionen besitzen eine einfache und damit für den Anwender gut durchschaubare sowie statistisch leicht schätzbare Struktur. Fragwürdig erscheint allerdings die *Konstanz des Grenzabsatzes* (der Absatz sinkt – gleich bei welchem Preisniveau – stets um β Einheiten, wenn der Preis um eine Einheit erhöht wird). Dies widerspricht insbesondere der preispsychologischen Hypothese, dass Preisveränderungen von den Käufern stets in Bezug zum Ausgangspreis, d.h. als relative (prozentuale) Größen beurteilt werden (vgl. 4.4.2.2.). Eine Senkung des Preises für eine Uhr um 10 GE hätte demnach z.B. beim Ausgangspreis von 100 GE (Preissenkung 10%) eine andere Wirkung als beim Ausgangspreis von 20 GE (Preissenkung 50%). Stimmt diese Hypothese, so wäre ein progressiv fallender Grenzabsatz zu erwarten. Auch die Annahme eines endlichen Sättigungsabsatzes (α) erscheint auf vielen Märkten wenig plausibel. Schließlich ist im Konkurrenzfall (Modell 1b) fraglich, ob sich der Absatz bei steigenden durchschnittlichen Konkurrenzpreisen tatsächlich um einen konstanten Betrag γ erhöht, d.h. eine niveauunabhängige Parallelverschiebung der Funktion resultiert. In diesem Punkt liegt der wesentliche Unterschied zur doppelt geknickten Preis-Absatzfunktion, die in den Randbereichen eine progressive Kundenzu- bzw. -abwanderung unterstellt.

2) Multiplikative Preis-Absatzfunktionen

Beim multiplikativen Modell für den *Monopolfall*

(3-9) $x_i = \alpha \cdot p_i^{\beta} \ (\alpha > 0; \beta < 0)$

bzw. für den *Konkurrenzfall*

$$(3\text{–}10) \qquad x_i = \alpha \cdot p_i^{\beta} \cdot \overline{p}_j^{\gamma} \quad (\beta < 0; \gamma > 0)$$

nimmt der *Grenzabsatz* mit fallendem Preisniveau ab, während die *Preiselastizität* an allen Punkten der Funktion gleich groß ist. β spiegelt hier also die Preiselastizität und nicht den Grenzabsatz wider. Damit wird dem preispsychologischen Kritikpunkt am linearen Funktionsverlauf Rechnung getragen. Prozentual gleich große Preisänderungen führen im multiplikativen Modell stets zu prozentual gleichen Absatzveränderungen. Es existieren weder ein Sättigungs- noch ein Höchstpreis. Die Unterschiede zum linearen Modell liegen also vor allem in den Grenzbereichen der Funktion, der für praktische Fragestellungen vor allem dann bedeutsam ist, wenn es um die Bestimmung von Preisober- bzw. -untergrenzen geht.

Für den Konkurrenzfall (3-10) unterstellt man häufig gleiche Werte für die Preiselastizität und die Kreuzpreiselastizität ($|\beta| = |\gamma|$), was zwar nicht zwingend, aber durchaus plausibel ist, wenn Produkt i einen relativ hohen Marktanteil besitzt und damit von Preisänderungen der Konkurrenz ebenso betroffen wird wie diese von Preisänderungen bei i. Der Funktionszusammenhang beinhaltet vier wesentliche Reaktionshypothesen: Erstens steigt der Absatz von i mit steigenden Preisen der Konkurrenten. Zweitens ist dieser Effekt umso größer, je größer die Kreuzpreiselastizität γ und/oder das Preisniveau der Konkurrenten sind. Drittens wirkt eine Veränderung von γ (z.B. auf Grund präferenzverstärkender Maßnahmen für Produkt i) umso stärker, je höher $\overline{p}_j$ liegt. Viertens ist der Effekt einer Preisveränderung von i umso größer, je höher $\overline{p}_j$ und/oder γ sind. Alle vier Zusammenhänge sind nicht proportional, sondern (wie schon bei 3-9) asymmetrisch: Im unteren Preisbereich ist der Grenzabsatz größer als im oberen.

3) Doppelt geknickte Preis-Absatzfunktion

Die doppelt geknickte Preis-Absatzfunktion geht auf Erich Gutenberg zurück und hat in der betriebswirtschaftlichen Preistheorie eine Vielzahl von Begründungsversuchen und Varianten gefunden (vgl. z.B. Kilger 1962; Schlüter 1965; Albach 1973). Sie ist – allerdings mit unterschiedlichen Begründungen – sowohl für das *heterogene Polypol* (polypolistische Konkurrenz) als auch für das *heterogene Oligopol* theoretisch fundiert und auch empirisch – direkt oder indirekt – mehrfach bestätigt.

Ihre mathematische Formulierung erfolgt in (3-11) als kontinuierliche, also nicht doppelt geknickte, sondern doppelt gekrümmte Funktion, wie dies Albach (1973) vorgeschlagen hat. Entscheidend ist die Dreiteilung der Funktion in einen relativ unelastischen (flachen) mittleren Teil und zwei elastische (steile) Randbereiche. Ein solcher Verlauf lässt sich formal durch folgende Sinus-Hyperbolicus-Funktion abbilden (Albach 1973):

$$(3\text{-}11) \qquad x_i = \alpha + \beta \, p_i + \gamma_1 \, \sinh \, [\gamma_2 \, (\bar{p}_j - p_i \,)]$$

Gutenberg geht dabei davon aus, dass sich der Anbieter mit seinem derzeitigen Preis im mittleren, dem sog. *Monopolistischen Bereich* befindet. Geringfügige Preisabweichungen führen dort nur zu relativ geringen Absatzveränderungen, während bei größeren Preisabweichungen progressiv wachsende Absatzverschiebungen auftreten.

Als Begründung für diesen Verlauf im *heterogenen Polypol* führt Gutenberg (1984, S. 238ff.) folgende Argumente ins Feld: Anbieter innerhalb einer bestimmten Preis- und Qualitätslage des jeweiligen Marktes besitzen wegen der Unvollkommenheit des Marktes mehr oder minder starke *„akquisitorische Potentiale"*, d.h. Präferenzen der Nachfrager, die ein Abweichen vom durchschnittlichen Preisniveau $(\bar{p}_j\,)$ erlauben, ohne dass es zum vollständigen Verlust bzw. Gewinn aller Nachfrager kommt. Das akquisitorische Potential jedes Anbieters kann eigene Preiserhöhungen allerdings nur begrenzt gegen Kundenverluste abschirmen.

Innerhalb eines gewissen Preisintervalls um ($\bar{p}_j$) verliert der Anbieter i bei Preiserhöhungen nur insoweit Absatz, als bisherige „Stammkunden" (Kunden mit Präferenzen für i) weniger kaufen bzw. Grenznachfrager ausscheiden. Umgekehrt steigt der Absatz von i bei Preissenkungen zunächst nur aufgrund von Mehrkäufen der Stammkunden und zusätzlicher Nachfrage von neu auftretenden Grenznachfragern. Je weiter sich aber der Preis von ($\bar{p}_j$) entfernt, desto überproportional mehr Fluktuationen bisheriger Stammkunden treten auf, die zu nunmehr preisgünstigeren Anbietern überwechseln. Dieser progressive Anbieterwechsel führt zum doppelt gekrümmten Verlauf der Preis-Absatzfunktion.

Im Gutenbergschen Polypolmodell besitzen alle Anbieter also einen *monopolistischen Spielraum,* so dass man statt von *Polypol* auch von zahlreichen „kleinen" Monopolen mit jeweils eigenem Firmenmarkt bzw. von *„monopolistischer Konkurrenz"* sprechen kann. Der monopolistische Spielraum wird dabei umso größer sein,

- je ausgeprägter das durch Standort-, Produkt-, Service- und andere Vorzüge des Unternehmens gebildete akquisitorische Potential ist,

- je qualitäts- und servicebewusster die Nachfrager sind,

- je unvollkommener die Preis- und Qualitätstransparenz ist und

- je langsamer die Nachfrager auf Preisveränderungen reagieren (Gutenberg, 1976, S. 252ff.).

Für den Fall des *heterogenen Oligopols* (wenige Anbieter, unvollkommener Markt) postuliert Gutenberg (1976, S. 290ff.) grundsätzlich ebenfalls eine doppelt geknickte Preis-Absatzfunktion. Im Gegensatz zum Polypol gilt es aber zusätzlich zu berücksichtigen, dass sich im Oligopol Käuferfluktuationen nicht auf eine Vielzahl von Anbietern verteilen und damit für die Konkurrenten spürbar werden. Diese werden deshalb ihrerseits preispolitisch reagieren. So werden sie dann, wenn i die untere Grenze seines monopolistischen Bereichs unterschreitet, ebenfalls den Preis senken, sodass i sein ursprüngliches Absatzziel nicht erreichen kann. Abb. 3-2 verdeutlicht die Folgen einer solchen Konkurrenzreaktion: Der Absatz von i weitet sich aufgrund der Preissenkung von p_o auf p_1 nicht auf x_1, sondern nur auf x'_1 aus. Der Zuwachs ist dabei lediglich ein Resultat der Nachfrage- und nicht der Kreuzpreiselastizität! Umgekehrt werden die Konkurrenten auf eine Preissteigerung von p_o auf p_2 einem solchen Nachfragezustrom gegenüberstehen, dass sie ihre Preise ohne Gewinneinbußen ebenfalls erhöhen können und in Folge dessen i keinen Absatz in Höhe von x_2, sondern nur in Höhe von x'_2 erzielt. Der Nachfragezustrom am Gesamtmarkt kommt dabei auch von Personen, die bisher in niedrigeren Preis- und Qualitätsklassen ihren Bedarf deckten. Insofern strahlen Preisveränderungen im Oligopol auch auf andere Preisklassen des Marktes aus.

Durch die Veränderung der Konkurrenzpreise ändert sich also im Oligopol für i bei Preisänderungen die Absatzsituation und damit die *Lage* der Preis-Absatzfunktion: Sie verschiebt sich bei steigendem (sinkendem) Preisniveau am Markt nach rechts unten (links oben), behält aber bei unveränderter Präferenzverteilung auf alle Anbieter ihre doppelt gekrümmte Form bei (vgl. Abb. 3-2). Die reaktionsfreien Zonen liegen auf der sog. Gleitkurve HH'. Sie stellt damit die konjekturale, d.h. nach Konkurrenzreaktion gültige Preis-Absatzfunktion von i dar, wenn man davon ausgeht, dass sich alle Anbieter in der beschriebenen Art verhalten. Die in Tab. 3-2 bzw. Gleichung (3-11) beschriebene Funktion gilt dagegen *vor* Konkurrenzreaktion.

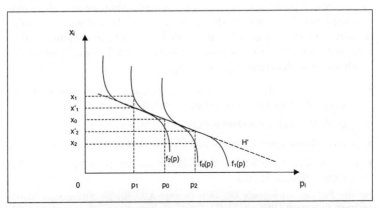

Abb. 3-2: **Verschiebung der Preis-Absatzfunktion bei Konkurrenzreaktionen im Oligopol**

Bei anderen Annahmen über das Konkurrenzverhalten ergeben sich auch andere Funktionsverläufe der Preis-Absatzfunktion. Unterstellt man z.B., dass die Konkurrenten nicht nach Gewinnmaximierung, sondern nach

Erhöhung ihrer Marktanteile streben, werden sie im Fall von Preiserhöhungen bei i ihre Preise nicht ebenfalls erhöhen, sondern beibehalten. Daraus resultiert für i eine Preis-Absatzfunktion mit nur einer Knickstelle (bzw. Krümmung) am oberen Ende des reaktionsfreien Bereichs (vgl. Stigler 1947; Sweezy 1939).

Empirische Untersuchungen, bei denen im Wege von Unternehmerbefragungen (vgl. Fog 1960; Taylor/Wills 1969; Wied-Nebbeling 1985), Experimenten (vgl. Abrams 1964; Huppert 1974) oder Scanneranalyse (vgl. z.B. Gaul/Löffler 1999, Kucher 1985) die Wirkung von Preisveränderungen in Oligopolen analysiert wurde, erbrachten Befunde, welche das Modell der doppelt geknickten bzw. gekrümmten Preis-Absatzfunktion mehr oder weniger eindrucksvoll bestätigten.

Wied-Nebbeling (1985, S. 151f.) fand z.B. in ihrer Untersuchung bei 401 Unternehmen, dass 46,2% der Befragten bei einer Preissenkung um 5% mit keinem wesentlichen Absatzgewinn ($dx_i < 5\%$) rechnen, während dieser Anteil bei einer angenommenen Preissenkung um 10% auf 35,4 % fällt, d.h. hier werden häufiger Absatzzuwächse erwartet. Für den umgekehrten Fall der *Preiserhöhung* um 5% bzw. 10% ergibt sich mit 36,9% bzw. 21,5% ein ähnliches Bild. 65,3% der Befragten gaben an, einen gewissen Preisspielraum zu besitzen, innerhalb dessen eigene Preisänderungen keine Konkurrenzreaktionen hervorrufen. Allerdings beträgt dieser i.d.R. nur 2-6%, bei Anbietern im Oligopol sogar nur 1-3%.

4)   Logistische Preis-Absatzfunktionen

Logistische Preis-Absatzfunktionen weisen ebenso wie die Gutenberg-Funktion einen doppelt gekrümmten Verlauf auf. Ganz im Gegensatz zur Gutenberg-Funktion ist bei ihnen aber der *mittlere* Abschnitt relativ steil (elastisch), während die Randabschnitte flacher verlaufen. Statt eines S-förmigen ergibt sich hier also ein tendenziell Z-förmiger Verlauf (vgl. Tab. 3-2).

Eine derartige Funktion kann vor allem durch binäre oder multinomiale Markenwahlmodelle begründet werden, bei denen der Marktanteil einer Marke aus der imagemäßigen Anziehungskraft konkurrierender Marken heraus erklärt wird (vgl. z.B. Böcker/Achter, 1981, die zusätzlich lerntheoretische Aspekte berücksichtigen). Simon (1992, S. 103 ff.) spricht deshalb hier von *Attraktionsmodellen* und formuliert folgende darauf abgestimmte (nicht im strengen Sinne logistische) Preis-Absatzfunktion:

$$(3\text{-}12) \qquad x_i = \alpha + \frac{\beta_i \cdot p_i^{\gamma_i}}{\sum\limits_{j} \beta_j \cdot p_j^{\gamma_j}} \quad (i \neq j = 1 \dots J)$$

Der Zähler des den Verlauf der Funktion bestimmenden Quotienten in Gleichung (3-12) gibt die Attraktivität der Marke i wieder, während der Nenner die Gesamtanziehungskraft *aller* konkurrierenden Marken (einschließlich i) misst. Der Quotient lässt sich demnach unter bestimmten Annahmen unmittelbar als Marktanteil von i interpretieren, wobei die Parameter β_i die Preisreagibilität und γ_i die markenspezifischen Präferenzstärken zum Ausdruck bringen.

Logistische Preis-Absatzfunktionen besitzen im Gegensatz zu allen anderen drei Grundtypen eine *explizite verhaltenstheoretische Fundierung*. Der relativ elastische Verlauf der Funktion im mittleren Bereich ist – vereinfacht formuliert – auf die Annahme zurückzuführen, dass extreme Imageunterschiede zwischen den relevanten Konkurrenzmarken relativ selten sind. Deshalb verursachen schon kleine Preisunterschiede so große Marktanteilsverschiebungen, dass bei noch größeren Preisabweichungen keine „Nachfragerreserven" mehr aktiviert werden können. Vor allem in gesättigten Konsumgütermärkten erscheint diese Annahme durchaus plausibel. Ferner wird berücksichtigt, dass die Wahrnehmungsfunktion von Preisunterschieden nach der Prospect-Theorie nicht linear, sondern degressiv verläuft, d.h. die subjektiv empfundene Preisgünstigkeit einer Marke mit steigendem Preisabstand zu den Konkurrenzmarken unterproportional zunimmt. Allerdings wird der – auch im Rahmen der Preisschwellentheorie gut begründete (vgl. Abschnitt 4.4.) – reaktionsfreie Bereich um den derzeitigen Preis nicht berücksichtigt.

Nutzenmodelle

Logistische Funktionen werden häufig auch als Schätzmodell für sog. *Nutzenmodelle* herangezogen, bei denen der vom Käufer K empfundene Nutzen eines Produktes i (d.h. seine Präferenz) als abhängige Variable und die j Produktmerkmale sowie der Preis als unabhängige Nutzenfunktionen modelliert werden. Sehr häufig wird das additiv-lineare Modell der Conjoint Analyse herangezogen:

(3-13) $\qquad U_{ik} = u_{ik} * + u_i(p_k)$

mit $\qquad U_{ik}$ = Nutzen von Produkt i für Nachfrager k

$\qquad\quad u_{ik}$ = Summe der Teilnutzenwerte nicht-preislicher Produktattribute für Nachfrager k

$\qquad\quad u_k(p_i)$ = Teilnutzenwert des Preises von Produkt i für Nachfrager k

Die Schätzung der Nutzenfunktionen für die k Teilqualitäten und den Preis erfolgt auf dem Wege des Conjoint Measurement (vgl. Kap. 5.5.3). Unterstellt man, dass jedes Individuum stets das Angebot mit dem höchsten Nutzen wählt („first choice rule"), kann man daraus Preis-

Absatzfunktionen ableiten, weil sich zu jedem Preis bzw. jeder Preiskonstellation eine bestimmte Menge an Käufern ergibt.

Das Verfahren wurde ähnlich (ohne Conjoint Analyse) 1977 von Kaas vorgeschlagen, der paarweise Preisreaktionsmodelle vorschlug. Balderjahn (1991) verallgemeinerte dieses Modell auf Basis eines multinomialen Logitmodells, bei dem unterstellt wird, dass die Kunden nicht stets das nutzenmaximale Produkt wählen, sondern quasi zufällig auswählen, was bei homogener Struktur der Kaufalternativen durchaus als realistisch gelten kann. In diesem Falle kann die (z.B. aus Paneldaten) bekannte Verteilung der Marktanteile der Kaufalternative als Indikator für die Nutzenverteilung gewählt werden.

Die Wahrscheinlichkeit P_{ik}, mit der Nachfrager K sich für Produkt $i \in A_k$ entscheidet, ist dann gleich der Wahrscheinlichkeit, dass der Nutzen U_{ik} mindestens so groß ist wie der Nutzen U_{jk} der anderen Produkte $j \in A_k$, d.h. es gilt (vgl. Balderjahn 1991, S. 35):

$$(3\text{-}14) \qquad P_{ik}(p*_{ik}) = P\left[U_{ik}(p*_{ik}) \geq U_{jk}; i, j \in A_k\right]$$

Balderjahn (1991, S. 37ff.) demonstriert anhand einer Befragung zu PCs mittlerer Leistungsklasse die Simulation von Preisresponsefunktionen mit Hilfe von Nutzenfunktionen. Die 64 befragten Studenten hatten aus fünf PCs, deren wichtigste Leistungsmerkmale und Preise angegeben waren, einen Computer auszuwählen. Das Design entspricht einer realen Kaufsituation und erzeugt individuenspezifische Preisvektoren mit Hilfe eines Zufallsverfahrens unter Berücksichtigung realer Marktgegebenheiten wie Durchschnittspreise und Preisstreuungen. Für die Nutzenfunktion $U_{ik} = \mu_i + \beta p*_{ik} + \delta_{ik}$ ($\mu_i = $ Maß für nichtpreisliche Faktoren, $\beta = $ Parameter, der den marginalen (Dis)Nutzen der Preisgröße $p*_{ik}$ mit $p*_{ik} = h(p_{ik})$ angibt und $\delta_{ik} = $ Störgröße) werden fünf unterschiedliche Preisgrößen definiert. Die Analyse der Daten ergab unterschiedliche Verläufe der Nutzenfunktionen. Modell E ist dabei als Schwellenpreismodell spezifiziert, bei dem die marginale Nutzenrate des Geldes ab 6000 DM signifikant ansteigt.

Die aus den Nutzenfunktionen abgeleiteten Preisresponsefunktionen sind in Abbildung 3-3 am Beispiel eines Computermodells dargestellt. Auf der Ordinate ist die Kaufwahrscheinlichkeit einer bezüglich der Preisreaktion als homogen unterstellten Nachfragerschaft angegeben, die unter dieser Bedingung als Marktanteil interpretiert werden kann. Die Verläufe gelten allerdings nur unter der ceteris paribus-Bedingung, d.h. nur bei Konstanz der Preise aller Konkurrenzprodukte. Die lineare Nutzenspezifikation des Modells A dient in diesem Fall als Vergleichsmodell. Die Modelle D und E weichen nur im Bereich um 6000 DM stärker voneinander ab. Modell E zeigt die Preisresponsefunktion mit einer nicht rein logistischen Spezifikation, die im rechten Teil der Gutenberg-Preis-Absatzfunktion entspricht.

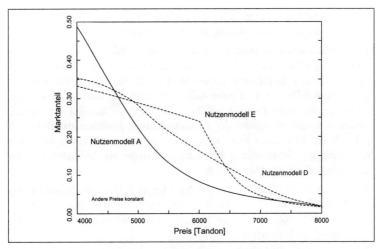

Abb. 3-3: **Preisresponsefunktionen auf Basis von Nutzenmodellen für ein PC-Modell (Balderjahn 1991, S. 39)**

3.2.3 Der Modellcharakter von Preis-Absatz-funktionen

Die Tatsache, dass sich die vorgestellten Grundtypen von Preis-Absatzfunktionen teilweise erheblich widersprechen, macht schon deutlich, dass es sich hierbei lediglich um hypothesenhafte Modelle und nicht etwa um generelle Gesetzmäßigkeiten mit umfassendem Gültigkeitsanspruch handelt. Darüber hinaus müssen aber stets auch die formalen *Prämissen* und *Vereinfachungen* solcher Modelle überprüft und gegebenenfalls geändert bzw. aufgehoben werden:

1) Prämisse des gegebenen Marktes

Preis-Absatzfunktionen beziehen sich auf Produkte, deren Qualität und Einzelverkaufsmenge eindeutig festgelegt sind (Index i). Preis-Absatzfunktionen erfassen also nur den *Preiszähler*. Variationen der Qualität oder der Einzelverkaufsmenge führen im Allgemeinen zu einer Veränderung der Funktionsparameter, also zu einer anderen Lage und/oder zu einem anderen Funktionsverlauf. So verursacht eine spürbare Qualitätsverbesserung üblicherweise eine Verschiebung der ursprünglichen Funktion nach rechts, also einen höheren Höchstpreis. Auch *Ausstrahlungseffekte* von p_i auf andere Produkte bleiben unberücksichtigt, obwohl in Mehrprodukt- und insbesondere in Handelsbetrieben nicht selten ein vielfältiger *Nachfrageverbund,* z.B. innerhalb sog. Markenfamilien, existiert (vgl. Kap. 7).

2) Ceteris-paribus-Bedingung

Preis-Absatzfunktionen erfassen ausschließlich die isolierte Wirkung des Preises bei vorgegebenem und fixiertem Aktivitätsniveau aller anderen absatzpolitischen Instrumente (Werbung, Verkaufsförderung, Vertriebsformen und -wege etc.). Im Gegensatz zu multiplen Marktreaktionsfunktionen können *Interaktionseffekte des absatzpolitischen Instrumentariums* in solchen einfachen Preis-Absatzfunktionen also nicht erfasst werden. Die Wirkung absatzpolitischer Instrumente „lebt" jedoch nicht selten von solchen Interaktionen. Beispielsweise wird eine Hochpreispolitik u.U. nur bei der Wahl ganz bestimmter Vertriebswege durchsetzbar.

3) Statische Betrachtung

In der vorgestellten Form beziehen sich Preis-Absatzfunktionen ferner nur auf eine genau abzugrenzende Periode t. Es handelt sich also um statische Modelle. Sog. *Carryover-Effekte* von p_{it} auf den Absatz in späteren Perioden bleiben unberücksichtigt. Tatsächlich setzt die Marktwirkung von Preisänderungen jedoch häufig erst mit einer gewissen Verzögerung ein und/oder zeigt periodenübergreifende (langfristige) Wirkungen.

4) Einstufige Marktbetrachtung

Alle vorgestellten Modelle unterstellen einen einstufigen Absatzmarkt bzw. bringen die Einflüsse zwischengelagerter Märkte nicht explizit zum Ausdruck. Da die „Preishoheit" über Konsumgüter heute i.d.R. beim Einzelhandel liegt, der eigene preispolitische Überlegungen trifft, stellt diese Prämisse vor allem für industrielle Anbieter mit langen (indirekten) Absatzwegen eine starke Vereinfachung der Realität dar.

5) Vorgegebene Marktbedingungen

Preis-Absatzfunktionen in der dargestellten Form unterstellen eine bestimmte Umweltkonstellation, insbesondere ein bestimmtes Verhalten der Nachfrager und Konkurrenten bzw. die Konstanz der dieses Verhalten wiederum bestimmenden Einflussfaktoren (Einkommen, Gewinnlage, Kapazitäten etc.). Es ist wenig realistisch davon auszugehen, dass sich diese Umweltparameter nicht verändern. Mit der Prämisse vorgegebener Marktbedingungen wird im Grunde deshalb auch von der oft beträchtlichen *Unsicherheit* preispolitischer Wirkungen abstrahiert, die nicht nur auf ein Informationsproblem, sondern vor allem auf die oft „unlogischen", zufälligen oder undurchschaubaren Verhaltensweisen der am Markt (re-)agierenden Nachfrager bzw. Anbieter zurückzuführen ist. Der *deterministische Charakter* von Preis-Absatzfunktionen verschleiert diese für die praktische Bewältigung preispolitischer Entscheidungen ganz zentrale Problematik. Einen bescheidenen Ansatz zur Lösung des Unsicherheitsproblems stellen *stochastische Preis-Absatzfunktionen* dar. Bei ihnen ist die Zuordnung der Absatzmengen zu alternativen Preisen nicht auf einen Wert beschränkt, sondern erfolgt in Form einer Verteilung. Im einfachsten Fall schätzt man beispielsweise (subjektiv) eine optimistische, eine pessimistische und eine »realistische« (mittlere) Funktion (vgl. Abb. 3-4) und verarbeitet die sich bei jedem Preis ergebende Verteilung durch Verknüpfung mit Wahrscheinlichkeiten W(x) gemäß bestimmter Risikopräferenzregeln. Es ist plausibel, dass der Streubereich der Preis-Absatzfunktion im Bereich des bisherigen Preises (p_o) geringer ist als in den Randbereichen. Ein probabilistisches Attraktionsmodell auf Basis nutzentheoretischer Überlegungen wurde von Balderjahn (1991) formuliert und erfolgreich am PC-Markt empirisch getestet.

Die Fortschritte, die auf dem Feld der Marktforschung und insbesondere der Marktreaktionsmessung erzielt wurden, machen die empirische Bestimmung (Parametrisierung) von Preis-Absatzfunktionen heute relativ einfach. Nicht mangelnde Informationen, sondern die eben erläuterten Modellprämissen und -vereinfachungen sind es deshalb, welche die praktische Bedeutung von Preis-Absatzfunktionen zunächst erheblich einzuschränken scheinen. Allerdings lassen sich viele dieser Einschränkungen durch entsprechende Modellerweiterungen bzw. -modifikationen zumindest modellanalytisch meistern (vgl. 5.5.4).

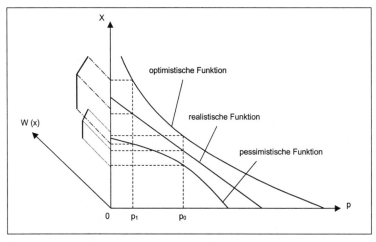

Abb. 3-4: Probabilistische Preis-Absatzfunktion mit optimistischen, pessimistischen und realistischen Absatzschätzungen

3.3 Preis-Umsatzfunktionen

Der Umsatz besitzt als wertmäßige Zielvariable für die Preispolitik besondere Bedeutung (vgl. 2.2.3.1). Insbesondere ist er zur Gewinnermittlung unabdingbar. Die Preis-Umsatzfunktion lässt sich unmittelbar aus der Preis-Absatzfunktion ableiten, weil die Absatzmengen lediglich mit dem Preis zu multiplizieren sind.

Für den Fall *linearer Preis-Absatzfunktionen (Monopolfall)*, auf den wir uns hier beschränken, gilt also:

(3-15) $U_i = (\alpha + \beta p_i) \cdot p_i$

Graphisch ergibt sich der Umsatz jeweils als Fläche (Rechteck $x_i \cdot p_i$) und die Preis-Umsatzfunktion als Parabel (vgl. Abb. 3-5). Höhere Preise erbringen also nicht kontinuierlich steigende Umsatzerlöse! Vielmehr ergibt sich ein Umsatzmaximum dort, wo der Grenzumsatz, also die erste Ableitung von (3-15), gleich 0 ist, d.h. bei $\alpha + 2\beta \cdot p_i$.

95

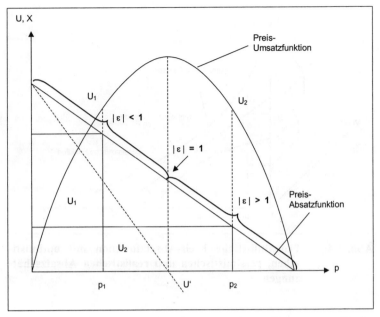

Abb. 3-5: Preis-Umsatzfunktion bei linearer Preis-Absatzfunktion

Für den Anstieg bzw. Abfall der Preis-Umsatzfunktion ist die jeweilige Preiselastizität entscheidend. Dieser Zusammenhang wurde schon aus der Definition der Preiselastizität (3-4) deutlich. Sie lautet für den Fall der Bogenelastizität:

$$(3\text{-}16) \qquad \varepsilon = \frac{\Delta x_i \cdot p_i}{\Delta p_i \cdot x_i} \qquad \begin{array}{l} \text{(Mengeneffekt)} \\[6pt] \text{(Preiseffekt)} \end{array}$$

Hier ist im Zähler der *Mengen-* und im Nenner der *Preiseffekt* sichtbar. Der Umsatzverlauf wird durch das Zusammenwirken dieser beiden Effekte bestimmt. Ist der Zähler größer als der Nenner, überwiegt also der Mengeneffekt, ist $|\varepsilon| > 1$ und der Umsatz steigt bei fallenden Preisen. Überwiegt der Nenner, wird $|\varepsilon| < 1$ und das Überwiegen des Preiseffektes führt zum Umsatzrückgang.

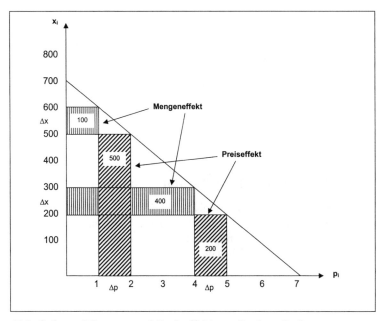

Abb. 3-6: Mengen- und Preiseffekt von Preisveränderungen

Abb. 3-6 stellt das Zusammenwirken durch eine flächenbezogene Darstellung der Umsatzveränderungen graphisch dar: Bei einer Preissenkung von 5 auf 4 GE entsteht ein Umsatzverlust von 200 (schräg schraffiert), weil 200 Einheiten nunmehr um eine GE billiger verkauft werden als bei einem Preis von 5 GE (Preiseffekt). Gleichzeitig wird wegen des niedrigeren Preises aber ein Mehrabsatz von 100 Einheiten, d.h. ein Mehrumsatz von 400 erzielt (Mengeneffekt, senkrecht schraffiert). Da der Mengeneffekt den Preiseffekt um 200 Einheiten überwiegt, steigt der Umsatz um eben diesen Betrag.

Im Fall einer Preissenkung von 2 auf 1 Einheit verhält es sich umgekehrt. Der Umsatzverlust auf Grund des Preiseffektes ist mit 500 größer als der Umsatzgewinn von 100 auf Grund des Mengeneffektes, sodass die Preissenkung hier insgesamt zu einem Umsatzrückgang von 400 führt.

Da Preis-Umsatzfunktionen auf Preis-Absatzfunktionen basieren, gelten für erstere ebenfalls die schon erläuterten Prämissen und Vereinfachungen. Darüber hinaus lassen sich für sie in analoger Form *Umsatzelastizitäten* und *Grenzerlösfunktionen* ableiten. Dafür gilt:

$$(3-17) \qquad \varepsilon_U = \frac{\dfrac{\Delta U}{U}}{\dfrac{\Delta p}{p}} = \frac{\Delta U \cdot p}{\Delta p \cdot U}$$

$$(3-18) \qquad U'_p = \alpha + 2\beta p_i$$

Die Grenzerlösfunktion verläuft also linear und scheidet die Preisachse genau bei der Hälfte des Höchstpreises, der im linearen Fall bei $- \alpha / \beta$ liegt (vgl. Abb. 3-5). Dieser Preis ist damit gleichzeitig der umsatzmaximale Preis, d.h. es gilt:

$$(3-19) \qquad p^u = - \alpha / 2\beta \quad \text{(umsatzmaximaler Preis)}$$

3.4 Preis-Kostenfunktionen

Der Zusammenhang zwischen Preisen und Kosten lässt sich nicht so einfach darstellen, wie jener zwischen Preisen und Absatzmengen bzw. Umsätzen. Absatzpreise sind mit den Kosten nämlich nur *mittelbar* verknüpft, indem sie selbst folgende vier *Kosteneinflussgrößen* mitbestimmen:

1) Ausbringungsmenge,

2) Fertigungsprogramm,

3) Faktorqualität und -einsatzmengen,

4) Kostenwerte.

In der klassischen Preistheorie wird häufig nur der mengenbezogene Zusammenhang betrachtet, weil nur der Zähler des Preisquotienten als Aktionsparameter gilt. Bei preispolitisch motivierten Variationen des Preisnenners werden aber auch die unter (2) bis (4) genannten Kosteneinflussgrößen tangiert.

3.4.1 Preise und Ausbringungsmengen

Preispolitisch am bedeutsamsten ist die Kosteneinflussgröße *Ausbringungsmenge* q_i, da sie ganz entscheidend von der Absatzmenge x_i und diese wiederum vom Preis p_i des jeweiligen Gutes abhängt. Unterschiede zwischen Absatz- und Ausbringungsmengen können nur in begrenztem Umfang durch Absatzläger bzw. Verlängerung der Lieferfristen ausgeglichen werden. Absatzveränderungen haben deshalb zwangsläufig Rückwirkungen auf die Ausbringungsmenge. Im Folgenden setzen wir der Einfachheit halber $q_i = x_i$, d.h. wir unterstellen eine absatzsynchrone Produktion.

Die Kosten für die Erstellung und den Vertrieb eines Gutes sind über die Kostenfunktion K = f(x) und die Preis-Absatzfunktion x = f(p) preisabhängig, was in einer *Preis-Kostenfunktion* K = f(p) abgebildet werden kann.

Die Kostenfunktion beruht dabei ihrerseits auf einer Produktionsfunktion (Mengengerüst der Kosten) und ganz bestimmten Kostenwerten und bringt die produktions- und kostenwirtschaftlichen Konsequenzen unterschiedlicher Ausbringungsmengen zum Ausdruck. Dabei wird eine ceteris-paribus-Betrachtung im Hinblick auf andere Parameter der Produktionswirtschaft (Losgrößen, Fertigungsprogramm usw.) vorgenommen.

Wie empirische Untersuchungen zeigen (vgl. z.B. Wied-Nebbeling 1985, S. 68ff und S. 150), liegen in der industriellen Praxis vor allem *lineare Kostenfunktionen* (u.U. mit progressivem Anstieg bei Kapazitätsüberschreitungen) sowie *degressiv steigende* Kostenfunktionen vor. Ihr idealtypischer Verlauf ist in Abb. 3-7 zusammen mit den Grenzkosten graphisch dargestellt. Grenzkosten (K'$_x$) (bezüglich der Ausbringungsmenge) sind als Anstieg der Vollkosten bei Steigerung der Produktion um eine Einheit definiert. Sie stellen also die erste Ableitung der (Voll-)Kostenfunktion dar. Ist diese Funktion linear, sind die Grenzkosten konstant und mit den variablen Stückkosten identisch. Bei degressivem Verlauf fallen sie kontinuierlich ab.

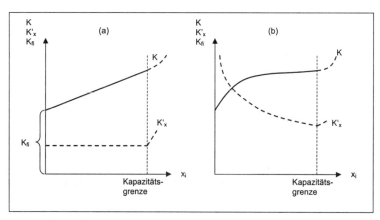

Abb. 3-7: **Lineare (a) und degressiv steigende (b) Vollkostenfunktion mit zugehörigen Grenzkostenfunktionen**

Zur Vereinfachung der mathematischen Darstellung werden wir im Folgenden in der Regel von linearen Kostenfunktionen ausgehen. Sie haben die einfache Form

(3-20) $\quad K_i \quad = K_{fi} + k_{vi} \cdot x_i \quad$ mit

$\quad K_{fi} \quad$ = Fixkosten zur Produktion von Produkt i
$\quad k_{vi} \quad$ = variable Stückkosten für i

Durch Einsetzen von (3-18) in die jeweils gültige Preis-Absatzfunktion ergibt sich die *Preis-Kostenfunktion, z. B.* beim linearen Monopolmodell:

(3-21) $\quad K_i \quad = f(K_{fi}, f(p_i)) = K_{fi} + k_{vi} \cdot (\alpha + \beta p_i)$

oder im *multiplikativen Monopolmodell*:

(3-22) $\quad K_i \quad = K_{fi} + k_{vi} \cdot p_i^{\beta}$

Da der Absatz mit steigendem Preis fällt ($\beta < 0$), besitzt die Preis-Kostenfunktion also ebenfalls eine negative Neigung, und die *Grenzkosten bezüglich des Preises* (K'_p) sind negativ (vgl. Abb. 3-8). Mit jeder Preiserhöhung gehen die Kosten nämlich entsprechend dem damit verbundenen Absatzrückgang ebenfalls zurück.

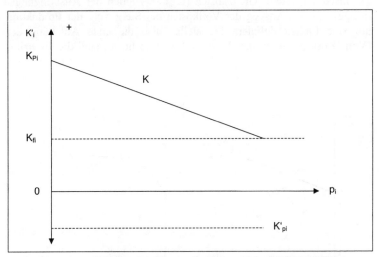

Abb. 3-8: **Preis-Kostenfunktion und Grenzkostenfunktion bezüglich des Preises bei linearer Preis-Absatzfunktion**

Der für manchen Leser vielleicht überraschende Verlauf der Kostenfunktionen ist durch die Wahl des Preises als Aktionsparameter und damit Abszissenachse bedingt. Häufig werden die Kosten jedoch als Funktion der Absatzmenge dargestellt; nur dann ergibt sich der auch aus der Produktionstheorie gewohnte positiv geneigte Verlauf der Kostenfunktion.

3.4.2 Preise und Fertigungsprogramme

Das Fertigungsprogramm als weitere Kosteneinflussgröße wird insbesondere durch *Preisdifferenzierungen* beeinflusst, die im Wege der Produktvariation durchgeführt werden (vgl. Kap. 8). Offeriert man beispielsweise verschiedene Ausstattungsvarianten eines Automobilmodells, bietet dies einerseits die Möglichkeit, zum Zwecke einer positiven Preisoptik ein besonders preisgünstiges „Basismodell" anzubieten und besser ausgestattete Varianten mit höheren Gewinnspannen zu kalkulieren; andererseits bewirkt eine solche Qualitätsvariation vor allem wegen der mit den Produktionswechseln verbundenen Kosten und wegen des höheren Dispositionsaufwands höhere Stückkosten (vgl. z. B. Gaenslen, 1975). Je nach Rückwirkung auf die Produktionsbedingungen können davon sowohl die Fixkosten (z.B. Kosten für verschiedene Verpackungsmaschinen) als auch die variablen Kosten (z.B. höhere Einkaufspreise bestimmter Materialien wegen geringerer Einkaufsmengen) betroffen sein. Eine generelle Formulierung entsprechender Kostenfunktionen wie beim Zusammenhang zwischen Preisen und Produktionsmengen ist hier allerdings nicht möglich.

Wegen der unterschiedlichen Gewinnspannen der verschiedenen Produkte wird bei Kapazitätsbeschränkungen außerdem in der Regel eine *Opportunitätsbetrachtung* erforderlich, um die Kostenwerte ganz bestimmter Kostenarten unter Gewinnaspekten optimal festlegen zu können.

3.4.3 Preise und Produktionsfaktorausstattung sowie Kostenwerte

Als dritten Kostenbestimmungsfaktor beeinflusst die Preispolitik auch *Art, Umfang und Kombination der eingesetzten Produktionsfaktoren,* wenn mit ihr auch die optimale Preis-Qualitätskombination bestimmt werden muss. Unterschiedliche Produktqualitäten bedingen unterschiedliche Faktorqualitäten und -einsatzmengen. Dies schlägt sich zwangsläufig im Kostenniveau und in der Kostenstruktur nieder. Auch hier sind generelle Beziehungen allerdings nicht formulierbar. Ein Beispiel für diesen Kosteneinfluss der Preispolitik findet sich in einer Ausarbeitung des Arbeitskreises Hax der Schmalenbachgesellschaft (1980, S. 705).

Die *Kostenwerte* als vierte Kosteneinflussgröße werden von der Preispolitik immer dann tangiert, wenn sich die Preissetzung nicht auf Marktpreise, sondern auf *innerbetriebliche Verrechnungspreise* bezieht. Auf diesen, im Rahmen der betrieblichen Steuerpolitik sowie der pretialen Lenkung großer Unternehmungen durchaus bedeutsamen Sonderfall der Preisbildung kann hier nicht weiter eingegangen werden (vgl. Kap. 12 sowie Hax, 1970; Drumm, 1972).

3.5 Preis-Gewinnfunktionen

Vor allem im Rahmen marginalanalytischer Optimierungsmodelle (vgl. 6.4) benötigt man zur Ermittlung gewinnmaximaler Preise eine Funktion, die den Zusammenhang zwischen der Preishöhe und dem Gewinn darstellt. Unabhängig davon, welche Gewinndefinition man dabei wählt (vgl. 2.2.2), bilden die Preis-Umsatz- und die Preis-Kostenfunktion dafür die Grundlage. Geht man vom *kalkulatorischen Nettogewinn* aus - allgemein als Differenz der Preis-Umsatz- und der Preis-Kostenfunktion - so ergibt sich folgende Preis-Gewinnfunktion:

$$(3\text{-}23) \qquad G \quad = U - K \ = \ p \cdot x\,(p) - K\,[x(p)]$$

Bei linearer Preis-Absatzfunktion (3-7) und linearer Kostenfunktion (3-22) ergibt sich daraus die in Abb. 3-8 auch graphisch dargestellte Preis-Gewinnfunktion

$$(3\text{-}24) \qquad G_i \quad = (\alpha + \beta \cdot p_i) \cdot p_i - K_{fi} - k_{vi}\,(\alpha + \beta \cdot p_i).$$

Bei Verwendung des *Deckungsbeitrags* nach Gleichung (2-2) bleiben die fixen Kosten K_{fi} unberücksichtigt, sodass sich die Gewinnfunktion D(p) dann lediglich im *Niveau* um den Betrag von K_{fi}, nicht aber im *Verlauf* verändert. Wie auch aus Abb. 3-9 ersichtlich wird, ist der gewinnmaximale Preis p* völlig unabhängig von den Fixkosten. Daraus folgt, dass bei einer kurzfristigen Betrachtung der Preisfindungsproblematik auf die Berücksichtigung der fixen Kosten verzichtet und ohne Bedenken auf den Deckungsbeitrag als Zielgröße zurückgegriffen werden kann (vgl. 6.3.2.4).

Mathematisch ergibt sich der gewinnoptimale Preis dort, wo die Ableitung der Gewinnfunktion nach p Null wird. Dies ist der Fall, wenn die Grenzkosten (bezüglich des Preises) mit den Grenzerlösen übereinstimmen. Jede Abweichung von dieser Bedingung bringt eine Verschlechterung der Gewinnsituation: Bei Preissenkungen übersteigen die zusätzlichen Kosten die Grenzerlöse und bei Preissteigerungen sinkt der Umsatz stärker als die Kosten.

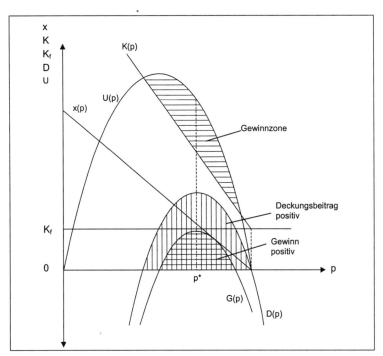

Abb. 3-9: Preis-Gewinnfunktion und Preis-Deckungsbeitrags-funktion bei linearer Preis-Absatz- und Kosten-funktion

Modellanalytisch wurde dieser für marginalanalytische Optimierungs-modelle (vgl. 6.4) grundlegende Zusammenhang erstmals von Cournot dargestellt und deshalb nach ihm benannt. Der gewinnoptimale Punkt auf der linearen Preis-Absatzfunktion heißt deshalb auch *Cournot-Punkt C,* die zugehörigen Werte *Cournot-Menge* bzw. *Cournot-Preis.* Der Cour-not-Punkt liegt bei jenem Abszissenwert, wo sich Grenzerlöskurve und Grenzkostenkurve schneiden (vgl. Abb. 3-10). Die Bestimmungsglei-chung lautet:

(3-25) $\quad p^* \quad = \quad -(\alpha/2\beta) + (k_v/2) = 1/2\,(-\alpha/\beta + k_v)$

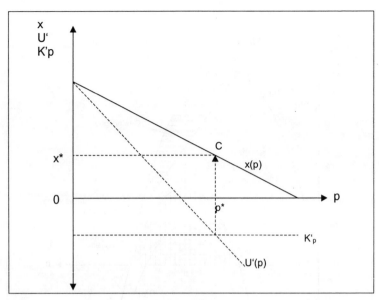

Abb. 3-10:   Das Cournot'sche Modell

Die Optimalitätsbedingung kann auch aus der sog. *Amoroso-Robinson-Relation* abgeleitet werden.

$$(3\text{-}26) \qquad p^* = \frac{\varepsilon}{1+\varepsilon} \cdot K'_x$$

p^* = gewinnoptimaler Preis

ε = Preiselastizität des Absatzes

K'_x = Grenzkosten bezüglich der Menge x

Gleichung (3-26) ist keine Bestimmungs-, sondern nur eine Fixpunktgleichung für p^*, da sowohl ε als auch K'_x von p^* abhängen können. Da ε üblicherweise negative Werte aufweist, muss p^* immer im Bereich $\varepsilon < -1$ liegen.

Kapitel 4: Verhaltenstheoretische Modelle der Preistheorie

4.1 Überblick

Im Gegensatz zu den klassischen Modellen der Preistheorie beziehen die verhaltenstheoretischen Modelle psychische, also nicht direkt beobachtbare Größen („hypothetische Konstrukte"), explizit in die Betrachtung mit ein. Wir betrachten dabei in diesem Kapitel drei Verhaltensbereiche (vgl. Abb. 4-1):

(1) *Aktivierende Prozesse,* hierunter fallen *Preiserlebnisse* und *Preisinteressen*;

(2) *Kognitive Prozesse,* dazu zählen wir die *Preiswahrnehmung,* das *Preislernen* und die daraus gewonnenen *Preiskenntnisse* und die *Preisbeurteilung*;

(3) *Preisintentionen,* d.h. Handlungsabsichten in Verbindung mit dem Preis, zu denen wir auch die *Preiszufriedenheit* sowie das *Preisvertrauen* zählen.

Die in den drei Kategorien enthaltenen Konstrukte bauen in gewisser Weise aufeinander auf. Ihre Isolierung ist nur analytisch zu verstehen. Realiter existieren zahlreiche Interdependenzen, auf die wir jeweils hinweisen werden.

PREISVERHALTEN								
Aktivierende Prozesse		Kognitive Prozesse			Preis-intentionen			
Preis-erlebnisse	Preis-interessen	Preis-wahrnehm-ung	Preis-lernen/-kennt-nisse	Preis-beurteil-ung	Preis-bereit-schaft	Preis-präferenzen	Preis-zufrieden-heit	Preis-vertrauen

Abb. 4-1: **Einteilung des Preisverhaltens in verschiedene Konstruktbereiche und Konstrukte**

Die theoretische und empirische Auseinandersetzung mit diesen Konstrukten ist für die betriebswirtschaftliche Preistheorie aus mehreren Gründen sinnvoll:

(1) Sie liefert im Vergleich zu den klassischen S-R-Modellen in Form von Preis-Absatzfunktionen *zusätzliche Ansatzpunkte und Anregungen* für die Preispolitik (Beispiele: Verbesserung der Preisoptik; Gestaltung des Preisimages; Auswahl von Sonderangebotsartikeln).

(2) Sie trägt zur *theoretischen Fundierung* und *Erklärung* bestimmter klassischer Preis-Absatzfunktionen bei und *ergänzt* insofern diese Modelle.

(3) Sie kann die klassischen Modelle u.U. aber auch *ersetzen*, wenn diese sich z.B. aus datentechnischen Gründen oder bei Verletzung der Prämissen (vgl. 3.2.3) als unzulänglich erweisen (vgl. Müller-Hagedorn 1984). Als spezifische Informationsinstrumente müssen dann an Stelle statistisch-ökonometrischer (Sekundär-) Analysen primärstatistische Befragungen und Beobachtungen eingesetzt werden.

(4) Die Modelle sind wegen ihrer größeren Erklärungstiefe *breiter verwertbar* als einfache S-R-Modelle. Beispielsweise lassen sie sich auch zur Behandlung verbraucherpolitischer oder wettbewerbsrechtlicher Probleme heranziehen (vgl. z.B. Diller 1978, 1978a, 1978c).

Zur theoretischen Fundierung der Preisverhaltenskonstrukte kann man auf unterschiedliche Marketingtheorien zurückgreifen. Für Preiserlebnisse und –interessen ergeben sich insbesondere Ansatzpunkte aus der Emotionstheorie und dem sog. Erlebnismarketing. Die Modellierung kognitiver Prozesse der Aufnahme und Verarbeitung von Preisinformationen werden durch die Wahrnehmungstheorie, die Erkenntnisse zum Informationsverhalten von Verbrauchern und die Theorie des (begrenzt rationalen) Entscheidungsverhaltens von Konsumenten gestützt. Zum letzteren Sektor kann man auch die Prospect-Theorie rechnen, die für das Preisbeurteilungsverhalten besonders fruchtbare Aufschlüsse liefert. Für die Preisintentionen schließlich rekurrieren wir insbesondere auf die Theorie der Konsumentenzufriedenheit und die Einstellungstheorie.

4.2 Preiserlebnisse

Emotionen waren bisher in der verhaltenswissenschaftlichen Preistheorie kein Thema. Weder die klassischen Lehrbücher zum Konsumentenverhalten noch jene zur Preistheorie verwenden diesen oder einen ähnlichen Begriff. Dabei gilt es im Allgemeinen als erwiesen, dass Menschen nicht nur von der Ratio, sondern mehr oder minder stark auch von Gefühlen geleitet werden. Dies gilt gerade für Einkaufsentscheidungen. „Der Einkaufsvorgang ist ...ein komplexer sozialer Prozess, in dem Gefühle und Erlebnisse eine überragende Rolle spielen" (Trommsdorff 1998, S. 68). Der scheinbar rationale, zahlenhafte Charakter des Preises behindert offenkundig aber den Zugang zu Emotionen, die vom Preis ausgehen und die wir synonym als Preiserlebnisse, Preisgefühle oder Preisemotionen bezeichnen. In Wirklichkeit besitzt die Preiswelt eine recht differenzierte und z.T. sehr starke emotionale Seite, die J. Zentes einmal pointiert als *„Preiserotik"* bezeichnet hat.

Erlebnisse lösen „gefühlsmäßige Faszinationen" (Weinberg 1992, S. 278) aus. Dies gilt auch für Preiserlebnisse. Schon die Alltagserfahrung zeigt, dass sich Verbraucher z.B. bei Sonderangeboten, Schlussverkäufen oder in Luxusboutiquen faszinieren lassen. Insoweit ist auch die These Weinbergs (1992, S. 278), dass zwischen Erlebniskauf und Preisinteresse ein

Motivkonflikt bestehe, u.E. nicht haltbar. Gerade der moderne, preisinteressierte Konsument ("smart shopper") sucht nach Preiserlebnissen (möglicherweise als Ersatz für andere Erlebnisse, die er sich nicht leisten will oder kann) und ist deshalb für ein emotionales Preismarketing sehr aufgeschlossen.

Dem Gesetzgeber scheint dies stärker bewusst zu sein als vielen Marketingtheoretikern, gibt es doch zahlreiche Wettbewerbsbeschränkungen, die eine *"Preissuggestion"* auf Seiten der Verbraucher verhindern sollen (Ahlert 1996; Wirtz 1981). Dazu zählen insb. das Rabattgesetz samt Zugabeverordnung und das Schlussverkaufsrecht (Sonderveranstaltungen), die derartige Aktivitäten stark einschränken. Auch der Einzelhandel kann mit den Preiserlebnissen von Konsumenten z.T. virtuos umgehen, wohl auf Grund intensiver Erfahrungen und nicht auf Basis wissenschaftlicher Einsichten.

Im Folgenden wollen wir Preiserlebnisse systematisch betrachten, indem wir sie zunächst theoretisch fundieren, definitorisch eingrenzen und charakterisieren und anschließend inhaltlich differenzieren und klassifizieren (4.2.1). Danach skizzieren wir ihre Funktionen für das Konsumentenverhalten und die Instrumentalisierung von Preisemotionen im (Preis-)Erlebnismarketing der Anbieter (4.2.2).

Der Fokus der Betrachtung liegt überwiegend auf Preiserlebnissen bei Endverbrauchern. Dies soll freilich nicht besagen, dass es solche Emotionen bei gewerblichen Einkäufern nicht gibt. Jeder Einkaufsleiter kennt wohl das befriedigende "Gefühl" (!), aus einer harten Preisverhandlung mit einem guten Verhandlungserfolg herausgegangen zu sein. Hier handelt es sich aber nur um eine Parallelität zur Preisfreude des Endverbrauchers, etwa bei Preisverhandlungen mit einem Autoverkäufer, sodass keine grundsätzlichen Unterschiede vorliegen.

4.2.1 Abgrenzung und Klassifikation von Preiserlebnissen

Erlebnisse im hier gemeinten Sinne sind Emotionen (Gefühle), die ganz allgemein als "interpretierte Aktiviertheit", d.h. "vorübergehende, nicht regelmäßig wiederkehrende Empfindungszustände" (Trommsdorff 1998, S. 61) definiert werden, die "...angenehm oder unangenehm empfunden und mehr oder weniger bewusst erlebt werden" (Kroeber-Riel/Weinberg 1996, S.106). Statt von Empfindungen könnte man auch von (inneren) Anmutungen sprechen. Durch diesen Terminus werden die Reizauslösung und der Objektbezug von Emotionen deutlicher, die gerade bei Preiserlebnissen eine große Rolle spielen und den Unterschied zu Stimmungen konstituieren. *Stimmungen* ähneln inhaltlich Emotionen sehr, werden jedoch als diffuser (nicht auf bestimmte Sachverhalte gerichtet) und als länger andauernd beschrieben (Kroeber-Riel/Weinberg 1996, S. 100). Wir benutzen diesen Begriff deshalb im Preiszusammenhang nur als anbieterseitige Stimuluskategorie, wenn z.B. Einzelhändler eine Luxus- oder „Schnäppchen"-Stimmung zu erzeugen versuchen.

Aufbauend darauf definieren wir *Preiserlebnisse* als angenehme oder unangenehme, mehr oder weniger bewusste und nicht regelmäßig wiederkehrende Empfindungen über Preise, wobei Preise umfassend, d.h. im Sinne einer kundenorientierten Sichtweise (vgl. 2.1) interpretiert werden. Preiserlebnisse können also nicht nur vom Preis selbst, sondern auch von anderen Preisbestandteilen, wie Rabatten, Preissystemen, Serviceentgelten etc., ausgehen.

Werden Preisemotionen vom Konsumenten bewusst gesucht, indem bestimmte Aktivitäten (z.B. Besuch eines Fabrikverkaufs-Centers) ergriffen werden, handelt es sich analog zur derzeit in der Konsumentenverhaltenstheorie (Kroeber-Riel/Weinberg 1996, S. 56ff.) üblichen Begriffssystematik dagegen um Preismotivationen. Darauf wird im Abschnitt 4.3 eingegangen. „Emotionen sind nach innen – auf das eigene Erleben – , Motivationen auf ein Handeln, Einstellungen auf Objekte gerichtet" (Kroeber-Riel/Weinberg 1996, S.55). Diese instrumentelle Funktion trennt also die Emotion von der Motivation. In der Aktivierungsqualität unterscheiden sie sich dagegen nicht.

Preiserlebnisse besitzen, wie alle Emotionen, *drei Hauptdimensionen*, nach denen man sie auch operationalisieren kann, nämlich Stärke (Intensität), Richtung (positiv / negativ) und Art (Inhalt / Qualität). Gelegentlich wird noch der Ausdruck, d.h. die zugehörige Begleitreaktion (Mimik, Gestik, Stimme etc.) hinzugefügt (Trommsdorff 1998, S. 62).

In der *Stärke* einer Preisemotion kommt der Aktivierungsgrad zum Ausdruck. Die *Kaufeuphorie* anlässlich eines Schlussverkaufs oder einer Versteigerung („heißes Preiserlebnis") zeigt erheblich höhere Aktivierung als die stille Freude einer Hausfrau über ein ungewöhnliches Sonderangebot („kalte Emotion"). Euphorie ist bereits als Überaktivierung zu interpretieren, bei welcher die psychische Leistungsfähigkeit der sog. Lambda-Hypothese (Kroeber-Riel/Weinberg 1996, S.78f.) gemäß schon wieder herabgesetzt ist. Bei kalten Emotionen dagegen wird man sich seiner Empfindungen bewusst (Trommsdorff 1998, S. 62).

Die *Richtung* des Preiserlebnisses kann positiv wie negativ sein, wobei große interindividuelle Unterschiede auftreten. Für den einen ist die Luxusatmosphäre eines teuren Designerladens ein Stimulans, für den anderen ein Gräuel. Das Gedränge um Sonderposten mag manchen selbst (positiv) anspornen, andere abstoßen. Insofern sind gerade bei Preiserlebnissen die Instrumentalität und der Zielgruppenbezug stark zu beachten. Darauf kommen wir bei Behandlung des Preisinteresses (4.3) zurück. Ein interessanter, aus der Ambivalenz der Anmutungsrichtung entspringender, spezifischer Aspekt von Preiserlebnissen liegt darin, dass man hier auch durch „Vertreibung" normalerweise auftretender negativer Emotionen (z.B. Geldausgabe) Erlebnisse schaffen kann. Ein typisches Beispiel hierfür sind kleine Kundengeschenke oder Preisnachlässe teurer Anbieter, durch welche diese eine unangenehm teure Ladenanmutung positiver zu färben versuchen. Wir behandeln derartige Effekte später im Zusammenhang mit der Preiswahrnehmung (vgl. 4.4).

Die kognitive Emotionstheorie (Schachter/Singer 1962) lehrt, dass Emotionen erst durch gedankliche Einordnung zu bewusstem Erleben werden. Dies trifft gerade auf Preiserlebnisse in besonderem Maße zu, weil Preise schnell mit „hoch-tief" assoziiert werden, was sofort eine Bewertungskomponente beinhaltet. Andererseits existieren aber unübersehbar auch unthematische, diffusere Preiserlebnisse, etwa bei der Preiswahrnehmung der Produktauszeichnung eines Fast Food-Restaurants mit diversen emotionalen Preissignalen, wie Sparsymbolen oder verbalen „Leistungsbeweisen". Dies belegt exemplarisch auch die in der kognitiven Emotionstheorie vertretene These, dass Emotionen auch von situativen Elementen und externen Stimuli gesteuert werden, also auslösbar sind, was naturgemäß für ein (Preis-)Erlebnismarketing eine große Rolle spielt. Damit öffnen sich Preisemotionen nämlich für eine Beeinflussung von außen.

Was den *Inhalt* und die *Qualität von Preiserlebnissen* angeht, entsteht bei einer näheren Charakterisierung das für Aktivierungskonstrukte typische Dilemma einer operational nur schwer nachvollziehbaren, da eben in der Gefühlswelt und nicht der sprachlichen Gedankenwelt verankerten Nuancierung verschiedener Preiserlebnisse. Einige Beispiele mögen trotzdem zunächst die potentielle Vielfalt des Raums für Preisemotionen deutlich machen:

1. *„Preisfreude"* entsteht beim Kauf einer besonders preisgünstigen oder vorübergehend im Preis herabgesetzten Ware („Preisschnäppchen", z.B. bei Einführungs- oder Jubiläumsangeboten).

2. Zu *„Preiseuphorie"* kommt es gelegentlich bei Schlussverkäufen, wenn andere Käufer (auch) mehr oder weniger enthemmt echte oder vermeintliche Preisgelegenheiten wahrnehmen.

3. *„Preisstolz"* erlebt man manchmal bei besonders erfolgreichen Einkaufsverhandlungen, z.B. beim Autokauf oder nach den Verhandlungen eines kommerziellen Einkäufers mit einem seiner Lieferanten (auch dort entstehen also Emotionen!).

4. *„Preisprestige"* kann der Konsument z.B. bei seinen Arbeitskollegen über besondere Einkaufserfolge einheimsen, wenn es ihm immer wieder gelingt, günstige Beschaffungsquellen ausfindig zu machen.

5. *„Preisüberraschungen"* über einen besonders günstigen Einkauf, bei dem die Preiserwartungen deutlich unterschritten wurden, können immerhin so stark aktivieren, dass man das Ersparte sogleich wieder in einen „Freudentrunk" investiert („Lassen Sie uns auf dieses Geschäft anstoßen").

6. *„Preisbelohnungen"* besitzen eine Erlebniskomponente, etwa wenn man sich durch tatsächlich eingetretene Preisvorteile für besondere Einkaufsmühen, z.B. die Fahrt zu einem weit entfernten Factory Outlet Center, belohnt sieht.

7. *„Preisneid"* über die Begünstigungen, die andere, z.B. durch sog. Beziehungshandel oder besondere Einkaufsberechtigungen (VIP-Status etc.) besitzen, ist ein erstes Beispiel für negative Preiserlebnisse.

8. *„Preisärger"*, z.B. über nicht erhältliche Sonderangebotsartikel, derentwegen man speziell ein bestimmtes Geschäft aufgesucht hat, können emotional bis hin zu Wutausbrüchen führen.

9. Andererseits gibt es für manche Verbraucher auch ein allgemeines *„Preiswohlsein"* (Stimmung!) beim Aufenthalt in Geschäften, von denen man weiß, dass sie besondere Preis-Leistungen bieten (z.B. „Discount-Feeling").

10. *„Luxusstimmungen"* werden oft durch bewusst hohe Preise und ein darum geschartes Set an „reiche Welt"-Symbolen (Jet-Set, Villen, Stars etc.) erzeugt.

11. *„Gediegenheit"* ist eine weit weniger spektakuläre, deshalb i.d.R. weniger aktivierende Preisstimmung, z.B. seitens des Erscheinungsbilds eines Fachgeschäftes, bei dem Wert auf gute Qualität zu angemessenen Preisen gelegt wird.

12. *„Preisstress"* kann empfunden werden, wenn es beim Einkauf zu preisbezogenen Auseinandersetzungen mit dem Verkaufspersonal (z.B. bezüglich Preisauszeichnung oder Preisreklamationen) kommt.

Die Liste ließe sich vermutlich noch deutlich verlängern, zumal offenkundig viele Überschneidungen verschiedener Erlebnisnuancen auftreten, also eine klare Trennung schwer fällt. Versucht man trotzdem eine praktisch brauchbare *Klassifikation* von Preiserlebnissen, so erscheint es am fruchtbarsten, folgende Kriterien miteinander zu kombinieren:

1. *Auslöser des Preiserlebnisses:* Von welchem Preiselement (Bruttopreis, Rabatt, Zubehörpreis etc.) oder Preisumstand (Preisauszeichnung, Preissystem etc.) geht die Emotion aus?

2. *Richtung des Preiserlebnisses:* Handelt es sich um ein positives (Freude, Stolz etc.) oder negatives (Ärger, Enttäuschung etc.) Erlebnis?

3. *Instrumentalität des Preiserlebnisses:* Für welche Preisinteressen sind die Preiserlebnisse relevant? Eine entsprechende Einteilung in Versorgungs-, Sozial- Leistungs- und Entlastungsinteressen wird im Abschnitt 4.3 entwickelt.

Abb. 4-2 veranschaulicht diese Dimensionen beispielhaft. Jedes Preiserlebnis lässt sich auf diese Weise unter Marketinggesichtspunkten charakterisieren. Der *Auslöser* (Vordergund-Hintergrund-Achse) weist auf das einzusetzende Preisinstrument hin (z.B. Preishöhe), die *Richtung* (Horizontale) auf die notwendige Veränderung (Freude bei Preissenkung) und die *Instrumentalität* (Vertikale) auf mögliche Argumentationen im Rahmen des Erlebnismarketing (z.B. Spareffekt).

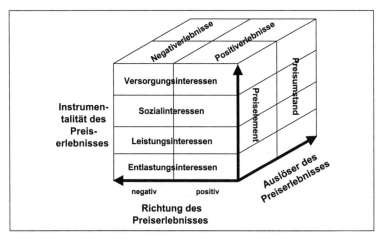

Abb. 4-2: **Klassifikationsschema für Preiserlebnisse**

4.2.2 Wirkungen von Preiserlebnissen

Emotionen *aktivieren*. Aktivierung ist wiederum die Voraussetzung für kognitive Leistungen, wie Aufmerksamkeit, Lernen und Beurteilung (Kroeber-Riel/Weinberg 1996, S.78ff.). Die Aktivierung muss in einer reizüberfluteten Konsumwelt dabei (insb. in low involvement-Situationen) von außen kommen. Wer als Anbieter wünscht, dass sein Angebot und seine Kommunikation von den potentiellen Kunden überhaupt wahrgenommen wird, kann sich mit Hilfe des Angebots an Preisemotionen ins Blickfeld rücken.

Ferner *profilieren* Preiserlebnisse und ergänzen rationale Imageelemente im Erscheinungsbild durch emotionale. Dies gilt gerade für ein auf günstige Preise ausgerichtetes Image, das ohne Emotionen sehr sachlich und kalt bliebe. Durch Preisemotionen kann das Preisimage also mit positiven Gefühlen aufgeladen werden und damit an *Sympathie* und *Anziehungskraft* gewinnen.

Eine weitere wichtige Funktion der Emotionen liegt in deren *Einfluss auf die Wahrnehmung*. Experimente der Emotionsforscher haben gezeigt, dass Menschen, die in positiver Stimmung sind, nachteilige Aspekte eher ausblenden und sich auf die positiven Aspekte konzentrieren. Von Preiserlebnissen animierte Verbraucher erkennen deshalb vermutlich (spezifische empirische Arbeiten hierzu stehen bisher aus) mehr bzw.

111

stärkere Preisvorteile eines Anbieters als unanimierte. Umgekehrt verführen negative (Preis-)Gefühle schneller zu einseitiger Selektion nachteiliger Preisaspekte (z.B. fehlende Preisauszeichnung, Preiserhöhung etc.), (Preis-)Nörgelei und Unzufriedenheit (vgl. Trommsdorff 1998, S. 69). Preiserlebnisse wirken also wie ein *Filter für die Preiswahrnehmung*. Beispielsweise übersieht man in Postenläden schon einmal die dort übliche Unordnung und Unsauberkeit oder man unterschätzt ob der vielen Preisüberraschungen systematisch den oft weiten Anfahrtsweg zu einem Factory Outlet Center. In Luxusboutiquen wiederum verliert man u.U. den kritischen Blick auf die Preishöhe. Die Volksweisheit „Gefühle machen blind" gilt in gewisser Weise also auch für Preisemotionen. Zumindest stimmen sie nachsichtig gegenüber anderen Nachteilen und sind damit „...so etwas wie „seelischer Komfort", der zur Bequemlichkeit und Trägheit im rationalen Denken führt" (Behrens 1988, S. 64).

Derartige Effekte lassen sich durch ein entsprechend aufgebautes Erlebnismarketing (Weinberg 1992) für ökonomische Zwecke ausnutzen. Insbesondere aus Wirkungsstudien zur erlebnisbetonten Ladengestaltung im Einzelhandel (Diller/Kusterer 1986; Gröppel 1991) ist bekannt, dass positive Gefühle (dort meist ohne Preiseinschlag) signifikante Einflüsse in folgender Richtung ausüben:

- Verbesserung des *Ladenimage,*

- Steigerung der *Kauf-* oder *Besuchshäufigkeit,*

- Steigerung der *Verweildauer* im Laden,

- Steigerung der *Impulskäufe,*

- Steigerung der *Ausgabebereitschaft* hinsichtlich Kaufmenge und/oder Preishöhe,

- Emotionale *Bindung* (z.B. Preisvertrauen).

Auch bei Preiserlebnissen ist davon auszugehen, dass solche oder ähnliche Wirkungen erzeugt werden können. Insbesondere die Auslösung von Impuls- und Mehrfachkäufen bei Preisaktionen und anderen „Preisgelegenheiten" ist auch empirisch gut belegt (Rook 1987). Nicht umsonst beschränken manche Anbieter bei Preisaktionen die Abgabemenge auf „haushaltsüblichen Umfang". Auch die imagefördernde Wirkung von Preiserlebnissen, etwa bei Eröffnungsangeboten, ist evident.

Der moderne Mensch sucht häufig Emotionen in unterschiedlicher Form und Ausmaß gerade beim Einkauf. Ein auf Preiserlebnisse ausgerichteter Marketingauftritt hat deshalb in einer Zeit, in der gleichzeitig das Preisinteresse der Verbraucher so stark ist, gute Aussichten auf Erfolg. Allerdings ist durchaus eine gezielte *Zielgruppenauswahl* wichtig. Beispiel: Postenläden wie „Rudi´s Resterampe" sprechen gezielt anspruchslose Schnäppchenjäger an, während der Fabrikverkauf von Boss eher auf smarte Yuppies und modisch anspruchsvolles, aber gleichzeitig preisbewusstes Publikum abzielt.

Die *Vermittlung* der Preisemotionen im Preiserlebnismarketing erfolgt durch spezifische *Anreize*. Unterscheiden lassen sich u.a.:

- *„Kalkulation"* von Preiserlebnissen durch „Preissensationen" (außergewöhnliche Preisstellungen) oder kurzfristige Preisgelegenheiten (Preisvariationen), welche den Gelegenheitscharakter der Preise hervorheben („Preisschnäppchen").

- *Preisinnovationen*, z.b. durch neuartige Preissysteme, wie Preisclubs oder Versteigerungen im Internet.

- *Preiserlebnisbetonte Kommunikationspolitik*, z.b. durch

  - *Verbalisierung* von Preisemotionen („heiße Preise"),

  - *Preisgegenüberstellungen* mit drastischen Preisnachlässen,

  - *Bildkommunikation* von Preiserlebnissen (Preisdisplays im Laden),

  - *Inszenierung von Preiserlebnissen* bei Preisaktionen oder umfassenderen Preis-Events , z.b. Sonder- und Schlussverkäufen.

Der Kreativität der Anbieter sind diesbezüglich allerdings in Deutschland immer noch recht restriktive Grenzen gesetzt. Trotzdem belegt eine große Zahl von Anbietern aus Industrie wie Handel, dass Preiserlebnismarketing möglich ist und recht erfolgreich eingesetzt werden kann. Wir kommen darauf bei der Behandlung der Preisdurchsetzung (Kap. 12) nochmals zurück.

4.3   Preisinteressen

4.3.1   Definition und Teilaspekte

Aus informationstheoretischer Perspektive kann man das *Preisinteresse* als das Bedürfnis eines Nachfragers definieren, nach Preisinformationen zu suchen und diese bei den Einkaufsentscheidungen zu berücksichtigen. Je stärker das Preisinteresse ausfällt, umso geringer ist die Bereitschaft, für ein Gut bestimmter Leistung einen höheren Preis zu bezahlen bzw. bei Überschreitung einer Preisobergrenze das Produkt überhaupt zu kaufen.

Das Preisinteresse bezieht sich also vorwiegend auf die *motivationalen* Aspekte des Preisverhaltens. In Fortentwicklung unserer Theorie des Preisinteresses (Diller 1979a) differenzieren wir dieses Konstrukt nunmehr unter Beibehaltung der Definition. Wir unterscheiden dabei mit der Preisgewichtung, dem Alternativenbewusstsein und der Preisachtsamkeit drei eng miteinander verknüpfte Teilkonstrukte (vgl. Abb. 4-3).

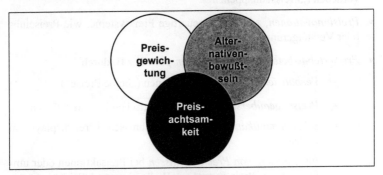

Abb. 4-3 :   **Teilkonstrukte des Preisinteresses**

4.3.1.1 Preisgewichtung

> Die *Preisgewichtung* spiegelt die grundsätzliche relative Bedeutung wider, welche dem Preis innerhalb aller individueller Kaufentscheidungskriterien eines Kunden zukommt.

Sind z.B. für einen Konsumenten Bequemlichkeit, Schnelligkeit, hohe Qualität der Ware und günstige Preise vier gleichberechtigt relevante Bedürfnisse beim Einkauf von Bekleidung, so besitzt der Preis ein Gewicht von 25%. Die Preisgewichtung bezieht sich damit allein auf die Preishöhe, nicht die Preis-Leistung, weil sie sich ansonsten nicht von anderen Konsuminteressen unterscheiden ließe. Das Interesse nach Preiswürdigkeit, d.h. guten Preis-Leistungsverhältnissen, ergibt sich aus der Summe der Preis- und Leistungsinteressen, je nachdem, was subjektiv als Leistung angesehen wird.

Zieht man die kundenorientierte Definition des Preises heran, so bezieht sich die Preisgewichtung freilich auf alle relevanten Preisbestandteile (Preishöhe, Rabatte, Finanzierungskosten etc.) und kann damit an der Summe der entsprechenden Teilgewichte gemessen werden. Eine solche Betrachtung korrespondiert auch mit der von Thaler (1985) mit seiner Mental Accounting-Theorie (vgl. 4.4.1.4) entwickelten Unterscheidung zwischen *„acquisition utility"* für die Bewertung des Preis-Leistungs-Verhältnisses und der *„transaction utility"* als Bewertung der Einsparungen bei einer bestimmten Transaktion, z.B. bei einem Bündel- oder einem Sonderangebot. Allerdings trennen wir die Preisbedürfnisse noch weiter auf und sehen in jedem denkbaren Preisbestandteil eines Gütertransfers einen möglichen Gegenstand für die Preisgewichtung. Dadurch lässt sich auch das „Schnäppchenjägersyndrom" als ein Verhalten erfassen, bei dem Preisgelegenheiten

114

(„Schnäppchen") ungleich wichtiger sind als das Preis-Leistungsverhältnis der Güter. Das Bedürfnis nach Preisgelegenheiten hat sich hier mehr oder minder verselbständigt.

4.3.1.2 Alternativenbewusstsein

Das Alternativenbewusstsein ist bereits eine Folge der Preisgewichtung, spiegelt aber ebenfalls das Bedürfnis der Nachfrager wider, preisbewusst einzukaufen und wird deshalb unter das Konstrukt der Preisinteressen subsumiert.

> Wir verstehen unter dem *Alternativenbewusstsein* das (unterschiedlich starke) Bedürfnis, alle objektiv verfügbaren Kaufalternativen in eine Kaufentscheidung einzubeziehen.

Je weiter der Alternativenraum einer Kaufentscheidung ausgeschöpft wird, desto wahrscheinlicher wird eine preisoptimale Entscheidung. Wie der Name „Bewusstsein" schon anklingen lässt, ist das Alternativenbewusstsein ein bereits kognitiv gefärbtes Verhalten, das heute aber für Motivationen durchaus als typisch angesehen wird (Kroeber-Riel/Weinberg 1996, S. 142ff.). Im Extremfall, z.B. bei vollständiger Habitualisierung, ist es auf eine Alternative reduziert, die gewohnheitsmäßig erworben wird (Kaas/Dietrich 1979). Es ähnelt dann einer Einstellung. Neben der Preisgewichtung wird das Alternativenbewusstsein auch von anderen Faktoren beeinflusst, von denen dem Abwechslungsbedürfnis („variety seeking") die wohl größte Bedeutung zukommt.

Variety-Seeking ist ein Phänomen des Konsumentenverhaltens, bei dem Verbraucher im Rahmen der Produkt- oder Einkaufstättenwahl eine (Marken- oder Geschäfts-) Wechselneigung an den Tag legen, die allein vom Abwechslungsbedürfnis herrührt. (Givon 1984, S. 2; Tscheulin 1994, S. 54). Das Bedürfnis nach Abwechslung ist als ein menschliches Grundbedürfnis einzustufen (Bänsch 1995, S. 349). Variety Seeking repräsentiert also „a motivation in and on itself" (McAlister/Pessemier 1982, S. 314). Deswegen sind andere Motive des Wechselverhaltens wie Unzufriedenheit oder Geschmacksveränderung davon abzugrenzen. Je nach Typ neigen Konsumenten mehr oder weniger zum Variety Seeking (Raju 1980; Bänsch 1995, S. 350f.).

Mit der Preisgewichtung kann Variety Seeking in komplementärer, indifferenter oder konkurrierender Beziehung stehen. Entsprechend unterschiedlich muss es in der Preispolitik behandelt werden. Komplementaritäten ergeben sich, wenn das Abwechslungsbedürfnis den Käufer zu preisgünstigeren Alternativen führt, Konkurrenzbeziehungen, wenn höherpreisige Alternativen relevant werden. Bleibt der Käufer innerhalb einer Preisklasse, liegt eine indifferente Beziehung vor. Mit der gezielten Ansprache des Abwechslungsbedürfnisses beim Käufer kann man also als Anbieter sowohl offensiv nach neuen Kunden suchen, was z.B. mit „Probierpreisen" oder kostenlosen Prüfstücken auch oft versucht wird, als auch auf Bindung vorhandener Kunden zielen, wenn diesen immer wieder neue Produktvarianten oder -aktionen angeboten werden, wie z.B. bei Fast-Food-Restaurants zu beobachten ist.

Empirische Studien von Kahn/Louie (1990), Kahn/Raju (1991) sowie Tscheulin (1994) haben den Einfluss preispolitischer Instrumente auf das Variety Seeking näher untersucht. Helmig bestätigt die Hypothese, dass „Variety-Seeker" preissensitiver sind als „Non-Variety-Seeker" (Helmig 1997, S. 148), was die Komplementaritätshypothese stützt. Allerdings wird das Abwechslungsbedürfnis häufig überschätzt. So zeigten umfangreiche Panelanalysen im Bereich häufig gekaufter Konsumgüter des periodischen Bedarfs (wo Variety Seeking am ehesten zu erwarten ist), dass die Verbraucher im Durchschnitt aller acht betrachteten Warengruppen mindestens 61% ihres Bedarfs in einer Produktkategorie mit nur einer Marke decken (Markentreue) und 65% ihrer Einkäufe auf nur eine Einkaufsstätte konzentrieren (Ladentreue) (vgl. Diller/Goerdt/Geiß 1997, S. 30f.). Abb. 4-4 veranschaulicht diese Daten für einige Warengruppen.

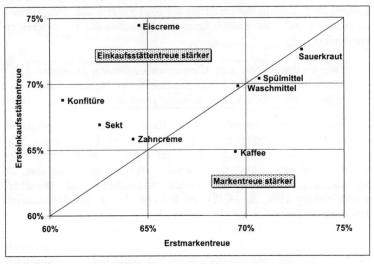

Abb. 4-4:   Die Beziehung von Markentreue und Einkaufsstätten-
              treue (Quelle: Diller/Goerdt/Geis 1997, S. 31)

Allerdings gibt es offenkundig auch Produktbereiche, in denen das Variety Seeking stark ausgeprägt ist. Hierzu zählen z.B. Reisen oder Restaurantbesuche. Im Hinblick auf Reisen hat Tscheulin (1994, S. 56ff.) festgestellt, dass Männer, höhere Einkommensschichten und Alleinstehende stärker zum Variety Seeking neigen. Darüber hinaus wurde deutlich, dass sich das Abwechslungsbedürfnis weniger auf den Anbieter, als auf Produktvarianten richtet, was risikotheoretisch gut erklärbar scheint.

Das bisher praktisch einzige theoretische Konzept zum Alternativenbewusstsein kann in der Theorie des *evoked set* gesehen werden (Howard/Sheth 1969; Narayana/Markin 1975; Hofacker 1985; Böcker 1986). „Ein evoked set ist eine individuell spontan erinnerte und für relevant erachtete Alternativenmenge. Sie legt definitiv fest, welche Alternativen überhaupt in Betracht gezogen werden" (Trommsdorff 1998, S. 88). Hinsichtlich Einkaufsstätten wird auch von *„store set"* gesprochen. Die Anzahl der Elemente im evoked set ist nach allen empirischen Untersuchungen zufolge relativ klein (zw. einer und fünf Marken bzw. Läden). In einer feineren Unterteilung kann man das *awareness set* (bekannte Alternativen) vom *relevant set* (in Frage kommende Alternativen = evoked set) und dem *loyalty set*, d.h. die üblicherweise immer wieder gekauften Alternativen, unterscheiden (vgl. Abb. 4-5). Hypothesen oder Theorien zu den Einflussfaktoren des evoked set fehlen bisher weitgehend.

116

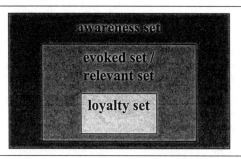

Abb. 4-5: Die Unterscheidung verschiedener Formen des Alternativenbewusstseins

4.3.1.3 Preisachtsamkeit

Die *Preisachtsamkeit* stellt eine dritte Unterkomponente des Preisinteresses dar. Definiert ist sie als das *tatsächliche* Ausmaß an preisbezogenen Informationsaktivitäten bei Kaufentscheidungen, also die Suche, Wahrnehmung und Verarbeitung von Preisinformationen („Preissuche").

Zwar handelt es sich auch hier letztlich z.T. schon um die Umsetzung der Preismotivation in das tatsächliche Kaufverhalten („Äußerungsform des Preisinteresses"), trotzdem scheint eine Unterordnung unter das Preisinteresse zweckmäßig, weil die Motivation zur Informationssuche eigenständigen Einflüssen unterliegt und die Preisgewichtung damit überdekken kann. Erst bei Betrachtung beider Größen wird Preisinteresse vollkommen verständlich. Beispielsweise wird die Preisachtsamkeit bei der Währungsumstellung von der DM zum Euro wegen der erheblichen Verunsicherung der Verbraucher sowie eines entsprechenden Medienrummels deutlich ansteigen, obwohl die Bedeutung des Preises davon kaum berührt sein kann, ändert sich doch an den Preisrelationen und der Versorgungssituation der Konsumenten grundsätzlich nichts (Diller 1998c).

In einschlägigen empirischen Studien ermittelte man meist eine recht einseitige und wenig intensive Preisachtsamkeit. Viele Verbraucher beschränken sich bei ihren Einkäufen auf eine eher flüchtige Sichtung der Preiswerbung ihrer jeweiligen Stammhändler und stellen selbst beim Kauf höherwertiger Gebrauchsgüter keine intensiven Preisvergleiche an. Vielmehr verlassen sie sich oft auf das Preisimage der Anbieter. Nur 19% der von Schneider (1999, S. 21) befragten Verkehrsteilnehmer vergleichen z.B. bei Reisen über 100 km trotz der recht hohen Kosten „häufig oder immer" die Preise alternativer Verkehrsmittel.

Viele Untersuchungen zur Preisachtsamkeit („price search") bewegen sich lediglich auf einer deskriptiven, oft mediaanalytischen Ebene, die allerdings für die Preiswerbung durchaus von Interesse sind. Wissenschaftlich interessiert man sich insb. für die Profile besonders informationsagiler Konsumenten (Wakefield/Inman, 1993) und für die Einflussfaktoren auf die Preissuche (z.B. Grewal/Marmorstein, 1994). Urbany et al. (1996) haben hier erfolgreich ein letztlich auf der Informationsökonomie *Stiglers* basierendes Nutzen-Kosten-Modell der Informationssuche getestet. Einkommen, Schwierigkeit und vermeintliche Kosten der Preistransparenz erwiesen sich als wichtige Determinanten der Intensität bei der Preissuche. Naturgemäß mindert auch das Vertrauen in das eigene Preiswissen die Preisachtsamkeit. Deshalb sind bei neuen Produkten oft höhere Informationsaktivitäten zu beobachten, zumal dort auch das Preis-Leistungsrisiko des Kunden höher ist als bei bekannten Produkten (Grewal/Gotlieb/Marmorstein 1994). Als zumindest am Rande relevantes Motiv für Preisachtsamkeit wurde auch eine angestrebte Rolle als Meinungsführer in Sachen Preis („*price-mavenism*") deutlich. Interessant ist auch, dass ein hohes Anfangsinvestment in die Preistransparenz nicht zu nachlassender, sondern zu fortdauernder Preissuche führt (Habitualisierungseffekt). Ein Preisaufmerksamkeitsthema mit wachsender Bedeutung dürfte künftig die Nutzung des Internets zu Preisrecherchen darstellen (Simon/Schumann/Butscher 1999).

Beim Preisinteresse handelt es sich insgesamt also erstens um einen Verhaltenskomplex mit mehreren Unteraspekten, die freilich teilweise bereits in den kognitiven und den overten Verhaltensbereich hineinragen. Zweitens beziehen sich Preisinteressen (deshalb auch der Plural) nicht nur auf die Preishöhe, sondern auf jedwede, vom Kunden als relevant erachtete Preiskomponente. Drittens haben alle drei von uns unterschiedenen Unterkonstrukte wiederum ähnliche Teilaspekte, von denen im Rahmen der Preispolitik die folgenden am wichtigsten sind und deshalb nachfolgend näher aufgegriffen werden:

(1) Welche motivationalen Wurzeln besitzen die Preisinteressen? Warum empfinden Nachfrager (nicht) das Bedürfnis, den Preis als Entscheidungskriterium heranzuziehen, Preisinformationen zu suchen und/oder mehr Alternativen in ihre Entscheidung einzubeziehen? *(Wurzeln des Preisinteresses, 4.3.2)*

(2) Wie *stark* sind die Preisinteressen bei den Verbrauchern ausgeprägt? Welche Unterschiede zwischen verschiedenen Verbraucherschichten lassen sich hier feststellen? Welche Faktoren beeinflussen die Intensität des Preisinteresses? *(Intensität des Preisinteresses, 4.3.3.)*

(3) Worauf richten sich die Preisinteressen? Bei welchen Konsumentscheidungen gewinnt es besondere Relevanz? Welche Preisbestandteile werden berücksichtigt? *(Gegenstand des Preisinteresses, 4.3.4)*

(4) In welchen beobachtbaren Verhaltensweisen äußert sich das Preisinteresse? Welche Preispräferenzen prägen das Einkaufsverhalten? *(Äußerungsformen des Preisinteresses, 4.3.5)*

4.3.2   Die Wurzeln des Preisinteresses

Das Preisinteresse ist kein angeborenes (primäres), sondern ein *sekundäres* Bedürfnis. Es steht deshalb in einem äußerst komplexen Beziehungsgeflecht zu anderen Bedürfnissen und unterliegt ständigen Lernprozessen. Aus diesem Grunde ist es sehr schwierig, das Preisinteresse zwingend ganz bestimmten Zielorientierungen zuzuschreiben (vgl. hierzu allgemein: Kroeber-Riel/Weinberg 1996, S. 141ff.). Andererseits besitzt die Kenntnis der motivationalen Wurzeln und der lernbedingten Überformungen des Preisinteresses für das Preis-Management erhebliche Bedeutung. Sowohl hohe als auch niedrige Preise müssen nämlich *kommunikativ vermittelt,* sozusagen „schmackhaft" gemacht werden. Ein erfolgreiches Beispiel dafür lieferte die Preiswerbung des Media-Marktes (Fachmärkte für Elektroartikel) im Jahre 1998, der seine Niedrigpreise mit dem Slogan „Ich bin doch nicht blöd" aggressiv anpries und damit den in der modernen Gesellschaft immer verbreiteteren Wunsch nach (egoistischer) Cleverness ansprach. Auch Preise und Preisimages lassen sich also emotional konditionieren! Darüber hinaus *konkurriert* das Preisgewicht ständig mit anderen Bedürfnissen, d.h. es kommt zu Zielkonflikten, die anbieterseitig aufgegriffen werden können. Bei der gezielten Ansprache (potentiell) preisinteressierter Marktsegmente kann dies Kaufhemmnisse abschwächen oder sogar umkehren.

Versucht man trotz der theoretischen Probleme eine Einordnung des Preisinteresse in das menschliche Motivationssystem, so lassen sich *vier Motivationswurzeln* nennen (vgl. Abb. 4-6).

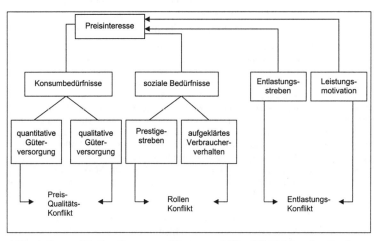

Abb. 4-6:   **Motivationsgrundlagen und Konfliktfelder des Preisinteresses**

(1)   Die Beachtung des Preises bei Kaufentscheidungen dient erstens den *Konsumbedürfnissen* der Verbraucher. Preisgünstige Einkäufe können bei gegebenem Einkommen nämlich den *Versorgungsgrad* der Haushalte *verbessern*. Dieser besitzt allerdings nicht nur eine quantitative, sondern auch eine qualitative Dimension. Dem Käufer liegt nicht nur daran, für eine bestimmte Geldsumme möglichst viele Gütereinheiten zu kaufen, sondern auch seine Qualitätsansprüche zu befriedigen. Wenn

qualitativ bessere Güter zu höheren Preisen angeboten werden, führt dies bei begrenztem Haushaltsbudget zu einem *Preis-Qualitätskonflikt*. Falls eine genaue Qualitätsbeurteilung für den Käufer schwierig ist, entsteht darüber hinaus ein finanzielles *Kaufrisiko*. U.U. werden dann hohe Preise sozusagen als Risikoprämie für hinreichende Qualität in Kauf genommen; die Preisgewichtung tritt also dann hinter das Qualitätsgewicht zurück.

Wie durch Auflösung des Preis-Qualitätskonflikts Präferenzen geschaffen werden können, belegt z.B. der Erfolg des Discounters Aldi nachdrücklich. Eine der wichtigsten Ursachen liegt darin, dass Waren guter Qualität billigst angeboten wurden und z.B. selbst Champagner zu Preisen unter 15 DM im Sortiment zu finden war. Ähnliches gilt für Sonderpreise qualitativ bekannt guter Markenartikel, die regelmäßig auf besonders hohe Akzeptanz bei den Konsumenten stoßen.

(2)   Eine zweite mit dem Preisinteresse verknüpfte Bedürfniskategorie umfasst *soziale Bedürfnisse*. Insbesondere das *Sozialprestige* kann durch eine reichhaltige und/oder luxuriöse Güterversorgung des Haushalts verbessert werden. Das (produktbezogene) Preisinteresse wird dadurch tendenziell abgeschwächt bzw. auf die Einkaufsstättenwahl verlagert. Ein schon in der Mikroökonomie beschriebener Fall dieser Art wird als *Snob-Effekt* bezeichnet. Dort kauft der Kunde trotz fallender Preise weniger, weil er sich ansonsten in seiner Exklusivität beeinträchtigt sieht. Umgekehrt wird vom *Veblen-Effekt* gesprochen, wenn die Nachfrage aus gleichem Grund trotz steigender Preise zunimmt (Oberender 1999).

Prestigebedürfnisse spielen im Preisverhalten nicht nur bei der reichen Bevölkerung, sondern auch und gerade bei der mittleren sozialen Schicht eine große Rolle, weil diese oft von der Idee des sozialen Aufstiegs (Karrieredenken, Reichtum erwerben etc.) geprägt ist (Kroeber-Riel/Weinberg, S. 156ff.). Sie verquickt sich gelegentlich auch mit dem *narzisstischen Bedürfnis*, sich selbst zu beschenken und zu verwöhnen, das in der Produktwerbung intensiv angesprochen wird ("Man gönnt sich ja sonst nichts..."). Der Erfolg vieler sog. Premium- und Luxusmarken ist auf diese Motivation zurückführbar. Auch hier ergeben sich aber u.U. Konflikte, nämlich zwischen Sozialprestige und anderen Konsumbedürfnissen sowie zwischen konkurrierenden sozialen Rollen. So widerspricht z.B. der Prestigeanspruch dem Rollenverständnis vom aufgeklärten, rational entscheidenden, preisachtsamen und für das Preisgeschehen am Markt verantwortlichen Verbraucher (*Rollenkonflikt*), das vor allem von staatlichen und verbraucherpolitischen Institutionen propagiert wird.

(3)   Das *Entlastungsstreben* als dritte Hauptwurzel des Preisinteresses steht insb. in Konkurrenz zur Preisachtsamkeit. Das Konstrukt stammt aus der Anthropologie (vgl. z.B. Gehlen, 1958) und kennzeichnet das Motiv, neben der ökonomischen Lebensbewältigung auch andere, z.B. ethische Wertvorstellungen zu verwirklichen, seine Freizeit „sinnvoll" zu nutzen oder schlicht zu faulenzen (vgl. Raffée 1969, S. 87ff.). Hier wird die Nähe zum *Bequemlichkeitsinteresse* deutlich, das heute eine immer größere Bedeutung erlangt, wie der Aufstieg des sog. Convenience-Handels (Tankstellen, Versand- und Internethandel etc.) deutlich macht. Dahinter steht häufig keine Faulheit, sondern im Gegenteil stressbedingte Zeitnot, die viel beschäftigte Kunden dazu veranlasst, das Preisinteresse zu Gunsten eines schnellen und einfachen Einkaufs („*lean buying*") zu-

rückzustellen. Da die Befriedigung des Preisinteresses mit physischen und psychischen Belastungen verbunden ist (Einholen von Angeboten, Preisvergleiche, Einschätzung der zukünftigen Preisentwicklung usw.), wird ein stark ausgeprägtes Entlastungsstreben das Preisinteresse also abschwächen.

(4)   Andererseits postuliert die Motivationstheorie aber auch eine autonome *Leistungsmotivation* des Menschen, die Atkinson (1964, S. 214) als „Fähigkeit, für erbrachte Leistungen Stolz zu erleben" definiert. Aus diesem Motiv heraus kann das Preisinteresse also nicht als belastendes, sondern als persönlich lohnenswertes Verhalten empfunden werden. Manche Verbraucher sind beispielsweise *stolz* auf ihre Preiskenntnisse, es macht ihnen *Spaß,* sich gegenüber den scheinbar übermächtigen Anbietern zu behaupten. Sie machen es deshalb zu einer Art sportlicher Betätigung, die Preisunterschiede am Markt zu ihren Gunsten auszunutzen. Das oben schon erwähnte „Schnäppchenjägersyndrom" lässt sich auf dies Weise gut erklären. Da das Entlastungsstreben mit der Leistungsmotivation konkurriert, entsteht jedoch auch hier u.U. ein Motivkonflikt, der in Abb. 4-6 als *Entlastungskonflikt* bezeichnet wird.

Empirische Untersuchungen insb. zur relativen Bedeutsamkeit der verschiedenen Motivwurzeln sind selten. Bei eigenen Studien zum Preisverhalten (vgl. Diller 1995) zeigte sich häufig eine Dreiteilung der Verbraucherschaft (vgl. Abb. 4-7): „Sparern" geht es schlicht um weniger Geldausgaben, sei es aus Geldmangel („Muss-Sparer") oder aus Geiz bzw. Lust am preisorientierten Einkauf („Kann-Sparer"). Steht bei dieser Verbrauchergruppe eindeutig die Preisgünstigkeit im Mittelpunkt des Preisinteresses, so geht es der Gruppe der „Optimierer" um die Preiswürdigkeit, also die Preis-Leistungsrelation. Sie agieren oft preisachtsamer als die Sparer und suchen besonders intensiv nach günstigen Einkaufsquellen und -gelegenheiten. Von Beraterseite wurde hierfür der Begriff des *„smart shopper"* geprägt (Grey 1995). Die „Tiefpreismeider" sind schließlich von dem Wunsch nach Umgehung von Qulitätsrisiken („Risikobewusste") oder nach bewusster Demonstration ihrer Möglichkeit, sich Teures zu leisten („Hochpreissucher") geprägt.

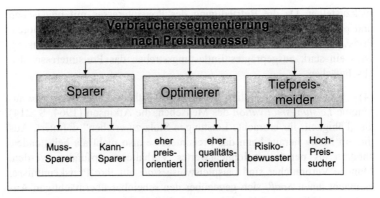

Abb. 4-7: Verbrauchersegmentierung nach dem Preisinteresse

4.3.3 Intensität des Preisinteresses

Die Frage nach der Stärke des Preisinteresses bei den Nachfragern lässt sich nicht generell beantworten. Wie jedes Bedürfnis, so kann auch das Preisinteresse von Person zu Person und von Situation zu Situation unterschiedlich stark ausgeprägt sein. Unter den persönlichkeitsbedingten Einflussfaktoren spielen die erläuterten Motivationsgrößen aber sicherlich eine wesentliche Rolle. Sie lassen sich als zumindest partiell unterbewusste psychische Prozesse jedoch empirisch sehr schwer messen. Aus diesem Grund gewinnen andere Merkmale als Indikatoren für die Stärke des Preisinteresses an Bedeutung. Insbesondere greift man dabei auf soziodemographische und produktspezifische Merkmale zurück.

Personen der *sozialen Mittelschicht* zeigen sich häufig besonders preisinteressiert, was sowohl auf das Prestigemotiv als auch auf die besondere Leistungsmotivation dieser Schicht zurückgeführt werden kann (vgl. Kroeber-Riel/Weinberg, 1996, S. 156 ff.).

Ältere und sozial schwache Verbraucher sind dagegen weit weniger preisorientiert, obwohl ihre Einkommenslage im Grunde ein genau entgegengesetztes Verhalten erwarten ließe (vgl. Wimmer, 1983*)*.

In Produktbereichen, bei denen die Kaufentscheidungsprozesse eine hohe *Ich-Beteiligung* („Involvement") aufweisen, weil sie z.B. das Selbstwertgefühl tangieren, ist die Preisgewichtung relativ niedrig. Daraus lässt sich auch das Paradoxon auflösen, dass sich viele Verbraucher bei eher luxuriösen Produkten (z.B. Delikatessen, Fernreisen, Phonogeräten) relativ preisdesinteressiert verhalten, während sie gleichzeitig bei anderen Gütern (z.B. Grundnahrungsmitteln) keine Mühen scheuen, um auch nur geringe Preisunterschiede am Markt auszunutzen. Andererseits können das Alternativenbewusstsein und die Preisachtsamkeit vom Involvement gesteigert werden, weil sich damit im Fall hoher Ichbeteiligung u.U. auch Freude verbindet.

Die jeweilige *Informationssituation* auf einem Markt beeinflusst das Preisinteresse ebenfalls. Auf Märkten mit relativ hoher Preistransparenz (z.b. Kaffee, Automobile) ist das Preisinteresse in der Regel höher als auf intransparenten Märkten (z.b. Frischfisch, Autoreparaturen). Dabei kommt es nicht nur auf die Menge der verfügbaren Informationen, sondern auch auf deren leichte Erhältlichkeit und Nutzbarkeit (Verständlichkeit, unmittelbare Verwendbarkeit etc.) an (vgl. Diller 1978, S. 65ff.; Russo 1977).

Empirische Untersuchungen zeigen seit vielen Jahren einen *Trend hin zu stärkerem Preisinteresse.* Er kommt z.b. im zunehmenden Markterfolg vieler Handelsmarken, in den steigenden Marktanteilen preisaggressiver Handelsbetriebsformen (Discounter, Fabrikverkaufsläden, Postengeschäfte etc.), im Wachstum bestimmter Do-it-yourself-Märkte oder in der Renaissance von Second-Hand-Shops zum Ausdruck. Auch die Verbraucher selbst schätzen sich verschiedenen Umfragen zufolge heute preiskritischer und -interessierter ein als in früheren Jahren. Aus motivationstheoretischer Sicht kann dies auch nicht verwundern, gibt es doch in der Verbraucherschaft heute

- mehr Freizeit und damit weniger entlastungsbedingte Zurückhaltung gegenüber Preisvergleichen,

- bessere Informationen über Preise, z.B. in Form von Preisanzeigen des Handels oder via Internet,

- zunehmende Produkterfahrung und damit Qualitätstransparenz, die das Preisrisiko mindert.

Hinzu kommt, dass neue Medien wie das Internet oder Preisagenturen die Preistransparenz weiter erhöhen werden, sodass - vorausgesetzt, die Preisunterschiede am Markt werden dadurch nicht eingeebnet - die bessere Informationssituation das Preisinteresse wach halten oder sogar steigern wird.

Andererseits lässt sich aber auch eine zunehmende Tendenz zum Luxus-Konsum und zur Akzeptanz von Premium-Produkten, also Gütern mit besonders hoher Qualität und entsprechendem Preisaufschlag, beobachten. Sie fällt nach einer Studie von Rao/Bergen (1992) bei Erfahrungsgütern höher aus als bei Suchgütern. Zudem behindert der zunehmende subjektive Zeitstress bestimmter Bevölkerungsschichten das Preisinteressse und macht die Kunden für Convenience-Angebote aufgeschlossen (Zentes 1996). Insofern kann von einer *Polarisierung des Preisinteresses* in der deutschen Bevölkerung gesprochen werden. Diese ist freilich nicht nur interpersonell, sondern auch intrapersonell zu verstehen, weil viele Verbraucher in verschiedenen Warengruppen bzw. Konsumsituationen gleichermaßen sowohl stark preisinteressiert als auch preisdesinteressiert agieren. Man spricht diesbezüglich vom *hybriden Verbraucher.*

Schmalen/Lang (1998) definieren den hybriden Verbraucher über eine Kombination der beiden Merkmale Markenorientierung und Preisbereitschaft. Sie lassen sich zu einer Vierfeldertafel kombinieren. Der Nachweis für hybrides Verbraucherverhalten wird damit geführt, dass ein und derselbe Käufer in verschiedenen Produktkategorien in unterschiedliche Klassen fällt. Dies gelingt den Verfassern in einer empirischen Studie am Beispiel von Sportschuhen und Stereoanlagen. Darüber hinaus zeigen sie auf, dass als Ursachen für dieses Verhalten das unterschiedliche Produkt- bzw. Kaufinvolvement gelten kann.

Eine warengruppenübergreifende Segmentierung der Konsumenten nach dem Preisinteresse ist bei hybridem Käuferverhalten obsolet. „Den" preisbewussten Konsumenten schlechthin gibt es dann nicht mehr. Jedes Unternehmen hat jeweils auf seinen Märkten nach der Verteilung der Verbraucher auf verschiedene Preissegmente zu achten und seine Preispolitik darauf einzustellen.

Sekundärstatistische Informationen hierzu finden sich oft in einschlägigen Verbrauchertypologien seitens deutscher Zeitschriftenverlage bzw. Rundfunkanstalten. So ist beispielsweise aus der *Brigitte Kommunikationsanalyse 1998* (vgl. Abb. 4-8) zu erkennen, ob als Kaufentscheidungskriterium eher die Marke, der Preis oder gar beides herangezogen wird. Die ursprünglich fünf Kategorien umfassende Befragung wurde auf drei Kategorien zusammengefasst: Alle, die in der Warengruppe nie einkaufen, wurden rechnerisch eliminiert. Markenbewusst handeln nach dieser Analyse alle, die sagen „Ich kaufe aus Überzeugung immer die gleiche Marke" oder „Ich habe eine bestimmte Auswahl an Marken, zwischen denen ich je nach Lust und Laune wähle". Als sowohl marken- und preisbewusst gelten die Personen, welche eine bestimmte Auswahl von Marken haben, unter denen sie jene aussuchen, die gerade besonders preisgünstig ist. Schließlich erwerben preisbewusste Käufer immer das Preisgünstigste, ohne auf die Marke zu achten. Die Ergebnisse zeigen erhebliche Unterschiede in den untersuchten Warengruppen. Es ist zu erkennen, dass die deutsche Bevölkerung bei modischen Produkten wie Sportbekleidung, Oberbekleidung, Unterwäsche/Strümpfe und Schuhen weniger marken- und eher preisbewusst handelt. Bei Genuss- und Luxusprodukten (Kaffee, Düfte und Gesichtspflege) steht wiederum eher die Marke im Vordergrund. Nur 7-8% der Befragten kaufen in diesen Warengruppen immer nur das preisgünstigste Produkt. Insgesamt ist festzustellen, dass Markenbewusstsein vor allem bei Lebensmitteln und Kosmetika und Preisbewusstsein bei Bekleidung vorherrscht.

Bei der *Messung des Preisinteresses* ist besondere Sorgfalt geboten. Die soziale Erwünschtheit preisbewussten Verhaltens lässt bei direkten Befragungen („Wie stark achten Sie auf den Preis?") nämlich starke Antwortverzerrungen erwarten. Ebenso führt die Vernachlässigung des Preis-Qualitätskonflikts im Rahmen direkter Skalierungen des Preisinteresses leicht zu Artefakten. Darüber hinaus wird meist nicht genau spezifiziert, ob die Preisgewichtung, die Preisachtsamkeit oder das Alternativenbewusstsein gemessen werden soll. Letztlich muss zur Segmentierung eines Marktes die Preisgewichtung erhoben werden, was am besten mit Hilfe einer Conjoint Analyse gelingt (vgl. Kap. 5.5.3).

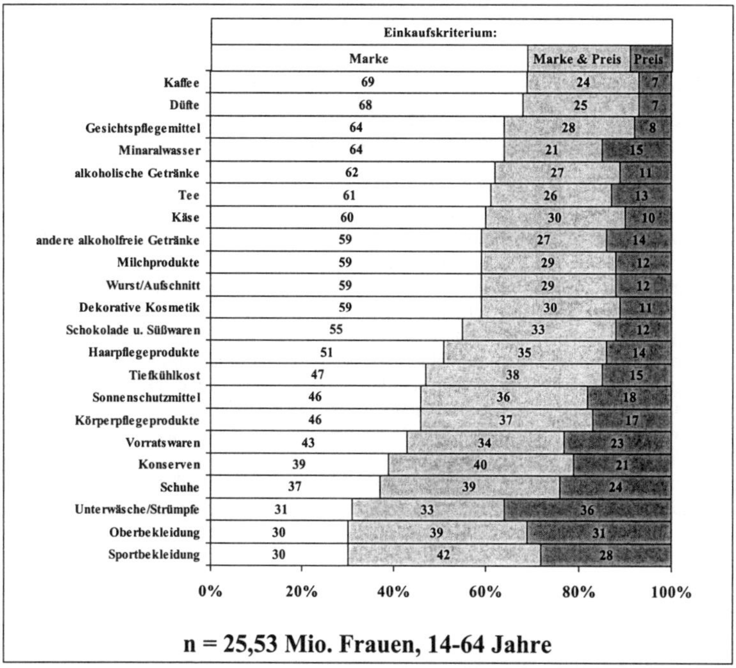

Einkaufskriterium:	Marke	Marke & Preis	Preis
Kaffee	69	24	7
Düfte	68	25	7
Gesichtspflegemittel	64	28	8
Minaralwasser	64	21	15
alkoholische Getränke	62	27	11
Tee	61	26	13
Käse	60	30	10
andere alkoholfreie Getränke	59	27	14
Milchprodukte	59	29	12
Wurst/Aufschnitt	59	29	12
Dekorative Kosmetik	59	30	11
Schokolade u. Süßwaren	55	33	12
Haarpflegeprodukte	51	35	14
Tiefkühlkost	47	38	15
Sonnenschutzmittel	46	36	18
Körperpflegeprodukte	46	37	17
Vorratswaren	43	34	23
Konserven	39	40	21
Schuhe	37	39	24
Unterwäsche/Strümpfe	31	33	36
Oberbekleidung	30	39	31
Sportbekleidung	30	42	28

0%   20%   40%   60%   80%   100%

n = 25,53 Mio. Frauen, 14-64 Jahre

Abb. 4-8: Ausmaß des Marken- und Preisbewusstseins beim Einkauf verschiedener Warengruppen (eigene Darstellung nach: Brigitte Kommunikationsanalyse 1998, S. 46, 66, 103).

4.3.4 Der Gegenstand des Preisinteresses

Wie das tatsächliche Preisgebaren von Handel und Industrie zeigt, ist es für die Preispolitik wichtig, nicht nur über die Stärke des Preisinteresses, sondern auch über seine *Ausrichtung* informiert zu sein. Eine erste Differenzierung wird hier möglich, wenn man das jeweilige *Preisinteresse bei verschiedenen Konsumentscheidungen* untersucht. Grundsätzlich ist der Preis für folgende Teilentscheidungen relevant:

- *Markenwahl* (Ausnutzung von Preisunterschieden verschiedener Marken),
- *Mengenentscheidung/Packungsgrößenwahl* (Ausnutzung von Preisunterschieden verschiedener Packungsgrößen),
- *Einkaufsstättenwahl* (Ausnutzung von Preisunterschieden für bestimmte Produkte bei verschiedenen Anbietern),

- Wahl des *Einkaufszeitpunktes* (Ausnutzung zeitlicher Preisunterschiede).

Erfahrungsgemäß richtet sich das Preisinteresse nicht auf alle diese Entscheidungen im gleichen Maße. Manche werden nahezu ohne, andere unter dominanter Berücksichtigung des Preises getroffen. Man kann deshalb von einem *selektiven Preisinteresse* sprechen.

Die oben behandelten Motivkonflikte im Preisinteresse spielen für diese selektive Ausrichtung des Preisinteresses eine wichtige Rolle. Geht man nämlich davon aus, dass die meisten Verbraucher ein bestimmtes Mindestmaß an Entlastung anstreben, so steht zu erwarten, dass sich das Preisinteresse vor allem auf jene Entscheidungen konzentriert, bei denen preisorientiertes Verhalten keine Konflikte erzeugt und/oder wenig physischen und psychischen Aufwand verlangt. Diese Voraussetzungen erscheinen am ehesten bei der *Wahl der Packungsgröße* gegeben. Andererseits bieten die Preisunterschiede zwischen verschiedenen Packungsgrößen allein oft kein ausreichendes Belohnungspotential für die Aktivierung des Preisinteresses. Deshalb ist es nicht verwunderlich, wenn empirische Studien immer wieder deutlich machen, dass auch die *Einkaufsstättenwahl* stark unter Preisaspekten getroffen wird. Dies dürfte nicht zuletzt darauf zurückzuführen sein, dass der Handel die Verbraucher seit Jahren selbst durch seine preisbezogene Werbung zur Steigerung des Preisinteresses bei der Geschäftswahl motiviert. Durch diese Politik fällt es den Konsumenten zudem relativ leicht, Preisvergleiche zwischen einzelnen Anbietern anzustellen.

Eine ähnlich (subjektiv) günstige Informationssituation stellt sich den Verbrauchern bei der *Markenwahl* weit weniger häufig. Ein starkes Preisinteresse wird hier erst dann zum Tragen kommen, wenn die mit niedrigen Preisen verbundenen Qualitätszweifel ausgeräumt werden können. Dies kann beispielsweise durch vergleichende Warentests erreicht werden. Immer dann, wenn keine zuverlässigen eigenen oder fremden Qualitätserfahrungen vorliegen, zeigen viele Verbraucher bei der Markenwahl eine Dominanz des Qualitätsinteresses.

Dass sich das Preisinteresse bei einem Teil der Verbraucher inzwischen auch auf den *Einkaufszeitpunkt* richtet, zeigt sich u.a. im Abwarten von Sonderangeboten, in Vorratskäufen bei Sonderpreisen oder in der Verlagerung eines Teils der Weihnachtseinkäufe auf die Zeit *nach* den Feiertagen, die durch die Erwartung der Verbraucher auf spürbare Preisreduktionen (mit-)verursacht wird.

Einen zweiten Ansatzpunkt zur Differenzierung des Gegenstands des Preisinteresses bietet die im Abschnitt 2.1.1 vorgestellte Preisdefinition aus Sicht des Kunden. Danach kann sich das Preisinteresse auf die verschiedenen *Preisbestandteile* (Verkaufspreis, Rabatte, Kreditierungs- und Lieferkosten etc.) in unterschiedlicher Intensität richten. Man kann diesbezüglich auch vom *Zusatzkostenbewusstsein* sprechen. Ein Konsument verhält sich vollständig zusatzkostenbewusst, wenn er bei allen seinen Einkaufsentscheidungen nicht nur auf den eigentlichen Verkaufspreis der Waren, sondern auch auf alle sonstigen Kosten achtet.

Neuere empirische Untersuchungen machten deutlich, dass die „Preisnebenleistungen" bis zu 50% Bedeutungsgewicht im Gesamtrahmen aller Preiskomponenten besitzen (Diller/That 1999, vgl. auch Kap. 13.2). Auch vom Kfz-Markt her ist bekannt, welch große Rolle die Finanzierungskosten (Leasingkonditionen) und die Unterhaltskosten spielen. Der Mehrpreis für einen Dieselmotor wird oft selbst dann in Kauf genommen, wenn die Treibstoffeinsparungen dies eigentlich nicht rechtfertigen.

Schließlich kann auch das „Schnäppchenjagen" als spezielle Ausrichtung des Preisinteresses interpretiert werden (vgl. Blattberg/Neslin 1990, S. 10; Schmalen/Prechtl/ Schweitzer 1996, S. 29).

4.3.5 Äußerungsformen des Preisinteresses

Aus der Konsumentenverhaltenstheorie ist bekannt, dass die Verbraucher ihre Konsumentscheidungen in unterschiedlich starkem Maße vereinfachen (Kroeber-Riel/Weinberg 1996, S. 370ff.). Es kann deshalb nicht verwundern, wenn sich auch das Preisinteresse nicht (nur) in extensiven Kaufentscheidungsprozessen der Art niederschlägt, dass sich der Nachfrager vor dem Einkauf durch vielfältige Aktivitäten Preistranzparenz verschafft und alle relevanten Preisverteilungen kennt. Eine solche Form des Preisverhaltens erfordert nämlich aktive und umfassende Informationsbemühungen, z.b. das Aufsuchen mehrerer Geschäfte vor dem Kauf. Weiterhin müssen dabei sehr viele und verschiedenartige Entscheidungsalternativen in die Überlegungen einbezogen werden. Beides läuft dem Entlastungsstreben zuwider, was zu *vereinfachten Äußerungsformen des* Preisinteresses führt, wenn das damit verbundene Kaufrisiko als gering empfunden wird. Wir gehen darauf im Abschnitt 4.7.2 näher ein.

Vier generelle *Vereinfachungsstrategien* sind an dieser Stelle hervorzuheben: Erstens tendieren die Verbraucher zur zeitlichen *Verlagerung der Informationsaktivitäten von der Kaufvorbereitungs- in die Kaufdurchführungsphase.* Damit verbunden ist zweitens eine Tendenz zur passiven anstelle einer *aktiven Aufnahme von Preisinformationen.* Der Verbraucher begnügt sich insbesondere beim Einkauf von Gütern des kurzfristigen Bedarfs mit jenen Preisinformationen, die er auch ohne aktive Bemühungen erhalten kann. Den Anbietern erwächst daraus sozusagen eine „Bringschuld" für Preisinformationen. Da ein Teil der Konsumenten damit nicht mehr seine Informationswünsche am Bedarf, sondern umgekehrt den Bedarf an den gebotenen Preisinformationen ausrichtet, resultiert daraus eine dritte vereinfachte Äußerungsform des Preisinteresses: *Gekauft wird, was vom Händler als besonders preisgünstig angepriesen wird.* Eine vierte, mit der dritten kompatible Strategie stellt die *Nutzung generalisierender Einkaufsregeln* dar. Damit wird der Anspruch einer möglichst differenzierten und genauen Anlage und Analyse des Entscheidungsfeldes von Einkaufsentscheidungen umgangen (vgl. 4.7.2).

4.4 Preiswahrnehmung

> Unter Preiswahrnehmung ist die sensorische Aufnahme von Preisinformationen zu verstehen, bei der objektive Preise oder andere Preissignale in subjektive Preiseindrücke „enkodiert", d.h. in ein subjektives Kategoriensystem des Beurteilers eingeordnet werden (Monroe, 1973; Olson, 1980).

Das Ergebnis einer solchen Enkodierung nennen wir (in Unterscheidung zu Preisurteilen) *„Preisempfinden"*. Typische Beispiele hierfür sind Preiskategorisierungen („Autos über 20.000 € sind für mich inakzeptabel"), die eine Form der Wahrnehmungsvergröberung darstellen und einer einfacheren Klassifikation der Urteilsobjekte (als Vorstufe der Preisbewertung) dienen. Liegt im Beispiel bei 20.000 € eine sog. absolute Preisschwelle, so scheidet das entsprechende Produkt bereits in der Wahrnehmungsphase aus der weiteren Betrachtung aus, wird also nicht mehr einem ausführlichen Preisurteil unterzogen. Die Preisencodierung führt dazu, dass gleiche objektive Preise bei unterschiedlichen Personen unterschiedlich hoch empfunden werden und deshalb auch die Preisbereitschaft differiert (Berkowitz/Walton 1980).

Eine strenge Abgrenzung der Preiswahrnehmung zur Preisbeurteilung ist nicht möglich. Auch im Rahmen der Preiswahrnehmung finden nämlich bereits erste Bewertungen, z.B. in Form vorläufiger Kategorisierungen statt; trotzdem macht dieses preispsychologische Konstrukt Sinn, weil während der Wahrnehmung bereits psychische Vorgänge ablaufen, die von den kognitiv orientierten Preisurteilsmodellen nicht eingefangen werden können. Dabei werden durch Filterung, Akzentuierungen oder andere „Verzerrungen" bereits maßgebliche (unbewusste oder bewusste) Vorentscheidungen für die weitere Bewertung getroffen. Problematisch ist freilich die empirische Erfassung von Wahrnehmungsprozessen, die praktisch nur experimentell im Labor möglich ist. Man begnügt sich deshalb zur Überprüfung von Preiswahrnehmungen oft mit einem S-R-Modell mit preisoptischen Treatments (z.B. verschiedenen Preisfiguren) als Stimuli und beobachtbaren (z.B. Kaufverhalten) oder abfragbaren (Preiskenntnis) Größen als Reaktionsvariablen.

Ihre praktische Bedeutung besitzt die Theorie der Preiswahrnehmung insb. für die Preisauszeichnung und die Preiswerbung, aber auch für die Ausgestaltung des Preissystems, etwa die Entwicklung von Preisbaukästen oder die Ausformung eines Preisdiscounts. Grundsätzlich kann man als Anbieter dabei entweder versuchen, die Wahrnehmungseffekte seitens der Verbraucher zu seinen Gunsten auszunutzen, was bis hin zur Irreführung über den Preis reichen mag (Diller 1978a), und/oder ganz im Gegensatz dazu eine auf Preisvertrauen ausgerichtete Politik der Preisehrlichkeit zu betreiben (Diller 1997a). Wir beschränken uns nachfolgend auf einige besonders wichtige Effekte der Preiswahrnehmung und erläutern deren Implikationen für das Preismanagement (4.4.2). Basis dafür bildet ein Überblick über die für die Preiswahrnehmung grundlegenden psychologischen Theorien (4.4.1).

4.4.1 Theoretische Grundlagen

4.4.1.1 Psychophysik

Die Psychophysik ist ein Teilgebiet der experimentellen Wahrneh-
mungspsychologie, in dem es um die subjektive Transformation physi-
kalischer Reize (Licht, Töne, Gewichte etc.) in subjektive Empfindungsstärken geht (Behrens 1992a, S. 980ff.). Die Übertragung dort gewonnener Erkenntnisse auf die Preiswahrnehmung ist umstritten, weil Preise
eben keine physischen Reize darstellen, die absolute Urteile erlauben,
und weil mit Preiswahrnehmungen immer schon Bewertungen einhergehen (z.b. Kaas/Hay 1984; Behrens 1992a, S.981). Trotzdem hat sich z.b.
das in der Psychophysik entwickelte *„Weber-Fechnersche Gesetz"* einer
logarithmischen Transformation objektiver Reizintensitäten in subjektive
Empfindungsstärken mit absoluten Empfindungsunter- und -obergrenzen
auch für die Preiswahrnehmung empirisch bewährt. Danach hängt die
Einstufung eines Preisunterschiedes vom Ausgangsniveau der Wahrnehmung ab. Mit zunehmender absoluter Preishöhe wächst das subjektive
Empfinden für gleich große *Preisdifferenzen* also nur unterproportional.
Ein Mehrpreis von 5 € für einen Blumenstrauß bei einem Preisniveau um
10 € wird deshalb als wesentlich betrachtet und in die Bewertung zweier
Sträuße einbezogen, während er bei einem Hochzeitsgesteck für 80 €
eher als vernachlässigbar erscheint. Die Preiswahrnehmung der Verbraucher ist also *relativ*. Preisunterschiede werden bewusst oder unbewusst
prozentual enkodiert. Allerdings handelt es hierbei nicht im engeren Sinne um Wahrnehmungs-, sondern um Bewertungsprozesse. Dies wird besonders hinsichtlich der bei physischen Reizen verständlichen, absoluten
Wahrnehmungsschwellen („nicht mehr hörbar") deutlich, die auf Preise
übertragen nur als Bewertungsschwellen sinnvoll interpretierbar sind
(„inakzeptabel").

4.4.1.2 Adaptionsniveautheorie

Die Relativierung von Wahrnehmungen gehört zu den grundlegenden
psychischen Prozessen, erlaubt sie doch dem Menschen, Neues von Al-
tem, Gefährliches von Ungefährlichem oder Wichtiges von Unwichtigem
zu unterscheiden. Welches aber sind die Referenzgrößen oder Urteilsanker, an denen man seine Relativierungen festmacht? Im Rahmen seiner
Adaptionsniveautheorie hat der Psychophysiker Helson (1964) dafür eine
Antwort gesucht. Seine Kernthese lautete, dass die Wahrnehmung eines
Stimulus nicht unabhängig vom Kontext erfolgt, in den er eingebettet ist,

sondern dass er daran adaptiert (angepasst) wird. Dabei werden alle relevant erscheinenden Begleitwahrnehmungen zu einem sog. *Adaptionsniveau* komprimiert, einer Sammelgröße, die dann als Referenzpunkt für die Stimuluseinstufung dient.

Das *Wahrnehmungsfeld* erstreckt sich nach der Adaptionsniveautheorie bei Preisurteilen also nicht nur auf den eigentlichen Preis selbst, sondern auf ein u.U. sehr vielgestaltiges Feld von metrischen, verbalen, nonverbalen (visuellen) u.a. Eindrücken, das auch anbieterseitig im Rahmen der Preisauszeichnung und -werbung, aber auch bei der Ladengestaltung oder bei Preisverhandlungen weidlich genutzt werden kann (vgl. 4.4.2.2).

4.4.1.3 Assimilations-Kontrast-Theorie

Im Rahmen der Adaption von Stimuli stellt sich die Frage, wie weit entfernt ein Stimulus noch vom gegenwärtigen Adaptionsniveau sein darf, um tatsächlich adaptiert, d.h. zu dieser Klasse zugehörig gezählt zu werden (*Assimilation*), bzw. ab wann er zu einer anderen Klasse gezählt wird (*Kontrastierung*). Sherif und Hovland postulierten schon 1958, dass die Adaption auch von der Häufigkeit abhängt, mit welcher ein Reiz in dieser Größe auftritt. Besteht eine große Streuung der Reize, werden auch weiter vom Adaptionsniveau entfernte Reize noch adaptiert. Je ungewöhnlicher dagegen eine bestimmte Reizintensität ist, umso eher wird sie kontrastiert (vgl. Sherif 1963; Irle 1975, S. 67ff.*). Dabei treten (wie eine Art innere Rechtfertigung dafür) *Wahrnehmungsverzerrungen* derart auf, dass die objektiven Reizunterschiede zum vorhandenen Adaptionsniveau bei Assimilation unterschätzt und bei Kontrastierung überschätzt werden. Mit Kontrasteffekten schützt sich das Individuum vor falschen Verschiebungen des Adaptionsniveaus.

Assimiliations-Kontrast-Effekte spielen z.B. bei Aktionspreisen eine Rolle, deren Wirkung auf das mittlere Preisempfinden (Adaptionsniveau) in Frage steht. Liegen sie innerhalb einer Spanne „üblicher" Preise, so senken sie das Adaptionsniveau, sind sie „sensationell" niedrig, werden sie u.U. kontrastiert (vgl. Lichtenstein/Bearden 1989). Jedenfalls scheint für die Preiswahrnehmung in einem bestimmten Kontext eine akzeptierte Spannweite der Preise („latitude of acceptance") zu existieren, was eine wichtige Grundlage für die Theorie der *Preisschwellen* und der *gebrochenen Preise* darstellt (vgl. 4.4.2.1).

4.4.1.4 Prospect-Theorie

Seit Beginn der 90er-Jahre wird in einschlägigen empirischen Studien immer häufiger die *Prospect-Theorie* zur Erklärung von Preisurteilen herangezogenen. Der Name (prospect = Aussicht) zeigt schon an, dass es hierbei um die Bewertung von (positiven oder negativen) Folgen von Kaufentscheidungen geht, die es auch bei Preisvergleichen abzuwägen gilt. Günstigere Preise als erwartet stellen in der Terminologie der Prospect-Theorie Gewinne (gains), ungünstigere Verluste (losses) dar.

Die Prospect-Theorie steht durchaus in der Tradition der Helson'schen Adaptionsniveau-Theorie, hat sie doch mehrere Elemente mit ihr gemeinsam und zwar

- die Verankerung der Bewertung an einem Referenzpunkt,
- die Beeinflussbarkeit des Referenzpunktes durch Kontextreize,
- die nicht an objektive Wahrscheinlichkeiten gebundene Gewichtung der Abweichungen des Beurteilungsgegenstandes vom Referenzpunkt.

Allerdings richtet sie ihr Augenmerk stark auf die *Bewertung* bestimmter risikobehafteter Alternativen und nicht auf pure Sinneswahrnehmungen. Insofern handelt es sich um eine kognitive Theorie, deren Geltungsbereich jedoch zunehmend auch auf risikolose Bewertungssituationen ausgedehnt wird. Der kognitive Modellcharakter bleibt dabei erhalten. Im Zentrum stehen subjektive *Nutzenfunktionen* (value functions), die im Hinblick auf Preisurteile Preisgünstigkeits- bzw. Preiswürdigkeitsurteilsfunktionen entsprechen (vgl. 4.6.2).

Trotz oder vielleicht gerade wegen ihres komplizierten Gefüges mit zahlreichen, z.T. gegenläufigen Einzeleffekten und noch manchen ungeklärten Fragen haben sich die Prospect-Theorie und die darauf aufbauende Theorie des *Mental Accounting* bewährt und zählen deshalb heute zu Recht zum Kern der preispsychologischen Theorie, aber auch anderer Bereiche der Betriebswirtschftslehre (vgl. v. Nitzsch 1998).

Die für die Preiswahrnehmung und -beurteilung wichtigsten Hypothesen der Prospect-Theorie lassen sich wie folgt zusammenfassen:

(1) Preiswahrnehmungen bzw. -urteile lassen sich als *Nutzenfunktionen* N (x) abbilden, in denen der subjektiv empfundene Zugewinn (gain) bzw. Verlust (loss) einer Alternative im Vergleich zum Ausgangsniveau (Bezugspunkt) dargestellt wird (vgl. Abb. 4-9).

(2) *Editierphase:* Vor der eigentlichen Bewertung von Entscheidungsalternativen werden diese gesichtet und einer subjektiven Transformation unterzogen, was vor allem der *Vereinfachung* der Bewertung dient. Es laufen hier also typische Wahrnehmungsprozesse ab, wie sie z.T. schon aus der Adaptionsniveau- bzw. Assimilations-Kontrast-Theorie bekannt sind.

(2a) Insbesondere erfolgt eine Relativierung von Preisunterschieden an einem Referenzpreis („*Coding*"). Nicht die absolute Höhe ist für die Nutzeneinschätzung relevant, sondern die Differenz zu einem Referenzpreisniveau. Die Nutzenfunktion nimmt von dort und nicht von einem Nullpunkt ihren Ausgang (vgl. Abb. 4-9). Oberhalb des Referenzpunktes existiert ein Zugewinn (gain), darunter ein Verlust (loss). Alle Preisurteile, auch Vergleiche zwischen zwei Preisen, orientieren sich an diesem Referenzpunkt (*relative Preiswahrnehmung*, s.o.).

(2b) Beim Vergleich mancher Alternativen versteckt sich hinter bestimmten Alternativen eine sichere Komponente, die deshalb ausgesondert wird („*Segregation*"). Wenn z.B. zwei Anbieter von Schuhen im Schlussverkauf 30% bzw. 20% Preisnachlass auf alle Waren offerieren, sind 20% Nachlass sicher, sodass sich die vergleichende Beurteilung auf die restlichen 10% beschränkt.

(2c) Schließlich finden weitere *Vereinfachungen* der Bewertungssituation statt, z.B. durch Rundung von Preisen oder Unterdrückung unwahrscheinlicher oder unerwünschter (!) Ereignisse (z.B. Reparaturkosten beim Autokauf). Nicht selten lässt sich eine Tendenz zum *„Schönrechnen"* gewünschter oder bereits gewählter Alternativen feststellen. Die Wahrnehmung dient hier auch der eigenen Bestätigung i.S. der Dissonanztheorie bzw. dem Wunschdenken auf der Suche nach (Preis-)Erlebnissen.

(3) *Sinkender Grenznutzen bzw -schaden:* Die subjektive Nutzenfunktion N (x) verläuft nicht linear, sondern im positiven (oberen) Bereich streng konkav, im negativen (unteren) Bereich streng konvex. Dies bedeutet, dass absolut gleich große Zugewinne mit wachsendem Abstand zum Referenzpunkt – ähnlich der logarithmischen Preisempfindungsfunktion – immer geringer bewertet werden. Der Beurteiler verhält sich damit bei Zugewinnen so, wie es nach dem 1. Gossen'schen Gesetz des fallenden Grenznutzens postuliert wird. Im Falle von Verlusten (Preisnachteilen) urteilt er dagegen „fatalistisch": Je größer der Verlust, desto geringer zählt eine weitere Zunahme, soz. nach dem Motto: „Jetzt kommt es auf diesen Zusatzverlust auch nicht mehr an". Daraus ergibt sich insgesamt eine S-förmige Nutzenfunktion. Es gilt also z.B. (vgl. Abb. 4-9):

(4-1) $N (300) - N (100)$ $> N (1200) - N (1000)$

  bzw.

(4-2) $| N (-300) - N (-100) |$ $> | N (-1200) - N (-1000) |$

Insgesamt spiegelt sich hier also tendenziell eine stärkere Diskriminierung mittlerer Leistungsangebote wider, was i.S. der Assimilations-Kontrasttheorie auch Folge des häufigeren Auftretens entsprechender Stimuli innerhalb dieses Bereiches um den Referenzpunkt herum sein mag (Behrens 1992b, S. 1273).

Damit wird auch die Zahlung mehrerer Einzelpreise (z.B. beim Kauf einer Kücheneinrichtung) insgesamt als unangenehmer empfunden als die Zahlung eines einzigen *Komplettpreises* in Höhe der Summe der Einzelpreise, vorausgesetzt, dass hierbei absolute Preisobergrenzen nicht durchbrochen werden (siehe unten). Es gilt demnach z.B. (vgl. Abb. 4-9):

(4-3) $| N (-300) + N (-100) | > | N (-400) |$

Umgekehrt wird der Zugewinn, der z.B. durch zwei *Preisnachlässe* auf Einzelteile entsteht, höher empfunden als ein in der Summe gleich großer Gesamtrabatt. Es gilt demnach z.B.:

(4-4) $N (300) + N (100) > N (400)$

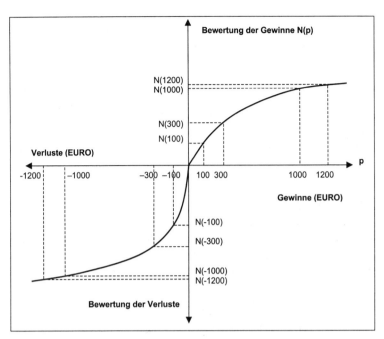

Abb. 4-9: **Wertfunktion der Prospect-Theorie (vgl. auch Priemer 1997, S. 97)**

(4) *Verlustaversion:* N (x) verläuft im Verlustbereich steiler als im Gewinnbereich und hat damit im Referenzpunkt eine Knickstelle. Die entsprechenden Tangentenunterschiede der oberen und unteren Äste an diesem Punkt geben die sog. Verlustaversion des Beurteilers wieder. Erklärbar wird dieses Phänomen mit einem *„Besitzstandseffekt"* (Weber, 1993): Menschen neigen stärker dazu, das einmal Erreichte zu verteidigen als um Zugewinne zu kämpfen. In zahlreichen entsprechenden Experimenten forderten die Probanden bis zu 200-mal so viel, um sich von bestimmten Gütern zu trennen, als sie bereit waren, dafür zu bezahlen. Der „Schmerz" über Verluste ist also deutlich größer als die Freude über Zugewinne. Es gilt demnach (vgl. Abb. 4-9):

(4-5) $| N (-100) | > N (100)$

Ein derartiges Verhalten ist im Rahmen der Preisreaktionsforschung bereits häufig direkt (in Experimenten) oder indirekt (via Kaufverhalten) bestätigt worden (Cardozo 1965; Uhl/Brown 1971; Kalwani et al. 1990; Mayhew/Winer 1992). Die Reaktion auf Preissteigerungen (Nutzenverluste) fiel dabei stets stärker aus als jene auf gleich große Preissenkungen (Nutzengewinne). Analog dazu unterscheiden sich oft die Preisbereitschaften, je nachdem, ob man kauft oder verkauft, etwa wenn es um den Kauf bzw. Verkauf von Gebrauchtwagen geht. Als Verkäufer (Auto-Verlust) setzt man den Preis entsprechend dem eigenen Wertempfinden meist zu hoch an, als Käufer (Auto-Zugewinn) eher zu gering an (vgl. Hartmann et al. 1991). Thaler (1980) spricht hier von *„Endowment Effekt"*.

Ein ähnlicher Effekt – von uns „*Cash-Effekt*" genannt – liegt vor, wenn es um die Bewertung von Liquiditätsabflüssen (pagatorische Kosten) bzw. nicht (sofort) zahlungswirksamer Opportunitätskosten geht. Dies liegt vor wenn z.b. jemand ein Ferienhaus besitzt, das er für 1000 € im Monat vermieten könnte, für das er selbst aber höchstens die Hälfte an Miete zu zahlen bereit wäre (vgl. Wärneryd 1986; Hartman et al. 1991). Derartige Überbewertungen der pagatorischen Kosten („out-of-pocketcosts") kommen häufig vor, so auch beim Leasing von Pkws, wo die kalkulatorischen Zinsen bzw. Annuitäten für viele Käufer oft weit weniger bedeutsam sind als die monatlichen Zahlungsraten (vgl. Herrmann/Wricke 1998).

4.4.1.5 Mental Accounting

Schon der eben erwähnte Fall der Leasing-Raten deutet darauf hin, dass Konsumenten möglicherweise für unterschiedliche Teilaspekte eines Preisurteils *Teilurteile* fällen und diese dann integrieren, wie dies auch in der „Information Integration-Theorie" von Anderson (1981) beschrieben wird. Thaler (1985) weitet die Prospect-Theorie auf solche Fälle mit gemischten Teilergebnissen aus. Dazu kann man z.b. mehrere Qualitätsaspekte oder – wie beim Leasingkauf – unterschiedliche Preisbestandteile zählen. Für derartige Teilbewertungen verfügen Menschen nach Thalers Theorie des *Mental Accounting* – ähnlich wie in der Buchhaltung – über Unterkonten, auf denen sie Gewinne und Verluste „verbuchen", wobei sowohl eine zeitpunktbezogene als auch eine zeitraumübergreifende Betrachtung eingenommen werden kann.

Die „Buchung" erfolgt nicht nach den rationalen Regeln der kaufmännischen Buchführung, sondern mit unterschiedlichen Gewichtungen, Verrechnungsmodi und insb. in einer hedonistisch verzerrten Art. Dies geschieht auf die Weise, dass die (möglicherweise) gewählten Alternativen den Menschen möglichst attraktiv bzw. möglichst wenig unangenehm erscheinen. Thaler/Johnson (1990) sprechen von der *„hedonic editing – Hypothese"*, betonen aber, dass auch die Präsentationsform der zu bewertenden Teilaspekte einen erheblichen Einfluss auf die Codierung ausüben kann.

Bei Vorliegen mehrerer Teilurteile können diese *integriert*, d.h. als Einheit wahrgenommen, oder *segregiert*, d.h. getrennt bewertet und erst danach zu einem Gesamturteil zusammengefügt werden. Formal dargestellt bedeutet also N (x + y) eine Integration und N (x) + N (y) eine Segregation zweier Teilaspekte x und y. Beispiel: Ein Anbieter offeriert ein Haushaltsgerät zu 400 € und einen Ausverkaufsrabatt von 50 €. Beide Preisbestandteile werden nach dem Mental Accounting getrennt „verbucht" (Segregation). Im Beispiel ergibt sich ein *„mixed loss"*, weil ein Verlust (Kaufpreis) mit einem (Opportunitäts-)Gewinn (Rabatt) zusammentrifft, wobei der Verlust überwiegt. Andere mögliche Konstellationen sind „multiple gains", „multiple losses" sowie „mixed gains".

Wegen des sinkenden Grenznutzens der subjektiven Nutzenfunktion gilt für *multiple gains*: N (x) + N (y) > N (x+y). Eine hedonistische Codierung wird also beide Teilaspekte segregieren. Umgekehrt lässt die Integration multipler Verluste diese weniger unangenehm erscheinen: |N (-x) + N (-y)| > |N -(x+y)|. Thaler verweist hier auf das Beispiel der Kreditkartengesellschaften, die mehrere Ausgaben im Zeitablauf in einer gemeinsamen Abrechnung abbuchen.

Bei gemischten Verlusten und Gewinnen mit Gewinnüberhang („*mixed gains*") führt eine Integration wegen der Verlustaversion, d.h. des steileren Verlaufs der Verlustfunktion, zum besseren Ergebnis: |N(y) + N(-x)| < |N (y-x)|. Bei simultaner Preiserhöhung und -senkung in einem Telefontarif mit einer deutlichen Netto-Besserstellung des Kunden sollte man also den Nettoeffekt hervorheben.

Für den Fall der „*mixed losses*" lassen sich keine generellen Aussagen machen, da es hier sowohl auf die relative Höhe der Teilverluste als auch auf den individuellen Verlauf der Nutzenfunktion ankommt, ob eine segregierte oder integrierte Verrechnung vorteilhaftere Ergebnisse erbringt. Je größer der Verlust im Vergleich zum Gewinn, desto eher wird eine Nutzensegregation in Frage kommen, also gelten: |N (-y) + N (x)| > |N (x-y)|. Thaler nennt N (x) den „Silberstreifen am Horizont" für den Bewerter angesichts des Ausmaßes von N (-y) (vgl. auch Priemer 1997, S. 240). Ein Beispiel für derartige Effekte ist die kostenlose Zugabe (Autowäsche, Fußmatten o. Ä..) eines Autohändlers beim Gebrauchtwagenverkauf, die dem Käufer über den „Schmerz" des Kaufpreises etwas hinweghelfen soll.

Mental Accounting-Hypothesen können auch für *zeitraumübergreifende Teilbewertungen* Anwendung finden. Dies betrifft z.B. das zeitliche Auseinanderklaffen von Produktkauf, –nutzung und –bezahlung. Eine grundsätzliche Abneigung vieler Verbraucher gegenüber Schuldenaufbau führt hier, wie Prelec/Loewenstein (1998) auch empirisch am Beispiel von Urlaubsreisen aufzeigen, dazu, dass bereits bezahlte Leistungen mit mehr Vergnügen konsumiert werden und damit höheren hedonischen Nutzen erzeugen als noch zu bezahlende Leistungen. Nach den Vorstellungen der Autoren erfolgt die Verbindung von empfundenem Nutzen und Kosten sowie der Umfang und der zeitliche Anfall des Konsums durch eine mentale Kontoführungsregel, nach der zukünftige Zahlungen voll berücksichtigt, in der Vergangenheit geleistete dagegen weitgehend „abgeschrieben" werden („*Prospectiv Accounting*"). Bei Konsum- und Zahlungsströmen, die über eine Periode hinausgehen, werden die noch ausstehenden Zahlungen dem entsprechenden „Restnutzen" pro verbleibender Nutzungsdauer zugeordnet und vice versa („*Prorating*"). Die empfundenen Nutzen und Kosten aus Konsum und Bezahlung ergeben sich in der Realität nicht aus einer hundertprozentigen Konversion der Zahlungen bzw. des Konsums, sondern fallen geringer aus je nach Stärke, in welcher der Konsum an die entsprechenden Zahlungen denken lässt und vice versa. Dabei existieren situative und persönlichkeitsbedingte Einflussfaktoren. Gourville/Soman (1998) bestätigen in einer analogen Studie diese „Entwertungseffekte" bereits bezahlter Preise, die z.B. für nicht-lineare Preismodelle mit „Einstiegszahlungen" (Beispiel: Bahncard der DB), aber auch für Preisstaffeln bei Mengenrabatten oder Abonnement-Geschäften eine wichtige Rolle spielen. Ein ähnliches Verhalten tritt beim sog. „*Sunk Cost-Effekt*" auf, der besagt, dass Individuen für bereits laufende, aber wenig erfolgreiche Projekte (z.B. eine Autoreparatur für einen alten Pkw oder ein Zukauf von Aktien nach Kursrückgängen) nur deshalb noch mehr Ausgaben leisten, weil sie die Hoffnung haben, dass sich dadurch ihr Gesamtinvestment letztlich doch noch lohnt (v. Nitzsch 1998, S. 632).

4.4.2 Effekte der Preiswahrnehmung

Nach der Darlegung der Basistheorien für die Preiswahrnehmung erfolgt in diesem Abschnitt nunmehr eine anwendungsbezogene Interpretation und Spezifikation der Eigenheiten der Preiswahrnehmung im Hinblick auf die Preispolitik. Diese Überlegungen werden z.T in späteren Kapiteln bei der Behandlung einzelner preispolitischer Instrumente fortgeführt. Wir unterteilen die nachfolgenden Ausführungen nach den drei preispolitisch bedeutsamsten Effekten, nämlich der Reizvereinfachung (Encoding), der Reizverankerung (Referenzpreis) und der Reizbewertung („Preisnutzen").

4.4.2.1 Die Vereinfachung von Preisen

An vielerlei Punkten der Wahrnehmungstheorie wurde deutlich, dass sich Menschen um die Vereinfachung von Wahrnehmungsaufgaben bemühen. Dies wird – abhängig vom Preisinteresse, insb. vom Entlastungsstreben – ganz besonders für die Preiswahrnehmung gelten, bei welcher der Konsument angesichts Tausender von relevanten Preisen rasch überfordert ist, will er vollständig rational urteilen. Er hat deshalb verschiedene *Heuristiken* der Preisenkodierung entwickelt, denen er vermutlich zumindest zum Teil nicht mehr voll bewusst ist. Sie führen zu mehreren Preiswahrnehmungseffekten, deren Kenntnis für eine wirkungsvolle Preispolitik wichtig ist. Wir unterscheiden nachfolgend fünf solcher Effekte, nämlich den

(1)   Preisschwelleneffekt,

(2)   Preisrundungseffekt,

(3)   Preisfigureneffekt,

(4)   Eckartikeleffekt und

(5)   Preisfärbungseffekt.

(1)   Preisschwelleneffekt

Eine für die Preiswahrnehmung sehr effektive Heuristik besteht in der Vergröberung der Wahrnehmung durch Orientierung an *Wahrnehmungskategorien*. Statt zu exakten und für den praktischen Gebrauch oft unnötig feinen Einstufungen von Preisen auf einer (bis auf Zehntel- oder gar Hundertstel Cent diskriminierbaren) metrischen Preisskala greifen Käufer häufig zu kategoriellen Preisskalen, die nur noch einige wenige Einstufungsklassen (z.B. „teuer"/„normal"/„billig") besitzen. An den Schnittstellen der Kategorien entstehen dadurch Preisempfindungssprünge, sog. *Preisschwellen*. Preisschwellen lassen sich demnach als solche Preispunkte p_i definieren, bei denen sich die Preisbewertung sprunghaft verändert. Sie sind immer schon mit gewissen Reaktionsbereitschaften (z.B. „würde ich (vielleicht) kaufen") verbunden. Insofern handelt es sich nicht um Wahrnehmungs-, sondern um Reaktionsschwellen (vgl. Kaas/Hay 1984).

Man kann dabei *absolute* und *relative* Preisschwellen unterscheiden. Erstere kennzeichnen die Ober- und Untergrenzen des Funktionsbereichs einer Preisbewertungsfunktion, jenseits derer sich das Preisurteil nicht mehr verbessert bzw. verschlechtert. Überschreitet der Preis die *absolute Preisobergrenze*, so wird der Nachfrager nicht kaufen, weil ansonsten sein (Teil-)Budget für die jeweilige Warengruppe überschritten wird (Einkommensrestriktion). *Absolute Preisuntergrenzen* können nicht mit Wahrnehmungseffekten, sondern nur mit preisbedingten Qualitätszweifeln begründet werden. Im Ergebnis führen sie dazu, dass der Kunde trotz extrem niedriger Preise ebenfalls nicht mehr kauft. Ein solches Verhalten ist freilich an bestimmte Bedingungen geknüpft. Darauf kommen wir bei der Behandlung von Preiswürdigkeitsurteilen (4.7.4) zurück.

Relative Preisschwellen stellen Diskontinuitäten der Preisbewertungsfunktion innerhalb des akzeptierten Preisbereichs dar. Die Bewertung verschlechtert sich dort bei steigendem Preis sprunghaft. Man spricht dann von *kategorialen Preisgünstigkeitsurteilen (PGU)*. In Vorgriff auf die Behandlung solcher Urteile im Abschnitt 4.6.2 stellt Abb. 4-10 eine solche Funktion exemplarisch dar. Die relativen Preisschwellen liegen hier bei p_1, p_2, p_3 und p_4, die Benennungen sind tentativ zu verstehen. Die gestrichelte Linie zeigt die dahinter stehende, doppelt gekrümmte kontinuierliche Funktion.

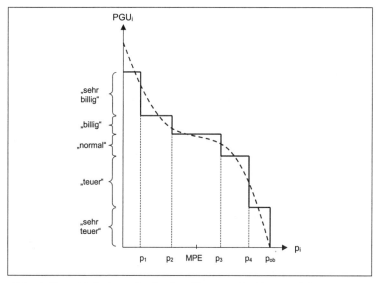

Abb. 4-10: **Relative Preisschwellen und Kategorisierung des Preisurteils**

Preisschwellen besitzen vor allem für *Preiserhöhungen* eine wichtige Rolle. Oft fürchten die Anbieter bei deren Überschreitung einen überproportionalen Absatzrückgang. Andererseits empfehlen Kaas und Hay für den Fall des Überschreitens statt eines ängstlichen und zögernden Vorgehens eine „forsches" und merkliches Überspringen der Preisschwelle. Bei Gültigkeit der in Abb. 4-10 dargestellten Funktion macht es nämlich in der Tat keinen Unterschied, ob die Preisschwelle nur gering oder wesentlich überschritten wird, solange die nächste Preisschwelle damit noch nicht erreicht wird.

Entscheidend für die Preispolitik ist die Kenntnis der Preispunkte, an denen Preisschwellen liegen. Ihre Position ist aber nicht generell bestimmbar. Sie wird vielmehr vor allem von folgenden, teilweise gegeneinander wirkenden Größen beeinflusst:

(1) *Objektive Preisverteilung:* setzten Anbieter ihre Preise immer wieder an bestimmten Preispunkten (z.B. kurz unter runden Preisen), so wird sich die Preiskategorisierung tendenziell darauf einstellen.

(2) *Anzahl der Angebote und deren Preisspanne:* nach der Range-Frequency-Theorie von Parducci (1974) besteht die Verhaltenstendenz, eine Reihe von Reizen in ähnlich breite und dicht besetzte Klassen auf dem Reaktionskontinuum einzuordnen. Bei großer Preisspannweite und vielfältiger Auswahl (z.B. Oberbekleidung) sind deshalb mehr Preisschwellen zu erwarten als bei geringer Preisspreizung und geringer Auswahl (z.B. Bananen). Dies hat Auswirkungen auf die Anzahl relevanter *Preisklassen.*

(3) *Stärke des Preisinteresses und Produktinvolvements:* mit zunehmendem Preisinteresse und Produktinvolvement wird die Unterscheidungsbereitschaft steigen. Damit nimmt die Anzahl der relevanten Preisurteilskategorien zu. Allerdings korreliert die Spannweite der *akzeptierten* Preise negativ mit dem Preisinteresse (Lichtenstein et al. 1988).

Vermutlich gibt es starke und schwache Preisschwellen. Erstere dürften nur bei sog. Glattpreisen (vollen € bzw. 10 € bzw. 100 €) liegen, Letztere bei „halben" (0,5 €) oder anderen runden Preisen (z.B. 0,80 €) dazwischen (Diller/Brielmaier 1996).

(2) Preisrundungseffekt

Nach einer *Infoscan*-Auswertung der *GfK* weisen die zehn im LEH am häufigsten eingescannten Preise alle die Endziffer 9 auf und vereinen zusammen 73,2% aller verkauften Artikel auf sich (Twardawa 1998, S. 24f.; ähnlich: Müller-Hagedorn/Zielke 1998). Insbesondere der Lebensmitteleinzelhandel scheut also die Auspreisung mit runden Preisen (volle €-Beträge), weil er knapp darunter Preisschwellen vermutet (*„gebrochene Preise"*; z.B. 0,99 €, 99 € etc.). Ob eine solche Preistaktik tatsächlich zu eigenständigen Wahrnehmungseffekten führt, ist umstritten (vgl. hierzu Kaas/Hay 1984; Müller et al. 1982*)*. In empirischen Untersuchungen konnte die Schwellenwirkung gebrochener Preise nicht durchgehend bestätigt werden.

Kaas/Hay (1984) bestätigten eine Preisschwelle für Waschmittel (3kg) bei 9,99 DM. Eine empirische Studie von *Diller/Brielmaier* (1996) im Drogeriewarenmarkt machte aber deutlich, dass weit weniger gebrochene Preise Wirksamkeit erzielen, als dies gemeinhin vermutet wird. Die Aufrundung aller Preise aus zwei Teilsortimenten auf jeweils volle 10 Pfenning- oder Markbeträge wurde zunächst lediglich von 9,9% der am Regalbefragten Verbraucher überhaupt bemerkt. Insofern verwundert es auch nicht, dass damit keine wesentlichen Absatzeinbußen verbunden waren. Lediglich bei sog. *Glattpreisen* (volle €-Beträge) und an manchen 50-Pfennig-Schwellen ließen sich „echte" Preisschwellen feststellen. Allerdings existieren diesbezüglich auch widersprüchliche Befunde (z.B. Schindler/Kibarian 1996). Es spricht deshalb viel dafür, dass der Einfluss erst dann wirksam wird, wenn viele Anbieter längere Zeit mit einem bestimmten gebrochenen Preis operieren und sich deshalb eine (u.U. kategoriespezifische) Preisschwelle bei diesem Preis herausgebildet hat (s.o.). Insofern „ ... ist das Phänomen der Preisschwelle vielleicht das Ergebnis einer self fulfilling prophecy" (Kaas/Hay 1984, S. 345). Auch *Gedenk/Sattler* (1997) konstatieren auf Basis von Simulationsstudien mit Marktreaktionen unterschiedlicher Preiselastizität (also ohne wahrnehmungstheoretische Fundierung), dass eine generelle Preisaufrundung gebrochener Preise theoretisch nicht empfehlenswert sei. Diller/Brielmaier (1996, S. 696) hatten damit für eine Drogeriemarktkette überschlägig immerhin einen Mehrgewinn von DM 1,7 Mio p.a. berechnet.

(3) Preisfigureneffekt

Die absatzfördernde Wirkung gebrochener Preise könnte auch auf eine sukzessive und u.U. lexikalisch geordnete *Reihenfolge von Preisziffern* „von links (€) nach rechts (Cent)" beruhen. Sie ergibt eine „Preisfigur" (z.B. die absteigende Ziffernfolge 3,21 € oder die konstante Ziffernfolge 2,22 €) mit u.U. eigenständigen Wahrnehmungseffekten. Eine einschlägige neuere Studie hierzu stammt von Stiving/Winer (1997). Sie stellen fest, dass gebrochene Preise zu einer besseren Preisanmutung führen. Theoretisch könnte dieser Effekt nach ihrer Meinung erstens dadurch erklärt werden, dass Verbraucher dazu neigen, gebrochene Preise abzurunden. Eine zweite Erklärung bietet der *„ Von-Links-nach-Rechts-Vergleich"*, der besagt, dass Konsumenten den Preis ziffernweise vergleichen und dabei mit der linken Ziffer beginnen. Drittens könnte ein *„Erinnerungs-Effekt"* dahingehend auftreten, dass sich Konsumenten bei gebrochenen Preise aufgrund ihrer limitierten Erinnerungsfähigkeit meist nur an die linke Ziffer der Preisfigur erinnern können.

Die Autoren benutzen Scannerdaten für Thunfisch und Yoghurt zur Überprüfung entsprechender multinomialer Nutzenfunktionen, bei denen neben spezifischen Angebotsmerkmalen (Display, Platzierung etc.) und Markenloyalitäten der Verbraucher auch Variablen für die Dollar-, Dime- und Penny-Preisziffer sowie spezielle Dummyvariablen für Preisendungen 0 (runde Preise) und 9 (gebrochene Preise) als Determinanten der Kaufwahrscheinlichkeit modelliert werden. Die Schätzergebnisse verschiedener Modellspezifikationen erbringen für die beiden Produktgruppen unterschiedliche Ergebnisse, was die generelle Gültigkeit von Preisendungseffekten in Zweifel zieht. Bei Thunfisch besitzt die Preisendung Neun einen signifikant negativen (Qualitätszweifel!), für Yogurth aber einen positiven, doch nicht signifikanten Imageeffekt. Insgesamt fitten die Modelle mit spezifischen Preisstellen-Variablen besser als solche ohne. Dies deutet darauf hin, dass von den Konsumenten tatsächlich ein „Von-links-nach-rechts-Vergleich" vorgenommen wird, also eine steigende Preisfolge positive Wahrnehmungseffekte erzeugen kann.

(4) Eckartikeleffekt

Eine weitere Preiswahrnehmungsheuristik liegt darin, seine Preisachtsamkeit auf bestimmte *Artikel* zu beschränken, also bestimmte Preise zu selektieren, statt alle bei einem Einkauf relevanten Preise zu prüfen. Insbesondere für die Geschäftswahl ist eine solche selektive Preiswahrnehmung beinahe zwingend, weil ein vollständiger Preisvergleich zwischen Geschäften schnell ausufert (vgl. Diller 1988). Einzelhändler greifen diese Wahrnehmungsselektion auf, indem sie in der Preiswerbung solche sog. *Eck- oder Schlüsselartikel* als besonders günstig kalkuliert herausstellen, von denen sie annehmen, dass der Verbraucher sie selektiv wahrnimmt. Sie werden mit unterdurchschnittlichen Kalkulationsaufschlägen belegt (Mischkalkulation; vgl. Kap. 7.1), häufig in Preisaktionen offeriert und werblich hervorgehoben. Dies könnte wiederum zu einer self fulfilling prophecy führen, weil sich die Preisaufmerksamkeit auch danach richtet, wie leicht entsprechende Preisinformationen erhältlich sind.

Soll die Preisselektion aus Konsumentensicht effektiv erfolgen, sollte diese aus Gründen der besseren Vergleichbarkeit Qualitätsunterschiede möglichst ausschließen und solche Artikel auswählen, die von vielen Geschäften distribuiert und beworben werden (Vergleichsaufwand) und für die man selbst Präferenzen hegt (Relevanz). Alle drei Kriterien treffen im Konsumgütersektor besonders auf führende Markenartikel und auf standardisierte Waren des täglichen Bedarfs (Butter, Milch, Mehl etc.) zu, die darüber hinaus von den Verbrauchern mit hoher Kauffrequenz erworben werden oder wegen ihrer absoluten Preishöhe auf besonderes Preisinteresse stoßen (z.B. Fleisch). Deshalb ist es tendenziell folgerichtig, dass die Anbieter solche Artikel bevorzugt als Eckartikel herausstellen.

(5) Preisfärbungseffekt

Wer sich nicht auf sein eigenes Urteil verlassen will oder kann, wird bei der Preiswahrnehmung nach anderen Indikatoren für die Preisgünstigkeit Ausschau halten, die dann auf die Preiseinstufung „abfärben". Verhaltenstheoretisch handelt es sich hierbei um *Generalisierungen* früher gelernter Zusammenhänge (z.B. rotes Preisschild = Sonderpreis). In der Praxis ist dies als *„Preisoptik"* bekannt und vielfach ausgenutzt – bis hin zur Irreführung über den tatsächlichen Preis (Diller 1978b). Grundlage für ein solches Verhalten sind Wahrnehmungen i.S. der Adaptionsniveautheorie, die den Fokalreiz Angebotspreis in ein günstigeres Licht tauchen. Hierzu zählen die *Optik, Gestik* oder *verbale Etikettierung* einer Preisangabe durch den Anbieter (Schriftgröße, Platzierung der Preisangabe oder des Artikels, Preisurteil des Verkäufers, Kennzeichnung als „Sonderangebot", „Traumpreis" o.ä.). Zum Teil reichen bereits Sonderplatzierungen für eine günstige Preisanmutung aus, weil der Verbraucher gelernt hat, dass sonderplatzierte Artikel (häufig) preisreduziert sind (vgl.

4.4.2.2.1). Im Grunde handelt es sich hier bereits um indikatorgeleitete Preisgünstigkeitsurteile (vgl. 4.6.2).

Die dabei erzeugten *preisoptischen Wirkungen* wurden bereits häufig nachgewiesen. Bspw. findet sich ein empirischer Nachweis für eine um mehr als 10% verbesserte Preisbeurteilung allein auf Grund einer veränderten *Schriftgröße* bei Preisanzeigen bei Diller (1982a). Gröppel-Klein (1998) überprüfte die Wirkung von verschiedenen Formen der erlebnisbetonten *Ladengestaltung* auf das Preisimage. Grewal et al. (1996) entdeckten die (auch dissonanztheoretisch plausible) wachsende Wirkung *verbaler Preisetikettierung* mit steigendem Preisabschlag bei Sonderpreisen. Inman et al. (1997) bestätigten die positive preisoptische Wirkung von *Abverkaufsbeschränkungen* und Lichtenstein/Bearden (1989) fanden ebenfalls gewisse Bestätigung für die Wirkung bestimmter *semantischer Preisetikettierungen*. Aus Scannerauswertungen im Handel sind die abverkaufsfördernden Wirkungen von Sonderplatzierungen und/oder Preisdisplays wohl bekannt (Günther/Vossbein/Wildner 1998, S. 264ff.). Auf die vielfältigen Möglichkeiten der färbenden *Preisargumentation* in Verkaufsgesprächen wird im Kap. 12 eingegangen.

4.4.2.2 Preisverankerungseffekte

Mit dem Konzept des Adaptionsniveaus in Helson's Adaptionsniveautheorie war die Basis für eine Theorie der Referenzpreise, d.h. der Preisverankerung, gelegt. Maßgeblich wurde sie von Monroe (1973) entwickelt und in vielen empirischen Studien überprüft und weitgehend bestätigt. Sie hat einen breiten Strom von Forschungsarbeiten ausgelöst, der bis heute anhält. Einen Überblick bietet der Aufsatz von Kalyanaram/Winer (1995).

Die Verfügbarkeit von Scannerdaten (ver)führt dabei in jüngerer Zeit zu immer differenzierteren Modellen, die sich zudem immer mehr an multinomiale Markenwahlmodelle anlehnen und insofern den Weg zu einer neuen, preispsychologisch fundierten Nachfragetheorie ebnen (vgl. Putler 1992; Kalyaranam/Winer 1995). An Stelle von Befragungsdaten treten bei Scannerdaten die Preisreihen der verschiedenen Marken, die man zumindest als potentielle Elemente des Preisgedächtnisses von Konsumenten ansehen und in entsprechend Referenzpreismodelle einmodellieren kann. Darin dient das tatsächliche Kaufverhalten als abhängige Variable. Allerdings handelt es sich damit empirisch nicht mehr um Wahrnehmungsmodelle.

Kern der Referenzpreistheorie ist die These, dass die Reaktion des Kunden auf einen Preis nicht (nur) von dessen absoluter Höhe, sondern von der Differenz zu einem Preisanker, der als Referenzgröße dient, abhängt. Dies entspricht der in der Prospect-Theorie postulierten Justierung der Nutzenfunktion auf ein Referenzpreisniveau. Für die praktische Verwertung dieser These stellen sich zwei grundlegende Fragen, nämlich (1) Wie bildet sich der Referenzpreis, d.h., welches sind die relevanten Preisanker? und (2) Wie gestaltet sich die Nutzenfunktion in Abhängigkeit von der Differenz aus dem zu beurteilendem Preis („Fokalpreis") und dem Referenzpreis?

Im nachfolgenden Unterabschnitt gehen wir auf die erste, im darauf folgenden auf die zweite Fragestellung ein.

4.4.2.2.1 Relevante Preisanker

Zunächst ist zu klären, welche Preisanker überhaupt für die Preiswahrnehmung eine Rolle spielen. Überträgt man die Helson'schen Reizkategorien auf Preisgünstigkeitsurteile, so lassen sich folgende *Preisreize* unterscheiden (Diller 1978):

(1) Zu *Fokalpreisen* können nicht nur der zu beurteilende Angebotspreis selbst, sondern auch die *Optik, Gestik* oder *verbale Etikettierung* dieser Preisangabe durch den Anbieter gezählt werden.

(2) Als relevante *Kontextpreise* können alle Preisinformationen angesehen werden, die während der Preiswahrnehmung (meist im Geschäft) zusammen mit dem zu beurteilenden Preis wahrgenommen werden. Dazu zählen insbesondere Preise qualitativ gleichartiger Produkte, Preisempfehlungen des Herstellers auf der Verpackung oder Preisgegenüberstellungen auf Preisschildern. Der Umstand, dass derartige Preisinformationen während des Kaufs in die Preiswahrnehmung einfließen und das Preisurteil beeinflussen, ist empirisch seit langem vielfach belegt (vgl. z.B. Nwokoye 1975; Monroe et al. 1977; Anttila 1977; Keiser/Krum 1976; Berkowitz/Walton 1980; Blair/Landon 1981).

(3) Zu den *Residualreizen* sind schließlich die *Preiserfahrungen* und *Preiskenntnisse* des Beurteilers zu zählen, also etwa früher bezahlte Preise gleicher oder ähnlicher Waren, soweit sie im Gedächtnis der Verbraucher verfügbar sind, derzeitige Preise desselben Produktes bei anderen Anbietern (z.B. aus der Preiswerbung) oder Preisinformationen von Bekannten oder anderen Referenzpersonen und Institutionen (z.B. Preisspiegel der Verbraucherberatungsstellen). Empirisch bestätigt ist zudem, dass auch absolute untere und obere Preisschwellen in die Preisverankerung einfließen (Lichtenstein et al. 1988). Allgemeine Preiserfahrungen über die sonstige Preispolitik des Anbieters (Preisimage) zählen ebenso zu den Residualreizen (Generalisierung; vgl. 4.5).

Während man *externe* Preisanker in entsprechenden Experimenten gut manipulieren kann, bleiben die *internen* (im Gedächtnis gespeicherten) Preisanker meist verborgen. Neuere Befunde hierzu stammen von Briesch et al. (1997) sowie Yadav/Seiders (1998).

Eine weitere, grundsätzlich relevante Kategorie von Preisreizen sind die in der Zukunft *erwarteten (antizipierten) Preise*. Sie würden dem Preisempfinden eine dynamische Komponente verleihen, was insb. in Märkten mit hoher Preisdynamik (Computer, Unterhaltungselektronik etc.) verständlich wäre.

Manche Autoren zweifeln die Relevanz historischer Preise überhaupt an, weil diese mit der Wahrnehmung eines neuen Preises schlagartig veraltet seien („sticker shock", vgl. Winer 1986; Jacobson/Obermiller 1990). Zulässig für die Referenzpreisbildung wären nur erwartete Preise, weil Verbraucher in ihrem Entscheidungsverhalten nach vorne und nicht nach hinten blickten. Diese Preiserwartungen basieren u.E. aber ihrerseits nicht nur auf gegenwärtigen, sondern auch auf vergangenen Preiserfahrungen. Kalwani et al. (1990) bestätigten z.B. ein derartiges Modell auf Basis von Scannerdaten für Bohnenkaffee, das die Preise der letzten fünf Käufe (exponentiell geglättet mit dem Faktor 0,25, d.h. relativ gegenwartsnah) enthielt (R^2=0,28). Darüber hinaus hatte eine Preistrendvariable signifikanten, allerdings nur schwachen Einfluss, was darauf hindeutet, dass auch die zukünftigen Preiserwartungen in das mittlere Preisempfinden der Verbraucher einfließen. Naturgemäß gibt es hier vermutlich sehr branchenspezifische Verhaltensweisen. Je höhere (niedrigere) Preise künftig erwartet werden, umso günstiger (ungünstiger) erscheint der gegenwärtige Preis. Entsprechende Modelle mit einem seriell korrelativen Term in der Nutzenfunktion konnten von Jacobson/Obermiller (1990) bestätigt werden.

Besonderen Einfluss auf den Referenzpreis mag auch die *Erwartung künftiger Preisaktionen* mit entsprechend abgesenkten Preisen besitzen. Insb. in Warengruppen mit regelmäßigen Preisaktionen (z.B. Bohnenkaffee, Fleisch) wurde verschiedentlich festgestellt, dass der „Normalpreis" an Bedeutung verliert und die Aktionspreise das MPE dominieren (vgl. Kap. 8).

4.4.2.2.2 Verknüpfung der Preisanker

Bei der Vielzahl möglicher Bezugsgrößen im Wahrnehmungsfeld von Preisen stellt sich als nächstes die Frage, wie der Verbraucher diese Eindrücke miteinander verknüpft und welche relative Bedeutung dabei den einzelnen Stimuli zukommt. Da die genannten Referenzgrößen für das Preisurteil teilweise nur nominales oder ordinales Skalenniveau aufweisen, sind diese Fragen besonders schwierig und bis heute nicht endgültig zu beantworten.

Empirische Studien benutzen meist nur verschiedene Preise und vernachlässigen nonverbale und kategoriale Preissignale. Frühe Studien von Nwokoye (1975) und Anttila (1977) bestätigten eine weitere Hypothese der Helson'schen Adaptionsniveautheorie: Der Mittelpunkt eines zusammenfassenden, eindimensionalen Kontinuums („weder billig noch teuer"), auf dem dann später auch Preisgünstigkeitsurteile gefällt werden können, lag übereinstimmend etwa beim *geometrischen Mittelwert* aller wahrgenommenen Preisstimuli. Dieser Wert entspricht dem sog. *Adaptionsniveau* bei Helson. Die geometrische Mittelung entspricht auch dem logarithmischen Preisempfinden, werden hierbei doch die auf der Log-Skala verkleinerten Teilreize wieder „gestreckt" und damit für eine Mittelung brauchbar gemacht. Auch eine *exponentielle Glättung* der zuletzt gezahlten Preise brachte bei häufig gekauften Produkten gute Werte (Briesch et al. 1997; Kialyanaram/Winer 1995). Janiszewski/Lichtenstein (1999) belegen ferner in diversen Preisexperimenten, dass zusätzlich zum Adaptionsniveau auch die *Endpunkte der jeweiligen Preisverteilung* besonderen Einfluss auf das Preisurteil nehmen, selbst wenn das MPE davon unberührt bleibt. Dies deutet auf ein gewisses Risikobewusstsein der Käufer hin, was im Einklang mit der sog. Range-Theorie von Volkman (1951) steht.

Diller (1978, S. 169) bezeichnete das Adaptionsniveau bei Preisurteilen als *„mittleres Preisempfinden" (MPE)*. Mit ihm kann ein konkreter Preis (Fokalpreis) verglichen und darauf aufbauend ein Preisurteil gefällt werden (vgl. 4.6.2). Das MPE kann auch leicht *direkt erfragt* werden (Beispiel: „Welchen Preis empfinden Sie beim Kauf eines Herrenfahrrades als normal, d.h. weder besonders billig noch besonders teuer?"). Es wird nämlich bevorzugt im Gedächtnis der Konsumenten abgespeichert (vgl. 4.6.2.1). Ersatzweise kann u.U. sogar der geometrische Mittelwert bekannter *objektiver* Preisverteilungen auf bestimmten Märkten herangezogen werden, wenn man von der Prämisse ausgeht, dass diese die „Preiswelt" der Kunden hinreichend abbilden.

Die Preisverankerung bietet Anbietern grundsätzlich zahlreiche Möglichkeiten, durch eigene Verankerungsreize in der Werbung bzw. im Verkaufsgespräch die Preiswahrnehmung positiv zu färben. Allerdings gibt es diesbezüglich deshalb auch durchaus berechtigte wettbewerbsrechtliche Begrenzungen (vgl. Kap. 2.3.4):

- *Preisauslobungseffekt:* Aus der relativen Enkodierung von Preisen ergeben sich wichtige Implikationen für die *Auslobung von Preisen*, z.B. von Preisnachlässen: Handelt es sich um niedrigpreisige Produkte, so empfiehlt sich hier eher eine relative (prozentuale) Auslobung des Preisdiscounts, während in höheren Preiszonen die Angabe der absoluten Preisabsenkung zu positiveren Preisanmutungen führt. Chen/Monroe/Lou (1998) haben dies anhand eines Experiments mit Preisreduktionen bei PCs bzw. Disketten empirisch nachgewiesen. Der Effekt dürfte auch vom Umfang der Preisabsenkung beeinflusst werden. Ist diese relativ groß (im erwähnten Experiment waren es 10%), könnte auch bei niedrigpreisigen Produkten die Angabe der aboluten Preisabsenkung zu positiven Anmutungen führen.

- *Mondpreiseffekt*: Durch Angabe eines überhöhten Normalpreises (sog. „Mondpreis") wird ein hoher Referenzpreis gesetzt, der den Angebotspreis in ein günstigeres Licht rückt. Der Effekt kann z.B. bei überhöhten Preisempfehlungen auftreten.

- *Preisgegenüberstellungseffekt*: Viele Anbieter arbeiten mit „durchgestrichenen Preisen", d.h. (angeblich) früher üblichen Preisen, die vom aktuellen Preis dann mehr oder weniger unterschritten werden und beim Kunden Preisgelegenheiten anzeigen sollen. Eine analoge Möglichkeit sind *„Phantomalternativen"*, die im aktuellen Entscheidungszusammenhang gar nicht vorhanden sind. Ein Beispiel dafür sind vom Verkäufer genannte Wettbewerberpreise, die weit über den eigenen liegen und eine Erhöhung des Referenzpreises bewirken sollen.

Beispielsweise legt es die Prospect-Theorie bei geringen Preiskenntnissen der Kunden (interne Referenzpunkte) nahe, für einen Orientteppich nicht 3.000€, sondern z.B. 3.300€ zu verlangen und gleichzeitig einen Preisnachlass von 300€ zu gewähren (vgl. v.Nitsch 1998, S.625). Dadurch werden zwei (externe) Referenzpreise definiert, einmal für den Teppich (3.300€) und zum anderen für den Preisnachlass (300€). Im Ergebnis verbessert sich die Bewertung also doppelt: einmal durch einen höheren Referenzpreis für den Teppich, an dem die letztlich zu zahlenden 3.000€ gemessen werden, und zum anderen durch den Preisnachlass, der (objektiv zu Unrecht) als zusätzliches Entgegenkommen interpretiert wird, was in der Mental Accounting-Theorie (Kap. 4.4.1.5) als Eröffnung eines zusätzlichen Nutzenkontos interpretiert wird.

- *Besitztumseffekt*: Eine andere Nutzung der Referenzpunktbildung findet man bei jenen Fällen, wo die Anbieter dem Kunden ein Produkt probeweise oder zum sog. Mietkauf überlassen, wie dies z.b. bei Klavieren oder bei Photoabzügen mit Rückgaberecht der Fall ist. Die Kunden erhöhen damit ihren Besitzstand, d.h. auch das Referenzpunktniveau, und beurteilen den Kaufpreis nach einer solchen Probephase anders als zuvor (vgl. v. Nitzsch 1998, S. 628).

- *Nettopreiseffekt*: Beliebt bei vielen Anbietern ist auch die Argumentation mit Nettozahlungen des Kunden bei Inzahlungnahme von Altgeräten, durch die der Preis im Vergleich zum ursprünglichen Referenzpunkt (ohne Rücknahmepreis) optisch verkleinert wird (vgl. Herrmann/Bauer/Huber 1997, S. 8).

- *Preisplatzierungseffekte*: Da Kontextreize in das mittlere Preisempfinden einfließen, kann durch Platzierung höherpreisiger Artikel in der Regalnachbarschaft eines Artikels dessen Preisanmutung positiv gefärbt werden. Diese Preistaktik wird vom Handel z.B. bei eigenen Handelsmarken oft versucht.

In praxi existieren zahlreiche Varianten dieser versuchten Einflussnahmen auf die Preiswahrnehmung, die sich zudem mit den im nächsten Abschnitt behandelten Effekten der Preisbewertung des Abstands eines Preises vom Referenzpreis vermischen.

4.4.2.3 Bewertung des Preisnutzens

Wie im Abschnitt 4.4.1.4 dargelegt, verläuft die in der Prospect-Theorie postulierte Nutzenfunktion degressiv, d.h. das Preisurteil verbessert (verschlechtert) sich mit zunehmenden „Gewinnen" („Verlusten") im Vergleich zum Referenzpreis nur unterproportional (vgl. Abb. 4-9). „Verluste" sind im Rahmen der Preispolitik als die vom Kunden zu zahlenden Preise bzw. als Preisnachteile gegenüber einem Referenzpreis zu interpretieren, Gewinne entsprechend als Leistungs- bzw. Preisvorteile. Der degressive Verlauf lässt folgende preispolitischen Effekte erwarten:

- *Komplettpreiseffekt*: Bei Ausweisung eines Komplettpreises wird eine bessere Preisbewertung (geringeres Verlustempfinden) erzielt als bei Ausweis verschiedener Preisbestandteile.

- *Rabattsplittungseffekt*: Bei Aufteilung verschiedener Preisnachlässe wird eine bessere Preisbewertung (höheres Gewinnempfinden) erzielt als bei Ausweis eines Gesamtrabattes. Allerdings muss das System überschaubar bleiben, um die „subjektive Kontenführung" nicht zu überfordern.

- *Produktbaukasteneffekt*: Bei Einzelausweis aller Leistungskomponenten wird eine höhere Wertanmutung erzielt als bei Leistungspaketen.

- *Preiserhöhungseffekt*: Preiserhöhungen in großen Schritten und geringerer Häufigkeit (evt. in Verbindung mit Steuererhöhungen) sind eher zu empfehlen als viele kleine Preiserhöhungen, weil sie als weniger schmerzvoll empfunden werden und das Referenzpreisniveau jeweils „mitwächst". Allerdings konnte dieser Effekt von Mazumdar/Jun (1994) nicht bestätigt werden. Möglicherweise hängt dies mit dem zeitlichen Abstand der Preisänderungen zusammen.

- *Preisabsenkungseffekt*: Mehrere kleine Preisabsenkungen wirken positiver als wenige große.

Neben dem degressiven Verlauf der Nutzenfunktion kann auch die *Verrechnung* verschiedener Preisbestandteile und die *Verlustaversion*, d.h. der im Vergleich zum Gewinnbereich steilere Verlauf der Funktion im Verlustbereich, preispolitische Effekte erzeugen. Wir haben sie im Abschnit 4.4.1.4 z.T. bereits angesprochen:

- *Preisbesänftigungseffekt*: Hohe Preise können durch kleine Geschenke günstiger gefärbt werden, weil der Kunde darin soz. einen „Silberstreifen am Horizont" seines Verlustes erkennt (vgl. Thaler 1985). Ähnliches gilt, wenn man Preiserhöhungen mit gleichzeitigen Preissenkungen bei anderen Preisbestandteilen verknüpft.

- *Endowmenteffekt*: Die „Gegenrechnung" eines entsprechend höheren Abgabepreises mit einer höheren Gutschrift (z.B. für ein Altgerät) führt zu einer besseren Kaufanmutung als ein in der Summe gleicher Betrag mit niedrigerer Gutschrift und höherem Abgabepreis. Herrmann/Bauer (1996) konnten dies am Beispiel von Pkw-Preisen belegen.

- *Cash-Effekt*: Barausgaben („out-of-pocket-costs") werden überbewertet. Deshalb empfehlen sich bei kredit- oder leasingfinanzierten Verkäufen Modelle mit niedrigen monatlichen Zahlungsraten und entsprechend höheren Anzahlungen bzw. Abschlusszahlungen.

- *Sunk-Cost-Effekt:* Was bezahlt ist, wird mit größerer Freude und Zufriedenheit konsumiert. Deshalb empfehlen sich unter bestimmten Bedingungen Voraus- bzw. Anzahlungen (vgl. 4.7.3).

Die Anwendungsfelder für diese Effekte liegen insb. bei der Ausgestaltung des Preissystems (vgl. Kap. 11), das umso mehr „Spielmöglichkeiten" für deratige Effekte bietet, je differenzierter es ausgestaltet wird, der Preisbündelung (vgl. Kap. 8.4.3) sowie der Preisargumentation im Verkaufsgespräch (vgl. Kap. 8.4.1).

4.5 Preislernen und Preiskenntnisse

4.5.1 Grundlagen

Selektive Preisaufmerksamkeit und –wahrnehmung sind bereits Bestandteile des Preislernens der Verbraucher (vgl. Kroeber-Riel/Weinberg 1996, S. 316).

> Unter Preislernen verstehen wir den durch Preisbeobachtungen und –erfahrungen gespeisten Erwerb von Preiswissen im Langzeitgedächtnis.

Preislernen von Konsumenten ist ebenso wie die Preiswahrnehmung selektiv. Es fokussiert solche Preisinformationen, die effektiv eingesetzt werden können. Effektiv bedeutet: Es hilft dem *Preisinteresse* mit all seinen Schattierungen und kommt dem *Entlastungsstreben* entgegen. Daraus folgt, dass Konsumenten vor allem solche Preisinformationen lernen, die

- subjektiv relevant sind, d.h. die vom Verbraucher präferierte Leistungen betreffen,

- die leicht und bequem erhältlich sind, z.B. weil sie mit der Preiswerbung soz. von alleine ins Haus kommen,

- die leicht zu merken, also einprägsam sind, wie das z.B. auf Glattpreise zutrifft,

- und die zeitstabil sind, d.h. nicht schnell veralten und deshalb längere Zeit verwendet werden können.

4.5.2 Die Aneignung von Preiswissen

Aus diesen heuristischen Verhaltensprinzipien heraus lässt sich die Theorie der *Preiskenntnisse* bzw. des *Preiswissens* von Konsumenten entwikkeln (Diller 1988). Der Begriff Preiswissen trifft dabei das Verhalten besser, weil nicht nur exakte, zahlenmäßige Informationen im Preisgedächtnis gespeichert werden, sondern auch und vor allem weniger präzises, rang- oder nominalskaliertes Wissen über relevante Umstände aus der den Verbraucher umgebenden Preiswelt. Dabei lassen sich sechs Merkmale des Preiswissens unterscheiden, nämlich

(1) Inhalt (Gegenstand des Preiswissens),

(2) Umfang (Menge an verfügbaren Preisinformationen),

(3) Genauigkeit mit den Unteraspekten Präzision und Aktualität,

(4) Form der Abspeicherung (z.B. Skalenniveau, assoziative Zuordnung etc.),

(5) Verfügbarkeit (intern im Gedächtnis oder extern in Form von Aufzeichnungen) und

(6) Selbstsicherheit über die Genauigkeit der verfügbaren Preisinformationen.

Am interessantesten für die Preispolitik sind die *Inhalte* und den *Umfang* sowie die *Genauigkeit des Preiswissens*.

Die *Inhalte* lassen sich im Hinblick auf die oben genannten Effektivitätskriterien folgendermaßen unterteilen:

(1) *Allgemein verwendbares Preiswissen*: Dazu zählen insb. das mittlere Preisempfinden (MPE) für verschiedene Preisverteilungen über Produktarten, Produkte oder Geschäfte, die Endpunkte der Preisverteilungen (besonders teure bzw. günstige Preise), absolute Preisbereitschaftsschwellen oder der beim letzten Kauf dieser Produktart gezahlte Preis.

(2) *Markenbezogenes Preiswissen*: z.B. die Preise verschiedener Marken oder zumindest Preisrangfolgen (gestützt/ungestützt).

(3) *Geschäftsbezogenes Preiswissen*: insb. Preise der eigenen Stammmarke in verschiedenen Geschäften bzw. entsprechende Ladenrangfolgen, Vorstellungen über das Ausmaß der Preisniveauunterschiede zwischen Geschäften und innerhalb der Geschäfte.

(4) *Preisaktionsbezogenes Preiswissen*: etwa Häufigkeit von Sonderangeboten oder Ausmaß sowie typische Zeitpunkte der Preisabsenkung.

Was den *Umfang* des Preiswissens betrifft, wurde lange Zeit unter falschen Verhaltensprämissen meist lediglich die Preiserinnerung für kurz zuvor erworbene Artikel abgefragt, was durchweg zu „enttäuschend" geringen Preiskenntnissen führte, die mit dem bekannt hohen Preisinteresse der Verbraucher nicht übereinstimmten. Am höchsten dürften die Preiskenntnisse bei Artikeln mit hohen Marktanteilen ausfallen, weil diese eben von vielen Verbrauchern gekauft werden.

Erst mit der o.g. Neuinterpretation des Preiswissens zeigt sich, dass insbesondere allgemein verfügbare und sonderangebotsbezogene Preisinformationen bei vielen Verbrauchern vorhanden sind (vgl. Abb. 4-11; dort sind Durchschnittswerte des Preiswissens in der Erhebungsstichprobe wiedergegeben). Die Befunde zeigen, dass bei geringeren definitorischen Anforderungen an Art und Präzision also beträchtliches Preiswissen vorliegt, das für einfache Einkaufsheuristiken vermutlich durchaus ausreicht und unsere Hypothesen zum Preislernen tendenziell bestätigt. Ähnliche Ergebnisse erbrachten die Studien von Dickson/Sawyer (1990), Krishna et al. (1991) und Urbany et al. (1996).

Der *intrapersonale Umfang* (über wie viele Preisinformationen verfügt ein einzelner Verbraucher?) ist weitgehend unerforscht, da nur schwierig zu erschließen, müsste man dazu doch alle konsumrelevanten Bereiche pro Befragten „abtasten". Viele Indizien sprechen aber dafür, dass zahlreiche Verbraucher jeweils (je nach eigenen Präferenzen) über Preiskenntnisse für nur sehr spezifische Artikel verfügen.

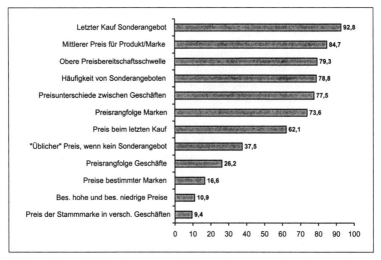

Abb. 4-11: **Verbreitung verschiedener Arten von Preiskenntnissen (zufallsgesteuerte Telefonbefragung, 320 Vpn, 10 Produktbereiche des kurzfristigen periodischen Bedarfs, vgl. Diller 1988a)**

Preiskenntnisse und allgemeines Preiswissen sind Ergebnisse von Lernprozessen. Wie die allgemeine Lerntheorie lehrt, gibt es eine Vielzahl verschiedener *Formen des Lernens* (Überblick bei Trommsdorff 1998, S. 249ff.), von denen einige auch für das *Preislernen* relevant sind.

4.5.2.1 Kognitive Berieselung

Die in der Lerntheorie gut belegte *„mere exposure"-Hypothese* besagt, dass Lernen allein durch sog. peripheren Informationserwerb, d.h. dem nicht bewussten Aufnehmen und Abspeichern von Informationen, möglich ist, „... die in der Regel in kleinen Portionen, dafür aber häufig wiederholt werden" (Trommsdorff 1998, S. 250). In der Preispolitik trifft dies z.B. auf die wöchentliche Berieselung der Verbraucher mit Preisanzeigen bzw. –wurfzetteln des Lebensmittelhandels oder auf die massive visuelle Preishervorhebung vieler Artikelpreise auf Preisdisplays, Regalstoppern, Deckenhängern oder Sonderständern in manchen Super- und

Verbrauchermärkten zu. Die permanente Botschaft der Preisgünstigkeit bzw. –würdigkeit soll das Preisimage positiv färben, obwohl bekannt ist, dass solche Anzeigen vom größten Teil der Betrachter gar nicht intensiv betrachtet, sondern nur überflogen werden. Ein mere exposure-Effekt scheint trotzdem Wirkung zu zeigen und verleiht solchen Anbietern gewisse Vorsprünge beim Preisimage.

4.5.2.2 Generalisierung und Diskriminierung von Preisimages

Macht ein Verbraucher im Zeitablauf die Erfahrung, dass die von einem bestimmten Anbieter offerierten Artikel immer wieder etwas teurer als jene anderer Anbieter sind, neigt er zunehmend dazu, diese Erfahrung auch auf andere, bisher noch gar nicht geprüfte Artikel auszuweiten; er *generalisiert* damit seine Preiserfahrungen. Im Sinne der Lerntheorie handelt es sich um eine Reizgeneralisierung, weil ähnliche Reize (Artikel stammen alle aus dem Sortiment des bestimmten Anbieters) mit gleichen Reaktionen (Preisbewertungen) verknüpft werden. Der komplementäre Prozess zur Generalisierung ist die *Diskriminierung*, bei der ähnliche Reize zu unterschiedlichen Reaktionen verleiten. Im Fall der Preiswahrnehmung ist dies z.B. dann der Fall, wenn ein Kunde zwischen dem Preisniveau des Normalsortiments und jenem der Sonderangebote eines Anbieters unterscheidet. Im Laufe der Zeit entstehen auf diese Weise unterschiedlich differenzierte bzw. „pauschale" *Preisimages*.

Ein Preisimage ist definierbar als Ganzheit subjektiver (von der Realität also u.U. abweichender) Wahrnehmungen, Kenntnisse, Gefühle und Einstufungen von Preismerkmalen bestimmter Urteilsobjekte (Marken, Läden, Packungsgrößen etc.), das als Teil des Gesamtimages handlungssteuernd wirkt (Diller 1991). Preisimages spielen insb. bei komplexen Beurteilungsobjekten, wie beim Preisniveau von Geschäften, eine dominante Rolle für das Einkaufsverhalten (Alba et al. 1994). Mit zunehmender Bestätigung dieser Erfahrungen gewinnt es dabei an Verarbeitungstiefe (Hay 1987) und verfestigt sich zur *Einstellung*, sodass es dann seinerseits nach dem Konsonanzprinzip wahrnehmungssteuernd wirkt: Zum Image passende Elemente werden eher und stärker wahrgenommen als unpassende. Insofern spielt das bereits gespeicherte Wissen eine Schlüsselrolle für das gesamte Preisverhalten und verdient in der Preispolitik besondere Aufmerksamkeit.

Inhaltlich sammelt sich im Preisimage nicht nur Wissen über die Höhe der Artikelpreise (Preisgünstigkeit), sondern auch über das Preis-Leistungsverhältnis und das Preisgebaren des jeweiligen Anbieters. Preisfairness bei Preisverhandlungen, Preisübersichtlichkeit und Kulanz können dabei ebenso relevant sein wie die Häufigkeit von Preisaktionen oder deren Attraktivität. Abb. 4-12 zeigt ein entsprechendes Preisimagemodell für den Zustell-Großhandel, das – wie die Faktorladungen deutlich machen – allerdings faktoranalytisch nicht voll befriedigend konfimiert werden konnte (Wrobbel/Tietz 1998, S. 63). Naturgemäß muss man bei der Operationalisierung und Überprüfung von Preisimages auf die branchenspezifischen Besonderheiten Rücksicht nehmen.

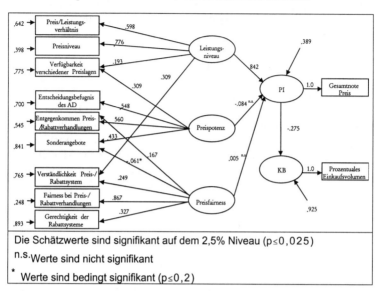

Abb. 4-12: **Preisimage-Modell – Ergebnis der ML-Schätzung (Quelle: Wrobbel/Tietz 1998, S. 61)**

4.5.2.3 Preiskonditionierung

Besonders starke Einflüsse auf das Preisimage dürften von Preiserlebnissen (s.o.) ausgehen, die den Konsumenten emotional positiv oder negativ berührt haben. In diesem Falle vermischt sich eine Generalisierung und eine emotionale Konditionierung. Wer mehrmals beim Besuch einer Einkaufsstätte besonders attraktive „Preisschnäppchen" machen konnte, färbt seine Wahrnehmung dieses Anbieters entsprechend ein. Ähnliche Konditionierungen laufen beim Markteintritt neuer Anbieter mit entsprechender Preiswerbung ab. Beispielsweise ist es einigen Fachmärkten für Unterhaltungselektronik in den 90er-Jahren gelungen, ihr preisliches Erscheinungsbild durch Preisaktionen und massive Preiswerbung (mehrseitige Preisanzeigen) besonders günstig zu gestalten, obwohl viele Artikel im Normalsortiment durchaus branchenüblich kalkuliert waren.

4.5.2.4 Instrumentelles Preislernen

Nach dem sog. Effektgesetz der Lerntheorie werden belohnte Aktivitäten tendenziell verstärkt, bestrafte dagegen abgeschwächt. Interpretiert man Preiserfahrungen beim Einkauf als Belohnungen bzw. Bestrafungen für die Wahl des jeweiligen Anbieters, so wird deutlich, welchen Einfluss die tatsächlichen Preiserfahrungen auf das Preisimage ausüben dürften. Nyström (1970) schlug deshalb ein Modell vor, bei dem der Anteil der positiven Preisurteile an allen Preisurteilen über einen Anbieter für das Preisimage entscheidend ist. Damit wird die früher z.b. von Gabor (1968) vertretene Vorstellung aufgegeben, dass das Preisimage nur durch einige wenige Eckartikel geprägt sei (s.o.). Definiert man Eckartikel freilich (u.a.) mit der Kaufhäufigkeit, besteht zwischen beiden Modellen nur noch ein gradueller Unterschied. Jeder Artikel verfügt dann über eine entsprechende Gewichtung für das Gesamtimage (vgl. 13.3).

4.5.2.5 Preisorientierte Habitualisierung

Als am tiefsten verarbeitete und damit am stärksten wirkende Form des Preislernens kann man die Habitualisierung bestimmter Verhaltensweisen beim Einkauf interpretieren, die ganz oder stark von Preiswahrnehmungen geprägt sind (vgl. allgemein Kroeber-Riel/Weinberg 1996, S.389ff.). Gröppel-Klein (1998, S.143) spricht diesbezüglich von „Preisorientierungen" der Konsumenten. Sie betreffen z.b. präferierte Läden, Marken, Einkaufsperioden oder Packungsgrößen. Wir behandeln solche Preispräferenzen ausführlicher im Abschnitt 4.7.2.

4.6 Preisbeurteilung

4.6.1 Theoretische Grundlagen

Das Preisbeurteilungsverhalten umfasst alle Verhaltensweisen bei der kognitiv kontrollierten (bewussten) Bewertung von Preisen. Das Ergebnis dieser Einstufung nennen wir *Preisurteil*. Es ist mit den im Abschnitt 4.4 behandelten, eher unbewusst ablaufenden Preiswahrnehmungen eng verwoben. Ebenso wie dort, lassen sich auch bei der Preisbeurteilung häufig *vereinfachende Verhaltensweisen* beobachten.

Abb. 4-13 gibt einen Überblick über verschieden stark vereinfachte *Typen* von Preisurteilen. Eine ausführliche Charakterisierung dieser Typen und ihrer praktischen Relevanz findet man bei Diller (1978, S. 193 ff.).

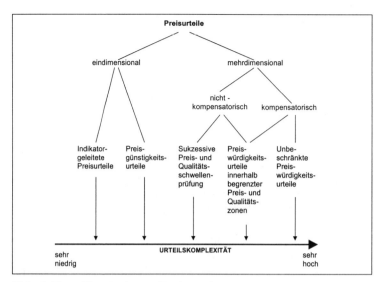

Abb. 4-13: **Typologie von Preisurteilstechniken**

Bei *indikatorgeleiteten Preisurteilen* (Typ 1) orientiert sich der Konsument allein an leicht identifizierbaren Merkmalen des Urteilsobjektes (Marke, Packungsgröße, Art der Preiskennzeichnung, Preisimage einer Einkaufsstätte, Empfehlung einer vertrauenswürdigen Person oder Institution usw.). Es handelt sich um (kognitiv kontrollierte) Generalisierung i.S. der oben behandelten Lerntheorie.

Bei *Preisgünstigkeitsurteilen* (Typ 2) wird allein der absolute Preis des Urteilsobjektes, nicht aber das Preis-Leistungsverhältnis eingestuft. Qualitative Unterschiede spielen entweder keine Rolle oder werden bereits durch eine habitualisierte Vorauswahl gleichwertiger Urteilsobjekte („evoked set") berücksichtigt.

Bei *sukzessiver Überprüfung der Über- bzw. Unterschreitung von Preis- und Qualitätsschwellen* (Typ 3) handelt es sich bereits um einen mehrdimensionalen Urteilsprozess. Im Gegensatz zu kompensatorischen Urteilstechniken wird hierbei jedoch noch keine Verknüpfung von Preis- und Qualitätsaspekten vorgenommen, sondern jede relevante Merkmalsausprägung des Urteilsobjektes auf separaten und sukzessiv herangezogenen Urteilsskalen eingestuft.

Typ 4 beinhaltet *Preiswürdigkeitsurteile innerhalb subjektiv begrenzter Preis- und Qualitätszonen.* Diese Art der Urteilsbildung erfolgt in zwei zeitlich aufeinander folgenden Stufen, wobei in einer ersten Stufe die relevanten Qualitätsmerkmale und der Preis auf separaten Skalen zunächst auf die Über- bzw. Unterschreitung subjektiver Schwellenwerte hin geprüft und bei negativem Befund in einem zweiten Schritt miteinander zu einem Preiswürdigkeitsurteil verknüpft werden. Die Urteilstechnik

153

ist damit in der ersten Stufe nicht-kompensatorisch und in der zweiten kompensatorisch.

Einen fünften Typ von Preisurteilen stellen schließlich die sog. *unbeschränkten Preiswürdigkeitsurteile* dar, bei denen nach dem Modell der kompensatorischen Urteilsbildung alle urteilsrelevanten Merkmalsausprägungen auf einem metrischen Preiswürdigkeitskontinuum gegeneinander verrechnet werden.

Besondere Bedeutung besitzt die Unterscheidung von *Preisgünstigkeits-* und *Preiswürdigkeitsurteilen*. Preisgünstigkeitsurteile beziehen sich allein auf den Zähler des Preisquotienten, berücksichtigen also nicht die Qualität bzw. den Leistungsumfang des jeweiligen Gutes. Ein solches Urteilsverhalten ist erstens dann angebracht, wenn es um die Preisbeurteilung von (nahezu) identischen Produkten (konstanter Preisnenner) geht, die in verschiedenen Einkaufsstätten zu unterschiedlichen Preisen angeboten werden. Preisgünstigkeitsurteile stellen zweitens auch eine vereinfachende Alternative zu Preiswürdigkeitsurteilen dar, etwa wenn die zur Auswahl stehenden Produkte zunächst nach Qualitätsaspekten vorsortiert und anschließend nur noch innerhalb homogener Qualitätsklassen verglichen werden. Ein Anbieter hat u.U. auch damit zu rechnen, dass qualitativen Unterschieden seines Angebots im Vergleich zu dem seiner Konkurrenten im Preisurteil gar keine Relevanz zukommt, weil sich der Kunde von vorneherein auf ein qualitativ homogenes evoked set beschränkt. Formal entspricht der Urteilsprozess dann den für Preisgünstigkeitsurteile gültigen Mustern (Abschnitt 4.6.2). Die Behandlung des Preiswürdigkeitsurteils kann sich deshalb auf tatsächlich mehrdimensionale Preisurteile beschränken, bei denen Preis und Qualität gegeneinander abgewogen werden (Abschnitt 4.6.3).

Eine in praxi recht bedeutsame inverse Form von Preisurteilen stellt die *preisorientierte Qualitätsbeurteilung* dar. Hierbei handelt es sich um ein Qualitätsurteil, das an den Preisen der Güter festgemacht wird. Darauf wird im Abschnitt 4.6.3.3 eingegangen.

4.6.2 Preisgünstigkeitsurteile

Die modellhafte Behandlung von Preisgünstigkeitsurteilen folgt den im Abschnitt 4.4 erläuterten Gesetzmäßigkeiten der Preiswahrnehmung. Als besonders gesichert kann danach die Verankerung der Preiswahrnehmung und die Relativierung des Preises am Referenzpreis gelten (vgl. 4.4.2.2). Danach können Preisgünstigkeitsurteile (PGU) als *Differenzfunktion* PGU = f (MPE-p) modelliert werden. Sie entspricht inhaltlich der in der Prospect-Theorie postulierten Nutzenfunktion (vgl. 4.4.1.4). Offen ist die Operationalisierung und die Spezifikation dieser Funktion, für die mehrere Möglichkeiten existieren.

4.6.2.1 Operationalisierung

Zur *Operationalisierung* einer solchen Funktion entsprechend der Prospect-Theorie empfiehlt sich in Anlehnung an v. Nitzsch (1998, S. 629f.) eine Null-Normierung auf den Bezugspunkt (N (MPE = 0)) und eine beliebige Skalierung N (MPE + norm) = 1. Die abnehmende Sensitivität der Nutzenfunktion kann durch einen Parameter r spezifiziert werden, der den Prozentsatz der wahrgenommenen Werterhöhung angibt. Dieser wird erreicht, wenn man sich ausgehend vom Bezugspunkt nicht auf MPE+norm, sondern nur auf MPE+norm/2 verbessert. Der Parameter r lässt sich dann „vergleichsweise einfach von einzelnen Individuen erfragen" (v. Nitzsch, S.629). Die Werte für r liegen wegen der abnehmenden Sensitivität immer zwischen 0,5 und 1 und fallen umso höher aus, je schneller die Sensitivität abnimmt. Die Asymmetrie der Nutzenfunktion kann durch einen loss aversion-Faktor la (la > 1) modelliert werden, der die ansonsten identische und gespiegelte Preisgünstigkeitsfunktion im Verlustbereich streckt (vgl. auch Abb. 4-9). V. Nitzsch (1998, S. 629) nennt Werte von ca. 2 für la als realistisch. Damit ergibt sich folgende Preisgünstigkeitsfunktion:

$$(4\text{-}6) \quad U(p) \quad \begin{cases} \dfrac{1-e^{-c \cdot \frac{MPE-p}{norm}}}{1-e^{-c}} & \text{falls } p \leq MPE \\[3em] -la \cdot \left(\dfrac{1-e^{-c\left(\frac{p-MPE}{norm}\right)}}{1-e^{-c}} \right) & \text{falls } p > MPE \end{cases}$$

wobei sich der Parameter c > 0 gemäß c = 2 ln ((1/r) – 1)) aus r berechnet.

Durch Spiegelung der Darstellung um 90° ergibt sich eine von der Preis-Absatzfunktion her gewohnte Darstellung mit den objektiven Preisen auf der Abszisse und dem Preisgünstigkeitswert (Preisnutzen) auf der Ordinate, wobei der Wendepunkt der Funktion beim Referenzpreis MPE liegt (Abb. 4-14).

Der Indikator für das Preisgünstigkeitsurteil (PGU_i) nimmt positive (negative) Werte an, wenn ein Preis als günstig (ungünstig) empfunden wird. Im Falle einer indifferenten Haltung ergibt sich der Wert 0. Die Funktion lässt sich sowohl auf disaggregierter als auch auf aggregierter Ebene anwenden. Im letzteren Fall sind PGU_i und MPE_i als Mittelwerte entsprechender Verteilungen bei Nachfragergruppen zu interpretieren. Eine Transformation von (4–6), etwa auf den Wertebereich 0 bis 1 oder – 1 bis + 1, ist jederzeit möglich.

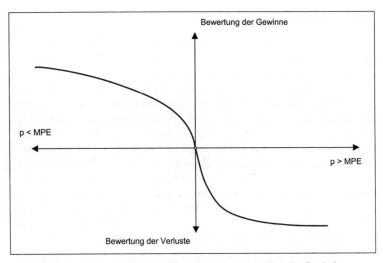

Abb. 4-14:   Operationalisierung der Preisgünstigkeitsfunktion

4.6.2.2 Spezifikation

Offen bleibt der genaue *Verlauf* der Preisgünstigkeitsfunktion, also die Spezifikation des Parameters c. Die in (4-6) dargestellte Form entspricht der Prospect-Theorie. Sie korrespondiert bei Spiegelung an der Ordinate (Abb. 4-14) im mit der in Abschnitt 3.2.2 diskutierten *logistischen Preisabsatzfunktion*.

Ein denkbarer *linearer Verlauf* der Preisbewertungsfunktion ($\alpha = 1$) widerspräche sowohl der Prospect-Theorie als auch dem logarithmischen Preisempfinden. Realitätsnäher erscheint schon eine *logarithmisch-lineare Bewertungsfunktion* nach dem Weber-Fechner'schen Gesetz:

(4–7) $PGU_i = \alpha \cdot p_i^{\beta} \ (\alpha > 0; \beta < 0)$

Sie entspricht im Prinzip einer multiplikativen Preis-Absatzfunktion. Allerdings wird unrealistischerweise auf die Relativierung am MPE oder einem anderen Referenzpreis verzichtet. Insofern kann das multiplikative Modell der Preisabsatzfunktion nur dann substanzwissenschaftlich als gestützt gelten, wenn es als abhängige Reaktionsgröße eine negative *Preisdistanz* zum Konkurrenzpreis verwendet ($p_j - p_i < 0$).

Bei einkommensbedingten Budgetrestriktionen ist der relevante Preisbereich durch *absolute obere Preisschwellen* beschränkt, was in Modell (4-6) nicht berücksichtigt wird. Der Preiswiderstand nimmt dort mit steigenden Preisen sogar nur unterproportional zu. Ebenso könnte es aus Qualitätszweifeln zu absoluten unteren Preisschwellen kommen (vgl. 4.4.2.1). Trifft beides zu, ist eine S-förmige Bewertungsfunktion zu erwarten (vgl. Abb. 4-15). Sie besitzt einen der Prospect-Theorie diametral widersprechenden Verlauf, wenn man den Wendepunkt am MPE modelliert: Je größer die Abweichungen, desto stärker verschlechtern bzw. verbessern sich nämlich die Preisbewertungen. Im mittleren Bereich verläuft sie dagegen flacher (weniger elastisch). Formal entspricht der Verlauf also jenem der doppelt gekrümmten Gutenberg-Funktion.

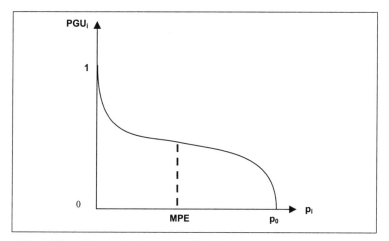

Abb. 4-15: **Doppelt gekrümmte Preisbewertungsfunktion**

Insgesamt ist damit also auch die doppelt gekrümmte Bewertungsfunktion theoretisch fundiert. Eine Entscheidung zwischen der logistischen, der multiplikativen und der Gutenberg-Funktion kann deshalb nur empirisch getroffen werden. Allerdings fehlen allen diesen Funktionen die möglichen relativen Preisschwellen, die sich nur in kategoriellen Urteilsmodellen abbilden lassen (vgl. 4.6.3.2.2).

4.6.2.3 Dynamik der Preisverankerung

Die adaptionstheoretische Erklärung von Preisbewertungen erzwingt geradezu eine dynamische Betrachtung, weil sich mit jeder neuen Preisinformation im Zeitablauf das MPE entsprechend an diese neue Situation anpasst. Das mittlere Preisempfinden ist zwar verfestigt und durch Assimilations- und Kontrasteffekte vor sprunghaften Veränderungen „geschützt", aber nicht völlig stabil, sondern flexibel.

Wie *stark* und *in welcher Form* neue Preisinformationen das MPE beeinflussen, ist ungewiss. Ein einfaches Modell wäre:

(4-8) $\quad MPE_t = p_t^{\alpha} \cdot MPE_{t-1}^{\beta} \quad (0 < \alpha, \beta < 1; \alpha + \beta = 1)$

Es entspricht der Zusammenfassung der urteilsrelevanten Reize nach der Regel der geometrischen Mittelwertbildung (vgl. 4.4.2.2.2), also ähnlich der exponentiellen Glättung von Zeitreihen. Je größere Werte α annimmt, desto stärkeres Gewicht erhält die neue Preisinformation.

Das neue mittlere Preisempfinden steht nach (4-8) bei α = 1 in einer *linearen* Beziehung zum neu wahrgenommenen Preis p_t (vgl. Funktion (a) in Abb. 4-16). Treten *Assimilations- und Kontrasteffekte* auf, ist dagegen mit einem *deggressiven Verlauf* der Anpassungsfunktion (Funktion (b) in Abb. 4-16) zu rechnen. Dies entspricht grundsätzlich auch der prospecttheoretischen Nutzenfunktion. Studien von Cardozo (1965) und von Yadav/Seiders (1998) ergaben ferner übereinstimmend, dass die Assimilation bei Preissenkungen stärker bzw. schneller ausfällt als bei Preiserhöhungen. Die Anpassungsfunktion würde danach *asymmetrisch* verlaufen (Funktion (c) in Abb. 4-16). Ein Preisverfall tritt danach also leichter ein als eine Anpassung des Preisniveaus nach oben. Dies entspricht dem Besitzstandseffekt der Prospect-Theorie.

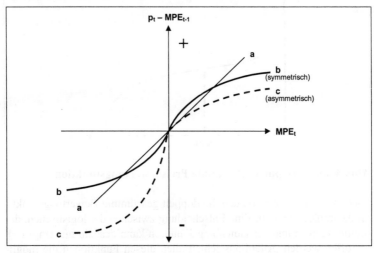

Abb. 4-16: **Modelle für die Anpassung des MPE an neue Preisinformationen p_t**

4.6.3 Preiswürdigkeitsurteile

Preiswürdigkeitsurteile (PWU) betreffen das *Preis-Leistungs-Verhältnis* eines Güter- oder Dienstleistungsangebotes. Sie beziehen sich also auf den gesamten Preisquotienten und nicht nur auf den Preiszähler. Die *Leistungskomponente* kann dabei mit unterschiedlichen Konstrukten erfasst werden. Qualität, Nutzen, Einstellung und Zufriedenheit konkurrieren hier miteinander, ohne dass es bisher in der Literatur wie im Sprachgebrauch der Praxis zu einer einheitlichen Vorgehensweise gekommen ist (vgl. Zeithaml 1988). Unstrittig sind dabei folgende zwei Merkmale der Leistungskomponente:

(1) Die Leistung ist aus *subjektiver Perspektive* zu betrachten (und möglichst auch zu messen). Schließlich geht es um Urteile der Kunden eines Anbieters, die der objektiven Qualität nur mehr oder minder gerecht werden.

(2) Die zu beurteilende Leistung besitzt im Allgemeinen eine mehr oder minder große Zahl von Facetten, sodass vor allem aus diagnostischen Gründen eine *multiattributive Konzeptionalisierung* zweckmäßig ist. Diese Teilfacetten müssen analytisch in geeigneter Weise wieder verknüpft werden, um einen Gesamtwert für die subjektiv wahrgenommene Leistung zu erhalten. Ein ideal geeignetes Erhebungsverfahren hierfür ist die Conjoint-Analyse (vgl. 5.3.3).

Die *Preiskomponente* der Preiswürdigkeit kann implizit (Preis als „negatives" Qualitätsmerkmal) oder explizit als eigenständiges Gegenstück („give") zur Leistung („get") konzipiert werden. Ersteres geschieht bei der Conjoint Analyse, wo der negative Teilnutzen des Preises mit den positiven Teilnutzenwerten für die Qualitätsmerkmale verrechnet wird. Dem Denken der Kunden entspricht aber vermutlich eher eine explizite Gegenüberstellung, wodurch beim PWU zwei Urteile miteinander verknüpft werden müssen, nämlich jenes über das *Preis-Leistungsverhältnis* („Qualitätsnutzen") und jenes über die *absolute Preishöhe*, also die *Preisgünstigkeit* („Preisnutzen"). Thaler (1985) hat dafür die Begriffe „acquisition utility" und „transaction utility" vorgeschlagen, die sich am besten mit „*Preis-Leistungsnutzen*" (PLN) und „*Preisnutzen*" (PN) übersetzen lassen, wenn man Nutzen als relatives Konstrukt definiert. In diesem Falle ergibt sich der Gesamtwert für die Preiswürdigkeit (PWU) aus der Verknüpfung *zweier* Wertfunktionen:

(4-9) $PWU = f(PLN, PN)$, z.B. nach Thaler (1985):

(4-10) $PWU_i = (P_i - PLN_i) + (-P_i - MPE)$

mit P_i =   Preis des Produkts i

PLN_i =   Preis, welcher dem Leistungsnutzen des Produktes i entspricht

MPE =   Mittleres Preisempfinden für Güter der Qualitätskategorie von i

Die Unterscheidung von Preis-Leistungs- und Preisnutzen scheint uns immer dann sinnvoll, wenn neben der Qualität eines Produktes auch der „Einkaufserfolg" eine wichtige Rolle spielt. Dieser lässt sich insbesondere am günstigen Preis festmachen (Preisgünstigkeitsurteil). Ihm steht dann der „Qualitätserfolg" zur Seite, der sich aus dem Preis-Leistungsverhältnis ergibt. Damit lässt sich auch das „Schnäppchenjägersyndrom" erfassen: Manchen Verbrauchern ist der Umstand, eine Preisgelegenheit („Schnäppchen") wahrgenommen zu haben (Preisnutzen), ungleich wichtiger als das Preis-Leistungsverhältnis eines Gutes (vgl. 4.2.2). Durch entsprechende Gewichtungsfaktoren („Schnäppchenjägerfaktor") lassen sich unterschiedliche subjektive Wichtigkeiten dieser beiden Teilnutzenwerte modellieren. Z.B. haben Urbany et al. (1997) in einer Studie zur Einschätzung von Wohnungsangeboten durch Studenten belegt, dass bei höherer Qualitätsunsicherheit der Preis-Leistungsnutzen eindeutig dominiert, während bei fehlendem Qualitätsrisiko der Preisnutzen beträchtliche Bedeutung errang.

Die direkte Operationalisierung derart relativer Größen scheint uns zwar problematisch, hat aber in der Studie von Urbany et al. (1997) offenbar funktioniert. Sie gebrauchten (übersetzt) die folgende Frageformulierung: „Verglichen mit dem, was man für Appartements dieser Art sonst zahlt, ist der geforderte Preis von $ XXX ...."(7-polige Skala von 1 = sehr wenig Nutzen fürs Geld bis 7 = sehr hoher Nutzen fürs Geld). Auch die einfache additive Verrechnung der beiden Nutzengrößen widerspricht u.U. den im Mental Accounting entwickelten Prinzipien der hedonischen Verrechnung. Z.B. wäre bei mixed losses mit einer Integration beider Teilurteile zu rechnen (vgl. 4.4.1.4).

Wie auch immer das PWU konzipiert wird, als Ergebnis ergibt sich ein dimensionsloser Index der Vorziehenswürdigkeit. Am besten arbeitet man dabei mit standardisierten Werten für die Teilkomponenten, damit die unterschiedlichen Skalen keinen verzerrenden Einfluss auf die Preiswürdigkeitsrelationen nehmen. Auch eine direkte Skalierung sowohl der Leistungskomponente als auch des PWU auf entsprechenden Ratingskalen erscheint denkbar. Wegen des geringen diagnostischen Werts hinsichtlich der Ursachen einer bestimmten Bewertung und der möglichen Überforderung der Befragten insb. bei komplexen Produktarten sind sie aber wenig attraktiv. Kaas (1977) schlug ein Verfahren vor, bei dem in Paarvergleichen zwischen Produkten Geldbeträge eingefügt werden. Auf diesem Wege gelingt es dann sogar, Einstellungen in *geldäquivalenten* Einheiten zu messen. Dies entspricht auch der Berechnung *hedonischer Preise* für objektive Qualitätsmerkmale eines Gutes (vgl. Sander 1994, Baumgartner 1997).

Preiswürdigkeitsmodelle der geschilderten Art unterstellen ein *kognitiv sehr komplexes Urteilsverhalten*, das angesichts des Entlastungsstrebens der Verbraucher nicht in allen Urteilssituationen der Realität entsprechen dürfte (vgl. ausführlich: Diller 1978, S. 190ff.). Problematisch sind insbesondere folgende vier Verhaltensannahmen:

1) metrische Skalierung der subjektiven Urteilsskalen und – dadurch bedingt – stetige Urteilsfunktionen (keine relativen Preis- und Qualitätsschwellen),

2) Fähigkeit zur Beurteilung von Qualitätsunterschieden ohne Bezugnahme auf den Preis,

3) simultane Betrachtung von Preis und Qualität (Urteilskomplexität),

4) unbegrenzte gegenseitige Kompensierbarkeit von Preis und Qualität (fehlende absolute Preis- und Qualitätsschwellen und linear-additive Nutzenfunktionen).

Man kann diese Annahmen durch *kategoriale Urteilsmodelle* aufheben. Sie sind angebracht, wenn die relevanten Urteilsdimensionen nicht mehr metrisch, sondern ordinal skaliert sind. Eine Quotienten- oder Differenzenformulierung des Preiswürdigkeitsindex ist dann unzulässig. Demzufolge kann auch der Preiswürdigkeitsindex nur Ordinalskalenniveau aufweisen. Wir bezeichnen ihn deshalb als PWR_i (Preiswürdigkeits*rang* von

Produkt i). Gibt es K_i Kategorien für die Preisgünstigkeit und Q_i Kategorien für das globale Qualitätsurteil von i, so sind K_i+Q_i-1 verschiedene Ausprägungen von PWR_i möglich (vgl. Tab. 4-1). Definiert man den Index k für die Preisgünstigkeitskategorie in absteigender Anordnung von 0 beginnend (d.h. kleinere Indexwerte für höhere Preise) und den Index q für die Qualitätskategorie von 0 beginnend in aufsteigender Ordnung (d.h. kleinere Indexwerte für schlechtere Qualität), so kann der Preiswürdigkeitsrang für i als *quasimetrischer Distanzindex* formuliert werden, wobei gilt:

(4-11) $PWR_i = k_i + q_i$

k_i = Index für die Preiskategorie, in die i fällt
($k_i = 0 \ldots K_i$; fallend geordnet)

q_i = Index für die Qualitätskategorie, in die i fällt
($q_i = 0 \ldots Q_i$; steigend geordnet)

Der Index (4-11) schwankt zwischen 0 und $K_i + Q_i$. Tabelle 4-1 zeigt ein Beispiel mit jeweils fünf Kategorien für die Preis- bzw. Qualitätseinstufung. Man erkennt dabei den nach wie vor kompensatorischen Charakter der Urteilstechnik. Z.B. erhält die Kombination „sehr teuer"-„gute Qualität" denselben Rang wie die Kombination „normal im Preis"-„zufriedenstellende Qualität".

k \ q		QUALITÄT				
		"sehr gut"	"gut"	"normal"	"zufrieden-stellend"	"mangel-haft"
		4	3	2	1	0
"sehr teuer"	0	4	3	2	1	0
"teuer"	1	5	4	3	2	1
"normal"	2	6	5	4	3	2
"billig"	3	7	6	5	4	3
"sehr billig"	4	8	7	6	5	4

Tab. 4-1: Wertebereich eines Rangindex für die Preiswürdigkeit

Empirische Untersuchungen zeigen, dass eine solche unbeschränkte Kompensationsmöglichkeit von Qualität und Preis dem tatsächlichen Urteilsverhalten häufig nicht entspricht (vgl. z.B. Bettmann 1971; Diller 1995a, S. 18ff.). Viele Verbraucher stellen vielmehr bestimmte *Mindestansprüche* an die Qualität, aber auch an den Preis.

Das Modell (4-11) kann an solche *konjunkte* bzw. *disjunkte* (teilkompensatorische) Urteilstechniken angepasst werden, indem man *Nebenbedingungen* formuliert. Soll im obigen Beispiel (Tab. 4-1) ein Mindestqualitätsanspruch $q \geq 2$ und ein Mindestpreisanspruch $k \leq 3$ gelten, so ergibt sich z.B.:

$$(4-12) \qquad PWR_i = \begin{cases} k_i + q_i \text{ bei } q_i \geq 2 \text{ und } k_i \leq 3 \\ 0 \text{ sonst} \end{cases}$$

Die letzte Zeile und die letzten beiden Spalten in Tab. 4-1 würden dann also die Indexwerte 0 erhalten. Ermittelbar sind derartige Bewertungsschwellen durch direkte Befragungen oder durch Trade-off-Analysen (paarweise Präferenzabfrage für bestimmte Preis-Qualitätskombinationen). Hybride Conjoint-Analysen integrieren solche Anspruchsniveaus in die Präferenzmessung (vgl. 5.5.3.).

Eine geometrische Verdeutlichung dieser Beurteilungstechnik ist in Abb. 4-17 wiedergegeben (vgl. ähnlich: Emery 1969). Man erkennt die schrittweise Vorgehensweise: Zunächst werden die objektiven Preise und Qualitäten verschiedener Produkte in subjektive, kategorial gestufte Empfindungswerte transformiert. Diese werden anschließend miteinander verknüpft. Die Steigung der Verbindungslinien bringt die Preiswürdigkeit zum Ausdruck. Die Produkte A und E werden als inakzeptabel betrachtet, weil sie die obere bzw. untere Preisschwelle über- bzw. unterschreiten. Insgesamt ergibt sich dann die Präferenzrangfolge: B > D > C.

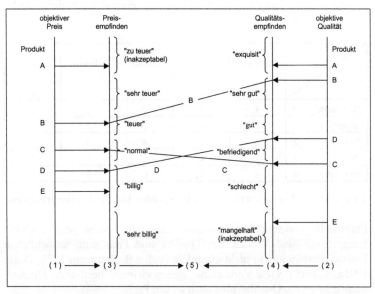

Abb. 4-17: **Schematische Darstellung von teilkompensatorischen kategorialen Preiswürdigkeitsurteilen**

4.6.4 Preisorientierte Qualitätsbeurteilung

Kompensatorische Preiswürdigkeitsurteile erweisen sich häufig auch deshalb als invalide, weil Preis und Qualität in der subjektiven Wahrnehmung der Nachfrager nicht unabhängig voneinander sind. Das Qualitätsurteil ist nämlich häufig mit großen Unsicherheiten verbunden. Viele Nachfrager neigen dann dazu, den *Preis als Indikator für die Qualität* heranzuziehen: Teure Produkte werden als qualitativ besser eingestuft als billige.

Da es sich hierbei zunächst nur um einen Prozess der *Qualitätswahrnehmung* handelt, muss eine Verhaltensrelevanz der Qualitätsanmutung unterstellt werden, wenn der Preis-Qualitätszusammenhang bei der Produktwahl zum Tragen kommen kann. Darüber hinaus muss dieser Effekt streng von dem als *Veblen-Effekt* bezeichneten Prestigeeinfluss auf die Markenwahl unterschieden werden. Danach präferieren bestimmte Verbraucher höherpreisige Produkte, weil sie damit einen höheren *Prestigenutzen* verbinden (Beispiel: hochpreisige Sektmarken für Bewirtungsoder Geschenkzwecke). Der Preis wird also hier zu einem positiven Nutzenelement. Als Qualitätsindikator fungiert er dagegen nicht zur Qualitätsnutzensteigerung, sondern zur *Risikoreduktion*. Der Verbraucher glaubt, durch die Wahl eines höherpreisigen Produktes auf "Nummer sicher" zu gehen. Das subjektiv empfundene Kaufrisiko wird deshalb häufig als zentrale intervenierende Variable für das Zustandekommen preisorientierter Qualitätsurteile herangezogen (vgl. Diller 1977a, S. 220f.).

Bei der Überprüfung dieser These wurde allerdings oft übersehen, dass die Höhe des Risikos von einer Vielzahl von Faktoren bestimmt wird, die interaktiv zusammenwirken, sodass eine ceteris paribus-Betrachtung einzelner Risikofaktoren kaum ausreichende Klarheit erbringen kann. In einer groben Klassifizierung können beispielsweise motivationale, kognitive und situative Faktoren unterschieden und dann jeweils weiter in Einzelvariablen untergliedert werden. Abb. 4-18 zeigt die theoretisch unterstellten Verknüpfungen und Verknüpfungsrichtungen dieser Einzelvariablen mit dem subjektiv empfundenen Risiko, dessen Ausmaß wiederum positiv mit der preisorientierten Qualitätsbeurteilung korreliert.

Die Verwendung des Preises als Qualitätsindikator wurde in einer Vielzahl von Experimenten mit ganz verschiedenen Produktgattungen nachgewiesen. Eindeutige und statistisch signifikante Ergebnisse ergaben sich dabei jedoch immer nur dann, wenn der Preis die einzige für die Produktbeurteilung oder die Kaufentscheidung zur Verfügung stehende Information war („single cue-studies"). Derartige, vor allem für die ersten Studien zur Preis-Qualitäts-Relation typische Versuchsanordnungen (fiktive Marken, isolierte Kaufsituation, Wegfall der Kauferfahrung usw.) können jedoch bei näherer Betrachtung nicht als valide Messmethoden angesehen werden. Sie schalten nämlich den Einfluss weiterer Faktoren der Kaufentscheidung, wie beispielsweise das Markenimage oder die Preiserfahrung der Konsumenten, künstlich aus. Derartige Situationen entsprechen nur beim Kauf gänzlich neuer Produkte der Realität.

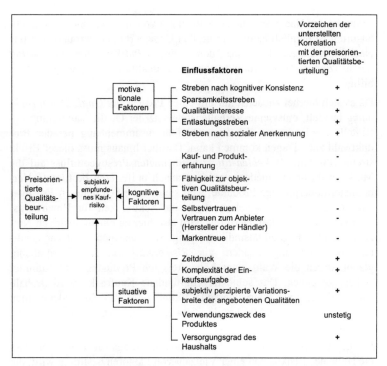

Einflussfaktoren			Vorzeichen der unterstellten Korrelation mit der preisorientierten Qualitätsbeurteilung
Preisorientierte Qualitätsbeurteilung	subjektiv empfundenes Kaufrisiko	motivationale Faktoren	
		Streben nach kognitiver Konsistenz	+
		Sparsamkeitsstreben	-
		Qualitätsinteresse	+
		Entlastungsstreben	+
		Streben nach sozialer Anerkennung	+
		kognitive Faktoren	
		Kauf- und Produkterfahrung	-
		Fähigkeit zur objektiven Qualitätsbeurteilung	-
		Selbstvertrauen	-
		Vertrauen zum Anbieter (Hersteller oder Händler)	-
		Markentreue	-
		situative Faktoren	
		Zeitdruck	+
		Komplexität der Einkaufsaufgabe	+
		subjektiv perzipierte Variationsbreite der angebotenen Qualitäten	+
		Verwendungszweck des Produktes	unstetig
		Versorgungsgrad des Haushalts	+

Abb. 4-18: Einflussfaktoren für die Preisorientierte Qualitätsbeurteilung

Es kann heute als bewiesen gelten, dass der Preis umso *weniger* als Qualitätsindikator dient,

- je größer das Produktwissen und/oder die Produkterfahrung des Konsumenten sind,

- je mehr Möglichkeiten zur Entdeckung von Qualitätsunterschieden den Verbrauchern zur Verfügung stehen,

- je geringer die Variationsbreite der Qualität und der Preise in der jeweiligen Warenkategorie ausfällt,

- je weniger andere Qualitätsindikatoren (z.B. Marke, Name der Anbieterfirma usw.) zur Verfügung stehen und

- je preisinteressierter die Verbraucher sind.

Viele dieser Bedingungen sind heute auf den meisten Ge- und Verbrauchsgütermärkten, weniger aber auf Dienstleistungsmärkten erfüllt. Der Markterfolg der Discounter zeigt, dass die Verbraucher zunehmend qualitätserfahren sind und deshalb heute weniger stark zur preisorientierten Qualitätsbeurteilung neigen als noch in den 60er und 70er-Jahren. Auch ein positives Image der jeweiligen Einkaufsstätte und das Vertrauen der Konsumenten in die Seriosität eines Herstellers können das Qualitätsrisiko vermindern. Trotzdem bleibt die preisorientierte Qualitätsbeurteilung insbesondere für neue und technisch komplexe Produkte eine häufig praktizierte Verhaltensweise. Sie führt in Verbindung mit einkommensbedingten absoluten Preisobergrenzen zu normalverteilungsähnlichen (hyperbolischen) Preisurteilsfunktionen.

Zur Konstruktion eines entsprechenden (disaggregierten) Urteilsmodells kann man z.B. ein Differenzenmodell heranziehen, bei dem die Qualitätseinstufung als ansteigende Funktion des Preises mit der Geldnutzenfunktion saldiert wird (vgl. Simon 1982, S. 345 f.).

Es gilt dann allgemein:

(4–13) $PWU_i = Q_i(p) - N_G(p)$

mit $Q_i(p)$ = Qualitätsnutzen in Abhängigkeit vom Preis

           $N_G(p)$ = Geldnutzen in Abhängigkeit vom Preis

$Q_i(p)$ gibt den Nutzenzuwachs an, den ein Gut erfährt, wenn der Preis steigt und damit die subjektive Qualitätsanmutung des Gutes verbessert. $N_G(p)$ bildet dagegen den Nutzenentgang ab, der dem Käufer durch die Hingabe einer bestimmten Geldsumme p entsteht. Simon unterstellt dabei eine der Prospect-Theorie widersprechende Exponentialfunktion, die allerdings der mit steigenden Preisen zunehmenden Einkommensrestriktion gerecht wird. Die Differenz beider Funktionen stellt den „Nettonutzen" jedes Preises dar und entspricht damit der subjektiv empfundenen Preiswürdigkeit PWU_i. Unterstellt man realistischerweise für die Qualitätsnutzenfunktion eine absolute Untergrenze bei p_u und einen logarithmisch steigenden Verlauf (Qualitätszweifel aufgrund niedriger Preise wirken stärker als das Qualitätsvertrauen in hohe Preise) und für die Geldnutzenfunktion einen exponentiell steigenden Verlauf bis zum maximal akzeptierten Preis P_{ob}, so ergibt sich die in Abb. 4-19 dargestellte Preiswürdigkeitsfunktion. PWU_i kann durch lineare Transformation auf den Wertebereich $0 \leq PWU_i \leq 1$ beschränkt werden.

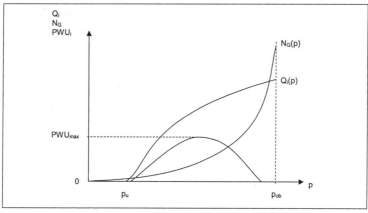

Abb. 4-19:   **Preiswürdigkeitsfunktionen   bei   preisorientierter Qualitätsbeurteilung**

Eine andere Modellierung legt die Mental Accounting-Theorie nahe. Danach wäre ein höherer Preis bei preisorientierter Qualitätsbeurteilung nicht nur ein Verlust, sondern auch ein Gewinn, weil er höhere Qualität mit sich bringt. Dieser Gewinn wäre mit dem „normalen" Qualitätsnutzen des Gutes einer solchen Kategorie und dem Verlust aus der Bezahlung des Preises nach Maßgabe der Prospect-Theorie (abnehmende Sensitivität, Verlustaversion etc.) zu verrechnen.

Abschließend wollen wir uns noch kurz der Frage zuwenden, wie berechtigt eine preisorientierte Qualitätsbeurteilung angesichts der *tatsächlichen* Preis-Qualitätsrelationen ist. Wenn objektiv gleich gute Produkte selten zu unterschiedlichen bzw. bessere Produkte selten zu niedrigeren Preisen als schlechtere Produkte verkauft würden, wäre eine Orientierung am Preis bei der Qualitätsbeurteilung eine sehr vernünftige Einkaufsstrategie, weil sie dem Käufer auf einfache Weise die oftmals recht komplexe Aufgabe der Qualitätsbeurteilung zu lösen helfen würde.

Für eine exemplarische Überprüfung der tatsächlichen Preis-Qualitätsrelationen bieten sich die *Testergebnisse der Stiftung Warentest* an. Dort wird seit vielen Jahren nicht nur die Qualität nach objektiven Kriterien und Prüfverfahren beurteilt, sondern auf repräsentativ-statistischer Basis für die Bundesrepublik Deutschland auch der mittlere Angebotspreis (Medianpreis) eines jeden Testproduktes ermittelt. Damit wird es möglich, den tatsächlichen Zusammenhang zwischen Preis und Qualität bei den von Stiftung Warentest getesteten Produktkategorien zu überprüfen.

In einer entsprechenden Wiederholungsstudie (vgl. Diller 1977a, 1988b), in der 236 Tests aus den Jahren 1983-1976 mit insgesamt über 3000 Produkten ausgewertet wurden, zeigte sich, dass die durchschnittliche Korrelation der in den Testberichten ausgewiesenen Medianpreise und der jeweiligen Testergebnisse (von 1 = sehr gut bis 6 = vom Kauf abzuraten) nur bei $-0,19$ liegt. Wäre die Hypothese richtig, dass qualitativ bessere Produkte generell entsprechend teurer sind als qualitativ schlechtere, wäre dagegen ein Korrelationskoeffizient von $-1,0$ zu erwarten.

Für die zwölf von der Stiftung Warentest unterschiedenen Warenbereiche ergaben sich die in Tab. 4-2 dargestellten Mittel- und Extremwerte. Es zeigt sich, dass Preise und Qualitäten nicht bei allen Produktarten gleichgerichtet korrelieren. Vielmehr schwanken die Korrelationskoeffizienten zwischen $-0,9$ und $+0,9$. Bei einzelnen Warengruppen, beispielsweise bei Freizeit-, Hobby- und Sportartikeln oder bei Phonogeräten, "stimmt" die Preis-Qualitätsrelation im Durchschnitt eher als beispielsweise bei Fahrzeugen und Fahrzeugzubehör oder bei Haushaltsgroßgeräten. Für Kosmetikartikel ergibt sich praktisch kein Zusammenhang zwischen Preis und Qualität. *Ein höherer Preis ist also kein generell geeigneter Indikator für bessere Qualität.* Der Verbraucher kann sich nur bei etwa einem Viertel aller getesteten Produktarten (mit einem Korrelationskoeffizienten $\leq -0,5$) auf den Preis verlassen. Bei etwa einem Sechstel aller Produktarten (mit einem Korrelationskoeffizienten $\geq 0,3$) wird er mit einiger

Wahrscheinlichkeit sogar ein qualitativ schlechteres Produkt erhalten, wenn er aus dem Produktangebot ein relativ teueres Modell wählt.

Warengruppen	Anzahl der getesteten Produktarten pro Warengruppe	Durchschnittlicher Korrelationskoeffizient aller Produktarten pro Warengruppe	maximaler Korrelationskoeffizient	minimaler Korrelationskoeffizient
1. Art. für Kinder	11	-0,195	0,361	-0,785
2. Möbel	2	-0,709	-0,625	-0,794
3. Kleingeräte	39	-0,052	0,623	-0,903
4. Nahrungs- und Genussmittel	1	0,387	0,387	0,387
5. Warenpflege/ Reinigungsmittel	6	-0,421	-0,276	-0,555
6. Textilien	1	-0,378	-0,378	-0,378
7. Heimwerken/ Garten	27	-0,307	0,891	-0,706
8. Sport/Freizeit/ Camping	22	-0,313	0,185	-0,847
9. Unterhaltungselektronik	40	-0,259	0,443	-0,688
10. Photo/Optik	17	-0,285	0,512	-0,874
11. Körperpflege/ Kosmetika	17	-0,155	0,286	-0,597
12. Große Haushaltsgeräte	13	-0,276	0,482	-0,727
13. Kfz und Kfz-Zubehör	19	-0,298	0,546	-0,737
14. Heizung und Wärmedämmung	21	-0,101	0,595	-0,828

Tab. 4–2: **Mittlere und extreme Korrelationseffizienten zwischen Preis und Qualität bei allen von der Stiftung Warentest zwischen Oktober 1983 und September 1986 getesteten Produktarten, aufgegliedert nach Warengruppen**

Akzeptiert man die Qualitätsmaßstäbe der Stiftung Warentest, die nur Grundnutzenmerkmale der Produkte erfassen, machen diese Ergebnisse also deutlich, dass der Preis keinen verlässlichen Maßstab für die Qualität von Konsumgütern darstellen kann. Wenn die Verbraucher trotzdem häufig darauf zurückgreifen, kann dies nur daran liegen, dass sie das Risiko niedriger Preise überschätzen und/oder der Geldnutzenverzicht im relevanten Qualitätsbereich bei steigendem Preis noch relativ gering zu Buche schlägt. Die Preiswürdigkeitsfunktion müsste demnach im unteren Preisbereich einen relativ steilen Anstieg, Sprünge aufweisen bzw. nichtkompensatorisch verlaufen.

4.7 Preisintentionen

> In Anlehnung an die Definition von Einstellungen durch Trommsdorff (1998, S. 143) definieren wir Preisintentionen als Zustände gelernter und relativ dauerhafter Bereitschaft, in einer entsprechenden Entscheidungssituation ein bestimmtes Preisverhalten zu zeigen.

Preisintentionen kennzeichnen ähnlich wie Einstellungen (diese enthalten freilich auch emotionale und kognitive Komponenten, die wir hier ausklammern) gelernte Verhaltensabsichten. Sie stellen soz. individuelle Eigenprogrammierungen des Verhaltens dar, die dem Verbraucher immer wieder neue Auseinandersetzung mit dem jeweiligen Entscheidungsgegenstand ersparen. Dabei kann es sich um Preisklassen, Marken, Einkaufsstätten, Packungsgrößen, Einkaufszeitpunkte und andere Entscheidungsparameter handeln, bei denen das Preisinteresse tangiert ist. Viele preisinteressierte Verbraucher haben z.b. gelernt, dass man Einkäufe modischer Artikel auf spätere Saisonperioden verlegen sollte, weil diese Artikel dann oft preisreduziert angeboten werden. Sie haben deshalb in frühen Saisonperioden eine nur geringe Kaufbereitschaft und steuern ihre Einkaufszeitpunkte nach dem Verlauf der Preisabschriften im Saisonverlauf (vgl. Kap. 13.3).

Preisintentionen entstehen durch *Preislernen*, also kognitive Prozesse (vgl. 4.5), aber auch durch *Preiserlebnisse* (vgl. 4.2), die man künftig gerne wieder bzw. nicht wieder erleben möchte. Insofern basieren sie auf affektiven und kognitiven Elementen, die gemeinsam das *Preisimage* des jeweiligen Entscheidungsobjekts (Laden, Marke, Zeitpunkt etc.) darstellen (vgl. 4.5). Objekte mit positivem Preisimage wird man mit positiven Verhaltensabsichten verbinden. Dies schließt Verhaltensabweichungen aufgrund situativ besonderer Umstände (Zeitdruck, Vorratslücken etc.) nicht aus.

Nachfolgend unterscheiden wir vier Arten von Preisintentionen, nämlich Preisbereitschaften, Preispräferenzen, Preiszufriedenheit und Preisvertrauen. Ihnen gemeinsam ist die gelernte Verhaltensabsicht, unterschiedlich sind dagegen das Einstellungsobjekt und der betroffene Ausschnitt des Preisverhaltens.

4.7.1 Preisbereitschaft

Die Preisbereitschaft kennzeichnet die grundsätzliche Absicht, in einer künftigen Kaufsituation höchstens einen bestimmten Preis für eine bestimmte Leistung zu akzeptieren. Es handelt sich damit um eine absolute obere Preisschwelle, wie wir sie in Abschnitt 4.4.2.1 bereits kennen gelernt haben. Sie lässt sich unterschiedlich spezifizieren, z.B. im Hinblick auf eine Warenkategorie, eine bestimmte Marke und/oder eine bestimmte Einkaufsstätte. Unterschreitet ein Anbieter die individuelle Preisbereitschaft seiner Kunden, so entstehen sog. *Konsumentenrenten*, d.h. die Kunden zahlen weniger, als sie eigentlich zu zahlen bereit wären. Insofern kommt zur empirischen Ermittlung von Preisbereitschaften neben der direkten Abfrage auch die sog. *Preistoleranz*, d.h. die Differenz zwischen jetzigem Preis und (maximaler) Preisbereitschaft, in Frage. Sie wird auch zur Erfassung der Kundenbindung eingesetzt (vgl. z.B. Voss et al. 1998). Bei preisbedingten Qualitätszweifeln (vgl. 4.6.3.3) gibt es auch Preisbereitschaften in Form von *Mindestpreisen* (untere absolute Preisschwellen). Lichtenstein et al. (1988) bestätigten, dass in solchen Fällen das Niveau der Preisbereitschaftszone höher liegt als ohne solche Qualitätszweifel, weil der höhere Preis gleichzeitig Qualitätsnutzen stiftet. Die Autoren definieren die Preisbereitschaft im Übrigen zweidimensional, nämlich hinsichtlich Niveau und Spanne der Preisbereitschaft. Dies erscheint zweckmäßig, weil beide Größen von unterschiedlichen Einflussfaktoren getrieben werden. In ihrer Studie für Sportschuhe nahm das Produktinvolvement z.B. nur auf das Niveau, nicht aber auf die Spanne, das Preisinteresse aber auf beide Größen positiven Einfluss.

Insbesondere Gabor und seine Mitarbeiter (vgl. zusammenfassend Gabor 1977 sowie Sowter/Gabor/Granger 1969) ermittelten mit Hilfe direkter Befragungen in mehreren Warenbereichen die Verteilung der unteren und oberen Preisschwellen (U(p) bzw. O(p)) und konstruierten daraus eine sog. *Kaufbereitschafts ("buy-response")-Funktion* der Form

(4–14) $B(p) = 1 - U(p) - O(p)$

$B(p)$ = Anteil der Käufer beim Preis p

$U(p)$ = Anteil der Nachfrager, die nicht kaufen, weil ihnen der Preis zu niedrig erscheint (untere Preisbereitschaftschwelle wird unterschritten)

$O(p)$ = Anteil der Nachfrager, die nicht kaufen, weil ihnen der Preis zu hoch erscheint (obere Preisbereitschaftsschwelle wird überschritten)

Sind U(p) und O(p) annähernd normalverteilt, ergibt sich daraus eine ebenfalls annähernd normalverteilte Dichtefunktion für den Anteil kaufbereiter Personen (vgl. Abb. 4-20). Kaufbereitschaftsfunktionen vom Typ (4-14) ergeben sich aus empirisch erhobenen Verteilungen der absoluten unteren und oberen Preisschwellen (aggregierte Betrachtung).

Die direkte Erhebung von Preisbereitschaftsfunktionen im Wege der Kundenbefragung ist verlockend, da einfach und aufschlussreich. Allerdings sollte nicht übersehen werden, dass den geäußerten Verhaltensabsichten nur dann Relevanz zukommt, wenn auch die individuell u.U. recht unterschiedlichen Randbedingungen für ein solches Verhalten gelten (vgl. Kap. 5).

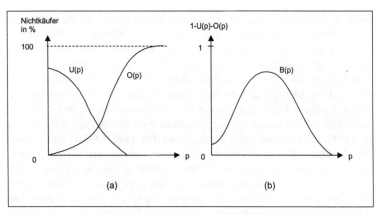

Abb. 4-20: Idealtypische Verteilungsfunktionen der Nichtkäufer (a) und Dichtefunktion der Käufer (b) in Abhängigkeit vom Preis

4.7.2 Preispräferenzen

Im Gegensatz zu Preisbereitschaften beziehen sich *Preispräferenzen* nicht auf Einzelpreise, sondern auf andere Entscheidungsgegenstände beim Einkauf, bei denen das Preisinteresse der Kunden tangiert wird. Es handelt sich um mehr oder minder dauerhafte („programmierte") Verhaltensabsichten, mit denen den individuellen Preisinteressen Rechnung getragen werden kann. Wir sind darauf bereits beim Preislernen in Form habitueller Preisorientierungen gestoßen (vgl. 4.5.2.5).

Preispräferenzen können alle Entscheidungsgegenstände im Konsumverhalten betreffen:

- In bestimmten Warengruppen existieren bei Teilen der Verbraucher deutliche generelle Präferenzen für bestimmte *Produkttypen*, z.B. *Generica* im Pharmasektor oder *Handelsmarken* bei sog. Stapelwaren (Richardson et al. 1996). Untersuchungen darüber sind eine Domäne der Marktforschungsgesellschaften, insb. von Panel-Instituten, weil dort die entsprechenden Daten vorliegen.

- Bei der *Markenwahl* kann das evoked set auf wenige oder sogar nur eine bestimmte Marke verengt sein (*Markentreue*; vgl. 4.3.1.2).

- Bei der *Einkaufsstättenwahl* ist einerseits ein stark diversifiziertes, aber innerhalb bestimmter Warengruppen wiederum sehr treues Ladenwahlverhalten zu beobachten (vgl. 12.3).

- Viele Verbraucher präferieren in bestimmten Warengruppen ganz bestimmte *Betriebsformen des Handels* (z.B. Discounter oder Verbrauchermärkte für Wasch- und Reinigungsmittel).

- Vom Preisinteresse motiviert ist wohl oft auch die Bevorzugung bestimmter *Angebotsvarianten*, wie Produkt-Sets, Großpackungen und Postenware, mit denen sich ein gewisser Gelegenheitscharakter verbindet.

- Eine bei den deutschen Verbrauchern besonders beliebte Preispräferenz stellt die Suche und Wahrnehmung von *Sonderangeboten* dar. Sie übertönt nicht selten das Markenbewusstsein, ja sogar die Bedarfsplanung: Gekauft wird, was „im Angebot" des Händlers ist und nicht, was man einzukaufen plant. Sonderangebote werden oft unbesehen als Kaufgelegenheiten interpretiert und entsprechend bevorzugt, obwohl die objektive Preisgünstigkeit u.U. fraglich ist. Ähnliches gilt für die USA, wo sich die „deal proness" vor allem auf (in Deutschland unzulässige) *Preiscoupons* richtet, mit denen man beim Einkauf Preisnachlässe bekommt (Chen/Monroe/Lou 1998).

- Die zunehmenden Präferenzen für bestimmte *Einkaufszeitpunkte bzw. –perioden* (Spätsaison, nach Weihnachten, Schlussverkaufsperioden etc.) wurde oben bereits erwähnt.

- Besonders wichtig für die Preispolitik sind die *Preislagenpräferenzen* der Kunden, d.h. die Bevorzugung bestimmter Preis- bzw. Qualitätsklassen. Davon hängt ab, welche Erfolge man von einer bestimmten Preislinienpolitik mit Sortimentsschwerpunkten in bestimmten Preislagen und Sortimentsbereichen erwarten kann (vgl. Kap. 7).

Tab. 4-3 zeigt exemplarisch entsprechende Kaufhäufigkeiten für verschiedene Produktfelder im Bereich von Konsumgütern des täglichen Bedarfs. Das hybride Verbraucherverhalten erschwert hier sicherlich generalisierende Aussagen über die Struktur der Käufergruppen mit bestimmter Preislagenpräferenz, weil die Verbraucher dadurch eben nicht mehr in allen Warengattungen zur selben Preisklasse tendieren. Insofern kann es auch nicht verwundern, dass Gierl (1990) in einer umfassenden Sekundäranalyse von Befragungsdaten bezüglich des Einkaufs von Gütern des täglichen Bedarfs für verschiedene soziodemographische und psychographische Erklärungsvariablen wenig Erklärungskraft fand. Offenkundig vermengen sich in den Preislagenpräferenzen von Konsumenten (für gewerbliche Abnehmer mag dies anders sein) eine solche Vielzahl von Verhaltenstendenzen, dass eine einfache Erklärung kaum mehr möglich ist.

Produktfeld	Käuferanteil (in %)		
	Niedrigpreislage	Mittelpreislage	Hochpreislage
Schokolade	21,5	46,1	32,4
Röstkaffee	21,7	---	78,3
Margarine	23,3	31,8	44,9
Joghurt	24,1	60,8	15,1
Eiscreme	31,8	37,1	31,1
Saft	33,3	33,3	33,3
Fertiggerichte	33,4	49,7	16,9
Speiseöl	34,1	---	65,9
Dosenmilch	38,1	18,5	43,4
Weichspüler	15,1	32,5	52,4
Geschirrspüler	23,0	22,4	54,6
Vollwaschmittel	28,1	13,1	58,8
pfleg. Kosmetik	28,9	45,5	25,6
Sonnenschutzmittel	32,3	31,2	36,5
dekor. Kosmetik	42,9	36,9	20,2
Parfüm	60,0	---	40,0
Haarshampoo	22,8	44,0	33,2
Deo	27,5	39,2	33,3
Haarspülung	32,3	46,8	20,9
Seife	57,0	---	43,0
Handcreme	90,5	---	9,5

Tab. 4-3: **Häufigkeiten des Kaufs in verschiedenen Preislagen durch deutsche Frauen (Quelle: Gierl 1990, S. 103)**

Unübersehbar ist jedoch, dass der deutsche Konsument in den 90er-Jahren seine Skepsis gegenüber der unteren Preislage deutlich abgebaut hat und dort zumindest in bestimmten Warengruppen - unabhängig von sozialer Schicht, Lebensstil und Soziodemographie - sogar bevorzugt einkauft. Allerdings verbindet sich diese Präferenz mit der Bedingung, dass auch dort zumindest mittlere, wenn nicht hohe Qualität geboten wird. Insofern muss von einer Entkopplung der Preis- und Qualitätslagen gesprochen werden, für die insbesondere die Discountunternehmen gesorgt haben und die offenkundig von der Verbraucherschaft akzeptiert wurde. Anders ist es nicht zu erklären, dass z.B. Aldi einen weitesten Käuferkreis von über 90% der deutschen Haushalte besitzt (vgl. auch Abb. 11-6).

4.7.3 Preiszufriedenheit

4.7.3.1 Definition und Stellenwert

Als einen weiteren Teil der Preisintentionen sehen wir auch die verschiedenen Ausprägungen der Preiszufriedenheit.

> Wir definieren die *Preiszufriedenheit* im Sinne des Confirmation-Disconfirmation-Paradigmas als gedankliches Ergebnis einer Gegenüberstellung von Preiserwartungen und Preiswahrnehmungen seitens eines Kunden. Es unterscheidet sich von den (in 4.7 behandelten) Preisurteilen in dreifacher Weise:
>
> - einmal durch Bezugnahme auf eine *Geschäftsbeziehung*, d.h. auf einen Anbieter, und nicht auf ein Produkt,
>
> - damit zweitens durch Betrachtung nicht nur der Leistungsseite einer Transaktion, sondern *aller Ebenen einer Geschäftsbeziehung*
>
> - und drittens durch eine *zeitübergreifende* statt einer punktuellen Perspektive, welche alle Vor- und Nachkaufphasen eines Kaufprozesses miteinschließt (vgl. Diller/ That 1999).

Die *Einordnung der Preiszufriedenheit* wäre prinzipiell auch bei den Preisurteilen möglich, weil es wie dort um (vorwiegend) kognitive Prozesse geht. Gleichzeitig scheint uns die Preiszufriedenheit aber auch eine starke intentionale Komponente zu besitzen. Sie fungiert nämlich nach jeder Transaktion mit einem Anbieter soz. als Zwischenkontrolle für eine anbieterbezogene Preispräferenz im vorher behandelten Sinne. Fällt die Preiszufriedenheit nach einer wiederholten Transaktion gut aus, kann die Preispräferenz weiter gelten bzw. bestärkt werden, fällt sie schlecht aus, wird ein tatsächliches oder potentielles Treueverhalten in Frage gestellt. Insofern ist die von Konsumenten bei Befragungen geäußerte (Preis-)Zufriedenheit auch nie ein Garant für die längerfristige Bindung eines Kunden, sondern nur ein Zwischenstatus.

4.7.3.2 Der Geschäftsbeziehungsbezug der Preiszufriedenheit

Betrachtet man die Preiszufriedenheit im Kontext des Beziehungsmarketing (Diller/Kusterer 1988; Diller 1995), so wird ein radikaler Perspektivenwechsel im Gegensatz zu klassischen preistheoretischen Modellen erforderlich. Will man Kunden nämlich langfristig zufrieden stellen, muss man ihnen überzeugende *Problemlösungen* auch für ihre *Preisprobleme* bieten (vgl. ausführlich: Diller 1997). Die Preiszufriedenheit tritt hier also neben oder gar anstelle der kurzfristigen Gewinnmaximierung als preispolitisches Leitziel und gibt dem Preismanagement eine langfristige Orientierung (vgl. Kap. 2.3). Gleichzeitig führt das Denken in Problemlösungen zur strikten Kundenorientierung, weil die Probleme des Kunden explizit zum Gegenstand der Überlegungen werden („Perspektivenübernahme"). Zufriedenheit ist schließlich als Ergebnis eines Vergleichs zwischen Leistungserwartungen und Leistungswahrnehmungen, also aus der subjektiven Perspektive des Kunden heraus definiert. Zum Verständnis der Preiszufriedenheit gilt es deshalb die Preisprobleme des Kunden zu durchdringen, die gewiss in jeder Branche recht unterschiedlicher Natur sein können.

4.7.3.3 Der zeitübergreifende Charakter der Preiszufriedenheit

Im Gegensatz zu einem punktuellen Preisurteil entsteht Preiszufriedenheit im Zeitablauf. Sie baut auf (Preis-)Erfahrungen in allen Phasen eines Kaufprozesses auf, also sowohl in der Vor- als auch in der Entschluss- und in der Nachkaufphase. Eine entsprechende Analyse der spezifischen Preisfunktionen und Preisprobleme in diesen Phasen bringt weitere Facetten der Preiszufriedenheit zu Tage (Diller 1997):

In der *Orientierungs- und Suchphase* geht es für den Kunden zunächst darum, *Preis(-Leistungs-)Transparenz* herzustellen, um eine Vorauswahl der relevanten Kaufalternativen vornehmen zu können und das Preisgefüge transparent zu machen (*Preisinformationszufriedenheit*).

In der *Bewertungsphase* eines Kaufentscheidungsprozesses kann Zufriedenheit von Seiten der Anbieter dadurch geschaffen werden, dass man den Kunden in seiner gegebenenfalls vorhandenen Unsicherheit über angemessene Präferenzen bezüglich unterschiedlicher Qualitätsmerkmale, Preislagen, Kaufmengen etc. aufklärt (*Preisberatung*).

Gerade bei individualisierten Preisleistungen, wie Reparaturentgelten, Beratungshonoraren oder langfristigen Leistungsverträgen, bei denen die tatsächlichen finanziellen Belastungen eines Kunden zum Kaufzeitpunkt schwer überschaubar sind, könnten aber auch *Pauschalpreise*, d.h. der Verzicht auf individuelle Abrechnung, die Preisattraktivität und -zufriedenheit des Kunden erhöhen. Ähnliche Effekte dürften der Verzicht auf versteckte Zusatzkosten (z.B. durch *Full-Service-Verträge*) sowie *Kulanz* bei Qualitätsmängeln und Schadensfällen besitzen. Speziell in gewerblichen Geschäftsbeziehungen mag schließlich auch die Art der Lasten- und Pflichtenverteilung und der *Kooperationsgrad* bei der Entwicklung individueller Problemlösungen eine Rolle spielen.

Betrachtet man die *Entscheidungsphase*, so ergeben sich zunächst für den Kunden gegebenenfalls durch den Zwang zu Preisverhandlungen Probleme. In diesem Zusammenhang ist die *Preisoffenheit und -ehrlichkeit* des Anbieters ein für die Preiszufriedenheit relevanter Aspekt. Ein weiterer Punkt betrifft die *Finanzierung* des Kaufes. Je nach Produktfeld können dabei z.B. die *Inzahlungnahme von Altprodukten*, die *Gewährung von Zahlungszielen*, die Ausgestaltung von *Leasingkonditionen* oder *Rücktrittsklauseln* Relevanz gewinnen. Neben solchen ökonomischen Aspekten spielen beim Kaufabschluss aber auch psychische Faktoren eine Rolle, so der *Stolz,* einen vergleichsweise günstigen Preis „ausgehandelt" zu haben, oder schlicht die Freude an der Wahrnehmung einer *günstigen Preisgelegenheit*.

Die Preiszufriedenheit wird schließlich auch von Umständen in der *Nachkaufphase* geprägt, in der sich insbesondere Informationen darüber ansammeln, ob die vor dem Kaufentschluss gemachten Annahmen über die Qualität und das Preis-Leistungs-Verhältnis des Produktes richtig waren. Besonders kritisch für die Preiszufriedenheit könnten dabei die in aller Regel hoch gesteckten Erwartungen an die *Störanfälligkeit*, die *Reparaturkosten* sowie die laufenden *Unterhaltskosten* für ein Produkt sein. Derartige Preisbestandteile spielen vor allem für langlebige Gebrauchsgüter eine wichtige Rolle. Aber auch die mit der Abwicklung eines Schadensfalles verbundenen Aufwendungen und der tatsächliche Risikoeintritt einer Versicherung, d.h. einer Dienstleistung, sind bekanntermaßen nicht immer erwartungsgemäß und beeinflussen damit (potentiell) die Preiszufriedenheit der Kunden.

Denkt man schließlich an die Wiederkaufphase, so treten zunächst gegebenenfalls die *Beseitigungskosten* eines Produktes bzw. die *Rücknahmepreise* ins Bewusstsein. Darüber hinaus könnte der Kunde Erwartungen bezüglich eines *Treuebonus* beim Wiederkauf hegen, dessen Gewährung die Preiszufriedenheit erhöht. Schließlich könnten insbesondere bei Anbietern mit breitem Produktionsprogramm auch Häufungseffekte positiver bzw. negativer Preiserfahrungen über mehrere Produktgattungen hinweg eine Rolle spielen („Breite" der Preiszufriedenheit, *Preisimageeffekt*). Wem z.B. von seiner Bank nicht nur im Giroverkehr, sondern auch bei der Wertpapierberatung, dem Hypothekengeschäft und gegebenenfalls auch noch bei der steuerlichen Hilfestellung hervorragende Leistungen geboten werden, der mag sich in seiner Preiszufriedenheit besonders bestätigt fühlen.

Offenkundig ist also auch die Preiszufriedenheit ein *multiattributives Konstrukt*, das in eine Reihe von Teilpreiszufriedenheiten aufgegliedert werden kann. Diese Teilzufriedenheiten betreffen Preis-(Teil-)Leistungen eines Anbieters, d.h. dem preispolitischen Instrumentarium zuzuordnende Aktivitäten, die grundsätzlich dafür geeignet sind, die nachträgliche Bewertung des Kaufes und der Nutzung eines Wirtschaftsgutes durch den Kunden zu beeinflussen. Welche Erwartungen dabei tatsächlich gehegt werden, wird weiter unten behandelt.

Tabelle 4-5 fasst die bisher gemachten Überlegungen durch Einordnung verschiedener Teilleistungen in drei Leistungsdimensionen einerseits (Preisgünstigkeit, Preiswürdigkeit und begleitende Preisleistungen) sowie durch Zuordnung zu drei Teilphasen einer Kaufentscheidung (Vorkauf-, Entscheidungs- und Nachkaufphase) zusammen. Je nach Produktgattung fallen unter die dort genannten Kategorien zum Teil jeweils recht spezifische Teilleistungen, die hier nicht alle im Detail behandelt werden können.

Teildimensionen / Kaufphasen	Preisgünstigkeit	Preiswürdigkeit (Preis-Qualitäts-Verhältnis)	Begleitende Preisleistungen		
			Preistransparenz	Preissicherheit	Preiszuverlässigkeit
Vorkaufphase	Nebenkosten des Einkaufs (Telefongebühren, Fahrtkosten, Parkgebühren etc.)	Preis-Qualitäts-Verhältnis entgeltlicher Leistungsinformationen Psychische Einkaufsbelastungen	Vollständige, richtige und aktuelle Preisauszeichnung Übersichtliche und entscheidungsgerechte Preisinformation	Verzicht auf Preisschönung	Preiskonstanz
Entscheidungsphase	Preishöhe der Güter/ Dienste Preisnachlässe	Preis-Qualitäts-Verhältnis der Güter/ Dienste	Nachvollziehbarkeit der Preisstellung	Individuelle Preisberatung Pauschalpreise	Korrekte Fakturierung
Nachkaufphase	Nachkaufkosten (Reparatur, Nutzungsgebühr, Beseitigung etc.)	Wirtschaftlichkeit des Produktgebrauchs Preis-Qualitäts-Verhältnis von Reparaturleistungen	Preisauszeichnung für Reparaturleistungen, Nutzungsgebühr etc.	Preiskonstanz	Verzicht auf versteckte Nebenkosten Kulanz/ Entgegenkommen

Tab. 4-4: **Preisteilleistungen als Gegenstände der Preiszufriedenheit**

4.7.3.4 Modellierung der Preiszufriedenheit

In 4.7.3.1 definierten wir Preiszufriedenheit als Differenz aus preisbezogenen Wahrnehmungen und Erwartungen, d.h.:

(4-15) $PZ_j = PWA_j - PE_j$

PZ_j = Preiszufriedenheit mit Anbieter j
PWA_j = Preiswahrnehmungen über Anbieter j
PE_j = Preiserwartungen bezüglich Anbieter j

Diese Differenzenformulierung ist nicht zwingend, hat sich aber in der Kundenzufriedenheitsforschung bewährt. Dies gilt insbesondere dann, wenn PE und PWA als aggregierte Durchschnittswerte über verschiedene Teilaspekte hinweg bestimmt werden, also folgende Bestimmungsgleichung gilt:

176

(4-16) $PZ_j = f(TPZ_i)$

$TPZ_i =$ Teilpreiszufriedenheit mit dem i-ten Teilaspekt der Preiszufriedenheit ($i = 1 \ldots I$)

Die Verknüpfung der Teilpreiszufriedenheiten wird weiter unten behandelt.

Die mit (4-15) vorgeschlagene Formulierung unterstellt eine lineare Verbesserung (Verschlechterung) der Preiszufriedenheit mit abnehmender (zunehmender) Differenz zwischen PWA und PE (lineare Funktion). Wie u.a. das Kano-Modell der Zufriedenheit lehrt (vgl. Bailom et al. 1996), ist eine solche Modellierung nicht zwingend. Vielmehr sind auch nicht-lineare Zufriedenheitsmodelle denkbar, allerdings auf der aggregierten Ebene der Gesamtpreiszufriedenheit substanzwissenschaftlich schwer argumentierbar. Wir bringen diese Überlegungen deshalb in die Modellierung der Teilpreiszufriedenheiten im nächsten Abschnitt ein.

Die multiattributive Aufgliederung der Preiszufriedenheit in Teilpreiszufriedenheiten TPZ_i ist ein analoges Vorgehen zur Aufgliederung der Gesamtzufriedenheit in Teilzufriedenheiten, von denen die Preiszufriedenheit dann eine darstellt. Insofern handelt es sich hier um ein hierarchisches Modell, das auch *innerhalb* der Preiszufriedenheit fortgesetzt werden kann. So scheint es denkbar, die in Tabelle 4-5 ausgewiesenen drei Dimensionen der Preiszufriedenheit (Preisgünstigkeit PG, Preiswürdigkeit PW und Preisnebenleistungen PN) als Hauptfaktoren zu modellieren, die sich wiederum aus verschiedenen Unterfaktoren zusammensetzen. In allgemeiner Form gilt dann:

(4-17) $PZ_j = f(PG_j, PW_j, PN_j)$

Werden beispielsweise die Preisnebenleistungen des Anbieters j in k Teilnebenleistungen aufgesplittet, so gilt:

(4-18) $PN_j = f(TPN_{kj})$

$TPN_{kj} =$ Teilpreiszufriedenheit mit k-ter Nebenleistung des Anbieters j

Die hierarchische Aufsplittung der Preiszufriedenheit hat einen hohen diagnostischen Wert, weil aus entsprechenden Informationen konkrete Ansatzpunkte für eine Verbesserung der Preiszufriedenheit der Kunden gewonnen werden können. Andererseits erhöht sich dadurch naturgemäß der Erhebungsaufwand. Durch vorgeschaltete Pilotstudien und darauf aufbauende Faktorenanalysen sollte deshalb zunächst die Diskriminanzvalidität der Unteraspekte überprüft werden. Eine zu feine Aufgliederung überfordert evtl. auch das Differenzierungsvermögen der Befragten.

Bei der Zusammenfügung der Teilpreiszufriedenheiten zur Gesamtpreiszufriedenheit PZ_j folgt man - wie in der Einstellungsforschung auch - der kognitiven Algebra des linear-kompensatorischen Modells, bei dem schlechtere Werte bei einer Teilzufriedenheit mit besseren bei einer anderen kompensiert werden können und sich die Gesamtzufriedenheit additiv aus der Summe der Teilzufriedenheiten ergibt. Es gilt also:

(4-19) $PZ_j = 1/I \sum_i TPZ_{ij}$

Analog wird die Zusammenfügung von Unteraspekten der jeweiligen Teilpreiszufriedenheiten modelliert. Z.B. gilt für die multiattributiv zusammengefügte Preiszufriedenheit mit den Nebenleistungen PN_j:

$$(4-20) \qquad PN_j = 1/K \sum_k TPN_{kj}$$

Die additive Verrechnung von Teilpreiszufriedenheiten wird nur dann einen validen Gesamtzufriedenheitswert erbringen, wenn den Kunden alle Teilpreiszufriedenheiten gleich wichtig sind. Davon ist normalerweise nicht auszugehen. Deshalb liegt es nahe, die Teilpreiszufriedenheiten mit einem *Gewichtungsvektor* w_i zu versehen, mit dem die subjektive Bedeutung des jeweiligen Teilaspektes erfasst werden kann. Es gilt dann:

$$(4-21) \qquad PZ_j = 1/I \; \Sigma \; w_i \cdot TPZ_{ij}$$

w_i = Gewichtungsfaktor für Teilaspekt$_i$

$(0 \leq w_i \leq 1; \Sigma \, w_i = 1)$

Die Normierung des Gewichtungsvektors auf Werte zwischen 0 und 1 und seine Formulierung als Prozent-Wert ($\Sigma \, w_i = 1$) ist nicht zwingend, aber aus Gründen der Transparenz zweckmäßig. Die Ermittlung der Gewichtungsfaktoren kann entweder durch zusätzliche Abfragen auf entsprechenden Skalen (z.B. Konstantsummenskala, Ratio-Skala o.ä.) oder indirekt über eine lineare Regression der Teilzufriedenheiten auf die Gesamtzufriedenheit und Heranziehung der entsprechenden standardisierten Regressionskoeffizienten erfolgen.

Analog zur Formulierung der Gesamtpreiszufriedenheit nach Gleichung (4-15) kann auch die Teilpreiszufriedenheit als Differenz aus den Erwartungen bezüglich des Teilaspektes und den diesbezüglichen Wahrnehmungen formuliert werden:

$$(4-22) \qquad TPZ_j = PWA_{ij} - PE_{ij}$$

PE_{ij} = i-te Preiserwartung gegenüber Anbieter j

PWA_{ij} = i-te Preiswahrnehmung

Entsprechend den oben dargestellten Gesetzen der Prospect-Theorie lassen sich hier nicht nur lineare Funktionsverläufe, sondern auch nicht-lineare, z.B. progressiv bzw. degressiv bzw. doppelt gekrümmte Funktionsverläufe, modellieren.

Antizipatorische und normative Preiserwartungen

Innerhalb der Zufriedenheitsforschung gibt es unterschiedliche Auffassungen darüber, wie die Erwartungen an die Anbieter zu definieren bzw. zu interpretieren sind (vgl. Boulding et al. 1993; Schütze 1992, S. 156ff.; Stauss 1999, S. 7ff.). Dabei scheint sich die Auffassung durchzusetzen, dass sich zumindest zwei grundsätzlich verschiedene Erwartungsarten unterscheiden lassen, nämlich antizipatorische einerseits und normative andererseits. Erstere werden auch als „will expectations" bezeichnet und sollen die vom Individuum vermutete Wahrscheinlichkeit des Auftritts eines bestimmten Leistungsniveaus bei einem bestimmten Anbieter charakterisieren, die dieser aus den bisherigen Erfahrungen mit dem Anbie-

178

ter ableitet. Bei den normativen Erwartungen („should expectations")
handelt es sich dagegen um aus dem Präferenzsystem der Kunden stam-
mende Wünsche und Idealvorstellungen, wie sie auch in Idealpunktmo-
dellen der Einstellungstheorie (vgl. Trommsdorff 1975) oder im Rahmen
von Positionierungsmodellen formuliert werden (vgl. z.B. Brockhoff
1992). Beide Erwartungen können als zwei unterschiedliche Dimensionen des Erwartungskonstruktes angesehen und insofern gemeinsam in ein
Zufriedenheitsmodell eingebaut werden. So kann man z.B. davon ausgehen, dass Konsumenten zwar unübersichtliche Preisinformationen im
Mobilfunkgeschäft erwarten bzw. antizipieren, aber gleichzeitig der Meinung sind, dass die Tarifgestaltung der Anbieter verständlicher sein sollte. Insofern liegt die Modellierung multipler Vergleichsstandards nahe
und wird durch entsprechende empirische Studien auch gestützt
(Spreng/MacKenzie/Olshawski 1996; Boulding et al. 1993; Wimmer/
Roleff 1998). Überträgt man diese Modellvorstellungen auf die Preiszufriedenheit, so setzt sich diese aus zwei Teilzufriedenheiten zusammen,
nämlich jene, bei der die Preiserfahrungen an den normativen Erwartungen gespiegelt werden, und jene, bei denen die antizipatorischen Erwartungen als Urteilsanker dienen. Abb. 4-21 stellt diesen Zusammenhang
graphisch dar und nennt einige wichtige Einflussfaktoren, ohne dass diese hier näher thematisiert werden können.

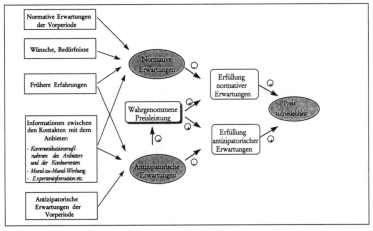

Abb. 4-21:   **Preiszufriedenheit als Ergebnis der Erfüllung norma-
tiver und antizipatorischer Erwartungen (Quelle: Dil-
ler/That 1999, S. 22)**

Bei der Zusammenfügung der beiden Teilurteile können wiederum unterschiedliche Modellierungen analog zur oben besprochenen Zusammensetzung von Teilpreiszufriedenheiten erwogen werden. Um die Modellstruktur nicht zu sehr zu komplizieren, liegt wiederum eine additiv-
kompensatorische Verknüpfung nahe, bei der sich die jeweilige Teilzu-

friedenheit als ungewichteter Durchschnitt aus den an den normativen bzw. antizipatorischen Erwartungen verankerten Zufriedenheitsurteilen ergibt.

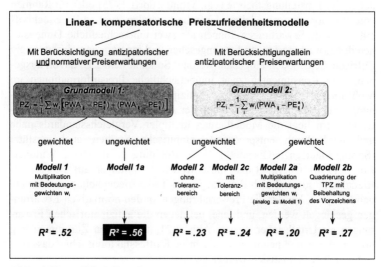

Abb. 4-22: **Modellvarianten der Preiszufriedenheit (Quelle: Diller/That 1999, S. 35)**

Abb. 4-22 zeigt die auf den voranstehenden Überlegungen aufbauenden Modellvarianten, die von Diller/That (1999) im Rahmen einer empirischen Pilotstudie zur Preiszufriedenheit von Verbrauchern mit insgesamt sechs Dienstleistungen einer Überprüfung unterzogen wurden samt zugehörigen Testergebnissen. Der beste Fit ergab sich für nachfolgendes Modell:

$$(4\text{-}23) \qquad PZ_i = \frac{1}{I}\sum_i w_i \left[\left(PWA_{ij} + PE_{ij}^a \right) + \left(PWA_{ij} - PE_{ij}^n \right) \right]$$

Das Modell konnte insgesamt 56% der Varianz der direkt erfragten Preiszufriedenheit aufklären. Hinsichtlich der empirischen Ermittlung der normativen Preiszufriedenheiten zeigte sich dabei in Vorstudien, dass hier fast durchgängig eine „je mehr-desto besser"-Haltung vorliegt, sodass die jeweiligen Extremwerte unserer Beurteilungsskalen als Verankerungspunkte dienen können und eine gesonderte Abfrage überflüssig wird.

Ein interessanter anderer Befund dieser Studie betraf die relative Bedeutung verschiedener Preisteilleistungen. Sie wurden im Wege einer Konstantsummenskala durch direkte Skalierung erhoben. Wie Abb. 4-23 deutlich macht, erreicht dabei der Stellenwert der sog. Preis-Nebenleistungen für fast alle Dienstleistungen mehr als 40% und steht damit gleichgewichtig neben dem Preisniveau und dem Preis-Leistungsverhältnis (vgl. 13.2). Dies unterstreicht den multiattributiven

Charakter der Preiszufriedenheit und die Bedeutung dieser Preisintention für das Konsumentenverhalten.

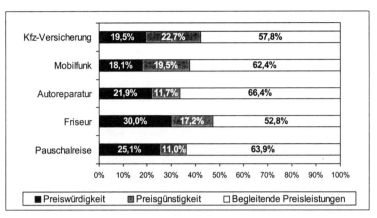

Abb. 4-23: **Gewichte der Teilpreiszufriedenheiten (Quelle: Diller/That 1999, S. 39)**

4.7.4 Preisvertrauen

4.7.4.1 Definition und Konzeptionalisierung

Aus der Informationsökonomik und der Principal-Agent-Theorie ist bekannt, dass es in nahezu allen Kaufsituationen Informationsasymmetrien gibt, die zu Risiken auf Seiten des Käufers (und Verkäufers) führen (vgl. Kaas 1995). Dabei gibt es käuferseitig Unsicherheiten über die Eigenschaften der gehandelten Leistungen (hidden characteristics), über die Absichten des Vertagspartners (hidden intentions) und dessen tatsächliche Verhaltensweisen, etwa bei der Vertragsabwicklung (hidden actions). Diese Unsicherheiten können letztlich auch bei intensivem „Screening" (Prüfung von Anbietern auf Leistungsunterschiede und entsprechende Selektion) nie vollständig abgebaut werden, weil Güter neben prüfbaren Inspektionseigenschaften häufig auch Erfahrungs- und Vertrauenseigenschaften besitzen, die ex ante vom Käufer nicht einsehbar sind. Der Käufer ist deshalb in gewisser Weise auf sein Vertrauen in den Anbieter angewiesen (vgl. Plötner 1995, S. 68).

In diesem Sinne definieren wir *Preisvertrauen* als die Hoffnung bzw. Erwartung eines Kunden, dass der Anbieter sich im Hinblick auf die Preisgünstigkeit und/oder Preiswürdigkeit nicht opportunistisch, d.h. einseitig eigennützig verhält.

Die aus einer oder mehreren Transaktionsepisoden resultierende Preiszufriedenheit des Kunden mag diese Unsicherheiten mindern, ausschalten kann sie sie allerdings nie, weil stets Verhaltensänderungen des Verkäufers möglich sind. Insofern macht es theoretisch Sinn, neben der Preiszufriedenheit des Kunden auch dessen Vertrauen in die preispolitische Korrektheit des Anbieterverhaltens als zusätzliches Konstrukt des Preisverhaltens zu thematisieren. Die Preiszufriedenheit bezieht sich dabei stärker auf das Leistungsangebot und -ergebnis einer Transaktion, das Preisvertrauen auf die Art und Weise des Zustandekommens. Insbesondere geht es hierbei um die Fairness des Anbieters.

Das Preisvertrauen des Kunden kann Ausdruck kognitiver Erwartungen sein, die auf entsprechenden Erfahrungen des Kunden beruhen. In diesem Fall wird eine hohe Korrelation mit der Preiszufriedenheit feststellbar sein. Sie kann aber auch lediglich auf der Hoffnung beruhen, wenn der Kunde nicht in der Lage oder willens ist, einschlägige Erfahrungen in die Kaufentscheidung einzubringen. Grundlage für solche Hoffnungen bieten dann lediglich bestimmte Signale des Anbieters („Signaling" i.S. der Informationsökonomie), die einen entsprechenden preispolitischen Stellenwert erhalten (vgl. Kap. 12). Zu denken ist etwa an Zertifizierungsnachweise oder Preisgarantien.

Preisvertrauen ist nicht bei allen Kaufentscheidungen gleichermaßen erforderlich. Bedeutung erlangt es vor allem

- bei *erstmaligen* oder *einmaligen Käufen* eines Kunden in bestimmten Produktbereichen mit hohem *Kaufrisiko* (z.B. bei Immobilien),

- bei sog. *Kontraktgütern*, also „hochwertigen, komplexen Leistungen, die auf die spezifischen Bedürfnisse eines einzelnen Kunden zugeschnitten sind und deswegen nur in Auftragsfertigung erstellt werden können" (Kaas 1995 Sp. 979),

- in allen Geschäftsfällen, in denen der Kunde *spezifische Investitionen* in die Geschäftsbeziehung einbringen muss, die ihn in gewisser Weise an den Verkäufer binden, z.B. bei proprietären Produktsystemen, Anschlussgebühren mit Mindestvertragsdauer (z.B. Telefon) oder gemeinsamer Entwicklungsarbeit an der Leistung wie bei Zulieferteilen und

- je größer die *Preisspreizung* am Markt ausfällt, wenn gleichzeitig *Intransparenz* über die dort erzielten bzw. gezahlten Preise herrscht, etwa, weil individuelle Preisverhandlungen geführt werden. In diesen Fällen besteht für den Käufer die Gefahr der Schlechterstellung (Diskriminierung), was ökonomische, aber auch soziale Nachteile mit sich bringt.

Tendenziell sind diese Bedingungen insb. auf *Industriegütermärkten* und dort vor allem in Anlagen- und im Systemgeschäft vorzufinden (vgl. Backhaus 1995, S. 347ff. und 431ff.). Aber auch bei vielen persönlichen Beratungsdienstleistungen mit hohem Anteil an Vertrauenseigenschaften

(Rechts- oder Unternehmensberatung, medizinische Fürsorge etc.) ist sie prinzipiell von Nöten, insoweit nicht staatliche Preisregularien opportunistisches Anbieterverhalten ausschließen.

Ohne solche Regularien ist der Kunde mehr oder weniger auf die Fairness des Verkäufers angewiesen. Dies ist allerdings im Hinblick auf die Preisfairness in bestimmtem Ausmaß vom Anbieter signalisierbar bzw. vom Käufer „lesbar". Zur näheren Klärung gilt es dazu vorweg das Verständnis von Preisfairness zu klären.

4.7.4.2 Preisfairness

Die *Preisfairness* ist bisher – abgesehen von einer grundlegenden und prospecttheoretisch inspirierten Studie von Kahnemann/Knetsch/Thaler (1986) - wissenschaftlich wenig durchleuchtet.

Überwiegend wird wahrnehmungstheoretisch (Thaler 1985), gelegentlich auch equity-theoretisch (Maxwell 1995), selten attributionstheoretisch (Campell 1999) argumentiert. Als Bezugstheorie bietet sich insb. die Equity-Theorie an. Nach ihr gilt die Verteilung von Ergebnissen einer gemeinsamen Aktivität grundsätzlich dann als gerecht und ausgewogen, wenn alle Beteiligten das Verhältnis ihrer geleisteten Beiträge und ihrer aus der Beziehung erzielten Ergebnisse als (relativ) gleich wahrnehmen (vgl. Mikula 1980, S. 17; Schwinger 1980, S. 109). Eine Fortentwicklung des Equity-Ansatzes ist der sog. Mehrprinzipienansatz (vgl. Deutsch 1975; Leventhal 1976), nach dem sich eine Aufteilung von kooperativ erwirtschafteten Ergebnissen nach verschiedenen Gesichtspunkten beurteilen läßt.

(1) Die *Verteilungsgerechtigkeit* betrifft die Ergebnisse bzw. die Quote einer Verteilung von vorhandenen Ressourcen oder Belohnungen. Kahnemann et al. (1986) belegen anhand vielfach variierter Umfragedaten, dass Menschen ihr Fairnessempfinden an einer vergleichbaren Referenzsituation, soz. dem status quo, messen, an den sich die Beteiligten zu halten haben. Steigen z.B. die Kosten, kann der Anbieter die Preiserhöhung weitergeben, wenn seine Gewinnspanne gleich bleibt („profit protection"). Als unfair gilt vor allem die Ausnutzung exogen verursachter Umstände (z.B. Preiserhöhung für Schneeschaufeln nach Schneestürmen), auch wenn dies marktgerecht ist. Dem Marktpreismechanismus wird eher mißtraut. Er gilt zwar nicht als unfair, aber als weniger fair als eine Kosten-plus-Kalkulation. Die kostenorientierte Preisethik ist weit verbreitet (vgl. Wied-Nebbeling 1985, S. 44ff.). Werden dem Anbieter „schlechte", d.h. eigensüchtige Motive unterstellt, gilt eine Preisänderung als unfairer als wenn „gute" Motive (z.B. Arbeitsplatzerhalt) attribuiert werden (Campell 1999). Fallen einem Verkäufer „windfall profits" (z.B. Marktpreissteigerungen bei gleicher Kostensituation) zu, so gilt es durchaus nicht als unfair, diese alleine einzustreichen. Dies gilt freilich nicht für voranschreitende Preiserhöhungen eines Anbieters. Ferner werden „echte" (out of pocket-) Verluste des Käufers (losses i.S. der Prospect-Theorie), z.B. Preiserhöhungen, als schwerwiegendere Beeinträchtigung der Preisgerechtigkeit empfunden als eine gleich große Rücknahme von Oppurtunitätsgewinnen (z.B. Streichung eines Bonusprogramms).

(2) Die *Verfahrensgerechtigkeit* betrachtet den Prozess, aufgrund dessen es zu den Ergebnissen gekommen ist. Faire Verfahren sind konsistent, unvoreingenommen und unparteiisch, repräsentieren die Interessen aller Partner, basieren auf richtigen und sorgfältigen Informationen und auf ethischen Standards (vgl. Leventhal/Karuza/Fry 1980, S. 223f.). Im Zweifel wirkt eine gute Reputation des Anbieters positiv auf die Wahrnehmung der Fairness, was die Bedeutung einer entsprechenden Imagepolitik unterstreicht (Campell 1999; Diller 1997b). Interessant ist die gelegentlich vertretene These,

dass die Verfahrensgerechtigkeit für das Fairnessempfinden wichtiger sei als die Verteilungsgerechtigkeit. Wenn jedem vom Verfahren her eine gleiche Chance gegeben wird, das zu erreichen, was ihm zusteht, wird das Ergebnis auch dann anerkannt, wenn es nicht verteilungsgerecht ausfällt. Insofern wirken die Ankündigungen von Preiserhöhungen fair, weil dem Käufer die Chance einer Bevorratung zu alten Preisen geboten wird. Als eher ungerecht werden Preisauktionen angesehen, weil sie im Vergleich zum Marktpreis allein dem Verkäufer nutzen (Kahnemann et al. 1986, S. 735).

(3) Die *Interaktionsgerechtigkeit* bezieht sich auf die Art und Weise, d.h. den Stil eines Interaktionsablaufs. Ein auf längerfristige Beziehungen abgestelltes Geschäftsgebaren verlangt *Solidarität*, d.h. den Willen, auch im Konfliktfall die Beziehungen zu pflegen. Kaufmann/Stern (1988) konnten belegen, dass eine solche Einstellung das Fairnessempfinden der Partner stark bestimmt. Konflikte in solidarischen Geschäftsbeziehungen wurden in ihrer Studie als weniger unfair empfunden als in transaktionsorientierten Beziehungen.

(4) Ein weiterer wichtiger Einflussfaktor auf die Relevanz der Fairness in Geschäftsbeziehungen ist die *Machtasymmetrie*. Je größer sie ausfällt, umso größer ist die Gefahr, dass es zu ungleichen, ungerechten Aufteilungen von kooperativ erwirtschafteten Ergebnissen kommt. Mehrfach wurde belegt, dass allein marktmachtbedingte Preiserhöhungen als unfair gelten (z.B. Kalapurakal et al. 1991). Andererseits scheint sich der Konsument selbst von Haus aus in einer marktschwächeren Position zu sehen, weil er eigenes „Ausspielen" von Anbietern nicht als unfair ansieht. Aus diesen Überlegungen ergibt sich, dass Fairness sozusagen erzwungen werden kann, wenn man für Macht- und Informationssymmetrie sorgt. Bei Asymmetrien gilt es für den überlegenen Partner, glaubhafte Signale auszusenden, dass er nicht gewillt ist, seine Überlegenheit einzusetzen. Hier liegt eine weitere Interpretationsmöglichkeit von Fairness: Erst wenn ein Partner die Möglichkeit hat, Informations- und Machtüberschüsse in Geschäftsbeziehungen unfair einzusetzen, ergibt sich die Möglichkeit zu fairem Verhalten. Insofern ist Fairness insbesondere in asymmetrischen Geschäftsbeziehungen relevant.

Diese theoretischen und empirischen Erkenntnisse zeigen, dass die subjektiv empfundene Fairness des Geschäftspartners offenkundig ein mehrdimensionales Konstrukt darstellt. Aufbauend auf den dargestellten Erkenntnissen lassen sich speziell im Hinblick auf die Preisfairness sieben Komponenten unterscheiden (vgl. auch Abb. 4-24).

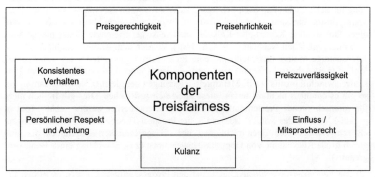

Abb.4-24: **Komponenten der Preisfairness**

1. *Preisgerechtigkeit*: Sie bedeutet, dass Preis und Leistung in einem marktüblich akzeptablen Verhältnis zueinander stehen. Versucht ein Partner willentlich, seine Position einseitig zu verbessern, so gilt dies

als unfair. Im Vordergrund steht hier also die *Verteilungsgerechtigkeit*. „The cardinal rule of fair behavior is surely that one person should not achieve a gain by simply imposing an equivalent loss on another" (Kahnemann et al. 1986, S. 731). An exogenen Ereignissen sollen beide Seiten teilhaben.

2. *Konsistenz*: Konsistenz impliziert, dass die Interaktionsprozesse zwischen den Partnern stets nach den gleichen „Gesetzmäßigkeiten" ablaufen, also z.B. nach derselben Preisformel agiert wird. Es wird vorausgesetzt, dass die Geschäftspartner an bestimmten, geschriebenen oder ungeschriebenen Grundsätzen und Regeln festhalten. Will ein Partner diese Regeln ändern, muss er dies dem anderen Partner vorweg offen und überzeugend darlegen.

3. *Preiszuverlässigkeit*: Hierbei geht es um die Einhaltung der bei Vertragsabschluss in Aussicht gestellten Preise. Dies kann insb. dann zum Problem werden, wenn – wie z.B. bei Autoreparaturen mit zunächst versteckten Materialmängeln – während der Leistungserstellung unvorhergesehene Leistungsbedingungen eintreten. Bei Pauschalpreisen übernimmt der Anbieter diese Risiken, weshalb diese als besonders fair gelten, obwohl in sie möglicherweise solche Fälle bereits einkalkuliert sind.

4. *Preisehrlichkeit* ist ein Aspekt, der insbesondere auf die Wahrheit und Klarheit der Preisinformation abstellt (vgl. Diller 1997b). Der Kunde erwartet hierbei richtige, schnell überschaubare, ungeschönte und vollständige Informationen über Preise, Konditionen und Leistungen. Er setzt darauf, dass ihn sein Geschäftspartner nicht zu übervorteilen versucht, auch wenn er u.U. nicht sorgfältig genug agiert und z.B. das „Kleingedruckte" in Verträgen nicht im Detail studiert.

5. *Einfluss- und Mitspracherecht*: Einfluss- und Mitsprachemöglichkeiten bei der Ausgestaltung der Geschäftsbeziehung fördern die Akzeptanz, insbesondere bei asymmetrischen Beziehungssituationen. So stellt Leventhal (1976, S. 139) fest, dass Menschen eher dazu neigen, Kompromisse, Entscheidungen und deren Konsequenzen zu akzeptieren, wenn sie an deren Entstehung mitgewirkt haben. Dies ist z.B. beim sog. Corporate Target Pricing der Fall. Gleichzeitig steigt dadurch auch die Zufriedenheit mit diesen Entscheidungen. Diese Komponente der Preisfairness betrifft also auch die *Verfahrensgerechtigkeit*, die insb. bei individuellen Preisverhandlungen eine wichtige Rolle spielen kann. Wenn Preise aufoktroyiert werden, ohne dass der Partner eine Chance zur Argumentation erhält, so gilt dies als unfair.

6. *Respekt und Achtung gegenüber dem Partner*: Diese Komponente betrifft die grundsätzliche Einstellung gegenüber dem Geschäftspart-

ner, mit dem man eine längerfristige Beziehung anstrebt. Achtung impliziert, dass der Mächtigere auf den Schwächeren keinen übermäßigen Druck ausübt, Verständnis für dessen Probleme zeigt und nicht nur an den eigenen Vorteilen interessiert ist. In der Fairnessforschung wird dies als Prinzip der *Solidarität* bezeichnet (Kaufmann/Stern 1988, S. 535). Es geht darum, die eigenen Interessen und Probleme jeweils an denen des Geschäftspartners zu spiegeln. Wenn z.b. ein Lieferant auf Grund einer nicht zu erwartenden Preissteigerung auf vorgelagerten Märkten seine zugesagten Preise nicht mehr einhalten kann, entspricht eine entsprechende Neuverhandlung einem fairen Preisgebaren des Käufers.

7. *Kulanz*: Kulantes Verhalten beinhaltet Großzügigkeit in Zweifelsfällen und Flexibilität bei unvorhergesehenen Umständen. Großzügigkeit offenbart sich in entgegenkommendem Verhalten und Verzicht auf kleinliche Auslegung von Verträgen oder Vereinbarungen. Auch wenn es juristisch nicht zwingend ist, gewährt der kulante Geschäftspartner z.B. bei kleineren Mängeln kostenfreie Reparaturen oder Ersatz. Flexibilität bei der Auslegung der Geschäftsbeziehung kann z.B. dann zu erhöhtem Fairnessempfinden führen, wenn sich ein Vertragspartner nicht stur an – möglicherweise vor langer Zeit – festgelegte Regeln klammert, sondern diese an neue Situationen angepasst interpretiert.

Kapitel 5: Informationssysteme der Preispolitik

Die Beherrschung der zunehmenden Markt- und Umweltdynamik und die anwachsende Professionalität des Preismanagements erfordern eine konsequente Nutzung des „vierten Produktionsfaktors" Information. Die Güte jeder unternehmenspolitischen Entscheidung steht in unmittelbarem Zusammenhang mit den dafür verfügbaren Informationen. Man kann Entscheidungen deshalb immer auch als Informationsprobleme interpretieren. Für die Preispolitik gilt das sogar in besonderem Maße, da sich hier die Wirkungszusammenhänge als äußerst komplex, dynamisch und indeterministisch erweisen. Dies bringt große *Unsicherheiten* und einen *hohen Informationsbedarf* mit sich. Nach Durchleuchtung der Aktionsseite wenden wir uns deshalb in diesem Kapitel ganz speziell den *Informationsinstrumenten der Preispolitik* zu. Sie wurden in der betriebswirtschaftlichen Preistheorie lange Zeit vernachlässigt. Ein allmählicher Abbau dieses offenkundigen Missstandes trat erst ein, als EDV-gestützte Informationssysteme die Abspeicherung und Aufarbeitung großer Datenmengen ermöglichten. Die Methoden der empirischen Sozialforschung, der Ökonometrie sowie multivariate Analyseverfahren eröffneten zusätzliche Informationspotentiale. Weiterhin brachte die verhaltenswissenschaftliche Fundierung der Preistheorie neue Anstöße für die Modellierung und empirische Stützung von Preisentscheidungsproblemen (vgl. Kaas 1981).

5.1 Konzeptionelle Grundlagen

Das Aufspüren attraktiver Preiskonzepte, die Abwägung verschiedener Preise und Preisstrukturen und die Durchsetzung und Kontrolle von Preisentscheidungen erfordern eine Vielzahl verschiedenartiger Informationen: Kostenverläufe, Absatzfunktionen, Marktlücken, Verhaltensweisen der Absatzmittler und Konkurrenten und gesetzliche Restriktionen sind nur einige Beispiele dafür. Erst solche Informationen füllen das formale Gerüst des in Kapitel 2 dargelegten preispolitischen Entscheidungsfeldes im konkreten Falle aus und lassen eine rationale Entscheidungsfindung zu. Da in aller Regel sowohl Unsicherheit über den Nutzen bestimmter Informationen besteht, als auch unklar ist, wie und wann diese Informationen kostengünstig und zweckmäßig beschafft, aufbereitet, in der Unternehmung verteilt und weitergeleitet werden, stellt der Entwurf eines Preis-Informationssystems selbst ein schwieriges Gestaltungsproblem der Preispolitik dar.

Als Preis-Informationssystem (PIS) bezeichnen wir dabei eine planvoll entwickelte und geordnete Gesamtheit von Informationen und organisatorischen Regelungen bezüglich der Träger von Informationsaufgaben, der Informationsrechte und -pflichten sowie der Methoden und Verfahren der Informationsbearbeitung in diesem Gefüge, mit Hilfe derer der Informationsbedarf der preispolitischen Entscheidungsträger befriedigt werden soll (vgl. Diller 1975, S. 7ff.). Preis-Informationssystemen kommt die wichtige Aufgabe eines Intelligenzverstärkers zu. Durch sie wird die Informationsflut kanalisiert, die Aktualität der Informationsversorgung gesichert und die Nutzung der Informationen durch problem- und organisationsgerechte Aufbereitung gefördert. Weiterhin kann damit die Kundennähe durch Kenntnis von Bedürfnissen und Reaktionen am Markt erhöht werden (vgl. Nieschlag/Dichtl/Höschgen 1997, S. 1005f.; Spang/Scheer 1992).

Der *Aufbau* eines solchen Informationssystems beinhaltet drei komplexe Aufgaben:

1) In einem zweckgerichteten *Informationsprogramm* sind Art, Umfang, Verdichtungsgrad und Zeitpunkt der für Preisentscheidungen bereitzustellenden Informationen festzulegen (vgl. 5.2).

2) Durch Bestimmung der Informationsquellen, Informationsempfänger, Informationsformate und Kommunikationsstrukturen ist ein effektives *Kommunikationssystem* für die Preispolitik zu schaffen. Darauf wird im Rahmen der Preisorganisation (12.4) eingegangen.

3) Schließlich gilt es jene *Erhebungsverfahren* (5.3) und *spezifische Methoden* der Informationsbearbeitung (5.4) zu finden, welche das Informationsprogramm in die für die jeweiligen Entscheidungsprobleme aussagekräftigste Form bringen.

Bei der Bewältigung dieser Aufgaben sind folgende, teilweise miteinander konkurrierenden *Zielsetzungen* zu berücksichtigen:

1) Das PIS soll die *tatsächlichen Informationsprobleme* des Preismanagements *treffen*. Es kann deshalb nicht allein auf die Ermittlung von Preis-Absatzfunktionen hin ausgerichtet sein. Vielmehr sollten sich möglichst alle Parameter und Ziele der Preispolitik im Informations- und Auswertungsprogramm widerspiegeln.

2) Das PIS sollte *alle Phasen des Preisentscheidungsprozesses* und nicht nur die Bewertungs- und Auswahlphase *unterstützen*. Auch Anregungsinformationen für Erfolg versprechende neue Aktivitäten und Kontrollinformationen über die Ergebnisse bestimmter Maßnahmen sind unverzichtbare Elemente des Informationsprogramms.

3) Das PIS sollte nicht nur die wahrscheinlichen Konsequenzen, sondern auch das *Risiko* preispolitischer Entscheidungsalternativen zu *erfassen* und *quantifizieren* helfen. Dabei sind die praktischen Erfahrungen der preispolitischen Entscheidungsträger in die Risikobewertung miteinzubringen.

4) Das PIS sollte nicht nur die kurzfristige, sondern auch die *mittel- und langfristige Perspektive* der Preispolitik unterstützen und deshalb die Voraussetzungen für eine *dynamische Wirkungsanalyse* schaffen.

5) Die relevanten Informationen sollten in einer möglichst *verdichteten* und *benutzerfreundlichen Form* zur Verfügung gestellt werden. Dafür eignen sich beispielsweise Kennzahlen oder die graphische Darstellung von Wirkungszusammenhängen.

6) Aufbau und Ausgestaltung eines PIS sollten in intensiver *Abstimmung* der späteren Betreiber und potentiellen Nutzer des Systems erfolgen.

7) Das System muss zu *tragbaren Kosten* realisierbar sein. Sekundärstatistische Erhebungsverfahren besitzen deshalb Priorität vor aufwendigen Primärerhebungen.

8) Die vom PIS bereitgestellten Informationen müssen hinreichend *zuverlässig* (reliabel), *valide* und *aktuell* sein, um als Entscheidungsgrundlage dienen zu können.

9) Da bestimmte Auswertungsverfahren einen beträchtlichen Datenumfang voraussetzen und Preisentscheidungen häufig unter besonderem Zeitdruck getroffen werden, ist der Einsatz der elektronischen Datenverarbeitung im Rahmen von PIS praktisch unverzichtbar (vgl. hierzu z.B. Mertens/Griese 1993; Little 1979).

5.2 Informationsprogramm

Welche Informationen im Rahmen der Preispolitik grundsätzlich benötigt werden, ergibt sich aus den in Abschnitt 2.4 dargestellten *Umweltbedingungen preispolitischer Entscheidungen*. Entsprechend der dort vorgenommenen Untergliederung (vgl. Abb. 2-8) lassen sich folgende *Informationsarten* unterscheiden:

- Informationen über die *interne Umweltsituation* (Kosten, Kapazitätsauslastung, Finanzstatus etc.).
- Informationen über Struktur und Verhalten der *am Markt agierenden Kräfte* (Nachfrager, Konkurrenten, Absatzmittler und Absatzhelfer).
- Informationen über relevante Elemente des *Makrosystems*.

Strukturdaten, z.B. über das Nachfragevolumen verschiedener Abnehmersegmente, die Marktanteile von Konkurrenten oder die Marktentwicklung der Produktvarianten, bieten vor allem Anregungsinformationen für neue Preisaktivitäten. Dabei kommt es besonders auf eine geschickte Untergliederung bzw. Aggregation der Daten an.

Im Gegensatz dazu bieten *Reaktionsdaten,* wie z.B. Absatz-, Nachfrageoder Kreuzpreiselastizitäten, die wichtigste Grundlage zur Bewertung und Kontrolle bestimmter Handlungsalternativen. Sie können sowohl auf sekundärstatischem Wege als auch durch spezielle Instrumente der Primärforschung erhoben werden (vgl. 5.5). Zur validen Ermittlung benötigt man möglichst aktuelle Daten, da sich das Preisverhalten der Nachfrager, Konkurrenten und Absatzmittler gewöhnlich schnell verändert. Besonders für die regelmäßig erfassten Daten ist eine gegenseitige inhaltliche und zeitliche Abstimmung erforderlich.

5.3 Informationsquellen

Zur Erschließung des erforderlichen Informationsprogramms stehen unterschiedliche Informationsquellen zur Verfügung. Die wichtigsten sind mit ihrem jeweiligen Informationsangebot in den Tabellen 5-1 und 5-2 zusammengestellt.

	Informations-quelle	Informationsangebot (Beispiele)	Informationsaufberei-tung (Beispiele)
intern	Internes Rech-nungswesen	Kosten, Absatz, Umsatz, Deckungsbeiträge, Cash-Flow, Kundenaufkommen, etc.	Kostenfunktionen, Preis-Absatzfunktionen, Erlösstatistik, etc.
intern	Außendienst	Aufträge u. Auftragsvolu-men, Endverbraucher-preise, Konkurrenzpreise und -konditionen, Handels-spannen, -beschwerden und -argumente etc.	Auftragsbilanz, „Kon-kurrenz-Report", „Han-dels-Report"
extern	Konkurrenz (Pro-spekte, Preisli-sten, Kataloge, Messegespräche)	Konkurrenzpreise, Pro-dukt- und Preisdifferenzen	Preisspiegel, hedoni-sche Preisfunktionen
extern	Amtliche Statisti-ken (Behörden, Verbände, Ver-braucherorga-nisationen)	Preisentwicklungen, Markt-volumina, Verbraucher-strukturen, Preisvergleiche	Preisprognosen, Marktanteile, Markt-strukturanalysen, Preisspiegel
extern	Handel	Endverbraucherpreise, Absatzmengen, Konkur-renzpreise, Handelsspan-nen, Absatzverlauf in Ab-hängigkeit von Marketing-Aktivitäten	Statische und dynami-sche Preisreaktions-funktionen, Deckungs-beitragsanalysen, Marktanteile
extern	Zeitschriftenver-lage und Wissen-schaftliche Institute	Einstellungsanalysen, Marktberichte, Ergebnisse zum Preisverhalten der Konsumenten	Preisbezogene Seg-mentationsstudien, Marktmonitor-Systeme

Tab. 5-1: **Vorwiegend sekundärstatistische Informationsquellen und -angebote für Preis-Informationssysteme**

Tab. 5-1 enthält Informationsquellen, deren Daten überwiegend im Wege der *Sekundärforschung*, d.h. durch geschickte Aufbereitung von Informationen, die ursprünglich zu anderen Zwecken erhoben wurden, erschlossen werden können (vgl. z.B. Berekoven/ Eckert/Ellenrieder 1999, S. 42ff.; Hammann/Erichson 1994, S. 60f.). Die meisten der dort aufgeführten Informationsquellen und -angebote bedürfen keiner weiteren Erläuterung. Hervorzuheben ist jedoch die besondere Bedeutung des *Rechnungswesens*, dessen Datenpotential von vielen Unternehmungen nur unzureichend genutzt wird. Insbesondere gilt dies für die Möglichkeiten der *Erlösrechnung* (vgl. hierzu Schmalenbach-Gesellschaft 1977; Plinke 1982; Köhler 1992; Fischer/Rogalski 1993).

Als Informationsquelle unterschätzt wird häufig der eigene *Außendienst* (Reisende, Handelsvertreter, Vertriebsbüros etc.). Er kann oftmals als Einziger zuverlässige Informationen über das preispolitische Verhalten des Handels und der Konkurrenten liefern. Großunternehmen mit vielen Vertriebsstellen nutzen zur aktuellen Übermittlung derartiger Informationen neue Medien, wie mobile Datenerfassung (MDE) vor Ort sowie Datenübermittlung via Intranet oder Internet. Damit wird auch eine am jeweiligen Auftragsstand und eine an der aktuellen Kapazitätsauslastung orientierte Preisfindung vor Ort (z.B. in Preisverhandlungen) möglich.

Die in Tab. 5-2 zusammengestellten Informationsquellen liefern vorwiegend primärstatistische Informationen für die Preispolitik.

Informations-quelle	Informationsangebot (Beispiele)	Informationsaufbereitung (Beispiele)
Einzelhandels-panel, Scannerpanel	Endverbraucherpreise, Absatzmengen, Konkurrenzpreise, Handelsspannen, Distributionsquoten, Marktanteile, Absatzverlauf in Abhängigkeit von Marketing-Aktivitäten	Statische und dynamische Preisreaktionsfunktionen, Nachfragefunktionen, Preisspiegel, Segmentationsstudien, Marktmodelle, Preistests, Markttests, Gain- and Loss-Analysen
Haushaltspanel	Endverbraucherpreise, Sonderangebotskäufe, Marktanteile, Markentreue	
Spezialinstitute	Sonderangebotspolitik, Dauerniedrigpreis-programme	Aktionspreisspiegel, Preisprognosen
Eigene Befragung oder Beobachtung	Markt- und Preistests, Preisbereitschaftstests, Präferenzstudien, Imageanalysen, Einstellungsstudien, Zufriedenheitsstudien, Analysen des Einkaufs- und Preisverhaltens	Preis-Absatzfunktion, Positionierungsmodelle, Segmentationsstudien, Faktoranalysen, Conjoint Measurement, Preisverhaltensmodelle

Tab. 5-2:   **Vorwiegend primärstatistische Informationsquellen und -angebote für Preis-Informationssysteme**

Scannerkassensysteme bzw. Scannerpanels bieten besonders aussagefähige, aktuelle und kostengünstige Informationsmöglichkeiten für die Preispolitik (vgl. Günther/Vossbein/Wildner 1998, S. 255ff.; Heidel 1990; Kucher 1985; Diller 1983; Simon/Kucher/Sebastian 1982; Huppert 1981). Scannerkassen decodieren optisch-elektronisch die am Produkt bzw. auf der Verpackung angebrachten Artikelcodes und rufen aus einem Zentralspeicher die jeweils gültigen Preise ab. Gleichzeitig wird der Verkaufsvorgang registriert und gespeichert. Damit werden für die Preispolitik neue Informationsinhalte erschlossen bzw. in vorteilhafterer Form zur Verfügung gestellt, als dies durch traditionelle Handels- oder Haushaltspanels möglich war. Jeder Verkauf eines Artikels ist nunmehr nämlich

- einem bestimmten *Einkaufsvorgang* mit seinen kundenspezifischen Eigenheiten (Einkaufssumme, Warenkorb),

- einem völlig exakt bestimmbaren *Einkaufszeitpunkt* und

- einer genau beischreibbaren *Marketingsituation* (Art, Platzierung, Preis, Bewerbung usw. aller angebotenen Artikel der Warengattung) zuzuordnen (vgl. Simon/Kucher/Sebastian 1982).

Das Aggregationsniveau von Scannerdaten ist extrem niedrig, gleichzeitig aber beliebig steigerbar, z.B. auf alle Kunden einer Woche, alle Kaufakte einer bestimmten Marke oder auf alle Geschäfte eines bestimmten Typs. Das Auswertungspotential solcher Daten potenziert sich, wenn man Scannerkassen mit Haushaltspanels zu sog. *Scanner-Panels* kombiniert. Statt - wie im Haushaltspanel - schriftliche Aufzeichnungen über alle Einkäufe zu machen, identifizieren sich bei solchen Systemen die Panelteilnehmer am check-out lediglich durch eine Kennkarte. Das Kassenterminal liest sie elektronisch, zeichnet alle Einkaufsakte kundenspezifisch auf und summiert sie im Zeitablauf. In Verbindung mit Kabelfernsehsystemen oder speziell gestalteten Printmedien bzw. mit neuen Datenfusionierungsprogrammen für Werbe- und Käuferpanels können die Panelmitglieder gleichzeitig gezielt umworben und die Reaktionen auf solche Werbeaktivitäten in ökonomischen Größen messbar gemacht werden.

Das Informationspotential von Scannerkassen für die Preispolitik liegt also u.a. in der Bereitstellung folgender Informationen:

- Verbundhäufigkeiten bestimmter Artikel,

- Preis- und Kreuzpreiselastizitäten (bei kontrollierter Variation der Angebotspreise),

- Carryover-Effekte von Preisveränderungen,

- Deckungsbeiträge bestimmter Sonderpreisaktionen (Verbunderlösanalysen),

- Interaktionseffekte von Standort, Preisauszeichnung, Sortimentseinbindung und Präsentationsfläche auf den Absatz bestimmter Artikel,

- typische Warenkörbe der Kunden oder bestimmter Kundentypen in verschiedenen Zeitperioden.

Insgesamt können Primärstudien besser auf das jeweilige Informationsproblem abgestimmt werden als sekundärstatistische Informationen. Andererseits erfordern sie in der Regel aber auch einen höheren Kosten- und Zeitaufwand. Als Erhebungsverfahren dienen sowohl Befragungen als auch Beobachtungen und Experimente, deren spezifische Vor- und Nachteile im nächsten Abschnitt dargelegt werden.

5.4 Erhebungsverfahren

Grundsätzlich stehen für die Erhebung preispolitisch relevanter Informationen die Methoden der Befragung, der Beobachtung und des Experiments zur Auswahl (vgl. z.b. Berekoven/Eckert/Ellenrieder 1999, S. 93; Hüttner 1999, S. 67).

5.4.1 Befragungen

Gegenstand von *Preisbefragungen* können sowohl die strukturellen Merkmale des Preisverhaltens von Bedarfsträgern (z.b. Intensität oder Gegenstand des Preisinteresses, das Informationsverhalten bei der Beschaffung von Preisinformationen oder das Entscheidungsverhalten beim Einkauf) als auch das Reaktionsverhalten auf bestimmte, von der Unternehmung ins Auge gefasste Preise sein. Grundsätzlich liegt es sogar nahe, auf diese Weise *Preis-Absatzfunktionen* zu „erfragen" und damit einen der für die Preispolitik wesentlichen Informationsgewinn zu erlangen. Allerdings stößt ein solches Ansinnen auf eine Reihe schwerwiegender *Probleme* (vgl. Brede 1969; Lange 1972, S. 114ff.; Kaas 1977, S. 20ff.; Hüttner 1999, S. 390f.):

1) Erfahrungsgemäß äußern sich Verbraucher bei Befragungen wegen der *sozialen "Erwünschtheit"* preisbewussten Verhaltens häufig preisinteressierter, als es ihrem tatsächlichen Verhalten entspricht. Dies fällt ihnen umso leichter, als bei Befragungen das tatsächliche *Kaufrisiko* (z.B. der Kauf minderwertiger Ware) nicht oder nur schwer simuliert werden kann.

2) Befragungsdesigns können aus befragungstechnischen Gründen die *Komplexität des Preisverhaltens* häufig nicht voll erfassen. Sie lösen vielmehr einzelne Verhaltensmerkmale aus dem vielfältigen Beziehungsgeflecht des Gesamtverhaltens heraus. Damit steigt die Gefahr, *Messartefakte* zu produzieren, weil tatsächlich relevante Größen aus der Betrachtung ausgeschlossen werden.

3) Fragen über *künftiges* Verhalten unter hypothetischen Angebotsbedingungen *überfordern* die meisten Verbraucher, da der *Bezugsrahmen der Kaufbedingungen* nie gleichermaßen individuell zutreffend wie detailliert genug formuliert werden kann. Der Verbraucher dürfte selten in der Lage sein, auf diese Weise valide *hypothetische* Entscheidungskalküle zu entwickeln.

4) Verbraucherbefragungen können nur mit sehr großem Aufwand alle denkbaren oder zumindest alle wahrscheinlichen *Konkurrenzpreiskonstellationen* einbeziehen, die sich in Kombination mit verschiedenen Angebotspreisen der eigenen Unternehmung ergeben können. Dieses Problem stellt sich vor allem für neuartige Erzeugnisse, weil

dort kaum absehbar ist, welche Preise spätere Konkurrenten fordern werden.

5) Einmalige Befragungen tragen schließlich der *Dynamik* des Preisgeschehens am Markt nur sehr unzureichend Rechnung. Sie liefern meist lediglich *zeitpunktbezogene Informationen.* Damit geraten wichtige Bestandteile der Preispolitik, wie die langfristige Preisstrategie und das kurzfristig optimale Timing preispolitischer Aktivitäten, aus dem Blickfeld der Preisforschung. Scanner-Panels bieten hier allerdings sehr gute Informationsangebote.

Insgesamt ist die *Validität* von Preisbefragungen also eher kritisch zu beurteilen. Andererseits bieten Befragungen, bei einer zweckmäßigen Beschränkung des Befragungsgegenstandes auf einzelne, gut isolierbare Teilfragen zum Preisverhalten, gegenüber der Beobachtung oder der Sekundärforschung auch *Vorteile:*

1) Befragungen lassen sich *gezielt* auf bestimmte Problemstellungen hin ausrichten.

2) Sie bieten ferner sehr viel mehr Chancen, auch die *Ursachen* ganz bestimmter Markt- und Preisentwicklungen aufzuspüren, weil sie auf intervenierende Variablen des Käuferverhaltens Bezug nehmen können.

3) Im Rahmen experimenteller Befragungen kann man *Kaufsituationen simulieren*, die in der Realität (noch) gar nicht existieren. Nicht zuletzt unter dem Aspekt der *Geheimhaltung* eigener Absichten gegenüber der Konkurrenz spielt dieses Argument in der Praxis eine durchaus beträchtliche Rolle.

4) Modernere Befragungsmethoden wie das Conjoint Measurement (vgl. 5.5.3) erlauben die *Erfassung der interaktiven Wirkungen von Preis und Qualität* auf das Verbraucherverhalten und treffen damit eines der wichtigsten bisherigen Informationsdefizite der Preispolitik.

5) Schließlich erfordern Befragungen - etwa im Gegensatz zu Feldexperimenten - nicht die *Mitarbeit des Handels*, der dazu (ohne Prämie) nicht immer bereit ist. Gleichzeitig sind Preise für viele Verbraucher ein so interessantes Thema, dass die *Verweigerungsquoten* bei Preisbefragungen relativ *niedrig* liegen.

Als *Befragungsformen* kommen *Experten-* oder *Abnehmerbefragungen* in Betracht. *Expertenbefragungen,* beispielsweise unter den Mitarbeitern des Außendienstes und/oder des Handels, werden im Rahmen der Preisforschung gelegentlich eingesetzt, um voraussichtliche Reaktionen der Abnehmer und der Konkurrenten auf Preisänderungen der eigenen Unternehmung einschätzen zu lassen. Man versucht auf diese Weise, die individuellen Markterfahrungen dieses Expertenkreises für Preisentscheidungen nutzbar zu machen (vgl. Brede 1969; Green 1963/1977; Simon 1992, S. 110ff.).

In der weit überwiegenden Zahl der Fälle wendet man sich bei Befragungen jedoch unmittelbar an die (potentiellen) *Abnehmer*. Dabei kann man als weitere Befragungsformen *nicht-experimentelle* und *experimentelle* Befragungen unterscheiden. Die Tendenz geht dabei zunehmend in Richtung der experimentellen Varianten, da mit ihnen validere Informationen erhoben werden können.

5.4.2 Beobachtungen

Im Gegensatz zur Befragung stellt die (biotische) Beobachtung ein *nichtreaktives Messverfahren* dar, wodurch eine Reihe von Validitätsproblemen entfallen. Darüber hinaus sind vor allem konkurrenzbezogene Erhebungsgegenstände praktisch nur durch Beobachtungen zugänglich. Allerdings lassen Beobachtungen des Marktgeschehens ohne ein experimentelles Vorgehen keine sicheren Rückschlüsse auf die *Ursachen* bestimmter Marktergebnisse bzw. Verhaltensweisen der Marktteilnehmer zu. Beispielsweise könnte ein Absatzrückgang bei gleichzeitiger Preissenkung eines Konkurrenzanbieters als kausale Beziehung missverstanden werden, obwohl in Wirklichkeit eine allgemeine Kaufzurückhaltung der Verbraucher, zeitbedingte Einflüsse (Wetter, Urlaub usw.) oder andere Faktoren dafür verantwortlich sind.

Marktreaktionsfunktionen, speziell Preis-Absatzfunktionen, lassen sich also nur mit *experimentellen Formen* der Beobachtung ableiten, weshalb diese in der Praxis die weitaus größte Bedeutung besitzen. Den nicht-experimentellen Formen kommen im Rahmen der Preisforschung vorwiegend *explorative* Funktionen zu.

5.4.3 Experimente

Experimente erlauben am ehesten einen kausalen Rückschluss auf die Wirkung bestimmter preispolitischer Aktivitäten, weil hierbei sonstige Einflussfaktoren („Störfaktoren") durch entsprechende experimentelle Designs kontrollierbar sind (vgl. z.B. Hammann/Erichson 1994, S. 156). *Feldexperimente* sind deshalb in der Praxis - insbesondere zur Erfassung des Preisresponse - weit verbreitet. Manche großen Konsumgüterfirmen haben dazu sogar selbst eine größere Zahl von Absatzmitteln zu Testzwecken unter Vertrag, um verschiedene Preisvarianten vor ihrer Verwirklichung unter realen Feldbedingungen testen zu können.

Eine Reihe von Marktforschungsinstituten verfügt ebenfalls über Testge-schäfte, welche die Durchführung von *Storetests* oder *Mini-Testmarkt-Erhebungen* ermöglichen (vgl. Hammann/Erichson 1994, S. 181, 185f.). Solchen Experimenten wird heute trotz Mängeln in der Repräsentativität häufig der Vorzug vor umfassenden *Markttests* gegeben. Dort kann der Preis nicht mehr beliebig variiert werden, weil die *Gesamtwirkung* einer Marketingkonzeption unter natürlichen Feldbedingungen erfasst werden soll. Mit der *Scannertechnologie* besteht eine sehr vielseitige, schnelle und kostengünstige Möglichkeit zu Preisexperimenten.

Zu den wichtigsten *Störfaktoren*, die es in Preisexperimenten zu kontrollieren gilt, zäh-len erstens *geschäftstypische Eigenheiten* (Größe, Lage, Sortiment, Konkurrenzsituati-on, Image, Kundenkreis usw.). Sie lassen sich durch eine repräsentative Auswahl der Testeinheiten, z.B. eine Zufallsauswahl, statistisch kontrollieren. Zweitens sind Unter-schiede in der *Ausgestaltung artikelspezifischer Marketinginstrumente* (Werbung, Re-galplatzierung, Angebotsform, Artikelumfeld usw.) zu berücksichtigen. Sie können entweder durch entsprechende Maßnahmen während der Testdauer eliminiert oder als zusätzliche Treatmentvariablen in das Experiment mitaufgenommen werden, wodurch sich sog. (mehr-)faktorielle Designs ergeben, die varianzanalytisch ausgewertet werden. Eine dritte Störquelle bilden *Zeiteinflüsse,* die unterschiedliches (z.B. wetter- oder ur-laubsbedingtes) Verhalten der Marktteilnehmer im Zeitablauf zur Folge haben. Hier kann man entweder die Testperiode so lange ausdehnen, dass ein Ausgleich dieser Einflüsse zu erwarten ist, oder Kontrollgeschäfte in das Design einbauen, in denen die experimentellen Preisparameter nicht oder in anderer Reihenfolge verändert werden. Typische Versuchspläne dafür sind *EBA-CBA-Designs*, bei denen der Preis in einer Gruppe von Testeinheiten sukzessive verändert wird, während man ihn in der Kontroll-gruppe konstant hält, und das *Lateinische Quadrat*. Mit letzterem testet man z.B. die Wirkung von Preisen in n Geschäften bzw. Geschäftsgruppen und in n Perioden. Unter-stellt man das Fehlen von Interaktionen zwischen diesen Größen, reichen - und darin liegt der Vorzug des Lateinischen Quadrates - lediglich n^2 Beobachtungen (statt n^3, wie bei einem vollständigen faktoriellen Design) aus, um varianzanalytisch die Einfluss-stärke aller drei Variablen zu ermitteln. Der Versuchsplan wird dabei so gestaltet, dass jeder Preis (Zelleninhalt) in jeder Periode (Zeile) und in jedem Geschäft (Spalte) genau einmal auftaucht. *Beispiele* für dieses und andere experimentelle Designs im Rahmen von Preisexperimenten findet man z.B. bei Grewal/Marmorstein/Sharma 1996, Green/Tull/ Albaum 1988, S. 635f.; Kaas 1977, S. 121ff.; Palda 1971, S. 88 ff.; Barcley 1969.

Testmarktsimulatoren, wie der *„Price-Challenger"* der GfK, erlangen immer größere Bedeutung (vgl. 5.5.1.3 sowie Wildner 1998). Hiermit können die Preisreaktionen der Konsumenten im Gesamtmarkt per Com-puterprogramm simuliert werden, was erhebliche Zeit- und Kostener-sparnisse mit sich bringt.

5.5 Ausgewählte Informationsinstrumente

5.5.1 Preispräferenzbefragungen

Im Rahmen von Preispräferenzbefragungen wird die Einschätzung bzw. Akzeptanz verschiedener Preise *direkt* erfragt. Wegen der häufig nur geringen Varianz des mittleren Preisempfindens genügen dafür oft relativ geringe Stichproben, sodass sich der Erhebungsaufwand in Grenzen hält. In der Praxis begnügt man sich nicht selten mit nur 50-300 zufällig ausgewählten Probanden. Es kommen verschiedene Varianten zur Anwendung.

5.5.1.1 Preisschätzungstests

Bei Preisschätzungstests wird den Probanden das jeweilige Produkt (u.U. nur als Bild) vorgelegt und danach gefragt, was dieses Produkt nach ihrer Meinung im Laden kostet (vgl. z.B. Hüttner 1999, S. 389f.; Lange 1972, S. 119). Damit sollen die *subjektiven Preisvorstellungen* und *-kenntnisse* der Konsumenten ermittelt werden. Zeigen sich dabei im Vergleich zum tatsächlichen Preis des Produktes bei vielen Versuchspersonen Preisüberschätzungen, weist dies auf unausgeschöpfte Preisspielräume hin.

5.5.1.2 Preisempfindungstests

Preisempfindungstests lehnen sich an psychophysikalische Messverfahren an. Man versucht, die subjektive Einstufung der *Preisgünstigkeit* verschiedener Preise bei den Befragten zu erfassen. Zur Erhebung verwendet man entweder Ordinalskalen (z.B. Preis ist niedrig/angemessen/hoch), Ratingskalen (z.B. bipolare Intervallskala von „sehr billig" bis „sehr teuer") oder Verfahren der Magnitude-Skalierung (vgl. hierzu z.B. Grunert 1983). Die Befragung erfolgt meist hinsichtlich mehrerer qualitativ ähnlicher Produkte oder Geschäfte. Daraus lassen sich Rückschlüsse auf die *Preisbereitschaft* bzw. den zu *erwartenden Preiswiderstand* der Nachfrager ziehen. Preisempfindungstests können auch zum *Nachweis subjektiver Preisschwellen* herangezogen werden, wenn man den Befragten *Preisdifferenzen* aus verschiedenen Preisbereichen und über vermutete Preisschwellen hinweg zur Beurteilung vorlegt und die Anmutungsunterschiede mit den objektiven Preisunterschieden vergleicht (vgl. z.B. Kaas/Hay 1984). Schließlich lassen sich Preisempfindungsskalen häufig auch in mehrdimensionale *Imagestudien* und *Positionierungsmo-delle* integrieren, bei denen der Wahrnehmungsraum für verschiedene Produkte oder Anbieter abgebildet werden soll (vgl. Kap. 13.3.2.4).

5.5.1.3 Preisbereitschaftstests

Während Preisempfindungstests nur indirekten Aufschluss über die Nachfragewirksamkeit bestimmter Preise liefern können, zielen Preisbe-reitschaftstests unmittelbar auf die Kaufbereitschaft potentieller Abneh-mer in Abhängigkeit von verschieden hohen Preisen ab (vgl. Hüttner 1999, S. 390).

Ein darauf zugeschnittenes Instrument stellt der *„Price Challenger"* der GfK dar (Wildner 1998, S. 9ff.). Die Auskunftspersonen haben bei die-sem Verfahren Markenwahlentscheidungen im Rahmen ihres relevant sets zu treffen. Die Produkte des relevant sets werden der Testperson dabei mit zufällig wechselnden Preisen innerhalb eines realistischen Preisspektrums vorgelegt. Nach jeder Auswahl eines oder mehrerer Pro-dukte werden die Preise erhöht bzw. gesenkt. Durch Anwendung eines multinominalen Logit-Choice-Modells werden daraus Kaufwahrschein-lichkeiten für das Testprodukt abgeleitet (vgl. Wildner 1998, S. 9, Ham-mann/Erichson 1994, S. 391):

$$(5\text{-}1) \qquad \text{prob}(a_{ij}) = \frac{1}{1 + e^{\beta \sum_{k \neq j}\left[\left(u_{ij} - u_{ik}\right) + \left(p_k - p_j\right)\right]}}$$

mit	prob (a_{ij})	=	Wahrscheinlichkeit, dass Person i das Produkt j wählt
	p_j, p_k, p_g	=	Preise der Produkte j und k (g=j, k)
	u_{ij}, u_{ik}	=	Nutzen der Person i an den Merkmalen der Produkte j und k
	β	=	Parameter, der über alle Befragten und Produkte zu schätzen ist

1998 wurde das Modell um Preisschwellen erweitert, indem die Preise p_g (g = j,k) durch die Preise $p_g \cdot (1 + d_g)$ ersetzt wurden. Wenn der Preis un-terhalb einer Preisschwelle liegt, so ist $d_g = 0$, liegt der Preis darüber, z.B. um 7%, so ist $d_g = 0,07$. Weiterhin stellte sich das Problem, dass durch das ständige Vorführen derselben Produkte mit unterschiedlichen Preisen die Preiselastizität während des Interviews erheblich anstieg. Dieser Ver-zerrung wurde durch eine exogene Anpassung des Parameters ß begeg-net, sodass realistische, dem jeweiligen Markt angepasste Preiselastizi-täten in das Modell einbezogen werden. Die dafür erforderlichen „objek-tiven" Preiselastizitäten werden aus Panel-Daten abgeleitet.

Nach der Integration der realen Preiselastizitäten und Distributionsraten können die Auswirkungen von Preisänderungen mit einer entsprechen-den Preis-Marktanteilsfunktion für alle Wettbewerbsmarken abgebildet werden. Multipliziert mit dem Marktvolumen ergeben sich daraus Preis-

Absatzfunktionen (vgl. Abb. 5-1). Durch Simulation unterschiedlicher Preisszenarien kann die Entwicklung des Marktanteils auch bei unterschiedlichen Wettbewerbspreisen durchgespielt werden.

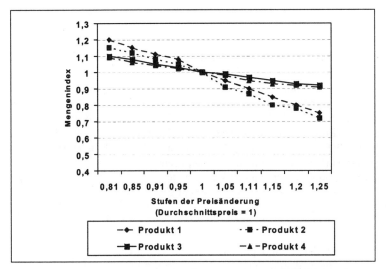

Abb. 5-1: **Auswirkung von Preisänderungen auf die Menge im Price-Challenger**

5.5.1.4 Preiswürdigkeitstests

Kaas (1977) entwickelte als Erster ein Modell der Markenwahlentscheidung für bereits am Markt etablierte Produkte, das inhaltlich auf der *Einstellungstheorie* und methodisch auf dem *„Law of Comparative Judgement"* von Thurstone beruht. Er nimmt dazu Paarvergleiche zwischen allen relevanten Marken sowie mindestens zwei Preisen vor und fragt von den Auskunftspersonen die jeweilige *Präferenz* ab. Neben paarweisen Markenpräferenzen geben die Befragten dabei also auch Urteile über die Präferenz zwischen jeweils einem der beiden Geldbeträge und einer Marke ab. Der besondere Vorteil dieses Designs besteht darin, dass es die Schätzung von Preis-Absatzfunktionen ermöglicht, ohne dass tatsächliche oder zu Befragungszwecken fingierte Preisänderungen vorgenommen werden müssen. Die Weiterentwicklung dieses Ansatzes ist in der Conjoint-Analyse zu sehen (vgl. 5.5.3). Problematisch ist die bei Kaas gegebene Beschränkung auf paarweise Preisresponsefunktionen. Balderjahn (1991) beweist allerdings, dass die Probleme des Ansatzes von Kaas mit Hilfe eines *probabilistischen Preisresponsemodells* zu beseitigen sind, das gute Ergebnisse zur Analyse aggregierter Marktdaten liefert (vgl. Balderjahn 1991, S. 37 sowie Kap. 3). Er belegt diese Vorgehensweise, indem er die Ergebnisse dieses Nutzenmodells mit dem Kaas'schen Modell der paarweisen Preisresponsefunktionen durch die Reanalyse seiner Daten vergleicht.

5.5.2 Hedonische Preisfunktionen

Einen interessanten Untersuchungsansatz zur Analyse des Preisverhaltens der Konkurrenten auf Basis einfacher *Preisbeobachtungen* stellen sog. hedonische Preisfunktionen dar (vgl. z.B. Agerwal/Ratchford 1980; Brown/Rosen 1982; Herp 1982; Dichtl 1984; Sander 1994a; Baumgartner 1997). Der hedonische Ansatz fasst Güter als Bündel von Eigenschaften (Qualitätsmerkmale, Marke, Produkttyp etc.) auf, d.h. innerhalb eines bestimmten Produktmarktes kann jedes Produkt durch einen Vektor seiner Eigenschaften vollständig beschrieben werden:

(5-2) $X = (x_1, ..., x_j, ..., x_J)$ mit x_j: Ausprägungen der Eigenschaft j bei dem betrachteten Produkt X

Zwischen den Produktpreisen und den Eigenschaften besteht ein Zusammenhang, der durch die hedonische Preisfunktion modelliert wird.

(5-3) $p(X) = p(x_1, ..., x_j, ..., x_J)$ mit p (X): Marktpreis des Produktes X

Ist diese Funktion bekannt, so können hedonische Preise für die Produkteigenschaften ermittelt werden. Sie werden auch als *implizite Preise* bezeichnet, da für sie in der Regel kein eigener Markt existiert (vgl. Baumgartner 1997, S. 16; Atkinson/Halvorsen 1983, S. 417). Die Parameter der Funktion geben an, wie sich der Marktpreis von Gütern erhöht oder senkt, wenn sich das jeweilige Produktmerkmal ändert. Zur Schätzung der hedonischen Funktion werden meist multiple Dummy-Regressionsfunktionen eingesetzt, mit denen die am Markt beobachtbaren Preise der verschiedenen Produkte oder Produktvarianten (abhängige Variable) zu den *objektiven* Teilqualitäten dieser Produkte (unabhängige Variablen) in Beziehung gesetzt werden. Zu beachten ist hier allerdings, dass die hedonische Theorie Unabhängigkeit der Produktmerkmale bzw. die Regressionsanalyse Unkorreliertheit der erklärenden Variablen voraussetzt. Dieses Problem behandelt man entweder durch Eliminierung oder vorherige Faktorisierung der korrelierenden Variablen oder durch Inkaufnahme der Multikollinearität (vgl. Baumgartner 1997, S. 18f.). Problematisch ist ferner die Vielzahl der qualitativen Merkmale, die durch 0/1-Variablen (Dummies) abgebildet werden müssen und die Anzahl der Schätzparameter aufblähen, sodass schnell große Stichproben erforderlich sind.

Naturgemäß sind die Marktpreise nicht allein durch objektive Qualitätsmerkmale, sondern auch durch nachfragerbezogene Faktoren und Marktunvollkommenheiten bestimmt. Deshalb lässt sich aus einer hedonischen Preisfunktion auch keine genaue Preisprognose für Güter bestimmter Qualität ableiten. Der eigenständige Informationswert hedonischer Preisfunktionen kann vielmehr nur darin gesehen werden, dass das Preis-Leistungsangebot von Konkurrenten strukturell durchleuchtet, angebotsbestimmte Gesetzmäßigkeiten im Verlauf der Preisfunktion offen gelegt und gegebenenfalls Preis-Leistungssegmente abgegrenzt werden können. Darüber hinaus lässt sich abschätzen, wie hoch die Preise pro Einheit eines Qualitätsmerkmals („hedonische Preise") sind und welche Preisspielräume sich daraus bei Veränderungen von Teilqualitäten ergeben.

Ein *Beispiel* für eine hedonische Preisfunktion liefert Sander (1994a, S. 191ff.). Basis waren 242 Produkte des bundesdeutschen Kondensmilch- und Kaffeesahnemarktes. Zur Ermittlung der Parameter wurde ein *linear-additives* Modell spezifiziert, das mit Hilfe der multiplen Regressionsanalyse geschätzt wurde ($r^2 = 0,82$). Die Berechnungen führten zu folgender hedonischen Preisfunktion:

Preis	-	0,425	(Konstante)
	+	0,036	Fettgehalt (in %)
	+	0,003	Menge (in g)
	-	0,115	Kaffeesahneerzeugnis (0/1-Variable)
	+	0,279	Flaschenverpackung (0/1-Variable)
	+	0,179	Kännchenverpackung (0/1-Variable)
	+	0,221	Einzelportionsverpackung (0/1-Variable)
	-	0,144	Brikverpackung (0/1-Variable)
	+	p_M	Markenzugehörigkeit (0/1-Variable)

Aufgrund der linear-additiven Modellstruktur können die Regressionskoeffizienten direkt als monetäre Teilbeträge der Produkteigenschaften zum Marktpreis interpretiert werden. Die Koeffizienten geben also an, um welchen Betrag sich (theoretisch) der Preis verteuern bzw. verbilligen müsste, wenn ein Merkmal um eine Einheit erhöht bzw. verringert würde. Für eine Erhöhung des Fettgehalts um einen weiteren Prozentpunkt würden 3,6 Pfennige mehr bezahlt werden. Der auf die jeweilige Marke zurückzuführende (vertrauliche) Wert ist in der Funktion mit p_M bezeichnet. Problematisch bei dieser Berechnung ist allerdings die Tatsache, dass die Produkteigenschaften bzw. deren Ausprägungen zumeist in bestimmten Kombinationen auftreten (Interaktionseffekte). Eine Möglichkeit der Abhilfe gibt die Box-Cox-Technik, bei der durch kontinuierliche Variablentransformation eine Vielzahl von Funktionstypen hinsichtlich ihrer Eignung für das vorliegende Datenmaterial im Rahmen von Regressionsanalysen überprüft werden kann (vgl. Sander 1994a, S. 241f.).

Wie der hedonische Ansatz, so fasst auch das nachfolgend beschriebene Verfahren des Conjoint-Measurement Güter als Bündel von Eigenschaften zusammen. Voraussetzung für eine preiswürdigkeitsorientierte Preisbildung ist allerdings die Kenntnis der subjektiven und nicht der objektiven Wichtigkeit der verschiedenen Eigenschaften.

5.5.3 Conjoint-Analysen

Für eine nutzenorientierte Preispolitik ist die Frage von zentraler Bedeutung, wie Preis und Qualität eines Produktes am Markt „zusammenspielen" und die subjektiv empfundene Preiswürdigkeit von Produkten zustandekommt. Würde man die Teilbeiträge jedes Qualitätsmerkmals und auch des Preises zum Gesamtnutzen auf einer metrisch interpretierbaren Skala messen können, so könnte man diese miteinander verrechnen, ähnlich wie dies Kaas mit Einstellungswerten und Preisen versuchte. Damit könnte man dann Aufschluss darüber bekommen, ob und inwieweit Qualitätsverbesserungen Preiserhöhungen ohne Präferenzeinbußen zulassen und wieviele Kunden welches Produktmodell bei welchem Preis akzeptieren.

Ein genau darauf zugeschnittenes Analyseverfahren stellt das *Conjoint-Measurement* (CM), auch kurz *Conjoint-Analyse (CA)* genannt, dar (vgl. Green/Wind 1975; Green/Srinivasan 1978; Kucher/Simon 1987; Herrmann 1998). Im Gegensatz zu traditionellen Methoden der Präferenzanalyse werden dabei die Wichtigkeiten einzelner Produktmerkmale nicht isoliert und direkt erhoben, sondern indirekt und unter Berücksichtigung der „Kompromissfähigkeit", d.h. der relativen Einflussstärke jedes Merkmals auf die Gesamtpräferenz. Dieses gegenseitige Abwägen („trade-off") der subjektiven Bedeutung einzelner Merkmale wird durch ein *dekompositionelles Verfahren* erschlossen, bei dem *globale* Präferenzurteile über verschiedene Produktkonzepte erfragt und *analytisch* in separate *Teilnutzenfunktionen* für alle Merkmale zerlegt werden. Eine solche Teilnutzenfunktion gibt dann an, wie sich das subjektive Nutzenempfinden verändert, wenn sich die Ausprägungen des Merkmals, also z.B. die Motorstärke oder -version eines Autos oder dessen Preis, verändern. Die Analyse kann dabei auf individuellem oder aggregiertem Niveau erfolgen (s.u.).

Die Dekomposition erfolgt analytisch unter Zugrundelegung eines geeigneten *Präferenzmodells,* das den kognitiven Prozess der Präferenzbildung bei den Abnehmern möglichst wirklichkeitsgetreu abbilden sollte. Meistens geht man davon aus, dass die Gesamtpräferenz für ein Produkt durch *linear-additive* Kombination der Teilnutzen der einzelnen Teilqualitäten und des Preises zustande kommt. Man entscheidet sich dann für ein additiv-kompensatorisches Modell, bei dem Verbesserungen bei einem Merkmal Verschlechterungen bei anderen in bestimmtem Umfang aufwiegen können. In Frage kommen aber auch nicht-kompensatorische und nicht-lineare Modelle (vgl. Green/Srinivasan 1978). Ein linear-additives Schätzmodell mit J Merkmalen (einschließlich Preis) und jeweils M Ausprägungen hätte also formal folgende Gestalt:

(5-4)
$$p_k \xrightarrow{f_m} z_k \cong y_k = \sum_{j=1}^{J} \sum_{m=1}^{M_j} \beta_{jm} \cdot x_{jm}$$

mit: p_k = empirische Rangwerte der Stimuli (k=1, ..., K),

z_k = monoton angepasste Rangwerte,

y_k = metrische Nutzenwerte, gewonnen durch Addition der Teilnutzenwerte der Merkmale,

β_{jm} = Teilnutzenwert für Ausprägung m von Eigenschaft j,

x_{jm} = Dummy Variable: {1} falls bei Stimulus k die Eigenschaft j mit
Ausprägung m vorliegt, sonst {0},

f_m = monotone Transformation.

Die (meist auf ordinalen Skalen) erhobenen empirischen Präferenzen
müssen also durch die geschätzten Modellparameter monoton in metrische Nutzenwerte transformiert werden, wozu Varianz- und Regressionsanalysen herangezogen werden. Beispielsweise kann man alle Ausprägungen aller einbezogenen Produktmerkmale als Dummy (0/1)-
Variablen modellieren und den jeweiligen Nutzenbeitrag zur Gesamtpräferenz mittels einer Dummy-Regression ermitteln. Er ergibt sich dann
aus den geschätzten Regressionskoeffizienten der Regressoren, die entsprechend zu normieren sind. Die Güte einer solchen Schätzung kann
durch den Vergleich der vom Modell berechneten mit den empirisch erhobenen Gesamtpräferenzwerten ermittelt werden. Im Rahmen der Vari-
anzanalyse verwendet man dafür die von Kruskal vorgeschlagene, zu
minimierende Stress-Größe:

(5-5)
$$\min_{f_m} \min_{\beta} Stress = \sqrt{\frac{\sum_{k=1}^{K} (z_k - y_k)^2}{\sum_{k=1}^{K} (y_k - \bar{y})^2}}$$

mit $\bar{y}$ = Mittelwert der Nutzenwerte y_k

Die nachfolgende Auflistung der Arbeitsschritte und Abb. 5-2 verdeutli-
chen an einem stark vereinfachten Beispiel mit nur drei Merkmalen
(Preis, Geschmack, Marke) von Fertigkuchen das Vorgehen und dessen
Ergebnisse (vgl. Bauer 2000).

(1) *Modellspezifikation*: Der obere Teil der Abb. 5-2 symbolisiert das
gewählte *Präferenzmodell*, hier ein linear-additives Modell mit *drei
Merkmalen*. Ob diese drei Merkmale zur Erklärung der Gesamtpräferenz
ausreichen, muss im Vorhinein diskutiert und im Nachhinein durch Ermittlung der Stresswerte beurteilt werden. Aus erhebungstechnischen
Gründen bemüht man sich um Beschränkung auf *möglichst wenige
Merkmale*. Der *Preis* gehört in unserem Zusammenhang dabei stets dazu.

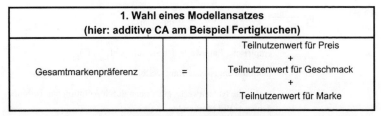

1. Wahl eines Modellansatzes (hier: additive CA am Beispiel Fertigkuchen)		
Gesamtmarkenpräferenz	=	Teilnutzenwert für Preis + Teilnutzenwert für Geschmack + Teilnutzenwert für Marke

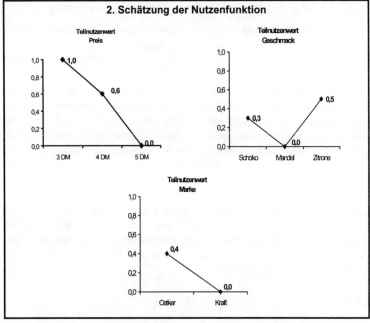

2. Schätzung der Nutzenfunktion

3. Simulation der Wahlhandlung

Eigenschaft	Produkt 1		Produkt 2	
	Ausprägung	Teilnutzen	Ausprägung	Teilnutzen
Preis	DM 4.-	0,6	DM 3.-	1,0
Geschmack	Zitrone	0,5	Schoko	0,3
Marke	Oetker	0,4	Kraft	0,0
Gesamtnutzen (Summe aller Teilnutzen)	= 1,5 (präferiertes Produktkonzept)		= 1,3	

Abb. 5-2: **Conjoint Analyse am Beispiel eines Fertigkuchens (Quelle: Bauer 2000)**

(2) Die *Datenerhebung* erfolgt durch *Vorlage von Produkten bzw. Produktbeschreibungen* (Bilder, Merkmalsauflistungen etc.), die sich in bestimmten Merkmalen systematisch unterscheiden (*„Profil-Verfahren"*). Bei einem *vollständigen Design* müssten dafür von den Befragten J x M

Vergleichsobjekte jeweils paarweise miteinander verglichen werden, was die Befragten schnell überfordert. Deshalb wählt man entweder ein „*Trade-Off-Verfahren*", bei dem Rangplätze für jeweils nur zwei Merkmalsvergleiche anzustellen sind, oder man reduziert das Design auf die Haupteffekte durch ein *experimentelles Design*, welches es gestattet, zumindest die Haupteffekte der einzelnen Teilqualitäten sowie die a priori vermuteten Interaktionseffekte zu erfassen, andererseits aber den Erhebungsaufwand in Grenzen hält. Man verwendet dazu meist fraktionierte, d.h. unvollständige, faktorielle Designs, etwa sog. Orthogonale Felder (Green 1974; Green/Carroll/Carmone 1977), und interpoliert die Nutzenfunktion über fehlende Merkmalsausprägungen hinweg. Dies ist allerdings nur dann sinnvoll, wenn monotone Teilnutzenfunktionen (Idealvektormodell) vorliegen (was z.B. für „Geschmack" in Abb. 5-2 nicht der Fall ist). Die Erfahrung zeigt, dass mit solchen Verfahren meist hinreichend reliable Teilnutzenfunktionen ermittelbar sind und übliche Stichprobenumfänge nicht überschritten werden müssen. Gelegentlich werden auch Ratingskalen für die Präferenzabfrage eingesetzt, sodass ganz normale Kleinst-Quadrate-Schätzungen verwendbar sind.

(3) Mit der *Parameterschätzung* erhält man *Teilnutzenfunktionen* (vgl. Abb. 5-2 Mitte) für jedes in die Analyse einbezogene Merkmal. Dafür einsetzbar sind Varianzanalysen (z.B. MONANOVA), Regressionsanalysen oder MDS-Verfahren (z.B. PREFMAP). Sie sind in Abb. 5-2 bereits auf Werte zwischen 0 und 1 normiert, sodass dort nur die Nutzen*unterschiede* zum Vorschein kommen, wenn sich eine Ausprägung verändert. Es kann sich hier um individuelle oder aggregierte (Durchschnitts-)Funktionen handeln. Prinzipiell agiert man mit Individualdaten, die mittels Clusteranalyse auf Basis der (zuvor normierten) Teilnutzenwerte auch zu Marktsegmenten verdichtet werden können. Für die Ableitung von *Preis-Absatzfunktionen* ist zu einer aggregierten Durchschnittsbetrachtung überzugehen, wobei man auch unterschiedliche Kaufintensitäten der Probanden(typen) durch entsprechende Gewichtung berücksichtigen kann. Abschluss der Parameterschätzung sind die Berechnung und Beurteilung des Gütemaßes, an dem man erkennt, ob die Schätzung statistisch hinlänglich genau gelungen ist oder ob man mit einem anderen Schätzmodell arbeiten sollte.

(4) *Verrechnung*: Zur preispolitischen Interpretation der Ergebnisse können die Funktionswerte nunmehr in verschiedener Weise verrechnet werden. Aufschlussreich ist zunächst die *relative Bedeutung* aller Teilmerkmale, insb. des Preises. Sie wird pro Merkmal durch Division der jeweiligen Teilnutzenspannweite zur Summe dieser Teilnutzenspannen (hier 1,0+0,5+0,4 = 2,2) ermittelt, was im Beispiel für den Preis 1 / 1,9 = 0,53 oder 53% ergibt. Noch aufschlussreicher sind *Simulationsrechnungen* für die Präferenzen bei Zugrundelegung verschiedener Merkmalskonstellationen (vgl. Abb. 5-2 unten). Entsprechend dem Präferenzmodell berechnet man dazu zunächst die jeweiligen Nutzenwerte z.B. für

„Produkt 1" oder „Produkt 2" mit den in Abb. 5-2 genannten Ausprägungen. Bei Zugrundelegung realer Marken mit deren Qualitätsmerkmalen kann man dann unter den Prämissen eines zu wählenden „Kaufmodells" erkennen, bei wie vielen Personen eine Preiserhöhung einen Präferenzwechsel zu Alternativprodukten verursachen würde. Damit lassen sich die *Käuferanteile* der Produkte ermitteln. Beim *„First Choice"*-*Verfahren* kaufen die Probanden immer nur das Produkt mit dem höchsten Präferenzwert.

Dies ist allerdings nur für einmalige Käufe (Gebrauchsgüter) und unter der oft unrealistischen Prämisse der absoluten Nutzenmaximierung der Kunden valide. Realistischer und deshalb auch gebräuchlicher ist das *Attraktionsmodell*. Jede Marke erhält dabei den Marktanteil nach ihrer *relativen Attraktionskraft* (Präferenzwert durch Summe der Präferenzwerte) zugewiesen. Die *Preis-Absatzfunktion* lässt sich dann in einem weiteren Schritt dadurch ableiten, dass diese simulierten Marktanteile mit dem jeweiligen Marktvolumen des Marktes (exogene Größe) multipliziert werden (vgl. Mahajan/Green/Goldberg 1982).

Dem Management wird mit der CA also ein Analyseinstrument zur Hand gegeben, mit dem die Marktwirkungen bestimmter Preis-Qualitätsrelationen selbst für noch gar nicht existente Produkt-Preis-Konzepte quantitativ abschätzbar werden. Die hohe Wertschätzung und weite Verbreitung dieses Verfahrens für Zwecke der Preispolitik kann deshalb nicht verwundern. Allerdings sollte man die Probleme und Grenzen des Verfahrens nicht verkennen und ggf. durch entsprechende Spezialverfahren zu vermeiden versuchen (vgl. hierzu Schubert 1991; Vriens 1995; Perrey 1996; Weiber/Rosendahl 1997; Gutsche 1995; Schneider 1997; Ebel/Lauszus 1995).

Ernsthafte Probleme bereitet oft der Konflikt zwischen Anzahl relevanter Merkmale sowie Merkmalsausprägungen und der Strapazierung der Befragten mit entsprechend vielen Paarvergleichen. In Märkten mit sehr vielen relevanten Produktmerkmalen kann die CA daran sogar scheitern. Besonders große Aufmerksamkeit und auch praktische Verwendung haben deshalb *hybride CA-Verfahren* gewonnen, bei denen (vorgeschaltete) herkömmliche direkte Präferenzmessungen (Wichtigkeitsskalen zu einzelnen Merkmalen) und CA verknüpft werden. Dadurch lassen sich individuell irrelevante Merkmale und grundsätzlich abgelehnte Alternativen (Marken, Einkaufsstätten etc.) aussondern und die Zahl der Ausprägungen an die bei jeder Person unterschiedliche Wichtigkeit einzelner Merkmale anpassen. Geschieht dies in einem computergestützten, während des Befragungsablaufs wirksamen Verfahren, spricht man von *adaptiver CA*, einem ebenfalls hybriden CA-Verfahren (Carmone 1987; Green/Krieger/Agarwal 1991; Vriens 1995). Das am weitesten verbreitete CA-Programmpaket ACA der Firma Sawtooth basiert auf einem solchen Verfahren. Damit ergibt sich im Übrigen auch die Möglichkeit, den Präferenzbildungs*prozess* näher zu analysieren.

Problematisch ist allerdings auch bei diesem Verfahren, dass es wie alle anderen von der Unabhängigkeit der untersuchten Merkmale ausgeht, was nicht immer zu gewährleisten ist (Ebel/Lauszus 1995). Da es sich wegen des reduzierten Auswahldesigns um Haupteffekt-Modelle handelt, ist auch die Untersuchung von Interaktionen zwischen den Merkmalen nicht möglich (Schubert 1991). Schließlich kann es zu Positionierungseffekten kommen. Wird z.B. der Preis beim Alternativenvergleich zuerst genannt, ergeben sich tendenziell überhöhte Preiselastizitäten. Durch Merkmalsrotation im Stimulusmaterial kann man solchen Verzerrungen entgegenwirken – allerdings nur auf Kosten der leichten Vergleichbarkeit (Perrey 1996).

Die *Choice-Based Conjoint (CBC)*, häufig auch als *Discrete Choice-Analyse* bezeichnet, stellt eine weitere Sonderform der CA dar, bei der nicht nach Präferenzen oder Kaufwahrscheinlichkeiten, sondern nach diskreten Wahlentscheidungen gefragt wird. Die Probanden haben sich für eine der bis zu zwölf am Computer angezeigten Alternativen zu entscheiden (vgl. Sawtooth 1995, S. 1ff.; Hahn 1997, S. 41). Damit wird eine realistische Kaufsituation abgebildet, in der auch Nicht-Käufe möglich sind. Allerdings lässt der Ansatz nur eine begrenzte Zahl an Merkmalen und Merkmalsausprägungen und keine Auswertung auf Individualniveau zu.

Mit Hilfe der *Limit Conjoint-Analyse* versuchen Voeth/Hahn (1998) eine solche diskrete Auswahlentscheidung (begrenztes relevant set) in die traditionellen Verfahren der Conjoint-Analyse zu integrieren, um den Vorteil der individuellen Nutzenschätzungen nicht aufgeben zu müssen. Bei dieser Methode werden nicht allein Präferenzränge (nach der Profilmethode) abgefragt, vielmehr werden die Probanden im Anschluss daran auch noch aufgefordert, diejenigen Produkte anzugeben, die sie tatsächlich auch zu kaufen bereit wären („Limit Card"), sodass eine der Realität sehr nahe, z.T. nichtkompensatorische Auswahlentscheidung zu treffen ist und damit Käufer von Nicht-Käufern unterschieden werden können.

5.5.4 Ökonometrische Preisreaktionsanalysen

Preise und Absatzmengen (bzw. Umsätze) oder andere Marktreaktionsvariablen sind direkt am Markt beobachtbare Größen. Es liegt deshalb nahe, solche Marktbeobachtungen zu einer statistischen Schätzung von Preisreaktionsfunktionen (PRF) heranzuziehen. Wegen der zentralen Stellung der Preis-Absatzfunktion zur Ableitung optimaler Angebotspreise (vgl. Kap.3) kommt solchen Versuchen naturgemäß besondere Bedeutung zu. Andererseits sind sie – wie alle Versuche einer ökonometrischen Marktreaktionsschätzung – mit einer Vielzahl von Problemen inhaltlicher, erhebungstechnischer und statistischer Art verbunden, von denen wir hier nur die wichtigsten und für Preisreaktionsfunktionen besonders typischen behandeln können (vgl. ausführlicher: Greene 1997; Harvey 1994; Hanssens/Parsons/Schultz 1992; Cooper/Nakanishi 1988; Bruse 1980; Steffenhagen 1978; Naert/Leeflang 1978; Hammann 1975).

Grundgedanke ökonometrischer PRF ist es, den in einem Reaktionsmodell spezifizierten funktionalen Zusammenhang zwischen dem Preis als unabhängige Variable und einer bestimmten Marktreaktionsgröße (Absatz, Umsatz, Marktanteil etc.) als abhängige Variable empirisch zu überprüfen. Als wichtigstes Analyseinstrument dient dabei die *Regressionsanalyse* (vgl. Hanssens/Parsons/Schultz 1992; Tellis 1988).

Unterstellt man beispielsweise ein *lineares Reaktionsmodell* der Form $x_i = \alpha + \beta\, p_i$, so benötigt man zur regressionsanalytischen Festlegung der Funktionsparameter $\alpha > 0$ und $\beta < 0$ („Parametrisierung") sowie zur statistischen Überprüfung der Anpassung dieses theoretischen Modells an die Realität („Goodness of Fit") empirische Wertepaare für x_i und p_i. Mit Hilfe der Schätzgleichung $\hat{x}_i = \hat{\alpha} + \hat{\beta} p_i + \hat{u}_i$ werden $\hat{\alpha}$ und $\hat{\beta}$ dann so berechnet, dass die Fehlerabweichung Σu_i^2 zwischen den Schätzwerten und den tatsächlichen Werten minimiert wird. In diesem einfachsten Fall kann dies durch die sog. *Kleinst-Quadrat-Methode* (OLS-Verfahren: „ordinary least squares") mit jedem Taschenrechner bewerkstelligt werden. Man muss dazu nur die sog. Normalgleichungen

$$(5\text{-}6) \qquad \beta = \frac{\sum\limits_{i=1}^{n} (p_i - \overline{p}) \cdot (x_i - \overline{x})}{\sum\limits_{i=1}^{n} (p_i - \overline{p})^2} \qquad \text{und}$$

$$(5\text{-}7) \qquad \alpha = \overline{x} - \beta \cdot \overline{p}$$

bestimmen, wobei $\overline{p}$ und $\overline{x}$ hier die arithmetischen Mittel von Preisen und Absatzmengen darstellen. Sind mehr als zwei Parameter zu schätzen (multiple Regression), wird die Berechnung aufwendiger und über entsprechende Computerprogramme vorgenommen (vgl. z.B. Backhaus et al. 1996, S. 17ff.).

Mit Hilfe der auf diese Weise geschätzten PRF kann man

- den *Fit des Modells* prüfen und gegebenenfalls ein anderes Modell spezifizieren,
- *Preiselastizitäten* für jedes Preisniveau und bei Einbezug von Konkurrenzpreisen auch *Kreuzpreiselastizitäten* bestimmen,
- den *Höchstpreis* und die *Sättigungsmenge* erkennen und
- prognostizieren, *welcher Absatz bzw. Umsatz bei welchem Preis* ceteris paribus realisiert werden kann.

Bevor man jedoch in den Genuss dieses Informationspotentials gelangt, sind die Teilaufgaben der Modellspezifikation und der Parametrisierung der Peisresponsefunktion zu bewältigen:

Bei der *Modellspezifikation* geht es zunächst um die Frage, *welche Variablen mit welchem zeitlichen und räumlichen Bezug in welcher Form* in die PRF eingeschlossen werden sollen. Als *Response-Maße (abhängige Variablen)* bieten sich hier vor allem Absatzmengen, Umsätze, Marktanteile oder Markenwechselhäufigkeiten an, die auf genau definierte Zeitabschnitte und Absatzsegmente bezogen sein müssen.

Daten über *Absatzmengen und Umsätze* sind im Allgemeinen leichter verfügbar und damit kostengünstig, können aber durch Saison- oder Trendeinflüsse (Inflation) beeinflusst sein, sodass eine analytische Datenaufbereitung (z.B. Umsätze/Inflationsindex, nominalskalierte Saisonvariablen in der PRF usw.) erforderlich wird. Der *Marktanteil* besitzt als Reaktionsmaß vor allem den Vorteil, dass er implizit das Konkurrenzverhalten in die Betrachtung mit einbezieht, konjunkturelle und saisonale Schwankungen im Absatz wegfiltert und in gesättigten Märkten einen durchaus validen Einblick in die Marktwirksamkeit unterschiedlicher Preisabstände zu Konkurrenzprodukten ermöglicht. Andererseits ist der Marktanteil oft nicht exakt ermittelbar, weil Informationen über das Marktvolumen fehlen.

Bei der Spezifikation der *unabhängigen Variablen* der PRF gilt es zunächst, eine *geeignete Operationalisierung des Preises* zu finden. Häufig empfiehlt es sich, nicht den absoluten Preis (p_i), sondern den *Preisabstand* zum Marktführer oder zum marktanteilsgewichteten Durchschnittspreis am Markt zu wählen. Unabdingbare Voraussetzung ist eine *ausreichende Variation* der jeweiligen Variable, da sonst kein Preiseinfluss zu messen ist.

Darüber hinaus gilt es im Rahmen der Variablenspezifikation zu überlegen, ob und gegebenenfalls welche *weiteren unabhängigen Variablen* in das Modell mit aufzunehmen sind. In Frage kommen dafür erstens *andere Instrumentalvariablen*, z.B. die Werbeaufwendungen, zweitens *situative Größen*, etwa Trend- oder Saisonvariablen, und drittens sog. *Lag-Variablen,* mit denen man *Carryover-Effekte* in der Preiswirkung erfassen kann.

Die *Funktionsspezifikation* beinhaltet die Aufgabe, den vermuteten Wirkungsmechanismus des Preises auf den Markterfolg in ein statistisch schätzbares, mathematisches Modell zu gießen. Es geht dabei einmal um die Frage, ob der Absatz in linearer oder nicht-linearer, monotoner oder nicht-monotoner bzw. stetiger oder nicht-stetiger Form auf Änderungen des Preises reagiert und wie zum anderen das Zusammenspiel der unabhängigen Variablen funktioniert. Letztlich geht es also um eine *ökonomisch-theoretische Fundierung* der PRF. In Kapitel 3 wurden entweder ein logistischer oder ein doppelt gekrümmter Funktionsverlauf vom *Gutenberg-Typ* im Vergleich zum linearen oder multiplikativen Verlauf als für Konkurrenzsituationen als am plausibelsten gekennzeichnet. Hruschka (1999) gibt einen Überblick über verschiedene Modellspezifikationen und empirische Befunde zur Gutenberg Preis-Absatzfunktion.

Zur *Parametrisierung* einer PRF müssen erstens hinreichend *valide und reliable Daten* bereitgestellt, zweitens *statistische Schätzungen für die Funktionsparameter* durchgeführt und drittens *Tests zur Beurteilung des Modell-„Fits"* und der *Zuverlässigkeit der geschätzten Regressionskoeffizienten* durchgeführt werden. Die beiden letztgenannten Teilaufgaben sind rein statistischer Natur, sodass wir hier auf ihre tiefere Erörterung verzichten und auf die einschlägige Literatur verweisen (Backhaus et al. 1996, S. 20ff., Hanssens/Parsons/Schultz 1992). Das wichtigste Gütemaß für den Modell-Fit ist das *Bestimmtheitsmaß r^2*. Dafür gilt:

$$(5\text{-}8) \qquad r^2 = \frac{\sum(\hat{x}_i - \overline{x})^2}{\sum(x_i - \overline{x})^2} = 1 - \frac{\sum(x_i - \hat{x}_i)^2}{\sum(x_i - \overline{x})^2} \quad (0 \le r^2 \le 1)$$

Das erstgenannte *Datenproblem* kann grundsätzlich durch Zusammenstellung *historischer Daten* oder im Wege von *Beobachtungsexperimenten* angegangen werden. Weiterhin lassen sich *Längsschnitts-*, *Querschnitts-* und *Hybridanalysen* (mit gepoolten Längs- und Querschnittsdaten) unterscheiden. Eine gute Datenbasis bieten *Einzelhandelspanels*, welche die normale, d.h. nicht durch systematisch wirkende Einflussgrößen hervorgerufene Preis- und Marktanteilsvarianz einzelner Marken in einer Vielzahl von Geschäften gleichen Typs erfassen können (vgl. Maddala 1993; Hsiao 1993). Schließlich besteht die Möglichkeit der Erhebung von Zahlungsbereitschaften und damit zur Ermittlung von Preisresponsefunktionen mit Hilfe von *Auktionen* (Skiera/Revenstroff 1999). Bei Vickrey-Auktionen werden von allen Bietern Gebote in verdeckter Form abgegeben. Den Zuschlag erhält der Bieter mit dem höchsten Gebot, wobei der Kaufpreis dem zweithöchsten Gebot entspricht. Diese Vorgehensweise bewirkt, dass Gebote genau in Höhe der Zahlungsbereitschaft abgegeben werden. Daher weisen Vickrey-Auktionen im Vergleich zur oben beschriebenen Vorgehensweise der Präferenzabfrage den Vorteil auf, dass der Auktionsmechanismus allen Bietern den Anreiz zur Abgabe von Geboten in Höhe ihrer tatsächlichen Zahlungsbereitschaft abgeben. Die so erhobenen Daten kommen daher hinsichtlich ihrer externen Validität Kaufdaten sehr nahe und liefern so gute Ergebnisse zur Ermittlung von Preisresponsefunktionen (vgl. dazu auch Kap. 8).

Ein *Beispiel* für eine ökonometrisch geschätzte Marktreaktionsfunktion wird nachfolgend anhand der Marke Tempo dargestellt (Bukhari 1998, S. 311ff.). Dazu wurden zwei-Monats-Handelspaneldaten verwendet. Die Spezifikation einer MRF zur Schätzung des mengenmäßigen Marktanteils wurde mit der Verwendung folgender unabhängiger Variablen vorgenommen:

P_{rel} :	relativer Preis von *Tempo* als Quotient aus dem Preis von *Tempo* und dem Marktdurchschnittspreis für Papiertaschentücher
SP% :	Sonderplatzierungsanteil von Tempo als Quotient aus der Anzahl der Sonderplatzierungen von Tempo und der Gesamtzahl der Sonderplatzierungen für Papiertaschentücher (in Prozent)
W :	Werbeausgaben für Tempo in Tsd. DM
M% :	mengenmäßiger Marktanteil für die Marke Tempo insgesamt (in Prozent)

Die funktionale Verknüpfung der Variablen zur Spezifikation der MRF hat vor allem Überlegungen zur Grenzwirkung und zu möglichen Interaktionen der Variablen zu berücksichtigen. Bei den vorliegenden Daten ist der Wertebereich bei den (abhängigen und unabhängigen) Variablen, die als relative Größen formuliert sind (Marktanteil, Preis und Sonderplatzierungen), nicht sehr breit. Dies bedeutet, dass eine lineare Funktion sich nicht sehr stark in ihrem Verlauf von der multiplikativen oder semilogarithmischen Funktion unterscheidet. Aus pragmatischer Sicht wurde daher eine lineare Funktion mit konstanter Grenzwirkung der Variablen unterstellt. Darüber hinaus sprechen auch keine spezifischen Argumente für Interaktionen zwischen den unabhängigen Variablen. Daher besteht auch keine Notwendigkeit, Interaktionsterme in der MRF für dieses Fallbeispiel aufzunehmen. Die vollständig spezifizierte MRF hat dann folgende Gestalt:

$$M_\% = b_0 + b_1 P_{rel} + b_2 SP_\% + b_3 W$$

```
Dependent Variable.  MA_MENGE Marktanteil Tempo (Menge) in %


Block Number 1. Method:   Enter      REL_PREI REL_SP    WERB


Variable(s) Entered on Stepp Number
   1..   WERB      Werbeausgaben Tempo in Tsd. DM
   2..   REL_SP    Anteil an Sond_Plaz für Tempo in %
   3..   REL_PREI  rel.Preis Tempo


Multiple R          ,82192
R Square            ,67555
Adjusted R Square   ,61066
Standard Error      ,99658


Analysis of Variance
                    DF       Sum of Squares      Mean Square
Regression           3          31,01906         10,33969
Residual            15          14,89756           ,99317


F =      10,41079      Signif F =  ,0006


------------- Variables in the Equation ------------------


Variable         B         SE B        Beta        T   Sig T


REL_PREI -87,450572   17,600518    -,743291   -4,969  ,0002
REL_SP     ,038821      ,023142     ,247576    1,678  ,1142
WERB   1,63682E-04  2,3473E-04     ,104450     ,697  ,4963
(Constant)134,142434  19,324007              6,942  ,0000


Total Cases =        19
```

Abb. 5-3: **Beispiel für eine regressionsanalytisch geschätzte Preis-Absatzfunktion**

Die Schätzung erfolgt mit Hilfe des statistischen Programmpaktes SPSS. Die multiple Regressionsanalyse ergibt die in Abb. 5-3 dargestellten Schätz-Ergebnisse.

Die geschätzte MRF lautet nach Abb. 5-3:

$$M_{\%} = 134,14 - 87,45P_{rel} + 0,0388SP_{\%} + 0,000164W$$

Die Koeffizienten sind folgendermaßen zu interpretieren: Eine Änderung beispielsweise des relativen Preises von Tempo um 0,1 würde laut dieser MRF eine Marktanteilsänderung von ca. 8,7% bewirken. Eine Erhöhung des Sonderplatzierungsanteils von

Tempo um 10 Prozentpunkte führt zu einem um ca. 0,4% höheren Marktanteil. Der Einsatz von 1 Mio. DM Werbung zusätzlich verursacht lediglich einen um ca. 0,16% höheren Marktanteil. Der Wert des konstanten Glieds lässt sich wie folgt deuten: Bei einem relativen Preis von 1 und keinem Einsatz von Sonderplatzierungen und Werbung (SP%=0 und W=0) hätte Tempo einen Marktanteil von ca. 46,69% (=134,14-87,45). Hinsichtlich der Beurteilung der Güte der Schätzparameter lässt sich feststellen, dass die Ergebnisse aus inhaltlicher Sicht befriedigend sind. Die Vorzeichen der Schätzparameter liegen in der erwarteten Richtung und ihre Größenordnungen nehmen keine unrealistischen Dimensionen an, auch wenn die Koeffizienten der Sonderplatzierungs- und der Werbungsvariable relativ niedrig erscheinen.

In den SPSS-Ausdrucken erscheint das Bestimmtheitsmaß als R Square und das korrigierte Bestimmtheitsmaß als Adjusted R Square. Bei der beispielhaft geschätzten MRF beträgt das R^2 ca. 0,68 und das $\overline{R}^2$ ca. 0,61. Das bedeutet, dass die unabhängigen Variablen dieser MRF ca. 68% (bzw. 61% unter Berücksichtigung der Anzahl der Variablen) der Varianz des Marktanteils von Tempo erklären.

Eine nützliche Abwandlung der dargestellten Preisresponse-Modellierung ist durch den Einbezug von *Schwellenwerten* möglich (vgl. Gaul/Löffler 1999; Kalyanam/Shivley 1998; Abe 1998). Gaul/Löffler modellieren diesen Zusammenhang mit Hilfe von Dummy-Variablen, um Preisspielräume (Konsumentenbezug) unter expliziter Berücksichtigung der preisbezogenen Marktanteilsinterdependenzen (Konkurrenzbezug) zu bestimmen. Theoretische wie empirische Argumente stützen die Sichtweise, dass erst bei Überschreitung bestimmter Wahrnehmungsschwellen eine preisbedingte Reaktion und damit eine Marktanteilsveränderung stattfindet. Die Modellierung beinhaltet eine linear-additive Responsefunktion mit dem Preis einer Marke, dem Referenzpreis, den Preisen der konkurrierenden Marken, Schwellenwerten als Grenzen von Intervallen sowie Steigungsparametern. Preisänderungen innerhalb der Schwellen-Intervalle führen zu keiner Reaktion, Überschreitungen der Schwellen dagegen schon. Kalyanam/Shivley untersuchen diesen Zusammenhang durch die Annäherung mit Hilfe einer Spline Regression und erlangen so gute Ergebnisse. Abe untersucht nicht-lineare Preisresponsefunktionen aufgrund von Preisschwellen mit Hilfe eines multinominalen Logit-Modells. Auch Natter/Hruschka (1997, o.J.) bilden Ankerpreise in Marktreaktionsmodellen ab und schätzen das Modell mit Hilfe von künstlichen neuronalen Netzen (vgl. 5.5.5).

Insgesamt ist festzuhalten, dass ökonometrische Preis-Reaktionsfunktionen ein wichtiges Instrument für die Preiswirkungsmessung darstellen. Eine sehr sorgfältige Überprüfung alternativer Spezifikationen von Modellen und Variablen ist dringend geboten. Des Weiteren sind ökonomische Plausibilität und statistische Kriterien für die Beurteilung der Ergebnisse gleichermaßen von Bedeutung.

5.5.5 Neuronale Netze

Zur Lösung schlecht strukturierter Problemstellungen, bei denen das Zusammenwirken unterschiedlicher Faktoren nicht-linear erfolgt oder Einflussgrößen und deren Gewichte nicht bekannt sind, können *künstliche neuronale Netze* als Methoden des automatischen Wissenserwerbs verwendet werden (vgl. dazu z.b. Heimel 1994; Zimmerer 1997; Patterson 1997). Künstliche neuronale Netze bestehen aus mehreren primitiven Verarbeitungseinheiten, die über gewichtete und gerichtete Verbindungen miteinander verknüpft sind. Sie benutzen rechnerische Prinzipien, die dem Gehirn zugeschrieben werden. Anwendungsgebiete liegen in der Identifikation und Repräsentation von Zusammenhängen. Bei der *Identifikation* soll eine vorgegebene Repräsentation oder Klassifikation von Objekten, ausgehend von nicht zur Repräsentation oder Klassifikation verwendeten Merkmalen der Objekte, bestmöglich reproduziert werden (sonst Diskriminanz- oder Regressionsanalyse). Bei der *Repräsentation* sollen Objekte so durch Punkte in einem minimal dimensionierten Raum angeordnet werden, dass die relative Lage der Punkte die Ähnlichkeit der Objekte wiedergibt (vgl. Hruschka 1991, S. 217f.).

Künstliche Neuronen werden in der Regel als Black-Box mit folgender Architektur aufgefasst: Eine Menge von Inputs x_1, x_2, ...x_n wirkt auf ein künstliches Neuron ein, und jeder Input wird mit einem ihm zugeordnetem Gewicht w_1, w_2, ...w_n multipliziert. Positive Gewichte bezeichnen exzitatorische, negative inhibitorische Verbindungen des Neurons mit dem jeweiligen Input. Die Summe der so gewichteten Inputs ergibt schließlich das Potential des Neurons z.

$$(5\text{-}9) \qquad z = \sum_{i=1}^{n} w_i x_i$$

Die Verarbeitung des Potentials z durch eine Aktivierungsfunktion ergibt schließlich den Zustand des Neurons. Der Zustand eines Neurons kann entweder diskret (meist binär) oder kontinuierlich sein. Es werden schließlich deterministische und stochastische Aktivierungsfunktionen unterschieden. Bei ersteren steht der Zustand für jeden Potentialwert eindeutig fest, bei letzteren ergibt er sich mit einer bestimmten Wahrscheinlichkeit. Schichten zerlegen die Neuronen in disjunkte Teilmengen, wobei in den meisten künstlichen neuronalen Netzwerken Verbindungen nur zwischen unmittelbar aufeinander folgenden Schichten vorliegen. Bei Inputneuronen erfolgt keine Summierung, da sie lediglich Werte an die Gewichte ihrer Verbindung zu Neuronen anderen Typs weitergeben. Verborgene Neuronen unterscheiden sich von Input- und Outputneuronen durch die Abgeschlossenheit gegenüber der Außenwelt. In Feedforward-Netzen beginnt die Berechnung der Zustände mit den Inputneuronen, arbeitet dann jede unmittelbar folgende Schicht ab, um mit der Outputschicht zu enden. Bei rekurrenten Netzen endet die Anpassung der Zustände von Neuronen mit dem Erreichen eines Fixpunktes. Ein eindeutiger Berechnungsablauf liegt hier nicht vor (vgl. Schöneburg/ Hansen/Gawelczyk 1990). Lernregeln beinhalten die Schätzung der Gewichte für die Verbindung mit dem Ziel, ein vorgegebenes Outputverhalten bestmöglich zu erreichen.

Im Rahmen preispolitischer Informationsprobleme analysiert beispielsweise Hruschka (1991, S. 223f.) einen Datensatz mit Hilfe von Feedforward-Netzen. Der Datensatz beinhaltet Beobachtungswerte einer österreichischen Konsumgütermarke. Als Outputvariable wird der Absatz dieser Marke herangezogen. Als Einflussfaktoren werden neben dem Verbraucherpreis das aktuelle und vormonatiche Werbebudget und die Wetterlage (mit der monatlichen Durchschnittstemperatur) angenommen. Das Netzwerk besitzt neben diesen Inputneuronen je eine Schicht mit verborgenen Neuronen bzw. Outputneuronen. Zur Schätzung der Gewichte des Netzwerks dient das *Backpropagation Verfahren*. Die gewonnenen Ergebnisse führen zu einem Netzwerk mit drei verborgenen Neuronen (vgl. Abb. 5-4). Im Ergebnis steht die Temperatur nur mit zwei Neuronen in Verbindung, während für das aktuelle Werbebudget und das des Vormonats nur ein verborgenes Neuron existiert. Alle verborgenen Neuronen besitzen eine positive Verbindung mit dem Outputneuron. Die Zustandsvariable des verborgenen Neurons A steigt mit höherem Werbebudget, nimmt mit höherem Verbraucherpreis und steigenden Durchschnittstemperaturen jedoch ab. Dieses Neuron repräsentiert also den Einfluss der beiden Marketinginstrumente Preis und Werbung. Die Zustandsvariable des verborgenen Neurons B steigt mit niedrigeren Preisen und höheren Temperaturen. Niedrige Preise führen schließlich zu höheren Werten der Zustandsvariable des verborgenen Neurons C.

Ein Vergleich mit einer ebenfalls durchgeführten linearen Regressionsanalyse (vgl. 5.5.4) zur Modellanpassung kommt zu dem Ergebnis, dass die Schätzung mit künstlichen neuronalen Netzen zu deutlich besseren Ergebnissen führt (vgl. Hruschka 1991, S. 224).

Zusammenfassend lässt sich feststellen, dass der Vorteil künstlicher neuronaler Netzwerke in der Geschwindigkeit und der Anpassung an Datenänderungen liegt. Problematisch ist die Tendenz zu lokalen Minima und die geringe Lerngeschwindigkeit. Indessen befähigt das Verfahren den Anwender zur Approximation nicht-linearer Funktionen, worin auch der wesentliche Unterschied zu den verwandten statistischen Verfahren (Regression und Diskriminanzanalyse) liegt.

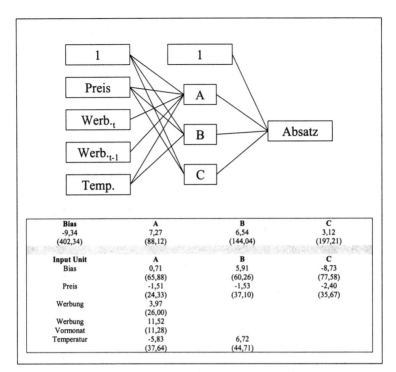

Bias	A	B	C
-9,34	7,27	6,54	3,12
(402,34)	(88,12)	(144,04)	(197,21)

Input Unit	A	B	C
Bias	0,71	5,91	-8,73
	(65,88)	(60,26)	(77,58)
Preis	-1,51	-1,53	-2,40
	(24,33)	(37,10)	(35,67)
Werbung	3,97		
	(26,00)		
Werbung	11,52		
Vormonat	(11,28)		
Temperatur	-5,83	6,72	
	(37,64)	(44,71)	

Abb. 5-4:   Feedforward-Netzwerk mit drei verborgenen Neuronen (Hruschka 1991, S. 223f.)

Kapitel 6: Preisfindung bei kurzfristiger Betrachtung

6.1 Problemstellung und Überblick

Nach der Charakterisierung des preispolitischen Entscheidungsfeldes (Kap. 2), der dafür entwickelten Modelle (Kap. 3 und 4) und der Informationsseite der Preispolitik (Kap. 5) wenden wir uns nunmehr den verschiedenen Möglichkeiten der kurzfristigen Preisfindung zu. Langfristige, strategische Überlegungen werden zunächst ausgeklammert und im Kapitel 11 behandelt. Eine solche Trennung operativer und strategischer Aspekte ist nicht nur aus didaktischen Gründen sinnvoll. Vielmehr sind auch in der Praxis eine Reihe von Preisentscheidungen (nahezu) ausschließlich unter kurzfristigen Aspekten zu treffen (Beispiel: Preisangebote für einmalige Aufträge (Anlagengeschäft) oder für kurzfristige Zusatzaufträge). Darüber hinaus bauen die Modelle zur analytischen Ableitung langfristig optimaler Preise teilweise auf den Kalkülen der kurzfristigen Preisfindung auf.

Diese Kalküle lassen sich grob in drei Klassen unterteilen, die im Folgenden jeweils separat behandelt werden:

1) *Kostenorientierte Verfahren,* auch (progressive) Kalkulationsverfahren oder kurz *Preiskalkulationen* genannt. Sie bauen auf der traditionellen Kostenträgerrechnung auf.

2) *Marktbezogene Verfahren,* auch *retrograde Kalkulationen* genannt. Bei ihnen wird insbesondere auf die Kundennutzenkalkulation sowie Kalküle der Deckungsbeitragsrechnung zurückgegriffen.

3) *Marginalanalytische Optimierungsmodelle,* welche die Differentialrechnung zur Ableitung des Maximums einer vorgegebenen Zielfunktion nutzen. Sie setzen die genaue Kenntnis der funktionalen Zusammenhänge zwischen dem Preis und der Zielgröße voraus.

Da alle Verfahren aus diesen drei Gruppen bestimmte Vor- und Nachteile besitzen, die situationsabhängig von mehr oder minder großem Gewicht sind, lässt sich unter Anwendungsaspekten keines generell als optimal empfehlen. Sie schließen sich naturgemäß auch nicht gegenseitig aus, sondern ergänzen sich in ihrem jeweiligen Aussagegehalt, sodass es durchaus sinnvoll ist, gleichzeitig auf mehrere Verfahren zurückzugreifen. Branchenspezifika spielen dabei eine wichtige Rolle. So kann im Massengeschäft mit periodisch gekauften Konsumgütern leichter eine

Preis-Absatzfunktion ermittelt und für eine marginalanalytische Preisfindung herangezogen werden als im Anlagengeschäft, wo jede Anlage individuell zugeschnitten wird und deshalb eher eine kosten- und nutzenorientierte Preisfindung stattfindet. Der Begriff Preisfindung deutet im Übrigen schon darauf hin, dass es hier im Allgemeinen nicht um eine einfache Berechnung des Preises anhand einer Preisformel geht, sondern um mehr oder minder umfassende Arbeitsschritte mit verschiedenen Analysemethoden, auch im Hinblick auf unterschiedliche Problemaspekte.

Wichtig für das Verständnis der kurzfristigen Preisfindung ist der Umstand, dass in den meisten Fällen bereits ein Vorperiodenpreis vorliegt, also keine völlige Neukalkulation vorzunehmen ist. Einen Sonderfall stellen völlig neue Produkte dar, den wir im Abschnitt 6.5 behandeln.

6.2 Kostenorientierte Verfahren

Preiskalkulationen auf Vollkostenbasis beruhen auf dem Prinzip eines prozentualen Gewinnzuschlags g auf die im Rahmen der Kostenträgerrechnung ermittelten Stück- oder Selbstkosten k_i eines Produktes i. Es gilt also:

(6–1) $p_i = k_i \cdot (1 + g/100)$

Die Verfahren zur Ermittlung der Selbstkosten hängen stark vom jeweiligen Fertigungsprogramm, der Fertigungstiefe und dem Fertigungsverfahren der Unternehmung ab. Sie werden in der Literatur zur Kostenrechnung ausführlich dargestellt und diskutiert (vgl. z.B. Hummel/Männel 1995; Schweitzer/Küpper 1998).

Das flexibelste Verfahren ist die sog. *Zuschlagskalkulation,* bei der die Kostenträger-Einzelkosten direkt und die Kostenträger-Gemeinkosten indirekt durch Kostenverteilungsschlüssel einer Produkteinheit zugerechnet werden. Häufig bedient man sich dabei für die verschiedenen, im Betriebsabrechnungsbogen gesammelten und auf sog. Hauptkostenstellen für Material, Fertigung sowie Verwaltung und Vertrieb verteilten Gemeinkosten folgender Schlüsselgrößen:

- Materialgemeinkosten (GK_M) / Materialeinzelkosten (EK_M)
- Fertigungsgemeinkosten der Fertigungshauptstelle j (GK_{Fj}) / Fertigungseinzelkosten (EK_{Fj})
- Verwaltungs- und Vertriebsgemeinkosten (GK_{VW} bzw. GK_{VT}) / Herstellkosten

1	I	EK_M	Fertigungsmaterial (Materialeinzelkosten)	Material-kosten		Selbstkosten (K_i)
2		GK_M	Materialgemeinkosten			
3	II	EK_{FL}	Fertigungslohn	Fertigungskosten	Herstellkosten	
4		GK_{FL}	Fertigungsgemeinkosten der Fertigungshauptstelle A (als prozentualer Zuschlag auf den Fertigungslohn der Fertigungshauptstelle A)			
5			Fertigungsgemeinkosten der Fertigungshauptstelle B (als prozentualer Zuschlag auf den Fertigungslohn der Fertigungshauptstelle B)			
6		EK_{FS}	Sondereinzelkosten der Fertigung			
7	III	GK_{VW}	Verwaltungsgemeinkosten (als prozentualer Zuschlag auf die Herstellkosten)			
8	IV	GK_{VT}	Vertriebsgemeinkosten (als prozentualer Zuschlag auf die Herstellkosten)			
9		EK_{VT}	Sondereinzelkosten des Vertriebs			

Abb. 6-1: **Schematische Darstellung der Zuschlagskalkulation (modifiziert nach Hummel/Männel 1995, S. 290.)**

Daraus ergibt sich das in Abb. 6-1 dargestellte Kalkulationsschema. Unter Verwendung der dort definierten Symbole gilt demnach für die Selbstkosten K_i folgende Kalkulationsformel:

(6–2)

$$K_i = \left\{ \underbrace{\left[EK_M \cdot (1 + \frac{Z_M}{100}) \right]}_{\text{Materialkosten}} + \underbrace{\left[\sum_{j=1}^{n} EK_{FLj} \cdot (1 + \frac{Z_{FLj}}{100}) + EK_{FS} \right]}_{\text{Fertigungskosten}} \right\} \cdot \underbrace{\left[(1 + \frac{Z_{VW} + Z_{VT}}{100}) \right] + EK_{VT}}_{\text{Verwaltungs - und Vertriebskosten}}$$

$$\underbrace{\phantom{\left\{ \left[EK_M \cdot (1 + \frac{Z_M}{100}) \right] + \left[\sum_{j=1}^{n} EK_{FLj} \cdot (1 + \frac{Z_{FLj}}{100}) + EK_{FS} \right] \right\}}}_{\text{Herstellkosten}}$$

Die prozentualen Zuschlagssätze (Z_M, Z_{Fj} [j = Index der Fertigungsstelle], Z_{VW}, Z_{VT}) ergeben sich jeweils aus den mit 100 multiplizierten Quotienten zwischen den jeweiligen Gemeinkosten und Einzelkosten. Zur Ermittlung der für (6-1) erforderlichen Selbstkosten pro Stück (k_i) wird K_i durch die Produktionsmenge der betrachteten Periode (q_i) dividiert.

(6–3) $k_i = K_i / q_i$

Einen relativ neuen kostenrechnerischen Ansatz stellt die *Prozesskostenrechnung* dar, die auch für die Preisfindung eingesetzt werden kann. Sie stellt eine Methodik dar, die dazu dient, „...die Gemeinkosten von Unternehmen zu analysieren, zu steuern und möglichst verursachungsgerecht

218

den Produkten und Dienstleistungen zuzuordnen" (Götze 1997, S. 143). Für die Prozesskostenkalkulation ist charakteristisch, dass nicht nur kostenstellenweise, sondern auch kostenstellenübergreifend eine leistungsorientierte Verrechnung von Kostenträgergemeinkosten angestrebt wird. Tätigkeiten innerhalb von Kostenstellen werden identifiziert und zu kostenstellenübergreifenden Prozessen zusammengefasst. Anschließend werden dafür die Prozesskosten ermittelt und nach Maßgabe der Prozessinanspruchnahme mit Hilfe von Prozesskostensätzen weiterverrechnet (Männel 1998, S. 95).

Zur Ermittlung von Prozesskostensätzen werden die *Teilprozesse* in abhängige (mengenvariable), die sog. leistungsmengeninduzierten (lmi) Prozesse und in unabhängige (mengenfixe), die sog. leistungsmengenneutralen (lmn) Prozesse unterschieden. Damit sollen die Prozesse hinsichtlich ihrer Reaktion auf die Veränderung von Leistungsmengen eingeteilt werden (vgl. Kavandi 1998, S. 31). Ein *Hauptprozess* entsteht durch die Bündelung von sachlich eng miteinander zusammenhängenden Teilprozessen. Häufig verwenden diese die gleichen Kosteneinflussfaktoren (Cost Driver), die als Maß- und Bezugsgrößen den Ressourcenverbrauch und daher die Kostenverursachung in den Hauptprozessen beschreiben sollen. Gewöhnlich werden dabei die lmi-Prozesse unter Beachtung der sachlichen und kostenmäßigen Zusammenhänge zu kostenstellenübergreifenden Hauptprozessen verdichtet und dazu jährlich Prozesskostensätze gebildet (vgl. Mayer 1991; Mayer/Kaufmann 2000).

Die Zusammenfassung von Kosten in sog. Kostenpools und die Weiterverrechnung dieser Kosten über Prozesskostensätze auf die Produkte ersetzt die Kalkulation von Kosten indirekter Bereiche auf Basis von Zuschlagssätzen. So können durch bestimmte Produkte verursachte Kosten in den Gemeinkostenbereichen auf diese verrechnet werden.

Weitere Kalkulationsverfahren für einfach strukturierte Betriebstypen (Einproduktbetriebe, Sortenfertigung) sind die *Divisionskalkulation* und die *Äquivalenzziffernrechnung*.

Bei der *Divisionskalkulation* werden die gesamten Kosten durch die gesamte Produktionsmenge dividiert ($k_i = K_i/q_i$; einstufiges Verfahren) oder die Kosten jeder Produktionsstufe (Kostenstelle) durch die Zahl der dort jeweils bearbeiteten Produkteinheiten dividiert und anschließend über alle Produktionsstufen j aufsummiert ($k_i = \sum K_{ij}/q_{ij}$).

Beim vor allem für die Sortenfertigung geeigneten *Äquivalenzziffernverfahren* werden die Produktionsmengen jeder Sorte mittels Äquivalenzziffern in eine rein rechnerische Gesamtproduktionsmenge - bezogen auf einen „Einheitskostenträger" - umgerechnet. Die Division der Gesamtkosten durch diese Einheitsmenge ergibt die Stückkosten pro Einheitskostenträger, die durch Multiplikation mit der jeweiligen Äquivalenzziffer wieder auf die tatsächlichen Stückkosten der Sorten umgerechnet werden können.

Die Bestimmungsgleichungen lauten:

(6–4) $\ddot{A}Z_i \cdot q_i = RE_i$

$\ddot{A}Z_i$ = Äquivalenzziffer für Sorte i

RE_i = Rechnungseinheiten für die produzierte Menge der Sorte i

$$(6\text{-}5) \qquad k_{RE} = \frac{K}{\displaystyle\sum_{i=1}^{I} RE_i}$$

$$(6\text{-}6) \qquad k_i = \frac{k_{RE} \cdot RE_i}{q_i} = k_{RE} \cdot \ddot{A}Z_i$$

Die Äquivalenzziffern bringen dabei das Verhältnis der Stückkosten zwischen den verschiedenen Sorten zum Ausdruck. Sie müssen bei unveränderten Produktionsverfahren nur einmal ermittelt werden, weil sie unabhängig von der Produktionsmenge sind.

Preiskalkulationen können auf der Basis von Plankosten *("Vorkalkulation")* oder auf der Basis von Istkosten *("Nachkalkulation")* erfolgen. Letzteres dient vor allem zur Kontrolle der Zuschlagssätze, die in der Praxis oft über längere Zeiträume konstant gehalten werden, um das Kalkulationsverfahren möglichst einfach zu gestalten. Dies ist zulässig, wenn das anteilige *Mengengerüst* der Einzel- und Gemeinkosten konstant bleibt und sich lediglich die *Kostenwerte* im Zeitlauf verändern. Jeder zusätzliche Auftrag kann dann sofort auf Basis der in Stück- und Beschaffungspreislisten schnell ermittelbaren Einzelkosten eines Auftrages kalkuliert werden.

Als *Kostenwerte* kommen grundsätzlich in Betracht:

- pagatorische Beschaffungspreise der in t-1 in der Produktion eingesetzten Produktionsfaktoren (tatsächlich geleistete Zahlungen),
- Verbrauchswerte nach den in der Verbrauchsrechnung für Lagerwaren gewählten Prinzipien, wie LIFO, FIFO etc.,
- durchschnittliche Beschaffungspreise in t-1,
- geplante Beschaffungspreise,
- geplante Wiederbeschaffungspreise,
- aktuelle Marktpreise,
- Opportunitätskostenwerte.

Die Auswahl des Kostenwertes hat *zielbezogen* zu erfolgen (vgl. 2.2). Wiederbeschaffungspreise sichern z.B. die Substanzerhaltung, Opportunitätskostenwerte berücksichtigen Kapazitätsengpässe oder drohende Verluste auf Grund von Warenverderb oder modischer Veralterung, und geplante Beschaffungspreise verhindern Planabweichungen des Betriebsergebnisses infolge von Preisabweichungen.

Drei Beispiele mögen die Rolle der Kostenwerte verdeutlichen:

(1) Die Mineralölgesellschaften kalkulieren ihre Abgabepreise auf Basis der Wiederbeschaffungskosten für Rohöl, auch wenn die Abgabemengen bei Rohölpreiserhöhungen aus billiger beschafften Chargen gespeist werden. Sie sichern dadurch den entsprechenden Rückfluss jener Erlöse, die für die Nachbeschaffung der zur Aufrechterhaltung des Betriebs notwendigen Bestandsmenge im Unternehmen erforderlich ist.

(2) Verdrängt ein eiliger Zusatzauftrag im Baugewerbe einen anderen mit höherer Gewinnspanne, so müsste dessen Gewinnplus in die Kalkulation einbezogen werden, da man darauf nun verzichtet.

(3) Bei „Abschriften" im Textileinzelhandel wird der Einkaufswert der Ware und mit ihm der Verkaufspreis wegen modischer Veralterung herabgesetzt und damit an den Marktpreis angepasst.

Insbesondere bei der Einzelfertigung (z.B. im Handwerksgewerbe) ist die „Kosten-plus-Kalkulation" auf Vollkostenbasis weit verbreitet. Empirische Untersuchungen belegen die große praktische Bedeutung dieses Preisbildungsverfahrens aber auch für andere Wirtschaftsbereiche (vgl. z.B. v. Natzmer 1978; Wied-Nebbeling 1985). Offenkundig bietet die kostenorientierte Preiskalkulation der Praxis also besondere *Vorteile*. Zu ihnen zählen:

(1) Die äußerst *einfache Handhabung*, die keine besonderen analytischen Fähigkeiten erfordert und deshalb zu einer *schnellen Entscheidungsfindung* führt (Beispiel: Mineralölverkauf an Haushalte mit telefonischen Preisgeboten).

(2) Der (zusätzliche) *Informationsbedarf* zur Anwendung des Verfahrens ist *gering*, da Kosteninformationen in allen Unternehmen regelmäßig aufbereitet werden und die Kostenträgerrechnung auch für andere Zwecke eingesetzt wird. Man benötigt insb. keine Informationen über den Preis-Absatz-Zusammenhang. Erforderlich sind lediglich Vorausschätzungen des Beschäftigungsgrades in der Planperiode. Es entstehen also kaum zusätzliche Kosten; das Verfahren ist *billig*.

(3) Kostengebundene Preise gelten auf Grund einer tradierten Preisethik in weiten Kreisen der Bevölkerung und des Managements immer noch als *moralisch* am besten *legitimiert* (vgl. Kap. 2.3.2). Allerdings hängt die Preisbereitschaft der Kunden am wenigsten von den Kosten der Güterproduktion ab, zumal die Kunden diese meist gar nicht kennen. Entscheidend für die Preisakzeptanz sind vielmehr der vom Produkt gestiftete Nutzen und das verfügbare Einkaufsbudget.

(4) Eine breite Anwendung der Kosten-plus-Kalkulation in der Wirtschaft führt in Verbindung mit ähnlichen Kostenverhältnissen der verschiedenen Anbieter darüber hinaus zu einer relativ *homogenen Preisstruktur* am Markt und zur Vermeidung von Preiskämpfen, also einer Art stillschweigendem Preiskartell.

Diesen Vorteilen der kostenorientierten Verfahren stehen andererseits einige z.T. gravierende *Nachteile* gegenüber, die vor allem in rezessiven Wirtschaftsperioden sowie auf stagnierenden Märkten mit verschärftem Wettbewerb deutlich werden und viele Unternehmen dann zu einer Änderung ihrer Preisbildungspraktiken in Richtung Marktpreiskalkulation veranlasst:

(1) Die *Verrechnung echter Gemeinkosten* mittels Schlüsselgrößen wird dem Kostenverursachungsprinzip nie vollständig gerecht. Warum sollte

z.B. ein Pkw aus (teuerem) Aluminium höhere Materialgemeinkosten tragen als einer aus (billigerem) Stahl? Andererseits nimmt die Gemeinkostenverteilung entscheidenden Einfluss auf die kalkulierte Preishöhe, weil in vielen Unternehmen die Gemeinkosten mehr Gewicht besitzen als die Einzelkosten. Explizit oder implizit fließen deshalb auch in kostenorientierte Preiskalküle oftmals bereits marktorientierte Überlegungen mit ein, etwa wenn die Gemeinkosten (auch) nach dem *Kostentragfähigkeitsprinzip,* also danach verteilt werden, welche Preise am Markt durchsetzbar sind.

(2) Die in der Kostenträgerrechnung ermittelten *Durchschnittskosten* können im Rahmen einer Kostenpreiskalkulation zu erheblichen Preisfehlern führen. Wird z.B. ein Teil der Produktion mit Überstundenzuschlägen erstellt, gibt ein durchschnittlicher Lohnkostensatz die tatsächliche Kostensituation falsch wieder. Werden nämlich auf Grund eines so kalkulierten Preises in t+1 andere Produktionsmengen als in t erreicht, so ändert sich auch der rechnerische Lohnkostensatz. Steigt (sinkt) die Menge, so müssen mehr (weniger) Überstunden bezahlt werden, was den Durchschnittskostensatz entsprechend verändert. Deshalb ist es besser, mit Grenzkosten(werten), also einer Teilkostenrechnung, zu operieren (s.u.).

(3) Die Vollkostenrechnung führt zu einer *Fixkostenproportionalisierung* und entsprechenden Kalkulationsfehlern, wenn bei der Preispolitik angenommen wird, dass mit der Ablehnung zusätzlicher Aufträge entsprechende Minderkosten anfielen. Letztlich können immer nur die zusätzlichen bzw. vermeidbaren Kosten, also eine Teilkostenbetrachtung, richtige Kalkulationsgrundlagen liefern. Die kostenseitig scheinbar einfache Informationsbeschaffung wird also mit u.U. existenzbedrohenden Fehlern erkauft. Um eine gesonderte Kostenkalkulation auf Basis relevanter Kosten abseits der periodischen Erfolgsrechnung kommt man also nicht herum.

(4) Eine streng kostenorientierte Preisstellung raubt der Unternehmung die vielfältigen Möglichkeiten einer *aktiven Preispolitik,* weil sie sich selbst an die jeweilige Kostenlage bindet. Die mit einer Preisdifferenzierung oder Mischkalkulation verbundenen Gewinnchancen bleiben ungenutzt.

Das *Gewinnmaximum* kann nur zufällig, nämlich dann erreicht werden,

- wenn die Absatzsituation durch eine multiplikative (isoelastische) Preis-Absatzfunktion mit der Preiselastizität ε charakterisierbar ist,
- wenn die Kostenfunktion keine Fixkosten enthält und linear verläuft und
- wenn die Unternehmung (zufällig) jenen Aufschlagssatz auf die Kosten wählt, welcher genau dem Betrag $\varepsilon/(1+\varepsilon)$ entspricht. Dies ergibt sich aus der Amoroso-Robinson-Relation (3-26) für den gewinnmaximalen Preis im Monopolfall. In anderen Marktformen gelten zusätzliche Bedingungen.

Man könnte hier einwenden, dass viele Unternehmen gar nicht nach Gewinnmaximierung streben, sondern mit einem bestimmten Mindestgewinn zufrieden sind (vgl. z.B.

Lanzilotti 1958). Eine solche Einstellung liegt auch dem u.a. in den USA weit verbreiteten „*target return pricing*" (vgl. z.B. Tucker 1966; Monroe 1979) zugrunde. Hierbei wird der Preis so kalkuliert, dass eine bestimmte *Rentabilität* R des für jedes Produkt beanspruchten Kapitals C_i erreicht wird. Die Kalkulationsformel lautet also:

$$(6\text{--}7) \quad P_i \quad = \quad k_i + R \cdot (C_i / q_i)$$

Da die Selbstkosten und das eingesetzte Kapital auf einen Standardbeschäftigungsgrad bezogen werden, erhofft man sich von dieser Preisbildungsregel vor allem eine Verstetigung der Angebotspreise bei zyklischen Schwankungen des Absatzes. Darüber hinaus entspricht eine solche Preisfindung formal einer an der Kapitalrentabilität orientierten Unternehmenspolitik. Die Preise lassen sich deshalb u.U. gegenüber dem Controller leichter durchsetzen.

Auch für das target return pricing gelten allerdings alle Nachteile der Kosten-plus-Preisfindung. Denn ob der Kostenzuschlag in relativer Form, wie bei (6-1) oder in absoluter Form, wie bei (6-7) gewählt wird, ändert nichts an der Kostenorientierung (fehlender Marktbezug) und der Kostenverrechnungsproblematik. Zudem sind bei (6-7) auch noch anteilige Kapitaleinsatzmengen zu bestimmen.

(5) Der schwerwiegendste Nachteil kostenorientierter Preiskalkulationen liegt darin, dass die *Preisabhängigkeit des Absatzes* und die daraus folgende *Absatzabhängigkeit der Kosten* vernachlässigt wird. Damit gerät die Kostenpreiskalkulation nämlich in einen *logischen Zirkelschluss:* Die festgelegten Preise beeinflussen jene Kosten, auf deren Basis die Preise kalkuliert wurden. Nur wenn der kalkulierte Preis tatsächlich genau jene Absatzmenge erbringt, die bei der Stückkostenermittlung zugrunde gelegt wurde, „stimmt" die Kalkulation und kann das Gewinn- bzw. Rentabilitätsziel erreicht werden.

Wie Abb. 6-2, wo wegen der Abhängigkeiten der Stückkosten k_i von der Absatzmenge x_i sowohl k_i als auch p_i als Funktion von x_i dargestellt ist, modellhaft zeigt, wird das mit der Kosten-plus-Kalkulation angestrebte Ziel nur dann erreicht, wenn die vorausgeschätzte und die tatsächliche Absatzmenge genau x_1 und x_2 ist. Nur bei diesen Mengen entspricht der kalkulierte Preis dem durch die Preis-Absatzfunktion $p(x)$ vorgegebenen Preis p_1 bzw. p_2. Der durch die Verteilung der Fixkosten auf steigende Absatzmengen bedingte degressive Verlauf der Kostenfunktion $k_i(x)$ führt bei strenger Anwendung der Kosten-plus-Regel und Orientierung an den Absatzmengen der Vorperiode („naive Prognose") dazu, dass der Preis im Beschäftigungsbereich $0 < x < x_1$ von Periode zu Periode ständig erhöht werden muss.

Hat man in der Vorperiode beispielsweise mit der Ausbringung x_3 gerechnet und deshalb p_3 kalkuliert, ergibt sich tatsächlich nur ein Absatz von x_4, der in der nächsten Periode zu einer über dem Grenzpreis liegenden Preisforderung p_4 führt. Das Unternehmen hat sich damit bereits vollständig „aus dem Markt kalkuliert". Diese Gefahr wird umso größer, je kleiner der monopolistische Bereich der Preis-Absatzfunktion ausfällt, je stärker also das Unternehmen der Konkurrenz ausgesetzt ist.

Anders verläuft die Entwicklung im Planbeschäftigungsbereich $x_1 < x < x_2$. Rechnet man z.B. mit der Absatzmenge x_5 und kalkuliert deshalb einen Angebotspreis in Höhe von p_5, so kann man tatsächlich x_6 absetzen, was in der nächsten Periode zu p_6 mit x_7 usw. führt. Ein Gleichgewicht wird hier erst bei x_2, also am Schnittpunkt der kalkulierten Preisfunktion mit der realen Preis-Absatzfunktion erreicht. Es gilt allerdings nur so lange, wie sich die Nachfrage und Kostensituation nicht ändert. x_2 entspricht dabei der Zielfunktion einer Absatzmaximierung unter der Nebenbedingung eines bestimmten Mindestgewinns (in % der Selbstkosten). Das absolute Gewinnmaximum wird dagegen an diesem Punkt nur dann realisiert, wenn bei x_2 zufällig Grenzkosten und Grenzerlöse übereinstimmen.

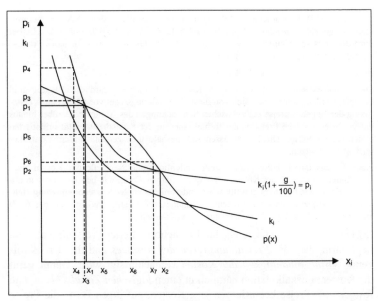

Abb. 6-2: Graphische Veranschaulichung des Fehlentscheidungs-
potentials bei Preiskalkulationen auf Vollkostenbasis
(Quelle: Schweinhardt 1975, Sp. 1659)

Im Planbeschäftigungsbereich $x > x_2$ kommt es im Zeitablauf zu analogen Preisanpassungen nach oben, weil hier die Absatzmengen im Vergleich zu den kalkulierten
Preisen überschätzt werden. Auch hier ergibt sich dann bei x_2 eine Gleichgewichtssitua-
tion, wenn sich Kosten- und Absatzsituation zwischenzeitlich nicht verändert haben.

Man erkennt an der beispielhaften Modellbetrachtung, dass die kostenorientierte Preisfindung abgesehen von den bereits genannten Mängel vor
allem deshalb zu existenzbedrohenden Fehlentscheidungen führen kann,
weil der Preis ohne explizite Berücksichtigung der Marktbedingungen
und des Einflusses der fixen Kosten auf die kalkulierten Preise festgelegt
wird. Daraus kann bei schlechter Auslastung ein zu hoher und bei guter
Auslastung ein zu niedriger Preis resultieren. Dass eine solche markt-
fremde Preispolitik kein reines Theoriegespinst ist, zeigte z.B. die Reaktion der US-amerikanischen Automobilindustrie auf die Wirtschaftsre-
zession in den Jahren 1974-1975, als der konjunkturbedingte Nachfrage-
rückgang mit *Preiserhöhungen* um durchschnittlich $1000 beantwortet
wurde, was wiederum einen drastischen Absatzeinbruch um 25% be-
wirkte und vielen ausländischen Anbietern das Eindringen in den US-
Markt erleichterte (Monroe 1979, S. 216).

Andererseits gibt es aber auch viele Anzeichen dafür, dass die Kosten-
preisbildung von vielen Unternehmen nicht so streng und konsequent
angewandt wird, wie es unser Modellbeispiel zum Ausdruck bringt. Dies
zeigt sich z.B. in der Variation des Gewinnaufschlags g in Abhängigkeit
von der Absatzsituation, die nach der Befragung von Wied-Nebbeling

(1985, S. 164ff.) von einem Viertel aller Befragten und von nahezu der Hälfte der überhaupt mit Kosten-plus-Regeln arbeitenden Unternehmen vorgenommen wird. Damit fließt - freilich nur implizit - ein marktbezogenes Element in die kostenorientierte Preisfindung mit ein, das diesem Verfahren eine größere Flexibilität verleiht.

Ein weiterer Schritt in diese Richtung ist die *Preiskalkulation auf Teilkostenbasis* mit der Kalkulationsformel:

(6–8) $p_i = k_{vi} \cdot (1 + d_i / 100)$ oder

(6–9) $p_i = K'_x \cdot (1 + d_i / 100)$.

Bei (6-8) wird eine Kostenspaltung in fixe und variable Kosten vorgenommen und der Preis allein auf Basis der variablen Stückkosten k_{vi} kalkuliert, auf die ein prozentualer Stückdeckungsbeitrag d_i aufgeschlagen wird. Durch die Nichtberücksichtigung der fixen Kosten wird eine Fixkostenproportionalisierung vermieden, sodass sich ein Unternehmen bei rückläufiger Beschäftigung auch nicht aus dem Markt kalkuliert. Allerdings muss der Aufschlagsfaktor im Vergleich zur Vollkostenkalkulation höher sein, weil aus ihm nunmehr auch die fixen Kosten zu decken sind. Die genaue Höhe ist offen und kann flexibel an die Marktsituation angepasst werden (s.u.), solange insgesamt die relevanten Kosten gedeckt sind. Zu ihnen zählen freilich nicht die sog. sunk costs, also z.B. Abschreibungen auf bereits vorhandene Anlagen, soweit diese keinen Veräußerungswert besitzen. Entscheidend können nur die vermeidbaren bzw. die zusätzlichen Kosten sein, die von Preisentscheidungen tangiert werden. Darauf kommen wir bei Behandlung der Preisuntergrenzen zurück.

Die Formel (6-8) führt bei linearem Kostenverlauf zu *beschäftigungsunabhängigen Preisen,* lässt aber dann, wenn der Aufschlagssatz nicht marktbezogen festgelegt wird - dies entspräche im Grunde bereits einer retrograden Kalkulation - ebenso wie (6-1) keine aktive Preispolitik zu, weil der Preis weiterhin an die Kosten gebunden ist. Ferner wird mit durchschnittlichen variablen Kosten gerechnet, was die oben bereits aufgezeigten Preisfehler bewirken kann. Dies wird durch Rückgriff auf die Grenzkosten (bezüglich der Menge) K'_x, wie in Formel (6-9), zu vermeiden versucht. Bei linearen Kostenfunktionen stimmt (6-9) mit (6-8) überein, weil dann $k_{vi} = K'_x$ gilt. Bei gekrümmtem Kostenverlauf wird dagegen bei Auslastungsgraden unterhalb des sog. Kostenoptimums (Minimum der Selbstkosten) ein relativ niedriger, also beschäftigungsfördernder Preis festgesetzt, während sich jenseits des Kostenoptimums relativ hohe, also beschäftigungsdämpfende Preise ergeben. Entscheidender Mangel bleibt aber auch hier, dass keine situationsgerechte Sonderrechnung mit Rückgriff allein auf die relevanten Kosten gemacht, sondern auf die Periodenrechnung zurückgegriffen wird.

Da der Verlauf der Preis-Absatzfunktion auch bei diesem Verfahren unberücksichtigt bleibt, wird ein Gleichgewicht beim Kostenoptimum auch wiederum nur zufällig, nämlich dann erreicht, wenn die Stückkostenkurve genau im Minimum von der Preis-Absatzfunktion geschnitten wird. Ein gewinnmaximaler Preis lässt sich auch hier nicht oder nur zufällig kalkulieren. Das Verfahren wird deshalb u.a. für den Fall der Auftragsfertigung häufig dahingehend modifiziert, dass nur die eine bestimmte Planbeschäftigung übersteigenden Produkteinheiten auf Basis der Grenzkosten kalkuliert werden, während der Kalkulation ansonsten die vollen Durchschnittskosten bei der Planbeschäftigung zugrunde gelegt werden. Ein Beipiel dafür sind die regelmäßig praktizierten Sonderpreisaktionen der deutschen Bundesbahn (z.B. „Schönes Wochenende" zu 35 DM für 5 Personen). Die Grenzkosten für diese Angebote bestehen im Wesentlichen aus Opportunitätskosten für entgangene höhere Erlöse durch Kunden, die auch zu Normalpreisen, nunmehr aber billiger reisen („Mitnahmeeffekt"). Des Weiteren entstehen Werbe- und Administrationskosten, nicht jedoch Produktionskosten, zumindest solange keine zusätzlichen Wageneinheiten oder Züge eingesetzt werden. In diesem Falle geht man also bewusst vom Vollkostendeckungsprinzip ab und sieht auch Angebotspreise unterhalb der vollen Stückkosten als angemessen an, solange dadurch noch ein zusätzlicher Deckungsbeitrag erwirtschaftet werden kann. Diese Überlegung führt bereits zu den retrograden Kalkulationsverfahren, denen wir uns nunmehr zuwenden.

6.3 Marktorientierte Verfahren

6.3.1 Grundprinzip und Ablauf retrograder Kalkulationen

Grundprinzip der marktorientierten Preisstellungsverfahren ist es, nicht wie bei den kostenorientierten Verfahren die Kosten, sondern aus dem Marktgeschehen ableitbare Preise als kalkulatorischen Ausgangspunkt zu wählen und diese in einer *Rückrechnung* auf ihre Erfolgswirkungen hin zu überprüfen. Man spricht deshalb auch von „retrograder" Kalkulation. Aus dem Marktgeschehen ableitbar sind z.B.

- *Konkurrenzpeise*: eine marktbezogene Preisfindung ist damit konkurrenzbezogen und achtet insb. auf die Kreuzpreiselastizitäten; häufig definiert man deshalb die Preise hier in Form von Preisabständen zum Wettbewerb,

- *„Nutzenpreise"*, d.h. Preise, die sich aus den Nutzenvorstellungen oder der Preisbereitschaft der Nachfrager ergeben und die man im Rahmen von Preisverhandlungen oder durch Preistests ermittelt,

- Preise bzw. Preisdifferenzen, die den *Qualitäts- oder Imageunterschieden* des eigenen Produktes zu den Konkurrenzprodukten entsprechen,

- im Rahmen des sog. *„target pricing"* fixierte Preise, die ein Kunde fordert, um auf seinen Märkten selbst wettbewerbsfähig zu sein,

- Preise, die dem Management (insb. aus dem Vertrieb) auf Grund seiner subjektiven Marktkenntnisse als *„realistisch"*, d.h. am Markt durchsetzbar, erscheinen,

- *Hedonische Preise*, d.h. durch Regression objektiver Marktpreise auf die jeweiligen Ausstattungsmerkmale der Produkte ermittelte Preisbestandteile für Qualitäts- oder Leistungsmerkmale eines Produktes, die entsprechend der Ausstattung des zu kalkulierenden Produktes wieder zu einem Endpreis zusammengefügt werden (vgl. 5.5.2),

- *Preiserhöhungen*, die auf Grund bestimmter Kostenentwicklungen am Markt zu erwarten sind.

Mit dieser Marktorientierung wird die retrograde Kalkulation dem Grundprinzip des Marketing (Orientierung aller Aktivitäten am Markt) schon im Denkansatz besser gerecht als die progressiven Kalkulationsverfahren. Man versucht, einerseits alle Preischancen des Marktes auszuloten, andererseits aber auch die Preisrisiken zu begrenzen.

In die retrograde Kalkulation einbezogen werden können aber auch solche Preise, die im Hinblick auf den Gewinn oder andere Unternehmensziele (z.B. vom Controller) als erwünscht gelten. Der Marktbezug geht dadurch nicht verloren, weil in einem zweiten Schritt explizit geprüft wird, welche Absatz- bzw. Umsatzwirkungen der jeweilige Preis nach sich zieht. Darauf aufbauend errechnet man in einem dritten Schritt die dabei jeweils zu erwartenden Kosten und Gewinne, um schließlich viertens eine Entscheidung über die Vertretbarkeit des Preises auf Grundlage der ermittelten Gewinne (oder anderer Zielgrößen) zu fällen. Dazu bedarf es allerdings eines im Voraus fixierten Zielanspruchniveaus.

Der Kostenrechnung kommt auch im Rahmen retrograder Kalkulationen eine wichtige Funktion zu. Nur mit ihrer Hilfe kann nämlich ein ins Auge gefasster Preis auf seine Auskömmlichkeit hin überprüft und der Spielraum für den weiteren Suchprozess ausgelotet werden. Dazu wird allerdings grundsätzlich auf *Teilkostenrechnungen* zurückgegriffen, bei denen entweder fixe und variable Kosten und/oder relative Einzel- und Gemeinkosten unterschieden werden. Erstens vermeidet man dadurch beim Vergleich mehrerer Preisalternativen mit unterschiedlichen Absatzmengen den verzerrenden Einfluss des Fixkostendegressionseffektes. Zweitens erhöht sich bei Mehrproduktbetrieben der preispolitische Spielraum, weil einzelne Artikel des Produktionsprogramms dann durchaus auch zu einem Preis unterhalb der vollen Stückkosten angeboten werden können, wenn dadurch z.B. der Beschäftigungsgrad und der Gesamtdeckungsbeitrag in der Planperiode verbessert werden kann.

Gleichrangig neben solchen Kostenkalkülen stehen aber auch Markt- und Wettbewerbsanalysen, die - teils rechenhaft (vgl. 6.3.2), teils in qualitativer Form - die Marktreaktion auf den in Frage stehenden Preis abzuschätzen erlauben. Grundlegend dafür sind die Kenntnis der gültigen *Preis- und Kreuzpreiselastizitäten* und ein profundes Verständnis der dahinter stehenden Einflussfaktoren. Ab wann und unter welchen Umständen Kunden preisbedingt zu- bzw. abwandern und Wettbewerber zu Preisreaktionen herausgefordert werden, die wiederum unsere Absatzsituation tangieren, sind die Kernfragen der retrograden Kalkulation.

Empirische Studien zeigen sehr große Unterschiede in den Elastizitäten zwischen verschiedenen Märkten. Nach einer Zusammenstellung verschiedener einschlägiger Studien von Simon (1992, S. 139) schwanken die Werte zwischen $-0,44$ (Elektrorasierer) und $-7,21$ (Bohnenkaffee). Dahinter verstecken sich allerdings zusätzlich große Differenzen zwischen Kundengruppen auf diesen Märkten und zwischen bestimmten Einkaufssituationen (Preisaktion, allgemeine Preiserhöhung, Preiskampf von Wettbewerbern etc.), sodass ein aggregierter Elastizitätskoeffizient im Grunde wenig Hilfestellung leistet. Ähnliches gilt für die Kreuzpreiselastizitäten. Lambin (1976) hat in einer umfassenden Analyse über viele Branchen hinweg einen Durchschnittswert von 0,71 festgestellt, d.h. eine Preissenkung von 10% veranlasst die Wettbewerber zu einer Preisabsenkung von 7,1%. Auch solche Reaktionen hängen aber von jeweils individuellen Umständen ab, wie der jeweiligen Liquiditätslage, der Kapazitätsauslastung, der Verfügbarkeit neuer Produkte oder dem Überschneidungsgrad der Zielgruppen.

Treiber der Absatzelastizität		Treiber der Kreuzpreiselastizität	
Checkliste von Nagle et al.	Auflistung von Simon	Angebotsfaktoren	Nachfragefaktoren
• Kenntnis der Substitutionsprodukte und –preise • Fehlende Einzigartigkeit (USP) des Produktes • Geringe Wechselkosten • Gute Vergleichbarkeit der Produktqualitäten • Preis dient nicht als Qualitätsindikator • Hohe Ausgaben- bzw. Kostenbedeutung • Preissensitivität beim Folgeprodukt • Eigenbezahlung statt Koste n - übernahme • Fehlende Anbieter-Preis-fairness • Lagerfähigkeit (bei steigender Preiserwartung)	• Geringe Produktunterschiede • Hohe Preistransparenz • Hohes Preisinteresse • Geringes Kaufrisiko • Gute Beurteilbarkeit der Produkte • Geringes Markenbewußtsein • Absolut hoher Preisbetrag • Hohe Kostenbedeutung (Industrie) • Niedrige Marktanteile	• Hoher Fixkostenanteil • Geringe Kapazitätsauslastung • Produktverderblichkeit • Geringe Produktdifferenzierung • Zugehörigkeit zu strategischen Gruppen („Nähe" des Wettbewerbers) • Kostenelastizität bzgl. Absatz z - menge • Marktaustrittsschranken • Bedeutung des Marktes für den Wettbewerber • Rivalität der Anbieter	• Hohe Nachfrageelastizität am Absatzmarkt • Hohe Preistransparenz • Geringe Markentreue • Schwaches Marktwachstum • Einkaufskonzentration • Starke Komplementäreffekte (Absatz von Komplementärprodukten)

Tab. 6-1: **Ausgewählte Einflussfaktoren der Preis- und Kreuzpreiselastizität**

Da sich die Situation aller Akteure am Markt und darüber hinaus auch die Marktsituation selbst ständig ändern, gibt es deshalb kein besseres

Hilfsmittel für die retrograde Kalkulation als ein valides allgemeines Modell der Treiber und Bremser des Preiswettbewerbs, das im Anwendungsfall auf die dann jeweils gültigen Einflussstärken hin überprüft werden kann. Ein derartiges Modell existiert bisher leider noch nicht. Die Preisforschung hat zwar in zahlreichen einschlägigen Studien relevante Einflussfaktoren herausgefiltert, deren Generalisierung aber noch nicht möglich erscheint. Dies betont z.B. auch Simon (1992, S. 140) bei seiner Liste einschlägiger Treiber der Preiselastizität, und dies gilt auch für die Liste der „Angebots- und Nachfragefaktoren" von Simon/Dolan (1997) bzw. jene der Elastizitätstreiber bei Nagle et al. (1998, S. 91ff.). Alle drei sind in Tab. 6-1 zusammengefaßt.

6.3.2 Rechenkalküle

6.3.2.1 Kundennutzenrechnung

Die *Kundennutzenrechnung (KNR)* ist der Versuch, *den ökonomischen Wert* eines Produktes oder einer Dienstleistung aus der Perspektive des Kunden zu bestimmen. Sie soll also möglichst in *monetären Größen* (Kostenvorteile, Mehrerlöse etc.) die tatsächliche oder mögliche Wertschätzung („customer value") einer Anbieterleistung seitens des Kunden oder einer homogenen Kundengruppe ermitteln, um darauf abgestimmt einen nutzenorientierten Preis (*„Nutzenpreis"*) festlegen zu können. Die KNR besitzt Ähnlichkeiten zu der bei der Neuproduktentwicklung eingesetzten *Wertanalyse*, geht jedoch im Gegensatz zu dieser von bereits gegebenen Produkten aus und fokussiert nicht nur generell dessen nützliche Funktionen, sondern deren ökonomische Effekte beim Kunden. Weit verbreitet ist die KNR im Investitionsgüterbereich, wie im Maschinenbau, wo z.B. der Nutzwert einer neuen Verpackungsmaschine für einen bestimmten Kunden im Rahmen einer Kostenvergleichsrechnung durch Vergleich der Perioden- oder Stückkosten der Verpackung vor und nach Einsatz dieser Maschine ermittelt werden kann. Praktische Beispiele findet man bei Anderson/Narus (1999).

Die KNR kann meist nur in enger *Kooperation* mit den jeweiligen Kunden selbst durchgeführt werden, weil dazu viele kundenindividuelle Daten erforderlich sind. Hierfür kann man Kundenfocusgruppen und gemischt besetzte Bewertungsteams einsetzen. Viele Kunden sind dazu bereit, geht es doch um Transparenz der Kosten- und Werttreiber ihrer eigenen Leistungsprozesse und letztlich um eine Steigerung der gesamten Wertschöpfung in der Wertkette. Zu Beginn müssen in möglichst detaillierter Form alle Werteelemente, also wertbestimmenden Faktoren, aufgelistet werden. Dabei geht es sowohl um technische als auch um betriebswirtschaftliche, aber auch psychische und soziale Aspekte. Stark qualitative Größen, wie wegfallender Stress bei Betriebsstörungen, werden nicht unterschlagen, sondern zumindest als „Platzhalter" in die Liste der Wertkomponenten aufgenommen und dann möglicherweise vom Kunden während der Verkaufsgespräche selbst beziffert. Relevante Nutzendimensionen sind also nicht nur die Kosten beim Kunden, sondern auch Erlöswirkungen, Imageeffekte oder Zeitgewinne, die dann in der nächsten Phase zu bewerten sind. Einschlägig sind darüber hinaus alle Phasen eines Produkteinsatzzyklus und die gesamte Einsatzperiode des Produktes bis hin zum Weiterverkauf oder zur Entsorgung. Dies kann bis hin zu Aktivitätenlisten bestimmter Produkteinsatzprozesse führen, wie sie aus REFA-Studien mit Multimomentaufnahmen bekannt sind. Naturgemäß kommen dabei auch Nachteile des Zulieferproduktes zum Vorschein, die nicht unterdrückt werden dürfen, um die Kooperationsbereitschaft des Kunden zu erhalten.

In einer zweiten Phase werden die Wertelemente dann monetär bewertet. Dazu sind für alle gelisteten Kostenarten systematisch, d.h. unter Heranziehung der gelisteten Mengen- und Wertgerüste, Kostenschätzungen abzugeben bzw. Erlösauswirkungen abzuschätzen. Manchmal sind auch direkte Gewinnwirkungen ableitbar. Meist wird eine relative Betrachtung anhand eines Referenzproduktes bzw. -prozesses vorgenommen, das dann als Vergleichsanker dient (Beispiel bei Nagle et al. 1998, S. 129ff.). Handelt es sich um ein Produkt bzw. Verfahren eines Wettbewerbers, so dient die KNR gleichermaßen der kunden- wie der wettbewerbsbezogenen Preisfindung. In vielen Fällen müssen für eine detaillierte Analyse allerdings Annahmen, z.B. über die Häufigkeit einer bestimmten Aktivität (z.B. Abfüllungen, Transportbewegungen etc.) gemacht werden. Will man sich hier wegen wechselnder Bedingungen nicht genau festlegen, so können die Berechnungen auch für mehrere Werte durchgeführt werden, was zu mehr oder minder komplexen *Kundennutzenmodellen* führt, die man dann auch für *Simulationsstudien* heranziehen und individuell an die Verhältnisse bei verschiedenen Kunden anpassen kann. Dafür können wiederum große Datenmengen erforderlich sein, mit denen man die entsprechenden Prozesse beim Kunden abbildet, sodass datenbankgestützte Verfahren nahe liegen. Sie lassen sich dann auch zur Ermittlung von Kostenkennziffern für Benchmarking-Analysen und zur Optimierung der Prozesse beim Kunden verwenden. Auf diese Weise entstehen u.U. sogar eigenständige Service-Geschäftsfelder (vgl. Anderson/Narus 1999, S. 104f.). Man erkennt, wie die KNR auf diese Weise zu einem kooperativen Informationssystem mutieren kann, das ganz im Sinne des Beziehungsmarketing ein besseres Kennenlernen, mehr Vertrauen und eine engere Geschäftsbeziehung, also Kundenbindung, induziert. Durch systematische Sammlung der Daten einschließlich typischer Merkmale der Kunden (Kundendeskriptoren) und Quervergleiche über die Kunden hinweg kann man darüber hinaus die typischen Treiber des Kundennutzens erkennen und entsprechende Kundenprioritäten entwickeln sowie

Preisdifferenzierungen analytisch stützen. Schließlich können auch aus Kundensicht wertarme oder sogar wertlose Produktleistungen (z.b. Servicedienste) u.U. unterlassen und dafür Preisvorteile eingeräumt werden (vgl. 8.4.3).

Ein *Beispiel* für den Versuch der Kundenwertermittlung verschiedener Konsumgüterverpackungen sind die sog. *DPR-Modelle* („Direkte Produkt-Rentabilität"; vgl. Behrends 1992), bei denen die erlös- und kostenmäßigen Auswirkungen einer (Um-) Verpackung von der Anlieferung über den innerbetrieblichen Transport, die Einlagerung in Zwischen- und Verkaufslager bis hin zur Entfernung der Umverpackung und zur Entsorgung des Verpackungsmaterials möglichst exakt zu erfassen versucht werden. Dabei greift man auch auf Multimomentstudien zur Zeitdauer des Handling einzelner Verpackungen oder auf Regalflächennutzungskennziffern zurück, die Auskunft über die Regaleffizienz des Produktes geben. Der Spirituosenhersteller Berentzen stellte auf Basis solcher Analysen z.b. seine ehemals runden Flaschenformen auf eckige um, weil dadurch 30% mehr Ware auf gleich großer Regalfläche platziert werden konnte. Die ökonomischen Wirkungen dieser Veränderung konnten dann in Kostengrößen (z.b. Mietkosten pro Regalmeter) oder Opportunitätsgewinnen (Grenzdeckungsbeitrag pro zusätzlichem Regalmeter) ausgedrückt werden.

Als *Bewertungsmethoden* im Rahmen der KNR kommt zunächst die ganze Palette der in der Betriebswirtschaftslehre entwickelten Wirtschaftlichkeitsrechnungen (z.b. Kostenvergleichsrechnungen, Kapitalwert- oder Pay-off-Rechnungen, Kostenträgerrechnungen, Break-even-Analysen etc.) in Frage. Oft können sie mit einschlägigen Operations-Research-Modellen zur Prozessoptimierung verknüpft werden. Teilweise muss man auch zu Befragungen, etwa des Bedienungspersonals einer Maschine, greifen, um Nutzeffekte zu erkennen. Der Einsatz von Conjoint-Analysen ist dagegen bei KNR weniger angebracht, weil dieses Verfahren der Differenziertheit der Nutzenbetrachtung meist nicht gerecht werden kann und darüber hinaus eine objektive Bewertungsbasis mehr diagnostisches Potential beinhaltet. Gleichwohl könnte sie aber zur Bewertung von stark qualitativen Teilelementen eingesetzt werden.

Die KNR ist ohne Zweifel ein für die marktorientierte Preisfindung überaus wertvolles Instrument, weil sie nicht nur monetäre Werte für die Preisbereitschaft von Kunden liefert, sondern darüber hinaus das Verständnis eines Anbieters für die Werttreiber und -bremser der eigenen Angebote steigert und insgesamt die Kundennähe erhöht.

6.3.2.2 Wettbewerbsindizes

Wettbewerbsindizes sind rechnerische Hilfsmittel für die Festlegung von solchen kostenbedingten Preisänderungen (Kostenüberwälzungen) in oligopolistischen Märkten, die keine Gegenreaktion der Wettbewerber hervorrufen, also wettbewerbsneutral erfolgen sollen. Diese Situation liegt in praxi häufig vor, weil der Kampf um die Marktanteile aus vielerlei Gründen dort lieber mit anderen Instrumenten als dem Preis, z.b. der Produktausstattung oder dem Serviceniveau, ausgetragen wird (Lücking 1995, S. 121ff.). Für die Preispolitik bedeutet dies, dass die Preisrelationen der Anbieter vor und nach einer Preiserhöhungsrunde gleich ausfallen sollten. Die zur Bestimmung dieser Preise erforderlichen Rechenschritte werden von Höhn (1982) dargelegt und von Jacob (1985, S. 113ff.) für den Pkw-Markt aufgegriffen und exemplarisch angewendet.

Als Argumente für ein solches preispolitisches Verhalten am Pkw-Markt führt Jacob folgende Argumente an:

- Alle Hersteller versuchen, Kostenerhöhungen auf die Kunden abzuwälzen, um ihre Gewinnposition zu halten. Insofern liegen bei inflationären Kostenentwicklungen grundsätzlich gleichgerichtete Interessen vor.

- Eine im Vergleich zum Wettbewerb übermäßige Preisanhebung führt bei den üblichen Preiselastizitäten von -2 bis -6 schnell zu Marktanteilsverlusten.

- Selbst bei wettbewerbsneutraler Preisanhebung aller Anbieter können spürbare Absatzverluste durch Abwanderung der Kunden in den Gebrauchtwagenmarkt bzw. in gewinnschwächere untere Marktsegmente induziert werden. Insofern sind der Kostenüberwälzung generell Grenzen gesetzt.

- Die oligopolistische Struktur des Pkw-Marktes führt bei hinter den Wettbewerbern spürbar zurückbleibenden Preisanhebungen, also relativen Preissenkungen, schnell zu starken Marktanteilsverschiebungen, was Preiskämpfe oder andere Gegenmaßnahmen der Wettbewerber zwangsläufig macht. Auf sie wird deshalb i.d.R. verzichtet. Stattdessen greift man bei Wettbewerbsangriffen lieber zu Mehrausstattungen oder temporäre Preisaktionen bzw. „stille" Rabatterhöhungen.

- Preissenkungen können auch das Image einer Marke untergraben.

Die Problematik einer wettbewerbsneutralen Kostenüberwälzung liegt nun darin, dass jeder Anbieter von bestimmten Kostensteigerungen wegen unterschiedlicher Kostenstrukturen und Rationalisierungspotentialen in recht unterschiedlicher Weise betroffen sein kann. Auch Wechselkursveränderungen beeinflussen den unternehmensspezifischen Kostenüberwälzungsspielraum. Insofern liegt es nahe, eine Berechnung jener Preise vorzunehmen, die sich ergeben, wenn einerseits zwar von allen Anbietern Kostenüberwälzung versucht wird, andererseits aber auch die Preisrelationen der Wettbewerber erhalten bleiben. Reaktionen der Abnehmer auf das gestiegene Preisniveau stehen hier also nicht im Blickpunkt.

Ein von Jacob (1985, S. 115) übernommenes Rechenbeispiel soll das Vorgehen verdeutlichen (vgl. Tab. 6-2):

(1) In einem ersten Schritt werden die *Kostenstrukturen* und *Rationalisierungspotentiale* aller Anbieter analysiert sowie Prognosen über die voraussichtliche Entwicklung dieser Größen abgegeben. Ersatzweise erfolgt eine naive Prognose, d.h. die Übernahme der letztjährigen Steigerungsraten als nacheilender Preiserhöhungsversuch. Normalerweise besteht bezüglich dieser Daten recht hohe Transparenz. Im Beispiel ergibt dies die in den Zeilen 1-3 dargestellten Ausgangswerte. Anbieter 3 und 4 kommen aus anderen Ländern, weshalb die Inflationsraten (IR) differieren.

Zeile	Aufwandsart in % des Gesamtaufwandes	Anbieter 1 / Erzeugnis 1			Anbieter 2 / Erzeugnis 2			Anbieter 3 / Erzeugnis 3			Anbieter 4 / Erzeugnis 4		
		Anteil	IR	PR	Anteil	IR	PR	Anteil	IR	PR	Anteil	IR	PR
1	Personal	30	5	2	40	5	0	25	7	2	20	5	2
2	Material	65	4	3	52	4	0	69	8	1	74	8	4
3	Abschreibung	5	6	0	8	5	0	6	7	0	6	7	0
4	Kostenüberwälzungsrate in eigener Währung in %	1,81			4,48			6,43			3,86		
5	Kostenüberwälzungsrate in € und %	1,81			4,48			11,75			- 1,33		
6	Gegenwärtiger Preis	11.900			1.400			11.600			11.200		
7	Preis nach Kostenüberwälzung	12.115			11.910			12.960			11.055		
8	Preis bei Streben nach unverändertem Wettbewerbsindex	12.500			11.880			11.800			11.870		
9	Wettbewerbsindex (gegenwärtiger Preis)	104,4			98,6			100,9			96,3		
10	Wettbewerbsindex (Preise nach Kostenüberwälzung)	101,2			98,9			110,8			89,7		

Tab. 6-2: **Berechnungsbeispiel für den Einsatz von Wettbewerbsindizes bei kostenbedingten Preisänderungen (Quelle: Jacob 1985, S. 115)**

(2) Aus diesen Daten lassen sich in einem zweiten Schritt die *Kostenüberwälzungsraten* berechnen, also jene Preiszuschläge auf die gegenwärtigen Preise, die zur Überwälzung der Kostensteigerungen erforderlich sind. Diese berechnet sich durch Gewichtung der Änderungsraten mit den Kostenanteilen, korrigiert um die voraussichtlichen Rationalisierungsraten (PR), also für Anbieter 1 z.B. durch:
$(30 \times 1{,}05 : 1{,}02) + (65 \times 1{,}04 : 1{,}03) + (5 \times 1{,}06 : 1{,}00) -100 = 1{,}81$

(3) Im nächsten Schritt (Zeile 5) werden zu erwartende oder in der Vorperiode bereits aufgelaufene *Wechselkursveränderungen* eingerechnet und die Kostenüberwälzungsraten (Zeile 4) mit den Auf- bzw. Abwertungsraten multipliziert. Wegen der Aufwertung der Währung des Anbieters 3 müsste dieser also die Preise um 106,43 x 1,05 – 100 = 11,75% erhöhen. Bei Anbieter 4 mit einer Abwertung um 5% ergibt sich dagegen ein Preisabschlag um 1,33% (103,86 x 0,95 –100 = -1,33).

(4) Die *vorläufige Berechnung der neuen Preise* (Zeile 7) erfolgt durch Multiplikation der bisherigen (Zeile 6) mit den Kostenüberwälzungsraten aus Zeile 5.

(5) Mit Hilfe eines *Wettbewerbsindex* (Zeile 9) nach der Formel $(p_i / p^* \times 100)$, wobei p_i den Preis des Anbieters i und p^* den Durchschnittspreis aller Anbieter symbolisiert, erkennt man, dass dadurch die gegenwärtigen Preisrelationen kräftig verschoben würden (Zeilen 9 und 10).

(6) Man korrigiert deshalb den vorläufigen Preis p_i zu p_i' nach folgender Formel zum endgültigen, wettbewerbsneutralen neuen Preis p_i':

p_i' = (Wettbewerbsindex i x $\sum$erwart. Konkurrenzpreis)/(I-1)x100 mit I = Anzahl aller Wettbewerber. Für Anbieter 1 ergibt sich daraus (Zeile 8) ein Wert von 104,04 x 35.925 / 3.100 = 12.501,90.

(7) Ergibt sich nach Umrechnung ein höherer Preis, als er allein durch die Kostenüberwälzung gerechtfertigt wäre (Anbieter 1 und 4), so kann der Unterschied (statt in Preisangriffe) in andere Marketingbereiche investiert oder als Zusatzgewinn kalkuliert bzw. als kalkulatorische „Reserve" für spätere Preisauseinandersetzungen eingesetzt werden. Umgekehrt werden Unternehmen, denen keine volle Kostenüberwälzung gelingt, verstärkt nach Rationalisierungsmöglichkeiten suchen bzw. Kundenpräferenzen entwickeln müssen, welche ein zusätzliches Preispremium zulassen.

Wichtig für das Verständnis dieses Wettbewerbsindex ist der Umstand, dass nicht nach einem Indexwert von 100 gestrebt wird. Vielmehr kommen in den vorhandenen Abweichungen davon die individuellen Präferenzvorsprünge zum Vorschein („Preispremium"). Eine wettbewerbsneutrale Preisänderung lässt dieses Preispremium prozentual zum dann insgesamt höheren Preisniveau bestehen. Dies korrespondiert auch mit den Erkenntnissen zur Preiswahrnehmung (Kap. 4.4).

6.3.2.3 Break-Even-Analyse

Retrograde Kalkulationen sind Entscheidungsrechnungen. Für solche Rechnungen eignen sich Teilkostenverfahren grundsätzlich besser als Vollkostenverfahren, weil mit ihnen flexibler auf die relevanten Kosten zugegriffen werden kann. Die Deckungsbeitragsanalyse kann dabei unterschiedlich fein ausgestaltet werden. Ein erstes, relativ grobes Rechenkalkül ist die *Break-Even-Analyse*. Ihr Hauptaugenmerk richtet sich auf jene Absatzmenge x^*, die bei dem zu überprüfenden Preis p_r erreicht werden muss, um Vollkostendeckung zu erzielen. Diese sog. Gewinnschwelle (Break-Even-Point) ist nach der Nettogewinnbetrachtung dann erreicht, wenn Kosten und Erlöse gleich sind, d.h. wenn gilt:

(6-10) $K_f + k_v \cdot x_i = p_r \cdot x_i$

Die Break-Even-Menge beim Preis p_r ist somit x^*_r

$$(6-11) \qquad x^*_r = \frac{K_f}{p_r - k_v}$$

Unterstellt man lineare Kostenfunktionen, kann man mit Hilfe der Formel (6-11) im Rahmen der retrograden Kalkulation sehr rasch überprüfen, welcher Absatz beim Preis p_r erzielt werden muss, damit kein Verlust i.S. der Vollkostenrechnung entsteht. Über die Höhe des beim Preis p_r zu erwartenden Gewinns wird allerdings damit noch nichts ausgesagt.

Die Break-Even-Analyse ist deshalb in erster Linie ein *Sicherheitskalkül*. Es sensibilisiert aber den Anwender gleichzeitig für die Preisabhängigkeit des Absatzes, weil er selbst zu beurteilen hat, ob beim gegebenen Preis die Break-Even-Menge absetzbar ist. Abb. 6-3 verdeutlicht dabei, wie sich unterschiedliche Preisalternativen in einem *Break-Even-Diagramm* niederschlagen: Sie verändern die Steigung der Erlösgeraden und führen bei höheren Preisen zu einem niedrigeren Break-Even-Point. Bei preiselastischer Nachfrage wird diese Schwelle mit steigenden Preisen immer schwieriger zu erreichen sein.

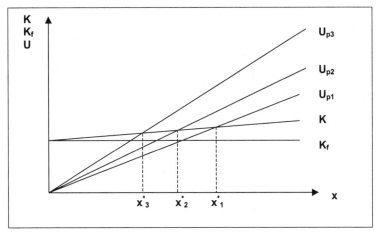

Abb. 6-3: **Break-Even-Diagramm**

6.3.2.4 Deckungsbeitragsrate

Der Deckungsbeitrag lässt sich in Form der Deckungsbeitragsrate relativieren, d.h. als Anteil des Preises ausweisen. Er lautet dann für den Preis p_r:

$$(6\text{--}12) \qquad DR_r = \frac{p_r - k_v}{p_r} = \frac{U_r - K_{vr}}{U_r}$$

Die Deckungsbeitragsrate kann zunächst zur *Ermittlung des Break-Even-Umsatzes* U^*_r beim Preis r herangezogen werden. Es gilt nämlich:

$$(6\text{--}13) \qquad U^*_r = x^*_r \cdot p_r = \frac{K_f}{p_r - k_v} \cdot p_r = \frac{K_f}{DR_r}$$

Werden bei Fixkosten in Höhe von € 1000,- und variablen Stückkosten in Höhe von € 3,- also z. B. zwei Preise $p_1 = 4$ bzw. $p_2 = 6$ gegeneinander abgewogen, so lässt sich mit Hilfe von (6-13) sofort der jeweils erforderliche Mindestumsatz zur Erreichung der Gewinnschwelle ermitteln. Er beträgt 1000/0,25 = 4000 € bzw. 1000/0,5 = 2000 €.

Ferner kann man bei Kenntnis der Deckungsbeitragsrate sofort angeben, wie viel Mehrgewinn ein *Zusatzauftrag zum bestehenden Preis* erbringt. Beträgt DR_r bei Produkt A z.B. 0,25 und bei Produkt B 0,125, so führt ein zusätzlicher Auftrag in Höhe von 80.000 € zu einer Gewinnerhöhung um 80.000 · 0,25 = 20.000 € für A und um 80.000 · 0,125 = 10.000 € für B. Die Deckungsbeitragsrate macht damit auch die Gewinnwirkung von *Mischkalkulationen* schnell und einfach deutlich.

Schließlich ermöglicht die Deckungsbeitragsrate auch eine *gewinnorientierte Bewertung unterschiedlicher Preise* bzw. *Preis-Qualitätskombinationen* mit verschiedenen Kostenstrukturen. Tab. 6-3 enthält dafür Beispiele. Im Gegensatz zur Elastizitätsbetrachtung wird dabei nicht von einer bestimmten Preis-Absatzfunktion ausgegangen, sondern von einem angestrebten Nettogewinn (Zeile 6). Wie erläutert, stellt dies eine durchaus typische und realistische Ausgangssituation für retrograde Kalkulationen dar.

(1) Zeile	(2) Zielgröße	(3) Symbol	(4) p_1	(5) p_2 (+ 10%)	(6) p_3 (- 10%)	(7) p_4	(8) p_5	(9) p_6
(1)	Preis (€)	p	10	11	9	15	19	21,28
(2)	variable Stückkosten (€)	k_v	7	7	7	9	9	10
(3)	Stückdeckungsbeitrag (€) [(1) – (2)]	d	3	4	2	6	10	11,28
(4)	Deckungsbeitragsrate [(3) / (1)]	DR	0,30	0,3636	0,2222	0,4	≈ 0,53	≈ 0,53
(5)	Fixkosten (€)	K_f	100.000	100.000	100.000	150.000	150.000	150.000
(6)	Angestrebter Nettogewinn (€)	G	50.000	50.000	50.000	50.000	50.000	50.000
(7)	Erforderlicher Umsatz (€) [((6)+(5)) / (4)]	U	500.000	412.500	675.000	500.000	377.358	377.358
(8)	Erforderlicher Absatz (Stk) [(7) / (1)]	x	50.000	37.500	75.000	33.333	19.860	17.733

Tab. 6-3: **Die Bewertung unterschiedlicher Preise mit Hilfe der Deckungsbeitragsrate**

Zunächst sollen drei Angebotspreise eines bestimmten Gutes, p_1, p_2 und p_3 überprüft werden, die jeweils 10 % auseinander liegen (Spalten 4 bis 6). Die variablen wie die fixen Kosten sind in allen drei Fällen gleich hoch. Die preisbedingt unterschiedlichen Deckungsbeitragsraten (Zeile 4) haben jedoch zur Folge (Zeile 7), dass mit € 500.000,- beim niedrigeren Preis p_1 € 87.000,- (= € 500.000 - 412.500) oder mehr als 20% Mehrumsatz im Vergleich zu p_2 erforderlich ist, um den angestrebten Nettogewinn zu erreichen. Stückmäßig bedeutet das sogar einen Unterschied von 12.500 Einheiten (Zeile 8) oder 33%.

Der im Vergleich zu p_1 um 10 % niedrigere Preis p_3, der nur 22 % Deckungsbeitrag leistet, erfordert sogar einen Umsatz von € 675.000,- (+ 35 %) bzw. einen Absatz von 75.000 Stück (+ 50 %). Dem Entscheider wird auf diese Weise vor Augen geführt, wie elastisch der Markt reagieren muss, um Preisänderungen ohne Gewinneinbußen vornehmen zu können.

Die Spalten 7 und 8 der Tab. 6-3 zeigen zwei weitere preispolitische Alternative. Bei ihnen führt eine bessere Qualität sowohl zu höheren fixen als auch variablen Kosten. Andererseits erscheint aber auch ein höherer Preis möglich. 33.333 bzw. 19.860 Stück Absatz würden dabei genügen, um bei einem Preis von 15 bzw. 19 € ebenfalls das Gewinnziel zu erreichen.

Etwas anders stellt sich die Frage nach dem Preis bei gegebener Qualität, aber *gestiegenen Kosten*. Soll in einer solchen Situation die Deckungsbeitragsrate erhalten werden, muss der Preis auf den Betrag von $k_v/(1 - DR)$ erhöht werden. Dies ergibt sich aus Gleichung (6-12), die man umformen kann zu

$$(6-14) \qquad p_r = \frac{k_v}{1 - DR_r}$$

Beispielsweise erfordert also eine Erhöhung der variablen Stückkosten von € 9 (Spalte 8) auf € 10 (Spalte 9) zur Aufrechterhaltung einer Deckungsbeitragsrate von 0,53 einen Preis von $p_6 = 10/(1-0,53) = 21,28$ € (Zeile 1 in Spalte 9). Ob bei einer solchen Preissteigerung um 12 % der zur Aufrechterhaltung des Nettogewinns erforderliche Absatz tatsächlich 17.733 Stück erreichen wird, ist fraglich, aber nicht ausgeschlossen, wenn beispielsweise die Konkurrenten ähnliche Preisanhebungen vornehmen müssen und die Gesamtnachfrage relativ unelastisch reagiert.

Mit der Deckungsbeitragsrate wird dem Management also ein Hilfsmittel an die Hand gegeben, das die notwendigen Absatzmengen, Umsätze bzw. Preise verdeutlicht, die zur Überschreitung der Gewinnschwelle oder zur Erzielung eines bestimmten Gewinns realisiert werden müssen. Ein auch nur annähernd *gewinnoptimaler Preis* lässt sich daraus allerdings nicht ableiten. Dazu muss die Deckungsbeitragsanalyse vielmehr zu einer *prospektiven Erfolgsrechnung* für verschiedene Preisalternativen ausgestaltet und in *Deckungsbudgets* eingebunden werden.

6.3.2.5 Deckungsbudgets und Preisuntergrenzen

Die bisher dargelegten Rechenkalküle der retrograden Kalkulation bauten allein auf der Unterscheidung fixer und variabler Kosten auf. Für eine retrograde Erfolgsrechnung in Mehrproduktunternehmen reicht dieses sog. „Direct-Costing-System" jedoch nicht aus, weil es die *Problematik der Gemeinkostenverrechnung* völlig unberücksichtigt lässt. Gemeinkosten sind nicht identisch mit fixen Kosten! Es gibt vielmehr sowohl eine große Zahl variabler Gemeinkosten (z.B. Rohstoffe bei Kuppelproduktion, Abschreibung von Mehrzweckmaschinen) als auch fixer Einzelkosten (z.B. Werbekosten für ein Produkt). Da es letztlich keine Möglichkeit gibt, echte Gemeinkosten - seien sie fix oder variabel - einzelnen Leistungseinheiten eines Produktes objektiv zuzurechnen, ergibt sich für den Versuch, Preise zu *kalkulieren,* d.h. rechnerisch nach einem bestimmten einheitlichen Schema zu bestimmen, ein *Dilemma.* Denn Ziel einer solchen Kalkulation soll es sein, einen Preis pro Leistungseinheit zu bestimmen, der auch die Gemeinkosten und den Gewinn abdeckt. Dies aber ist angesichts der nur willkürlichen Verrechenbarkeit von Gemeinkosten gerade nicht möglich. Vor allem Riebel (1964 und 1972) hat darauf mehrfach anschaulich und betriebswirtschaftlich stringent hingewiesen. Man kann aus diesem Dilemma zwei verschiedene Konsequenzen ziehen: Einmal besteht die Möglichkeit, sich über die Unzulänglichkeit von Gemeinkostenverrechnungen einfach hinwegzusetzen und zu versuchen, dabei zumindest grobe Fehler zu vermeiden. Die stufenweise Fixkostendeckungsrechnung, die vor allem in der amerikanischen (vgl. z.B. Monroe 1979), aber auch in der deutschen Literatur propagiert wird (vgl. z.B. Finkenrath 1980), ist ein Beispiel für diesen Weg. Ein anderer und konsequenterer Weg besteht darin, auf den Anspruch einer formelhaften Preiskalkulation zu verzichten und stattdessen stückbezogene *Preisuntergrenzen* einerseits und *Deckungsbudgets* andererseits zu bestimmen, die dem Entscheider einen Preisspielraum belassen. Riebel (1964) hat dafür - zurückgreifend auf Überlegungen von Schmalenbach - einen auf dem *System der relativen Einzelkostenrechnung* basierenden Vorschlag gemacht. Der dafür grundlegende Denkansatz ist in Abb. 6-4 schematisch veranschaulicht. Er weist folgende Charakteristika auf:

1) Für den Angebotspreis p_r gibt es keinen zwingenden Wert, sondern einen *Spielraum.* Dieser wird nach unten durch zweckmäßige Preisuntergrenzen und nach oben durch sog. Deckungsbudgets begrenzt (Pfeile 1 und 2).

2) *Preisuntergrenzen* lassen sich mit Hilfe der Einzelkostenrechnung nach dem Prinzip entscheidungsrelevanter Kosten bestimmen. Dabei brauchen weder Gemeinkosten geschlüsselt noch situativ bedingte Ergebnisansprüche der Unternehmung hinsichtlich Gewinn, Liquidität, Kapazitätsauslastung oder anderer preispolitischer Ziele vernachlässigt werden (Pfeile 3 und 4).

3) *Deckungsbudgets* sind deckungsbeitragsbezogene Zielvorgaben für die Preisbestimmung, die sicherstellen sollen, dass die Erlöse ausreichen, um die bei der Bestimmung von Preisuntergrenzen noch nicht berücksichtigten Gemeinkosten zu decken (Pfeil 5) und um darüber hinaus dem unternehmenspolitischen Ergebnisanspruch (Pfeil 6) zu genügen. Sie sind nicht zuletzt auch unter ertragswirtschaftlichen Gesichtspunkten festzulegen, also vom Markt her zu bestimmen (Pfeil 7). Deckungsbudgets sind jedoch keine Sollaufschläge auf die

Preisuntergrenze. Sie lassen den Entscheidungsträgern vielmehr preispolitische Spielräume, indem sie *hierarchisch* nach bestimmten Ertragsbereichen ausgestaltet werden.

4) Durch die damit gegebene *Flexibilität* bei der Preissetzung wird es möglich, *preisstrategische* (Pfeil 8) und *preistaktische* (Pfeil 9) Überlegungen in den Preisbildungsprozess einzubringen.

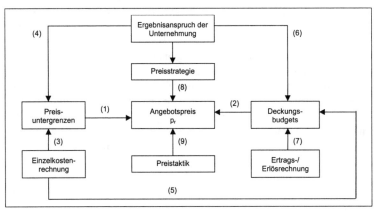

Abb. 6-4: **Preisbestimmung mit Hilfe relativer Einzelkosten und Deckungsbudgets**

6.3.2.5.1 Die Bestimmung von Preisuntergrenzen

Preisuntergrenzen stellen Stückpreise dar, deren Unterschreitung einen bestimmten Zielerreichungsgrad der Unternehmung nicht mehr gewährleisten würde. Ihre Festlegung wurde in der Literatur ausführlich diskutiert (z.B. Schulz 1928; Hax 1961; Raffée 1961; Reichmann 1973; Kilger 1981). Unsere Definition ist bewusst sehr allgemein gehalten, um zwei Grundprinzipien der Preisuntergrenzenbestimmung deutlich zu machen:

Erstens handelt es sich hierbei im Grunde um ein Problem der Entscheidungsrechnung. Soll das Preisangebot eines Nachfragers akzeptiert werden oder nicht? Lohnt es sich, ein neues Produkt am Markt anzubieten oder nicht? Ist es günstiger, die Absatzanteile verschiedener Produkte einer Unternehmung durch Preisveränderungen umzuschichten oder nicht? Fragen dieser Art erfordern entscheidungsorientierte Rechenkalküle auf der Basis *relevanter Kosten*. Dies gilt umso mehr, wenn man Preispolitik auf den gesamten Preisquotienten bezieht und Fixkostenveränderungen damit zu den durchaus normalen Konsequenzen preispolitischer Entscheidungen gehören. Preisuntergrenzen können deshalb auch nicht generell und zeitübergreifend, sondern nur in Abhängigkeit von den in einer konkreten Entscheidungssituation relevanten Kosten bestimmt werden.

Relevante Kosten lassen sich definitionsgemäß einer bestimmten Entscheidung zurechnen. Würde diese Entscheidung nicht getroffen, würden sie nicht anfallen. Die relative Einzelkostenrechnung von Riebel (1976; vgl. auch Layer 1967; Männel 1995) ist ein Instrument zur Anwendung dieses streng an der Zurechenbarkeit und nicht an der Kostenverursachung orientierten Kostenspaltungsprinzips. Dabei wird der Einzelkostenbegriff vom Bezug auf einen Kostenträger bzw. eine Kostenträgereinheit gelöst und im Hinblick auf vielfältig variierbare Bezugsgrößen (Aufträge, Kunden(-Gruppen), Produkte, Produktsparten, Regionen usw.) *relativiert*. Durch bestimmte *Bezugsgrößenhierarchien* entsteht ein geschlossenes Abrechnungssystem, bei dem stufenweise immer mehr Kosten zu direkt zurechenbaren Kosten werden.

Ein zweiter Grund für die allgemein gehaltene Definition von Preisuntergrenzen ist die damit verbundene *Offenheit für verschiedene Ziele,* hinsichtlich derer Preisuntergrenzen festgelegt werden können. Häufig werden beispielsweise *kostenwirtschaftliche* und *finanzwirtschaftliche* Preisuntergrenzen unterschieden (z.B. Raffée 1974/1982; Kilger 1982). Dazu treten *absatzwirtschaftliche* (ertragsbezogene) Werte, die vor allem Verbundbeziehungen im Sortiment und Preis-Image-Irradiationen berücksichtigen. Dies ist allerdings auch im Rahmen der Festlegung von Deckungsbudgets möglich, weshalb wir uns im Folgenden auf einige wesentliche kosten- und finanzwirtschaftliche Preisuntergrenzen beschränken.

(1) Die *kurzfristige, kostenwirtschaftliche Preisuntergrenze* für einen Zusatzauftrag in Höhe von x_z Einheiten (PUG_z) liegt dann, wenn durch die Annahme des Auftrags keinerlei Kapazitätsengpässe entstehen, bei der durch x_z dividierten Summe der diesem Auftrag zurechenbaren Einzelkosten EK_z.

$$(6\text{--}15) \qquad PUG_z^1 = \frac{EK_z}{x_z}$$

Zu den zurechenbaren Kosten gehören dabei insbesondere die *kurzfristig variablen Kosten der Erzeugung,* soweit sie nicht sunk costs darstellen (z.B. verderbliche Rohstoffe, die bereits auf Lager liegen), sowie direkte *Versandkosten* (Verpackungen, Porti etc.) und *umsatzabhängige Kosten* (z.B. Vertreterprovisionen). (6-15) entspricht damit im Wesentlichen den - allerdings auf Basis anderer Kostenkategorisierungen entwickelten - *Grenzkosten* K'_x. Verursacht der Zusatzauftrag zusätzliche *Fixkosten* (z.B. durch kurzfristige Anmietung von Lagerräumen), sind diese also in vollem Umfang dem Auftrag zuzurechnen. Die häufig vertretene Ansicht, dass die kurzfristige Preisuntergrenze bei den variablen Stückkosten liege, ist also ebenso falsch, wie jene für die langfristige Preisuntergrenze bei den vollen Stückkosten. Auch langfristig geht es nur um Zusatzkosten. Abschreibungen für vorhandene Anlagen können z.B. nur für den verbleibenden Restwert angesetzt werden und nicht in ursprünglich geplanter Höhe auf den Anschaffungswert. Dieser entspricht entscheidungsirrelevanten sunk costs. Andererseits können Zusatzkosten auftreten, wenn z.B. bei Ablehnung eines Auftrags Personal entlassen und dafür Abfindungen in Kauf genommen werden müssten. Die Vermeidung solcher Abfindungen sind relevante Kosteneinsparungen im Vergleich zur Alternative der Auftragsablehnung.

(2) Führt ein Zusatzauftrag zu einer intensitätsmäßigen oder zeitlichen Erhöhung der Kapazitätsauslastung oder zu kapazitätsumgehenden Anpassungsprozessen, sind die dadurch bedingten positiven (z.B. wirtschaftlichere Losgrößen) oder negativen (z.B. Überstundenzuschläge, erhöhter Fremdbezug von Halbfabrikaten) Kostenwirkungen bei der Preisuntergrenzenbestimmung zu berücksichtigen und voll dem Auftrag zuzurechnen. Ein Rechnen mit Durchschnittskosten ist also nicht erlaubt. Verdrängt der Auftrag die Fertigung anderer Produkte, weil partielle Engpässe bestehen, sind PUG_z^1 die *engpassbezogenen Deckungsbeiträge* als Opportunitätskosten zuzuschlagen. Es gilt dann:

(6-16) $$PUG_z^2 = PUG_z^1 + \sum_i d_i \cdot q_i \, x_i$$

mit x_i = Menge des durch Engpassbelastungen verdrängten Produktes i

        q_i = beanspruchte Engpasseinheiten pro Mengeneinheit von i

(3) Ist bei Nichtannahme eines Preisgebots die *zeitweilige Stilllegung von Kapazitäten* erforderlich, sind neben den Grenzkosten die zeitweilig abbaufähigen Fixkosten (F_i) sowie die Stilllegungs- und Wiederanlaufkosten der Produktion (St, Al) zu berücksichtigen (Raffée 1974). Es gilt dann:

(6-17) $$PUG_z^3 = PUG_z^1 + \frac{F_i}{x_{it}} - \frac{St + Al}{x_{it}}$$

mit x_{it} = hypothetisch realisierbare Absatzmenge während der Stilllegungsphase

(4) Bei *langfristig* wirkenden Entscheidungen empfiehlt sich ein *Investitionskalkül*. Die Preisuntergrenze ergibt sich dann z.B. als jener Preis, bei dem die einem Kalkulationsobjekt (z.B. neues Produkt, neuer Kunde) in den Planungsperioden zurechenbare Differenz der Einzahlungen und Auszahlungen abdiskontiert einen Kapitalwert von 0 ergeben. Wenngleich eine solche Rechnung Informationsprobleme aufwirft, ist sie dem oft vorgeschlagenen Ansatz voller Stückkosten vorzuziehen, deren Ermittlung weder genau möglich ist noch Ertragsinterdependenzen berücksichtigt.

(5) Bei *zeitweiligen Preiseinbrüchen am Markt* sind die zu einem späteren Zeitpunkt erwarteten Preise und die durch eine zwischenzeitliche Lagerung entstehenden Zusatzkosten in ein Ertragserwartungskalkül einzubringen. U.U. kann es sich nämlich dann als sinnvoll erweisen, die

langfristige Preisuntergrenze nicht zu unterschreiten, sondern auf eine bessere Absatzsituation zu warten.

(6) Bei *kurzfristigen Liquiditätsengpässen* müssen ausgabenwirksame und nicht ausgabenwirksame Einzelkosten unterschieden werden. Die Preisuntergrenze liegt dann dort, wo der einnahmewirksame Stückerlös den ausgabewirksamen Kosten pro Stück des Auftrags entspricht.

6.3.2.5.2 Die Ableitung von Deckungsbudgets

Im Gegensatz zu den Preisuntergrenzen werden Deckungsbudgets im Rahmen der retrograden Preisbestimmung nicht (nur) stückbezogen, sondern hinsichtlich mehrerer hierarchisch gestufter Ergebnis- oder Leistungsbereiche der Unternehmung aufgestellt. Eine für die Bestimmung von Produktpreisen geeignete Hierarchie lautet z.B. Leistungseinheit (Stück) - Produkt - Produktgruppe - Gesamtumsatz der Unternehmung. Auf jeder Hierarchiestufe werden dabei Deckungsbeiträge i.S. der relativen Einzelkostenrechnung festgelegt, die sicherstellen, dass die bei der Preisuntergrenzenbestimmung noch nicht verrechneten Gemeinkosten gedeckt und die Gewinnansprüche der Unternehmung befriedigt werden. Es handelt sich dabei also letztlich um *hierarchisch gestufte Zielvorgaben*. Damit soll einmal der organisatorischen Aufteilung der Preisentscheidungsprozesse (Lenkungs- und Kontrollfunktion) und andererseits der notwendigen Flexibilität bei der Preisfindung (Bewertungsfunktion) Rechnung getragen werden.

Informationsgrundlagen für die Ableitung von Deckungsbudgets sind

- der Deckungsbedarf für eine bestimmte Planperiode,

- subjektive Erfahrungen und objektive Marktforschungsergebnisse über die preispolitische Tragfähigkeit bestimmter Produkte und Produktbereiche und

- unternehmenspolitische, insbesondere preisstrategische Zielvorgaben.

Der *Deckungsbedarf* ergibt sich rein formal aus der Differenz der zur Nettogewinnerzielung in Höhe von G_t erforderlichen Umsatzerlöse in Periode t und der bei einem bestimmten Planabsatz entstehenden Summe der Einzelkosten aller Erzeugniseinheiten in t. Da der Planabsatz von den Preisen abhängt, die man im Wege von Deckungsbudgets ermitteln möchte, ist diese formale Definition allerdings nicht sehr hilfreich. Sie verdeutlicht aber die Vorgehensweise: Stünde der Absatz für t fest, könnte man nämlich auf jeder Hierarchiestufe der Budgetierung ermitteln, welcher Deckungsbedarf dort entsteht. Abb. 6-5 sind dies in graphischer Form verdeutlichen. Wir nehmen dabei bereits an, dass unternehmenspolitische Zielvorgaben über den Periodennettogewinn vorliegen. Betrachtet man als Bezugsobjekt nur die einzelne *Produkteinheit* (unterste Hierarchiestufe), lassen sich dort nur die stückbezogenen Einzelkosten aller j produzierten und abgesetzten Produkteinheiten zurechnen. Sie betragen folglich $\Sigma\,PUG_j \cdot x_j$. Der Rest der Kosten zuzüglich des angestrebten Gewinns ist der periodenbezogene Deckungsbedarf (hellgrau). Ein weiterer Teil der Gesamtkosten lässt sich auf der zweiten Hierarchieebene als Einzelkosten einzelnen *Produkten* zurechnen (z.B. Abschreibungen für Spezialmaschinen, produktspezifische Werbekosten, Gehälter für Produktmanager etc.). Analog wird auf den nächsten Stufen der Hierarchie verfahren. Dort lassen sich die weiteren noch nicht verrechneten Kostenanteile als Einzelkosten für Produktgruppen und schließlich für die Gesamtunternehmung bestimmen.

Für die Verteilung des gesamten Deckungsbedarfs auf die verschiedenen Ebenen besteht nunmehr ein erster - allerdings nicht zwingender - Anhaltspunkt. Es liegt nämlich nahe, den auf der zweiten Ebene jeweils noch nicht verrechneten Anteil an Einzelkosten für das Produkt i auf alle j Einheiten von i zu verrechnen (vgl. die Pfeile in Abb. 6-5). Dazu können durchaus flexible Vorgehensweisen gewählt werden. Nicht jede Einheit muss also etwa den gleichen anteiligen Deckungsbedarf tragen. Beispielsweise können zeitliche (Saisonaufschläge) oder kundenbezogene Differenzierungen (Großabnehmerrabatte) vorgenommen werden. Es bleibt also Spielraum für die Berücksichtigung von Markterfordernissen oder preisstrategischen Vorgaben. Dies gilt auch für die Aufteilung der noch nicht verrechneten Einzelkosten der Produktgruppen. Denn hier ergibt sich die Möglichkeit, einzelne Produkte innerhalb der Produktgruppe mehr oder weniger stark zu belasten, also einen *kalkulatorischen Ausgleich* zwischen den Produkten zu suchen. Analog kann schließlich mit den noch nicht verrechneten Einzelkosten und der Gewinnvorgabe auf der Unternehmensebene verfahren werden. Es bleibt im Grunde also zunächst offen, welcher Anteil des gesamten Deckungsbedarfs einer Periode von einer Leistungseinheit getragen werden soll.

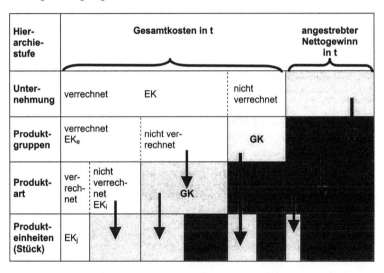

Abb. 6-5: **Schematische Darstellung des periodenbezogenen Deckungsbedarfs bei vorgegebenem Nettogewinn und bekannten Einzel- und Gemeinkosten (EK bzw. GK)**

Entschieden werden kann dies erst, wenn die *Tragfähigkeit* des Preises, d.h. seine Akzeptanz am Markt im Umfang der geplanten Mengen, überprüft ist. Geeignete Instrumente dafür wurden oben und in Kap. 5 bereits vorgestellt. Ein zwingendes Verfahren dafür gibt es nicht. Riebel selbst sagt: „Letzten Endes muss es der Marktkenntnis und den unternehmerischen Fähigkeiten des für die Preispolitik ... Verantwortlichen überlassen bleiben, mit welchen Aufträgen, bei welchen Erzeugnissen, Erzeugnisgruppen, Abnehmern, Absatzgebieten und sonstigen Teilmärkten er die erforderlichen Deckungsbeiträge am Markt hereinholt. Das gestattet eine sehr viel beweglichere Preispolitik und damit eine zugleich anpassungsfähigere und erfolgreichere Absatzpolitik" (Riebel 1964, S. 609f.).

Das Argument der Flexibilität gilt nicht nur hinsichtlich des kalkulatorischen Ausgleichs, sondern auch hinsichtlich der Berücksichtigung *preisstrategischer Aspekte* (vgl. dazu Kap. 11) oder *preistaktischer* Erfordernisse (Unterschreitung von Preisschwellen, kurzfristige Preisnachlässe, Bündelung von Leistungen in Preispaketen etc.). Auch hier zeigt sich, dass retrograde Kalkulationsverfahren keine starren Rechenschemata, sondern heuristische Problemlösungsmuster darstellen.

Als Hilfsmittel zur ständigen Kontrolle, Diagnose und Prognose dafür, ob der gewählte Weg richtig ist, kann der bereits erwirtschaftete Deckungsbedarf über die Zeit kumuliert, graphisch dargestellt und mit dem geplanten Verlauf verglichen werden. Abb. 6-6 zeigt dafür ein Beispiel, bei dem im Monat August der Planperiode der übliche „Saisonkanal" (gestrichelt) verlassen wurde und damit ein Signal zum preispolitischen Agieren gesetzt wird.

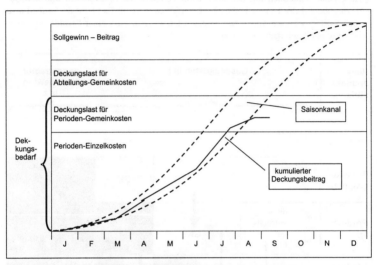

Abb. 6-6: **Mitlaufende Kontrolle des Deckungsgrades**
(Quelle: Riebel 1964, S. 611)

Das Budget kann dann auch durch eine *rollierende Fortschreibung* entsprechend korrigiert und an neue Umwelt- und Zielsituationen angepasst werden.

6.3.2.6 Entscheidungsbaum

Bisher wurde davon abstrahiert, dass die Vorausschätzung der mit bestimmten Preisen verbundenen Kosten und Absatzmengen in aller Regel mit *Unsicherheiten* belastet ist. Insbesondere die Reaktion der Konkurrenten, Absatzmittler und Endabnehmer ist selten genau vorhersagbar. Zur Bewältigung der Ungewissheit wurde in der betriebswirtschaftlichen Entscheidungstheorie eine Vielzahl von Konzepten und Regeln entwickelt (vgl. z.B. Bamberg/Coenenberg 1977; Hettich 1998; Pfohl/ Braun

1981). Sie eignen sich grundsätzlich auch zur Lösung preispolitischer Probleme. Eine ausführliche Darstellung und Würdigung soll an dieser Stelle nicht erfolgen (vgl. hierzu z.B. Haas 1965). Wir beschränken uns hier auf die kurze Darlegung des Einsatzes von Entscheidungsbäumen und auf die Risikoanalyse (vgl. Diller 1998, S. 233ff.). Wir erläutern das Vorgehen dabei an einem in Abb. 6-7 in Form eines Entscheidungsbaums graphisch dargestellten Entscheidungsproblems.

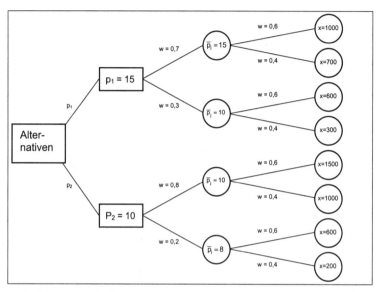

Abb. 6-7: **Entscheidungsbaum zur Charakterisierung einer preispolitischen Entscheidungssituation unter Risiko**

Das Beispiel behandelt eine Auswahlentscheidung zwischen zwei neuen Angebotsprei-sen $p_1 = 15$ € und $p_2 = 10$ € für ein bereits am Markt eingeführtes Produkt. Ungewissheit besteht zunächst darüber, wie die *Konkurrenten* auf diese Preise reagieren. Sie können - so nehmen wir an - bei p_1 ihre Preise ebenfalls auf durchschnittlich 15 € festsetzen $\overline{(p_j} = 15$ €) oder p_1 deutlich unterbieten ($\overline{p_j} = 10$ €). Aufgrund von Erfahrungen schätzt man die Wahrscheinlichkeiten für diese Reaktionen auf 70% bzw. 30%. Bei p_2 wird entspre-chend mit $\overline{p_j} = 10$ € oder $\overline{p_j} = 8$ € gerechnet. Die Wahrscheinlichkeiten dafür betragen 80% bzw. 20%. Weiterhin besteht Ungewissheit darüber, wie die *Abnehmer* auf die Angebotspreise reagieren. In Abhängigkeit von den beiden jeweils möglichen Konkur-renzpreisen können hier jeweils zwei Zustände eintreten, die ihren Niederschlag in unterschiedlichen Absatzmengen (x) finden. Die entsprechenden Werte sind aus Abb. 6-7 ersichtlich. Die zugehörigen bedingten Wahrscheinlichkeiten W (x / $\overline{p_j}$) sind den jeweiligen Ereignisästen des Entscheidungsbaums zugeordnet. Zielkriterium für die Auswahlentscheidung sei zunächst die Absatzmaximierung.

Man erkennt, dass sich die Ergebnisverteilungen der beiden Preisalternativen überlap-pen und unterschiedliche Absatzrisiken und -chancen beinhalten. Bei p_1 lassen sich bestenfalls 1000 und schlechtestenfalls 300 Einheiten absetzen, bei p_2 besteht die Chan-ce auf 1500 verkaufte Einheiten; schlechtestenfalls setzt man aber auch nur 200 Ein-heiten, d.h. weniger als im schlechtesten Fall bei p_1 ab. Dieses Risiko lässt sich zwar nicht mindern, aber bei der Entscheidung berücksichtigen, wenn sich der Entscheidungsträger seine Risikopräferenzen verdeutlicht und entsprechende Risikokalküle zur „Verdichtung" der Ergebnisverteilung heranzieht. Dafür stehen verschiedene Möglichkeiten zu Verfügung, auf die hier nicht weiter eingegangen werden soll (vgl. Hettich 1998). Ist der Entscheider z.b. risikoneutral, gewichtet er also die Ergebnisse mit den ihnen zugemessenen Wahrscheinlichkeiten, so kann er die *Erwartungswertmaximierung* als Entscheidungsregel heranziehen. Da der Erwartungswert für den Absatz bei p_2 mit 1128 Einheiten größer ist als der für p_1 mit 760 Einheiten, ist nach der Erwartungswertmaximierungs-Regel der niedrige Preis p_2 zu wählen.

6.3.2.7 Risikoanalyse

Bei Preisentscheidungen, in denen eine größere Zahl von stochastisch verteilten Umweltvariablen zu berücksichtigen sind, kann u. U. auf die sog. Risikoanalyse zurückgegriffen werden (vgl. z.B. Diller 1998, S. 267ff.). Hierbei werden die relevanten Umweltgrößen modellhaft mit einer Zielgröße verknüpft, deren Werte dann bei allen möglichen Kombinationen der Ausprägungen der Umweltgrößen zu ermitteln sind. Die Eintrittswahrscheinlichkeiten dieser Ergebnisse sind unterschiedlich und nach dem Multiplikationssatz für stochastische Größen zu berechnen. Ordnet man die Ergebnisse der Höhe nach, lassen sich kumulative Wahrscheinlichkeiten für die Mindesterreichung bestimmter Zielgrößen ermitteln und graphisch in sog. *Risikoprofilen* darstellen. Damit werden das Risiko und die Chancen der zur Auswahl stehenden Alternativen verdeutlicht.

Zur Anwendung der Risikoanalyse auf unser Beispiel unterstellen wir zusätzlich folgende Bedingungen:

- Bei p_1 (€ 15,-) sind die variablen Stückkosten höher als bei p_2, weil eine aufwendigere Verpackung erforderlich ist.

- Wegen unsicherer Beschaffungspreise können sie bei € 5,-, € 6,- oder € 7,- liegen. Die Wahrscheinlichkeiten dafür betragen 30%, 60% bzw. 10%.

- Bei p_1 werden die variablen Stückkosten in der Planperiode mit 80 % Wahrscheinlichkeit € 4,- und mit 20% Wahrscheinlichkeit € 4,50 betragen.

- Die Kostenfunktion ist linear; allerdings besteht Ungewissheit über die Höhe der *zurechenbaren* Fixkosten K_f. Für p_1 wie p_2 gilt dabei die Wahrscheinlichkeitsverteilung W ($K_f = 1.000$) = 0,2; W ($K_f = 1.500$) = 0,7; W ($K_f = 2.000$) = 0,1.

- Als Zielfunktion wird die Maximierung des Deckungsbeitrags nach Abzug der zurechenbaren Kosten unterstellt.

Unter diesen Bedingungen ergeben sich für p_1 3 x 3 x 2 x 2 = 36 mögliche Kombinationen der ergebnisrelevanten Größen k_v, K_f, p_j und x. Bei p_2 sind es 2 x 3 x 2 x 2 = 24. Ihre Ergebnisse werden nach dem „Modell" DB = x · p − x · k_v berechnet und in eine steigende Rangfolge gebracht. Die von 1 abgezogenen kumulierten Wahrscheinlichkeiten dieser Ergebnisse ergeben die in Abb. 6-8 dargestellten Risikoprofile der beiden Preisalternativen. Aus ihnen lässt sich unmittelbar ableiten, welche Mindestwahrscheinlichkeiten für bestimmte Deckungsbeiträge zu erwarten sind. p_1 (p_2) erbringt z.B. mit ca. 30% (50%) Wahrscheinlichkeit mindestens einen Deckungsbeitrag von 6.000 €. Dem Entscheider werden damit Chancen und Risiken der Entscheidungsalternativen plastisch vor Augen geführt.

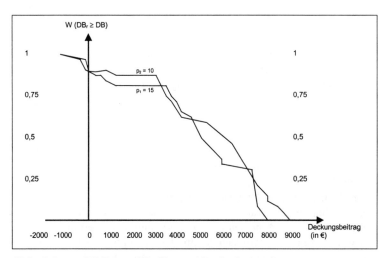

Abb. 6-8: **Risikoprofile für zwei Preisalternativen**

6.3.3 Kritische Würdigung

Die retrograden Kalkulationsverfahren besitzen gegenüber den progressiven Verfahren erhebliche *Vorteile*:

1. Sie berücksichtigen explizit die Preisabhängigkeit des Absatzes und vermeiden deshalb den Zirkelschluss der kostenorientierten Verfahren.

2. Sie lassen sich für verschiedene Zielvariablen (Gewinn, Umsatz, Absatz, Beschäftigungsgrad, Deckungsbeitrag) anwenden.

3. Sie erlauben durch Kostenspaltungen und Deckungsbudgets eine größere Preisflexibilität und verhindern, dass sich die Unternehmung bei Unterbeschäftigung durch überhöhte Preise aus dem Markt kalkuliert.

4. Sie erfordern teilweise nur einen relativ geringen Informationsaufwand und veranlassen das Management mit dem Zwang zur Offenlegung von Absatzschätzungen zu einem objektiven Entscheidungsprozess.

Die *Nachteile* fallen demgegenüber in der Praxis meist weniger ins Gewicht:

1. Das Verfahren erlaubt keine analytisch exakte Bestimmung des Optimalpreises. Der gewählte Preis stellt deshalb u.U. nur ein Suboptimum dar.

2. Das Verfahren scheitert oder erfordert erhebliche Informationskosten zur Ermittlung der Absatzelastizität, wenn - wie z.B. bei völlig neuen

Erzeugnissen - keinerlei Kenntnisse des Preis-Absatz-Zusammenhangs vorliegen (vgl. 6.5).

3. Die Orientierung an Teilkosten verführt u.U. zu einer unnötigen Preisnachgiebigkeit, weil der langfristige Anspruch einer vollkostendeckenden Preispolitik vernachlässigt wird.

4. Insbesondere können sich die Kunden u.U. an niedrigere Preise gewöhnen bzw. ihr mittleres Preisempfinden nach unten verschieben, sodass eine spätere Preisanhebung auf preispsychologische Widerstände stößt. Die verfahrensbedingt mögliche Unterschreitung der Vollkostenschwelle bei einzelnen Abnehmern führt also u.U. zu einem langfristigen Preisverfall.

Vor allem die beiden letztgenannten Gefahren einer auf Teilkostenbasis durchgeführten retrograden Kalkulation machen deutlich, dass hierbei unter langfristigen Aspekten auf Vollkosteninformationen nicht verzichtet werden kann. Insofern stellen retrograde und progressive Kalkulation keine alternativen, sondern sich ergänzende Instrumente der Preisfindung dar.

6.4 Marginalanalytische Optimierungsmodelle

6.4.1 Grundprinzip und Voraussetzungen

Eine dritte Gruppe von Entscheidungstechniken zur Preisfindung bilden die marginalanalytischen Optimierungsmodelle. Sie basieren auf der in Abschnitt 3.5 behandelten Preis-Gewinnfunktion und lösen das Preisfindungsproblem mit Hilfe der *Differentialrechnung*. Im Unterschied zu den bisher vorgestellten Verfahren erlauben solche Methoden deshalb nicht nur eine numerische Ableitung der günstigsten Preisalternativen, sondern die analytisch exakte Bestimmung von Optimalpreisen im Hinblick auf Absatz-, Umsatz- und Gewinnziele. Darüber hinaus lassen sich aus diesen Modellen einige einfache, allgemein gültige Entscheidungsregeln für die Praxis ableiten.

Voraussetzung für die Anwendung marginalanalytischer Optimierungsmodelle ist die Kenntnis der *konjekturalen Preis-Absatzfunktion* und der *Kostenfunktion* für die nächste Planperiode. Wie in Kap. 5 dargelegt, bereitet insbesondere die Ableitung von Preis-Absatzfunktionen allerdings mehr oder minder große Schwierigkeiten und u.U. erhebliche Informationskosten. Darüber hinaus schränken die für Preis-Absatzfunktionen gültigen Prämissen (vgl. 3.2.3) den Informationsgehalt solcher Modelle ein.

Darin dürfte die wesentliche Ursache für die relativ geringe Verbreitung derartiger Kalküle in der Praxis liegen, die in diametralem Gegensatz zu deren Stellenwert in der traditionellen betriebswirtschaftlichen Preistheorie steht. Wir beschränken uns deshalb im Folgenden auf grundlegende Modellvarianten für die am häufigsten vorliegenden Bedingungslagen der Preispolitik, nämlich

- lineare Kostenfunktionen,

- Monopole, Polypole und Oligopole sowie

- unvollkommene (heterogene) Märkte.

Eine ausführliche Darlegung marginalanalytischer Preisentscheidungsmodelle unter Einschluss auch anderer Bedingungslagen findet man z. B. bei Krelle (1976), Jacob (1971) oder Simon (1992).

Das *Grundprinzip* der marginalanalytischen Ableitung von Optimalpreisen besteht in der Maximierung einer vorgegebenen Zielfunktion. Nach den Regeln der Differentialrechnung erreicht eine Funktion dort ihr Maximum, wo ihre erste Ableitung den Wert Null und ihre zweite Ableitung einen Wert kleiner Null annimmt. Letztere Bedingung sei im Folgenden immer als erfüllt angesehen. Für die Zielfunktion der *Umsatzmaximierung* liegt dieses Maximum also z.B. bei $\partial U/\partial p = 0$, d.h. dort, wo eine infinitesimale Preisänderung keine Umsatzverminderung hervorruft. Im Fall der *Gewinnmaximierung* ergibt sich der optimale Preis dagegen beim Schnittpunkt der Grenzerlöse ($\partial U/\partial p$) und der Grenzkosten bezüglich des Preises ($\partial K_p/\partial p$). Es gilt nämlich:

$$(6\text{--}18) \qquad \frac{\partial G}{\partial p} = \frac{\partial U}{\partial p} - \frac{\partial K_p}{\partial p}$$

Beim optimalen Preis p* muss also gelten:

$$(6\text{--}19) \qquad \frac{\partial U}{\partial p} = \frac{\partial K_p}{\partial p}$$

Diese Bedingung für den optimalen Preis ist unmittelbar einsichtig: Wären die Grenzerlöse größer als die Grenzkosten, würde sich eine Preissenkung lohnen, da die Erlöszuwächse den Kostenanstieg überkompensieren, also den Gewinn erhöhen. Übersteigen die Grenzkosten dagegen den Grenzerlös, so sinkt der Gewinn im Vergleich zur Ausgangssituation, eine Preissenkung wirkt also gewinnmindernd. Analoges gilt für den Fall von Preissteigerungen. Auch sie lohnen sich nur so lange, wie die Kosteneinsparungen auf Grund des sinkenden Absatzes nicht von den Erlöseinbußen überkompensiert werden (vgl. 3.5).

Wie in Abschnitt 3.5 bereits dargestellt wurde, lässt sich die Optimumsbedingung (6-19) zur sog. *Amoroso-Robinson-Relation* umformen. Man erhält dann den optimalen Preis p* als elastizitätsabhängigen Aufschlagsfaktor auf die Grenzkosten bezüglich der Menge ($\partial K_x/\partial x$):

$$(6\text{--}20) \qquad p^* = \left(\frac{\varepsilon}{1+\varepsilon} \right) \cdot K'_x$$

Da ε üblicherweise negative Werte annimmt, kann der gewinnoptimale Preis nur im Bereich $|\varepsilon| \geq 1$ bzw. $\varepsilon \leq -1$ liegen und wird bei gegebenen Grenzkosten umso niedriger sein, je absolut größer die Absatzelastizität ist. Der umsatzmaximale Preis wird dagegen genau dort realisiert, wo $|\varepsilon|$ den Wert 1 annimmt.

Das Grundprinzip der marginalanalytischen Ableitung von Optimalpreisen lässt sich auch geometrisch verdeutlichen: Da die Grenzerlöse der jeweiligen Steigerung der Umsatzfunktion und die Grenzkosten der Steigerung der Kostenfunktion entsprechen, liegt der optimale Preis dort, wo sich Grenzkosten- und Grenzerlöskurve schneiden bzw. dort, wo die positive Distanz zwischen der Gewinnfunktion und der Gesamtkostenfunktion maximal wird (vgl. Abb. 3-8 und 3-9).

6.4.2 Optimalpreise im Monopol

Für die Ableitung des gewinnoptimalen Preises p* im Monopolfall und bei linearer Kosten- und Preis-Absatzfunktion findet das in Abschnitt 3.5 bereits dargestellte *Cournot-Modell* Verwendung. p* ergibt sich dabei nach folgender Bestimmungsgleichung:

$$(6\text{–}21) \qquad p^* \;=\; -\,\frac{\alpha}{2\beta} + \frac{k_v}{2} = \frac{1}{2}\cdot\left(-\frac{\alpha}{\beta} + k_v\right)$$

Der *umsatzmaximale* Preis liegt dagegen genau bei der Hälfte des Sättigungspreises (β ist negativ):

$$(6\text{–}22) \qquad p^* \;=\; \alpha/2\beta = \frac{1}{2}\cdot\frac{\alpha}{|\beta|}$$

Der *gewinnmaximale* Preis beträgt also genau die Hälfte der Summe aus Sättigungspreis und variablen Stückkosten. Anders formuliert hat der Monopolist auf den umsatzmaximalen Preis die halben variablen Stückkosten aufzuschlagen, um das Gewinnmaximum zu erreichen. Veränderungen der variablen Stückkosten k_v schlagen sich damit nur zur Hälfte im gewinnoptimalen Preis nieder. Ein Monopolist gibt also zweckmäßigerweise eine Erhöhung der variablen Kosten (z.B. auf Grund gestiegener Beschaffungspreise) ebenso wie eine Kostensenkung jeweils nur zur Hälfte weiter.

Der *rentabilitätsmaximale Preis* ergibt sich bei Ableitung der Gleichung (3-24) nach dem Preis genau dort, wo die Gewinnelastizität bzgl. der Absatzmenge gleich der Elastizität des Kapitalbedarfs bzgl. der Absatzmenge ist, also gilt:

$$(6\text{–}23) \qquad \frac{\partial G}{\partial x}\cdot\frac{x}{G} = \frac{\partial C}{\partial x}\cdot\frac{x}{C}$$

Da in (6-23) der Nettogewinn enthalten ist, spielen für die Rentabilitätsmaximierung auch die Fixkosten eine Rolle. Der rentabilitätsmaximale

Gewinn ist deshalb auch stets kleiner als der Gewinn bei p* (vgl. hierzu Pack 1962, S. 85 ff.).

Bei einer *multiplikativen* Preis-Absatzfunktion besitzt die Grenzerlösfunktion nur eine Nullstelle bei p = 0. Die Absatzelastizität beträgt über dem gesamten Bereich der Preis-Absatzfunktion β. Ein Maximalpreis existiert nicht. Der umsatzmaximale Preis ist deshalb nicht allgemein, sondern nur für den Fall preiselastischer Nachfrage ($\beta < -1$) bestimmbar. Für $\beta > -1$ bewirkt jede Preiserhöhung einen Umsatz- und Gewinnzuwachs, sodass der gewinnmaximale Preis gegen unendlich geht. Für den realistischen Fall $\beta < -1$ ist der Grenzerlös negativ, außer den Grenzkosten gibt es hier also keine Preisuntergrenze. Allerdings hängt der gewinnmaximale Preis p* damit bei konstanten Grenzkosten (lineare Kostenfunktion) weder von β noch von k_v ab, sodass für diesen Fall die Amoroso-Robinson-Relation als Bestimmungsgleichung herangezogen werden kann. Es gilt dann:

$$(6\text{--}24) \qquad p^* = \frac{\beta}{1+\beta} \cdot k_v$$

Der *gewinnoptimale Preis* lässt sich damit - wie bei einer Aufschlagskalkulation auf Teilkostenbasis - durch einen konstanten, jedoch *elastizitätsabhängigen Aufschlagssatz* $\beta/(1 + \beta)$ ermitteln. Weiß man beispielsweise, dass eine Preissenkung um 10% stets eine Absatzerhöhung um 15% hervorruft, so liegt β bei -1,5 und der Aufschlagsfaktor auf die variablen Stückkosten bei -1,5/(1-1,5) = 3, d.h. 300 %. Je elastischer der Absatz auf Preisveränderungen reagiert, desto niedriger liegt bei multiplikativen Preis-Absatzfunktionen also der gewinnmaximale Preis. Bei einer 50%igen Absatzsteigerung infolge 10%iger Preissenkung beträgt der Aufschlag auf die variablen Stückkosten z.B. nur noch -5/(1-5) = 1,25 oder 25 %.

Rechenbeispiel:

Für eine Waschmittelmarke wurde mit Hilfe von Vergangenheitsdaten regressionsanalytisch folgende Preis-Absatzfunktion geschätzt (vgl. Simon 1992, S. 133):

$$x = 3595 - 685{,}6p \text{ (x in Tonnen; p in 1000 €)}$$

Die konstanten Grenzkosten bezüglich der Menge (K'_x) betragen € 1,80/kg. Daraus lassen sich folgende Schlussfolgerungen ableiten:

- *Grenzpreis* pro kg $(-\alpha/\beta)$: $- 3595 / - 685{,}6$ = 5,24 €

- *Grenzkosten* bzgl. Preis $(K'_x \cdot \beta)$: $1{,}80 \cdot (-685{,}6)$ = 1.234,08 €

  (Bei einer Preissenkung um 1 € steigen die Kosten um 1.234,08 €)

- *gewinnoptimaler Preis* p* nach Formel (6 – 21)

$$0{,}5 \cdot (\frac{-3595}{-685{,}6} + 1{,}80) = 3{,}52 \text{ €/kg}$$

- *Absatz bei p** (6 – 23): $3595 - 685{,}6 \cdot 3{,}52$ = 1181,69 to

- *Umsatz bei p** (x* · p*): $1181{,}69 \cdot 3520$ ≈ 4,160 Mio €

- *Variable Kosten bei x**: $1181{,}69 \cdot 1800$ = 2,127 Mio €

- *Deckungsbeitrag bei p**: $4{,}160 - 2{,}127$ = 2,033 Mio €

- *Preiselastizität bei p** $(\delta x \cdot p* / - 1 \cdot x*)$: = 2,04

- Setzt man die ermittelten Werte in die *Amoroso-Robinson-Funktion* (6-24) ein, so bestätigt sich, abgesehen von Rundungsfehlern:

$$3{,}52 \approx \frac{-2{,}04}{1 - 2{,}04} \cdot 1{,}80 = 3{,}53$$

- Eine Erhöhung der variablen Stückkosten um 0,10 € auf 1,90 €/kg würde einen *gewinnoptimalen Preis* von

$$0{,}5 (\frac{-3595}{-685{,}6} + 1{,}90) = 3{,}57 \text{ €/kg,}$$

also einen nur um 0,05 € (= 50% der Kostensteigerung) höheren Wert ergeben.

6.4.3 Optimalpreise im heterogenen Polypol

Realistischerweise werden in einem Polypol unvollkommene Märkte vorliegen. Für diesen Fall des heterogenen Polypols oder der monopolistischen Konkurrenz wurde in Abschnitt 3.2.2 die *doppelt gekrümmte* Preis-Absatzfunktion als ein geeignetes Modell zur Abbildung der Marktsituation vorgestellt.

Bei dieser Funktion entwickeln sich weder die Grenzerlöse noch die Grenzkosten bezüglich des Preises linear. So einfache Entscheidungsregeln wie im Fall des Monopols lassen sich deshalb hier nicht mehr ableiten. Grundsätzlich gilt jedoch weiter die Optimumbedingung Grenzerlöse = Grenzkosten. Diese Bedingung erweist sich aber nicht mehr als hinreichend, weil sich Grenzerlös- und Grenzkostenfunktionen bei gekrümmten Verläufen mehrfach schneiden können. Daraus ergeben sich dann zwangsläufig mehrere Gewinn(sub)maxima, die miteinander zu vergleichen sind, um das absolute Gewinnmaximum bestimmen zu können.

Am einfachsten gestaltet sich der Fall einer doppelt geknickten Preis-Absatzfunktion (keine kontinuierlichen Übergänge) mit drei jeweils linearen Abschnitten unterschiedlicher Steigung. Diese drei Abschnitte können dann jeweils separat wie im Monopolfall behandelt und die sich daraus ergebenden partiellen Optimalpreise miteinander verglichen werden. Bei der geometrischen Ableitung der Optimalpreise empfiehlt es sich, auf eine andere Darstellungsweise als bisher überzugehen. Bei linearer Gesamtkostenfunktion sind hier nämlich nur die Grenzkosten bezüglich der Menge, nicht aber die bezüglich des Preises konstant. Wir „drehen" deshalb unser bisher übliches Koordinatensystem und stellen den Preis als Funktion der Menge dar. Der gewinnoptimale Preis ergibt sich dann im Schnittpunkt der Grenzerlöskurve und der Kurve der Grenzkosten *bzgl. der Menge*. Letztere sind nunmehr stets ≥ 0.

Wie Abb. 6-9 zeigt, können sich je nach Elastizität der einzelnen Abschnitte der Preis-Absatzfunktion und je nach Höhe der Grenzkosten mehrere Schnittpunkte ergeben. In Abb. 6-9 sind es zwei mit den Optimalpreisen p^*_1 und p^*_2. Der Schnittpunkt an der unteren Knickstelle der Funktion stellt dagegen ein lokales *Gewinnminimum* dar, weil hier die Grenzerlöskurve die Grenzkostenkurve *von unten kommend* schneidet, d. h., dass bei höheren (niedrigeren) Preisen die Grenzerlöse steigen (sinken), was bei konstanten Grenzkosten in jedem Fall zu höheren Gewinnen führt. Bei graphischer Interpretation ergeben sich lokale Gewinn*maxima* also nur dort, wo die Grenzerlöskurve die Grenzkostenkurve *von oben kommend* schneidet. Wie der Vergleich der Distanzen zwischen den Tangentialpunkten an die Erlösfunktion und den zugehörigen Punkten auf der Gesamtkostenfunktion zeigt, erbringt p^*_2 hier einen höheren Gewinn als p^*_1. Das absolute Gewinnmaximum wird also beim höheren Preis p^*_2 erreicht.

Die Ableitung der Maxima bei gekrümmtem Verlauf der Preis-Absatzfunktion (z. B. Sinus-Hyperbolicus-Funktion) geschieht völlig analog. Wichtig ist die Erkenntnis, dass ein zweites Gewinnmaximum im unteren Preisbereich umso eher existiert, je stärker gekrümmt die Preis-Absatzfunktion verläuft; die Grenzerlöse an der unteren Knickstelle liegen dann im Vergleich zu den Grenzkosten relativ hoch. Damit steigt die Wahrscheinlichkeit für einen Schnittpunkt im unteren Preisbereich. Mit abnehmender Krümmung nähert sich die Funktion dagegen immer mehr dem linearen Funktionsverlauf an. Auch für den Fall des heterogenen Polypols gilt deshalb zumindest tendenziell der Grundsatz, dass der gewinnoptimale Preis bei hoher Preiselastizität niedriger liegt als bei geringer. Relativ niedrige Grenzkosten begünstigen diese Tendenz, weil damit ebenfalls die Wahrscheinlichkeit dafür steigt, dass die Grenzerlöskurve die Grenzkostenkurve im unteren Preisbereich nochmals *von oben kommend* schneidet. Bei hohen oder progressiv wachsenden Grenzkosten wird dagegen im Allgemeinen ein relativ hoher Preis im monopolistischen Bereich der Preis-Absatzfunktion optimal.

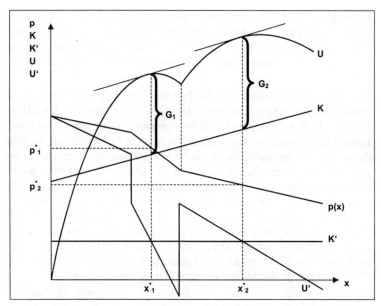

Abb. 6-9: Graphische Ableitung gewinnmaximaler Preise im heterogenen Polypol

Bei dieser Interpretation ist unter Anwendungsgesichtspunkten allerdings zu beachten, dass eine Unternehmung selten über hinreichende Erfahrungen hinsichtlich der Preiselastizitäten im Preisbereich unterhalb der unteren Knickstelle verfügt und deshalb mit der Niedrigpreisstrategie ein höheres *Risiko* verbunden sein wird, zumal bei einer (u.U. in der Vergangenheit schon einmal realisierten) schrittweisen Senkung des Preises im monopolistischen Bereich unterhalb p^*_1 zunächst eine Gewinnverschlechterung eintritt. „Diese Gewinnminderungen stellen eine Art Barriere dar, die erst übersprungen werden muss, wenn Unternehmen mit Hilfe von Preissenkungen ihre Gewinnsituation verbessern wollen" (Gutenberg 1984, S. 271). Darüber hinaus können u.U. auch die vorhandenen Kapazitäten zur Realisierung der Menge x^*_2 nicht ausreichen, sodass Erweiterungsinvestitionen erforderlich wären, die zusätzliche Fixkosten schaffen und die Gesamtkostenfunktion nach oben verschieben, d.h. das Gewinnpotential mindern würden. Insofern ist die Scheu vieler Unternehmen, mit besonders niedrigen Preisen ihren Erfolg zu suchen, nur allzu verständlich.

6.4.4 Optimalpreise im Oligopol

Auch für die marginalanalytische Behandlung des Oligopolfalls unterstellen wir weiterhin unvollkommene Märkte („heterogenes Oligopol") sowie lineare Kostenfunktionen. Die wenigen Anbieter besitzen also auch hier einen monopolistischen Spielraum und sehen sich *vor* Einbezug von Konkurrenzreaktionen in einer ähnlichen Absatzsituation wie Polypolisten. Auch für sie ist deshalb eine doppelt geknickte bzw. gekrümmte Preis-Absatzfunktion ein plausibles Modell zur Abbildung der Nachfragerreaktion. Wie in Abschnitt 3.2.2 dargelegt, muss im Oligopolfall aber mit Konkurrenzreaktionen auf eigene Preisveränderungen gerechnet werden. Es besteht also eine Reaktionsverbundenheit der Preise, die bei der Ableitung von Optimalpreisen zu berücksichtigen ist. In allgemeiner Form, d.h. ohne bestimmte Reaktionsannahmen, reichen dafür die vom Polypolfall her bekannten Optimalitätsbedingungen aus. Allerdings enthält die Preis-Absatzfunktion zusätzlich die Konkurrenzpreise p_j bzw. den gewichteten Durchschnittspreis aller Konkurrenten $\bar{p}_j$. Aus der ersten Ableitung und Nullsetzung der Gewinnfunktion ergibt sich dann nach einigen Umformungen (vgl. Simon 1992, S. 212 f.) folgende Amoroso-Robinson-Relation:

$$(6\text{–}25) \qquad p^* \ = \ \frac{\varepsilon + \rho \cdot \varepsilon_{ij}}{1 + \varepsilon + \rho\varepsilon_{ij}} \cdot K'_x$$

mit $\quad \varepsilon \ = \ \dfrac{\delta x_i \cdot p}{\delta p \cdot x} \ = \ $ Direkte Preiselastizität des Absatzes von i

$\quad \varepsilon_{ij} \ = \ \dfrac{\delta x_i \cdot \bar{p}_j}{\delta \bar{p}_j \cdot x_i} \ = \ $ Kreuzpreiselastizität der Marke i bezüglich des durchschnittlichen Konkurrenzpreises $\bar{p}_i$

$\quad \rho \ = \ \dfrac{\delta \bar{p}_j \cdot p_i}{\delta p_i \cdot \bar{p}_j} \ = \ $ Reaktionselastizität des durchschnittlichen Konkurrenzpreises $\bar{p}_j$ bezüglich des Preises der Marke i

Zusätzlich zur direkten Preiselastizität des Absatzes wird der gewinnoptimale Preis im heterogenen Oligopol also auch von der *Kreuzpreis-* und der *Reaktionselastizität* bestimmt. Erstere ist üblicherweise positiv, sodass der gewinnoptimale Aufschlag auf die Grenzkosten ceteris paribus (bei $\rho > 0$) umso geringer wird, je höher die Kreuzpreiselastizität ausfällt. Ebenso verändern sich Aufschlagssatz und optimaler Preis in gleicher Richtung wie die Reaktionselastizität.

Allerdings gilt es zu berücksichtigen, dass die Reaktionselastizität in der Realität selten eine konstante Größe darstellen wird. Vielmehr ist davon auszugehen, dass die Konkurrenten stets in verschiedener Weise und u.U. nicht nur mit dem Instrumentarium der Preispolitik reagieren können. Die klassische Oligopoltheorie versucht dieses Problem entweder durch ganz bestimmte, meist recht restriktive Annahmen über die Reaktion der Konkurrenz („heuristische Oligopoltheorien") oder durch Ableitung optimaler Reaktionen der Konkurrenz unter Annahme bestimmter Zielfunktionen auf Seiten aller Marktgegenspieler („normative Oligopoltheorie") zu lösen. Als dritte Möglichkeit bietet sich eine ökonometrische Schätzung konjekturaler Preis-Absatzfunktionen (Absatz *nach* Konkurrenzreaktion) an, die in der Praxis allerdings mit erheblichen datentechnischen und methodischen Problemen verbunden ist. Beispielsweise kann ein in einem ökonometrischen Modell scheinbar bestätigter kausaler Reaktionszusammenhang zwischen Preis- und Absatzveränderungen verschiedener Anbieter tatsächlich gar nicht existieren, sondern auf exogenen Faktoren wie einer gleichläufigen Kostenentwicklung bei allen Anbietern beruhen. Insofern ist man auch bei ökonometrischen Modellen der Reaktionsverbundenheit der Angebotspreise stets auf ökonomisch plausible Reaktionshypothesen angewiesen.

Wie in 3.2.2 dargelegt, unterstellt Gutenberg im Oligopol einen reaktionsfreien mittleren Bereich und reaktionsgebundene obere und untere Abschnitte der Preis-Absatzfunktion. Dies führt *nach* Konkurrenzreaktionen zu einer linearen Gleitkurve HH' als Preis-Absatzfunktion (vgl. Abb. 3-2). Dem Modell liegt also die Hypothese zugrunde, dass alle Konkurrenten auf die Preisänderung eines Mitanbieters stets so reagieren werden, dass es zu keinen nennenswerten Käuferfluktuationen kommt.

Marginalanalytisch lässt sich mit dieser Funktion HH'(p) der Optimalpreis wie im Monopolfall nach dem Cournot-Modell ableiten. Verschlechtert sich die Kostensituation eines Anbieters und versucht dieser deshalb seinen Preis zu erhöhen, wird dies jenseits des monopolistischen Bereichs der Preis-Absatzfunktion (vor Konkurrenzreaktion) nur dann möglich sein, wenn die Konkurrenten diesem Schritt folgen, etwa weil sie ähnliche Kostenentwicklungen (und Gleitkurven) aufweisen.

Das Modell der doppelt geknickten Preis-Absatzfunktion im Oligopol kann auch durch andere theoretische Konzepte gestützt werden. Albach (1973) greift z.B. auf die „Kosten des Lieferantenwechsels" zurück, die er als entscheidend für die „Beweglichkeit der Nachfrage", d.h. die Bereitschaft der Nachfrager, den Lieferanten bzw. die Marke zu wechseln, ansieht. Albach leitet dann aus den individuellen Preis-Absatzfunktionen zweier Oligopolisten (Dyopolfall) auf analytischem Wege preispolitische Lösungsgebiete ab, welche unterschiedliche Konkurrenzreaktionen berücksichtigen. Dabei zeigt sich, dass bei hinreichend beweglicher Nachfrage und endlicher Anpassungsgeschwindigkeit der Konkurrenten eine Politik der schrittweisen gezielten Preisunterbietung bei einzelnen Kunden *(„Preisschnibbeln")* kurzfristige Gewinnvorteile erbringt. Andererseits führt eine solche Politik jedoch auf längere Sicht zwangsläufig zu einem Preis- und Gewinnverfall, der dann nur durch eine gleichzeitige und gleichmäßige Preiserhöhung aller Anbieter rückgängig gemacht werden kann, „und sei es nur, um [dann] die Preispolitik des Schnibbelns fortsetzen zu können" (Albach 1973, S. 32).

Folgen die Konkurrenten eines Oligopolisten nur dessen Preissenkungen, sobald sie den monopolistischen Spielraum unterschreiten, nicht aber Preiserhöhungen, führt dies zu einer *einfach geknickten konjekturalen Preis-Absatzfunktion* (Modell von Sweezy). Sie kann marginalanalytisch wie der Polypolfall behandelt werden.

Eine besonders ausgeprägte Konkurrenzorientierung der Preispolitik liegt im Fall der *Preisführerschaft* vor. Hier orientieren sich alle Anbieter in ihrer Preisstellung am Preis eines Preisführers, verzichten also auf eine aktive Preispolitik. Ihre Preise müssen dabei nicht unbedingt mit jenem des Preisführers identisch sein, sondern können - je nach Höhe des akquisitorischen Potentials - auch mehr oder minder davon abweichen. Der Preis des Preisführers gilt dann als „Leitpreis" (Weinberg/Behrens/Kaas 1974, S. 54), der von den Konkurrenten jeweils um einen bestimmten Prozentsatz über- oder unterschritten wird. Da dies ohne unmittelbaren

Bezug zur Kosten- und Nachfragesituation geschieht, liegt eine reine *Anpassungsstrategie* vor, bei der zwischen Preisen, Kosten und Absatzmengen keine feste Relation mehr besteht (vgl. auch 6.3.2).

Stigler (1974) unterscheidet zur besseren Begründung eines solchen Verhaltens eine *dominante* und *eine barometrische Preisführerschaft*, je nachdem, ob der Preisführer gleichzeitig eine dominierende Marktstellung hat (Teiloligopol) oder ob es kein beherrschendes Unternehmen gibt, sondern alle Anbieter etwa gleich große Marktanteile besitzen. Im zweitgenannten Fall, der z.B. typisch für den Benzin-, Zigaretten- oder Automobilmarkt ist, resultiert die Preisführerschaft - bei u.U. wechselnden Preisführern - aus der Furcht vor Preiskämpfen, die letztlich allen Anbietern Gewinneinbußen bescheren könnten. Nach außen wirkt eine solche Preispolitik oft wie ein abgestimmtes oder gar kartellmäßiges Verhalten, obwohl es in Wirklichkeit auf ökonomischen Sachzwängen beruht. In ähnlicher Weise lässt sich auch die häufige *Preisstarrheit* auf vielen Oligopolmärkten modelltheoretisch erklären.

Für die Preisfindung in der Praxis bieten diese heuristischen Oligopolmodelle, ebenso wie die auf *Isogewinnlinienanalysen* sowie auf *spieltheoretischen Konzepten* aufbauenden normativen Modelle, freilich selten eine echte Hilfestellung. Sie scheitern nämlich im Allgemeinen an der analytisch exakten Ermittlung konjekturaler Preis-Absatzfunktionen. Subjektive Schätzungen der Funktionskoeffizienten als Ausweg aus diesem Dilemma sind zwar denkbar, finden aber besser in enumerativen Modellen der retrograden Preisfindung ihren Niederschlag, weil subjektive Schätzungen in aller Regel ebenfalls auf solchen diskreten Denkmodellen beruhen. Der praktische Aussagewert von marginalanalytischen Optimierungsmodellen in komplexen Marktsituationen wie dem Oligopol beschränkt sich damit auf die Ableitung allgemeiner Einsichten in die „Marktmechanik", die mit Hilfe von Simulationsmodellen und Sensitivitätsanalysen hinsichtlich der Absatz-, Gewinn- oder Preisentwicklung bei Veränderung bestimmter Funktionsparameter durchgeführt werden können (vgl. z.B. Albach 1973; Brockhoff 1968; Schmalen 1982).

6.5   Preisfindung für neue Produkte

Die Preisfindung für neue Produkte stellt die vielleicht schwierigste Aufgabe im Preismanagement dar. Dies gilt umso mehr, je innovativer das neue Produkt ausfällt und je weniger Preiserfahrungen deshalb vorliegen. Einerseits schwindet damit die Möglichkeit, Preis-Absatzfunktionen aus Vergangenheitsdaten abzuleiten, andererseits sind aber auch die prospektiven Kunden meist noch nicht in der Lage, den subjektiven Nutzen der Innovationen nachzuempfinden und entsprechende Preisbereitschaften zu äußern. Auch der Einsatz der Conjoint Analyse verbietet sich häufig, weil die Probanden mit den präsentierten innovativen Produktkonzepten noch nicht umgegangen sind und oft auch die Phantasie für die Nutzeffekte fehlt (Brockhoff 1993; Johnson 1997, S. 15ff.). Insofern verwundert es nicht, dass die Unternehmen bei Innovationen preispolitisch meist sehr vorsichtig agieren und eher kostenorientierte Verfahren zur Kalkulation heranziehen. Allerdings können dabei gravierende Preisfehler auftreten, wenn die Preisbereitschaft der prospektiven Kunden über- oder unterschätzt wird. Zusätzlich kompliziert wird die preispolitische Situation durch zahlreiche Effekte auf den Verlauf des Produktlebenszyklus und die dabei erzielbaren Kosten und Absatzmengen, die mit der Festlegung des Einführungspreises verbunden sind. Auf diese strategischen Aspekte wird im Kap. 11 eingegangen. In diesem Abschnitt behandeln wir spezielle Verfahren zur Unterstützung der Preisfindung für Innovationen aus kurzfristiger Perspektive. Soweit möglich, können dafür natürlich auch die bereits in den vorherigen Abschnitten vorgestellten kosten- und marktorientierten Verfahren herangezogen werden.

6.5.1 Durchgängige Kalkulation

Vor allem in der Investitionsgüterindustrie versucht man die preispolitischen Risiken neuer Produkte durch sog. durchgängige Produktkalkulationen zu beschränken (Männel 1992, S. 231f.). Dazu werden nicht erst am Ende, sondern bereits vor und während der Neukonstruktion kalkulatorische Überlegungen angestellt, die aber notgedrungen eher arbiträren Charakter besitzen. Z.B. schließt man im Anlagengeschäft oft auf Basis der Ausmaße (Volumen, Fläche oder Kapazität der Anlage) mit entsprechenden *Kennziffern* (z.B. „Kilokosten") überschlägig auf die zu erwartenden Kosten (vgl. 13.1.2.1). Beim Entscheid über die Konstruktionsmerkmale des neuen Produktes können *Variantenkalkulationen* dienlich sein, welche die kostenmäßigen Konsequenzen verschiedener Produktauslegungen und die damit bedingten Preisuntergrenzen deutlich machen. Man vergleicht dabei die relevanten Stückkosten auf Basis entsprechender Stück- oder Teilelisten.

Bei Anlagegütern mit mehrjähriger Herstellungsdauer (Flughäfen, U-Bahnen, Kraftwerke etc.) werden auch sog. *mitlaufende Kalkulationen* durchgeführt. Hierbei vergleicht man die im bisherigen Erstellungsprozess angefallenen mit den dafür geplanten Kosten und rechnet die Kostenabweichungen entsprechend auf die Endkosten bzw. den Endpreis hoch. Dazu kann man auf geeignete Netzplantechniken zurückgreifen (Meyer/Hansen/Rohde, 1973; Schwarze, 1994). Schließlich versucht man auch durch intensive *Diskussionen mit Kunden*, oft sog. „lead user" (vgl. Herstatt/von Hippel 1992; von Hippel 1988) den Nutzwert der neuen Produkte zu quantifizieren und damit erste Ansatzpunkte für eine marktbezogene Preiskalkulation zu finden. Dazu werden *Fokusgruppen* gebildet, *Funktionsmarktbetrachtungen* angestellt (Pfeiffer/Doerrie/Stoll 1977), aus denen die relevanten Substitutionstechniken und damit -wettbewerber hervorgehen, und entsprechende *Kundennutzenberechnungen* – meist noch auf Basis objektiver ökonomischer Vorteile des neuen Produktes – vorgenommen (vgl. 6.3.2.1). Beispielsweise kann dadurch der Kostenvorteil einer stromsparenden im Vergleich zu einer herkömmlichen Glühbirne abgeschätzt werden.

6.5.2 Target Pricing und Target Costing

Die Erfolgsfaktorenforschung hat eindeutig belegt, dass der Erfolg eines neuen Produktes ganz entscheidend von dessen Preis-Leistungsverhältnis abhängt (Buzzel/Gale 1989, S. 91ff.). Traditionell versuchten westliche Unternehmen dies durch Qualitätsüberlegenheit sicherzustellen, während der Preis erst in Folge der dazu erforderlichen Qualitätsmaßnahmen kalkuliert wurde. Dabei übersah man häufig, dass der vom Kunden empfundene subjektive Nutzenzuwachs bei steigender Qualität meist nur degressiv wächst und darüber hinaus die aus der Prospect-Theorie bekannte Verlustaversion für einen überproportionalen Preiswiderstand gegen neue, höhere Preisniveaus sorgt (vgl. 4.4.1.4). Die Preisbereitschaft für bessere Qualitäten steigt also im Vergleich zur objektiven Qualität nur unterproportional.

Abb. 6-10 verdeutlicht die Zusammenhänge an entsprechenden Nutzenfunktionen i.S. der Prospect-Theorie: Auf der Abszisse sind die relativen objektiven Veränderungen von Qualität bzw. Preis im Vergleich zum Ausgangsniveau in % abgetragen. Die Ordinate misst die entsprechenden subjektiven Nutzenempfindungen, wobei der Qualitätsnutzen N_Q positiv („Gewinn") und der „Preisnutzen" N_P negativ zu interpretieren ist („Verlust"). Prozentual gleich große Qualitäts- und Preisveränderungen um x% führen zu einer Verschlechterung des subjektiv empfundenen Preis-Leistungsverhältnisses, weil die Preisnutzenkurve wegen der Verlustaversion steiler verläuft. Die Differenz $(N_Q - N_P)$ ist negativ. Um eine ausgeglichenen Bewertung seitens des Kunden zu erreichen, dürfte nur ein Preisaufschlag von y% oder weniger gewählt werden. In diesem Fall ist $(N_Q - N_P)$ gleich 0 bzw. positiv.

Hinzu kommt, dass auch die Produktstückkosten für verbesserte Qualität (K_Q) mit dem Qualitätsgrad meist nicht linear, sondern progressiv steigen (vgl. Simon/Dolan 1997, S.79f.). In Abb. 6-10 ist dies im linken Quadranten schematisch dargestellt, wobei die Nettonutzenfunktion $(N_Q - N_P)$ in absoluten Währungseinheiten gegengerechnet wird, sodass sich ein Gewinnoptimum im Punkt G_{max} ermitteln lässt.

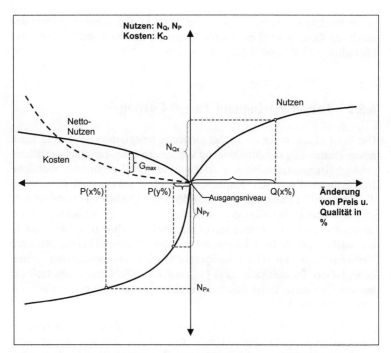

Abb. 6-10: **Entwicklung der Preis-Leistungs- und Nutzenrelationen bei verbesserten Produkten**

Die modellartigen Überlegungen verdeutlichen, dass im Produktentwicklungsprozess die Preisbereitschaft für qualitativ verbesserte oder völlig neuartige Produkte nicht erst nach, sondern bereits vor bzw. in unmittelbarer Verknüpfung mit der Qualitätsfestlegung berücksichtigt werden sollte. Das entsprechende Verfahren wird *Target Pricing* bzw. *Target Costing* genannt (Seidenschwarz 1993; Hilker 1993; Horváth 1993). Es funktioniert (im Gegensatz zum analytischen Modell in Abb. 6-10) inkremental, d.h. durch gedankliches Herantasten an eine gewinnoptimale Situation. Das Vorgehen gilt als typisch für japanische Unternehmen, denen es damit früher oft besser gelang, erfolgreiche Innovationen zu generieren.

Beim *Target Pricing* ist möglichst ein *Zielpreis* zu finden, der dem in Abb. 6-10 dargestellten Gewinnoptimum entspricht. Dazu sind Preisbereitschaften, Qualitätsnutzenzuwächse und Produktkosten simultan gegeneinander abzuwägen. Man kann dabei z.B. mit dem Preisziel starten, eine bisherige Preisschwelle nach unten zu durchbrechen (*Target Price*) z.B. € 300 für einen Hochleistungs-PC. Wichtig ist dabei auch, die Preisdynamik des jeweiligen Marktes zu berücksichtigen, um nicht während der Produktentwicklung von einem Preisverfall überrascht zu werden. Anschließend wird dann (retrograd!) überprüft, welche *Kostenziele* dafür bei den verschiedenen Produktteilen bzw. Produktionsprozessen erreicht werden müssen („allowable coots"). Ergibt sich zwischen diesen „erlaubten" und den unter gegenwärtigen Produktions- und Vertriebsbedingungen geschätzten Kosten für das Neuprodukt eine Differenz, so sind entsprechende Zielkostenerreichungsmaßnahmen in die Wege zu leiten. Sie basieren z.B. auf Methoden wie dem *Product Reverse Engineering*, dem *Quality Function Deployment* oder anderen, im TQM entwickelten Verfahren, auf die in diesem Buch nicht eingegangen werden kann (vgl. Monden/Hoque 1999; Listl 1998; Danner 1996). Dabei muss auch auf die Kostendynamik geachtet werden, die sich aus Erfahrungskurveneffekten oder anderen Kostenentwicklungen ergeben kann (vgl. Kap. 11.2.2). Erweist es sich trotz aller Bemühungen, dass der Zielpreis nicht zu den entsprechenden Zielkosten erreicht werden kann, muss das Preisziel entsprechend angepasst und eine neue Rückrechnung gestartet werden, bis iterativ ein Optimum gefunden wird. Target Pricing und Target Costing sind also komplementäre Zielbildungsprozesse und -verfahren auf dem Weg zu einem gewinnoptimalen Preis-Leistungsverhältnis neuer Produkte.

Kapitel 7: Preislinienpolitik

7.1 Problemstellung, Gegenstand und Bedeutung der Preislinienpolitik

Die bisher dargestellten Preisfindungstechniken berücksichtigen nicht, dass zwischen den einzelnen Produkten im Produktionsprogramm einer Unternehmung in aller Regel vielfache komplementäre und/oder substitutionale *Verbundbeziehungen* existieren und die Preisstellung für ein Produkt damit positiv oder negativ auf den Erfolg anderer Produkte ausstrahlt. Solche Verbünde existieren innerhalb und zwischen verschiedenen Produktlinien einer Unternehmung und bedürfen einer Koordination im Rahmen der sog. Preislinienpolitik.

> Unter Preislinienpolitik sind alle preispolitischen Aktivitäten zur produktübergreifenden Optimierung der Preisstellung im Rahmen bestehender oder potentieller Produktionsprogramme einer Unternehmung zu verstehen.

Folgende Fragestellungen am Beispiel des Autoherstellers VW sollen die Problemstellungen der Preislinienpolitik vorab exemplarisch veranschaulichen:

- Muss VW bei der Festlegung des Passat-Preises die Rückwirkungen dieses Preises auf den Absatz des Golf oder des Audi A6 berücksichtigen? In welcher Form kann dies geschehen?

- Welche Auswirkungen hat das Angebot eines Luxusmodells unter der Marke Bentley auf den Gewinn des gesamten VW-Programms? Wie verändert sich dadurch das Preisimage des Golf?

- Unter welchen Umständen und in welchem Umfang lassen sich Kannibalisierungseffekte beim Golf durch Ausstattungsaufwertungen des Polos vertreten?

- Um wie viel billiger kann der Polo angeboten werden, wenn man die durch Polo-Verkäufe induzierten Ersatzteilgewinne späterer Perioden berücksichtigt?

- Sollte eine Klimaanlage im Golf als Grundausstattung bei höherem Grundpreis oder als Zubehör angeboten werden?

- Ist zwischen dem Golf und dem Passat preispolitisch Platz für ein weiteres VW-Modell?

Hintergrund für das Auftauchen solcher preispolitischer Fragen sind sog. *Verbundeffekte* im Produktionsprogramm (Industrie) bzw. Sortiment (Handel). Grundsätzlich lassen sich dabei *Kosten- und Nachfrageverbünde* unterscheiden. Betrachtet man wiederum das Beispiel der Automobilindustrie, so liegt hier ein preispolitisch relevanter *Kostenverbund* vor, wenn der durch eine Preiserhöhung bedingte Absatzrückgang beim Modell A auch die Kosten für das Modell B beeinflusst. Dies ergibt sich, weil der geringere Bedarf an Einbauteilen für A, die auch für B benötigt werden, höhere Beschaffungspreise nach sich zieht und damit auch die Selbstkosten von B erhöht („*Plattformeffekt*"). Solche Kostenverbünde gewinnen mit zunehmender Verbreitung produktlinienübergreifender Produktplattformen enorm an Bedeutung (Robertson/Ulrich 1999).

Besteht zwischen den Produkten im Produktionsprogramm ein *Kostenverbund*, lassen sich die Selbstkosten pro Stück nur noch in Ausnahmefällen ermitteln (vgl. Theisen 1975). Damit versagen die kostenorientierten Preisbildungsverfahren, weil eine eindeutige Kalkulationsgrundlage für das einzelne Produkt nicht ermittelbar ist. Bei Kuppelproduktion lassen sich z.B. nur noch die Grenzkosten bezogen auf komplexe Mengeneinheiten der im Produktionsverbund stehenden Leistungen berechnen. Dies führt zwangsläufig zu einer retrograden Betrachtung, bei der die (Grenz-)Erlöse der komplexen Mengeneinheiten den dazugehörigen (Grenz-)Kosten gegenübergestellt werden. Eine Aufteilung der Gesamtkosten auf die einzelnen Kuppelprodukte ist hier nur noch nach dem Kostentragfähigkeitsprinzip und einer retrograden Preisfindung möglich. Einzelpreiskalkulation und Preislinienpolitik gehen hier ineinander über.

Noch häufiger als Kostenverbünde treten *Nachfrageverbünde* zwischen verschiedenen Produkten im Produktionsprogramm auf. Grundsätzlich sind hier *Komplementaritäten* und *Substitutionalitäten* zu unterscheiden. Beim Komplementärverbund behindert z.B. ein höherer Preis des Automodells A auch den Absatz des dazugehörigen Zubehörs. Die Kreuzpreiselastizität (vgl. Kap. 3.2.1) ist negativ. Beim Substitutionsverbund fördert eine Preiserhöhung von Modell A dagegen den Absatz des billigeren Modells B, weil die Käufer aufgrund des niedrigeren Preises dorthin wechseln. Möglicherweise wird aber auch der Preisabstand zum oberklassigen Modell zu gering, sodass zumindest die kaufkräftigen Kunden gleich nach dort abwandern. In beiden Fällen ist die Kreuzpreiselastizität positiv.

Komplementaritäten und Substitutionalitäten können absolut (limitational) oder graduell ausgeprägt sein: Der Kauf eines Kühlschranks der Marke A verhindert für unvorhersehbare Zeit den Kauf der Marke B (absolute Substitution), der gelegentliche Kauf der Zigarettenmarke X dagegen nur den Kauf entsprechender Mengen der Marke Y (graduelle Substitution). Da viele Firmen zur möglichst vollständigen Abdeckung ihrer Märkte mehrere Marken unter einem Firmendach vereinen (z.B. die VW-AG mit VW, Audi, SEAT, Skoda und Bentley fünf Markenfamilien), gewinnen solche Nachfrageverbünde immer größere Bedeutung. Je dichter die Märkte besetzt werden, umso größer ist die Gefahr der gegenseitigen *Kannibalisierung*, d.h. der Absatzschädigung eigener Marken, wenn die Preisrelationen zwischen ihnen verändert werden. Andererseits lassen sich

Komplementaritäten, etwa im Fall von Kosmetikprodukten, gezielt zur preispolitischen Absatzförderung mehrerer Artikel nutzen.

Weiterhin tritt (vor allem im Einzelhandel) häufig ein *Einkaufsverbund* *("one-stop-shopping-Effekt")* als spezielle Art der Komplementarität auf, bei der keine sachlogischen Beziehungen zwischen den gekauften Produkten existieren müssen. Beispielsweise wird sich eine Preiserhöhung für Kundendienstleistungen am PKW auch auf den Zubehörabsatz beim jeweiligen Händler auswirken, wenn dadurch weniger Kunden angezogen und mit dem einschlägigen Sortiment in Kontakt gebracht werden. Schließlich existiert immer dann ein *Imageverbund*, wenn das Preisimage des gesamten Angebotes durch einzelne Artikel besonders beeinflusst wird. Typisch ist dies etwa für besonders bekannte und beliebte Modelle eines Kfz-Herstellers, deren Preise als Indikatoren für das gesamte Angebotsprogramm herangezogen werden.

Die Preislinienpolitik (vgl. Oxenfeldt 1966; Urban 1969; Monroe/Della Bitta 1978; Monroe 1979) lässt sich nur schwer von der Programm- bzw. Sortimentspolitik einer Unternehmung abtrennen. Sie beinhaltet sowohl strategische als auch taktisch-operative Entscheidungsfelder. Abb. 7-1 gibt einen dementsprechend geordneten Überblick, wobei grundsätzlich die Bereiche der Preislinienstrukturpolitik und der Mischkalkulation unterschieden werden. Die strategischen Entscheidungstatbestände der *Preislinienstrukturpolitik* (Feld ❶) sind eng mit der Preissegmentierung verknüpft und werden deshalb in Kap. 11.4.2 behandelt. Ebenso wie beim Vorliegen beschränkter Produktionskapazitäten weitet sich die Problematik hier im Grunde auf eine simultane Produktions- und Absatzplanung des gesamten (potentiellen) Produktionsprogramms aus.

Taktisch-operativer Natur ist dagegen die Bestimmung der Preisabstände zwischen den (substitutiven) Artikeln einer Preislage, d.h. die programmübergreifende, kurzfristige *Preiskoordination* (Feld ❷). Hierzu zählt auch die Abstimmung der Unit-Preise verschiedener Packungsgrößen oder der Preise technisch spezifizierter Produktvarianten, die für den Kunden logisch nachvollziehbar sein sollten, aber auch den Kosten- und Wettbewerbsbedingungen Rechnung zu tragen haben.

Ist die Preislinienstrukturpolitik vorwiegend auf substitutionale Beziehungen ausgerichtet, so zielt die *Mischkalkulation* (Felder ❸ und ❹) vor allem auf die Nutzung komplementärer Programmbeziehungen. Es geht hier insb. um die Abstimmung der Preisstellung für funktional komplementäre Produkte im Produktionsprogramm (z.B. Rasierapparate und Rasierklingen, Getränke und Speisen in einem Restaurant, Benzin und Motoröl usw.) unter der Zielsetzung eines insgesamt zufriedenstellenden Periodenergebnisses für die Unternehmung.

Bereiche \ Charakter	Preislinienstrukturpolitik	Statische Mischkalkulation	Dynamische Mischkalkulation
Strategisch	❶ Preislagenbesetzung Ober-/Untergrenze Anzahl und Breite (Preislücken)	❸ Ausmaß der Quersubventionierung im Programm	❺ Ausmaß der Subventionierung von • Erstgeschäften bzw. -kunden • Einzelnen Preiskomponenten
Taktischoperativ	❷ Preiskoordination innerhalb jeder Preislage Produktvarianten Packungsgrößen	❹ Programmübergreifende Preiskalkulation ("Sortimentsausgleich") Preisbündelung	❻ Übergreifende Preiskalkulation ("Sukzessivausgleich") • über Kundenlebenszyklus • über Preiskomponenten

Abb. 7-1: Entscheidungsfelder der Produktlinienpolitik

Das Grundprinzip der *Misch-, Ausgleichs-* oder *Kompensationskalkulation* liegt darin, dass einzelne Produktgruppen, Produkte oder Artikel aus dem Produktionsprogramm bzw. Sortiment im Interesse einer Gesamtoptimierung über die jeweils zurechenbaren Einzelkosten hinaus mit unterschiedlich hohen Kalkulationsaufschlägen bzw. auch -abschlägen ("Verlustpreiskalkulation", "Unterkostenverkauf") belegt werden (vgl. hierzu z.B. Riebel 1972, S. 58ff.; Gümbel 1963, S. 180ff.; Schmitz 1968). Kalkulationsobjekte mit überdurchschnittlichem Aufschlag nennt man *Ausgleichsgeber*, solche mit unterdurchschnittlichem Aufschlag *Ausgleichsnehmer*. Die Höhe der jeweiligen Auf- bzw. Abschläge bestimmt sich nach den Prinzipien der retrograden Kalkulation (vgl. Kap. 6.3.2). Entscheidend ist, dass insgesamt ein *kalkulatorischer Ausgleich* zustande kommt, der die periodenbezogenen Gewinnziele der Unternehmung befriedigt. Dafür gibt es mit dem Sortiments- und dem Sukzessivausgleich zwei grundsätzliche Möglichkeiten:

Beim *Sortimentsausgleich ("statische Mischkalkulation")* werden rechnerische Unterdeckungen einzelner Elemente der Produktlinie durch rechnerische Überdeckungen bei anderen Elementen der Produktlinie in derselben Periode t kompensiert. Dafür gilt also die Bedingung:

$$(7\text{-}1) \qquad \sum_{i=1}^{I} d_{it} \cdot x_{it} + \sum_{j=1}^{J} d_{jt} \cdot x_{jt} = GK_t + G_t$$

mit
x_{it} = Absatzmenge von Produkt i in Periode t
i = Index für alle Ausgleichsnehmer (i = 1 ... I)
j = Index für alle Ausgleichsgeber (j = 1 ... J))
d = Stückdeckungsbeitrag pro verkaufter Einheit in t
GK_t = in Periode t nicht verrechnete Periodengemeinkosten
G_t = in Periode t angestrebter Nettogewinn

Der Sortimentsausgleich wird häufig in der Art vorgenommen, dass Produkte mit relativ hohen direkt zurechenbaren Einzelkosten (teure Produkte) hohe Aufschläge tragen und vice versa *("progressive Mischkalkulation")*. Beispielsweise kalkulieren die Automobilhersteller den Preis des Basismodells gerne besonders knapp, um damit in der Preisoptik besonders günstig dazustehen und auch Käufer mit geringer Kaufbereitschaft für das Modell zu interessieren *("Einstiegspreise")*. Geradezu zum tragenden Prinzip der Preispolitik wird der Sortimentsausgleich im Groß- und Einzelhandel. Dort wird vor allem die unterschiedliche Kundenakquisitionskraft und die Preisimagewirkung einzelner Artikel berücksichtigt (vgl. Kap. 13.3.2.2). Produkte, bei denen das Preisinteresse besonders groß ausfällt und die bei den Kunden besonders gern zum Preisvergleich mit Wettbewerbern herangezogen werden (sog. *"Eckartikel"*), werden unterdurchschnittlich kalkuliert und von anderen Artikeln, die im Einkaufsverbund mit diesen gekauft werden, als Ausgleichsgeber subventioniert. Hier dominieren also marktbezogene Aspekte die Preisstellung *("retrograde Mischkalkulation")*.

Das *strategische Element* einer solchen Preislinienpolitik (Feld ❸) besteht hier in einer Grundsatzentscheidung bezüglich des tolerierten Ausmaßes der Quersubventionierung, die nicht zuletzt von Aspekten der Preisehrlichkeit gegenüber dem Kunden geprägt wird. Die taktisch *operativen Entscheidungsparameter* (Feld ❹) sind dann die nach den Akquisitionseffekten einerseits und den Verbundkaufraten andererseits retrograd zu steuernden Einzelpreise, die von der isolierten Preisstellung erheblich abweichen können.

Eine spezielle Erscheinungsform der Preislinienpolitik ist die *Preisbündelung*, bei der mehrere Produkte gemeinsam zu Paketpreisen angeboten werden, was naturgemäß eine Koordination dieser Preise erfordert. Wir behandeln die Preisbündelung allerdings bei der Preisdifferenzierung (vgl. 8.4.3), weil sie von den Effekten her eher dort einzuordnen ist, geht es dabei doch letztlich um ein zeitlich paralleles Angebot von Einzelprodukten und Produktbündeln zu unterschiedlichen Preisen, also eine Preisdifferenzierung.

Beim *Sukzessivausgleich* (intertemporaler Ausgleich, *"dynamische Mischkalkulation"*) wird die Kompensation relativ niedriger Deckungsbeiträge einzelner Artikel, Produkte oder Produktgruppen in Periode t=1 durch entsprechend höhere Deckungsbeiträge in den nachfolgenden T-1 Planungsperioden angestrebt. Dies wird erreicht, wenn

$$(7\text{-}2) \quad \sum_{i=1}^{I} \sum_{t=1}^{T} x_{it} \cdot d_{it} \geq \sum_{t=1}^{T} GK_t + G_t$$

mit   i   =   Index für alle Elemente einer Produktlinie (i = 1 ... I)

         t   =   Index der Planungsperioden (t = 1 ... T)

Der Sukzessivausgleich ist z.b. typisch für Eröffnungsangebote, Sonderverkäufe und ähnliche imagebezogene Preisaktionen sowie subventionierte Angebote für Erstkunden oder junge Käufer, die in der Hoffnung auf spätere Folgeumsätze offeriert werden. Eine solche Preispolitik wird vor allem dann Erfolg versprechend sein, wenn die Nachfrager zu marken- oder firmentreuem Verhalten tendieren und ein entsprechender Kundenbindungswettbewerb herrscht, wie das z.B. im Telekommunikationsgeschäft der Fall ist, wo dem Kunden zunächst stark subventionierte Telefongeräte und Gebührengutschriften (also Negativpreise) angeboten werden, um ihn für die jeweilige Telefongesellschaft zu gewinnen. Damit erlangt der (lebenslange) *Kundenwert* entscheidende Bedeutung, der das Absatzpotential der klassischen Produktpreiskalkulation als ökonomisches Basiskalkül ersetzt (Krafft 1999; Cornelsen 2000). Die Erstsubventionierung eines Kunden kann als Investition angesehen werden, deren Amortisation durch Folgegeschäfte erreicht werden soll. Ein weiteres Beispiel dafür ist die Preispolitik vieler EDV-Softwareanbieter, welche Erstgeschäfte mit bestimmten Kunden nahezu (soweit rechtlich zulässig) zum Nulltarif tätigen, um sie dann, wenn diese sich an den Gebrauch des Produktes gewöhnt haben oder andere Wechselbarrieren aufgebaut wurden, bei *Folgegeschäften* (z.B. Programm-Updates, Coss-Selling-Aktionen) „abzuschöpfen". Der schon klassische Fall einer solchen Preislinienpolitik war die kostenlose Verteilung von Öllampen in China durch Rockefeller, die entsprechenden Folgebedarf nach Lampenöl generierte, den damals nur Standard Oil selbst decken konnte.

Eine weitere Variante eines solchen Sukzessivausgleichs ist die Mischkalkulation zwischen verschiedenen *Preiskomponenten*, etwa zwischen Geräteverkaufspreisen und Service- oder Ersatzteilpreisen. Letztere stehen zum Kaufzeitpunkt der Geräte meist weit weniger im Preisbewusstsein der Kunden und besitzen somit geringere Preiselastizitäten, sodass eine Subventionierung des Verkaufspreises nahe liegt, wenn diese durch die Folgegeschäfte mehr als kompensiert wird. Auf diese Weise erzielen z.B. die Hersteller elektrischer Haushaltsgroßgeräte einen Großteil ihrer Gewinne aus dem Teile- und Servicegeschäft und nicht aus dem Geräteverkauf.

Die strategische Komponente des *Sukzessivausgleichs* (Feld ❺) stellt die Grundsatzentscheidungen über Anwendung und Ausmaß einer solchen Politik dar. Taktisch-operativen Charakter trägt dann die *Preisstellung im*

Kundenlebenszyklus bzw. für *verschiedene Preiskomponenten* im Detail (Feld ❻).

Die Entscheidungen im Rahmen der Preislinienpolitik besitzen für den Unternehmenserfolg in vielen Branchen eine erhebliche, vom Management oft unterschätzte Bedeutung. Die zunehmende Modularisierung und Individualisierung der Leistungsangebote mit Hilfe von Produkt- und Preisbaukästen (vgl. Kap. 8.4.3) führt nämlich dazu, dass die einzeln kalkulierbaren Teilleistungen pro Kunde zunehmen und mit ihnen die Möglichkeiten zur Mischkalkulation. Man denke hier nur z.b. an den PC-Markt samt Peripheriegeräten, Software und anderen Randprodukten oder an Reiseveranstalter mit entsprechenden „Reisebausteinen". Im Reisegeschäft besonders wichtig ist zusätzlich ein alle Preislagen abdeckendes Angebot, das den Wünschen aller oder ausgewählter Zielgruppen auch hinsichtlich der Preise gerecht wird. Hier spielt speziell das Preisimage der Anbieter eine wichtige Rolle, das vermutlich stark von ganz bestimmten Angeboten geprägt wird.

Prinzipiell stehen bei der Preislinienpolitik vier Oberziele „auf dem Spiel", nämlich

(1) der Periodengewinn,

(2) die Kundenbindung,

(3) das Umsatzwachstum und

(4) das (Preis-)Image der Unternehmung.

Periodengewinn und Umsatz können bei koordinierter Preisstellung über das Sortiment hinweg bei entsprechenden Kreuzpreiselastizitäten erheblich gesteigert werden, wenn dadurch zusätzliche Kunden angelockt (Anlockeffekt), Kannibalisierungseffekte vermieden und Kundenwertabschöpfungen ermöglicht werden können. Kundenbindungs- und Imageeffekte werden – wie oben dargestellt – vor allem durch dynamische Mischkalkulationen bewirkt. Schon eine Kalkulation der Kundenlebenszykluswerte macht die hier in vielen Märkten erheblichen Abschöpfungspotentiale deutlich. Beispielsweise vereint der Ersatzteileumsatz im Geschäft des Kfz.-Handels ca. 25% auf sich.

Abb. 7-2 zeigt am Beispiel des HiFi-Gerätemarktes die Vielschichtigkeit der Preisklassen auf diesem Markt, der durch entsprechende Preisliniengestaltung Rechnung zu tragen ist, wenn das Marktpotential voll ausgeschöpft werden soll. Wer an das Autoreifengeschäft mit seinen unzähligen Größen-, Profil- und Qualitätsvarianten denkt, erkennt ebenfalls schnell, wie groß der Koordinationsbedarf für ein stimmiges Preisbild im gesamten Sortiment ausfällt. So enthält z.B. der gültige Katalog der Firma Fulda-Reifen (1999) insgesamt ca. 500 Varianten mit entsprechenden Einzelpreisen. Dies sind freilich nur nationale Preise, die darüber hinaus international abgestimmt werden müssen (vgl. Kap. 10).

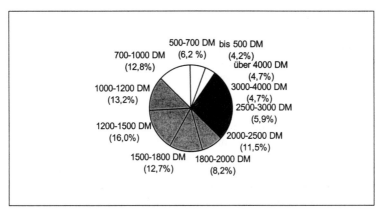

Abb. 7-2: Umsatzanteile verschiedener Preisklassen bei Hifi-Anlagen (Quelle: Verbraucheranalyse 1990)

7.2 Kalküle der Preislinienpolitik

Wir wenden uns nunmehr den Entscheidungshilfen für die aufgezeigten Entscheidungsprobleme zu. Die bisher vorliegenden Analysen und Modelle zur Preislinienpolitik behandeln allerdings stets nur Teilprobleme und entstammen sehr unterschiedlichen Forschungsrichtungen, etwa der Produktions- und Kostentheorie für Kuppelprodukte (z.B. Riebel 1972), der klassischen Preistheorie (z.B. Jacob 1971, S. 120ff.; Zenor 1994), der Theorie der optimalen Sortimentspolitik (z.B. Gümbel 1963; Kilger 1973) oder der Preiswahrnehmungs- bzw Präferenztheorie (z. B. Monroe 1971c; Aust 1996). Auch in der betriebswirtschaftlichen Preistheorie wurde eine Vielzahl von Modellen zur Handhabung des Preislinienproblems entwickelt (vgl. z.B. Selten 1970; Jacob 1971, S. 120ff.; Zimmermann 1974; Theisen 1975). Sie firmieren dort meist als Preisentscheidungsmodelle für Mehrproduktunternehmen und greifen im Wesentlichen eines oder mehrere der folgenden Teilprobleme auf:

(1) Wo liegt die gewinnmaximale Preis-Mengen-Kombination für mehrere Produkte, deren parallele Fertigung wegen beschränkter Kapazitäten in der Produktion (teilweise) nicht möglich ist?

(2) Welche Produktpreise erbringen bei *Kuppelproduktion* mehrerer Produkte mit fixer bzw. variabler Kupplung den maximalen Gewinn?

(3) Wo liegen die *gewinnmaximalen Preise* von Produkten, die in einem substitutiven oder komplementären Absatzverbund stehen?

Die auf die Probleme (1) und (2) zugeschnittenen Modelle reichen weit in das Gebiet der Produktionsplanung hinein und werden deshalb hier nicht näher behandelt. Als Lösungsalgorithmen dienen dort vorwiegend Methoden der linearen und nicht-linearen Programmierung. Einen guten Überblick dazu bieten z.B. Krelle (1976) oder Kilger (1973). Das unter (3) genannte Problem wird von den marginalanalytischen Modellen der Preislinienpolitik behandelt (vgl. 7.2.1).

Trotz dieser vielfältigen Arbeiten der Preistheorie liegen praktisch wirklich brauchbare Entscheidungsmodelle bisher aber kaum vor. Am viel versprechendsten erscheint uns das Modell von Zenor (1994) (vgl. Kap. 7.2.1). Die Problematik liegt nicht zuletzt darin, dass eine genaue Erfassung der Verbundbeziehungen, etwa in Form von Kreuzpreis- oder Kreuzkostenelastizitäten, in der Praxis meist auf erhebliche Schwierigkeiten stößt. Darüber hinaus sind die Verbundbeziehungen in den oft umfangreichen Produktionsprogrammen der Industrie und den noch größeren Sortimenten des Handels oft so komplex, dass eine umfassende analytische Modellierung und Optimierung derzeit noch unmöglich erscheint. Stattdessen muss sich das Management mit verschiedenen Heuristiken behelfen, die zwar keine Optimallösungen versprechen, aber immerhin einen systematischen Zugang zur Preislinienpolitik ermöglichen. Wir beschränken uns hier nachfolgend auf Kalküle für taktisch-operative Entscheidungen und einige grundsätzlich unterschiedliche Zugangsweisen zur Problematik, nämlich

1) marginalanalytische Kalküle auf Basis der Kreuzpreiselastizität,

2) retrograde und preispsychologische Kalküle sowie

3) kostenrechnerische Kalküle.

7.2.1 Marginalanalytische Kalküle

Die Preislinienpolitik erfordert die Berücksichtigung der komplementären und substitutiven Verbundbeziehungen beim Absatz der Produkte. Dies stößt in der Praxis auf Schwierigkeiten, wenn keine analytischen Hilfsmittel zur modellhaften Abbildung der Verbundbeziehungen zur Verfügung stehen. In der Betriebswirtschaftslehre bemüht man sich deshalb seit langem um eine solche Quantifizierung des Sortimentsverbundes - allerdings meist mit Blick auf den Handel, weniger auf die Industrie oder Dienstleistungen (vgl. z.B. Brede 1976; Böcker 1978; Merkle 1981; Fischer 1995). Die zunehmende Verfügbarkeit von Scanner-Daten oder kundenbezogenen Umsatzdaten verbessert grundsätzlich die Einsatzmöglichkeiten solcher Modelle, beseitigt aber nicht alle methodischen Hürden.

Das „klassische" Messmodell für die Absatzverbundenheit zweier Produkte i und j ist die *Kreuzpreiselastizität* ε_{ij}:

$$(7\text{-}3) \qquad \varepsilon_{ij} = \frac{\partial x_i}{x_i} : \frac{\partial p_j}{p_j} = \frac{\partial x_i \cdot p_j}{\partial p_j \cdot x_i} \qquad (i \neq j = 1 \dots n)$$

Bei substitutiven Verbundbezeichnungen gilt $\varepsilon_{ij} > 0$, bei komplementären $\varepsilon_{ij} < 0$.

Die Ermittlung kann grundsätzlich auf denselben Wegen wie bei einfachen Preiselastizitäten und Preisresponsefunktionen erfolgen (vgl. Kap. 5.5). Am exaktesten ist eine *ökonometrische Schätzung* mittels Regressionsanalysen, wie sie z.B. von Hruschka (1983), Urban (1969) oder Dobson/Kalish (1988) versucht wurde. Ersatzweise reichen zumindest für ausgewählte paarweise Beziehungen auch subjektive Schätzungen durch das Management. Selbst wenn entsprechende Datenquellen, wie Scannerkassendaten, vorliegen (vgl. z.B. die Studie von Vilcassim/Chintagunta 1995), scheitert eine reliable Schätzung der Verbundkoeffizienten freilich oft an statistischen Problemen, etwa Multikollinearitäten oder unklaren Kausalitäten von Komplementaritäten. Ob ein Anzug oder ein Hemd der Auslöser für einen entsprechenden Verbundkauf darstellt, ist nämlich keinesfalls von vornherein klar (Böcker/Merkle 1975; Merkle 1981).

Bei Kenntnis der Kreuzpreiselastizitäten lässt sich das Preislinienproblem formal nach dem gleichen Muster wie die Einzelpreisoptimierung mit Hilfe der *Marginalanalyse* lösen. Die Preis-Absatzfunktion der n verbundenen Produkte einer Produktlinie enthält dabei neben der direkten Preiselastizität auch die relevanten Kreuzpreiselastizitäten, mit denen die Verbundbeziehungen quantifiziert werden. Es gilt allgemein:

$$(7\text{-}4) \qquad x_i = x_i (p_1, \dots, p_i, \dots, p_n)$$

Konkurrenzeinflüsse werden also ausgeschlossen; es handelt sich um ein Modell für ein Mehr-Produkt-Monopol auf vollkommenen Märkten. Im Falle eines Kostenverbunds der Form

$$(7\text{-}5) \qquad K = K (x_1, \dots, x_i, \dots, x_n)$$

lautet die Gewinnfunktion:

$$(7\text{-}6) \qquad G = \sum_{i=1}^{n} p_i \cdot x_i (p_1 \dots p_n) - K (x_1 \dots x_n)$$

Das Gewinnmaximum wird erreicht, wenn die durch partielle Differentiationen dieser Gewinnfunktion nach den Preisen p_i gewonnenen Ableitungen gleich Null gesetzt werden. Es gilt dann:

$$(7\text{-}7) \qquad x_1 + \sum_{i=1}^{n} p_i \frac{\partial x_i}{\partial p_1} = \sum_{i=1}^{n} \frac{\partial K}{\partial x_i} \cdot \frac{\partial x_i}{\partial p_1}$$

$$\vdots \qquad \vdots \qquad \vdots$$

$$x_n + \sum_{i=1}^{n} p_i \frac{\partial x_i}{\partial p_n} = \sum_{i=1}^{n} \frac{\partial K}{\partial x_i} \cdot \frac{\partial x_i}{\partial p_n}$$

Aus diesen n Bestimmungsgleichungen lassen sich dann die gewinnmaximalen Preise p_i berechnen.

Man erkennt aus dem Gleichungssystem (7-7), dass auch bei im Absatzverbund stehenden Produkten Grenzerlöse und Grenzkosten - nunmehr bezogen auf die gesamte Produktlinie - übereinstimmen müssen, um das Gewinnmaximum zu realisieren. Eine Preissenkung für absatzverflochtene Produkte ist also z.B. nur dann vorteilhaft, wenn die dadurch bedingten Mehrerlöse dieses Produktes zuzüglich (abzüglich) der Mehrerlöse (Minderrlöse) komplementärer (substitutiver) Produkte die Grenzkosten für die veränderten Produktionsmengen der gesamten Produktlinie übersteigen. Insgesamt ist die Preislinie gewinnoptimal gestaltet, bei der die partiellen Grenzerlöse jeweils gleich den partiellen Grenzkosten sind. Dabei ist eine Aufteilung der Kosten auf die i Produkte nicht erforderlich. Vielmehr muss man »lediglich« feststellen, um wie viel die Kosten der gesamten Produktlinie steigen bzw. sinken, wenn ein einzelner Preis verändert wird.

Da in der Realität selbst in einem engen praktisch relevanten Preisbereich um die jeweiligen p_i selten hinreichende Erfahrungen über alle Substitutions- und Komplementaritätseffekte vorliegen, bereitet die Anwendung des vorgestellten Modells erhebliche Informationsprobleme. Dies gilt insbesondere dann, wenn neben einem Verwendungsverbund auch Effekte aus dem Einkaufs- und/oder dem Imageverbund auftreten. Immerhin lässt die Optimalitätsbedingung (7-7) jedoch einige allgemeine Aussagen zu:

(1) Da es nur auf die Grenzkosten der gesamten Produktlinie ankommt, nicht aber auf die partiellen Grenzkosten einzelner Produkte, kann es durchaus sinnvoll sein, ein einzelnes Produkt unter seinen Grenzkosten zu verkaufen, wenn die übrigen Produkte, z.B. auf Grund eines Einkaufsverbunds, für einen entsprechenden Ausgleich sorgen. Theoretisch lässt sich damit z. B. eine *Lockvogelpolitik* mit extrem niedrigen Einzelpreisen als betriebswirtschaftlich sinnvoll begründen.

(2) Jede der in (7-7) enthaltenen Gleichungen lässt sich in eine Fixpunktgleichung umformen, die als *Niehans-Bedingung* bezeichnet wird (vgl. Theisen 1975). Sie lautet z.B. für das Produkt 1

$$(7\text{-}8) \quad p_1 = \frac{\dfrac{\partial K}{\partial x_1}}{1 + \dfrac{1}{\varepsilon_{11}}} - \frac{\displaystyle\sum_{i=2}^{n}\left(p_i - \dfrac{\partial K}{\partial x_i}\right)\cdot x_i \cdot \varepsilon_{i1}}{x_1\left(1 + \varepsilon_{11}\right)}$$

mit $\quad \varepsilon_{ij}$ = Kreuzpreiselastizität zwischen Produkt i und j
$(i \neq j = 1 \dots n)$

Gleichung (7-8) lässt die Abhängigkeit des gewinnmaximalen Preises von folgenden Einflussgrößen erkennen:

- den Grenzkosten ∂K bezogen auf eine Absatzveränderung von x_1,
- der direkten Preiselastizität ε_{11},
- der Anzahl n der absatzmäßig verflochtenen Produkte,
- den Preisen, Absatzmengen und Grenzkosten der n-1 Produkte $(i \neq 1)$,

- den Kreuzpreiselastizitäten ε_{ji} und

- dem Absatzniveau x_1 des Produkts 1.

Daraus lassen sich grundsätzlich unter der (naturgemäß mehr oder minder restriktiven) ceteris-paribus-Bedingung einige allgemeine Grundregeln ableiten, je nachdem, ob Substitutionalitäten oder Komplementaritäten vorliegen (vgl. Simon 1992, S. 426ff.). Für *substitutive Produkte* (ε_{ij} > 0) gilt:

(1) Der koordinierte Optimalpreis muss höher liegen als der isoliert bestimmte, weil die Kannibalisierungseffekte zu kompensieren sind.

(2) Je größer ε_{ij} ausfällt, desto stärker ist die Kannibalisierung des Produktes j durch die Preissenkungen bei i und desto mehr Absatz wird i bei Preiserhöhungen an j verlieren.

(3) Je höher die direkte Preiselastizität von j ist , umso stärker schlägt die Substitutionalitätsbeziehung durch und umso höher muss deshalb der koordinierte Preis gegenüber dem isoliert optimierten liegen.

(4) Der koordinierte Optimalpreis muss umso mehr nach oben korrigiert werden, je höher die Deckungsbeiträge der kannibalisierten Produkte sind, weil deren wegfallende Deckungsbeiträge zu kompensieren sind.

(5) Weil höherwertige Produkte bei Preissenkungen Produkte unterer Preislagen besonders leicht verdrängen können, sollte der koordinierte Preis der teuersten Produkte überproportionalen Abstand zu den nächst tiefer angesiedelten Produktpreisen wahren, während der Preisabstand der billigsten Produkte zu den nächst höher angesiedelten unterproportional ausfallen kann.

(6) Der koordinierte Optimalpreis kann umso mehr angehoben werden, je größer der Umsatzanteil von Produkt i im Vergleich zu j ist (Hebeleffekt).

Für *komplementäre Produkte* (ε_{ij} < 0) gilt dagegen (wiederum ceteris paribus):

(1) Die koordinierten Optimalpreise liegen wegen der zusätzlichen Deckungsbeiträge aus Komplementärverkäufen niedriger als bei isolierter Optimierung. Die Komplementärprodukte wirken wie ein „Ertragsmultiplikator" (Simon 1992, S. 438).

(2) Je (absolut) größer ε_{ij} ausfällt und je mehr solche Beziehungen im Sortiment bestehen, umso niedriger kann der koordinierte Preis liegen.

(3) Je höher die direkte Preiselastizität von j ist, umso stärker schlägt die Komplementaritätsbeziehung durch und umso niedriger kann deshalb der koordinierte Preis im Vergleich zum isoliert optimierten gesetzt werden.

(4) Der koordinierte Optimalpreis kann umso mehr abgesenkt werden, je höher die Deckungsbeiträge der Komplementärprodukte sind, weil deren zusätzliche Deckungsbeiträge Erträge generieren.

(5) Der koordinierte Optimalpreis kann umso mehr abgesenkt werden, je kleiner der Umsatzanteil von Produkt i im Vergleich zu j ist (Hebeleffekt).

Das dargelegte marginalanalytische Kalkül wird durch Zenor (1994) leistungsstark weiterentwickelt: Sein Modell legt einen Markt zugrunde, der aus n Produkten besteht. Produziert werden diese von jeweils einem der m Hersteller ($m \leq n$). Die Anzahl der pro Hersteller im Rahmen der Preislinienpolitik zu berücksichtigenden Produkte ist flexibel wählbar.

Um die Produktlinien der Hersteller darzustellen, die man formal als eine Koalition k zwischen bestimmten Produkten auffassen kann, lässt sich eine (k,n)-Matrix, die (Koalition * Produkte-)Matrix Z, heranziehen, für deren z Elemente $z_{kn} = 1$ gilt, falls das Produkt N zu der Koalition k gehört; andernfalls ist $z_{kn} = 0$. Basierend auf einem die Nachfrage repräsentierenden System linearer Gleichungen der Form

$$(7\text{-}9)\text{:} \qquad q_N = a_{N0} + \sum_{i=1}^{n} a_{Ni} p_i \qquad \text{für alle n Produkte}$$

mit

$\quad q_N \quad$ = Absatz der Marke N

$\quad p_i \quad$ = Marktpreis der Marke i

$\quad a_{N0} \quad$ = ein skalierender Parameter bezüglich des Absatzes der Marke N

$\quad a_{Ni} \quad$ = ein Parameter, der die Sensitivität des Absatzes der Marke N zum Preis der Marke i ausdrückt,

lassen sich die Gewinne π der einzelnen Produkte bzw. Produktlinien in Matrixschreibweise dann folgendermaßen ausdrücken:

$$(7\text{-}10)\text{:} \qquad \vec{\pi} \quad = \quad Z\,(\text{diag}Q)(\vec{p} - \vec{c})$$

mit $\quad$ (diagQ) $\quad$ = eine (n,n)-Matrix, die konstruiert wird, indem der Vektor $\vec{q}$ die Elemente der Hauptdiagonalen bildet; die anderen Elemente der Matrix sind 0;

$\qquad \vec{q} \qquad$ = ein Spaltenvektor des Absatzes der Produkte auf dem Markt;

$\qquad \vec{p} \qquad$ = ein Spaltenvektor der Marktpreise der Produkte;

$\qquad \vec{c} \qquad$ = ein Spaltenvektor der variablen Herstellungskosten.

Die bisher dargelegte Form der Modellierung gilt für einen einstufigen Markt oder für einen „passiven" Handel, der die Hersteller die Verkaufspreise festlegen lässt. Zudem beinhaltet das Modell die Möglichkeit, den Handel direkt einzubeziehen – allerdings nur in Form eines einzelnen Händlers. Da die Hersteller nunmehr an diesen Händler verkaufen, ändert sich die Formel (7-10) wie folgt:

$$(7\text{-}11)\text{:} \qquad \vec{\pi} \quad = \quad Z\,(\text{diag}Q)(\vec{w} - \vec{c})$$

mit $\qquad \vec{w} \quad$ = Vektor der produktspezifischen Herstellerabgabepreise

274

Für den Händler R, der selbst wiederum die jeweiligen Verkaufspreise festlegt, ergibt sich als Gewinn π_R über alle Produkte der Skalar

(7-12): $\quad \pi_R = \vec{q}^{\,T}(\vec{p} - \vec{w})$

mit $\qquad \vec{q}^{\,T}$ = transponierter Vektor $\vec{q}$

Ein großer Vorteil für die praktische Anwendung des Modells besteht darin, dass es empirisch geschätzt werden kann. Informationstechnologisch umgesetzt, kann es die Optimierung der Preise der unternehmenseigenen Produktlinien nicht nur im taktisch-operativen Bereich, z.B. durch die Nutzung von Scannerdaten, sondern auch in strategischer Hinsicht unterstützen. So konnte in einer eigenen Studie (vgl. Haas 1995) für Electrolux mit seinen Marken AEG und Zanker nicht nur der Vorteil einer abgestimmten Preispolitik nachgewiesen, sondern auch ein Spielraum für eine höhere Preispositionierung der Marke AEG identifiziert werden. Als Grund für den bis dato nicht genutzten Preisspielraum ergab sich die zu starke Ausrichtung der eigenen Preispolitik an derjenigen von Miele als Folge eines zu großen „Respekts", den die deutliche Abweichung „nach oben" des modellanalytisch ermittelten Optimums von der realen Preisposition im Markt erkennen lässt (s. Abb. 7-3).

Daneben kann man das Modell nutzen, um dem Handel die Vorteile spezifischer Preisstrukturen im Sortimentszusammenhang vor Augen zu führen. I.S. des sog. Fact-Based Selling (vgl. Curry/Bosse 1994) trägt es auf diese Weise zur Durchsetzung der geplanten Preise am Markt bei (vgl. 12.3).

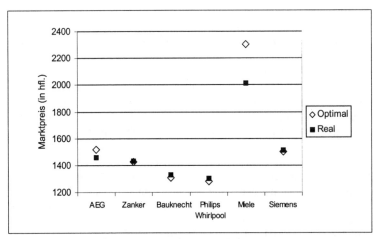

Abb. 7-3: „Optimal-" und Realpreise bei Haushaltsgeräteherstellern im Vergleich

Berücksichtigt man, dass in der Realität zusätzliche Freiheitsgrade bezüglich der Anzahl der Produkte einer Produktlinie bestehen, u. U. Kapazitätsrestriktionen zu beachten sind und/oder sprungfixe Kosten auftreten, so erkennt man die Komplexität der Preislinienproblematik, die wohl kaum in einem umfassenden Entscheidungsmodell behandelt werden kann. Immerhin vermag aber schon die vage Kenntnis der Kreuzpreiselastizitäten grobe Fehler bei der Preiskoordination zu vermeiden bzw. entsprechende Ertragspotentiale zu erschließen helfen.

Denn eine Quantifizierung der Verbundbeziehungen hilft den Fehler zu vermeiden, Produkte mit isoliert niedriger Deckungsbeitragsrate aus dem Programm zu streichen oder preislich zu stark anzuheben, wenn damit gleichzeitig

• die Preisoptik der gesamten Produktlinie beeinträchtigt wird,

• Ausstrahlungseffekte von anderen Produkten auf das eliminierte Produkt nicht mehr wirksam werden können oder

• der Cash-flow wegen der Mengenbedeutung des eliminierten Produktes fühlbar vermindert wird (Guiltinan 1976).

Insofern kommt den retrograden und den preispsychologischen Lösungsansätzen als Partialmodellen durchaus praktische Bedeutung zu, denen wir uns nunmehr zuwenden.

7.2.2 Retrograde und preispsychologische Kalküle der Preislinienpolitik

Neben Kreuzpreiselastizitäten lassen sich auch andere Messmodelle für die *Verbundintensität* zweier Produkte für die Preislinienpolitik nutzbar machen. In der Literatur (Überblick bei Böcker 1978, S. 101ff.; Merkle 1981, S. 55) werden insb. verschiedene *Kontingenzkoeffizienten* dafür vorgeschlagen. Solche Koeffizienten erfassen das gemeinsame Auftreten zweier oder mehrerer Produkte in einem Kaufakt und können z.B. aus Bonanalysen oder Kundenkartendaten abgeleitet werden. Naturgemäß kann in solchen Modellen der Preiseinfluss nicht explizit berücksichtigt werden, da hier lediglich Verbundhäufigkeiten, aber keine Verbundkausalitäten abgebildet werden. Trotzdem leisten solche Koeffizienten nützliche Hilfestellungen, insb. bei der Suche nach besonders wichtigen Verbundbeziehungen, die man dann besonders intensiv unter die Lupe nehmen kann. Fischer (1995, S.211ff.) schlägt z.B. folgende Kennzahlen zur Scannerdaten-gestützten Preisoptimierung von Sortimenten im Lebensmittelhandel vor und validiert auch deren subjektive Relevanz bei den Entscheidungsträgern eines Testunternehmens:

(7-13)   Artikelzentralität AZ_i $(0 \le AZ_i \le 1)$

$$AZ_i = KH_i / K$$
KH_i = Kaufhäufigkeit von Artikel i (in t)
K = Anzahl der Käufe (in t)

(7-14)   *∅ Kaufmenge* $\bar{x}_i$ $(\bar{x}_i \ge 0)$

$\bar{x}_i = x_i / AZ_i \cdot K$ x_i = Verkaufsmenge von i (in t)

(7-15)   *Verbundzentralität VZ_i* $(0 \le VZ_i \le 1)$

$VZ_i = VKH_i / K$ VKH_i = Verbundhäufigkeit i

(7-16)   *Verbundbezogene Artikelzentralität* (in wie viel % der Fälle, in denen i gekauft wird, wird er im Verbund gekauft?)

$$VZ_i^r = VZ_i / AZ_i = VKH_i \cdot KH_i$$

(7-17)   *Kaufnähe KN_{ij}* (in wie viel % aller Verbundkäufe von i ist j enthalten?)

$KN_{ij} = f_{ij} / VKH_i$ f_{ij} = Zahl der Kaufakte
mit i *und* j im Warenkorb

Auf diesen Kennzahlen baut Fischer einige Entscheidungsheuristiken für die Preislinienpolitik auf:

Senke den Preis eines Artikels, wenn

1) der niedrigere Preis mehr Verbundkäufe erwarten lässt,

2) die Anzahl der Alleinkäufe gering bleibt,

3) dessen Allein- und Verbundkauf-Intensitäten auf einem niedrigeren Niveau verharren,

4) die Verbundartikel in großen Mengen erworben werden,

5) eine solche Preissenkung hohe positive Verbundspannen zur Folge hat.

Erhöhe die Preise eines Artikels, wenn

1) nach wie vor mit vielen Verbundkäufen gerechnet werden kann,

2) die Zahl der Alleinkäufe nicht deutlich abnimmt,

3) dessen Allein- und Verbundkauf-Intensitäten auf einem hohen Niveau verharren,

4) dieser Artikel in umfangreiche Verbundkäufe eingebunden bleibt,

5) dies einen Beitrag zur Kompensation niedriger Verbundspannen verspricht.

Ein weiterer Ansatzpunkt zur Preislinienpolitik zielt auf den Imageverbund und wurde insbesondere von Oxenfeldt (1966) sowie Monroe (1971b; 1971c; 1979) propagiert.

Konzeptionell beruht er auf der Idee, den Preisbereich einer Produktlinie und die Preisabstände innerhalb der Produktlinie so zu wählen, dass die Produktlinie insgesamt für eine möglichst große Zahl von Käufern attraktiv wird. Der jeweilige Anbieter soll in das evoked set möglichst vieler Kunden aufgenommen werden. Im Gegensatz zu kalkulatorischen oder marginalanalytischen Kalkülen liegt die (implizite) Zielfunktion hier also nicht in der Umsatz-, Deckungsbeitrags- oder Gewinnmaximierung, sondern in der *Maximierung der Kundenkontakte*.

Ausgangspunkt der Überlegungen ist die in Kap. 4 bereits dargelegte These, dass die potentiellen Käufer vor Eintritt in den eigentlichen Kaufentscheidungsprozeß subjektive Preisober- und -untergrenzen für eine Kaufentscheidung besitzen. Die Wahrscheinlichkeit, einen Käufer für das eigene Angebot zu interessieren, steigt demzufolge, wenn alle Preisanforderungen für die Produkte einer Produktlinie innerhalb dieses Preisbereichs liegen. Darüber hinaus gilt es, innerhalb dieses Preisbereichs so viele Produkte und solche Preise zu offerieren, dass der Preisbereitschaft möglichst vieler Kunden Rechnung getragen wird.

Oxenfeldt (1966) weist den niedrigsten und höchsten Preisen einer Produktlinie auch deshalb besondere Bedeutung zu, weil sie von den potentiellen Kunden als bevorzugter Maßstab beim Vergleich verschiedener Anbieter herangezogen würden. Den Endpreisen komme dann eine besondere *Signalwirkung* für die gesamte Preislinie zu: Niedrige „Einstiegspreise", wie sie z.B. von vielen Automobilherstellern für das sog. Basismodell praktiziert werden, färben auf die Preisanmutung der gesamten Produktlinie ab und fungieren als „traffic builder", hohe Endpreise für die teuersten Produkte der Preislinie schaffen gleichzeitig ein positives und exklusives Preisimage.

Hinsichtlich der *Anzahl* der zwischen diesen Preisgrenzen zu positionierenden Preisen kann man auf das Weber-Fechnersche Gesetz zurückgreifen, nach dem das Preisempfinden nicht linear, sondern nur logarithmisch-linear mit den objektiven Preisen korrespondiert (vgl. 4.2.2.2.1). Sind die Anzahl der Produkte der Produktlinie(n) und die Preisober- und -untergrenze gegeben, lässt sich die Anzahl k der wahrnehmungsmäßig aufeinander abgestimmten Preise aus folgender Beziehung ableiten (vgl. Monroe, 1979):

(7-18) $\log k = (\log p_{max} - \log p_{min}) / n - 1$

Gleichbedeutend damit ist

(7-19) $k = (p_{max} / p_{min})^{1/(n-1)}$

Setzt ein Anbieter von Pauschalreisen zu einem bestimmten Urlaubsziel die Preisgrenzen z.B. bei € 500,- (p_{min}) und € 1800,- (p_{max}) fest und möchte insgesamt vier Angebote offerieren, so ergibt sich:

$k = (1800/500)^{1/(4-1)} = 1,533$

Daraus folgt:

$$P_1 \quad = \quad 500\ €$$
$$P_2 \quad = \quad 500 \cdot 1{,}533^1 = \quad 766{,}50\ €$$
$$P_3 \quad = \quad 500 \cdot 1{,}533^2 = \quad 1175{,}05\ €$$
$$P_4 \quad = \quad 1800\ €$$

Diese Preisstruktur ist freilich allein unter Wahrnehmungsgesichtspunkten und nicht nach praktischen Aspekten oder Wettbewerbspreisen gestaltet. Sie entspricht damit lediglich der Forderung nach subjektiv gleich groß empfundenen Preisabständen. Von einer so geordneten und für den potentiellen Kunden „stimmigen" Preisstruktur erwartet man insgesamt einen attraktiveren Eindruck als z.b. von einer Preisstruktur mit absolut gleich großen Preisdifferenzen (in unserem Beispiel etwa 500 - 1000 - 1500 - 2000 €). Verbundeffekte innerhalb der Produktlinie und Einflüsse von Konkurrenzpreisen bleiben dagegen ebenso unberücksichtigt, wie die zu den jeweiligen Preisen erzielbaren Absatzmengen oder Gewinne.

Neben solchen Effekten empfiehlt Oxenfeldt, die Preisunterschiede zwischen den Produkten auch so festzulegen, dass sie mit den von den Kunden wahrgenommenen *Qualitätsunterschieden* korrespondieren. Diese Empfehlung entspricht der in der Praxis häufig vorgenommenen Einteilung des Sortiments in sog. *Preislagen* (vgl. hierzu z.b. Gümbel 1963, S. 184ff.; Hansen 1990, S. 365ff.). Dabei werden für verschiedene Qualitätsniveaus (z.B. Stoffqualitäten bei Bekleidungsherstellern) deutliche Preisunterschiede kalkuliert, während sich die Preise innerhalb jedes Qualitätsniveaus nur relativ wenig unterscheiden. Daraus entstehen typische Preisniveaus für bestimmte Qualitäten, die man als Preislagen bezeichnet. Sie bieten dem Kunden eine einfachere Orientierung im Warenangebot und die Möglichkeit, sich innerhalb derselben Qualitätsstufe auf Preisgünstigkeitsurteile zu beschränken. Dem Anbieter eröffnet sich mit der bewussten Auswahl bestimmter Preislagen eine Möglichkeit zur *Imagepolitik* unter *Begrenzung des Sortiments* bzw. zur *Rechtfertigung von Preisunterschieden* zwischen verschiedenen Produkten. Die niedrigen Preislagen werden häufig besonders intensiv beworben, um preisinteressierte Käufer für den jeweiligen Anbieter zu gewinnen. Da sich die Qualitätsvorstellungen des Interessenten im Verkaufsgespräch beeinflussen lassen, ergibt sich dann u.U. die Möglichkeit, ihm auch höherwertige und damit meist mit höheren Deckungsbeiträgen kalkulierte Waren anderer Preislagen zu verkaufen („Akquisitionsverbund").

7.2.3 Kostenrechnerische Kalküle

Ein erstes kostenrechnerisches Instrument zur Kontrolle der Ausgleichseffekte sind die in Abschnitt 6.3.2.5 bereits behandelten *Deckungsbud-*

gets. Sie müssen im Rahmen der Preislinienpolitik getrennt für jede Produktlinie entwickelt und hierarchisch gegliedert werden.

Da vor allem in der Konsumgüterindustrie die Produktlinien oft mehrere hundert Artikel umfassen, empfiehlt sich darüber hinaus eine Analyse der Umsatzstruktureffekte in Form retrograder *Nachkalkulationen.* Dabei wird geprüft, inwieweit Umsatz- und Gewinnveränderungen gegenüber der *Vorperiode* durch Mengen- und/oder Preisabweichungen bzw. Kostenabweichungen einzelner Elemente des Produktionsprogramms verursacht wurden. Die herkömmliche Deckungsbeitragsrechnung (DBR) reicht dafür allerdings nicht aus, weil Preis- und Mengenänderungen sowie Strukturverschiebungen im Artikelprogramm *gemeinsam* und u.U. auch *gegenläufig* auf den Deckungsbeitrag einwirken, in der DBR aber nicht gesondert ausgewiesen werden.

Eine auf dieses Problem zugeschnittene Variante der DBR ist die *Deckungsbeitragsflussrechnung* (DBFR) (vgl. Link 1979; Powelz/Leib 1982). Sie versucht, die Teilwirkungen einzelner Erfolgskomponenten sichtbar zu machen, indem die Erlös- und Kostenveränderungen zweier Perioden t und t-1 durch *ceteris paribus-Rechnungen* in Teilkomponenten aufgeschlüsselt werden. Dabei lassen sich Preis-, Mengen-, Preis x Mengen-, Kosten- und Struktureffekte isolieren, die - additiv verknüpft - die Gesamtveränderung des Deckungsbeitrags ergeben.

Der *Preiseffekt* C_p beinhaltet jene Umsatzveränderung, die sich ergeben hätte, wenn zu den in t realisierten Preisen die Absatzmengen der Vorperiode abgesetzt worden wären.

$$(7\text{-}20) \qquad C_p = \sum_{i=1}^{n} x_{i,t-1} \cdot \Delta p_i$$

x_i = Absatzmenge des i-ten Artikels (i = 1 ... n)
p_i = Stückpreis

Der *Mengeneffekt* C_x ergibt sich analog als jener Teil der Umsatzveränderung, der ausschließlich auf - gleich wodurch verursachte - Absatzveränderungen zurückzuführen ist. Um ihn zu bestimmen, berechnet man den Durchschnittspreis p für t-1 und multipliziert ihn mit den Mengenveränderungen aller Artikel

$$(7\text{-}21) \qquad C_x = \sum_{i=1}^{n} (x_{i,t} - x_{i,t-1}) \cdot \bar{p}_{t-1} = \Delta X \cdot \bar{p}_{t-1}$$

X = Gesamtabsatzmenge

Darüber hinaus ergeben sich zusätzliche Umsatzveränderungen, wenn sich sowohl der Durchschnittspreis als auch die Absatzmenge verändert haben. Der entsprechende *Preis x Mengen-Effekt* ist definiert durch (7-18):

$$(7\text{-}22) \qquad C_{px} = (X_t - X_{t\text{-}1}) \; \frac{\sum\limits_{i=1}^{n} x_{i,t-1}(p_{i,t} - p_{i,t-1})}{x_{t-1}} =$$

$$= \left(\frac{X_t}{X_{t-1}} - 1 \right) \cdot C_p$$

Ein *Umsatzstruktureffekt* C_{Us} ergibt sich schließlich immer dann, wenn sich die artikelmäßige Zusammensetzung des Absatzes verändert, also z.B. ein Strukturwandel zu relativ preisgünstigen Großpackungen oder zu höherpreisigen Produkten stattgefunden hat. Da Preis-, Mengen-, Preis x Mengen- und Struktureffekt gemeinsam die gesamte Umsatzveränderung ($\Delta U = U_t - U_{t-1}$) erklären müssen, lässt sich C_{Us} rechentechnisch am einfachsten als Residualgröße bestimmen:

$$(7\text{-}23) \qquad C_{Us} = \Delta U - C_p - C_x - C_{px}$$

Analoge Effekte treten auf der *Kostenseite,* dem zweiten Definitionsbestandteil des Deckungsbeitrags, auf. Der *Stückkosteneffekt* C_k ist das Analogon zum Preiseffekt und isoliert die Wirkung von Stückkostenveränderungen, der *Gesamtkosteneffekt* C_K entspricht dem Mengeneffekt, der *Kosten x Mengeneffekt* C_{kx} dem *Preis x Mengeneffekt* und der *Kostenstruktureffekt* C_{Ks} dem Umsatzstruktureffekt. Die entsprechenden Definitionsgleichungen lauten:

$$(7\text{-}24) \qquad C_k = \sum_{i=1}^{n} x_{i,t-1} \cdot \Delta k_i$$

mit k_i = variable Stückkosten des i-ten Artikels (durch zusätzliche Indizierung in mehrere Kostenarten aufspaltbar!)

$$(7\text{-}25) \qquad C_K = \Delta X \cdot \overline{k}_{t-1}$$

mit $\overline{k}_{t-1}$ = gewichtete variable Durchschnittskosten in t-1

$$(7\text{-}26) \qquad C_{kx} = (\frac{x_t}{x_{t-1}} - 1) \cdot C_k$$

$$(7\text{-}27) \qquad C_{Ks} = \Delta K - C_k - C_K - C_{kx}$$

mit ΔK = Veränderung der variablen Gesamtkosten in t im Vergleich zu t-1

Das Verfahren der DBFR soll anhand eines stark vereinfachten Beispiels mit zwei Produktgruppen PG I und PG II, zu denen die Artikel A_1 und A_2 bzw. A_3 und A_4 zählen, verdeutlicht werden. Wie aus der letzten Zeile der Tab. 7-1 ersichtlich ist, hat sich der Deckungsbeitrag für PG I um 260 GE verbessert, der für PG II dagegen um 220 GE verschlechtert. Worauf sind diese Entwicklungen zurückführbar? Verhinderten die Preiserhö-

PG$_I$			t-1	t	Verä. Δ	PG$_{II}$	t-1	t	Verä. Δ
	Stück-kosten	(k)	2	3	+1		5	6	+1
	Menge	(x)	100	100	±0		30	5	-25
A$_1$	Preis	(p)	8	9	+1	A$_3$	14	14	±0
	Erlös	(E)	800	900	+100		420	70	-350
	Kosten	(K)	200	300	+100		150	30	-120
	Dek-kungs-beitrag	(DB)	600	600	±0		270	40	-230
	Stück-kosten	(k)	5	6	+1		1,80	2,82	+1,02
	Menge	(x)	20	40	+20		50	85	+35
A$_2$	Preis	(p)	20	20	±0	A$_4$	4,40	4,47	+0,07
	Erlös	(E)	400	800	+400		220	380	+160
	Kosten	(K)	100	240	+140		90	240	+150
	Dek-kungs-beitrag	(DB)	300	560	+260		130	140	+10
	Gesamt-menge	(x)	120	140	+20		80	90	+10
	Ø-Preis	$(\bar{p})$	10	12,14	+2,14		8	5	-3
PG$_I$	Gesamt-erlös	(E)	1200	1700	+500	PG$_{II}$	640	450	-190
	Ø-Stück-kosten	$(\bar{k})$	2,5	3,86	+1,36		3	3	±0
	Gesamt-kosten	(K)	300	540	+240		240	270	+30
	Dek-kungs-beitrag	(DB)	900	1160	+260		400	180	-220

Tab. 7-1: Ausgangsdaten für eine Deckungsbeitragsflussrechnung für zwei Produktgruppen (PG$_I$, PG$_{II}$) mit jeweils
zwei Artikeln

hungen für A_1 und A_4 ein besseres Ergebnis? Welchen Einfluss nahmen die Strukturveränderungen des Umsatzes auf das Periodenergebnis?

Um diese Fragen beantworten zu können, ist – zunächst auf jeder Produktgruppenebene und anschließend für das Gesamtsortiment – die Deckungsbeitragsveränderung in ihre Teilkomponenten aufzulösen. Insgesamt gilt:

(7-28) $\Delta DB = \Delta U - \Delta K$

$$= (C_p + C_x + C_{px} + C_{Us}) - (C_k + C_K + C_{kx} + C_{Ks})$$

Nach den Formeln (7-20) bis (7-28) ergeben sich dabei die in Tab. 7-2 dargestellten Teileffekte. Die Verbesserung des DB bei PG I ist demzufolge vor allem durch die Mengenausweitung bei Artikel 2 und den dadurch bedingten Umsatzstruktureffekt verursacht. In PG II brachte die Umsatzverlagerung auf den wesentlich deckungsbeitragsschwächeren Artikel A_4 dagegen einen drastischen Umsatzrückgang bei gleichzeitiger Verschlechterung der Kostenstruktur. Der Produktgruppenleiter sollte deshalb vor einer Preiserhöhung für A_3 und A_4 prüfen, inwieweit der Umsatzanteil von A_3 wieder erhöht werden kann; denn eine Preiserhöhung für A_3 dürfte zu weiteren Absatzeinbußen und damit strukturbedingten Deckungsbeitragsverlusten führen.

Die DBFR lässt sich auf jeder höheren Aggregationsstufe erneut durchführen. Sie erbringt dann für jede Ebene der unternehmerischen Planungshierarchie jeweils stärker verdichtete und auf die jeweilige Ergebnisverantwortung zugeschnittene Befunde (Link 1979). In unserem einfachen Beispiel ist das durch Vereinigung der beiden Produktgruppen I und II, die dann das gesamte Sortiment S umfassen, darstellbar. Tab. 7-3 zeigt die dazugehörigen, aus Tab. 7-1 abgeleiteten Daten und die Ergebnisse der DBFR. Die Marketing- oder Geschäftsleitung kann daraus erkennen, dass die DB-Verbesserung um 40 GE im Wesentlichen durch eine Ausweitung der Absatzmenge ($C_x = +276$) erreicht wurde. Sie hätte jedoch wesentlich größer ausfallen können, wenn die durchschnittlichen Stückkosten nicht um 30 % gestiegen wären und damit im Vergleich zum Vorjahr einen negativen Effekt von 163,2 GE auf das Periodenergebnis ausgeübt hätten.

Effekt	Produktgruppe I		Produktgruppe II	
$C_p =$	$100 \cdot 1 + 20 \cdot 0$	$= 100$	$30 \cdot 0 + 50 \cdot 0,7$	$= 3,5$
$C_x =$	$20 \cdot 10$	$= 200$	$10 \cdot 8$	$= 80$
$C_{p.x} =$	$(140 / 120 - 1) \cdot 100$	$= 16,6$	$(90 / 80 - 1) \cdot 3,5$	$= 0,44$
$C_{Us} =$	$500 - 100 - 200 - 16,6$	$= 183,4$	$- 190 - 3,5 - 80 - 0,43$	$= -273,93$
ΔU		$= 500$		$= -190$
$C_k =$	$100 \cdot 1 + 20 \cdot 1$	$= 120$	$30 \cdot 1 + 50 \cdot 1,02$	$= 81$
$C_K =$	$20 \cdot 2,5$	$= 50$	$10 \cdot 3$	$= 30$
$C_{kx} =$	$(140 / 120 - 1) \cdot 120$	$= 20$	$(90 / 80 - 1) \cdot 81$	$= 10,13$
$C_{Ks} =$	$240 - 120 - 50 - 20$	$= 50$	$30 - 81 - 30 - 10,13$	$= -91,13$
ΔK		$= 240$		$= 30$
ΔDB	DB – Veränderung	$= 260$		$= -220$

Tab. 7-2:   Berechnung der Teileffekte im Rahmen der DBFR

Darüber hinaus lässt sich die DBFR durch periodische (z.B. monatliche) Auswertungen und durch Vergleiche mit den entsprechenden Soll- oder Vorjahreswerten als rollierendes *Kontrollinstrument* ausbauen. Beispielsweise kann überprüft werden, ob Preisanhebungen im Sortiment am Markt tatsächlich wirksam wurden oder ob die Abnehmer die Preiserhöhungen durch Ausweichen auf andere Produktvarianten umgangen haben. Ferner ist durch eine Kumulierung der Monatswerte und Extrapolation auf das Ende der Planperiode eine *Prognose* der Ergebniswirkung der laufenden Mengen-, Preis und Strukturentwicklung möglich, die wiederum zu preispolitischen Korrekturentscheidungen anregen kann.

Schließlich kann man die Aussagekraft des Verfahrens auch durch *segmentspezifische Auswertungen* erhöhen, bei denen im Quervergleich Schwachstellen hinsichtlich Mengen, Preisen und Artikelstrukturen sichtbar werden.

			t-1	t	Δ
PG$_I$	Menge	(x$_s$)	120	140	+20
	Preis	(p$_s$)	10	12,14	+2,14
	Erlös	(E$_s$)	1200	1700	+500
	Stückkosten	(k$_s$)	2,5	3,86	+1,36
	Gesamtstück-kosten	(K$_s$)	300	540	+240
	Deckungsbeitrag	(DB)	900	1160	+260
PG$_{II}$	Menge	(x$_s$)	80	90	+10
	Preis	(p$_s$)	8	5	-3
	Erlös	(E$_s$)	640	450	-190
	Stückkosten	(k$_s$)	3	3	±0
	Gesamtstück-kosten	(K$_s$)	240	270	+30
	Deckungsbeitrag	(DB)	400	180	-220
Gesamt-sortiment S	Gesamtmenge	(X$_s$)	200	230	+30
	Ø-Preis	(p$_s$)	9,2	9,35	+0,15
	Gesamterlös	(GE$_s$)	1840	2150	+3,10
	Ø-Stückkosten	(k$_s$)	2,7	3,52	+0,82
	Gesamtstück-kosten	(GK$_s$)	540	810	+270
	Deckungsbeitrag	(DB$_s$)	1300	1340	+40

DBFR auf Sortimentsebene

$$C_p = 120 \cdot 2,14 + 80 \cdot (-3) = 16,80$$
$$C_x = 30 \cdot 9,2 = \mathbf{276,00}$$
$$C_{px} = (230 / 200 - 1) \cdot 16,8 = 2,52$$
$$C_{Us} = 310 - 16,8 - 276 - 2,52 = 14,68$$

$$\Delta E = 310,00$$

$$C_k = 120 \cdot 1,36 + 80 \cdot 0 = \mathbf{163,20}$$
$$C_K = 30 \cdot 0,82 = 24,60$$
$$C_{kx} = (230 / 200 - 1) \cdot 163,2 = 24,48$$
$$C_{Ks} = 270 - 163,2 - 24,6 - 24,48 = 57,72$$

$$\Delta K = 270,00$$

$$\Delta DB = +40,00$$

Tab. 7-3: Deckungsbeitragsflussrechnung auf Sortimentsebene

Kapitel 8: Preisdifferenzierung

8.1   Gegenstand und Bedeutung der Preisdifferenzierung

Es liegt in der Natur der menschlichen Bedürfnisse bzw. der betrieblichen Dispositionen, dass bestimmten Produkten oder Leistungsangeboten von präsumptiven Kunden eine unterschiedliche Wertschätzung entgegengebracht wird. Mancher Konsument schätzt Grapefruitsaft sehr, mancher weniger, viele gar nicht; bestimmte Bevölkerungsgruppen gehen häufig und gerne ins Kino, manche nur bei bestimmten Filmereignissen oder an bestimmten Wochentagen. Für einige Betriebe (z.B. Flugzeugbauer) ist eine Qualitätsschraube ein Muss und das Risiko eines Lieferantenwechsels nicht wert, andere begnügen sich dagegen mit einfacher Qualität zum jeweils günstigsten Preis unabhängig vom Lieferanten. Wie im Abschnitt über marktbezogene Preiskalkulation (6.3) dargelegt wurde, ist der hier zum Ausdruck kommende *Nutzwert* eines Gutes ausschlaggebend für die Preisbereitschaft.

Variieren die Nutzwerte, so liegt es preispolitisch nahe, auch die Preise zu differenzieren, weil auf diese Weise insgesamt höhere Erlöse erzielt werden können. Gelingt es derart (ohne wesentliche Kostenerhöhung), den Durchschnittserlös nur um 5% zu erhöhen, so bedeutet dies bei einer Deckungsbeitragsrate von 50% schon einen Gewinnanstieg um 10%! Dies kann u.U. schon dadurch erreicht werden, dass nur ein sehr kleiner Teil der Abnehmer deutlich höhere Preise bezahlt als der Rest. Der Effekt lässt sich noch deutlich steigern, wenn – wie z.B. bei Hotels – Leistungskapazitäten ohnehin zur Verfügung stehen und Leerkapazitäten gefüllt werden können, bevor sie ungenutzt verfallen. Bei minimalen variablen Kosten pro zusätzlich verkaufter Einheit steigert hier jede zusätzlich abgesetzte Einheit unmittelbar den Gewinn fast in Höhe des Stückerlöses. Es kann deshalb nicht verwundern, dass die Preisdifferenzierung zu den am intensivsten und kreativsten eingesetzten preispolitischen Instrumenten mit großer marketingpolitischer Bedeutung zählt. Beispielsweise hat Faßnacht (1996, S. 94) nach einer auf Zeitungsanzeigen basierenden Analyse für 154 Dienstleister festgestellt, dass 90% der erfassten Firmen mindestens eine Form der Preisdifferenzierung einsetzen, viele sogar mehrere!

> Bei der *Preisdifferenzierung* werden Güter gleicher oder sehr ähnlicher Art nebeneinander an verschiedene Kunden(-gruppen) zu unterschiedlichen Preisen verkauft.

Die Differenzierung des Preises kann sowohl über den Preiszähler (Entgelt pro Einheit) als auch über den Preisnenner (Quantität und/oder Qualität des Gutes und der begleitenden Serviceleistungen) erfolgen, soweit dadurch nicht eine andere Produktart entsteht. Entscheidend dafür ist letztlich die Produktwahrnehmung der Kunden. Entscheidungsgegenstände der Preisdifferenzierung sind demnach die Art und das Ausmaß dieser Preismodifikationen. Preisdifferenzierungen können so weit getrieben werden, dass sehr *komplexe Preissysteme* entstehen (z.B. bei den Telefontarifen), deren prinzipielle Zweckmäßigkeit als preisstrategisches Problem zu behandeln ist (vgl. Kap. 11).

Eine grundsätzlich denkbare und gelegentlich auch vorgeschlagene Einbeziehung gleicher Preise bei unterschiedlichen Kosten in die Definition der Preisdifferenzierung ist zwar sachlogisch vertretbar, aber kaum operational nachzuvollziehen, weshalb wir hier darauf verzichten. Entscheidend ist die unterschiedliche preispolitische Behandlung der Kunden, die nach Pigou (1962, S. 279) grundsätzlich auf *drei verschiedene Arten* bewerkstelligt werden kann (vgl. Abb. 8-1):

(1) Bei der *Preisdifferenzierung ersten Grades* versucht man, bei jedem einzelnen Kunden genau jenen Preis zu erzielen, der seiner maximalen Preisbereitschaft entspricht. Auch wenn dieses Maximalziel in praxi wohl nie erreicht wird, gibt es preispolitische Praktiken, welche dieser Maxime tendenziell entsprechen. Dazu zählen *individuelle Preisverhandlungen*, bei denen die Verkäufer die Grenze der Preisbereitschaft ihrer Verhandlungspartner in jedem Einzelfall auszuloten versuchen (vgl. 8.4.1). Auch beim Feilschen auf dem *Basar* oder bei *Versteigerungen* kann nach diesem Prinzip verfahren werden (vgl. 8.4.2).

(2) Bei der *Preisdifferenzierung zweiten Grades* bietet ein Anbieter seine Leistungen so differenziert an, dass verschiedene Kundensegmente zu unterschiedlichen Preisen kaufen, obwohl es den Kunden grundsätzlich frei steht, zu welchem Preis sie das Produkt erwerben. Kunden mit höherer Preisbereitschaft kaufen zu höheren Preisen als solche mit niedriger (*„horizontale Preisdifferenzierung"*). Ein typisches Beispiel für diese (scheinbare) „Selbst-Segmentation" des Marktes, die in Wirklichkeit auf einer geschickten Ausgestaltung des Preis- und Angebotssystems basiert, sind die verschiedenen Buchungsklassen bei Airlines. Sie zählen zur Variante der *leistungsbezogenen Preisdifferenzierung*, bei der ein Anbieter verschiedene Produktvarianten bzw. Leistungspakete zu verschiedenen Preisen offeriert (vgl. 8.4.3). Grundlage dafür können *Produkt-* und darauf aufbauende *Preisbaukästen* sein, aus denen der Kunde „sein" Gut konfektioniert. Eine andere, häufig benutzte Möglichkeit zur Preisdifferenzierung zweiten Grades sind *mengenmäßige Preisdifferenzierungen* mit Hilfe von Rabatten, mehrstufigen Preissystemen oder Bonusprogrammen (8.4.7). Schließlich gehört hierzu auch die *Preisbündelung*, bei der für zwei oder mehr Produkte ein anderer Preis als die Summe der Einzelpreise gefordert wird (vgl. 8.4.6).

(3) Die *Preisdifferenzierung dritten Grades* lässt den Kunden keine Wahl zwischen unterschiedlichen Angeboten und Preisen. Hier trennt der *Anbieter* selbst (Unterschied zu 2.) die Kunden*gruppen* (Unterschied zu 1.) und fordert von jeder jeweils spezifische Preise. Im Optimum erzielt er bei jeder Kundengruppe auf Grund deren Preisbereitschaft bzw. Preis-Absatzfunktion den gewinnmaximalen Preis (*„vertikale Preisdifferenzierung"*). Entscheidend ist die Fähigkeit des Anbieters zur Isolierung der Teilgruppen. Dies gelingt z.B. (mehr oder weniger!) durch *personelle, räumliche* oder *zeitliche* Preisdifferenzierung, durch welche die Kunden in bestimmte Preisbedingungen gezwungen werden (vgl.8.4.8).

PREISDIFFERENZIERUNG (PD)						
PD ersten Grades	PD zweiten Grades			PD dritten Grades		
Preis-individualisierung	Leistungs-bezogene PD	Mengen-mäßige PD	Preis-bündelung (PB)	Person-elle PD	Räum-liche PD	Zeitliche PD
Preisver-hand-lungen / z.B. Ver-steiger-ungen	Liefer- vs. Abhol-preise, Sitzplatz-kategorien	z.B. Mengen-rabatte, Boni, Mehrstufige Tarife, Pauschal-preise	z.B. Set-Preise, Pauschal-reisen, Zubehör-pakete	z.B. Studenten, Beamten-oder Senioren-tarife	z.B. Internat. PD, Bahnhofs-preise	z.B. Wochen-end-fahrpreise, Nachttarife

Abb. 8-1:   Arten und Formen der Preisdifferenzierung

8.2   Theorie der Preisdifferenzierung

8.2.1   Vertikale und horizontale Preisdifferenzierung

Die Preisdifferenzierung hat in der klassischen (mikroökonomischen) Preistheorie große Aufmerksamkeit gefunden. Einen fundierten Überblick darüber bietet z.B. Jacob (1971). Im Mittelpunkt der Modellierungen steht die Frage nach den gewinnmaximalen Preisen. Dabei werden mit der vertikalen und horizontalen Preisdifferenzierung zwei Formen mit unterschiedlichen Optimierungsbedingungen unterschieden.

Werden zwei oder mehr *bereits voneinander isolierte Märkte* ohne Kostengründe preispolitisch differenziert behandelt, liegt *vertikale Preisdifferenzierung* vor. Die Frage der optimalen Anzahl an Preissegmenten stellt sich damit nicht. Im Sinne Pigou's handelt es sich um eine Preisdifferenzierung dritten Grades, d.h. räumlich, zeitlich oder personell isolierte Marktsegmente. Die Optimierung erfolgt für jeden Teilmarkt wie für Einzelmärkte nach den Regeln der marginalanalytischen Optimierung.

Unterstellt man eine multiplikative Preis-Absatzfunktion und konstante Grenzkosten, so ergibt sich der optimale Preis für jedes Teilsegment aus der spezifischen Amoroso-Robinson-Relation (Formel 3-25), wobei die Grenzkosten K'_x für die Gesamtmenge gelten (gemeinsame Produktion). Für den Fall der räumlichen Differenzierung können unterschiedliche Transportkosten durch entsprechende Kostenzuschläge TK auf die Grenzkosten des jeweiligen Teilmarktes i berücksichtigt werden (vgl. Simon 1992, S. 383ff.). Die Bestimmungsgleichung für den segmentspezifischen Optimalpreis p_i^* lautet dann:

(8-1) $p_i^* = (\varepsilon_i / (1 + \varepsilon_i)) \cdot (K'_x + TK_i)$

Bei linearer Preis-Absatzfunktion (Cournot-Fall) gilt nach Formel (3-24):

(8-2) $p^* = \frac{1}{2} \cdot [(- \alpha/\beta) + k_v + TK_i)]$

Man kann leicht zeigen, dass bei unterschiedlicher Steigung der Preis-Absatzfunktionen eine getrennte Marktbearbeitung gewinnträchtiger ist. Auf den Nachweis dafür wird hier verzichtet (vgl. z. B. Gutenberg 1984, S. 345ff.). Ein typisches Beispiel ist die regionale Preisdifferenzierung nach Ländern.

Bei der *horizontalen Preisdifferenzierung* wird im Unterschied zur vertikalen ein *gegebener Gesamtmarkt*, der durch *eine* Preis-Absatzfunktion gekennzeichnet ist, in mehrere, voneinander isolierbare Teilmärkte unterteilt. Dieser Fall entspricht also der Differenzierung zweiten Grades nach Pigou. Der Begriff „horizontal" rührt daher, dass bei der in der klassischen Preistheorie üblichen Darstellung der Preis-Absatzfunktion $p = f (x)$ hierbei der Gesamtmarkt durch Horizontallinien in mehrere Teilmärkte aufgeteilt wird. Bei unserer Darstellung mit $x = f (p)$ werden daraus allerdings Vertikalschnitte. Abb. 8-2 verdeutlicht dies an einem Beispiel, für das gilt: $x = 140 - 20p$; $k_v = 2$.

Nach Gleichung (3-24) ergibt sich bei undifferenzierter Bearbeitung des Marktes ein Optimalpreis von $p^* = \frac{1}{2} \cdot ((- \alpha/\beta) + k_v) = 4,5$. Wie Abb. 8-2 verdeutlicht, wird dadurch das Deckungsbeitragspotential, das graphisch durch die Fläche des Dreiecks ABC vorgegeben ist, nicht voll ausgeschöpft. Vielmehr fließt allen Abnehmern, die auch zu höheren Preisen als 4,5 zum Kauf bereit wären, eine sog. *Konsumentenrente* zu. Sie ist definiert als der Geldbetrag, den ein Käufer angesichts seines Nutzenempfindens über den vom Anbieter geforderten Preis hinaus zu zahlen bereit ist. Ziel der horizontalen Preisdifferenzierung ist es, diese Konsumentenrente möglichst weitgehend abzuschöpfen. Setzt man voraus, dass die Absatzsteigerung bei sinkendem Preis allein durch Grenzkäufer und nicht (auch) durch Mehrfachkäufe einzelner Marktteilnehmer zustande kommt, lässt sich dies durch eine Aufteilung des Marktes in n Teilmärkte bewerkstelligen, wobei für die Optimalpreise p^*_i im i-ten Teilmarkt gilt:

(8-3) $p_i^* = -\dfrac{\alpha}{\beta} - i \left(\dfrac{-\dfrac{\alpha}{\beta} - k_v}{n + 1} \right)$

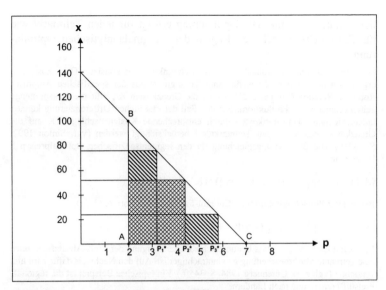

Abb. 8-2: „Horizontale" Preisdifferenzierung

Für alle i Teilmärkte ergeben sich gleiche Absatzmengen, weil der relevante Preisbereich k bis - α/β (Grenzpreis) dabei in n + 1 gleiche Abschnitte unterteilt wird. Im Extremfall entspricht n der Anzahl der Marktteilnehmer.

In unserem Beispiel ergeben sich nach Formel (8-3) für die drei Teilmärkte folgende Werte:

$p^*_1 = 5,7;$ $\quad$ $x_1 = 25;$ $\quad$ $E_1 = 143,75$

$p^*_2 = 4,50;$ $\quad$ $x_2 = 25;$ $\quad$ $E_2 = 112,50$

$p^*_3 = 3,25;$ $\quad$ $x_3 = 25;$ $\quad$ $E_3 = 81,25$

Die Summe der Erlöse beträgt damit 337,50, die Summe der variablen Kosten 75€ · 2 = 150 und der Deckungsbeitrag 187,50 gegenüber nur 125 im Fall der undifferenzierten Marktbearbeitung. Graphisch wird dies in Abb. 8-2 durch den nunmehr um 50 % vergrößerten schraffierten Anteil am Dreieck ABC, der das ausgeschöpfte Deckungsbeitragspotential zum Ausdruck bringt, verdeutlicht.

Wie man leicht erkennt, wird dieses Potential umso besser ausgeschöpft, je mehr Teilmärkte sich voneinander isolieren lassen. Im Fall einer Differenzierung ersten Grades (völlig individuelle Maximalpreise) ist der Gesamtgewinn genau doppelt so groß wie bei undifferenzierter Preisstellung. Dabei sind allerdings die Kosten der Differenzierung selbst nicht berücksichtigt. Da diese mit zunehmender Differenzierung wegen zunehmender Systemkomplexität und anderer Kostenarten progressiv steigen, andererseits die Grenzgewinne aus der Differenzierung degressiv wachsen, ergibt sich meist schon bei geringer Zahl von Preissegmenten ein Gewinnoptimum (vgl. Simon 1992, S. 389). Voraussetzung für eine solche Optimierung ist allerdings die Kenntnis der individuellen maximalen Preisbereitschaft aller Marktteilnehmer und eine zuverlässige Prognose der Kostenwirkungen, was in praxi oft schwer fällt.

8.2.2 Mengenmäßige Preisdifferenzierung

Im Wirtschaftsleben besonders häufig praktiziert wird die *mengenmäßige Preisdifferenzierung*. Im Unterschied zu den bisher behandelten Formen wird hier an ein und denselben Kunden zu unterschiedlichen Preisen verkauft, je nachdem, wie viele Einheiten eines Gutes oder eines Sortiments er innerhalb einer bestimmten Periode abnimmt. Da es jedem Kunden freisteht, wie viel er einkaufen will, handelt es sich um eine Preisdifferenzierung zweiten Grades i.S. Pigous, d.h. der Markt differenziert sich (scheinbar) von selbst. Da der Rechnungsbetrag (RB) mit steigender Abnahmemenge nicht linear (proportional), sondern unterproportional steigt, wird auch von *nicht-linearen Preisen* bzw. (wegen der häufigen Verwendung im Bereich der Dienstleistungen) von *nicht-linearen Tarifen* gesprochen (Tacke 1989; Büschken 1997; Skiera 1998).

Als wichtige *Ziele* nicht-linearer Tarife sind zu nennen (Büschken 1997, S. 19ff.):

1. Umsatz- und Gewinnsteigerung durch Ausschöpfung der – allerdings i.d.R. sinkenden – Preisbereitschaft für zusätzliche Kaufmengen pro Kunde, was bei linearen Preisen nicht möglich ist.

2. Kostensenkung durch höhere Bestellmengen pro Auftrag und niedrigerer bestellfixer Kosten pro Stück.

3. Risikoreduktion durch Vorabentgelte (Grundgebühren) der Kunden für vorgehaltene Kapazitäten (periodenfixe Preise). Dadurch werden auch Saison- und Beschaffungspreisrisiken abgefedert.

Voraussetzungen für eine mengenbezogene Preisdifferenzierung sind (Skiera 1998, S. 17f.):

1. Interesse der Kunden an der Abnahme mehrerer Mengeneinheiten,

2. Preisgestaltungsspielräume auf Grund unvollkommener Märkte,

3. Nichtübertragbarkeit der Kaufverträge auf andere Kunden,

4. begrenzte Lagerbarkeit der Güter zur Vermeidung vorweggezogener Käufe,

5. rechtliche Zulässigkeit.

In der *Theorie* wurde die Thematik aus drei Perspektiven angegangen (vgl. Skiera 1998, S. 3ff.): *Kostentheoretisch* stehen die Auswirkungen von Mengenrabatten auf Produktions- und Auftragsbearbeitungskosten sowie andere Rationalisierungspotentiale im Blickpunkt (Überblick bei Dolan 1987, S. 10ff. und Tacke 1989, S. 52ff.). *Wohlfahrtstheoretisch* interessiert die gesamtwirtschaftliche Wohlfahrt als Summe der Produzenten- und Konsumentenrente in Abhängigkeit von mengenmäßigen Preisnachlässen (Spence 1980). Marketingpolitisch am ergiebigsten sind *preistheoretisch* fundierte Modelle, mit denen ausgehend von Preis- oder Ausgabebereitschaftsfunktionen gewinnmaximale Preise marginalanalytisch abgeleitet werden (Tacke 1989; Wilson 1993; Skiera 1998). Theoretisch entscheidend für die Erfolgsträchtigkeit ist die Abschöpfung der unterschiedlichen Zahlungs- bzw. Preisbereitschaft für wachsende Abnahmemengen, die in entsprechenden Zahlungs- bzw. Preisbereitschaftsfunktionen abgebildet werden kann (vgl. Abb. 8-3). In praxi spielen freilich auch Machtgesichtspunkte eine gewichtige Rolle, weil Großkunden ihre Einkaufsmacht zu günstigeren Einkaufspreisen zu nutzen versuchen. Insofern ist die mengenbezogene Preisdifferenzierung nicht selten unfreiwillig bzw. Spätfolge früher gewährter Mengenrabatte, an welche sich die Kunden gewöhnt haben.

Ein Kernstück der Theorie der mengenmäßigen Preisdifferenzierung stellt die Modellierung von *Nutzenfunktionen in Abhängigkeit von der Kaufmenge* dar. Wegen des ersten Gossenschen Gesetzes (Gossen 1854; Tacke 1989, S. 57ff.) ist hier im Normalfall mit degressiven Nutzenfunktionen zu rechnen: Zunehmende Einkäufe eines ganz bestimmten Gutes erzeugen einen abnehmenden Grenznutzen. Versucht ein Anbieter nun, durch mengenmäßige Preisdifferenzierung Anreize zum Mehrkauf zu schaffen, werden Informationen über den Verlauf der entsprechenden Nutzen- bzw. Preisbereitschaftsfunktion erforderlich. Für die Modellierung bieten sich grundsätzlich Zahlungsbereitschafts-, Preisbereitschafts- und Nachfragefunktionen an (Skiera 1998, S. 22ff.).

Eine *Zahlungsbereitschaftsfunktion* $ZB_i(q_i)$ beschreibt, wie viel der i-te Konsument für eine Nachfragemenge von Q_i Einheiten *maximal* zu zahlen bereit ist. Die Zahlungsbereitschaftsfunktion stellt also eine unmittelbare Analogie zur Nutzenfunktion dar. In seinen umfassenden theoretischen und empirischen Analysen hat Skiera (1998) gezeigt, dass eine quadratische Zahlungsbereitschaftsfunktion in vielen Fällen die besten Schätzergebnisse erbringt. Auch modifiziert-exponentielle und semilogarithmische Funktionen erbringen befriedigende Ergebnisse, während sich die multiplikative Funktion als unbrauchbar erweist.

Die *Preisbereitschaftsfunktion* $PB_i(q_i)$ beschreibt im Gegensatz dazu, wie viel der i-te Konsument für die k-te Mengeneinheit *zusätzlich* zu zahlen bereit ist. Sie ergibt sich also aus der ersten Ableitung der Zahlungsbereitschaftsfunktion.

Die *Nachfragefunktion* $q'_i(p)$ gibt schließlich an, welche Menge der i-te Konsument beim Nutzungspreis p nachfragt. Sie stellt also die Umkehrfunktion der Preisbereitschaftsfunktion für den Fall dar, dass dort die Preisbereitschaft PB_i durch den Nutzungspreis p ersetzt wird (Skiera 1998, S. 27). Einer quadratischen Zahlungsbereitschaftsfunktion liegt somit eine lineare Nachfragefunktion zugrunde. Eine formale Gegenüberstellung der Tarife findet sich bei Skiera (1998, S. 34 f.).

Für eine analytische Optimierung der mengenmäßigen Preisdifferenzierung muss versucht werden, die Konsumentenrente zu minimieren. Sie ergibt sich als Differenz zwischen der Zahlungsbereitschaftsfunktion und den mit der dazugehörigen Nachfragemenge verbundenen Ausgaben für den Käufer. Benutzt man die Preisbereitschaftsfunktion, so ist das Integral der Differenzen zwischen den Preisbereitschaften und dem Nutzungspreis der einzelnen Mengeneinheiten zu berechnen. Bei Betrachtung der Nachfragefunktion ergibt sich die Konsumentenrente aus dem Integral über die Nachfragefunktion. Abb. 8-3 verdeutlicht die unterschiedlichen Modellierungsansätze in Anlehnung an Skiera (1998, S. 38).

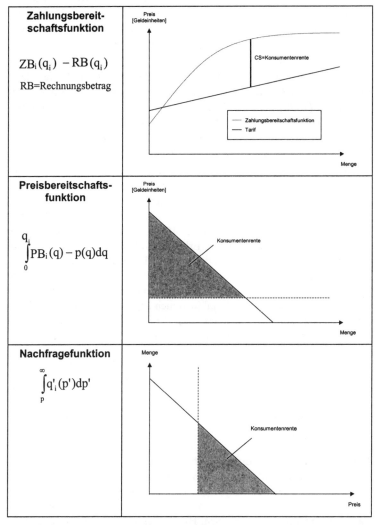

Abb. 8-3: **Bestimmung der Konsumentenrente über die Zahlungsbereitschafts-, die Preisbereitschafts- und die Nachfragefunktion (Quelle: Skiera 1998, S. 38)**

Bei positiver Konsumentenrente wird ein Konsument den ihm angebotenen Tarif nutzen. Liegen entsprechende empirische Informationen vor, auf deren Basis einer der drei Funktionstypen schätzbar wird, so kann man versuchen, die Absatzmengen und – bei Zugrundelegung bestimmter variabler Kosten – auch die Gewinne in Abhängigkeit der jeweiligen Preisstruktur zu schätzen. Werden mehrere Tarife gleichzeitig angeboten, wie das z.B. Telefongesellschaften machen, so muss der Konsument entscheiden, welchen Tarif er auswählt und welche Menge in dem ausgewählten Tarif nachgefragt wird. Damit wird die Erhebung entsprechender Präferenzdaten kompliziert, aber nicht grundsätzlich verhindert.

Einschlägige modelltheoretische und empirische Untersuchungen zur Optimierung derartiger Preisstrukturen wurden in der für Deutschland bahnbrechenden Arbeit von Tacke (1989) und in der Habilitationsschrift von Skiera (1998) geleistet. Beide gelangen im Wesentlichen zu ähnlichen Befunden. Wir kommen darauf bei der Behandlung der Instrumente zur mengenmäßigen Differenzierung (vgl. 8.4.7) zu sprechen.

Als *Erhebungsverfahren* für mengenabhängige Preisbereitschaftsfunktionen kann auf die klassischen Methoden der experimentellen oder auf die nicht experimentelle Erhebung von Kauf- bzw. Nutzungsdaten, auf direkte Befragung zur Präferenz unterschiedlicher Tarife sowie auf verbindliche (anreizkompatible) *Auktionen* zurückgegriffen werden (McAfee/McMillan 1987, S. 712; Kräckel 1992; Wolfstetter 1996, S. 394). Skiera et al. (1998). Eine weitere Erhebungsmöglichkeit bieten *Conjoint Analysen*, bei denen die Befragten mehrfach hintereinander aus unterschiedlichen Preissystemen für gleiche Produkte das jeweils präferierte auszusuchen haben. Bei anderen Varianten müssen Präferenzrangfolgen für bestimmte Preis-Mengenkombinationen abgefragt werden. Eine kritische Analyse solcher Verfahren zur Ermittlung von Zahlungsbereitschaftsfunktionen bietet Skiera (1998, S. 166 ff.).

8.3 Ziele und Voraussetzungen der Preisdifferenzierung

Beim Einsatz der Preisdifferenzierung sind *Effektivitäts-* und *Effizienzkriterien* zu beachten (vgl. Abb. 8-4). Hinsichtlich der Effektivität hat schon die theoretische Analyse gezeigt, dass es aus Sicht der Unternehmung insbesondere darum geht, Konsumentenrenten abzuschöpfen und dadurch die Gewinne zu erhöhen. Hinter diesen Effekten können entweder Erhöhungen des Stückerlöses bei bestimmten Kunden(gruppen), also ein Preiseffekt, oder zusätzliche *Absatzmengen*, also ein Mengeneffekt, stehen. Ersteres gelingt, indem Kunden mit höherer Preisbereitschaft selektiert und zu entsprechend höheren Preisen bedient werden, Letzteres, wenn Kunden mit geringerer Preisbereitschaft, die ansonsten nicht kaufen würden, wegen entsprechend herabgesetzter Preise den Absatz erhöhen. Diese Zielrichtungen sind im Wesentlichen also von *absatzwirtschaftlichen* Gesichtspunkten geprägt.

Daneben geht es bei der Preisdifferenzierung aber auch um eine Beeinflussung des Kaufverhaltens der Abnehmer derart, dass daraus *produktions*- und *finanzwirtschaftliche, logistische* oder *verwaltungstechnische Vorteile* für die Unternehmung resultieren. Dies ist insbesondere durch eine höhere Kapazitätsauslastung und/oder durch Rationalisierungseffekte bei der Produktion, Abwicklung oder Finanzierung des Auftrages möglich. Zu denken ist hier z.B. an kostengünstigere Auftragslose oder Lagerbestände bei entsprechenden Mengenrabatten, niedrigere oder wegfallende Versandkosten durch Übernahme logistischer Funktionen seitens des Kunden oder an sinkende Finanzierungskosten durch Anzahlungen des Kunden bzw. schnellere Bezahlung bei Skontogewährung. Verstetigt sich der Absatz durch Zeitrabatte, können u.U. Überstundenzuschläge oder andere Kosten der Spitzenbelastung, aber u.U. auch Beeinträchtigungen der Kundenzufriedenheit, etwa längere Wartezeiten, vermieden werden.

Damit ist bereits ein drittes Effektivitätskriterium der Preisdifferenzierung angesprochen: Dieses Preiskonzept hat nicht nur kurzfristige Kosten- und Umsatzeffekte zu bewirken, sondern sollte auch die Kunden zufrieden stellen, also einen spezifischen *Preisnutzen* liefern. Gelingt dies nicht oder wird sogar ein negativer Effekt auf die Preiszufriedenheit ausgelöst, so steht langfristig die Kundenbindung in Gefahr. Umgekehrt kann durch ein besonders kundenfreundliches Preissystem die Kundenbindung aber auch erhöht werden.

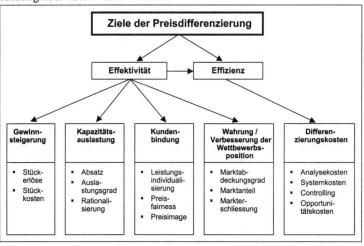

Abb. 8-4:   Ziele der Preisdifferenzierung

Im Einzelnen ist diesbezüglich insbesondere an die stärkere Individualisierung der Angebotsleistung im Hinblick auf die Bedürfnisse der jeweiligen Kunden(gruppen) zu denken, die höhere Zielgenauigkeit im Marketing und damit bessere Kundenbefriedigung erlaubt. Wenn beispielsweise der Handel bestimmte Lagerfunktionen, die früher von Herstellern übernommen wurden, durch eigene Zentralläger selbst erfüllt, wäre eine Nichtberücksichtigung solcher Umstände im Preissystem kaum durchzusetzen. Analog verhält es sich bei der Bereitschaft eines Konsumenten, den Heimtransport von Möbeln selbst zu übernehmen und dafür entsprechend günstigere Preise zu erhalten als im Fall der Warenzustellung. Offenkundig gilt es also beim Entwurf des Preisdifferenzierungssystems die Prinzipien der Preisfairness (vgl. 4.7.4.2) zu beachten. Entsprechen die Preisnachlässe für bestimmte Kunden spezifischen Minderleistungen des Anbieters, so ist diesem Prinzip Rechnung getragen. Andererseits gelten rein machtbedingte oder situative Umstände ausnutzende Formen der Preisdifferenzierung leicht als Form der Preisdiskriminierung bestimmter Käufer(gruppen) und damit als unfair. Hier stößt die Preisdifferenzierung auf imagebedingte Grenzen, die nur dann wirksam werden, wenn kein Geheimwettbewerb besteht, also die Kunden untereinander nichts von deren Preisen und Konditionen beim jeweiligen Anbieter erfahren.

Auch die *Übersichtlichkeit* des Preissystems kann mit zunehmender Preisdifferenzierung Schaden leiden und Minderungen der Preiszufriedenheit hervorrufen. So hat die Überdifferenzierung der Preissysteme im US-Telefonmarkt dazu geführt, dass ein Anbieter mit einem radikal vereinfachten Tarifsystem erhebliche Marktanteile gewinnen konnte (Faßnacht 1998, S. 183ff.). Darüber hinaus kann die Entwicklung innovativer Preisdifferenzierungssysteme das Preisimage der Unternehmung positiv beeinflussen, wenn es sich um „pfiffige" oder mit alten, ungeliebten Usancen brechende Preissysteme handelt.

Als viertes Ziel und Effektivitätskriterium der Preisdifferenzierung kann die Wahrung bzw. Verbesserung der *Wettbewerbsposition* des Anbieters auf seinem Absatzmarkt gelten. Gewisse Formen der Preisdifferenzierung zielen nämlich darauf ab, einzelne Kundengruppen gezielt anzusprechen und dadurch an das Unternehmen zu binden. Dies kann in offensiver Absicht geschehen und Marktanteilsgewinne durch Zuwanderung von Kunden bewirken, aber auch in defensiver Absicht erfolgen, um Kundenabwanderungen zu verhindern. Die der Preisdifferenzierung innewohnende Tendenz zur Fragmentierung der Märkte kann zur Umzingelung einzelner Wettbewerber durch Nischenanbieter führen, die letztlich dessen Marktposition erodieren lassen. Der Versicherungsmarkt bietet hier ebenso anschauliche Beispiele wie der Telefonmarkt, wo die großen Anbieter praktisch gezwungen sind, Preisvorteile für bestimmte Kundengruppen (z.B. Großabnehmer, Kunden mit geringerem Risiko etc.) seitens der Wettbewerber im eigenen Preissystem nachzuvollziehen.

Schließlich sind neben den Effektivitäts- auch *Effizienzkriterien* bei der Preisdifferenzierung zu berücksichtigen. Die Kosten des Preissystems dürfen die Zusatzerlöse nicht überschreiten. Einschlägig sind hier insb.

- Marktforschungskosten für Preissegmentierungsstudien,
- Kosten eventueller Produkt- bzw. Verpackungsmodifikation,
- Kosten der Bewerbung des Preissystems,

- Kosten der Marktabschottung (z.B. Produktion von Kundenausweisen, Einrichtung von Kundendatenbanken etc.) sowie
- Kosten des Preiscontrolling zur Überwachung der Effektivität und Effizienz der Preisdifferenzierung.

Bei dynamischer Betrachtung sind darüber hinaus Opportunitätsverluste auf Grund sinkender Preisbereitschaft einzelner Kunden(gruppen), Gegenaktivitäten der Wettbewerber und Gewöhnungseffekte (wear-out-Effekte) mit Zwang zu neuen, kostenträchtigen Anreizmechanismen (z.B. bei Bonusprogrammen) zu berücksichtigen.

Dass manche Anbieter mit großer Spreizung ihrer Preise und Konditionen dabei auch von ihrer eigenen Vergangenheit eingeholt werden können, zeigten einige Fälle im Lebensmittelmarkt, wo die Fusion von Handelsunternehmen immer wieder dazu führte, dass die Preisspreizung offenkundig wurde und sich die Lieferanten vor entsprechende Nachforderungen gestellt sahen.

Die wettbewerbsrechtliche Situation stellt sich in Deutschland nach § 20, Abs. 1 KartG folgendermaßen dar: „Marktbeherrschende Unternehmen, Vereinigungen von Unternehmen ... , die Preise ... binden, dürfen ein anderes Unternehmen in einem Geschäftsverkehr, der gleichartigen Unternehmen üblicherweise zugänglich ist, weder unmittelbar noch mittelbar behindern oder gegenüber gleichartigen Unternehmen ohne sachlich gerechtfertigten Grund unmittelbar oder mittelbar unterschiedlich behandeln." Preisdifferenzierung ist also nur bei Marktbeherrschung und Preisbindung generell verboten. Nach § 20, Abs. 2 KartG gilt dies ferner auch dann, wenn Abnehmer von bestimmten Lieferanten *abhängig* sind, d.h. „ausreichende und zumutbare Möglichkeiten, auf andere Unternehmen auszuweichen, nicht bestehen". Nach § 20, Abs. 3 KartG gilt diese Vorschrift analog auch für den umgekehrten Fall, bei dem ein *Anbieter* von einem bestimmten Abnehmer abhängig ist. Eine solche *Nachfragemacht* darf nicht dazu benutzt werden, von einem Anbieter sachlich nicht gerechtfertigte Vorzugsbedingungen, also Preisdifferenzierungen, zu erzwingen. Die Kartellbehörden haben nach §19, Abs. 4 KartG dabei das Recht, sachlich nicht gerechtfertigte Entgelte oder sonstige Geschäftsbedingungen zu untersagen. Mit dem Diskriminierungsverbot wird aber nur die personenbezogene Preisdifferenzierung verboten, nicht jedoch eine regionale oder zeitliche (Ahlert/ Schröder 1989, S. 233).

Neben den genannten Bestimmungen des GWB existieren für die Preisdifferenzierung zahlreiche weitere Rechtsnormen, etwa im Rabattgesetz, in der Zugabenverordnung, im Sonderveranstaltungsrecht oder im Gesetz zur Regelung des Rechts der Allgemeinen Geschäftsbedingungen (AGB-Gesetz).

8.4 Instrumente der Preisdifferenzierung

Zur *Durchsetzung* der Preisdifferenzierung werden unterschiedlichste Instrumente eingesetzt. Deren Tauglichkeit hängt einerseits von der Effektivität und andererseits von den damit verbundenen Kosten ab. Effektive Techniken verhindern *Arbitrage*, d.h. die Ausnutzung der Preisdifferenzen durch einzelne Kunden oder professionelle Agenten. Die Teilmärkte müssen m.a.W. möglichst gut voneinander isoliert werden. Andererseits darf der dafür in Kauf genommene Aufwand weder für den Anbieter selbst, noch für dessen Kunden zu groß sein. Die Preisdifferenzierung soll also *transaktionskostensparsam* ablaufen. Schließlich dürfen weder *rechtliche Standards* noch die Prinzipien der *Preisfairness* verletzt werden.

Nachfolgend erörtern wir nur die am häufigsten eingesetzten Instrumente der Preisdifferenzierung. Darüber hinaus existieren weitere, oft branchenspezifische Möglichkeiten, insb. wenn es um die zielgruppenspezifische Preisdifferenzierung geht. Die Reihenfolge der Behandlung folgt den drei Typen nach Pigou, auch wenn sich eine eindeutige Zuordnung nicht in jedem Fall vornehmen lässt.

8.4.1 Individuelle Preisverhandlungen

Bei individuellen Preisverhandlungen wird der Preis zwischen Verkäufer und Käufer in jedem Einzelfall individuell ausgehandelt. Man spricht hier zwar von einem *Bruttopreissystem*, weil der in der Preisliste ausgewiesene Grundpreis („Bruttopreis") durch diverse Preiszu- oder -abschläge zum letztendlich zu zahlenden Nettopreis modifiziert wird; es gibt aber eigentlich kein System im Sinne festgelegter Regeln für die Preisbildung, wie etwa bei der später behandelten Kundengruppendifferenzierung, sondern nur Einzelfalllösungen. Solche sind prinzipiell nur bei persönlichem Verkauf möglich, der allerdings – wie bei telefonischen Buchungen – nicht unbedingt face-to-face erfolgen muss. Die Bedingungen sind insbesondere im business-to-business-Geschäft, aber auch bei vielen privaten Dienstleistungen (Beratung, Übernachtung etc.) gegeben. Da persönliche Preisverhandlungen hohe Transaktionskosten verursachen, beschränken sie sich üblicherweise auf *Individualtransaktionen*, wie sie im Anlagen- oder Systemgeschäft typisch sind.

Das zunehmende Interesse an *Rabatten* und *Preisdiscounts* seitens vieler Kunden führt jedoch auch in einigen Endverbrauchermärkten zu einer Individualisierung, die in manchen Fällen basarartige Preissituationen erzeugt: Offene oder versteckte Discounts (Rabatte) sind das derzeit in der Praxis wohl am häufigsten benutzte Instrument der Preisdifferenzierung. Man versteht darunter *Preisnachlässe,* die im Vergleich zum Normal- oder Listenpreis gewährt werden. Ihre Attraktivität entsteht nicht zuletzt durch einen *psychologischen Effekt*: Der Käufer fühlt sich durch die Preisermäßigung besser behandelt als andere Marktteilnehmer und ist deshalb zunehmend zum *Feilschen* herausgefordert, zumal damit *Preisstolz* erzeugt werden kann (vgl. Lichtenstein/Netemeyer/Burton 1995 und Kap. 4.2).

Greift das System freilich um sich, wird es zum Bumerang, denn die Kunden wissen dann nicht mehr, ob sie wirklich (ganz) fair behandelt oder (mehr oder minder) preislich diskriminiert wurden. Insofern geht mit der zunehmenden Individualisierung der Entgelte vor deutschen Hotelschaltern, Juweliertheken oder in Autohäusern auch ein Stück Preiseffizienz und Preiskultur verloren. Darüber hinaus laufen die Anbieter Gefahr, durch eine Überfülle an Rabatten für echte oder vorgeschobene Gründe die Übersicht über ihr Preissystem zu verlieren und hohe Kosten zur akkuraten Abrechnung und Kontrolle jeder einzelnen Transaktion zu erzeugen. Für Procter & Gamble war dies z.B. ein wesentlicher Grund für eine Preissystem-Reform im Jahre 1997. Schließlich erzeugt der mit der Preisindividualisierung früher oder später einhergehende *Glaubwürdigkeitsverlust* oft langfristige Probleme, weil die Kunden z.B. auch bei einem echten Wechsel vom Brutto- zum Nettopreissystem keine Vorzugsbehandlung verlieren wollen und den Wegfall von Rabatten schlicht nicht glauben (wollen).

Regeln für die *Preisfindung in Verhandlungen* gibt es ex definitione nicht. Allerdings sind in der Praxisliteratur viele Taktiken und Tricks für Preisverhandlungen beschrieben, die man zur Umsetzung eigener Preisvorstellungen einsetzen kann (z.B. Bänsch 1985a, S. 77ff.). Wir kommen darauf in Kap. 12 zurück. Letztlich ist in Preisverhandlungen die *Machtposition* des Verkäufers maßgeblich, die sich freilich kurzfristig durch die jeweilige Kapazitätsauslastung sowie Ausweichmöglichkeiten des Kunden und langfristig durch negative Effekte eines unfairen Preisgebarens auf die Kundenbindung und das Image relativiert.

In der Preistheorie wurden Modelle dafür entwickelt, wie die Verhandlungssituation bei Preisverhandlungen rational gelöst werden kann (vgl. Krelle 1976; Simon 1992, S. 665ff.). Dazu wird zunächst jenes Verhandlungsergebnis gesucht, das den Gesamtgewinn für beide Verhandlungsparteien maximiert ("gemeinsame Gewinnfunktion"). Anschließend wird die *Kontraktkurve* bestimmt, die jene Punkte charakterisiert, auf der sich kein Partner verbessern kann, ohne den anderen in entsprechendem Umfang schlechter zu stellen (*Pareto-Optimalität*). Damit wird der Verhandlungsspielraum auf ein vergleichsweise kleines Intervall eingeengt. Nash (1953) berücksichtigte in seinem bekannt gewordenen Modell zusätzlich die den Verhandlungspartnern verfügbaren Alternativpreise anderer Marktpartner. In diesem Falle ergeben sich *„Drohpunkte"*, die deutlich machen, welcher Partner unter einer Nichteinigung mehr zu leiden hätten. Entsprechend wird sich der optimale Lösungspunkt auf der Kontraktkurve umso mehr in Richtung jenes Verhandlungspartners verschieben, der ein höheres Drohpotential für die Beendigung der Preisverhandlungen ausüben kann. Derartige Modelle besitzen vor allem analytischen und weniger praktischen Wert. Allerdings können sie bei der gedanklichen Abwägung von Verhandlungsabbrüchen Hilfestellung leisten, wie sie in Preisverhandlungen zwischen Industrie und Handel durchaus vorkommen. Dabei wurde immer wieder deutlich, dass nicht nur der Verkäufer, sondern auch der Käufer erhebliche Einbußen hinzunehmen hatte (vgl. Gegenmantel 1996; Goerdt 1999).

8.4.2 Auktionen

Eine andere, allerdings durch ein Regelsystem geordnete Form der Preisindividualisierung stellen *Auktionen* (synonym: *Versteigerungen*) dar (McAfee/McMillan 1987; Skiera 1998a). Sie besitzen traditionell beim Verkauf von Raritäten und Gebrauchtwaren sowie im (Produkt-)Börsengeschäft eine gewisse Bedeutung, gewinnen aber zunehmend auch für andere Produktbereiche Relevanz, weil mit dem *Internet* ein neues Medium zur Verfügung steht, das solche Verkaufsformen selbst für Massenprodukte relativ einfach und effizient möglich macht. Darüber hinaus bieten Auktionen für die Teilnehmer ein gewisses Preiserlebnis, das für die Kundenakquisition ausgenutzt werden kann. Dies haben nicht nur eine immer größer werdende Zahl virtueller Auktionshäuser (z.B. www.Ricardo.de), sondern auch einige stationäre Auktionshändler erkannt, die mit Lautsprecherübertragungen ihrer Auktionen in den Straßenbereich für „Preiskitzel" und Kundenfrequenz sorgen. Schließlich wird auch bei der Ausgabe neuer Aktien mit dem *Bookbuilding-Verfahren* ein auktionsartiges Preisbildungsverfahren angewendet.

Dabei gibt jeder Kaufinteressent ein Gebot innerhalb einer vom Emittenten vorgegebenen Preisspanne ab. Zeichnungsgebote für mehrere Aktien werden wie Mehrfachgebote interpretiert. Nach Ablauf der Bietfrist werden alle Gebote ihrer Höhe nach sortiert und die Aktien solange in absteigender Reihenfolge zugeteilt, bis das Ausgabevolumen erreicht ist. Das Verfahren entspricht damit im Prinzip einer *Höchstpreisauktion*, bei der – im Gegensatz zu der von Auktionshäusern gepflegten *Englischen Auktion* mit offenen Preisgeboten – *verdeckte* Gebote abgegeben werden. Den Zuschlag erhält das höchste Gebot, im Fall einer *Vickrey-Auktion* das zweithöchste, weil dieser Betrag die Zahlungsbereitschaft am treffendsten abbildet (Kräkel 1992; Skiera/Revenstorff 1999). Daneben wird vor allem im Großhandel mit Frischwaren (Blumen, Fisch etc.) eine weitere Auktionsvariante, das *Vieling*, praktiziert, bei dem ein vom Verkäufer gesetzter Anfangspreis öffentlich in Schritten so lange gesenkt wird, bis ein Bieter akzeptiert. Dadurch wird Bieterkartellen vorgebaut.

8.4.3 Leistungsdifferenzierung („sachliche Preisdifferenzierung")

Leistungsdifferenzierungen stellen Modifikationen der für die Kunden angebotenen Leistungen im Rahmen eines gegebenen Produktspektrums dar. Die Grenze zur Programm- bzw. Produktlinienpolitik ist hier nicht klar festzulegen. Anliegen einer leistungsbezogenen Preisdifferenzierung ist es, durch relativ geringfügige Änderungen im Leistungsumfang bzw. in der Leistungsqualität ohne wesentliche Kostenkonsequenzen bei einem Teil der Kundschaft höheres Nutzenempfinden und damit höhere Preisbereitschaft zu erzielen. Insofern ist die leistungsbezogene Preisdifferenzierung stets auch eine nutzenbezogene. Sie wird umso besser gelingen, je elastischer die Nachfrager auf entsprechende Differenzier-

ungen in ihrem Wertempfinden und der darauf aufbauenden Preisbereitschaft reagieren.

Andererseits drohen mit Leistungsdifferenzierungen stets zusätzliche
Kosten einher zu gehen, was im Einzelfalle abzuwägen ist. In manchen
Situationen reicht eine Veränderung des Produktnamens aus, was kostenmäßig kaum Konsequenzen haben dürfte (Beispiel: No Name-
Produktion für Handelsketten), in anderen Fällen sind die Kostenwirkungen u.U. beträchtlich. Beispielsweise können vorhandene Servicekapazitäten bei einer Servicedifferenzierung u.U. nicht mehr hinreichend ausgelastet sein oder umgekehrt Zusatzkapazitäten erforderlich werden, um
die Kundenwünsche hinreichend zu befriedigen.

Eine weitere Gefahr der Leistungsdifferenzierung besteht in Carry Over-
und Spill Over-Effekten dergestalt, dass die Preisbereitschaft für die
teurer angebotenen Produktleistungen nachlässt (Beispiel: Last-Minute-
Reisen) oder „teure" Absatzkanäle durch Belieferung billigerer Absatzkanäle kannibalisiert werden.

Positiv zu Buche schlägt dagegen oft der *Zeitpunkt*, mit dem durch Leistungsdifferenzierungen eine Nachfragebelebung erzeugt werden kann.
So wird z.B. im Automobilbereich von manchen Herstellern mit Sondermodellen und Zusatzwertpaketen versucht, die nachfrageschwächeren
Saisonperioden im Spätherbst oder Winter zu glätten. Gleichzeitig ist
dadurch eine (temporär begrenzte) Ansprache besonders preissensibler
Käufer möglich, ohne dass dies starke negative Ausstrahlungen auf die
restlichen Käufergruppen und deren Preisbereitschaft nimmt.

Die Palette der *Ansatzpunkte* für eine Leistungsdifferenzierung korrespondiert mit der Vielfalt der nutzenstiftenden Produkt- bzw. Lei-
stungsattribute eines Anbieters (vgl. hierzu z.B. Koppelmann 1997,
S. 126ff.). Die nachfolgende Auflistung kann deshalb nur exemplarischer
Natur sein. Sie orientiert sich an in der Praxis oft beobachtbaren Ansatz-
punkten der Preisdifferenzierung in ganz unterschiedlichen Branchen.

Produktdifferenzierung

Hierbei wird die Qualität eines Produktes i.e.S. differenziert, z.B. durch
das Angebot von Sondermodellen mit differenzierter Ausstattung, Gebrauchtwaren (ggf. wieder aufbereitet), Produkten zweiter Wahl oder
solcher mit kundenindividuellen Ausstattungsmerkmalen. Ein typisches
Beispiel aus dem Buchmarkt sind Taschenbuch- vs. Hardcover-
Ausgaben.

Verpackungsdifferenzierung

Hierbei werden Umverpackungen oder Verpackungen von Produkten
differenziert, etwa im Hinblick auf Umweltfreundlichkeit oder das Ziel-
gruppenimage (z.B. Schreibstifte für Schüler), Verpackungen mit bestimmten Zusatznutzenmerkmalen kreiert (z.B. Spirituosen in Dekantier-

Karaffe) oder die Recyclingfähigkeit bzw. -kosten modifiziert (z.B. Batterien).

Informationsdifferenzierung

Zu denken ist hier etwa an (in bestimmtem Umfang beanspruchbare) Hot-lines, Produktschulungen, Bestellmöglichkeiten etc., durch die differenzierten Beratungswünschen Rechnung getragen werden kann.

Servicedifferenzierung

Hierbei erfolgt eine Modifikation der Dienstleistungspalette, z.b. bezüglich der mit einer Kreditkarte möglichen Kundendienste oder bezüglich des Funktionsspektrums des technischen und kaufmännischen Kundendienstes. Einen Spezialfall stellen die sog. Funktionsrabatte an Weiterverkäufer dar, auf die weiter unten eingegangen wird.

Lieferdifferenzierungen

Dabei geht es um unterschiedliche Zustell-Leistungen hinsichtlich Transportentfernung, -geschwindigkeit und -qualität, die in den meist branchenüblichen *Lieferbedingungen* festgelegt werden, aber von Fall zu Fall differenziert werden können.

Lieferkonditionen regeln im Allgemeinen v.a.

- den Ort und die Zeit der Warenübergabe,
- die Modalitäten der Warenzustellung und die Berechnung von Verpackungen, Porti, Frachten und Versicherungskosten,
- das Umtauschrecht und evtl. Garantieleistungen,
- Vertriebsbindungen für den Weiterverkauf, Ausschließlichkeits- und Koppelungsvereinbarungen und Verwendungsbeschränkungen,
- das Recht auf nachträgliche Änderungen im Lieferungsumfang und
- formalrechtliche Bestimmungen für den Streitfall (Eigentumsvorbehalt, Vertragsgültigkeit bei Verletzungen von Teilbestimmungen, Gerichtsstand, Erfüllungsort usw.).

Mit der Ausgestaltung dieser Lieferkonditionen kann das Kaufrisiko unterschiedlich weit auf den Kunden abgewälzt und durch entsprechende Preisabschläge entgolten werden.

Bezahlungs- und Finanzierungsdifferenzierung

Hierbei geht es um eine Modifikation der üblichen Finanzierungsleistungen des Anbieters bzw. Nachfragers durch Ausweitung bzw. Einschränkung der Finanzierungsfunktion und der damit verbundenen Liquiditätsbelastung. Wegen der in der Prospect-Theorie belegten Höhergewichtung pagatorischer im Vergleich zu kalkulatorischen Kosten kann das Nutzenempfinden z.B. durch *Leasing-Angebote*, unterschiedlich lange *Zahlungsfristen* bzw. *Skonti*, d.h. Preisnachlässe aufgrund der Nicht-Inanspruchnahme eines üblichen, vom Anbieter ansonsten eingeräumten

Zahlungsziels, u.U. deutlich verbessert werden, obwohl objektiv keine höheren Kosten entstehen.

Die *Zahlungsbedingungen* werden in der Praxis meist in die allgemeinen Geschäfts- und Lieferbedingungen eingeschlossen und gemeinsam mit diesen ausgewiesen. Sie umfassen alle Bestimmungen über die Zahlungen des Käufers sowie die Zahlungsmodalitäten hinsichtlich Zeitpunkt bzw. Zahlungsfristen einschließlich fristabhängiger Preisnachlässe (Skonti), Zahlungsart und Zahlungssicherungen.

Skonti, d.h. Preisnachlässe für die Zahlung innerhalb einer bestimmten Frist (üblicherweise 7 oder 10 Tage) werden in der Praxis oft bereits bei der Kalkulation des Nettopreises berücksichtigt. Der Skonto spiegelt dann Opportunitätskosten für Zinsen, Forderungsausfälle, geringeren Kapitalumschlag und die Kreditverwaltung wider. Berücksichtigt man, dass dem Kunden üblicherweise eine gewisse Skontofrist F eingeräumt wird, lässt sich der Jahreszins i für den Fall, dass der Skontoabzug nicht in Anspruch genommen wird, als Wertmaßstab für den Preisnachlass heranziehen.

Dafür gilt:

(8-4)
$$i = \frac{S}{1 - S/100} \cdot \frac{360}{Z - F}$$

mit i = Jahreszinssatz (in %)

S = Skontosatz (in %)

Z = Zahlungsziel für die Zahlung ohne Skontoabzug (in Tagen)

F = Skontofrist

Bei 2 % Skonto für Zahlung innerhalb 10 Tagen statt Bezahlung ohne Skonto in 30 Tagen ergibt sich demnach z.B. ein Effektivzinssatz von 36,73 %. Sätze in dieser Höhe sind in der Praxis durchaus üblich, um einen zusätzlichen Anreiz für den Kunden zur prompten Bezahlung zu schaffen. Darüber hinaus wird mit dem hohen Nettopreis ein zusätzlicher Ankerreiz i.S. der Adaptionsniveautheorie gesetzt, der den Barzahlungspreis als besonders günstig erscheinen lässt.

Flexibilitätsleistungen

Hierbei handelt es sich z.B. um großzügige Regelungen bezüglich der *Umtauschbarkeit*, der *Umbuchung* von Dienstleistungen auf andere Termine oder Leistungssektoren, *Spätbuchungsrabatte* oder *-zuschläge* etc.

Sicherheitsdifferenzierung

Hierbei ist an die verschiedenen Formen von *Leistungs- und Preisgarantien* zu denken, durch welche der Kunde ein geringeres Kaufrisiko auf sich nehmen muss.

Preisbaukästen

Zur stärkeren Individualisierung des Leistungsangebotes im soeben beschriebenen Sinne kann man *Preisbaukästen* bilden. Darunter sind Angebotspreissysteme in Form von Listenpreisen für kombinierbare, komplementäre, standardisierte Teilleistungen oder für darauf aufbauende Leistungspakete mit speziellen (i.d.R. günstigeren) Paketpreisen zu verstehen (Diller 1993, S. 270). Damit verbunden ist eine Abkehr von generellen *Komplettpreisen* i.S. der Preisbündelung (vgl. 8.4.6). Preisbaukästen verfolgen also eine der Preisbündelung zunächst entgegengesetzte Strategie, weil das Leistungsspektrum modularisiert wird. Sie basieren auf entsprechenden Produktbaukästen, die freilich nicht nur Sach-, sondern auch Dienstleistungskomponenten umfassen können. Dadurch entstehen für den Kunden zahlreiche Auswahl- und Kombinationsmöglichkeiten, die es zulassen, das Angebot besser auf die eigenen Bedürfnisse hin auszuwählen. Ein typisches Beispiel hierfür sind die Angebotspaletten der Automobilhersteller mit zahlreichen Motor-, Karosserie- und Zubehörvarianten.

Für den Anbieter solcher Preisbaukästen bieten sich dann wiederum spezielle Chancen zur (temporären) Preisbündelung durch Zusammenfügung einzelner Leistungskomponenten zu Leistungspaketen mit besonderen Preisvorteilen gegenüber den aufsummierten Einzelpreisen (vgl. 8.4.6). Gleichzeitig erhöht die differenzierte Darstellung des Leistungsspektrums in solchen Leistungspaketen auf Seiten der Kunden das Bewusstsein für das Leistungsniveau des jeweiligen Anbieters (vgl. Diller 1993, S. 272). Die Heterogenisierung des Angebots führt gleichzeitig zu einer Verminderung der Wettbewerbsintensität und sinkender Preistransparenz.

8.4.4 Funktions- und Stufenrabatte

Auf Wiederverkäufermärkten, also etwa in Geschäftsbeziehungen zwischen der Konsumgüterindustrie und dem Groß- und/oder Einzelhandel, erfolgt die Preisdifferenzierung grundsätzlich nach Maßgabe der recht unterschiedlich hohen *Handelsleistung*, die der jeweilige Kunde für den Hersteller bietet. Man spricht diesbezüglich deshalb auch von *Funktions- oder Stufenrabatten*. Gemeint sind spezielle „*Konditionen*", d.h. „... zwischen Anbieter und Abnehmer vereinbarte, an besondere Umstände gekoppelte, abnehmerspezifische Modifikationen der ansonsten üblichen (Standard-)Bemessung von Anbieter-Leistungen und/oder von Abnehmer-Gegenleistungen bei Transaktionen" (Steffenhagen 1995, S. 37). Die Klärung dessen, was unter Leistung im Einzelfall zu verstehen ist, fällt nicht immer leicht und hat nicht selten zu sich überlappenden, unsystematischen oder ungerechtfertigten Konditionen geführt, an deren Besitzstand die Kunden jedoch meist nicht rütteln lassen (vgl. Keller 1991; Steffenhagen 1995, S. 89ff.). Härdtl (1995, S. 71ff.) unterscheidet insgesamt fünf Kategorien, nämlich

- *Geldlogistikleistungen* (Inkasso, Bezahlungszeitpunkt, Delkredereabsicherung etc.),

- *Güterlogistikleistungen* (Struktur und Zeitpunkt der Auftragsmengen, Übernahme von Logistikfunktionen etc.),

- *Marktbearbeitungsleistungen* des Handels (Warenlistung und- platzierung, Laden- und Regalgestaltung, werbliche Herausstellung, Preiskalkulation, Verkaufsförderung etc.),

- *Kaufvolumenleistungen* des Handels (Abnahmemengen) und

- *Informationsleistungen* des Handels (Abverkaufsdaten, Kundenbefragungen etc.).

Darauf aufbauende Konditionen müssen sorgfältig definiert, voneinander abgegrenzt und zu einem schlüssigen *Konditionensystem* verknüpft werden, was durchaus auch als strategische Aufgabe des Preismanagements anzusehen ist (Steffenhagen 1995). Schwierigkeiten bereitet hierbei vor allem der Übergang auf neue Systeme, weil dadurch Konditionenbesitzstände von Kunden gefährdet sein können, die diesen im eigenen horizontalen Wettbewerb unverzichtbar erscheinen.

Typische Leistungsvergütungen an den Handel sind:

- *Inkasso-* und *Delkrederevergütungen* für Zahlungseinzug und Übernahme des Kreditausfallrisikos in zweistufigen Handelsorganisationen,

- *Kommissionierungs-, Verlade-, Lagerhaltungs-* oder *Bezugspunktrabatte* bei Übernahme der entsprechenden logistischen Leistungen,

- *Vordispositions-* bzw. *Frühbezugsvergütungen* bei frühzeitiger Bestellung,

- *Listungsvergütungen* (für die Aufnahme einzelner Artikel in ein Sortiment oder in einen Ordersatz),

- *Distributionsvergütungen* (Vergütungen für die physische Präsenz eines Artikels in einer bestimmten Anzahl an Outlets der Handelsorganisation),

- *Messevergütungen* (Zuschüsse für die Präsentation eines Produktes bei vom Handel initiierten Messen),

- *Sonderstammplatzvergütungen* („Plazierungsrabatt", „Regalmiete"; Vergütung für die exklusive Zurverfügungstellung eines bestimmten, über den Standard der Warengruppe qualitativ oder quantitativ hinausgehenden Regalplatz der Warengruppe),

- *Zweitplatzierungsvergütungen*,

- *Sonderpreisvergütungen*,

- *„Werbekostenzuschüsse"*, d.h. Vergütung von Aktivitäten des Handels zur werblichen Unterstützung und Herausstellung ausgewählter Herstellerprodukte,

- *Aktionsvergütungen* (Honorierung zeitlich befristeter Verkaufsförderungsaktionen des Handels).

Eine entsprechende Analyse der damit verbundenen Mehr- bzw. Minderleistungen findet man bei Steffenhagen (1995, S. 48 ff.).

Funktions- oder Stufenrabatte sind in ihrer Höhe kaum objektiv ableitbar, da die vom Handel übernommenen Funktionen letztlich vom Markt bewertet werden, aus dem heraus sich bestimmte Marktpreise für verschiedene Leistungsbündel des Handels ergeben. Die Rabattbemessung wird durch regionale und betriebsformenspezifische Unterschiede in der Art und Intensität des Wettbewerbs am Endverbrauchermarkt zusätzlich erschwert: Einerseits muss vor allem Markenartikelherstellern an einer breiten Distribution ihrer Produkte gelegen sein. Dies erfordert relativ hohe Funktionsrabatte, um auch weniger leistungsfähigen Händlern einen Anreiz zur Aufnahme der Marke in ihr Sortiment zu bieten. Andererseits steigt dadurch die Gefahr, dass leistungsstärkere Händler diese Funktionsrabatte in Form niedrigerer Preise an den Verbraucher weitergeben.

Dann sinkt das Preisniveau der Marke am Markt und mit ihm wiederum der Anreiz für die leistungsschwächeren Händler, die Marke zu vertreiben.

8.4.5 Preisbündelung

> Preisbündelung (PB) bedeutet die Zusammenstellung mehrerer identifizierbarer Teilleistungen (Produkte, Dienste und/oder Rechte) eines oder mehrerer Anbieter zu einem Angebotspaket („Set") mit Ausweis eines Gesamtpreises.

Die Preisbündelung kann als Spezialfall der leistungsbezogenen Preisdifferenzierung angesehen werden und bietet oft erhebliche Möglichkeiten zur Ertragssteigerung durch Abschöpfung von Konsumentenrenten (Simon 1992, S. 442ff.). Voraussetzungen hierfür sind eine heterogene Nachfrage, Entbündelbarkeit bisheriger oder Bündelbarkeit vorhandener Teilleistungen, fehlender Wettbewerb mit Spezialanbietern für Teilleistungen sowie Fehlen von „Trittbrettfahrern" (bei Bündeln mit Beratungsdienstleistungen o.ä.). Einen guten Überblick über die theoretischen Grundlagen und die Anwendungsmöglichkeiten bieten Priemer (1997) und Wübker (1998).

Preisbündelung stellt die Kehrseite der *Produktbündelung* dar und ist von dieser nicht zu trennen. Es geht um die Zusammenstellung verschiedener Angebotsleistungen (sortimentspolitischer Aspekt) und um die Festlegung eines Gesamtpreises hierfür (preispolitischer Effekt). Werden die Einzelpreise ausgewiesen und zusätzlich ein (u.U. davon abweichender) „Paketpreis" ausgelobt, so handelt es sich um die sog. *gemischte Preisbündelung.* Ohne Ausweis der Einzelpreise (*„Komplettpreis"*) liegt die *reine Preisbündelung* vor (Schmalensee 1984, S. 211). Liegt der Bündelpreis bei der Summe der Einzelpreise, so spricht man von *additiven,* liegt er sogar (z.B. bei vollständigen Sammlungen) darüber, von *superadditiven Bündeln (*„premium bundling"*; vgl. Cready 1991). Den Normalfall bildet freilich das *subadditive Bündel* mit Preisnachlässen gegenüber den Einzelpreisen, die dann in unterschiedlicher Form (absolut/relativ und einzeln/gesamt) ausgewiesen werden können. Priemer (1997, S. 29) nennt folgende Abgrenzungsmerkmale für Produktbündel. Die Teilleistungen müssen

- im Prinzip auch einzeln verkäuflich sein,
- im offerierten Angebot ausdrücklich aufgeführt sein,
- einen implizit oder explizit ausgewiesenen eigenen Preis besitzen,
- der in Relation zum Gesamtpreis nicht vernachlässigbar ist, was
- dazu führt, dass alle Teilleistungen kaufentscheidungsrelevant sind.

Die Produktbündelung kann in sehr unterschiedlichen Formen erfolgen und nicht nur preispolitisch motiviert sein (vgl. Priemer 1997, S. 35ff.). Preispolitisch fruchtbar ist die Unterscheidung nach dem *zeitlichen* (*Folgegeschäfte*, z.b. Rasierapparat und -klingen, Kopiergerät und Wartungsservice) und dem *sachlichen* (*Komplementarität der Teilleistungen*, z.b. Möbelgarnitur, Geschirr-Service) Integrationsgrad und nach dem *Erkennungsgrad* für den Kunden (*„ingredient bundling"* für eingebaute Komponenten mit eigenständigem Wert, z.B. PC-Prozessoren). Sonderformen sind das *Cross-Couponing* (z.b. Kinokarte und Verzehrsgutschein im Restaurant; vgl. Foster 1991) sowie *Systemangebote* innerhalb eines proprietären Produktsystems (z.b. Gardena-Gartengeräte, Erco-

Branche	Bündel	Art der Preis-bündelung
Konsumgüter	Kosmetik-Set aus After-Shave & Deodorant & Duschgel zum Setpreis	Reine Preisbündelung
Konsumgüter	Gefüllter Werkzeugkoffer (Setpreis) mit auch einzeln käuflichen Werkzeugen	Gemischte Preisbündelung
Konsumgüter (Verkauf an Händler)	Aktionspreisrabatt für Degustationsstand mit Herstellerpersonal	Reine Preisbündelung
Dienstleistungen	Pauschalpreis für Fitness-Studio (alle Geräte) inkl. Sauna	Reine Preisbündelung
Dienstleistungen	Komplettpreis PC-Betriebssystem inkl. Internet-Browser	Reine Preisbündelung
Konsumgüter & Dienstleistungen	„Urlaubsset": 3 Filme & Entwicklung & je 1 Abzug zum reduzierten Komplettpreis	Gemischte Preisbündelung & Mengenrabatt
Investitionsgut	Telefon-Nebenstellenanlage mit 10-Jahres-Wartungsvertrag	Gemischte Preisbündelung (Folgegeschäft)
Investitionsgut	Komplettpreisangebot eines Konsortiums für den Bau eines neuen Flughafens	Reine Preisbündelung
Medien	Lesezirkel zum Abonnementpreis für 12 Zeitschriften pro Woche	Preisbündelung & Mengenrabatt
Öffentliches Gut	Kultur-Abonnement für Konzerte, Theater und Ballett mit 30% Rabatt	Preisbündelung & Mengenrabatt

Tab. 8-1:   **Beispiele für Preisbündelungen aus verschiedenen Branchen**

Beleuchtungssysteme). Auch *Bonussysteme* besitzen gelegentlich den Charakter von Preisbündeln (z.B. Prämien-Flugmeilen bei Benutzung einer bestimmten Autovermietung), zählen in der Grundform aber zur mengenmäßigen Preisdifferenzierung. Besonders weit verbreitet ist die Preisbündelung auf Dienstleistungsmärkten. Die Auflistung einiger bekannter Beispiele von Preisbündel in Tabelle 8-1 mag die Verbreitung veranschaulichen.

Eine vereinfachte *modelltheoretische Analyse* der Preisbereitschaft und damit verbundenen Konsumentenrenten zweier Personen macht die gewinnsteigernde Wirkung der Preisbündelung deutlich. Angenommen, die maximale Preisbereitschaft für die Miete zweier Videofilme betrage bei zwei Personen A und B:

Film	Person	
	A	**B**
1	12	18
2	25	10

Da im Allgemeinen eine Preisdiskriminierung zwischen A und B nicht möglich oder (bei Marktmacht) sogar verboten ist, könnte der Anbieter - will er beide Kunden gewinnen ("Penetrationspreis") - für Film 1 12 GE und für Film 2 10 GE fordern. Damit würden beide Personen mieten und ein Erlös von 2 (12 + 10) = 44 GE (bzw. ein entsprechender Deckungsbeitrag) erwirtschaftet. Ein Preis von 18 GE für Film 1 bzw. von 25 GE für Film 2 erbrächte lediglich 43 GE, weil beide Kunden dann jeweils nur den stärker präferierten Film mieten würden.

Eine gewinnträchtigere Lösung besteht nun aber darin, den Film 1 separat zu 18 GE, den zweiten separat für 25 GE und beide zusammen zum Paketpreis von 28 GE anzubieten. Interpretiert man die maximale Preisbereitschaft als Nutzenindex der Kunden, so werden beide bereit sein, auf dieses Angebotspaket einzugehen. Der Erlös erhöht sich dadurch auf 56 GE. Bei gleichen Kosten gegenüber der ersten Lösung entspricht dies einem Gewinnzuwachs von 12 GE. Eine solche gemischte Preisbündelung ist wettbewerbsrechtlich unproblematisch. Sie wird z.B. regelmäßig von Restaurants betrieben, die Menüpreise i.d.R. niedriger ansetzen als die Summe der à la carte-Preise. Wie dargestellt, kann dadurch ein höherer Umsatz und Gewinn erzielt werden. Allerdings ist dies nicht generell und nur bei nicht-substitutiven Produkten der Fall.

Eine nähere Analyse der Gewinnsteigerung zeigt, wo die Ursache dafür liegt. Der Anbieter schöpft Konsumentenrente ab, weil die Paketpreise einerseits die Preisbereitschaft für die Einzelkomponenten zwar nicht übersteigen, sodass der Käufer für ein Paket gewonnen werden kann, aber andererseits die Preisbereitschaft auch besser ausschöpfen als beim Penetrationspreis.

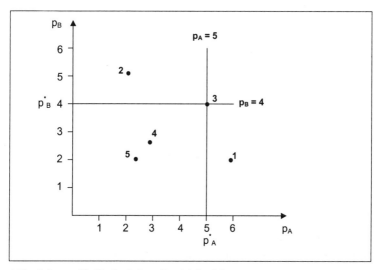

Abb. 8-5:   Fallbeispiel zurPreisbündelung

Zur Verdeutlichung übernehmen wir ein Zahlenbeispiel von Simon (1992, S.446ff.). Abb. 8-5 zeigt die Preisbereitschaft für fünf Personen und zwei Produkte A und B. Person 1 gibt z.b. für A höchstens 6 und für B höchstens 2 GE aus, Person 3 für A höchstens 5 und für B höchstens 4 usw. Unterstellt man (ohne Beeinflussung der Optimalpositionen) Grenzkosten von 0, so ergeben sich die in Abb. 8-5 eingezeichneten (Monopol-)Optimalpreise von 5 GE für A und 4 GE für B. Es resultieren ferner vier Personengruppen:

- Käufer von A (Person 1)
- Käufer von B (Person 2)
- Käufer von A und B (Person 3)
- Nicht-Käufer (Personen 4 und 5)

Der Gewinn beträgt 10 GE für A und 8 GE für B, zusammen also 18 GE.

Bietet man nur ein „Komplettangebot" aus A und B (reine Preisbündelung), beträgt der optimale Preis 5,5 GE. Er ist in Abb. 8-6 durch eine entsprechende „Budgetgerade" veranschaulicht. Man erkennt dabei, dass nunmehr naturgemäß nur noch zwei Kundengruppen existieren, nämlich Käufer (auf oder oberhalb der Budgetgeraden) und Nicht-Käufer (unterhalb der Budgetgeraden). Der Gewinn steigt auf $4 \cdot 5,5 = 22$, also um vier Einheiten. Der Paketpreis transferiert soz. Konsumentenrente von Produkt A auf B (bzw. umgekehrt). Zum Beispiel behält Person 1 bei p(A) = 5 eine Konsumentenrente von 6 - 5 = 1; andererseits übersteigt p(B) = 4 deren Preisbereitschaft um 3 GE. Beim Paketpreis ermöglicht der gesenkte Preis zusammen mit der „Reserve" an Konsumentenrente von 1 GE bei A, dass Person 1 beide Produkte kauft, womit die Konsumentenrente letztendlich auf 6 - 5,5 = 0,5 abnimmt, da nunmehr im Vergleich zur Einzelpreislösung 5,5 statt 5 Geldeinheiten erlöst werden. Dass dafür auch Produkt B hingegeben werden muss, ist wegen der Kostenprämisse unerheblich. Würde man davon abweichen, würden die Optimalpreise entsprechend steigen und damit auch der optimale Kombipreis. Im vorliegenden Fall werden bei den vier Käufern folgende Differenzbeträge abgeschöpft und damit der Gewinn insgesamt um vier Einheiten von 18 auf 22 erhöht: Person 1: +0,5 GE, Person 2: +1,5 GE, Person 3: -3,5 GE und Person 4: + 5,5 GE.

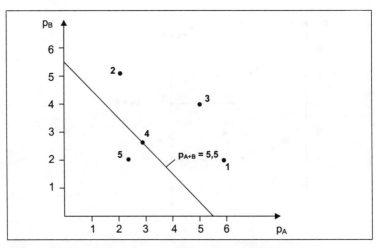

Abb. 8-6:   **Preissituation bei reiner Preisbündelung**

Wählt der Anbieter schließlich eine *gemischte Bündelung*, indem er neben dem Paketpreis von 5,5 Einzelpreise von 2,4 für A und 4 für B offeriert, ergibt sich die in Abb. 8-7 dargestellte Situation. Nachfrager 5 kauft nunmehr zumindest Produkt A, sodass der Gewinn um weitere 2,4 GE steigt. Im Vergleich zur reinen Paketpreisleisung werden Käufer im Dreieck X zu Käufern des Produkts A und jene im Dreieck Y zu Käufern von B. Man erkennt damit, wie durch einen Preisbaukasten einschließlich Paketpreisen der Markt im Vergleich zu Komplettpreisangeboten feiner segmentiert wird.

Stillschweigend vorausgesetzt wird bei all diesen Überlegungen, dass die für die Kaufprognose unabdingbare maximale Preisbereitschaft hinlänglich genau ermittelt werden kann. Wegen der oft ungewohnten Nutzenbündelung wird dies auch beim Einsatz komplexerer Marktforschungsverfahren, wie dem Conjoint Measurement, nicht immer möglich und in jedem Fall aufwendig sein (vgl. Hanson/Martin (1990). Viele Unternehmen werden sich deshalb in praxi mit subjektiven Schätzungen bzw. einem trial and error - Verfahren begnügen müssen.

Man kann die Preisbündelung als implizite (versteckte) Preisdifferenzierung interpretieren. Die im Modellbeispiel betrachteten Kunden „verbuchen" mental unterschiedliche Preise für die im Bündel enthaltenen Produkte, obwohl objektiv von jedem Kunden die gleichen Preise gefordert werden. Damit beinhaltet die gemischte Preisbündlung weder ein wettbewerbsrechtliches noch ein Imagerisiko (Priemer 1997, S. 77), weil dem einzelnen Kunden diese unterschiedliche Bewertung des Bündelpreises verborgen bleibt.

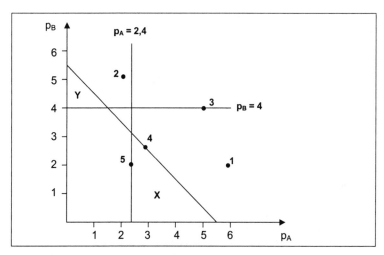

Abb. 8-7: **Preissituation bei gemischter Bündelung**

Offen bleibt allerdings, ob der mit der Preisreduktion beim Bündelpreis verbundene Preiseffekt auf den Umsatz tatsächlich von den Mehrerlösen aufgrund zusätzlicher Kunden überkompensiert wird. Dies hängt zum einen von der Verteilung der Preisbereitschaft aller Kunden und zum anderen von den eventuellen Bündelpreisen der Wettbewerber ab. Eine Abschätzung dieser Frage dürfte nicht leicht fallen, weil Kunden bei entsprechenden Befragungen wahrscheinlich eher zurückhaltend Auskunft geben dürften.

Unbestreitbar sind freilich einige *preisoptische Vorteile* der Preisbündelung (vgl. Diller 1993; Priemer 1997, S. 96ff.): Nach der konvexen Nutzenfunktion der Prospect-Theorie mit degressivem Verlauf des „Grenzschadens" durch Bezahlung von Preisen ist nämlich davon auszugehen, dass der höhere Bündelpreis selbst im additiven Fall günstiger empfunden wird als die Summe der Einzelpreise (vgl. 4.4.1.4). Dies gilt zumindest solange, wie eine obere absolute Preisbereitschaftsschwelle nicht überschritten wird, was allerdings nicht von vornherein auszuschließen ist (z.B. Höchstsumme für ein Restaurantessen). U.U. empfiehlt sich in solchen Fällen nicht der explizite Ausweis des Bündelpreises, sondern nur jener der reduzierten Einzelpreise, wenn gemeinsam gekauft wird.

Die Wertanmutung der Verbraucher bei der Preisbündelung wurde bereits mehrfach im Hinblick auf prospecttheoretische Effekte hin untersucht (Yadav/Monroe 1993; Kaicker et al. 1995; Herrmann/Bauer 1996; Priemer 1997). Der konkav-konvexe Verlauf sowie die Asymmetrie der Wertfunktion wurde überwiegend bestätigt. Nur im Laborexperiment mit Studenten von Kaicker et al. wurde offenkundig die obere absolute Preisschwelle für ein Set aus Stereo-Verstärker und CD-Player überschritten, sodass der Bündelungseffekt nicht nachzuweisen war.

Die Preisbündelung kann neben den erläuterten Abschöpfungseffekten auch vielfältige andere entscheidungsrelevante Wirkungen entfalten (vgl.

Priemer 1997, S.84ff.). Unmittelbare preispolitische Bedeutung besitzt dabei die *Senkung der Preiselastizität* besonders stark im Wettbewerb stehender Komponenten durch „Mittelung" der komponentenspezifischen Elastizitäten beim Leistungsbündel. Dies kann zu einer Preisberuhigung beitragen. Die Bündelung von Produkten mit Über- bzw. Unternachfrage (z.b. Bundesliga-Spitzenspiel und „Alltagsbegegnung" durch Kombi-Tickets bei erhöhtem Einzelpreis für die Spitzenbegegnung) kann neben Gewinnabschöpfungen auch die *Kapazitätsauslastung* verstetigen. Zu denken ist ferner an *Kostensenkungen* durch die Absatzausweitung mit entsprechendem Zuwachs an Größen- und Erfahrungsvorteilen, aber auch Einsparungen von Transaktionskosten durch Verbundproduktion, z.B. bei Dienstleistungen vor Ort. Schließlich profitiert man bei Preisbündelungen durch eine *Absatzausweitung,* die u.U. auch wettbewerbsstrategische Bedeutung besitzen kann, wenn sie das Unternehmen gezielt in *neue Marktsektoren* hineinführt. Häufig ist dies derzeit z.B. durch Bündelung mit zusätzlichen Dienstleistungen der Fall, wodurch viele Unternehmen (selbst Automobilhersteller) zunehmend zu Dienstleistungsunternehmen generieren (vgl. Dudenhöffer 1998). Weitere positive Effekte können durch Imagetransfer zwischen den Komponenten (Imageirradiation), breiteren Bekanntheitsgrad des Anbieters oder Befriedigung des Abwechslungsbedürfnisses der Kunden bewirkt werden, was freilich nicht mehr direkt mit preispolitischen Fragen, sondern generell mit der Strategie der Produktbündelung zusammenhängt. Preisbündelung bietet ferner *Wachstumschancen* durch cross selling, Erschließung zusätzlicher horizontaler oder vertikaler Marktsegmente bzw. Preisschichten. Schwache, u.U. auch negative Effekte sind hinsichtlich der *Kundenbindung* zu erwarten. Zweifelhaft und bisher zu wenig untersucht ist insb. die Wirkung auf das *Preisimage.* Eigene Pilotstudien lassen allerdings vermuten, dass Bündelangebote durchaus als fair und attraktiv gelten, solange mit ihnen ein Preisvorteil gegenüber den Einzelpreisen verbunden ist (Snay 1999). Der Abschöpfungseffekt scheint nicht negativ wahrgenommen zu werden.

8.4.6 Mengenrabatte und nicht-lineare Tarife

Als *Instrumente* zur Durchsetzung mengenbezogener Preisnachlässe stehen grundsätzlich *Blocktarife, Mengenrabatte, Pauschalpreise und zweiteilige Tarife* (vgl. 3.2.2) mit Grundpreis und zusätzlichen Nutzungsentgelten pro gekaufter Mengeneinheit zur Verfügung. Eine weitere Möglichkeit besteht in Preisen für *„Mengenbündel"* bei Kauf mehrerer Einheiten (z.B. Multipacks für Getränke, Mehrfahrtenkarten im ÖPNV, Theater-Abonnements; vgl. Priemer S. 14ff.). Zusätzliche Variationsmöglichkeiten ergeben sich durch die *zeitliche Ausgestaltung* des Preissystems. Muss der Käufer schon beim Kaufzeitpunkt seine Kaufmenge bestimmen (Beispiel: Heizölkauf), spricht man von *zeitpunktbezogenen*, ansonsten von *sequentiellen* nicht-linearen Tarifen (Büschken 1997, S. 5ff). Letztere sind typisch für Dienstleistungen, etwa Telefon- oder Internetnutzung, Stromverbrauch oder Mietwagennutzung. Abb. 8-8 gibt einen Überblick über die verschiedenen zeitpunktbezogenen Systeme.

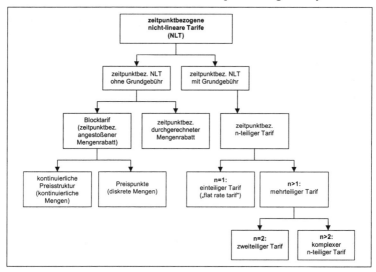

Abb. 8-8: **Systematik zeitpunktbezogener nicht-linearer Tarif-systeme (Quelle: Büschken 1997, S. 8)**

8.4.6.1 Blocktarif

Der *Blocktarif* verzichtet auf eine Grundgebühr und definiert lediglich Mengenintervalle („Blöcke") mit den dazugehörigen Preisen pro Einheit. Typisch sind solche Preisnachlässe für unterschiedliche Gebindegrößen (Waschmittel, Getränke etc.). Der Preis pro Einheit sinkt (üblicherweise) mit zunehmender Gebindegröße („*diskrete Preisstruktur*" mit n *Preispunkten* bei den jeweiligen Mengeneinheiten pro Packung). Im theoretischen Grenzfall unendlich vieler Preispunkte ergibt sich dagegen eine „*kontinuierliche Preisstruktur*".

8.4.6.2 Mengenrabatte

Mengenrabatte sind Preisabschläge als Anreiz zum Kauf größerer Mengen pro Auftrag oder Periode. Höhere Auftragsmengen senken die Auftragsgewinnungs- und -abwicklungskosten pro Mengeneinheit beim Hersteller (Meffert/Breitung 1976). Kleinaufträge belasten dagegen die Vertriebskapazität und werden deshalb bei Unterschreitung bestimmter Mindestauftragsgrößen häufig sogar mit sog. *Mindermengenzuschlägen* belegt. Die Preisnachlässe beziehen sich entweder auf die gesamte Kaufmenge („durchgerechneter Mengenrabatt") oder nur auf die Menge ab dem definierten Mengenpunkt des Tarifs („angestoßener Mengenrabatt"). Letzteres entspricht einem Blocktarif. Wie Abb. 8-9 auch graphisch deutlich macht, bietet der durchgerechnete Rabatt erheblich höhere Preisvorteile und damit Kaufanreize für den Käufer (Plinke 1983). Mengenrabatte werden als *Bar- oder Naturalrabatte* gewährt und können degressiv oder progressiv ausgestaltet werden.

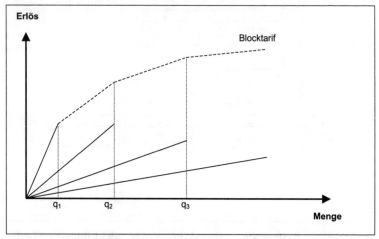

Abb. 8-9: **Beispiel für durchgerechnete Mengenrabatte im Vergleich zu einem angestoßenen Mengenrabatt (Blocktarif) (Quelle: Büschken 1997, S. 13)**

Die mengenabhängige „*Konditionenspreizung*" vieler Lieferanten hat erheblich dazu beigetragen, dass der Handel sich in den letzten Jahren zu immer größeren Gruppen zusammenschloss, um in den Genuss günstigerer Einkaufspreise zu gelangen. Die Nachfragemacht des Einzelhandels nahm dadurch beträchtlich zu und trieb viele Hersteller in die Abhängigkeit einiger weniger Großabnehmer. Auf vielen Märkten wird derzeit bis zu 90% des Absatzes mit nur 1% der Abnehmer abgewickelt. Diese Entwicklung hat dazu geführt, dass die *Bemessung der Mengenrabatte* zunehmend von den Kostenvorteilen losgelöst wird, die Großaufträge für den Lieferanten bieten. Vielmehr werden Macht- und Konkurrenzaspekte für die Rabatthöhe entscheidend.

Ginge es allein nach den Kostenvorteilen, wäre ein degressiver Verlauf der Rabattstaffel angebracht. Abb. 8-10 zeigt eine einfache Methode für eine solche Rabattstaffelung (vgl. Bauer 1975, S. 219ff.). Bei auftragsfixen Kosten in Höhe von € 50,- und einem Preis von € 2,20 pro 100 Stück ergibt sich mit zunehmender Bezugsmenge des Abnehmers eine degressiv fallende Preiskurve, wenn die Auftragsfixkosten an die Abnehmer weitergegeben werden sollen. Die Rabattstaffel kann dann so ausgestattet werden, dass der Effektivpreis an keiner Stelle diese Preiskurve unterschreitet. Die in Abb. 8-10 dargestellten Flächen stellen dann nicht weitergegebene Kostenvorteile dar. Die Staffelbreite erfolgt hierbei z.B. aus verkaufspsychologischen Gründen so, dass mit jeder höheren Rabattstufe ein Preisvorteil von ca. 20% geboten werden kann. Im vorliegenden Fall ergibt dies die in Tab. 8-2 dargestellte degressive Mengenstaffel. Es handelt sich hierbei um eine durchgerechnete Staffel.

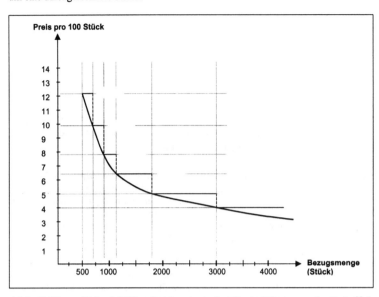

Abb. 8-10:   Beispiel für eine kostenorientierte Mengenrabattstaffel

Eine andere Methode der Rabattstaffelung geht von optimalen Bestellgrößen beim Kunden aus, die nach der bekannten Losgrößenformel bestimmt werden können (vgl. Crowther 1964; Müller-Merbach 1966). Dabei gilt bei kontinuierlichem Verbrauch:

(8-5) $x^* = [(2 \cdot K_f \cdot m)/p \cdot i]^{\frac{1}{2}}$

mit x^* = optimale Bestellmenge pro Auftrag

       K_f = fixe Kosten des Abnehmers pro Bestellung

       m = Jahresbedarf (in Stück)

       p = Stückpreis des zu beschaffenden Gutes ohne Rabatte

       i = kalkulatorischer Zinssatz für Kapitalbindungskosten

Bei dieser Bestellmenge werden die Kapitalkosten des Bestellers C_B:

(8-6) $C_B = (K_f \cdot m/x) + (x \cdot p \cdot i/2)$

minimiert. Die entsprechenden Kosten auf der Lieferantenseite betragen

(8-7) $C_L = (K_{fL} \cdot m/x) - (g \cdot p \cdot i \cdot x/2)$

mit K_{fL} = fixe Kosten des Lieferanten pro Bestellvorgang

       x = Bestellmenge pro Auftrag

       g = Gewinnanteil am Stückerlös.

Bezugsmenge	Preis pro 100 Stück in €
500 – 699	12,20
700 – 899	9,80
900 – 1199	7,85
1200 – 1799	6,40
1800 – 3000	5,00
über 3000	4,00

Tab. 8-2:   Degressive, durchgerechnete Rabattstaffel zur Abdeckung auftragsfixer Kosten

Auf der Grundlage der Formel (8-7) können nunmehr die Kostenersparnisse bestimmt werden, die beim *Lieferanten* bei Bestellmengen x > x* (x ≤ m) auftreten. Gleichzeitig lassen sich nach Gleichung (6-3) die Mehrkosten berechnen, die dem *Abnehmer* bei Bestellmengen x > x* entstehen, wobei zu berücksichtigen ist, dass ein Rabatt dessen optimale Bestellmenge mit beeinflusst. Der Nettobetrag aus der Kostensenkung beim Lieferanten und dem Kostenzuwachs beim Abnehmer bestimmt dann den Spielraum für die Bemessung des Mengenrabatts. Der direkte Preisresponse (Mehrkauf aufgrund niedrigerer Preise) bleibt bei diesem Verfahren allerdings unberücksichtigt. Zu prüfen ist dann, wie sich m über alle Kunden verteilt, wobei u.U. Simulationsverfahren herangezogen werden können (vgl. Meffert/Breitung 1976). Darauf aufbauend kann die aggregierte Wirkung verschiedener Rabattstrukturen ermittelt werden. Einfache Beispiele für dieses Verfahren findet man bei Bauer (1975) oder Crowther (1964).

Mengenrabatte müssen aus mehreren Gründen regelmäßig *überprüft* und gegebenenfalls *korrigiert* werden (vgl. Rao 1980): Erstens wächst bei umsatzbezogenen Rabattstaffeln der Anteil der Kunden in höheren Rabattklassen durch *inflationäre Prozesse,* ohne dass es zu einem Mehrabsatz kommt. Zweitens erhöht sich durch immer wieder auftretende Kooperationen einzelner Abnehmer beim Einkauf die durchschnittliche Bezugsmenge pro Bestellung ebenfalls, ohne dass insgesamt mehr abgesetzt wird. Drittens ist das Beschaffungsmarketing des Handels inzwischen so weit entwickelt, dass alle Möglichkeiten der Preisminderung, beispielsweise durch geschickte Verteilung der Auftragssummen auf verschiedene Lieferanten, genutzt werden und auch hierdurch die durch Rabatte bewirkten Erlösschmälerungen der Industrie steigen. Viertens geraten kleinere Abnehmer bei stark gespreizten Rabattstaffeln und zunehmender Konzentration u.U. relativ rasch in den Bereich mangelnder Wettbewerbsfähigkeit, da sie die Abgabepreise nicht entsprechend senken können, ohne Verluste zu erleiden. Für den Hersteller bringt dies *Distributionsverluste* und zunehmende *Abhängigkeit* von einigen marktmächtigen Kunden mit sich. Eine Voraussetzung zur Lösung dieser Probleme ist eine systematische und kundengruppenbezogene *Erlösplanung und -kontrolle* (vgl. 12.4.3).

8.4.6.3 Pauschalpreise

Bei Pauschalpreisen („flat rates") bezahlt der Kunde einen Einheitspreis für beliebig viele Einheiten eines Gutes. Dies bedeutet de facto einen sinkenden Durchschnittspreis mit zunehmender Abnahmemenge. Intensivkäufer bzw. -nutzer bezahlen pro Einheit weniger als Extensivnutzer. Wegen der weiten Verbreitung im Gastronomiebereich (z.b. bei Frühstücksbuffets) spricht man auch vom *„Buffet-Pricing"* (Nahata et al. 1999). Ähnliche Konstellationen liegen aber z.b. auch bei Tageskarten im ÖPNV, bei Dauerbesuchsausweisen in Museen oder anderen, unbegrenzt bzw. variabel nutzbaren Servicekapazitäten (Fitness-Studio, Ferienclub, Beratungshotline) vor.

Preispolitisch sinnvoll sind derartige Tarife dann, wenn die Mehrkosten des unbegrenzten Konsums durch geringere Produktions- oder Transaktionskosten oder langfristige Imageeffekte und entsprechende Kundenzuwächse überkompensiert werden. Beispielsweise sind die Transaktionskosten für Bedienung beim Hotelfrühstück hoch, gleichzeitig aber die Verzehrsmengen aus Zeitdruck und physiologischen Gründen recht begrenzt. Im Fall der Verkehrsbetriebe sind die (zusätzlichen) Produktionskosten praktisch Null, allerdings müssen der Kannibalisierungseffekt auf Kunden anderer Preissysteme möglichst gering und das Kundenpotential recht groß sein, damit der Pauschaltarif positive Gewinnbeiträge leistet. Problematisch ist der Pauschaltarif, wenn heterogene Kundenstrukturen mit sehr unterschiedlichen Ausgabebereitschaftsfunktionen vorliegen. Hier kann ein Kundenzuwachs u.U. nur durch relativ niedrige Pauschalpreise erreicht werden, was aber wegen des damit verbundenen Preiseffekts zu hohen Erlöseinbußen führt. Der Mengeneffekt muss dann entsprechend hoch ausfallen, wenn insgesamt ein Gewinnzuwachs erreicht werden soll. Ein Optimierungsverfahren für quadratische und semilogarithmische Zahlungsbereitschaftsfunktionen mit Hilfe einer Lagrange-Funktion findet man bei Skiera (1998, S. 77ff.). Der Autor zeigt auf, dass der Gewinn beim Pauschaltarif und sehr niedrigen Nutzungskosten (z.B. Bahn) bis zu 100% über dem des linearen Tarifs liegt, bei hohen Nutzungskosten aber auch genauso viel darunter.

8.4.6.4 Zweiteilige Tarife

Zweiteilige Tarife kombinieren *zwei Preiskomponenten*, nämlich eine fixe „*Grundgebühr*" und ein *nutzungsabhängiges Entgelt* pro verbrauchte bzw. gekaufte Einheit des Gutes. Sie sind z.B. aus dem Versorgungs- oder dem Telekommunikationssektor seit langem bekannt, breiten sich aber neuerdings auch auf andere Branchen aus. Ein besonders bekanntes Beispiel ist die BahnCard der DB (vgl. Brandt 1995), die in ähnlicher Form z.B. auch von Theaterbetrieben („Abo-Card") übernommen wurde. Gewinnchancen ergeben sich aus beiden Preiskomponenten, allerdings lassen sich häufiger Subventionierungen der einen durch die andere

Preiskomponente aus *preisoptischen Gründen* beobachten. So wird bei Mobilfunktarifen oft der variable Nutzungspreis durch fixe monatliche Grundpreise subventioniert (vgl. Albers 1996). In den Anfangsjahren des Mobilfunks wurde dagegen der Einstiegspreis für den Kunden durch z.T. extreme Subventionierung des Gerätepreises gesenkt (Bündelung von Gerät und Providervertrag). Teilweise wird auch ein *Anfangsguthaben* gewährt, was als negative Grundgebühr interpretierbar ist. Auch manche Vergnügungsparks bauen auf optisch günstige Eintrittspreise, die durch relativ hohe Preise für Teilnutzungen und Gastronomie kompensiert werden.

Darüber hinaus können den Kunden ganz im Sinne einer Preisdifferenzierung zweiten Grades mehrere *optionale Tarife* mit unterschiedlichen Preisstrukturen angeboten werden. Davon machen z.b. die Mobilfunkbetreiber reichlich Gebrauch, um differenzierten Kundenwünschen bzw. Ausgabebereitschaften gerecht zu werden. Z.B. kommt es manchen Kunden nur auf die Erreichbarkeit per Handy an, was hohe Nutzungspreise nahe legt, während andere zu den Vieltelefonierern zählen, die niedrige Nutzungspreise wünschen. Manche telefonieren überwiegend mit bestimmten Partnern in vorhersehbaren Zonen, andere können sich diesbezüglich nicht festlegen.

Büschken (1997) unterscheidet *zeitpunktbezogene* und *sequentielle Tarife* und berücksichtigt damit den Umstand, dass ein Kunde im erstgenannten Fall unter Unsicherheit über seinen zukünftigen Bedarf entscheidet bzw. im zweitgenannten Fall seine Kaufentscheidung unter (größerer) Sicherheit treffen kann. Bei sequentiellen Tarifen können auch die Grundgebühren an die Abnahmemengen angekoppelt werden (z.B. Stromtarife). Ein analoger Spezialfall sind *Bonusprogramme* mit mengenabhängigen nachträglichen Gutschriften oder Prämien (s.u.).

Für eine *Optimierung* sind neben den Nachfrageeffekten auch die Implementierungskosten solcher Preissysteme, insb. die z.T. erheblichen Werbekosten, zu berücksichtigen. Skiera (1998, S. 96ff.) zeigt an einem einfachen Optimierungs-Rechenbeispiel mit realistischen Zahlungsbereitschaftsfunktionen, dass Gewinn und Umsatz beim zweiteiligen Tarif und einer nutzungsunabhängigen Zahlungsbereitschaft von Null bei homogener Kundschaft genau doppelt so hoch ist wie beim linearen Tarif. Im Falle heterogener Kundenstruktur bzgl. Zahlungsbereitschaft übersteigt der Gewinn den des linearen Tarifs um 8%. Die Gewinnunterschiede nehmen mit zunehmenden Nutzungskosten überproportional zu.

Einschlägige empirische Untersuchungen zur Optimierung derartiger Preisstrukturen wurden von Tacke (1989) und Skiera (1998) geleistet. Beide gelangen im Wesentlichen zu ähnlichen Befunden. Sie lassen sich wie folgt zusammenfassen:

- *Pauschaltarife*, bei denen der Kunde so viel Güter übernehmen kann wie er will, führen zu ähnlichen Gewinnen wie lineare Tarife.

- Die mit dem Angebot eines *zweiteiligen Tarifs* (Grundpreis und nutzungsabhängiger Verbrauchspreis) verbundene *Gewinnsteigerung* im Vergleich zum linearen Tarif betrug bei Tacke im Durchschnitt ca. 54% und bei drei Studien von Skiera ca. 46%. Damit ist überzeugend belegt, dass eine mengenmäßige Preisdifferenzierung erhebliche Gewinneffekte zu erzeugen vermag.

- Zwei *optionale Tarife* sind häufig ausreichend, um das Gewinnpotential hinreichend auszuschöpfen. Dabei bewirkt eine zweite Option im Mittel der drei empirischen Studien von Skiera nur noch eine Gewinnsteigerung von 4,9%.

- Aus kundenpolitischen Gründen interessant ist der Befund, dass sowohl der *Gewinn* als auch die nachgefragte *Menge*, die Anzahl der *Nutzer* und der *Umsatz* sich sehr *ungleichmäßig* auf die einzelnen optionalen Tarife *verteilen*. Bei Skiera vereinigte jeweils einer der getesteten Tarife in allen drei Studien mindestens 75% der Nutzer und vereinte deutlich mehr als die Hälfte des Gewinns auf sich.

- Trotz dieser Homogenität lassen die empirischen Untersuchungen aber auch *Unterschiede im Nutzenempfinden* erkennen. Meist gibt es eine Gruppe mit relativ hoher Preisbereitschaft für eine geringe Menge und eine niedrige Preisbereitschaft für eine hohe Menge, d.h. die Nachfragefunktion ist stark fallend (Extensivkäufer). Eine zweite Gruppe hat dagegen eine niedrige Preisbereitschaft für eine geringe Menge, aber eine vergleichsweise hohe Preisbereitschaft für hohe Mengen. Deren Nachfragefunktion verläuft also weniger degressiv (Intensivkäufer).

8.4.6.5 Bonussysteme

Ein anderes beliebtes Anwendungsfeld stellen *Bonussysteme*, z.B. Frequent Buyer-Programme mit Bonusklassen, dar (Schmengler/Thieme 1995; Bernet 1995; Simon et al. 1998). Boni sind nachträglich gewertet, d.h. kumulative Mengen oder Umsatzrabatte. In ihnen vermengen sich Komponenten des Mengen- und des Treuerabatts, da der Kunde dazu bewegt werden soll, innerhalb einer Abrechnungsperiode möglichst viele einschlägige Käufe beim jeweiligen Lieferanten zu tätigen. Damit steht ein eher langfristiges, beziehungspolitisches Marketingziel im Hintergrund von Boni.

Besonders deutlich wird dies bei so genannten *Bonusprogrammen*, bei denen der Kunde bei Erreichung bestimmter Abnahmemengen bzw. entsprechender Punktwerte Naturalrabatte (z.B. Freiflüge), Sachprämien oder Upgradings in höhere Leistungsklassen erhält. Besonders weite Verbreitung fanden Bonussysteme in den 90er-Jahren bei Luftverkehrsgesellschaften, wo sie in Verbindung mit strategischen Allianzen zu einem wettbewerbspolitisch wichtigen Marketinginstrument amortisierten (Schmengler/ Thieme 1995). Die Einsatzbreite dieses Instrumentes ist durch zugaberechtliche Beschränkungen freilich eingeengt.

Attraktiv sind Bonusprogramme insbesondere deshalb, weil damit die meist ertragsstärkeren Intensivkäufer, z.B. die häufig reisenden Geschäftsleute mit Vollzahlertarif, angesprochen werden, deren Bindung an das Unternehmen besonderen Stellenwert besitzt. Darüber hinaus erhält man mit der Protokollierung der kundenindividuellen Kaufakte eine vielfältig auswertbare Datenbasis, die im Rahmen des Direktmarketing eingesetzt werden kann. Schließlich kann ein Bonusprogramm bei alternativen Produktträgern (z.B. Verkehrsmittel) präferenzsteigernd wirken, wenn nicht alle Anbieter über derartige Systeme verfügen. Die Attraktivität von Bonusprogrammen für den Kunden steigt mit der Vielfalt der Möglichkeiten, Bonuspunkte zu erlangen. Manche Fluggesellschaften haben deshalb Anbieter komplementärer Dienstleistungen (Hotels, Mietwagen etc.) in ihre Systeme einbezogen, was zu Bonus-Netzwerken mit Vorteilen für alle beteiligten Anbieter führt. Werden Bonuspunkte handelbar, können sie sogar zu einer eigenständigen „Währung" avancieren.

Entscheidend für die Wirksamkeit von Bonusprogrammen ist das zeitliche Gültigkeitsraster, das einerseits die Kunden nicht verärgert, andererseits aber genügend Anreiz schaffen sollte, um zusätzliche Einkäufe beim jeweiligen Anbieter zu tätigen. Erfahrungsgemäß wird dieser Anreiz immer dann besonders stark, wenn die nächste Bonusschwelle knapp erreicht ist. Modellanalytisch entspricht diese Situation jener der Definition von Preispunkten beim Mengenrabatt (s.o.) mit der zusätzlichen Entscheidungsvariablen der Befristung.

8.4.7 Zielgruppentarife

Bei einer *kundenbezogenen* („personellen") Preisdifferenzierung werden Kundengruppen vor allem nach soziodemographischen (Alter, Geschlecht, Einkommen, beruflicher Status etc.), sozialen oder Kaufverhaltensmerkmalen unterschieden und preispolitisch nach den Regeln der vertikalen Preisdifferenzierung (Preisdifferenzierung dritten Grades) unterschiedlich behandelt. Typische Beispiele sind höhere Arzthonorare für Privatpatienten, Sonderversicherungstarife für Angehörige des öffentlichen Dienstes, ermäßigte Eintrittspreise für Studenten oder Rentner usw. Eine Sonderform der kundenbezogenen Preisdifferenzierung ist die nach dem jeweiligen Verwendungszweck des Produktes (z.B. Stromtarife für die Industrie bzw. für private Haushalte). Entscheidend für den Erfolg ist die Isolierbarkeit der Teilgruppen zur Verhinderung von Arbitrage. Darüber hinaus sollten die Prinzipien der Preisfairness Beachtung finden.

„Sozialpreise" für Studenten oder Senioren werden z.B. völlig akzeptiert, auch bei geschlechtsspezifischen Preisunterschieden (z.B. für Versicherungen) können gute Gründe angeführt werden. Anders verhält es sich bei Statusgruppen oder willkürlichen Segmentierungen, wo unterschiedliche preisliche Behandlung rasch den Eindruck von Diskriminierung erweckt.

Die zunehmenden Möglichkeiten der *Direktansprache von Kunden* per Brief oder on-line auf Grundlage entsprechend ausgestalteter Kundendatenbanken erweitert den Spielraum für Zielgruppentarife erheblich. Durch Auswertung der Kauf- oder Bestellgewohnheiten kann man z.B. erkennen, in welcher Preisklasse der Kunde bevorzugt kauft, inwieweit er Sonderangebote wahrnimmt oder wie er auf Bündelangebote und andere Preistaktiken reagiert. Entsprechende Segmentierungen des Kundenstamms legen dann eine differenzierte Kundenpolitik nahe. Ein Weinversand kann so z.B. preissensitive Kunden gezielt mit Aktionsangeboten oder speziellen Tiefpreisprogrammen umwerben. In den USA werden als besonders preissensitiv bekannte Kunden gezielt mit Discount-Coupons umworben. Auch die sukzessive Ansprache nicht reagierender Kunden mit immer niedrigeren Angebotspreisen ist eine - allerdings unter Imageaspekten problematische - Möglichkeit der Preisdifferenzierung (Simon/Dolan 1997, S. 151). Insgesamt entwickelt sich hier eine neue Form des Geheimwettbewerbs mit entsprechend verminderter Preistransparenz für den Kunden (Chakravathi 1984; Vilcassim/Wittink 1987). Besonders intensiv werden Zielgruppentarife z.B. von Versicherungsgesellschaften benutzt, weil dort das Risiko eines (Neu-)Kunden diskriminanzanalytisch berechenbar ist. Will man z.B. schlechte Risiken (z.B. Anfänger) höher bepreisen, ist das mit entspechend hohen Tarifen möglich, ohne die guten Risiken zu treffen, wenn diese durch Schadensfreiheitsrabatte Preisnachlässe erlangen.

8.4.8 Ländertarife

Bei der *regionalen Preisdifferenzierung* wird ein Produkt den Kunden an unterschiedlichen Nachfrage- oder Angebotsorten zu verschiedenen Preisen veräußert. Soweit dies transportkostenbedingt ist, handelt es sich im Grunde um eine leistungsbezogene Preisdifferenzierung. Vor allem bei internationalen Absatzmärkten erfolgt die Preisdifferenzierung aber weitgehend unabhängig von den Transportkosten und im Hinblick auf die jeweilige Absatzsituation in den einzelnen Ländern. Das ganze Ausmaß dieser internationalen Preisdifferenzierung wurde mit dem Wegfall der Binnengrenzen und der Einführung des Euro in der EU deutlich (vgl. Diller/Bukhari 1994). In manchen Warengruppen betrugen die Preisunterschiede für ein und dasselbe Gut über 100%!

Diese Unterschiede im Preisniveau sind aber meist nicht von den Anbietern gezielt i.S. der Preisdifferenzierung geschaffen, sondern Folge der spezifischen und historisch gewachsenen Wettbewerbssituation auf den jeweiligen Märkten. Maßstab ist die länderspezifische Preis-Absatzfunktion, die sich zwischen den Ländern wegen unterschiedlicher Präferenzen, Wettbewerbsbedingungen und Hintergrundfaktoren erheblich unterscheiden kann. Hinzu treten Steuerunterschiede. Schließlich führen Wechselkursschwankungen zu Preisverzerrungen, die aus Wettbewerbsgründen nicht ohne weiteres ausgeglichen werden können (vgl. Kap. 10).

8.4.9 Zeitrabatte

Zeitrabatte sind Preisnachlässe, die für ganz bestimmte, dem Abnehmer bekannte Bestellzeitpunkte oder -perioden gewährt werden. Durch sie kann - wie z.B. beim Saisonrabatt - der Absatzprozess verstetigt oder der Umsatz - wie beim Einführungsrabatt für neue Produkte oder beim Auslaufrabatt für auslaufende Modelle - zeitlich gezielt angeregt werden. Weitere Anlässe für Zeitrabatte sind z.B. Messen, Vormusterungen (z.B. im Textilbereich) oder Geschäftsjubiläen. Der Unterschied zur Preisvariation besteht darin, dass dem Kunden die unterschiedlichen Zeitzonen bekannt sind, sodass er sich in seinem Kaufverhalten darauf einrichten kann. Insofern handelt es sich bei Zeitrabatten tatsächlich um eine Preisdifferenzierung, also das gleichzeitige Anbieten ein und desselben Gutes zu unterschiedlichen Preisen. Die hierbei entstehenden Entscheidungsprobleme entsprechen freilich denen der weiter unten behandelten *Preisvariationen* (vgl. Kap. 9).

Zeitrabatte sind insb. auf Märkten mit ausgeprägten Saisonalitäten (Beherbergung, Verkehr, Sport etc.) oder kurzfristigen Absatzschwankungen (z.B. Nachfragespitzen bei Autowaschanlagen am Wochenende) von Bedeutung und eng mit der *Kapazitätspolitik* verknüpft. Der Anbieter, z.B. ein Hotelier, muss hier grundsätzlich zwischen hoher Kapazität zur Befriedigung von Nachfragespitzen bei schwacher Durchschnittsauslastung und niedrigerer Kapazität bei höherer Auslastung entscheiden. Ein *Zeitzonentarif* ("Peak-Load-Pricing") kann dieses Dilemma entschärfen (Skiera 1998, S. 152ff.). Beispielsweise fordern viele Hotels zu Messezeiten für Geschäftsreisende extrem hohe Übernachtungspreise, während sie in Ferienzeiten oder an Wochenenden mit niedrigen Sonderpreisen für Paare oder Familien locken. Ähnliche Praktiken findet man u.a. bei Fluggesellschaften, Restaurants ("happy hour") oder Telefongesellschaften (Nachttarife). Langfristig schädliche Wirkungen auf das Image und das Einkaufsverhalten sind hierbei freilich nicht auszuschließen, da es sich aus Kundensicht eindeutig um unfaire Preistaktiken handelt, welche die „Notsituation" von Kunden auszunutzen versuchen. Ein preistheoretisches Optimierungsmodell für Zeitzonentarife findet sich bei Skiera (1998, S. 153ff.).

8.5 Einflussfaktoren der Preisdifferenzierung

Die bisherigen Überlegungen haben deutlich gemacht, dass die Preisdifferenzierung an gewisse Voraussetzungen gebunden ist und durch spezifische Umstände des Marktes oder der betrieblichen Situation als preispolitisches Instrument unterschiedlich geeignet ist. Empirische Untersuchungen im Dienstleistungssektor durch Faßnacht (1996, S. 101ff.) belegen, dass die Preisdifferenzierung umso häufiger eingesetzt wird,

- je größer die Inflexibilität des Anbieters, etwa aufgrund von gegebenen Kapazitäten, ausfällt,

- je größer die Flexibilität der Nachfrager, z.b. durch Wechselmöglichkeiten zu anderen Anbietern, ausgeprägt ist,

- je stärker der Kunde als externer Faktor in den Dienstleistungsprozess einbezogen wird,

- je weniger Risiko für den Käufer beim Kauf entsteht und

- je individueller die Dienstleistung ausgestaltet wird bzw. je dauerhafter die Geschäftsbeziehung des Dienstleisters zum Kunden ausfällt.

Zu berücksichtigen ist hierbei, dass die Studie von Faßnacht lediglich auf Beobachtungen des Preisverhaltens von Dienstleistern und entsprechenden Einstufungen des Charakters der Dienstleistungen beruht. Die nicht direkt beobachtbaren Faktoren gehen dabei naturgemäß verloren. Abbildung 8-11 zeigt ein eigenes Modell der „Treiber" und „Bremser" der Preisdifferenzierung, das genereller und umfassender angelegt ist.

Unter den „Treibern", d.h. jenen Faktoren, welche die Preisdifferenzierung besonders attraktiv machen, stehen die Unterschiede im Nutzwert eines Gutes bei den Kunden an erster Stelle. Wie oben dargelegt wurde, ist die Abschöpfung von Konsumentenrenten stets das primäre Ziel der Preisdifferenzierung. Dieses wird umso eher möglich sein, je unterschiedlicher die Preisbereitschaft ausfällt.

Ein zweiter Faktor sind *inflexible Kapazitätssituationen*, wie sie vor allem im Dienstleistungssektor vorliegen. Insbesondere in Verbindung mit ausgeprägten Saisonalitäten oder anderen Absatzschwankungen kann Preisdifferenzierung zu einer gleichmäßigeren Auslastung und geringeren Erlöseinbußen als bei genereller Absenkung des Preisniveaus führen.

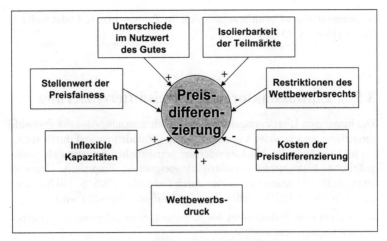

Abb. 8-11: Treiber und Bremser der Preisdifferenzierung

Mit der *Isolierbarkeit* des Marktes ist ein dritter Faktor von Bedeutung, der seinerseits insbesondere durch die Individualität der Leistung und die Integration des Kunden in den Dienstleistungsprozess bestimmt wird.

Schließlich steigt mit zunehmendem *Wettbewerbsdruck* die Neigung zur Preisdifferenzierung, weil auf diese Weise Kunden(gruppen) besser gebunden bzw. von Wettbewerbern abgeworben werden können, in dem das Preisnutzenverhältnis auf ihre jeweiligen Bedürfnisse hin angepasst wird.

Zu den „Bremsern" der Preisdifferenzierung zählen dagegen die damit verbundenen *Kosten*, die oben bereits erläutert wurden. Daneben wird die Preisdifferenzierung umso weniger attraktiv, je stärker sie die Kunden in einer unfairen Weise *diskriminiert*. Schließlich wird Preisdifferenzierung umso unattraktiver, je stärker sie durch Gesetze und andere staatliche Vorschriften reguliert und überwacht wird, weil hiermit das Risiko für Rechtsverletzungen mit entsprechenden Rechtsfolgen steigt.

Kapitel 9: Preisvariation

9.1 Grundlagen

9.1.1 Definition, Arten und Bedeutung von Preisvariationen

> Preisvariationen liegen vor, wenn ein Anbieter seinen Angebotspreis für ein Gut innerhalb der Planperiode zur bewussten Beeinflussung des Marktes verändert, d.h. anhebt oder absenkt.

Zu unterscheiden sind *dauerhafte Preisänderungen* in Form von Preiserhöhungen oder -absenkungen und *temporäre Preisänderungen* in Form von *Preisaktionen („Sonderangebote")*. Letztere besitzen nur kurzfristige, erstere längerfristige Gültigkeit. Von den zur Preisdifferenzierung zählenden Zeitrabatten unterscheiden sich Preisaktionen durch ihre Unregelmäßigkeit, die es den Kunden zumindest schwer macht, auf solche Preisperioden zu warten, um preisgünstiger einzukaufen, wie das bei zeitlich a priori festgelegten Preiszonen möglich ist. Im Unterschied zur zeitlichen Preisdifferenzierung gelten bei Preisvariationen also keine unterschiedlichen Preise zeitlich parallel. Eine spezielle Mischform der Preisvariation im Handel sind sog. *Preisabschriften*, d.h. Reduktionen eines ursprünglich geplanten, aber nicht mehr durchsetzbaren Verkaufspreises für einen bestimmten Artikel für den Rest der Saison. Sie entsprechen dauerhaften Preisänderungen, sind aber kurzfristig je nach Saisonverlauf zu entscheiden. Weil sie insb. vom Handel eingesetzt werden, behandeln wir sie im Kap. 13.3.3.4 gesondert. Auch die Preisaktionen werden in diesem Kapitel nur insoweit behandelt, als sie den Hersteller betreffen. Allerdings muss bei der herstellerseitigen Planung von Sonderpreisen das Verhalten der in den Absatz eingeschalteten Absatzmittler naturgemäß mit berücksichtigt werden. Eine weitere Form der Preisvariation stellt das sog. *Yield-* oder *Revenue-Management* dar, bei dem es allerdings nicht nur um Absatzeffekte, sondern vor allem auch um eine dynamische Ertragssteuerung durch optimale Auslastung gegebener Kapazitäten geht. Dadurch sollen an die Nachfrage angepasste Kapazitätszuordnungen (z.B. zu bestimmten Buchungsklassen) und entsprechende dynamische Preise (z.B. Last-Minute-Angebote) bewerkstelligt werden. Hierbei handelt es sich um ein typisches Problem von Dienstleistungsunternehmen, weshalb wir darauf im Kap. 13.2 zu sprechen kommen.

Die *praktische Bedeutung* von Preisänderungen ist enorm und wird in der überwiegend mit statischen Modellen operierenden preistheoretischen Literatur oft unterschätzt. Der dort ermittelte Optimalpreis basiert auf einem „gegebenen" Datenkranz, der sich freilich in praxi ständig verändert, sodass die Preispolitik, abgesehen vom Erstauftritt eines Unternehmens am Markt, im Grunde eine ständige Preisänderungspolitik (*komparativ-statische Preisfindung*) darstellt (Jacob 1985, S. 181). Eine solche Preisvariationspolitik ist also eher kurzfristig orientiert. Sie kann (muss aber nicht) auf langfristig-strategischen Überlegungen zur Preisabfolge im Lebenszyklus der Produkte aufbauen (vgl. Kap. 11). Diese vor allem von Simon (1976; 1980; 1992, S. 238ff.) analysierte und propagierte *langfristige Sichtweise* von Preisänderungen konnte bei den 70 von Jacob befragten Firmen ganz unterschiedlicher Branchen freilich in keinem Fall festgestellt werden (Jacob 1985, S. 183). Die Praxis agiert offenkundig bei Preisänderungen inkremental und nicht langfristig optimierend, was allerdings logisch kein Argument gegen eine durchdachte langfristige Preisstrategie darstellt.

In diesem Abschnitt geht es jedoch um die kurzfristigen, oft in bestimmten Rhythmen, z.B. jährlich, durchzuführenden Preisänderungen und die dabei einsetzbaren Aktionsparameter, die zu berücksichtigenden Ziele und die relevanten Umfeldbedingungen. Dabei muss darüber entschieden werden, *ob, wann, wie oft* und *wie stark* der Preis verändert werden kann, wenn die - z.T. konfliktären - kurz- und langfristigen preispolitischen Ziele erreicht werden sollen. Als zusätzlicher *Einflussfaktor* im Vergleich zur statischen Preisfindung tritt der *bisherige Preis* in das Entscheidungsfeld, weil er als Referenzpunkt für die Reaktionen sowohl der Kunden als auch der Wettbewerber fungiert und zugleich die eigenen zukünftigen Preisspielräume tangiert. Insbesondere lassen sich einmal abgesenkte Preise kaum wieder anheben, wenn nicht gravierende Änderungen im Entscheidungsumfeld auftreten.

Darüber hinaus bestehen Freiheitsspielräume bezüglich des *Timing* der Preisänderungen und der *Aufteilung* auf unterschiedliche Preisänderungsschritte. Dabei gilt es, unabhängig von der Art der Preisvariation, bestimmte Effekte der Preisveränderungen zu berücksichtigen. Auf sie soll deshalb vorab eingegangen werden, bevor wir zur Diskussion der Entscheidungssituationen für Preisänderungen (Kap. 9.2) bzw. Preisaktionen (Kap. 9.3) kommen.

9.1.2 Effekte von Preisvariationen

Werden bestehende Preise temporär oder dauerhaft verändert, so können insgesamt sechs verschiedene und z.T. gegenläufige Preisänderungs-Effekte ausgelöst werden, deren Kenntnis bzw. Abschätzung für eine systematische Preisänderungsentscheidung unabdingbar ist. Allein die Zahl macht schon deutlich, dass Preisänderungen komplexe Entscheidungstatbestände mit hohem Informationsbedarf darstellen.

(1) Preisniveau-Effekt

Der Preisniveau-Effekt von Preisveränderungen sorgt für eine Reaktion der *abgesetzten Menge* entsprechend der durch die jeweilige Preis-Absatzfunktion beschriebenen *Preiselastizität*. Bei Preiserhöhungen schränken die Kunden ihre Kaufmengen ein bzw. wandern zu anderen Anbietern ab. Auch wenn der Abstand zum Wettbewerb gleich bleibt, scheiden „Grenzkunden" aus, weil deren begrenztes Budget den Kauf dieses Gutes nicht mehr zulässt. Gleichwohl können *Umsatz* und *Gewinn* steigen, wenn der Preiseffekt der Erhöhung den Mengeneffekt überwiegt (vgl. Kap. 3.3). Voraussetzung dafür ist eine Preiselastizität von $|\varepsilon| < 1$. Bei Preissenkungen sorgen neue Kunden und Mehrkäufe alter Kunden analog für eine Absatz- und ggf. auch Umsatz- sowie Gewinnsteigerung, soweit $|\varepsilon| > 1$.

(2) Referenzpreis-Effekt

Der Referenzpreis-Effekt verstärkt den Preisniveau-Effekt und entsteht, weil die Kunden den neuen Preis am alten messen, wie das in der Adaptionsniveau- bzw. Prospect-Theorie modelliert wird (vgl. Kap. 4.4). Bei Preissenkungen entsteht danach beim Kunden der Eindruck einer günstigen Kaufgelegenheit (*„Schnäppchen-Effekt"*), bei Preiserhöhungen entwickelt sich ein temporärer Preiswiderstand (*„Besitzstands-Effekt"*). Beide Effekte verschwinden bei dauerhaften Preisänderungen nach einer gewissen Zeit, wenn sich das Mittlere Preisempfinden (Referenzpreis) an das neue Niveau angepasst hat. Dies ist auch bei temporären Preisreduktionen nicht auszuschließen, wenn diese zu häufig vorgenommen werden (s.u. „Preiserwartungs-Effekt").

Der Referenzpreis-Effekt kann bei Preiserhöhungen bzw. -senkungen unterschiedlich, also *asymmetrisch* ausfallen. Nach den Gesetzmäßigkeiten der Prospect-Theorie ist bei Preissenkungen (Zugewinn) eine schwächere Wirkung als bei Preiserhöhungen (Besitzstandssenkung) zu erwarten. Praktisch wichtiger als diese Frage ist jene nach dem *Verlauf* des Referenzpreis-Effekts mit zunehmender Preisveränderung. Hier stehen sich Gutenbergs doppelt gekrümmte Preisabsatz-Funktion mit schwachem Absatzresponse im Umfeld des alten Preises („reaktionsfreier Raum") und die degressiven Verläufe der Bewertungsfunktionen nach der Prospect-Theorie mit diametral widersprüchlichen Hypothesen gegenüber (vgl. Abb. 9-1). Sowohl die Assimilations-Kontrast-Theorie als auch die empirischen Befunde zu weit überproportionalen Zuwächsen bei besonders günstigen „Schlagerangeboten" sprechen u.E. eher für die Gutenberg-Funktion.

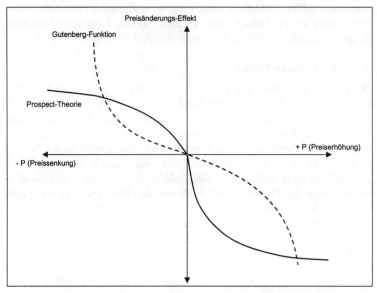

Abb. 9-1:   **Hypothesen zum Preisänderungseffekt**

Letztlich ist der Verlauf des Referenzpreiseffekts eine empirisch zu beantwortende Frage. Dazu ist der Effekt als zusätzliche Variable in die Preis-Absatzfunktion aufzunehmen, die entsprechend dynamisiert werden muss. Für das lineare Modell gilt dann z.B.:

$$(9\text{-}1) \qquad x_t = a - b \cdot p - c\,(p_t - p_{t-1})$$

Der Referenzpreis-Effekt überlagert den Preisniveau-Effekt. Da Letzterer wegen der endlichen Anpassungsgeschwindigkeit des Marktes oft erst zeitverzögert einsetzt, andererseits Ersterer vor allem in der Anfangszeit nach der Preisänderung auftritt, vermischen sich beide Effekte in den Absatzzahlen und lassen sich nur bei feinen Datenanalysen, z.B. mit Scannerdaten, deutlich trennen. Abb. 9-2 zeigt jene Absatzreaktion, die bei entsprechenden Analysen von Kucher (1985) für Verbrauchsgüter des periodischen Bedarfs am häufigsten auftrat. Man erkennt, wie unmittelbar nach der Preisänderung (in Wochenintervallen betrachtet) eine kurzfristige „Überreaktion" (Referenzpreis-Effekt) eintritt, bis nach einiger

Zeit das durch das neue Preisniveau bestimmte Absatzniveau erreicht ist (Preisniveau-Effekt). Andere denkbare Anpassungsverläufe (ohne Referenzpreis-Effekt) sind sofortige, d.h. sprunghafte, bzw. langsame, aber kontinuierliche Veränderungen in Richtung des neuen Dauerniveaus (vgl. Simon, 1992, S. 256f.).

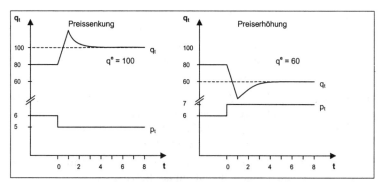

Abb. 9-2: **Preisänderungseffekte bei Gütern des kurzfristigen periodischen Bedarfs (Kucher 1985, S. 100)**

Der Referenzpreis-Effekt kann bei Preissenkungen durch preisoptische Maßnahmen, z.B. Preisgegenüberstellungen, durchgestrichene Preise oder verbale Etikettierungen gefördert werden (vgl. Kap. 4.4.2.1).

(3)   Kannibalisierungs-Effekt

Der positive Effekt des (höheren) Referenzpreises bei *Preissenkungen* kann andererseits durch Kannibalisierungs-Effekte, d.h. Absatzeinbußen an anderer Stelle des eigenen Unternehmens, konterkariert werden. Zu bedenken sind zum einen *vorgezogene* Käufe der Kunden, die den späteren Absatz entsprechend beeinträchtigen (*Carryover-Effekt*). Dies betrifft insb. kurzfristige Preisaktionen, weil die Kunden hier mit einem Wiederanstieg der Preise rechnen. Zum anderen können negative *Spill-Over-Effekte* auf andere Produkte im Sortiment des Anbieters auftreten, wenn Kunden bei der Preissenkung eines bisher für sie zu teuren Produktes nunmehr dieses statt ein anderes aus dem Produktprogramm des Anbieters erwerben (Beispiel: Automobilmodelle verschiedener Preisklassen). Damit entsteht ein Problem der Preislinienpolitik, das nur gelöst werden kann, wenn alle in gewisser Weise substitutiven Artikel eines Angebotsprogramms in die Überlegungen zur Preisveränderung einbezogen werden (vgl. Kap. 7). Analog sind bei *Preiserhöhungen* Absatzverluste durch Abwanderung zu niedrigpreisigeren Artikeln im eigenen Produktionsprogramm zu bedenken. Führen Preiserhöhungen zur Abwanderung von Kunden, so kannibalisiert dies auch die Verbundkauf- bzw. Folgeumsätze dieser Kunden.

(4) Preiserwartungs-Effekt

Löst eine Preisveränderung bei den Kunden die Erwartung weiterer Preisbewegungen aus, so können Preiserwartungs-Effekte auftreten und negative oder positive Carryover-Wirkungen auf zukünftige Absatzmengen erzeugen:

- Bei Erwartung weiterer *Preissenkungen* (Beispiel: Computer) wird der Kauf von manchen Kunden u.U. auf spätere Zeitpunkte verschoben. Zu beobachten ist dies vor allem bei innovativen Produkten, die mit einer Skimming-Strategie vermarktet werden (vgl. 11.2). Die Wirkung der aktuellen Preissenkung kann dadurch verpuffen.

- Bei Erwartung weiterer *Preiserhöhungen* werden Hamsterkäufe getätigt bzw. Beschaffungen vorgezogen, was einerseits den Preisniveau-Effekt abschwächt oder sogar überkompensiert, aber andererseits den späteren Absatz entsprechend beeinträchtigt.

- Bei Erwartung weiterer *Preisaktionen* wird das Beschaffungsverhalten gezielt darauf abgestellt und mit der Beschaffung bis zur nächsten Preisaktion gewartet (Jacobson/Obermiller 1990; Kalwani/Kim 1992). Der Aktionspreis mutiert auf diese Weise dann immer mehr zum Normalpreis (Beispiel: Bohnenkaffee). Insofern kann man Preisaktionen auch als eine verschleierte Form der Preissenkung betrachten, bei welcher der Referenzpreis-Effekt länger anhält als bei einer dauerhaften Preissenkung. Andererseits sinkt die Wirkung temporärer Preisaktionen mit deren Häufigkeit, zumal sich dabei auch der Preisänderungs-Effekt abbaut (Kalwani et al. 1990; Krishna 1991).

(5) Segmentierungs-Effekt

Kurzfristige Preisvariationen geben preisachtsamen Kunden die Chance zu preisgünstigeren Einkäufen. Insofern stellen Preisaktionen auch eine Art der Preissegmentierung dar, bei welcher die „Sonderangebotsjäger" („deal-prone consumer") zu niedrigeren Preisen bedient werden als die weniger preisachtsamen Kunden. Gleichzeitig fördert man mit einer solchen „Hoch-Tief-Preispolitik" aber auch die Illoyalität der Kunden, wenn damit langfristig die Aktionspreise zum Hauptkriterium für die Auswahl des Anbieters werden. Kurzfristig können Preisaktionen dagegen durchaus kundenbindend wirken, weil sie beim Kunden ein günstiges Preisimage des Anbieters erzeugen (Schmalen/Pechtl 1995, S.604).

(6) Wettbewerbs-Effekt

Preisänderungen eines Anbieters variieren zumindest kurzfristig (bis zur Reaktion der Konkurrenten) das Preisgefüge am Markt und beeinflussen deshalb auch die Wettbewerbspositionen aller Konkurrenten. Allerdings agieren die Wettbewerber eines Marktes oft in verschiedenen *Preissegmenten*, innerhalb derer ein intensiverer Wettbewerb herrscht als zwischen den Segmenten (vgl. Kap. 2.3.3). Unternehmen in mittleren

Marktpreislagen stehen dabei in einer wettbewerbsintensiveren Position als Hoch- bzw. Tiefpreisanbieter, weil sie bei Über- bzw. Unterschreitung ihrer Preisklassengrenzen in den (meist stärker ausgeprägten) Kompetenzbereich der Randanbieter stoßen und dabei auf die Gegenwehr der dort angesiedelten Anbieter treffen, die keine Ausweichmöglichkeiten besitzen. Ferner treten *Wettbewerbsasymmetrien* auf, weil die höherwertigen Produkte für Kunden niedrigerer Preissegmente attraktiver sind als die Mittelklasse-Produkte für Hochpreiskunden. Deshalb profitieren Premiummarken von Preissenkungen stärker als Mittel- und Tiefpreismarken und verlieren auch bei Preissteigerungen nur unterdurchschnittlich Kunden (Sethuranam 1996; Sivakumar/Raj 1997).

Sethuraman/Srinivasan/Kim (1999) haben in einer umfassenden Metaanalyse verschiedener Messansätze und Schätzmodelle für Wettbewerbsbeziehungen bei Konsumgütern folgende Befunde erzielt:

1. Es existieren *asymmetrische Wettbewerbsbeziehungen* zwischen verschiedenen Preissegmenten nach Maßgabe der Kreuzpreiselastizitäten, was jedoch z.T. auch auf einem Niveau-Effekt bei der Messung zurückführbar ist. Bei höheren Preisen fällt die Elastizität bei gleicher Größe nämlich wegen der relativen Formulierung rechnerisch niedriger aus als bei niedrigen Preisen. Nimmt man die absoluten Marktanteilsveränderungen zum Maßstab, so schwächt sich dieser Effekt deutlich ab.

2. Zu unterscheiden davon ist der Einfluss der *Preisnähe* zweier Marken *("neighborhood price effect")*, der sich empirisch bestätigt. Danach stehen Marken in einer umso intensiveren Wettbewerbsbeziehung, je näher sie im Preis zusammenliegen.

3. Nach den Analysen von Sethuraman et al. wird eine Marke am meisten von Preisnachlässen der nächstteueren Marke berührt (Asymmetrie-Effekt), eng gefolgt von der nächst billigeren.

4. Preissenkungen von Herstellermarken tangieren Handelsmarken stärker als umgekehrt. Dies gilt besonders für Niedrigpreismarken.

5. Die Wettbewerbsintensität nimmt mit steigender Anzahl an Marken in der Produktkategorie ab.

6. In Nonfood-Märkten ist die Wettbewerbsintensität höher als in Food-Märkten.

9.2 Dauerhafte Preisveränderungen

9.2.1 Anlässe und Aktionsparameter

Die Darlegung der verschiedenen, mit Preisveränderungen verbundenen Effekte machte deutlich, dass es sich hierbei um ein oft sehr komplexes Entscheidungsproblem handelt, welches mit entsprechenden *Preisrisiken* verbunden ist. Preiserhöhungen beinhalten dabei vor allem kundenseitige, Preissenkungen vor allem wettbewerbsseitige Risiken. Sowohl bei

331

Preiserhöhungen als auch bei Preissenkungen besteht die Gefahr, dass Gewinne, Wettbewerbssituation und Kundenzufriedenheit kurz- und/oder langfristig Schaden erleiden. Dies führt in praxi dazu, dass die Unternehmen mit Preisänderungen meist sehr vorsichtig umgehen und diese ggf. zumindest durch ergänzende, preistaktische Maßnahmen abzusichern oder durch Rationalisierungsmaßnahmen zu vermeiden versuchen. Ganz besonders gilt dies dann, wenn das Unternehmen mit einer Preiserhöhung Preisschwellen überspringen müsste.

Anlässe für Preiserhöhungen sind in den meisten Fällen Kostensteigerungen, nachrangig auch Preisanhebungen der Wettbewerber (Wied-Nebbeling 1985, S. 76). Zu den Kosten sind hier auch Verbrauchssteuern zu zählen, die auf den Konsumenten abgewälzt werden sollen, was allerdings bei elastischer Nachfrage nie gewinnneutral gelingen kann, weil sich die Position auf der Preis-Absatz- und damit der Preis-Gewinnfunktion verändert (Wacker 1962; Wöhe 1982; Simon 1992, S. 184ff.). Umgekehrt werden Preissenkungen meist durch beschaffungs- oder produktionsseitige Kostensenkungen ausgelöst. In den letzten Jahren führten auch Deregulierungen früher administrierter und monopolisierter Märkte (Telekommunikation, Verkehr, Energie) zu z.T. drastischen Preiseinbrüchen. Allein wettbewerbsstrategisch motivierte Preisunterbietungen sind eher selten und wegen der schnellen Imitierbarkeit, schlechten Zielbarkeit und der Verfügbarkeit besserer Alternativen auch theoretisch zweifelhaft (McGee 197; Lücking 1995, S. 143ff.).

Kommt man um Preisänderungen nicht herum, so sind dabei folgende, auch preistaktisch relevante *Aktionsparameter* einsetzbar:

(1) Schrittweite und Häufigkeit der Preisänderung

Für die *Höhe* der Preisänderung gelten die im Kap. 6 geschilderten Gesetzmäßigkeiten der Preiskalkulation. Im Sinne einer inkrementalen Vorgehensweise wird in praxi versucht, das notwendige Ausmaß der Preisänderung festzustellen, das unter den neuen Umfeldgegebenheiten nötig ist, um zumindest den bisherigen Periodengewinn wieder zu erreichen. Dabei besteht meist ein gewisser zeitlicher Spielraum, sodass Preisänderungen sowohl hinsichtlich des Zeitpunkts (*Timing*) als auch hinsichtlich der *Anzahl* der Preisänderungsschritte unterschiedlich ausgestaltbar sind. Jacob (1985, S.70) berichtet z.B. von den Preisänderungen der Mineralölindustrie. Dort wählt man i.d.R. mehrere kleine Schritte nach oben, weil sonst das Risiko zu groß ist, dass Konkurrenten nicht oder verspätet mitziehen und dadurch erhebliche Absatzeinbußen entstehen. Steht ein Produktpreis freilich in der öffentlichen Diskussion und spielen die Wettbewerbsreaktionen weniger eine Rolle (z.B. Bahnpreise), so empfehlen sich eher seltene, dafür aber stärkere Preiserhöhungen. Aus Imagegründen stellt sich die Situation bei Preissenkungen umgekehrt dar. Jede zusätzliche Preisänderung erbringt hier auch die Chance zur Profilierung, sodass mehrere, allerdings für den Kunden „fühlbare", kleinere Preissenkung einer großen vorzuziehen sind.

(2) Ausstattung, Qualität und Füllmengen

Nirgendwo sonst wird stärker versucht, den Nenner des Preisquotienten als Aktionsparameter ins Spiel zu bringen, als bei *Preiserhöhungen*. Damit lassen sich Entgelterhöhungen nämlich verschleiern bzw. „versüßen". Am direktesten geschieht dies beim Wechsel von Produktmodellen (*Produktvariation*), die oft genug auch aus preispolitischen Gründen stattfinden und dann oft nur unwesentliche Qualitätsveränderungen (Verpakkung, Design, Geschmack etc.) beinhalten, aber mit Preisanhebungen verknüpft werden. Einen anderen Weg zu höheren Preisen stellt die Verringerung der *Füllmenge* bzw. *Packungsgröße* dar, sodass der alte Referenzpreis nicht mehr gültig ist und Preisvergleiche erschwert werden. In Frage kommt auch der Verzicht auf bestimmte *Leistungsrabatte* oder kostenlose *Zusatzservices*. Beliebt sind ferner (meist recht begrenzte) *Preisnachlässe in Randsortimenten* als „Begleitschutz" für Preisanhebungen beim Kernsortiment. Zunehmend beliebt werden schließlich auch *Bündelangebote*, für die der alte Referenzpreis nicht mehr gilt (Priemer 1997, S. 93). Dass derartige Praktiken zwar kurzfristig effektiv sein können, aber gegen die Prinzipen der Preisehrlichkeit verstoßen, liegt auf der Hand.

Ähnlich können auch *Preissenkungen* durch Variation des Preisnenners statt des Preiszählers durchgeführt und dabei positive Effekte genutzt werden. So kann man z.B. bei den PKW-Herstellern immer wieder beobachten, dass absolute Preissenkungen praktisch tabu sind, dafür aber – wenn es der Wettbewerb verlangt – Aufbesserungen bei *Qualität* und *Ausstattung* der Fahrzeuge vorgenommen werden. Letztlich büßt man dabei zwar Zusatzerlöse aus dem Verkauf von Sonderausstattungen ein, läuft andererseits aber nicht Gefahr, den Referenzpreis abzusenken bzw. die Wettbewerber direkt herauszufordern.

Bei Verbrauchsgütern erbringen Preissenkungen in Verbindung mit vergünstigten *Mehrstückpackungen* u.U. einen zusätzlichen Kaufanreiz, der preisoptisch herausgestellt werden kann, den Preisänderungs-Effekt verstärkt und gleichzeitig für Zusatzerlöse aus dem Verkauf der Zusatzstükke sorgt.

(3) Timing, Ankündigung und Begründung

Für die Wirkung von Preisänderungen sind nicht zuletzt deren Terminierung und Ankündigung im Vorfeld wichtig. Nach der Theorie der Preisfairness (vgl. 4.7) gelten „willkürliche", d.h. sachlich nicht hinlänglich begründete Preisänderungen als imageschädigend. Bei Erhöhungen vermutet der Kunde dann u.U. eine „Ausbeutung", bei Preissenkungen eine bisherige Übervorteilung oder einen Qualitätsabfall. Wegen der Anbindung der Preisethik an die Kosten empfiehlt es sich, eine Preisanhebung zeitlich in die Nähe allgemeiner Kostensteigerungen (Steuererhöhungen, Tarifrunden, Materialpreisschübe etc.) zu positionieren und damit zu begründen. Preissenkungen entfalten ihre volle Wirkung in Saisonperioden und erfordern bei preisorientierter Qualitätsbeurteilung eine plausible Begründung (günstigerer Einkauf, Mengenvorteile etc.).

Bei *Preiserhöhungen* lassen sich ferner durch Vorankündigungen *("Signaling")* Konkurrenzmaßnahmen herausfordern bzw. erkennen, bevor die Preisänderung tatsächlich durchgeführt wird, was das Preisrisiko senkt. Oft fordert dabei z.B. die (Fach-)Presse von den Wettbewerbern eine Stellungnahme, sodass das Reaktionsverhalten sichtbar wird. Zusätzlich wird den Kunden ggf. die Chance gegeben, sich mit Ware einzudecken, sodass die Preiserhöhung als *fairer* empfunden wird. Auch dem Außendienst liefert man mit Preisankündigungen ein kurzfristiges Verkaufsargument. Freilich ergeben sich hier dann u.U. negative Carryover-Effekte auf den künftigen Absatz. Steht der Preis einer Produktgattung stark im öffentlichen Blickfeld, so empfiehlt sich eher eine *stillschweigende Preiserhöhung* ohne Pressemitteilung, Kundenrundschreiben etc. Eine solche Politik kann bei Preissenkungen allerdings v.a. für den Handel starke Ertragseinbußen mit sich bringen, weil sich die dort ruhenden Lagerbestände entsprechend entwerten. Nicht zuletzt deshalb hat sich in vielen Branchen ein regelmäßiger, oft ein- oder zweijähriger, z.T. auch an Messetermine gebundener *Preiszyklus* herausgebildet, der allen beteiligten Marktparteien größere *Preissicherheit* vermittelt.

9.2.2 Entscheidungskalküle

Zur Lösung der Entscheidungsprobleme bei Preisänderungen lassen sich die in Kap. 6 bereits dargestellten Entscheidungskalküle einsetzen. Neben den *Nutzwertrechnungen, Wettbewerbsindizes* und *Kostenträgerrechnungen* sind dies insbesondere *Break-Even-Rechnungen,* mit denen das Risiko der Preisänderungen quantifiziert werden kann. Die Berechnungen basieren auf der Grundgleichung des Break-Even-Points (6-11), die sich zur Überprüfung von Preisänderungen wie folgt abwandeln lässt:

(9-2) $\Delta x^* = -\Delta p / (d + \Delta p)$

mit Δx^* = Veränderung des Break-Even-Points in %

Δp = Preisänderung (absolut)

d = bisheriger Stückdeckungsbeitrag $(p-k_v)$

Greift man auf das der Tab. 6-3 zu Grunde liegende Beispiel (p = 10, k_v = 7, d = 3, K_f = 100.000) zurück, so ergibt sich z.B. bei einer geplanten Preissenkung bzw. -erhöhung um 1 Euro:

$$\Delta x^* = -(-1)/(3-1) = +0,5 = +50\% \text{ bzw.}$$

$$\Delta x^* = -(+1)/(3+1) = -0,25 = -25\%$$

Bei gleichzeitiger Veränderung von Kosten muss der Deckungsbeitrag entsprechend korrigiert werden. Um die Deckungsbeitragsrate DR bei Veränderung der variablen Kosten aufrecht zu erhalten, muss der neue Preis nach Formel (6-14) auf k_v / (1 – DR) erhöht bzw. bei Kostensenkungen entsprechend gesenkt werden. Eine Kombination von Kostenveränderungen und autonomen Preisänderungen erbringt folgende Break-Even-Formel:

$$(9\text{-}3) \qquad \Delta x^* = [-(\Delta p - \Delta k_v)] / [\, d + (\Delta p - \Delta k_v)] = -\Delta d / d_{neu}$$

Wird der Preis z.B. um 2 auf 12 Euro erhöht und steigen die variablen Kosten von 7 auf 8 Euro, so ergibt sich eine Veränderung des Break-Even-Point um $[-(2-1)] / [\, 3 + (2-1)] = -1/4 = -25\%$, also von 33.333 auf 25.000 Stück.

Die Break-Even-Rechnung kann auch für *reaktive Preisveränderungen* eingesetzt werden. Bei *Preissenkungen* der Konkurrenz wird dann danach gefragt, um wie viel der Absatz sinken müsste, damit sich ein Nachvollziehen dieser Preissenkung im Vergleich zur bisherigen Break-Even-Situation „lohnt", d.h. die durch den Preiseffekt verursachten Verluste ausgeglichen werden. Die modifizierte Bestimmungsgleichung für diesen Break-Even-Point lautet:

$$(9\text{-}4) \qquad \Delta x^* = \Delta p^k / DR$$

mit $\qquad \Delta p^k$ = relative Preisveränderung der Konkurrenz

$\qquad\quad DR$ = Deckungsbeitragsrate $((p-k_v)/p)$

Einer Preissenkung der Konkurrenz um 15% sollte man demnach nur dann folgen, wenn der Absatzverlust bei Beibehaltung des Preises und dadurch bewirkter Abwanderung von Kunden $-0,15 / 0,3 = -50\%$ nicht übersteigt. Analog ist einer *Preisanhebung* der Konkurrenz um 15% nur dann zu folgen, wenn der eigene Absatz unter diesen Umständen und Beibelassung des eigenen Preises (und dadurch bedingter Zuwanderung von Kunden) um mehr als 50% steigt. Andernfalls kann der Preis gewinnsteigernd erhöht werden.

Nachfrage-Effekte des Marktes auf unterschiedliche Preisniveaus bleiben bei solchen Berechnungen außer Betracht, was bei großer Nachfrageelastizität problematischer ist als bei unelastischer Nachfrage. Die Entscheider müssen andererseits „nur" Kenntnisse über die Kreuzpreiselastizität einbringen, um Preisänderungen hinsichtlich ihrer Gewinnwirkungen abschätzen zu können. Vielen Managern ist dies auf Grund ihrer Erfahrung mit der Entwicklung von Marktanteilen bei Preisänderungen durchaus zumindest arbiträr möglich. Insofern kann auch eine „Break-Even-Response-Funktion" nützlich sein, wie sie z.B. Nagle et al. (1998, S.64f.) vorschlagen. Dabei wird die Veränderung des Break-Even-Point nach Formel (9-2) für verschiedene Preisveränderungsraten graphisch dargestellt. Tab. 9-1 bzw. Abb. 9-3 zeigen die Ergebnisse für unser schon in Kap. 6 entwickeltes Beispiel. Man erkennt, wie der Break-Even-Point mit zunehmender Absenkung des Preises (wegen des zu kompensierenden Preiseffekts) überproportional steigt, während der noch gewinnneutrale Absatzverlust bei Preisanhebungen nur degressiv steigt. Rechts (links) der Break-Even-Response-Funktion liegen Situationen vor, die Gewinnsteigerungen (Gewinnschmälerungen) bedeuten. Erwartet man z.B., dass bei Preiserhöhung um 2 Euro der Absatzverlust weniger als 20.000 Einheiten beträgt, lohnt sich unter Gewinnaspekten die Erhöhung. Mit der Break-Even-Response-Funktion wird somit ohne hohen Informationsaufwand die Mindest- oder Höchstnachfrage-Elastizität ermittelt, mit der sich nach bestimmten Preisänderungen noch Gewinne erzielen lassen.

Δp	p	Δx^* nach Formel (9-2) in %		Δx^* absolut	Neuer BEP
+20%	12	$-(+2)\ /(3+2)$	$=-0,4$	-13.333	20.000
+15%	11,50	$-(+1,5)/(3+1,5)$	$=-0,33$	-11.000	22.333
+10%	11	$-(+1)\ /(3+1)$	$=-0,25$	-8.333	25.000
+5%	10,5	$-(+0,5)/(3+0,5)$	$=-0,142$	-4.733	28.600
0%	10				33.333 (alt)
−5%	9,50	$-(-0,5)/(3-0,5)$	$=+0,2$	$+6.666$	39.999
−10%	9	$-(-1)\ /(3-1)$	$=+0,5$	$+16.666$	49.999
−15%	8,50	$-(-1,5)/(3-1,5)$	$=+1$	$+33.333$	66.666
−20%	8	$-(-2)\ /(3-2)$	$=+2$	$+66.666$	99.999

Tab. 9-1: **Break-Even-Veränderungen bei unterschiedlicher Preisänderung**

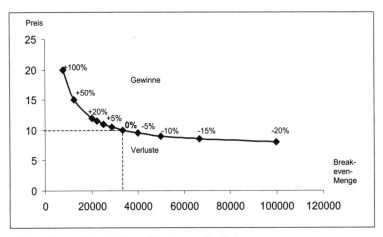

Abb. 9-3: **Break-Even-Response-Funktion**

Rein kalkulatorisch (*Kostenträgerrechnung*) erbringen Preisveränderungen keine Probleme. Der Aufschlagsatz muss lediglich entsprechend erhöht oder gesenkt werden. Rechnet man die Mehrwertsteuer in den Aufschlagsatz ein, wie das gelegentlich im Handel geschieht, so muss bei Mehrwertsteueränderungen entsprechend „in Hundert" gerechnet werden. Oft bemüht man sich dabei um Konstanz der Handelsspanne. Der neue Aufschlag A_{neu} (inkl. neuer MwSt M_{neu}) ergibt sich dann aus Formel (9-5):

(9-5) $A_{neu} = A_{alt} (1 + M_{neu}) + M_{neu} \times 100$

Wird die Mehrwertsteuer bei einem bisherigen Aufschlag von 60% (ohne MwSt) z.B. von 16% auf 17% erhöht, so ergibt sich als neuer Aufschlagsatz auf den Netto-Wareneinstandspreis in Höhe von $60 \times 1{,}17 + 17 = 87{,}2$ gegenüber 85,6 vorher.

9.3 Preisaktionen

9.3.1 Aktionsparameter des Herstellers

Preisaktionen sind unregelmäßige und zeitlich befristete Preissenkungen. Sie werden insbesondere im Konsumgüterbereich so häufig und systematisch eingesetzt, dass sie sich von der zeitlichen Preisdifferenzierung in Form regelmäßiger, an bestimmte Kalender- oder Uhrzeiten gebundene Rabatte kaum mehr unterscheiden lassen. Die Kunden können hier bei vielen Gütern des täglichen Bedarfs, immer häufiger aber auch bei höherwertigen Ge- und Verbrauchsgütern, mit hoher Wahrscheinlichkeit damit rechnen, dass sie nach einer gewissen, abwartbaren Zeit auf Sonderpreise treffen.

Preisaktionen werden sowohl von Herstellern als auch von Groß- und Einzelhandelsunternehmen durchgeführt. Wir analysieren in diesem Abschnitt lediglich die Herstellerentscheidung und kommen auf Preisaktionen des Handels im Kap. 13.3 zurück. Im Einzelnen gilt es dabei folgende *Teilentscheidungen* zu treffen:

1) *Grundsatzentscheidung* für oder gegen Preisaktionen;

2) Bestimmung des geeigneten *Artikels* (z.b. Packungsgröße 250 g) und der anzusprechenden *Zielgruppe*;

3) *Modalität* des Preisnachlasses (z.b. Senkung des Preiszählers, Erhöhung des Preisnenners, absoluter vs. relativer Preisnachlass usw.);

4) *Höhe* des Preisnachlasses;

5) Art und Umfang der die Preisreduktion *begleitenden Aktivitäten* (Außendienstwettbewerbe, Werbung, Displays etc.);

6) *Timing*: Aktionszeitpunkt, Aktionsdauer und Aktionshäufigkeit;

7) ggf. (bei Begrenzung) *Aktionsmenge*.

Für eine simultane Behandlung dieser Teilentscheidungen existieren derzeit noch keine empirisch hinreichend abgesicherten Entscheidungsmodelle oder Analysen. Allerdings liegen eine Vielzahl von Partialmodellen, vor allem zur Bestimmung der Zeitdauer der Aktion und zur Höhe der Preisreduktion vor. Die grundsätzliche Entscheidungsproblematik ergibt sich überwiegend daraus, dass Sonderpreise oftmals starke Carryover-Effekte erzeugen, sodass sich die langfristige von der kurzfristigen Wirkung erheblich unterscheiden kann. Langfristige Wirkungen lassen sich im Allgemeinen aber nur schwer quantifizieren. Darüber hinaus nimmt die jeweilige Konkurrenzsituation häufig starken Einfluss auf den Erfolg von Preisaktionen. Ihre Prognose bereitet i.d.R. besondere Schwierigkeiten. Schließlich muss gerade bei Preisaktionen längerfristig auch mit Veränderungen des Käuferverhaltens gerechnet werden, da dieses Instrument in besonderem Maße der Gefahr der Abnutzung unterliegt. Die Vielzahl der Einflussfaktoren und die Komplexität der Wirkungszusammenhänge lassen generelle Empfehlungen hinsichtlich der oben genannten Teilentscheidungen also kaum zu. Wir beschränken uns im Folgenden deshalb auf eine Darstellung der wichtigsten Ziele, die mit Preisaktionen verfolgt werden, der dabei u.U. auftauchenden *Zielkonflikte* sowie einiger ausgewählter *Partialmodelle* zu wichtigen Teilproblemen.

9.3.2 Die Ziele von Preisaktionen

Geht man davon aus, dass ein Hersteller für seine Produkte gewinnoptimale Preise ermittelt hat, stellt sich zunächst die Frage, warum überhaupt Sonderpreise seine Situation verbessern können. Aber auch dann, wenn der Optimalpreis nicht bekannt ist, bleibt offen, ob kurzfristige Sonderpreise einer permanenten Preissenkung (in entsprechend geringerem

Ausmaß) überlegen sind. Von Sonderpreisen muss m.a.W. also eine *spezifische, die normale Preisresponse übersteigende oder ergänzende Wirkung* ausgehen, wenn sie betriebswirtschaftlich sinnvoll sein sollen.

Ordnet man die in der Literatur vorgebrachten Argumente für Preisaktionen, so lassen sich drei Gruppen von Zielen unterscheiden, hinsichtlich derer solche Wirkungen unterstellt werden, nämlich innengerichtete, handelsbezogene und verbraucherbezogene Ziele.

Zu den *innengerichteten Zielen* von Preisaktionen zählen vor allem die kurzfristige Überbrückung von Liquiditätsengpässen, der Abbau überhöhter Lagerbestände bzw. die Senkung von Opportunitätskosten für die Veralterung oder den Verderb von Waren und die Motivation und Unterstützung des Außendienstes, dem mit Sonderpreisen ein aktuelles Gesprächsthema für seine Verkaufsverhandlungen geboten werden kann. In jedem dieser Fälle gewinnen also letztlich *Opportunitätskosten* Relevanz, die bei der Festsetzung des Normalpreises üblicherweise nicht berücksichtigt werden. Insofern stellen Sonderpreise lediglich nachträgliche Preisrevisionen zur Anpassung an veränderte interne Bedingungen dar. Sie lassen jedoch - weil als kurzfristig deklariert - eine Rückkehr zum alten Preisniveau sehr viel leichter als reguläre Preissenkungen zu.

Dieser *Flexibilitätsaspekt* spielt auch bei den *handelsgerichteten Zielsetzungen* eine gewichtige Rolle. Temporäre und gezielte Preisreduktionen für bestimmte Abnehmer(gruppen) erscheinen für die restlichen Kunden nämlich weniger diskriminierend, obwohl sie faktisch wie eine kunden(gruppen)spezifische Preisdifferenzierung wirken. Mit ihnen kann der Hersteller den durchschnittlichen Abgabepreis über die Planperiode (z.B. ein Jahr) hinweg an die unterschiedlichen Machtverhältnisse in den einzelnen Absatzkanälen anpassen. Gleichzeitig gibt der Hersteller den jeweiligen Händlern die Chance zur Profilierung gegenüber jenen Mitwettbewerbern, die nicht oder zumindest nicht zum jeweiligen Zeitpunkt in den Genuss von Sonderpreisen gelangen. Sein Produkt hat damit größere Aussichten auf eine bevorzugte Förderung seitens des Handels (Platzierung, Bewerbung, Empfehlung etc.). Allerdings lassen sich die Handelsunternehmen diese Leistung oft teuer durch entsprechende Werbekostenzuschüsse oder andere Absatzförderungszuwendungen bzw. -rabatte erkaufen.

Darüber hinaus bieten temporäre Preisnachlässe unabhängig davon, ob sie an den Verbraucher weitergegeben werden oder nicht, für den Handel einen Anreiz, sein *Lager aufzustocken*. Denn für den Händler stellt der niedrigere Einkaufspreis auch dann, wenn sich sein Abverkauf nicht beschleunigt, solange einen Zusatzgewinn dar, wie die zusätzlichen Lagerkosten den Preisnachlass nicht überkompensieren. Andererseits wird der *Distributionsgrad* und die *Marktpräsenz* der Marke im Verkaufsraum (oft gleichzeitig Lagerfläche) dadurch verbessert. Indirekt können durch eine solche „Verstopfung der Pipeline" auch Konkurrenzmarken behindert werden. Insofern kommt Preisaktionen von Seiten des Herstellers auch eine *wettbewerbspolitische Bedeutung* zu.

Dies gilt auch für den Fall der Einführung neuer und den Ausverkauf alter Marken, wo Sonderpreise das Einführungs- bzw. das Abverkaufsrisiko des Händlers mindern und damit die Rolle eines *Funktionsrabatts* übernehmen (Hinkle 1965). Er ist wiederum zeitlich flexibler und gezielter einsetzbar als andere Formen der Preisreduktion.

Unter den *verbrauchergerichteten Zielen* von Preisaktionen spielt für den Hersteller im Vergleich zu einer normalen Preissenkung zunächst der oben bereits erläuterte *Preisänderungs-Effekt* eine besondere Rolle. Der *Gelegenheitscharakter* temporärer Preisreduktionen führt gerade beim modernen Typ des „smart shopper" (vgl. 4.1) zu einer im Vergleich zur „normalen" Preis-Absatzfunktion überproportionalen *Absatzausweitung*, die entweder durch *Vorratskäufe* von Stammkäufern und/oder durch *Markenwechsler* zustande kommt. Gelegentlich können die erhöhten Lagerbestände beim Verbraucher auch zu einer erhöhten *Verbrauchsrate* führen. In jedem Fall bewirken sie eine längere *Markenbindung*. Bei auf Dauer gesenkten Preisen kann mit all diesen Effekten nicht gerechnet werden, zumal in diesem Fall die Konkurrenten den alten Preisabstand rasch wiederherstellen können und damit die Wirkung der Preisänderung weitgehend verpufft. Andererseits ist es eine unabdingbare Voraussetzung für die Wirksamkeit dieser Effekte, dass der Handel die vom Hersteller gebotenen Preisnachlässe an den Endverbraucher weitergibt und nicht zur Aufbesserung seiner eigenen Gewinnspanne verwendet. Damit sind bereits die *Voraussetzungen* und *Zielkonflikte* bei Preisaktionen angesprochen, denen wir uns nunmehr zuwenden.

9.3.3 Wirkungsvoraussetzungen und Zielkonflikte bei Preisaktionen

Gibt der Handel den vom Hersteller eingeräumten Preisnachlass nicht an den Verbraucher weiter, wird sich der Absatz des Herstellers langfristig nicht verändern. Sonderpreise erzeugen dann lediglich einen *negativen Carryover-Effekt*. Er betrifft sowohl den der Aktionspreisperiode vorgelagerten Zeitraum, in dem die Händler ihre normalen Lagerbestände in Erwartung günstigerer Einkaufspreise abbauen werden *(Preiserwartungs-Effekt)*, als auch die Zeit nach der Aktionsperiode, in dem sie den Abverkauf aus den überdurchschnittlichen Bestellmengen während der Aktionsdauer speisen können. Abb. 9-4 macht diese Carryover-Effekte in idealtypischer Form deutlich. Nur wenn die in der senkrecht schraffierten Fläche zum Ausdruck kommende Absatzsteigerung in der Aktionsphase die kumulierten Mindereinkäufe in der Vor- und Nachaktionsphase (schräg schraffierte Fläche) übersteigen, kommt es zu einem positiven Absatzeffekt der Preisaktion.

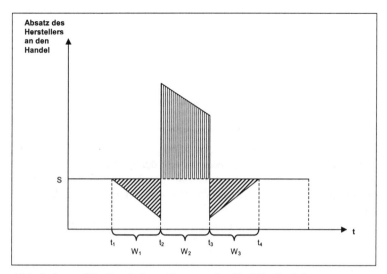

Abb. 9-4: Idealtypischer Absatzverlauf bei Preisaktionen

Die Voraktionsphase kann dabei vom Hersteller nicht willkürlich verkürzt werden, weil der Handel seine eigenen Preisaktionen zeitlich ebenfalls vordisponieren muss. Manche Hersteller sprechen deshalb ihre Aktionsrunden mit bedeutenden Abnehmern in Form von Jahresaktionsplänen schon weit im Voraus ab. Dies verbessert einerseits die Chancen dafür, dass die Aktionspreise an den Endverbraucher weitergegeben werden, erhöht u.U. aber auch die Mindereinkäufe des Handels, weil die Voraktionsphase damit verlängert wird.

Ein Anreiz zur Weitergabe des Preisnachlasses kann vom Hersteller auch dadurch geschaffen werden, dass er während der Aktionsperiode selbst Endverbraucherwerbung betreibt und über die abgesenkten Preise informiert. Darüber hinaus wird der Handel umso eher zur Weitergabe bereit sein, je mehr er sich mit einer Preisaktion im Wettbewerb profilieren und insbesondere sein Preisimage verbessern kann. Bekannte Markenartikel mit hoher Verkehrsgeltung und entsprechendem Marktanteil entsprechen dieser Zielsetzung in besonderem Maße. Allerdings wird dadurch ein weiterer Zielkonflikt für den Hersteller im Zusammenhang mit der Artikelauswahl geschaffen, da bei marktanteilsstarken Marken das Potential der Markenwechsler zwangsläufig relativ gering ist (vgl. Hinkle 1965). Eine effektive Absatzsteigerung kann sich hier im Wesentlichen nur dann ergeben, wenn die Preisreduktion *Impulskäufe* induziert, die zu einer höheren Verbrauchsintensität und/oder längeren Markenbindung führen.

Auch diese Voraussetzung ist jedoch immer weniger gegeben. Die Aktionsdichte im Handel hat vielmehr in vielen Warenbereichen ein solches Ausmaß erreicht, dass der Verbraucher beinahe ständig mit Sonderangeboten bei jeweils unterschiedlichen Marken einer bestimmten Produktgattung rechnen kann. Sind die Qualitätsunterschiede dieser Marken nicht sehr groß, führen Sonderpreise leicht zu einer *Markenilloyalität,* weil dann der Sonderpreis und nicht die Marke zum kaufentscheidenden Kriterium wird. Andererseits können häufigere Preisaktionen schon wegen der damit einhergehenden in-store-Werbung insb. bei weniger bekannten Marken zu Etablierung bzw. einer breiteren Akzeptanz der Marke beitragen (vgl. Shankar/Krishnamurthi 1996, S. 268).

Gleichzeitig erhöht sich durch den ständigen Einsatz von Sonderangebotsaktionen langfristig das *Preisinteresse* der Verbraucher. Sie fordern einerseits die Leistungsmotivation zum preisbewussten Einkauf durch Aktionspreise besonders heraus (Werbemotiv: „Ich bin doch nicht blöd"), machen andererseits den ökonomischen Einkaufserfolg leicht ersichtlich und auch die Informationssituation auf Grund der Anzeigen- und Wurfzettelwerbung relativ einfach. Sonderangebote lassen schließlich auch den latenten Preis-Qualitätskonflikt beim Einkauf billiger Waren nicht wirksam werden, soweit es sich hierbei um qualitativ unzweifelhafte Marken handelt. Es kann daher kaum verwundern, dass sich ein wachsender Teil der Verbraucher zu sog. *„Sonderangebotsjägern"* entwickelt (vgl. Kap. 4.2). Empirische Untersuchungen zeigen dabei im Übrigen, dass diese Gruppe von Verbrauchern keineswegs nur aus einkommensschwachen Schichten stammt, sondern soziodemographisch ganz heterogen zusammengesetzt ist (Montgomery 1971; Blattberg et al. 1978; Niestrath 1983). Dies erschwert eine segmentspezifische Anlage von Preisaktionen nicht unbeträchtlich. Preisaktionen treffen dann auf der Endverbraucherebene u.U. auf eine Zielgruppe, die der Hersteller gar nicht ansprechen will.

Einen weiteren Zielkonflikt von Preisaktionen sehen viele Markenartikelhersteller in der Gefahr der *Imagebeeinträchtigung* ihrer Marken durch besonders niedrige Aktionspreise des Handels. Sie fürchten eine Irradiation des niedrigen Preises auf die Qualitätsanmutung. Vom theoretischen Standpunkt ist eine solche preisorientierte Qualitätsbeurteilung bei Sonderangebotspreisen allerdings unwahrscheinlich; denn ein Kaufrisiko taucht beim Kauf bekannter Markenartikel auch bei reduzierten Preisen kaum auf. Das subjektiv empfundene Kaufrisiko stellt jedoch den entscheidenden Auslöser für eine preisorientierte Qualitätsbeurteilung dar (vgl. 4.6.3.3). Ein anderer Fall liegt vor, wenn das Image einer Marke wesentlich vom Preis geprägt wird, etwa weil es einen hohen Prestigewert verspricht (z.B. Spirituosen, Kosmetika, Einrichtungsgegenstände). Hier mindert sich bei niedrigen Aktionspreisen u.U. tatsächlich die Glaubwürdigkeit des Prestigeanspruchs und die Exklusivität der Marke. Eine empirische Überprüfung solcher Effekte ist wegen der im Allgemeinen nur sehr zögernden Veränderung von Produktimages jedoch äußerst schwierig. In einer ersatzweise herangezogenen Querschnittsanalyse von Spirituosenkäufern mit hohen bzw. niedrigen Preisvorstellungen für bestimmte Marken konnten wir eine schwache Tendenz zur preisgebundenen Qualitätsbeurteilung nur für Marken unterer Preislagen nachweisen (Diller 1983).

Potentielle Vorteile von Preisaktionen	Potentielle Nachteile und Probleme von Preisaktionen
• Überwindung kurzfristiger Liquiditätsengpässe	• negative Carryover-Effekte in der Nachaktionsphase
• Überwälzung von Lagerkosten auf den Handel	• Gefahr der Absorption der Preisreduktion durch den Handel
• Motivation des Außendienstes	• Zielkonflikte bei der Artikelauswahl
• Erhöhung der preispolitischen Flexibilität	• Förderung der Markenilloyalität von Verbrauchern
• Anpassung der Preise an unterschiedliche Machtverhältnisse in den Absatzkanälen	• Förderung des Preisinteresses
• Verbesserung des Distributionsgrades, der Marktpräsenz und der Markenakzeptanz	• Begrenzte Möglichkeit segmentspezifischen Vorgehens auf Endverbraucherebene
• Gezielte Unterstützung bestimmter Handelsfunktionen, vor allem bei der Einführung neuer Marken und beim Abverkauf von Auslaufmodellen	• Imagegefährdung prestigeträchtiger Produkte
• Steigerung des Endverbraucherabsatzes durch	• Senkung der Preisbereitschaft der Abnehmer
- Gewinnung neuer Kunden (Markenwechsel)	• Preisverfall im Zeitablauf
- Bindung alter Kunden	
- Erhöhung der Verbrauchsintensität	
- Impulskäufe	

Übersicht 9-1: **Potentielle Vor- und Nachteile von Preisaktionen aus der Sicht der Hersteller**

Problematischer als solche Image-Effekte sind Preisaktionen für den Hersteller jedoch deshalb, weil sie u.U. sehr rasch die *Preisbereitschaft* sowohl des Handels als auch der Verbraucher absenken. Mit den Sonderangebotspreisen werden nämlich neue Ankergrößen zur Beurteilung der jeweiligen Verkaufspreise gesetzt, die das mittlere Preisempfinden unmittelbar beeinflussen, zumal sie in der Werbung üblicherweise besonders plakativ herausgestellt werden. Besonders bei häufigen Preisaktionen ist deshalb die Gefahr des *Preisverfalls* besonders groß. Beispiele aus

dem Sekt-, Süßwaren-, Wasch- und Reinigungsmittel- sowie Kosmetik-
markt belegen diese Gefahr recht eindrucksvoll. Ein unter verbraucherpolitischen Gesichtspunkten problematisches, gleichwohl häufig heran-
gezogenes Instrument zur Vermeidung solcher Effekte sind *Sondergrö-
ßen* oder *Mehrfachpackungen* bei Preisaktionen (vgl. hierzu Diller
1978a). Sie erschweren den Preisvergleich mit den Normalgrößen und
bringen bei größeren Füllmengen zugleich eine längere Markenbindung
mit sich. Übersicht 9-1 fasst die potentiellen Vor- und Nachteile von
Preisaktionen aus Sicht eines Herstellers von Konsumgütern nochmals
zusammen.

9.3.4 Entscheidungskalküle zur Sonderangebotspolitik

Einige der im vorangegangenen Abschnitt behandelten Entscheidungsprobleme bieten einen relativ leichten Zugang für die Entwicklung quan-
titativer Analyse- und Entscheidungsmodelle. Insbesondere für die optimale Höhe der Preisreduktion, die optimale Aktionsdauer sowie für eine
eventuelle Limitierung der Abgabemenge an den Handel wurde deshalb
eine Vielzahl von Partialmodellen entwickelt. Einen insgesamt 30 Quel-
len umfassenden Überblick über dieses Forschungsfeld bieten Raffée/
Rieder/Deutsch (1981). Wir greifen an dieser Stelle exemplarisch das
Modell von Rao/Thomas heraus, das bei Verfügbarkeit von Scannerdaten
aus dem Handel vor allem für schnell drehende Konsumgüter gut an-
wendbar erscheint

Rao/Thomas (1973; vgl. auch Deutsch/Rieder 1980) behandeln in ihren
Modellvorschlägen die Höhe der Preisreduktion, die Dauer der Aktionsperiode sowie die Abfolge bzw. die Aktionshäufigkeit innerhalb einer
bestimmten Planperiode. Ihr Ausgangspunkt ist der in Abb. 9-4 bereits
dargestellte idealtypische Absatzverlauf in den verschiedenen Phasen
einer Preisaktion. Wir übernehmen die dort vorgestellten Symbole mit

S = normales Absatzniveau pro Zeiteinheit (z.B. Woche)

W_1 = Dauer der Voraktionsphase $(t_2 - t_1)$ in Wochen

W_2 = Dauer der Aktionsphase $(t_3 - t_2)$ in Wochen

W_3 = Dauer der Nachaktionsphase $(t_4 - t_3)$ in Wochen.

Die spezifische Wirkung des Umfangs und der Dauer der Preisreduzie-
rung in W_2 wird in *phasenspezifischen Wirkungsmultiplikatoren* R_1, R_2
und R_3 abgebildet:

$R_1 \cdot S$ bzw. $R_3 \cdot S$ bezeichnen das durchschnittliche Absatzniveau in W_1
bzw. W_3. Dabei werden mit zunehmender Höhe der Preisreduktion p, die
als Anteil der normalen Gewinnspanne m operationalisiert ist $(0 < p < 1)$,

und zunehmender Dauer der Aktionsphase W_2 wachsende Minderver-
kaufsmengen unterstellt. Es gilt also:

$$(9\text{-}6) \qquad R_1 \;=\; 1 - a \cdot p \cdot W_2 \quad (a > 0)$$

$$(9\text{-}7) \qquad R_3 \;=\; 1 - c \cdot p \cdot W_2 \quad (c > 0)$$

Der mittlere Anstieg des Absatzes in der Aktionsperiode W_2 ist dagegen
eine abnehmende Funktion von W_2 („Effektverschleiß") und eine zunehmende Funktion von p („Attraktivitätskomponente"), wobei der Effektverschleiß zusätzlich auch noch vom Umfang der Preisreduktion (p)
abhängt. Es gilt also:

$$(9\text{-}8) \qquad R_2 \;=\; 1 + b_1 \cdot p + b_2 \cdot p \cdot W_2 \quad (b_1 > 0;\; b_2 < o)$$

Insgesamt ergibt dies die in Abb. 9-4 abgebildete nicht monotone Reakti-
onsfunktion mit drei linearen Teilabschnitten zwischen t_1 und t_4, die für
gegebene Werte der Variablen S (normales Absatzniveau), m (normale
absolute Gewinnspanne), T (Planungshorizont) und W_1 bzw. W_3 (Dauer
der Vor- und Nachaktionsphase) durch partielle Differentiation nach p
und W_2 im Hinblick auf den Gewinn maximiert werden kann. Für die
Optimalwerte p* und W^*_2 gilt dann (Rao/Thomas 1973, S. 406f.):

$$(9\text{-}9) \qquad p^* \;=\; 0{,}75 + 0{,}25 \cdot \sqrt{(1 + 8d\,/\,b_1)} \qquad (p^* \le 1)$$
$$\text{mit } d \;=\; (a \cdot W_1 + c \cdot W_3 + 2)\,/\,2$$

$$(9\text{-}10) \qquad W^*_2 \;=\; - b_1 \cdot p^* \,/\, b_2$$

Das Vorzeichen der Quadratwurzel in (9-9) ist so zu wählen, daß $p^* \le 1$
wird, weil p als Anteil von m definiert ist und demzufolge bei $p > 1$ die
Preisreduktion zu Verlusten führen müßte.

Die Reaktionsparameter a, b_1, b_2 und c müssen entweder subjektiv oder
mit Hilfe von Regressionsanalysen auf der Basis entsprechender Vergangenheitsdaten statistisch geschätzt werden. Darin dürfte eines der Haupt-
probleme der Anwendung dieses Modells liegen. Denn die für eine solche Schätzung erforderliche Prämisse konstanter Umweltbedingungen
scheint bei Preisaktionen schwer einzulösen sein. Andererseits bietet das
Modell zumindest für eine Sensitivitätsanalyse des Aktionsgewinns bei
unterschiedlichen Werten der (allerdings nicht anschaulich interpretierbaren) Reaktionsparameter eine quantitative Grundlage. Das von
Deutsch/Rieder (1980, S. 17 f.) übernommene Beispiel in Tab. 9-2 verdeutlicht den Rechengang.

Darüber hinaus machen Rao/Thomas Vorschläge für die Ausweitung des
Anwendungsbereichs dieses Modells auf Entscheidungssituationen mit
einem vorgegebenen *Aktionsbudget* B. B darf dabei eine bestimmte Er-

lösreduzierung innerhalb der Aktionsperiode (= $R_2 \cdot S \cdot W_2 \cdot p$) nicht übersteigen. Die optimalen Werte für p^* und W^*_2 lassen sich dabei durch partielle Ableitung der Lagrange-Funktion (9-11) nach p, w, und λ ermitteln (Rao/Thomas 1973, S. 407):

(9-11) $L\,(p, W_2, \lambda)\ =\ p \cdot W_2\,[(b_1 + b_2 \cdot W_2) \cdot (1 - p) - d]$
$-\lambda \cdot (R_2 \cdot S \cdot W_2 \cdot p - B)$

Zur Lösung des Problems der optimalen *Abfolge mehrerer Preisreduzierungen* innerhalb einer Planperiode mit u.U. jeweils verschiedenen Werten für p und W_2 wird ein Modellansatz der Dynamischen Programmierung herangezogen (vgl. im einzelnen Rao/Thomas 1973, S. 407 ff.). Dabei kann das Modell durch Zugrundelegung bestimmter Prämissenkombinationen realistischer gestaltet werden. Unter anderem lassen sich dann Variationen von W_1 und W_2 von R_2 in Abhängigkeit von W_2 und unterschiedlich hohe Abnutzungseffekte für R_2 in Abhängigkeit von der Aktionshäufigkeit oder des Aktionsabstandes bei der Evaluierung der Aktionspläne mit berücksichtigen. Damit wird der Interdependenz aufeinander folgender Preisaktionen Rechnung getragen, was bei der hohen Aktionsdichte in der Praxis sicherlich besondere Bedeutung besitzt. Allerdings lassen sich die Reaktionsparameter in diesen Fällen nicht mehr linear schätzen, sodass das Modellsystem dann erheblich höhere Datenanforderungen stellt.

Vorgegeben sind:		
m	=	€ 5,00 pro Stück
S	=	1000 Stück pro Woche

Aus Vergangenheitsdaten ermittelt wurden:		
a	=	0,1
b_1	=	4,5
b_2	=	-0,15
c	=	0,12
W_1	=	W_3 = 2 Wochen (à 5 Tage)

Daraus ergibt sich für d:

$$d = (a \cdot W_1 + C \cdot W_3 + 2) / 2 = (0,1 \cdot 2 + 0,12 \cdot 2 + 2) / 2 = 1,22$$

Die gewinnoptimale *Preisreduktion* nach (9-9) beträgt:

$$p^* = 0,75 - 0,25 \sqrt{1 + 8 \cdot 1,22 / 4,5} = 0,305$$

Der Preis muss demzufolge um m $\cdot$ p = 5 $\cdot$ 0,305 = 1,53 € abgesenkt werden.

Die optimale *Aktionsdauer* beträgt nach Formel (9-10):

$$W_2^* = (-b_1 \cdot p^*)/b_2 = 9,15 \text{ Wochen}$$

Für die Absatzmengen ergeben sich nach (9-6) bis (9-8) und unter Berücksichtigung der Werte für W_1 bis W_3:

in W_1: $X_1 = W_1 \cdot S \cdot R_1 = 2 \cdot 1000 \cdot (1-0,10 \cdot 0,305 \cdot 9,15) = 1,442$

in W_2: $X_2 = W_2 \cdot S \cdot R_2 = 9,15 \cdot 1000 \cdot (1 + 4,5 \cdot 0,305 -$
$- 0,15 \cdot 0,305 \cdot 9,15) = 17.878$

in W_3 : $X_3 = W_3 \cdot S \cdot R_3 = 2 \cdot 1000 (1 - 0,12 \cdot 0,305 \cdot 9,15) = 1.330$

Der *Zusatzgewinn* der Preisaktion ergibt sich aus der Differenz der kumulierten Stückgewinne in W_1 bis W_3 mit und ohne Preisaktion.

$(1442 \cdot 5 + 17.878 \cdot 3,47 + 1330 - 5) - (2000 \cdot 5 + 9150 \cdot 5 + 2000 \cdot 5) = 75.897 - 65.750 = 10.147$ €

Tab. 9-2: **Rechenbeispiel zum Modell von Rao/Thomas**

Kapitel 10: Internationale Preispolitik

Die Bedeutung internationaler Aspekte im Marketing wird in der Literatur uneinheitlich beurteilt. Eine Gruppe von Autoren sieht in Aufgaben der Internationalisierung keine eigenständigen Gestaltungsbereiche und Methoden, sondern lediglich Sonderfälle nationaler Problemstellungen. Eine andere Strömung fordert hingegen für die Zukunft eine Betriebswirtschaftslehre mit grundsätzlich internationalem Spektrum, da nationale Probleme nur um viele Variablen vereinfachte Sonderfälle der Marketingtheorie seien (vgl. Meffert/Bolz 1994, S.22; Backhaus/Büschken/Voeth 1998, S.67; Ivens 1997a; Bukhari 1999, S.9f.).

Unabhängig davon, welche Position man in diesem Disput vertritt, erfordert bereits die große praktische Bedeutung grenzüberschreitender Geschäftstätigkeit (vom Exportgeschäft bis hin zur umfassend leistenden Auslandsgesellschaft) für die deutsche Wirtschaft eine Auseinandersetzung mit Fragen der internationalen Preispolitik. Dabei sind zum einen Problemstellungen zu behandeln, die ausschließlich im internationalen Marketing auftreten, wie etwa die Berücksichtigung von Währungskursen. Zum anderen sollen hier aber auch Themenfelder aufgegriffen werden, die zwar nicht ausschließlich, aber doch vorrangig im internationalen Kontext relevant sind, und deshalb in einem entsprechenden Kapitel ihren Platz haben. Hierunter fallen u.a. Gegengeschäfte und Transferpreise.

Die internationale Preispolitik lässt sich dabei, in Parallelität zu den Kennzeichen des internationalen Marketings, durch vier Aspekte charakterisieren (vgl. Backhaus/Büschken/Voeth 1998, S.69). Die Bearbeitung mehrerer Ländermärkte erzeugt erstens einen erhöhten *Preisinformationsbedarf* bezüglich der Zielmärkte. Zweitens steigt das unternehmerische *Preisrisiko* im Auslandsgeschäft. Drittens nimmt, aufgrund von Rückkoppelungseffekten zwischen den nationalen Märkten, der Koordinationsbedarf der Preisaktivitäten zu. Als Konsequenz aus diesen Punkten ergibt sich viertens eine gesteigerte *Komplexität* und *Differenziertheit* der Preismanagementaufgabe im internationalen Kontext.

10.1 Internationale Preiskalkulation

Die internationale Preispolitik kann grundsätzlich auf dieselben kalkulatorischen Methoden zurückgreifen, wie im nationalen Geschäft. Verbreitet sind in der Praxis der Exportwirtschaft jedoch insbesondere kostenorientierte Schemata. Gründe hierfür liegen einerseits in dem somit möglichen Verzicht auf aufwendige Preismarktforschung in Auslandsmärkten und den damit verbundenen Kosteneinsparungen, andererseits in der einfachen unternehmensinternen Vertretbarkeit und Durchsetzbarkeit kostendeckender Preise gegenüber dem Controlling und der Geschäftsleitung (vgl. Diller/Köhler/Kneer 1991, S.5ff.; Hanson 1992, S.149).

Erschwert wird die internationale Preiskalkulation hingegen dadurch, dass zusätzliche Kosten anfallen und zudem Risiken entstehen, die im nationalen Geschäft nicht zu berücksichtigen sind. Besonders bedeutsam sind hier (vgl. Becker 1991, S.1247):

- Beschaffungs- bzw. absatzakquisitorische Zusatzkosten zur Überwindung von Außenhandelsbarrieren, etwa für die Ausstellung von Ausfuhrlizenzen, für die Einhaltung länderspezifischer Qualitätsbestimmungen, für die Ausstellung erforderlicher Begleitpapiere etc.

- Kosten der Auftragsbearbeitung und -abwicklung von Auslandsgeschäften, etwa für den Einsatz besonders qualifizierter Mitarbeiter.

- Kosten aus speziellen logistischen und vertraglichen Erfordernissen, z.B. besondere Verpackungen, Verkehrsmittel etc.

- Kosten aus speziellen güterwirtschaftlichen Risiken, insbesondere durch Abschluss von Transport- und Lagerversicherungen

- Kosten aus speziellen finanzwirtschaftlichen Risiken, zu deren Deckung zum einen die kurzfristige (Dokumenteninkasso, Dokumentenakzept, Letter of Credit), zum anderen die mittel- bis langfristige Außenhandelsfinanzierung (Lieferanten-, Bestellerkredite) herangezogen wird. Hinzu kommen Kurssicherungskosten bei Währungsrisiken.

Durch die Vielzahl der zusätzlichen Kostenquellen sowie durch deren Unbestimmtheit entstehen im internationalen Marketing Kalkulationsrisiken. Zusätzliche Kosten können bspw. durch unerwarteten Informationsbedarf, erforderliche Produktmodifikationen oder Reisespesen entstehen. Prognoseprobleme ergeben sich im Auslandsgeschäft aufgrund einer häufig schlechten Informationslage. So führen hohe Inflationsraten im Bestimmungsland, Lieferverzögerungen oder Haftungs- und Gewährleistungsansprüche leicht zu Kostenüberschreitungen. Das Management wird durch diese Risiken verleitet, im Zweifel zu hohe Wertansätze zu wählen und Risikozuschläge zu berücksichtigen, wodurch andererseits die Marktakzeptanz der angebotenen Güter und Leistungen gefährdet wird (vgl. Diller 1987, S.271).

Andererseits existieren international weit verbreitete Usancen. Deren auch vertragswirksame Regelung ist in den International Commercial Terms (INCOTERMS) kodifiziert, die erstmals 1936 von der Pariser Internationalen Handelskammer niedergelegt und zuletzt 1990 an heutige Gegebenheiten angepasst wurden. Die INCOTERMS sind prinzipiell dem jeweiligen nationalen Recht übergeordnet und sehen ein spezielles Schiedsverfahren vor, bevor der ordentliche Gerichtsweg beschritten wird. Abbildung 1 zeigt diese im Überblick.

International Commercial Terms (INCOTERMS)		
E-Term	Die gehandelten Güter werden dem Käufer, der alle weiteren Kosten und Risiken zu tragen hat, im eigenen Bereich des Verkäufers bereitgestellt.	**EXW** : ex works
F-Terms	Die gehandelten Güter werden vom Verkäufer, der die Kosten dafür trägt, einem verantwortlichen Frachtführer übergeben.	**FCA** : free carrier, named place
		FAS : free alongside ship, named port of shipment
		FOB : free on board, named port of shipment
C-Terms	Die gehandelten Güter werden vom Verkäufer, der in Abhängigkeit von der jeweils vereinbarten Klausel Kosten und Risiken zu tragen hat, in das Bestimmungsland versendet.	**CFR** : cost and freight, named port of destination
		CIF : cost, insurance and freight, named port of destination
		CPT : carriage paid to, named place of destination
		CIP : carriage and insurance paid to, named place of destination
D-Terms	Die gehandelten Güter werden vom Verkäufer, der alle Kosten und Risiken zu tragen hat, im Gebiet des Käufers bereitgestellt.	**DAF** : delivered at frontier, named place
		DES : delivered ex ship, named port of destination
		DEQ : delivered ex quay (duty paid), named port of destination
		DDU : delivered duty unpaid, named place of destination
		DDP : delivered duty paid, named place of destination

Abb. 10-1: Überblick über die INCOTERMS, Stand 1990 (2000)[1] (vgl. Becker 1991, S. 1249)

---

[1] Die INCOTERMS wurden von der International Chamber of Commerce zum Jahr 2000 überarbeitet und den aktuellen Anforderungen des internationalen Handel angepasst. Die Grundstruktur der insgesamt 13 Klauseln bleibt davon jedoch unberührt.

Die INCOTERMS können im Rahmen der internationalen Preispolitik dazu herangezogen werden, die Außenhandelskalkulation zu gliedern. Ausgehend von dem für den Inlandsmarkt ermittelten Verkaufswert eines Gutes ab Werk kann für einen abgegrenzten Auftrag dann progressiv, je nach erbrachtem Leistungsumfang, stufenweise der entsprechende Verkaufswert ermittelt werden. „Dies ist nicht zuletzt deshalb besonders zweckmäßig, weil die vertragswirksame Vereinbarung bestimmter INCOTERM-Klauseln zur definitiven Regelung der Kosten und des Gefahrenübergangs führt und insofern auch für preispolitische Entscheidungen und entsprechende Offerten an die Geschäftspartner Bedeutung erlangt" (Becker 1991, S.1260).

10.2 Wechselkurse und internationale Preispolitik

Die Bestimmung der Währung, in der eine Transaktion mit einem ausländischen Geschäftspartner abgewickelt werden soll, ist grundsätzlich der Regelung der Vertragsparteien unterworfen. Wird vereinbart, dass das Geschäft in ausländischer Währung abzuwickeln ist, entsteht dem inländischen Anbieter einer Ware oder einer Leistung durch das Auseinanderfallen von Vertragsdatum und Durchführung der Zahlungsvorgänge ein Wechselkursrisiko.

Ein deutscher Exportmanager verkauft einem Unternehmen in USA eine Maschine. Bei Vertragsunterzeichnung wird ein Kaufpreis von 10.000 US-$ vereinbart (Kurs 1$ = 1,10 €) und ein Zahlungsziel von 30 Tagen festgelegt. Der Wert der Forderung beträgt also ursprünglich (zum Termin des Abschlusses) 11.000 €. Bei einem Kursverfall innerhalb der Zahlungsfrist auf 1 $ = 1,05 € beträgt der Wert der Forderung am Stichtag nur noch 10.500 €. Der deutsche Anbieter erleidet einen Verlust von ca. 4,5 %.

Die Höhe des Wechselkursrisikos ist davon abhängig, wie frei die Wechselkurse der betroffenen Währungen schwanken können. Die Tauschkurse können zum einen fest oder zumindest weitgehend fixiert sein, zweitens kann innerhalb einer Währungsgruppe durch deren politische und ökonomische Repräsentanten eine Schwankungsbandbreite vereinbart worden sein, drittens können die Kurse frei schwanken und lediglich durch zeitweise Eingriffe der nationalen Notenbanken gestützt werden (vgl. Dieckheuer 1990, S.323). Die Staaten der Europäischen Union gründeten 1979 das Europäische Währungssystem (EWS), welches für die Wechselkurse zwischen den vertretenen nationalen Währungen Schwankungsbandbreiten von grundsätzlich ± 2,25% um die fixierten Leitkurse vorsah. Seit 1.1.1999 sind aufgrund des Übergangs zur Europäischen Währungsunion (EWU) sämtliche Schwankungen zwischen den Währungen der elf EWU-Mitgliedsstaaten ausgeschaltet. Bei Transaktionen innerhalb dieses „Eurolandes" besteht für Unternehmen mithin keinerlei Währungsrisiko mehr (vgl. Ivens 1997b).

Die Konsequenzen von Wechselkursveränderungen für die internationale Preispolitik lassen sich anhand des folgenden Beispiels (vgl. Simon 1992, S.468ff.) darstellen. Eine deutsche Firma exportiere in die USA und vereinbare ihre Preise in US-$. Es fallen weder Steuern, noch Zölle oder weitere Exportkosten an. Bei linearer Preis-Absatz- und Kostenfunktion (alle Kosten fallen in DM an) ergeben sich folgende Gleichungen:

(10-1) $q = a - bp_s$

mit q =   Absatzmenge in USA

    p_s =   Preis in $

    a,b   =   Parameter

(10-2) $K_{DM} = K_f + k_v q$

mit K_{DM} =   Gesamtkosten in DM

    K_f =   fixe Kosten

    k_v =   variable Stückkosten

Bei Berücksichtigung des DM/$-Wechselkurses w ergibt sich als DM-Gewinnfunktion:

(10-3) $G_{DM} = (a - bp_s)(wp_s - k_v) - K_f$

Der gewinnoptimale Preis beträgt folglich

(10-4) $p_s^* = \dfrac{1}{2}\left(\dfrac{a}{b} + \dfrac{k_v}{w}\right)$

Leitet man den optimalen Preis nach dem Wechselkurs w ab, ergibt sich des Weiteren

(10-5) $\dfrac{dp_s^*}{dw} = -\dfrac{k_v}{2} w^{-2}$

Aus den vorstehenden Gleichungen lassen sich folgende Schlüsse ziehen:

• der optimale Preis in der Zielwährung, in diesem Fall also der optimale $-Preis p_s^*, sinkt mit steigendem Wechselkurs w (10.4);

• das Absinken des gewinnoptimalen $-Preises bei steigendem Wechselkurs w ist dabei aufgrund des Exponenten –2 unterproportional (10.5).

• es lässt sich zudem zeigen, dass bei steigendem $-Kurs der Gewinn in DM überproportional, der Gewinn in $ unterproportional ansteigt. Verantwortlich hierfür sind gleichgerichtete Mengen- und Stückdeckungsbeitragseffekte.

Zur Vermeidung oder Abschwächung negativer Effekte aus Wechselkursänderungen stehen international tätigen Unternehmen verschiedene Maßnahmen zur Verfügung: Zunächst besteht die Möglichkeit, in einer Währung zu fakturieren, die für Wechselkursschwankungen nicht bzw.

wenig anfällig ist. In ähnlicher Weise kann eine Kurssicherungsklausel oder aber ein Währungsoptionsrecht, das eine Wahlmöglichkeit zum Fälligkeitstag sichert, vertraglich festgeschrieben werden. Des Weiteren können Wechselkursrisiken durch Abschluss einer staatlichen Versicherung (HERMES-Deckung), durch Export-Factoring oder durch Forfaitierung von Auslandsforderungen gesenkt bzw. ausgeschaltet werden (vgl. Dülfer 1991, S.153f.).

Eine weitere Alternative der Absicherung bieten Termingeschäfte. Hierbei bietet ein Unternehmen, das einen Liefervertrag in ausländischer Währung abschließt, die Zahlung aber erst zu einem späteren Termin y erwartet, seine Devisenforderung heute (Termin x) auf dem Terminmarkt an. Bei Zahlungseingang an Termin y kann es dann die Devisenforderung zu dem an Termin x vereinbarten Kurs (Terminkurs) in die inländische Währung konvertieren. Diese Form der Kurssicherung ist im Außenhandel verbreitet. Bei Verzicht auf Termingeschäfte oder vergleichbare Sicherungsmechanismen wird das Unternehmen zum Devisenspekulanten (vgl. Dieckheuer 1990, S.323).

Insgesamt wird deutlich, dass die Verwendung von Auslandswährung im internationalen Marketing Risiken mit sich bringt. Allerdings unterliegt die Wahl der Fakturierungswährung ebenso der Regelungsfreiheit der Vertragsparteien, wie etwa die Preishöhe oder die Konditionen. Um ihrerseits Währungsrisiken zu vermeiden und zudem internationale Einkaufspreise vergleichbar zu machen, haben aber auch die ausländischen Abnehmer ein Interesse daran, in ihrer jeweiligen Währung zu zahlen. Das Verfolgen einer kundenorientierten Strategie macht es daher vielfach erforderlich, auf Währungswünsche der Abnehmer einzugehen. Ergebnisse einer empirischen Studie (vgl. Samiee/Anckar 1998, S.125) zeigen, dass in Fremdwährung fakturierende Unternehmen einerseits geringere Deckungsbeiträge in Kauf nehmen müssen. Andererseits weisen sie aber ein höheres Exportvolumen als ihre in nationaler Währung abrechnenden Konkurrenten auf. Insbesondere in frühen Phasen von internationalen Geschäftsbeziehungen muss auf Währungswünsche von Kunden eingegangen werden, um diese zunächst an das Unternehmen zu binden. Es zeigt sich, dass die Wahl der Währung in internationalen Preisverhandlungen ein wichtiger Platz einzuräumen ist.

10.3 Internationale Preisdifferenzierung und die Arbitrageproblematik

Der Frage, inwiefern Marketingstrategien und -instrumente international übertragbar, also standardisiert einsetzbar sind, stellt ein Hauptforschungsfeld im internationalen Marketing dar. Standardisierungsstrategien zielen u.a. auf Vorteile durch eine erleichterte Koordination zwischen

Tochter- und Muttergesellschaft oder aber auf die Förderung eines einheitlichen Unternehmensimages ab. Andererseits kann aber auf länderspezifische Anforderungen und Determinanten nur unzureichend eingegangen werden. Eine vollständige Standardisierung scheint jedoch in dem hier betrachteten Instrumentalbereich, wie noch zu zeigen sein wird, ohnehin kaum durchsetzbar. Letztlich determiniert insbesondere die allgemeine Internationalisierungsstrategie das Ausmaß der Preisdifferenzierung. Multinationale Strategien erfordern differenzierte Preis-Mixes während globale Strategien eine weitgehend standardisierte Preispolitik implizieren. In der Praxis zeichnet sich die Preispolitik dabei durch einen im Vergleich zur Produkt- oder auch zur Kommunikationspolitik relativ geringen Standardisierungsgrad aus. Insbesondere die Konditionenpolitik wird noch immer sehr stark nationalen Gegebenheiten angepasst. Gleichzeitig praktizieren aber auch nur wenige Unternehmen eine vollkommene Differenzierung ihrer Preise (vgl. Kreutzer 1989, S.340f.; Bolz 1992, S.66; Brielmaier 1998, S.244ff.).

Bei der *internationalen Preisdifferenzierung* handelt es sich um eine Form der vertikalen Preisdifferenzierung. In verschiedenen geographischen Märkten existieren unterschiedliche Preis-Absatzfunktionen. Für Unternehmen ergibt sich hieraus die Möglichkeit, im Sinne einer aktiven Preispolitik den geforderten Preis in jedem geographischen Teilmarkt gewinnmaximal zu setzen. Aufgrund der im internationalen Kontext in der Regel divergierenden Determinanten des Preisverhaltens der Abnehmer kann davon ausgegangen werden, dass *in praxi* das Vorliegen unterschiedlicher nationaler Preis-Absatzfunktionen der typische Fall ist. Da entsprechend auch die nationalen gewinnoptimalen Preise unterschiedlich hoch sind, maximiert ein Unternehmen seinen Gewinn, indem es eine Preisdifferenzierung betreibt.

Welche Bedeutung der internationalen Preisdifferenzierung in der Praxis zukommt, zeigen zahlreiche Studien. So ermittelte die italienische Fachzeitschrift Largo Consumo bspw. im März 1999 folgende Endverbraucherpreise für einen Warenkorb vergleichbarer Produkte in München, Madrid, Mailand und Paris (bei unterschiedlichen Packungsgrößen wurde ein Preis je Liter, je Stück oder je 100g ermittelt).

Voraussetzung für eine solche Preisdifferenzierung ist allerdings, dass die bearbeiteten Märkte voneinander isoliert sind. Andernfalls ergibt sich für die Abnehmer die Möglichkeit, *Arbitragehandel* zwischen Ländermärkten durchzuführen. Dies bedeutet, dass die Abnehmer Preisdifferenzen zu ihren Gunsten ausnutzen. Unter der Bedingung, dass die Preisunterschiede höher sind, als die mit der Arbitragetransaktion verbundenen Kosten, kommt es zu vom Anbieter nicht intendierten Warenströmen und zu u.U. erheblichen Erlöseinbußen (Bukhari/Cordes 1994, S.12ff.).

	Preis je Einheit im Land (alle Preise in EUR0)			
Produkt	D	E	I	F
Nestlé Joghurt	0,21	0,13	0,57	0,24
Ferrero Rocher (30 Stück)	1,11	1,61	1,46	1,38
Milka Milchschokolade	0,54	0,87	0,81	0,69
Martini Rosso	4,94	4,23	4,14	6,88
Corona-Bier	4,54	2,56	3,11	2,62
Coca-Cola (Dose)	1,03	0,89	1,21	0,64
Nescafé (60 Tassen)	3,74	2,67	3,47	2,82
Gilette Contour	4,42	7,18	6,85	5,73
Nivea Rasierschaum	7,92	13,75	9,84	10,35
Kodak-Film (24 Bilder)	4,33	3,68	3,25	3,54

Tab. 10-1: **Preise für ausgewählte Konsumgüter in Europa im Vergleich (Quelle: Lebensmittel Praxis / LP international 20/99, S. 1)**

Durch Arbitragehandel entstehen graue Märkte (Abb.10-2). In der Literatur wird zwischen *Reimporten, Parallelimporten* sowie *lateralen grauen Importen* unterschieden. Erstere (zweitere) treten auf, wenn im Exportland (Ursprungsland) ein niedrigerer Preis verlangt wird, als im Ursprungsland (Exportland). Laterale graue Importe sind am schwersten aufzudecken. Sie entstehen zwischen zwei Exportmärkten mit entsprechend hohen Preisunterschieden.

Für den Grad der internationalen Preisdifferenzierung existieren folglich Grenzen. Diese werden durch verschiedene Umfeldfaktoren bestimmt. Es lassen sich Differenzierungstreiber und Differenzierungsbarrieren der internationalen Preispolitik unterscheiden.

Zunächst ist die *Homogenität der Nachfrageverhältnisse* in den Zielmärkten von Bedeutung. Hierzu zählt bspw. die Kaufkraft. In Ländern mit relativ geringem Kaufkraftniveau kann sich insbesondere die Durchsetzung eines hohen internationalen Standardpreises als schwierig erweisen, wenn dieser weit oberhalb des nationalen gewinnmaximalen Preises liegt. Weiterhin müssen Preissegmente auf ihre strukturelle Vergleichbarkeit geprüft werden.

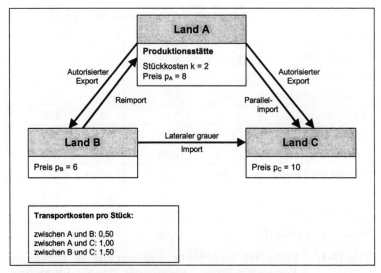

Abb. 10-2: Formen grauer Märkte (Simon/Wiese 1995, S. 245)

Der *Grad der wirtschaftlichen Integration* zwischen den bearbeiteten Ländermärkten bestimmt, inwiefern Handelsbarrieren Arbitragegeschäften entgegenstehen. In einem gemeinsamen Markt, wie etwa der Europäischen Union, in dem Waren-, Dienstleistungs- und Kapitalverkehr liberalisiert sind, sind diese Barrieren geringer ausgeprägt als zwischen zwei nicht-integrierten Märkten.

Die moderne Telekommunikation trägt einen entscheidenden Teil dazu bei, dass eine zentrale Voraussetzung für Arbitrage, nämlich die *grenzüberschreitende Preistransparenz*, zunimmt. So stellt etwa das Internet zahlreiche Preisinformationen weltweit zur Verfügung. Spezielle Preisagenturen haben sich zudem darauf spezialisiert, Nachfragern europa- oder auch weltweit das günstigste Angebot für ein gesuchtes Produkt zu ermitteln. Zudem verbessert sich das Preiswissen der Konsumenten durch Tourismus und Geschäftsreisen.

Analog zu erleichterten Informationsströmen verhält es sich auch mit den Warenströmen. Je besser die *Transportinfrastruktur* (Straßen, Logistikunternehmen, Versandhandel) und je niedriger die Transportkosten, desto geringer die Differenzierungsmöglichkeiten.

Die Währungstransparenz zwischen zwei Märkten ist eng mit der *Arbitrageneigung* der Abnehmer verbunden. Je leichter die Umrechnung von Preisen einer Währung in die andere fällt, desto geringer die Arbitragebarrieren. Deshalb ist auch die Einführung der Europäischen Währung Euro als ein Faktor zu interpretieren, der innerhalb der Mitgliedsstaaten („Euroland") eine Politik der Preisdifferenzierung ein weiteres Stück erschwert.

Auch die *Stabilität des Wechselkurses* bestimmt, inwiefern eine internationale Harmonisierung der Preise möglich ist. Je instabiler der Kurs, desto häufiger wird es zu *de facto* differenzierten Preisen kommen. Bei sehr volatilen Währungen ist es in zahlreichen Branchen schlechterdings unmöglich, die in der entsprechenden Währung geforderten Preise systematisch an die Wertänderungen anzupassen und somit stets zu harmonisieren.

Auch die *Vergleichbarkeit nationaler Steuersysteme* determiniert den Differenzierungsgrad. Selbst in der Europäischen Union ist die Harmonisierung der Steuersysteme noch immer wenig vorangeschritten. So variieren bspw. die Mehrwertsteuersätze in den Mitgliedsstaaten erheblich.

Die *Situation des Handels* in den Zielmärkten ist ein weiterer Einflussfaktor. So bestimmen die Höhen der national üblichen Margen ebenso über die Standardisierbarkeit des Preises, wie etwa die Verhandlungsmacht der Handelskunden. Je weniger homogen diese Daten in den einzelnen Märkten sind, desto weniger wird eine Preisharmonisierung realisierbar sein. In diesem Zusammenhang wirkt insbesondere die zunehmende Internationalisierung der Beschaffung im Handel durch Einkaufsgemeinschaften und große international präsente Handelsketten auf eine Preisvereinheitlichung hin, da diese Großabnehmer zu hohe Preisunterschiede zu ihren Gunsten nutzen (Brielmaier 1998).

Diese Faktoren führen dazu, dass aktuell, trotz einer Zunahme der Differenzierungsbarrieren, den Differenzierungstreibern weiterhin große Bedeutung zukommt. Der reale Standardisierungsdruck auf den Preis eines Produktes muss dabei unter Berücksichtigung des vorliegenden wirtschaftlichen, politischen und rechtlichen Integrationsgrades der bearbeiteten Zielmärkte analysiert werden.

Zur Durchsetzung international differenzierter Preise in Märkten, zwischen denen nur geringe Arbitrageschranken bestehen, sind verschiedene Vorgehensweisen denkbar. Ein preispolitischer Lösungsansatz liegt in der Einführung eines entsprechenden Preiskorridors (vgl. Simon 1992, S.476ff.) für die Zielländer, der festlegt, in welchem Ausmaß die Preise voneinander abweichen dürfen. Dieses Konzept sucht gewissermaßen den Mittelweg zwischen Einheitspreisen und unabhängigen Landespreisen, um ein langfristiges Absinken auf das Niveau der Niedrigpreismärkte zu verhindern. Es wird davon ausgegangen, dass, durch eine teilweise Absenkung der relativ hohen Preise und eine Erhöhung der niedrigen Preise, die mit einer Preisstandardisierung einhergehenden Gewinneinbußen reduziert werden können. Der Korridor muss dabei so bemessen sein, dass Arbitrage gerade unterbunden wird, d.h. dass die Preisdifferenz zwischen zwei Märkten knapp geringer ist als die Arbitragekosten.

Neben der Modifikation des Preiszählers als Reaktion auf Arbitrage stehen Unternehmen zahlreiche weitere Maßnahmen der Arbitragevermeidung zur Verfügung. So kann bei der Gestaltung des *Preisnenners* etwa das betroffene Produkt international differenziert werden (Markierung, Ingredienzen etc.), Garantien, Service und Produktgewährleistung können für ausländische Produkte eingeschränkt oder aber Händlerbindungsmaßnahmen entwickelt werden. Dabei ist allerdings jeweils ein ökonomisches Kalkül, das Kosten und Nutzen derartiger Maßnahmen gegenüberstellt, anzustellen (vgl. Simon 1992, S.481).

10.4 Dumping

Ist der geforderte Preis für ein bestimmtes Gut im Ausland niedriger als im Inland, so spricht man von Dumping. Grundsätzlich handelt es sich dabei um einen Fall der geographischen Preisdifferenzierung (vgl. Kapitel 8). Diese kann, wie in 10.3 dargestellt, durch unterschiedliche Wettbewerbsbedingungen auf zwei Märkten gerechtfertigt sein. Die faire Konkurrenz auf einem ausländischen Wettbewerbsmarkt muss hierdurch nicht zwingend beeinträchtigt werden. Jedoch hat die Dumping-Problematik insbesondere im Handel zwischen westlichen Industriestaaten und Entwicklungsländern eine politische Dimension erhalten. Sie impliziert dann eine Unterbietung des Marktpreises im Einfuhrstaat, die dem Exporteur keine Kostendeckung mehr gewährleistet (vgl. Koch 1989, S.17).

Ein Unternehmen kann Dumping betreiben, wenn es zumindest teilweise Kontrolle über die Preise seiner Produkte auf Auslandsmärkten ausübt, es die Arbitragegefahr entsprechend ausschließen kann und die Preiselastizität auf Auslandsmärkten höher als auf dem Inlandsmarkt ist. Die Motive für Dumping können der zyklische Ausgleich von Nachfragerückgängen (cyclical dumping), der schnelle Eintritt in einen Auslandsmarkt (penetration dumping), die Abschreckung potentieller Konkurrenten auf bestimmten Märkten (defensive dumping) oder die Verdrängung bestehender Wettbewerber (predatory dumping) sein (vgl. Kostecki 1991, S.7f.).

Zur Feststellung von Dumpingfällen existieren internationale Richtlinien. Nach diesen wird bei Dumpingklagen der Vergleich angestellt, ob der Ausfuhrpreis einer Ware niedriger ist als ihr normaler Wert (GATT, Art. VI, Abs.1). Als normaler Wert wird dabei grundsätzlich der Preis einer Ware auf dem Markt ihres Ursprungslandes herangezogen. Ist ein solcher Preis nicht zu ermitteln, wird der Ausfuhrpreis der selben Ware in ein Drittland betrachtet. Kann auch darauf nicht zugegriffen werden, dienen die Herstellkosten der Ware im Exportland als Basis. Diesen wird eine angemessene Spanne für Marketingkosten und Gewinn zugeschlagen (vgl. Landsittel 1987, S.17f.).

Unternehmen müssen keine aktive Dumpingpolitik betreiben, um sich entsprechenden Vorwürfen auszusetzen. So ist ein Unternehmen, das eine differenzierte, den jeweiligen Marktverhältnissen angepasste internationale Preispolitik verfolgt, quasi ständig dem Risiko ausgesetzt, dass der Auslandspreis den Inlandspreis unterschreitet. Viele Unternehmen gehen zudem auf Exportgeschäfte ein, bevor die Nachfragebedingungen im Zielmarkt oder die Wechselkurse bekannt sind. Dies ist nicht zuletzt bei der gleichzeitigen internationalen Markteinführung neuer Produkte der Fall, bei der die Preiserfahrung des Anbieters naturgemäß zunächst gering ist (vgl. Kostecki 1991, S.9). Wird andererseits das Dumping vom Hersteller aktiv betrieben, muss es nicht zwangsläufig offen zu Tage treten. Entspricht etwa der dem Importeur vom Exporteur in Rechnung gestellte Preis dem Inlandspreisniveau, verkauft der Importeur die Ware aber zu einem niedrigeren, den Dumpingtatbestand erfüllenden Preis, und vergütet schließlich der Exporteur dem Importeur die entgangenen Erträge, so handelt es sich um verstecktes Dumping (vgl. Galinski 1981, S.42).

Zur Abwehr von Dumping haben die großen Industrienationen weitgehend vergleichbare juristische Systeme entwickelt. Auch die Staaten Osteuropas sowie zahlreiche Entwicklungsländer arbeiten an derartigen Verfahrenswerken. In der Regel werden Dumpingverfahren aufgenommen, wenn ein Unternehmen, ein Wirtschaftszweig oder eine staatliche Stelle Nachteile durch niedrige Preise ausländischer Wettbewerber erleidet, sich benachteiligt fühlt und eine entsprechende Klage bei den zuständigen nationalen Behörden einreicht. Innerhalb der EU ist Dumping durch die Verordnung Nr. 2176/84 (ABl EG 1984 Nr. L 201/1 und L 227/35) vom 23. Juli 1984 geregelt. Sie ersetzt die bis dahin bestehenden nationalen Regelungen. Antragstelle ist die EU-Kommission in Brüssel. Kommen die Instanzen zu dem Ergebnis, dass ein Dumpingfall vorliegt, so wird ein provisorischer Antidumping-Zoll, maximal in der Höhe der Dumpingspanne, erhoben (vgl. Senti 1990, S.8f.).

10.5 Transferpreise

Unternehmen, die ausländische Märkte nicht ausschließlich über Exporte bearbeiten, sondern über Niederlassungen, Joint Ventures, Lizenzabkommen und vergleichbare Marktbearbeitungsformen direkt im Zielmarkt tätig sind, müssen neben der auf externe Leistungsabnehmer ausgerichteten Preispolitik auch Transferpreise gestalten. Hierbei sind Preise für solche Güter und Dienstleistungen zu bestimmen, die im Unternehmensverbund („intracorporate pricing"), also etwa von der Zentrale an ausländische Lizenznehmer oder zwischen zwei Tochtergesellschaften, erbracht werden (vgl. Terpstra/Sarathy 1997, S.741).

Ziel der Transferpreispolitik ist es, das globale Konzernergebnis zu optimieren. Dabei werden suboptimale Situationen in einzelnen (z.B. nationalen) Unternehmensbereichen in Kauf genommen. Transferpreise dienen dazu,

- hohe Steuern in bestimmten nationalen Märkten dadurch zu umgehen, dass die dort angesiedelten Firmenteile für erhaltene Güter und Leistungen hohe Transferpreise zu entrichten haben, die den vor Ort anfallenden Ertrag mindern;

- Barrieren der Gewinnrepatriierung zu umgehen. Durch hohe Transferpreise wird der Gewinn verdeckt in das leistende Land gelenkt;

- mit Joint Venture Partnern zu teilende Gewinne möglichst niedrig zu halten und diese im eigenen Unternehmen anfallen zu lassen;

- Importrestriktionen zu umgehen. Durch niedrige Transferpreise können bei wertmäßigen Importquoten größere Mengen eingeführt werden;

- Zollbelastungen niedrig zu halten. Dies ist dann möglich, wenn es sich um einen Wertzoll handelt;

- in einzelnen Ländern die Substanz des Unternehmens bedrohende hohe Inflationsraten in ihrer Wirkung abzuschwächen;

- die Kreditwürdigkeit von Auslandsgesellschaften durch Erhöhung der vor Ort anfallenden Erträge zu steigern.

Bei der Festsetzung internationaler Transferpreise verfügt das Unternehmen über einen gewissen Spielraum, es wird jedoch von (zunehmend kooperierenden) nationalen Finanzbehörden überwacht. Preisuntergrenze sind die Herstellkosten, auf die ein angemessener Gewinnaufschlag zu berechnen ist. Daneben sind „Arm's Length"-Preise, also Entgelte, die von unabhängigen Dritten für die betroffenen Waren oder Leistungen zu entrichten wären, gebräuchlich (vgl. Tietz 1990, S.304). Sind Transferpreise einerseits, vom ökonomischen Standpunkt aus gesehen, legitim, so kommt es andererseits in der Praxis immer wieder zu Konflikten mit Regierungen in Gastländern. Sie werfen transnationalen Unternehmen Manipulation vor und ergreifen zunehmend Maßnahmen, um durch Sondersteuern, durch die Einführung von Kontingenten, durch Devisenbeschränkungen und verstärkte Kontrollen ihre nationalen wirtschaftspolitischen Interessen durchzusetzen (vgl. Kulhavy 1981, S.213f.).

Neben externen Effekten kann die Transferpreispolitik auch im Unternehmen Spannungen erzeugen. So können einer Auslandstochter gegenüber zu hoch gestaltete Transferpreise deren Wettbewerbsfähigkeit beeinträchtigen, das lokale Management und die Mitarbeiter demotivieren, Spannungen zwischen Tochtergesellschaften erzeugen und damit letztlich kontraproduktiv wirken. Daher müssen Transferpreise sowohl kosten-, als auch leistungsorientiert bestimmt werden (vgl. Berekoven 1985, S.192).

10.6 Kompensationsgeschäfte

Das Kompensationsgeschäft (engl.: Countertrade) ist eine Transaktionsform, die zwar nicht ausschließlich, jedoch vorwiegend im Auslandsgeschäft vorkommt. Es handelt sich dabei um einen Vertrag, bei dem das Entgelt (Preiszähler) für ein Gut oder eine Leistung (Preisnenner) nicht in Devisen, sondern teilweise oder vollständig in Gütern oder Leistungen erbracht wird. Besondere Bedeutung kommt diesem Geschäftstyp im Handel mit Abnehmern in devisenarmen Staaten (Osteuropa, Entwicklungsländer) zu. Doch werden auch Großgeschäfte in den Industriestaaten, wie etwa Flugzeugverkäufe, teils nach diesem Modus abgewickelt. Ziele, die durch einen entsprechenden Verzicht auf monetäre Leistungen verfolgt werden, sind dabei u.a. die Penetrierung neuer Märkte, die Erschließung langfristiger Bezugsquellen, die Umgehung staatlicher Währungskontrollnormen oder auch der Absatz von Produkten, die im Heimatmarkt das Ende ihres Lebenszyklus erreicht haben. Zudem ist vielfach die Bereitschaft des Herstellers, Güter anstatt Geld entgegen zu nehmen, aus Kundensicht Grundvoraussetzung für einen Geschäftsabschluss, so dass aus Anbieterperspektive zunächst eine Ja/Nein-Entscheidung zu fällen ist (vgl. Fletcher 1998, S.513).

Die Preispolitik wird, akzeptiert man als Anbieter diesen Modus, durch Kompensationsgeschäfte vor eine ungewohnte Aufgabe gestellt. Die Bestimmung der für das eigene Angebot zu fordernden Gegenleistung erhält einen neuen Charakter, wird komplexer und risikoreicher (vgl. Weigand 1993, S.65ff.; Meffert/Bolz 1994, S.229f.):

- Es sind *Kosten* zu berücksichtigen, die erst durch die Durchführung von Countertrade entstehen, wie etwa Transport- und Lagerkosten für die eingetauschten Güter, Zölle sowie Steuern.

- Es muss die Kontrolle der Qualität der Kompensationsleistung gewährleistet werden, für die der Anbieter häufig kein Expertenwissen besitzt. Bei verderblichen Waren entsteht zudem ein Verfallsrisiko.

- Entstehende Risiken sind nur begrenzt versicherbar, da z.B. Hermes-Deckungen entsprechende Geldforderungen aus Lieferungen und Leistungen voraussetzen.

- Durch schwankende Weltmarktpreise für häufig als Kompensation gelieferte Rohstoffe entsteht, analog zum Wechselkursrisiko bei monetären Transaktion, eine Verlustgefahr.

- Der Wert akzeptierter Fertigwaren ist aufgrund beschränkter Markttransparenz sowie unterschiedlicher technischer Standards schwer feststellbar. Zudem ist die Frage eventuell anfallender Serviceleistungen für diese Güter zu berücksichtigen.

- Die Lieferzuverlässigkeit der Kunden insbesondere in Entwicklungsländern erweist sich im Rahmen von Kompensationsgeschäften häufig als unbefriedigend.

Die *Erträge* aus Countertrade-Geschäften sind zudem schwer ermittelbar. So müssen verschiedene Posten getrennt werden. Von dem bei Vertragsabschluss kalkulierten monetären Wert der Kompensationswaren oder -leistungen müssen Zinsen auf in Lagern gebundenes Kapital, Kommissionen für zu Hilfe gezogene Dritte (Broker, Clearingstellen, Barter-Clubs etc.), Vertriebskosten für die betreffenden Güter sowie Verluste aus Kursschwankungen abgezogen werden. Empirische Studien zeigen entsprechend, dass die kurzfristigen Erträge aus Kompensationsgeschäften häufig geringer sind, als in monetären Transaktionen. Doch ist hier auf den strategischen Aspekt hinzuweisen. Die Opportunitätskosten des Countertrade können als strategisches Investment in langfristige Geschäftsbeziehungen betrachtet werden (vgl. Terpstra/Sarathy 1997, S.786f.).

10.7 Die relative Bedeutung des Preises im internationalen Marketing

Die Diskussion der einzelnen Fragenkomplexe der internationalen Preispolitik hat gezeigt, dass es sich um ein vielschichtiges und anspruchsvolles Aufgabengebiet handelt. Dabei blieb bisher außer Acht, dass die Bedeutung, die dem Preis durch die Abnehmer im Rahmen der Kaufentscheidung beigemessen wird, nicht notwendigerweise in allen Zielmärkten vergleichbar ist. Vielmehr zeigen verschiedene Studien, die dem Comparative Management zuzurechnen sind, dass in Abhängigkeit von dem jeweiligen Kulturkreis Preisaspekte teils im Fokus stehen, teils hinter andere Determinanten zurücktreten. So haben etwa in asiatischen Staaten, in denen im industriellen Bereich eher ein beziehungs- statt ein transaktionsorientiertes Einkaufsverhalten dominiert, gute persönliche Verhältnisse zwischen den betroffenen Einkäufern und Verkäufern einen hohen Stellenwert. Häufig sind entsprechende *Guanxi*-Beziehungen gar Voraussetzung und nicht Konsequenz einer Geschäftsbeziehung. Verfügt ein Anbieter über entsprechende Beziehungen zu manchen Kunden, so kann (in einem gewissen Rahmen) dadurch ein Preisnachteil gegenüber Konkurrenten ausgeglichen werden (vgl. Diller/Ivens 1998, S.20; Chang/Ding 1995, S.283). Der jeweiligen kulturspezifischen Bedeutung des Preises ist folglich im Rahmen der internationalen Preismarktforschung Aufmerksamkeit zu widmen, um bspw. im Rahmen von Verkaufsverhandlungen entsprechende Argumentationen zu verwenden.

10.8 Chancen einer aktiven internationalen Preispolitik

Angesichts der offenbaren Komplexität sowie der schnellen Veränderungen in der internationalen Preisumwelt verbietet sich eine reaktive Position. Eine aktive, d.h. sorgfältig geplante und zielgeleitete internationale Preispolitik hingegen, dies wird aus den vorstehenden Ausführungen deutlich, bietet Unternehmen beträchtliche Chancen. Diese Chancen gründen auf folgenden, durch preispolitische Maßnahmen zu aktivierende Effekte (vgl. Diller 1987, S.270):

Der *Marktdifferenzeffekt* bewirkt höhere, kurzfristig realisierbare Gewinne. Er tritt auf, wenn die Marktverhältnisse auf gewissen Auslandsmärkten höhere Gewinnchancen ermöglichen als im Inland. Aufgrund der hohen Wettbewerbsintensität in vielen deutschen Branchen ist dieser Effekt nicht selten. Ausschlaggebend für den Effekt können alle marktlichen Umfeldfaktoren der Preispolitik im Ausland, also etwa ungünstigere Kostensituationen der nationalen Konkurrenten, geringere Preiselastizitäten, unterlegene Produkttechnik der Konkurrenten etc.

Ein *Kostendegressionseffekt* kann erzielt werden, wenn das Unternehmen durch die Bearbeitung ausländischer Märkte die Gesamtabsatzmenge ausweitet. Der Mehrabsatz führt zu einer höheren Kapazitätsauslastung. Soweit die Auslandstätigkeit keine zusätzlichen Fixkosten bedingt, verteilen sich diese auf mehr Einheiten. Die Stückkosten sinken. Hinzu können größenbedingte Einsparungen bei den variablen Kosten, etwa wegen günstigerer Einkaufspreise, kommen. Die Kostendegression durch zusätzlichen ausländischen Absatz senkt auch die inländischen Kosten und sichert selbstverstärkend Kapazitätsauslastung und Beschäftigung.

Eng mit dem Kostendegressionseffekt verbunden ist der *Erfahrungskurveneffekt*, der Kostensenkungen aufgrund zunehmender Erfahrung der Unternehmung in Produktion, Vertrieb, Organisation und Management verspricht (vgl. 11.2.2).

Eine Niedrigpreisstrategie im Ausland kann auch *Innovationseffekte* auslösen, wenn für die dafür benötigten (global vermarkteten) Absatzmengen neue Fabrikationsanlagen mit jeweils modernster Fertigungstechnologie erstellt werden.

In besonders hohen Auslandspreisen kann dagegen ein *Pioniereffekt* wirksam werden, der entsteht, wenn der Lebenszyklus eines Produktes in verschiedenen Ländern unterschiedlich weit fortgeschritten ist. In diesem Fall kann aus einem technologisch hoch entwickelten Land ein hier schon in intensivem Wettbewerb stehendes Produkt zu höheren Preisen in ein weniger entwickeltes Land abgesetzt werden. Die ersten Anbieter auf diesem Markt schöpfen dann eine Art Innovationsprämie oder Pionierrente ab. Die Veringerung des Gaps zwischen nationalen Produktlebenszyklen reduziert allerdings zunehmend die Bedeutung dieses Effekts.

Eine flexible internationale Preispolitik kann ferner einen *Absicherungseffekt* für die Unternehmung erbringen, der sie unabhängig von nationalen oder kontinentalen Konjunkturverläufen sowie von saisonalen Faktoren macht. Durch ein entsprechendes aktives Preisverhalten können Absatzmengen und somit Ertragsströme stabilisiert werden.

Der geschickte Einsatz von Transferpreisen bringt zudem, wie aufgezeigt wurde, einen *Steuereffekt*, der ebenfalls eine nicht zu unterschätzende Wirkung auf die Ertragslage der Unternehmung ausübt.

Insgesamt verspricht eine aktive, auf klar definierte Ziele ausgerichtete internationale Preispolitik also reizvolle Erfolgschancen. Angesichts der zunehmenden Sättigung auf vielen Inlandsmärkten kann sie sogar zu einer zentralen Herausforderung für die Wettbewerbsfähigkeit der Unternehmen werden. Hierzu bedarf es allerdings eines leistungsfähigen Preisinformationssystems, das die Determinanten der Preispolitik auf den jeweiligen nationalen Märkten systematisch erfasst und somit die Vorbereitung fundierter Preisentscheidungen erlaubt.

Kapitel 11: Preisstrategien

11.1 Inhalt und Bedeutung von Preisstrategien

> Preisstrategien sind aufeinander abgestimmte, also ganzheitliche, und an langfristigen Unternehmenszielen ausgerichtete Ziel- und Handlungskonzepte der Preispolitik, welche auf die Erschließung und Sicherung von Erfolgspotentialen der Unternehmung abzielen.

Wie in Kap. 2 bereits skizziert, besitzen Preisstrategien mehrere konzeptionelle Ebenen, die aufeinander abgestimmt und im Hinblick auf vorhandene Unternehmensressourcen sowie Erfolgspotentiale am Markt auszugestalten sind. In Abb. 2-5 wurden dazu bereits das strategische Zielkonzept, das Wettbewerbs- und das Kunden-Nutzen-Konzept unterschieden.

Das preisstrategische *Zielkonzept* stellt eine gedankliche Verknüpfung preispolitischer Instrumente und Sachziele mit preisstrategischen Zielen und schließlich langfristigen Unternehmenszielen dar. Es lässt sich in Form einer „Strategischen Preistreppe" (vgl. Abb. 11-1) veranschaulichen, was auch die Ähnlichkeit zu einem hierarchischen Zielsystem mit Unter-, Mittel- und Oberzielen (vgl. Becker 1998, S. 3ff.) deutlich macht. Entscheidende Bedeutung kommt dabei den *preisstrategischen Effekten* zu, die gleichsam das Getriebe für die Umsetzung der operativen preispolitischen Maßnahmen in Unternehmenserfolge darstellen. Die Erfolgskraft der einzelnen Preisinstrumente wird erst durch diese strategischen Effekte ermöglicht bzw. verstärkt. Für den Wettbewerb sind sie oft nur schwer erkennbar und – wie das Beispiel Aldi zeigt – nur mit Zeitverzögerungen und Unvollkommenheiten imitierbar, was im Wettbewerb zu preisstrategischen Vorsprüngen verhilft. Die preispolitischen Maßnahmen selbst werden zur Erzielung solcher Effekte möglichst synergetisch zu „Preis-Mixes" koordiniert und aufeinander abgestimmt. Ein *Preis-Mix* ist demnach eine unternehmensindividuell auszugestaltende, auf preisstrategische Effekte zielende Kombination preispolitischer Aktivitäten.

Jedes Unternehmen kann immer wieder neue, eigene „Getriebesysteme" konzipieren und umsetzen, sodass eine abschließende Darstellung preisstrategischer Konzepte nicht möglich ist, zumal Umfeldentwicklungen (z.B. das Internet) auch hier zur Erosion bestehender und zur Gestaltung neuer Preiskonzepte führen. Erheblicher strategischer Spielraum entsteht ferner dadurch, dass die preisstrategischen Konzepte auf unterschiedliche Kundensegmente ausgerichtet und durch wettbewerbsgerichtete Konzepte ergänzt werden müssen. Nur so erhält die Preisstrategie den erforderlichen umfassenden Marktbezug. Aus Gründen der Übersichtlichkeit sind diese beiden Bestandteile einer Preisstrategie, das *Kundennutzen-* und das *Wettbewerbs-Konzept*, nicht in Abb. 11-1 integriert. Sie werden in Abschnitt 11.3 und 11.4 zur Reduzierung der Komplexität getrennt behandelt, obwohl sie naturgemäß eng mit der Ziel- und Mixplanung verknüpft sind.

Die praktische *Bedeutung* einer sorgfältigen strategischen Ausrichtung der Preispolitik ergibt sich aus äußerst verschiedenen Umständen, von denen hier nur drei hervorgehoben werden:

1. In den vergangenen Jahren haben sich *Anzahl und Vielfalt der preispolitischen Instrumente* beträchtlich erhöht. Nicht-lineare Tarife, Preisbündelung, Preisbaukästen, Dauerniedrigpreise, Bonusprogramme oder Yield Management sind nur einige Beispiele für diese Entwicklung. Dies zwingt die Unternehmen zu einer stärkeren Koordination und synergetischen Abstimmung der eingesetzten Instrumente, einer typisch strategischen Aufgabe.

2. Die *Wettbewerbsintensität* nahm auf nahezu allen Märkten in den letzten Jahren z.T. erheblich zu. Verantwortlich dafür sind viele Faktoren, insb. die teilweise Marktsättigung, die Globalisierung des Wettbewerbs und die zunehmende Marktkonzentration. Stimmige, d.h. aufeinander abgestimmte Preiskonzepte erzeugen hier einen *Profilierungseffekt* im Wettbewerb, der zu größeren Erfolgen bei der Marktbearbeitung führt. Das Discount-Konzept einer Fluglinie ist dafür ebenso ein Beispiel wie das Premium-Konzept einer Spirituosenmarke (vgl. 11.2.2).

3. Die *Dynamik der Produktlebenszyklen* hat sich enorm beschleunigt, was am Beispiel von Computer- und Telekommunikationsprodukten besonders deutlich wird. Dadurch gewinnen die dynamischen Kosten-, Mengen- und Wettbewerbseffekte der Preispolitik (vgl. 11.2.2) immer größere Erfolgsbedeutung.

Diese Problemlage kann auf Dauer nur durch ein strategisches Preismanagement bewältigt werden, welches nicht nur der langfristigen Entwicklungsdynamik preispolitischer Maßnahmen, sondern auch dem ganzheitlich-integrativen Anspruch eines optimalen Preis-Mix Rechnung trägt und den Anforderungen einer marktgetriebenen, also gleichermaßen nachfrager- wie wettbewerbsorientierten Preispolitik gerecht wird. Professionelles strategisches Preismanagement ist insofern

1. auf einem in sich schlüssigen, langfristig orientierten *Zielsystem* fundiert (vgl. 11.2),

2. auf bestimmte *Preissegmente* des Marktes und die dort herrschende *Wettbewerbssituation* fokussiert und damit „market-driven" (vgl. 11.3 und 11.4),

3. es schöpft die *Synergiepotentiale* bei der ganzheitlichen Integration verschiedener Preisinstrumente zu einem kreativen und profilierenden *Preiskonzept* aus (vgl. 11.4),

4. es orientiert sich gleichermaßen an bestimmten Marktgegebenheiten bzw. -entwicklungen wie an dafür verfügbaren bzw. aufbaubaren preispolitischen Fähigkeiten und Stärken des Unternehmens („*preisstrategischer Fit*")

5. und es ist auch *implementationsorientiert*, d.h. auf die praktischen Möglichkeiten der Umsetzung bedacht (vgl. Kap. 12).

Die beiden letztgenannten Merkmale werden an dieser Stelle nicht weiter vertieft. Mit dem „*preisstrategischen Fit*" ist eine zweifache Kongruenz gemeint, nämlich zum einen jene zwischen der Preisstrategie und wichtigen Umfeldentwicklungen, z.B. der Diffusion der Scanning-Technologie oder des Internets, und zum zweiten jene zwischen dem preisstrategischen Anspruch und eigenen Fähigkeiten sowie Ressourcen des Unternehmens. So liegt es z.B. für Markenartikelhersteller nahe, die Preisstellung am jeweiligen Markenwert zu orientieren (Tacke 1989, S. 1004), preisaggressiv nur dann zu agieren, wenn die langfristige Kostenposition dies erlaubt, oder ein hohes Ausmaß an Kundenbindung preispolitisch mit Premiumpreisen zu nutzen. Der Einsatz klassischer Planungshilfen, wie der Stärken-Schwächen- oder der Kundenportfolio-Analyse kann die Erarbeitung solcher realistischer Preiskonzepte sehr gut stützen (Vaziri/ Fitzgerald 1997).

Schließlich gehört zur Preisstrategie – wie zu jeder erfolgreichen Strategie – auch ein *Implementations-Konzept*, d.h. Maßnahmen und Überwachungs-Tools, die sicherstellen, dass die preisstrategischen Zielsetzungen trotz zu erwartender und proaktiv zu behandelnder Widerstände und Reibungsverluste umgesetzt werden. Hierzu zählen u.a. die frühzeitige inhaltliche und zeitliche Koordination aller preispolitischen Aktivitäten, das Controlling von Erlösschmälerungen und der Aufbau von Widerständen gegen Preisnachgiebigkeit und Herabschreiten der „Preistreppe" (Marn/Rosiello 1993; Homburg/Daum 1997), aber auch die Suche nach externen Partnern für die Preisdurchsetzung, etwa bei der Preiswerbung, der kooperativen Rationalisierung oder der Neugestaltung leistungsorientierter Konditionensysteme (vgl. Kap. 8). In vielen Branchen, etwa der Kfz-Industrie, ist darüber hinaus ein integriertes *vertikales Preismarketing* dringend erforderlich, weil die preispolitischen Maßnahmen am stärksten an der Nahtstelle zum Endkunden zur Geltung kommen (Tacke 1989, S. 1008). Wir behandeln die Implementationsaspekte der Preisstrategie zusammen mit den entsprechenden taktischen Maßnahmen in Kapitel 12.

Die inhaltliche Präzisierung und Überprüfung preisstrategischer „Triebwerke" für bestimmte Branchen, Umweltsituationen oder Unternehmen ist in der *wissenschaftlichen Forschung* noch nicht sehr weit fortgeschritten. Nach wie vor wird z.B. auf die schon fast 50 Jahre alte Dreiteilung von Joel Dean (1951, S. 419ff.) in Skimming-, Penetrations- und Neutral-Strategie zurückgegriffen (Nagle et al. 1998, S. 188ff.), die allerdings nur einen einzelnen strategischen Aspekt erfassen kann, der darüber hinaus in praxi vergleichsweise wenig bedeutsam ist (Jacob 1985, S. 183). Selbst das in der Öffentlichkeit breit diskutierte Discounting-Konzept hat (über seine Institutionalisierung im Handel hinaus) als strategisches Konzept erst in jüngster Zeit wissenschaftliche Aufmerksamkeit gefunden (Diller/Haas/Hausruckinger 1997).

Tellis (1986) unterscheidet drei Kategorien von Preisstrategien, nämlich solche nach dem Ausmaß der Preisvariation („differential pricing"), der Wettbewerbsorientierung und dem Preislinien-Konzept. Friege (1997, S. 12ff.) unterscheidet speziell für den Dienstleistungsbereich Kundennutzen-orientierte und Kostenpreis-orientierte Strategien und unter ersteren (in Anlehnung an Berry/Yadav 1996) sicherheits-, nutzungs- und beziehungsorientierte bzw. bei letzteren auslastungs- und effizienzorientierte Ausrichtungen (vgl. 13.2). Speziell auf den Automobilmarkt abgestellte Analysen stammen von Tacke (1989) bzw. Proff/Proff (1997). Letztere machen deutlich, dass sich heute bei Realisierung eines sog. *Plattformkonzepts* Niedrigpreis- und Differenzierungsstrategien keineswegs mehr ausschließen. Eine spezifische Betrachtung für Investitionsgüter stammt von Ramaswamy et al. (1994). Relativ große Aufmerksamkeit wurde der Premiumpreis-Strategie gewidmet (Wiebe 1997; Vishwanath/Mark 1997). Indirekt relevant sind auch die Diskussionen um dynamische Wettbewerbsstrategien wie den *Hyperwettbewerb*, weil dort eine Metasteuerung auch preisstrategische Konzepte fordert (D'Aveni 1995).

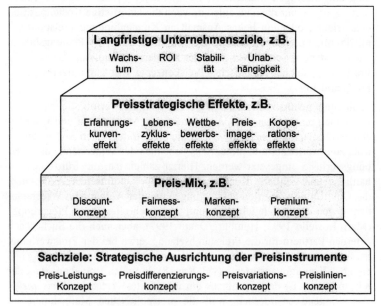

Abb. 11-1: **Preisstrategische Zielkonzepte („Strategische Preistreppe")**

11.2 Preisstrategische Zielkonzepte

11.2.1 Überblick und Oberziele

Ein in sich stimmiges und langfristiges *Zielsystem* ist das wichtigste Element einer erfolgreichen Preisstrategie. Dabei sind insbesondere in schlüssiger Art und Weise die verschiedenen strategischen Effekte, die vom Preismix ausgehen sollen, also das „Erfolgstriebwerk" der gewählten Strategie, zu spezifizieren (vgl. Abb. 11-1). Dies setzt wiederum eine profunde Kenntnis der Wirkungen verschiedener Preisinstrumente, wie sie in den vergangenen Kapiteln dargelegt wurde, voraus. Darüber hinaus muss man die *Oberziele* fixieren, an denen sich die Preispolitik zu orientieren hat, eine typische Schnittstelle zur Unternehmenspolitik. Die preisstrategischen Effekte bewirken eine Verbesserung dieser Ziele, wobei Zielkonflikte zwischen den Oberzielen auftreten können. In Abb. 11-1 sind exemplarisch vier häufig im Vordergrund der Preispolitik stehende Oberziele, nämlich das Umsatzwachstum, die langfristige Kapitalrentabilität (ROI), die Stabilität und die Unabhängigkeit des Unternehmens, aufgeführt.

Das *Umsatzwachstum* kann z.B. durch preispolitische „Investitionen" in neue Kunden, etwa in Form zweiteiliger Tarife mit besonders niedriger oder sogar negativer Einstiegskomponente (Startbonus) angestrebt werden, wie das am Telefonmarkt zu beobachten ist. Eine andere Variante ist die rasche Betriebstypenmultiplikation im Handel, die bestimmte Preiskonzepte regional schnell diffundieren hilft.

Der *Return on Investment (ROI)*, also die Rendite des Kapitaleinsatzes, wird im Falle preisstrategischer, also langfristiger Überlegungen am besten dynamisch, d.h. mittels des *Kapitalwertes* modelliert. Der Kapitalwert ergibt sich durch Aufsummierung aller abdiskontierten Einzelergebnisse jeder Periode. Die *Zielfunktion* für eine langfristige gewinnmaximierende Preisstellung lautet dann

$$(11\text{–}1) \qquad \sum_{t=1}^{T} \ (p_t \cdot x_t - K_t) \cdot \frac{1}{(1+i)^t} \to \max.$$

Der im Zeitpunkt t = 0 langfristig optimale Preis wird grundsätzlich umso mehr vom kurzfristig optimalen abweichen, je stärker der Einfluss der Preise früherer Perioden auf die Absatzmengen in späteren Perioden ist und je niedriger der Kalkulationszinsfuß liegt, durch den später anfallende Gewinne mehr oder minder stark „abgewertet" werden. Insofern sind hier die mit dem Durchschreiten des Produktlebenszyklus verbundenen Lebenszykluseffekte, aber auch dynamische Kosten- und Wettbewerbseffekte (s.u.) besonders bedeutsam.

Stabilitäts- und *Unabhängigkeitsziele* sind mit vielerlei preisstrategischen Fragen verknüpft. Beispielsweise ist ein mit Preistäuschungen bei Kunden verbundenes Preiskonzept langfristig ebenso existenzgefährdend wie ein preispolitischer Machtmissbrauch, der die Kunden langfristig zur Umgehung des Anbieters bzw. den Staat zum Eingreifen provoziert. Umgekehrt können z.B. kundenbindende Preisstrategien auf Basis zweiteiliger Tarife die Stabilität fördern.

Der *Zeithorizont* des Zielkonzeptes ist langfristig orientiert und kann in schnelllebigen Märkten selbst die derzeitige Produktgeneration noch überschreiten (Bayus 1992). Dies mag es notwendig machen, die Preisstellung für noch gar nicht entwickelte Nachfolgemodelle des betrachteten Produktes oder die Wettbewerbssituation nach Durchlaufen einer langjährigen Verdrängungsphase in die Überlegungen mit einzubeziehen.

Grundlage für die Fixierung preispolitischer Oberziele sind einerseits *Basisüberzeugungen* der Entscheidungsträger, etwa preisethische Grundsätze, Stakeholder-Definitionen oder die Risikotoleranz, andererseits die wahrgenommenen Chancen und Risiken des aktuellen und langfristig zu erwartenden preispolitischen Umfeldes.

Die *Preisethik* kann sowohl individualethisch, wie bei Kulanzzusagen an bestimmte Kunden, aber auch sozialethisch, wie im Fall der Sozialtarife für sozial Schwächere, interpretiert werden. Die Entscheider können dabei entweder das langfristige Eigeninteresse der Unternehmung im Auge behalten oder aus moralischer Überzeugung handeln. Beispielsweise haben die Preiskartelle der Pharmaindustrie bei Vitaminen in den USA in den 90er-Jahren erhebliche Geldstrafen und unabsehbare Imageschäden nach sich gezogen. Ein Beispiel für moralisch motivierte Preisstrategien war der Fall eines Baumarktes in Florida, der die Holzpreise nach einem Hurrikan nicht wie die Konkurrenten erhöhte, sondern aus sozialer Verantwortung absenkte. Die Jahrhunderte alte Diskussion um den „gerechten Preis" (vgl. hierzu Schinzinger 1982) und die häufige Kritik an scheinbar überhöhten, da an Kostenvorstellungen orientierten Preisurteilen vieler Kunden, die den Marktpreismechanismus und dessen Dynamik nicht im Auge haben, zeigt die Virulenz dieser Dimension des preispolitischen Zielsystems. Diese wird umso heftiger, je mehr sich der Staat – wie derzeit in vielen Ländern – aus der Regulierung von Märkten zurückzieht und die Verantwortung für das Preisgebaren damit stärker auf die Unternehmen verlagert. Dabei lässt sich z.B. trefflich darüber streiten, ob die Kaffeepreise den Leistungen aller Teilhaber der Produktionskette gerecht werden (was zur Etablierung sog. Dritte-Welt-Marken mit bewussten Preiszuschlägen geführt hat), oder ob Pauschaltarife, etwa Grundgebühren beim Strom, der ökologischen Verantwortung der Unternehmen gerecht werden. Letztlich gilt hier in einer (globalen) Marktwirtschaft der Markt und nicht die Moral als letzte Regulierungs-, wenngleich nicht als moralische Instanz.

Die Beispiele machen auch deutlich, dass Preisstrategien nicht nur im Hinblick auf die Interessen der Kunden und der Eigner des Unternehmens, sondern auch auf die Interessen deren *Stakeholder* zu überprüfen sind. Nicht selten stehen Unternehmen wegen der volkswirtschaftlichen Bedeutung ihrer Erzeugnisse (Beispiel: Pharma- oder Mineralölindustrie) sogar bei der gesamten Öffentlichkeit unter Rechtfertigungsdruck (Hansen/Bode 1999, S. 400ff.).

11.2.2 Preisstrategische Effekte

Wie oben erwähnt, kommt den *preisstrategischen Effekten* für die Planung des Preiskonzeptes eine wichtige Rolle zu. Die Oberziele einer Unternehmung können preispolitisch auf sehr unterschiedlichen Wegen verfolgt werden. Ein hoher ROI lässt sich z.b. sowohl mit Hilfe einer auf hohe Kaufmengen ausgerichteten Niedrigpreisstrategie als auch mit Hilfe einer auf hoher Wertschöpfung pro Kaufakt beruhenden Premiumstrategie erzielen. Die preisstrategischen Effekte verknüpfen also die Ebene der Sachziele mit jener der Formalziele (vgl. Abb.11-1). Unter den hier relevanten und in den vorangegangenen Kapiteln z.T. schon beschriebenen Wirkungspfaden sollen an dieser Stelle wegen ihrer großen Durchschlagskraft folgende fünf kurz behandelt werden:

(1) Größen- und Erfahrungseffekte,

(2) Lebenszykluseffekte,

(3) Wettbewerbseffekte,

(4) Preisimageeffekte und

(5) Kooperationseffekte.

Ad (1):   **Größen- und Erfahrungseffekte**

Je größer ein Unternehmen ist, umso eher kann es Spezialanlagen und automatisierte Fertigungsprozesse einsetzen. Eine vollautomatische Abfüll- und Verpackungsanlage oder eine robotergesteuerte Montage rentiert sich z.B. wegen der hohen Investitionen erst dann, wenn große Mengen durchlaufen. In diesem Falle können u.U. erhebliche Kostenvorteile gegenüber kleineren Produktionsanlagen erzielt werden. Die Unternehmung besitzt dann einen strategischen, da nicht kurzfristig aufholbaren Kostenvorsprung, der wiederum preispolitisch am Markt eingesetzt werden kann, um Marktanteile und damit erneute Kostenvorteile durch Größeneffekte zu realisieren. Die Erzeugung von *Größeneffekten* (*economies of scale, Skaleneffekte*) setzt freilich hinreichende Absatzmengen voraus, die wiederum durch niedrige Preise im Wettbewerb angestrebt werden können. Insofern ist die Preispolitik ggf. in der Lage, Größeneffekte zu erzeugen und wieder selbst zu nutzen (Selbstverstärkungseffekt).

Innerhalb eines Markenlebenszyklus durchläuft jede Unternehmung darüber hinaus bestimmte *Lernprozesse* hinsichtlich der optimalen Beschaffungs-, Produktions- und Absatzpolitik, die sich ebenfalls in sinkenden Stückkosten *im Zeitablauf*, d.h. mit zunehmender praktischer Prozesserfahrung, niederschlagen. Zusammen mit den Kostenvorteilen durch größere Betriebseinheiten schaffen sie ein oft beträchtliches *Rationalisierungspotential*. Empirische Untersuchungen haben gezeigt, dass allein die auf den Wertschöpfungsanteil einer Leistungseinheit bezogenen ausgabenwirksamen Stückkosten inflationsbereinigt mit jeder Verdoppelung der im Zeitablauf kumulierten Absatzmengen um eine sog. *Lernrate* von 20-30 % sinken (vgl. Henderson 1974; Gälweiler 1974; Wacker 1980). Man bezeichnet diese Dynamik der Kostenentwicklung als *Erfahrungskurve*. Sie führt zu einem degressiv sinkenden Verlauf der Stückkosten k_t in Abhängigkeit von den über die Zeit kumulierten Produktionsmengen Q_t. Bei logarithmischer Skalierung gilt:

(11-2) $\ln k_t = \ln k_0 + 1 \cdot \ln Q_t$

Der Parameter 1 gibt dabei die Elastizität der Stückkosten bezüglich Q_t wieder. Die auf eine Verdoppelung von Q_t bezogene *Lernrate* λ ergibt sich nach der Formel

(11-3) $\lambda = 1-2^1$

Abb. 11-2 zeigt den Verlauf einer Erfahrungskurve bei absoluter bzw. logarithmischer Skalierung von Q_t, einer Lernrate von 20 % und einem Ausgangsniveau für k_0 ($Q_0 = 1$) von 10. Man erkennt, dass hierbei die absolut größten Kostensenkungseffekte in den ersten Zyklusphasen realisiert werden können.

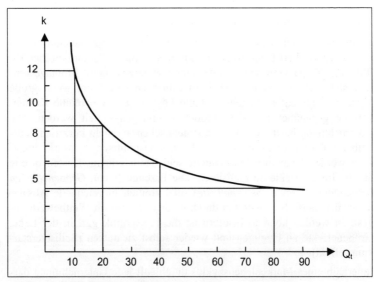

Abb. 11-2:   Erfahrungskurve mit 30%-iger Lernrate

Der degressive Verlauf der Erfahrungskurve besitzt erhebliche preisstrategische Bedeutung. Er impliziert, dass sich ein Unternehmen vor allem in der Einführungs- und Wachstumsphase des Produktlebenszyklus relative Kostenvorteile gegenüber der Konkurrenz verschaffen kann, und zwar in umso stärkerem Maße, je früher es im Vergleich zu den Konkurrenten am Markt auftritt bzw. je mehr seine Wachstumsraten jene der Konkurrenten übertreffen. Der Marktanteil eines Produktes (pro Periode oder kumuliert über den gesamten Produktlebenszyklus) wird damit zum entscheidenden Einflussfaktor für die relative Kosten- und damit auch Wettbewerbssituation des jeweiligen Anbieters. Hinkt ein Unternehmen der mengenmäßigen Absatzentwicklung von Konkurrenten hinterher, wird es mit zunehmender Marktsättigung immer schwerer, den erfahrungsbedingten Kostennachteil aufzuholen. Tab. 11-1 enthält ein fiktives Rechenbeispiel, an dem man erkennt, dass der zeitliche Rückstand des im Marktanteil unterlegenen Unternehmens B zur Aufholung des erfahrungsbedingten Kostennachteils kontinuierlich steigt, weil A die Verdoppelungen der Produktionsmengen schneller erreicht.

Peri- ode	Unternehmen A			Unternehmen B			Absolute Kostendifferenz	Zeitlicher Rückstand von B zu A
	Menge	kumuliert	Stückkosten Periodenende	Menge	kumuliert	Stückkosten Periodenende		
0	50	50	10,00	50	50	10,00	0,00	0
1	60	110	6,66	40	90	7,39	0,73	0,5
2	60	170	5,33	40	130	6,11	0,78	1
3	60	230	4,55	40	170	5,33	0,78	1,5
4	60	290	4,05	40	210	4,77	0,72	2
5	60	350	3,67	40	250	4,36	0,69	2,5

Tab. 11-1   Rechenbeispiel zur Wettbewerbswirkung des Erfahrungskurveneffektes

Die Preisstrategie in der EDV- und Kommunikationsgeräteindustrie war jahrelang stark von diesen preisbedingten Erfahrungskurveneffekten geprägt. Jene Unternehmen, die als Erste den Wettbewerb unterboten, kamen am ehesten in den Genuss der Kostenvorsprünge und konnten diese erneut in den Wettbewerb werfen. Allerdings können Erfahrungskurveneffekte durch sehr schnelles Nachziehen der Konkurrenten beschränkt bzw. ganz zunichte gemacht werden. Stattdessen kommt es dann u.U. zu einem ruinösen Kapazitätswettbewerb, der langfristig zu Überkapazitäten und zur Marktbereinigung führen muss. Die Welt-Automobilindustrie bietet dafür ein aktuelles Beispiel.

Niedrigpreisstrategien fördern also das Wirksamwerden von Lerneffekten, da das Unternehmen im Vergleich zur Hochpreisstrategie schneller im Produkt- bzw. Markenlebenszyklus voranschreitet. Der Effekt ist insb. bei der Einführung neuer Produktarten und durch die Preisabfolge im Produktlebenszyklus von Bedeutung (s.u.). Selbst ein Einführungspreis *unterhalb* der eigenen Selbstkosten im Zeitraum der Einführungsphase kann strategisch sinnvoll sein, wenn dadurch ein starkes Mengenwachstum mit entsprechend schnellen Lerneffekten induziert wird. Sie bringen dann das Produkt auch ohne Preiserhöhungen in die Gewinnzone und bieten nachziehenden Konkurrenten bei gleicher Kostenausgangslage mit der Zeit immer weniger preispolitischen Spielraum (Henderson 1974). Das Pionierunternehmen kann nämlich dann, wenn ein grundsätzlich als gefährlich einzustufender Konkurrent in den Markt eintreten will, seine relativ bessere Kostenposition kurz vor oder nach dessen Markteintritt nutzen, indem es seine Preise auf ein für diesen Konkurrenten kostenmäßig nicht vertretbares bzw. unattraktives Niveau absenkt (*„entry limit pricing"*).

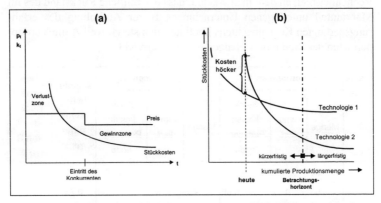

Abb. 11-3: **Strategie des äußerst niedrigen Anfangspreises nach Henderson (1974) (a) und Kostenhöcker (b) (Quelle: Pfeiffer/Weiß 2000)**

Abb. 11-3a verdeutlicht eine solche Strategie in graphischer Form. Voraussetzungen für ihren Erfolg sind eine starke Preiselastizität und relativ hohe Lernraten sowie ausreichende finanzielle Mittel zur Finanzierung der Verlustphase und zum schnellen Aufbau der Produktionskapazitäten. Ferner müssen sich die Wettbewerber tatsächlich vom kurzfristigen Preis abschrecken lassen und dürfen ihrerseits nicht auf solche oder andere Kostenvorteile bauen. Eine auf rapides Mengenwachstum abzielende Preisstrategie beinhaltet i.d.R. auch erhebliche *Flexibilitätseinbußen,* weil dabei sehr schnell hohe Kapazitäten geschaffen werden müssen, deren langfristige Auslastung und Amortisation unsicher bleiben (Wakker 1980). Es verwundert deshalb nicht, dass z.B. jene japanischen Unternehmen, die eine solche Politik in der Vergangenheit verfolgten, gleichzeitig auch die nicht zur Preispolitik zählenden Marketinginstrumente intensiv und aggressiv zur Abstützung ihrer Preisstrategie einsetzen. Zu berücksichtigen sind u.U. auch *Technologiesprünge*, die zu neuen, wegen der Anfangspotentiale steileren Erfahrungskurven(abschnitten) der Wettbewerber führen und nach Überwindung des „Kostenhöckers" (Pfeiffer/Weiß 2000) die Konkurrenten in Vorteilspositionen bringen (vgl. Abb. 11-3b). Hier überlagern sich dann Technologie-, Kosten- und Zeitwettbewerb.

Ad (2):   Lebenszykluseffekte

Die Preispolitik kann insb. in der Einführungsphase neuartiger Produkte Einfluss auf den weiteren Verlauf des Lebenszyklus nehmen. Unter dem Lebenszyklus eines Produktes versteht man eine *Zeitreihe der Absatzmengen* dieses Produktes. Als idealtypisch gilt ein S-förmiger Verlauf der Zeitreihe, der diffusionstheoretisch erklärbar ist. Grundsätzlich ist dem Lebenszyklus also eine eigengesetzliche Dynamik inhärent, die preisstrategisch genutzt werden kann. Allerdings gilt es dabei stets zwischen den Lebenszyklen von Produkten i.s. genau abgegrenzter Produkt-*arten* (z.B. PC-Prozessoren) und denen bestimmter Marken (z.B. „Intel-Pentium") zu unterscheiden. Für Produkte mit hohem Neuheitsgrad ist mit einem langsameren Anstieg der Absatzmengen zu rechnen als bei Produkten mit geringem Neuheitsgrad, weil sie von den Käufern stärkere Verhaltensänderungen erfordern.

Ein relativ niedriger Anfangspreis verspricht hier weniger Erfolg als im zweiten Fall, weil sich der durch den innovativen Charakter hervorgerufene Marktwiderstand i.d.R. nicht einfach durch Niedrigpreise brechen lässt. Darüber hinaus werden Innovationen tendenziell schneller von Abnehmern mit hohem Einkommen und relativ geringem Preisinteresse akzeptiert, sodass sich die Gelegenheit bietet, durch eine *Skimming-Strategie* (sukzessive Preisabsenkung) Schritt für Schritt neue Konsumentenschichten anzusprechen und die Preisbereitschaft dieser Schichten jeweils voll auszunutzen. Eine *Penetrationsstrategie* (niedrige Markteinstiegspreise) ist dagegen immer dann angebracht, wenn die produkttechnischen Vorteile alleine nicht ausreichen, um dem Produkt zum Marktdurchbruch zu verhelfen. Die Preisvariationspolitik (vgl. Kap. 9) kann hier also gezielt eingesetzt werden, um eine nicht nur kurzfristig, sondern auch langfristig erfolgreiche Preispolitik zu betreiben.

Im Lebenszyklus eines Produktes bzw. einer Marke überlagern sich eine *eigengesetzliche Dynamik* und die Wirkung absatzpolitischer Aktivitäten. Eine *quantitative Modellierung* kann deshalb wertvolle Hilfestellungen bieten. Abstrahiert man dabei zunächst von der aktiven Beeinflussbarkeit des Lebenszyklus und akzeptiert dessen Eigengesetzlichkeit, so kann dies formal durch eine Zeitreihenfunktion $x_{it} = f (x_{it-1})$ abgebildet werden, die den Absatz x_{it} eines Produktes bzw. einer Marke i vom Vorperiodenabsatz abhängig macht. Eine derartige periodenübergreifende Wirkung wird in der Marktreaktionstheorie als Carryover-Effekt bezeichnet (vgl. hierzu z.B. Diller 1976; Steffenhagen 1978, S. 218ff.).

Verursacht werden solche Effekte vor allem durch im Verhalten der Verbraucher begründete Einflussfaktoren sowie durch Marktsättigungsprozesse. Bei *Verbrauchsgütern* sind es v.a. die Kenntnis der Marke und die positiven Erfahrungen früherer Käufe, die einen Abnehmer zur *Markentreue* veranlassen. Der erste Kauf schafft damit ein akquisitorisches Potential, das zu Folgekäufen führt („*intra*personeller Carryover-Effekt"). Andererseits bewirken der *Wunsch nach Abwechslung* sowie das Auftauchen neuer, u.U. attraktiverer Marken einen *Markenwechsel* bzw. eine *Markenobsoleszenz*. Schließlich ist auch mit *inter*personellen Carryover-Effekten zu rechnen, wenn Mundwerbung oder eine prestigefördernde Wirkung des Produktverbrauchs (Imitationsprozess) zu einer weiteren Diffusion der Marke führen.

Bei *Gebrauchsgütern* mit relativ langen Kaufintervallen (z.B. Fernsehgeräten) ist neben solchen interpersonellen Carryover-Effekten vor allem der Tatbestand zu berücksichtigen, dass sich mit jedem Käufer das gesamte zukünftige Erst-Käuferpotential verringert *(Marktsättigungsprozess)*. Formal entspricht die Marktsättigung ebenfalls einem (negativen) Carryover-Effekt, weil jeder gewonnene Käufer das verbleibende Nachfragerreservoir vermindert.

Es ist unmittelbar einsichtig, dass ein niedriger Preis in den frühen Phasen des Lebenszyklus umso wichtiger für den langfristigen Markterfolg wird, je stärker die positiven Carryover-Effekte auf nachfolgende Perioden wirken. Anfängliche Markterfolge wirken dann wie *Multiplikatoren* auf den Absatzverlauf, weil sie die eigengesetzliche Dynamik des Produktlebenszyklus in Gang bringen und einen Konkurrenzvorsprung schaffen. Darüber hinaus ist die in der Wirkung gegenläufige Obsoleszenzrate in der Anfangsphase noch gering, sodass der positive Carryover-Effekt ungehindert zur Geltung kommen kann. Hohe Carryover-Effekte sprechen also für eine *Penetrations-Strategie*. Sie kann dann als eine *Investition in Marktanteile* interpretiert werden, bei der im Interesse langfristiger Erfolge auf die Realisierung kurzfristiger Gewinne verzichtet wird. U.U. braucht der Einführungspreis dann später gar nicht weiter gesenkt, sondern kann sogar erhöht werden, wenn bis dahin monopolistische Spielräume (Markentreue, Konkurrenzabschreckung) geschaffen werden konnten. Damit ist bereits ein Aspekt der Wettbewerbsdynamik angesprochen.

Ad (3): Wettbewerbseffekte

Weitere preisstrategisch relevante Effekte mit u.U. gravierenden Wachstums- und Gewinnwirkungen existieren im Hinblick auf die *Wettbewerbsdynamik*:

(a) Von der Preisstellung in der Frühphase der Einführung eines neuen Produktes hängt es ab, ob der Markteintritt für Imitatoren gewinnträchtig erscheint oder nicht (*„Anlockeffekt"*). Hohe Preise spannen über den Wettbewerb einen *„Preisschirm"* auf, der auch weniger wettbewerbsfähigen Anbietern mit höheren Kosten den Markteinstieg und später u.U. sogar Überholmanöver erlaubt (vgl. Abb. 11-3a). Ein klassisches Beispiel hierfür war die lange Jahre betriebene Hochpreispolitik von IBM bei Rechnern und Peripheriegeräten, die Wettbewerbern wie Telex und Memorex den Markteinstieg und die Erlangung beträchtlicher Marktanteile ermöglichte (vgl. Brock 1975).

(b) Umgekehrt kann eine temporäre Preisaggression einen *Behinderungs- oder Verdrängungseffekt* auf solche Wettbewerber ausüben, die grundsätzlich weniger wettbewerbsfähig sind. Bei Gefahr des Markteintritts potentieller Konkurrenten kann eine solche Politik auch schon *proaktiv* betrieben und so ein *Abschreckungseffekt* erzeugt werden. Damit wächst dann langfristig u.U. der monopolistische Preisspielraum des Angreifers (vgl. Abb. 11-3).

(c) Ein *Positionierungseffekt* kann erzeugt werden, wenn es einer Unternehmung gelingt, sich durch besondere Preis-Leistungsrelationen dauerhaft von Wettbewerbern abzusetzen und zu profilieren. Dadurch entstehen Preisführerschaften in bestimmten Preissegmenten oder -nischen, die zusätzlichen preispolitischen Spielraum erzeugen (vgl. Kap. 11.4). Die Spezialitätenpolitik von Ferrero (z.b. „Mon Cheri", „Kinderüberraschung", „Rocher") mit ungewöhnlich hohen Preisen bietet dafür ein Lehrbeispiel.

(d) *Kundenbindungseffekte („lock-in-Effekte")* durch preispolitische Aktivitäten wie nicht-lineare Tarife oder Bonusprogramme können bewirken, dass die Wiederkaufrate steigt oder Kunden längerfristig an das Unternehmen gebunden werden. Somit können langfristige Kundenwertpotentiale entstehen, über die Konkurrenten kurzfristig nicht verfügen. Solche Effekte spielen v.a. hinsichtlich der Preissegmentierung und der Kundennutzenkonzepte eine Rolle (vgl. 11.4).

Ad (4):   **Preisimageeffekte**

Im Abschnitt 4.5.2.2 hatten wir das Preisimage von Unternehmen als Ganzheit preisbezogener Wahrnehmungen, Kenntnisse, Gefühle und Einstufungen definiert, das als Teil des Gesamtimage handlungssteuernd wirkt. In dieser Handlungssteuerung liegt der strategische Effekt, den man durch ein geschlossenes und besonders profiliertes preispolitisches Erscheinungsbild für sich nutzbar machen kann: Die Kunden entwickeln Preiszufriedenheit und Kundenbindung (*Verstärkereffekt*), sie achten dadurch weniger auf Konkurrenzangebote (*selektive Wahrnehmung*) und gewinnen Preisvertrauen (*Vertrauenseffekt*). Mercedes-Benz gelingt dies z.B. mit einer Hochpreispolitik genauso, wie Aldi mit seinem Discount-Konzept. Ein günstiges Preisimage muss also nicht immer mit niedrigen Preisen, sondern vielmehr mit attraktiven Preis-Leistungsangeboten (customer value) einhergehen. Ausschlaggebend dafür ist demnach das unternehmensindividuelle Preis-Mix, das die Bedürfnisse der Zielgruppe(n) möglichst gut treffen muss, wobei ganz unterschiedliche Wege eingeschlagen werden können. Dabei können auch *Preisemotionen* eine gewichtige Rolle spielen.

Ad (5):   **Kooperationseffekte**

In den letzten Jahren schob sich in der Diskussion um die Neuordnung von Wertschöpfungsketten und die damit verbundene Beschränkung auf Kernkompetenzen ein weiterer preisstrategischer Effekt in den Vordergrund: Preisstrategischer Erfolg muss nicht immer im Gegeneinander des Wettbewerbs, sondern kann auch im horizontalen oder vertikalen Miteinander, also durch Kooperation, erzielt werden, wie das Beispiel des Weltmarktführers bei Kaugummi, die Firma Wrigley, zeigt.

„Wir verhelfen dem Handel zu außerordentlich hohen Spannen - das ist das beste Argument. Dafür verzichten wir konsequent auf jede Preispromotion. Wenn die Kunden erst einmal von Kaugummi-Sonderangeboten angeregt würden, würden sie die immer wieder erwarten. Heute kostet unser Kaugummi an allen 200.000 Verkaufsstellen ungefähr gleich viel, die Verbraucher wissen das und stellen gar keine Preisvergleiche an. Das ist eine Voraussetzung, damit sie unbefangen dem Kaufimpuls nachgeben"(vgl. Pfander 1999, Managing Director Europe Wrigley, S. 18)

Ähnlich wie beim ECR-orientierten neuen (seit 1997 gültigen) Preissystem von Procter & Gamble, sollen hier durch eine prononcierte Preisstrategie *Win-Win-Effekte*, d.h. Wertschöpfungszuwächse zum Wohle aller beteiligten Partner, erzielt werden. Dies kann u.a. auch durch Insourcing von bisher beim Kunden liegenden Wertschöpfungsprozessen erreicht werden, die beim Lieferanten kostengünstiger erbracht werden können. Durch solche vertikalen strategischen Partnerschaften sinkt der Preisdruck und entwickelt sich ein konstruktiver anstelle eines destruktiven Preiswettbewerbs (Belz 1989, S.179). Besonders deutlich wird dies beim sog. *corporate target pricing*, bei dem schon im Vorfeld und während der Produktentwicklung Zulieferer und Abnehmer jene Kostenpositionen gemeinsam zu erreichen suchen, die für einen wettbewerbsfähigen Marktauftritt auf den nachgelagerten Märkten erforderlich ist (Seidenschwarz 1993). Eine solche Politik ist nur unter großer Offenheit beider Partner bis hin zur „gläsernen Kalkulation" möglich, mit der die Grundlage für Verbesserungen der Kostensituation geschaffen werden, um die vorgegebenen Preisziele zu erreichen. Ähnlich ist die Situation beim sog. *Category Management* zwischen Industrie und Handel, bei dem Markenartikelhersteller und Handelsunternehmen gemeinsam nach preispolitischen Spielräumen, etwa bei der Häufigkeit und Aggressivität von Aktionspreisen (Karande/Kumar 1995), der Preiserhöhung (Sivakumar/Raj 1997), der Preisdifferenzierung innerhalb bestimmter Produktlinien oder bei anderen Preisaktivitäten, suchen (Bunk 1996; Diller/Goerdt 1998). Hier kann auch das preispolitische Know-how beider Seiten zu Win-Win-Effekten gebündelt werden, die jeweils alleine nicht erzielbar wären (vgl. 13.3).

Heikler sind *horizontale Kooperationen* aus preisstrategischen Gründen, weil sie rasch in Kartellverdacht geraten. Ein stillschweigendes Verständnis innerhalb einer Branche scheint jedoch auch ohne wettbewerbsrechtlich verbotene Kartellbildung möglich, etwa wenn sich die Unternehmen an einen Preisführer halten und auch bei Preisänderungen den Preisabstand zu ihm wahren, sodass keine Preiskriege ausbrechen *(„Preisführerschaftseffekt")*. Darüber hinaus kann es, z.B. bei Überschreiten von Preisschwellen, Situationen geben, in denen eine kooperative Preispolitik nicht nur nach dem Einzelinteresse angebracht, sondern auch objektiv marktgerecht ist. Interessant sind diesbezüglich auch die Befunde einer ökonometrischen Studie von Kadiyali et al. (1996) auf dem US-Waschmittelmarkt, wo die führenden Anbieter mit jeweils mehreren Marken verteten sind und hierbei offenkundig mit der einen Marke die Preisführer- und mit einer anderen die Preisfolgerrolle übernehmen, also durch ein Sharing der Preisrollen ein Marktgleichgewicht erzeugen.

Ein auf die erläuterten Effekte ausgerichtetes preisstrategisches Zielsystem lässt vielerlei Spielraum für unternehmensindividuelle Ausformungen, die aus Gründen der Profilierung unter einem *preisstrategischen Leitbild* stehen sollten. Freilich erfolgt dies in praxi nicht konsequent genug. Oft werden Preis, Marktanteil und Absatzmenge sogar getrennt geplant (Tacke 1989, S. 1002). Die langfristige Orientierung beim Entwurf eines strategischen Zielsystems zeigt sich jedoch erst im proaktiven Einbezug dieser Effekte und in der Formulierung typischer Langfristziele, wie dem Aufbau bestimmter Produktlebenszyklus- oder Imagepositionen, Zufriedenheitsniveaus beim Kunden oder bestimmten Kundenwertpotentialen. In der Praxis mangelt es häufig am Bewusstsein für solche langfristigen Preisziele, weil das Verständnis der Preispolitik auf die kurzfristige Preisstellung konzentriert wird. Tatsächlich entwickeln Preise aber nolens volens langfristige Effekte, die von erheblicher strategischer Bedeutung sind, sodass man sie sorgfältig abwägen und durch bewusste Entscheidungen steuern sollte, statt von den Marktverhältnissen getrieben zu werden.

11.3 Preisstrategische Wettbewerbs-Konzepte

Der Preis ist für die Kunden das zwischen verschiedenen Anbietern am besten zu vergleichende Angebotsmerkmal. Schon deshalb besteht auf nicht-monopolistischen Märkten eine oft sehr starke *Interdependenz der Preise,* sodass eigene preispolitische Aktivitäten Reaktionen der Konkurrenten auslösen.

Eine Umfrage von Wied-Nebbeling (1985) zeigte, dass deutsche Unternehmen die Aussichten auf eine gleichgerichtete Preisänderung der Konkurrenten bei eigenen Preisveränderungen grundsätzlich relativ hoch einschätzen. Preissenkungen wird danach allerdings häufiger gefolgt als Preiserhöhungen. Ferner ist die vermutete Reaktionselastizität bei Großunternehmen erheblich höher als bei Mittel- und Kleinbetrieben (oligopolistische Interdependenz). Und auch die konjunkturelle Lage nimmt Einfluss auf die Interdependenz der Preise: In der Rezession fällt sie deutlich stärker ins Gewicht als in Normal- oder Boomperioden. Andererseits gaben 2/3 der Befragten an, einen gewissen autonomen Preisspielraum zu besitzen, der freilich meist nicht über 7% hinausreicht.

Die in den letzten Jahren weltweit gestiegene Wettbewerbsintensität fördert die Interdependenz der Preise auf vielen Märkten. Auch die durch das Größenwachstum (durch Fusionen und Kooperationen) vielfach ausgelöste Oligopolisierung steigert die Empfindlichkeit der Wettbewerber auf Preisänderungen, weil deren Auswirkungen nunmehr von immer weniger Unternehmen getragen werden müssen, zumal das Marktwachstum oft stagniert und Unternehmenswachstum dann nur durch Verdrängungswettbewerb erzielt werden kann. Wegen ihrer weltweiten Ausrichtung bedrängen Großunternehmen zunehmend auch bisher unbehelligte Nischenanbieter, weil sich die Bearbeitung von Marktnischen bei globaler Bedienung eher lohnt. Weil Unternehmen ferner in einem „hybriden Wettbewerb" (D'Aveni 1995) auch schwerer berechenbar werden und u.U. ihr ganzes Angebotskonzept inkl. Preissystem verändern, nimmt die Notwendigkeit zum preisstrategischen Wettbewerbsdenken enorm zu, wird jedoch gleichzeitig immer schwieriger.

Soll die Preispolitik langfristig Bestand haben, so müssen trotzdem die Reaktionen der Wettbewerber preisstrategisch vorweggedacht werden.

Preisstrategische Wettbewerbs-Konzepte beinhalten (1) eine Abgrenzung der für die Preispolitik relevanten Konkurrenten und (2) Grundsätze zum preispolitischen Verhalten im Wettbewerb.

---

(1) Wettbewerberabgrenzungen, d.h. Aussagen über die Relevanz bestimmter, auch potentieller Wettbewerber, sind mit Hilfe von Konkurrenzelastizitäten der Preise (relative Änderung der Konkurrenzpreise zu relativer Änderung der eigenen Preise) ausdrückbar. Prioritäten unter verschiedenen Wettbewerbern ergeben sich dabei durch das Ausmaß an Überschneidungen der jeweiligen Tätigkeitsfelder, insb. hinsichtlich sachlicher (Qualität, Sortiment), räumlicher, zielgruppenspezifischer sowie imagemäßiger Kriterien. Umfragen von Jacob (1985, S. 181) zeigten, dass in allen Märkten – auch in polypolistisch strukturierten – die Anbieter nur eine begrenzte Zahl von Wettbewerbern, meist weniger als zehn, als direkte Konkurrenten empfinden. Selbst ein Monopolist muss freilich langfristig immer zumindest mit dem Markteintritt neuer Konkurrenten rechnen. Besonders drastisch deutlich wurde dies auf den staatlich deregulierten Märkten für Telekommunikation, Energie, Verkehr etc.

Im Rahmen einer Differenzierungsstrategie gelingt es Unternehmen mehr oder minder, sich durch ein spezifisches Leistungsangebot vom Wettbewerb abzusetzen. Sie machen sich insofern preislich schwieriger vergleichbar, weil auch der Preiszähler variiert. Im Extremfall setzt sich ein Unternehmen damit sogar völlig vom Wettbewerb ab und findet eine sog. *Preisnische,* in der (kurzfristig) keine Konkurrenzelastizität herrscht. Schon der Begriff Nische macht deutlich, dass derartige Marktsegmente meist nur relativ klein sind, weil sie ansonsten bereits von Wettbewerbern besetzt wären. Preisnischen ergeben sich aus unbesetzten Preiszonen im Preislagenspektrum („Preisgünstigkeitsnischen") oder aus Differenzierungen bei der Leistung („Preiswürdigkeitsnischen" vgl. 11.4.2). Sie werden entweder von Kunden frequentiert, die ansonsten nicht kaufen würden und damit keinem Wettbewerber verloren gehen, oder sie sind fest in der Hand bestimmter Wettbewerber und somit kaum eroberbar.

Beispielsweise besetzte das Großhandelsunternehmen Würth die (beträchtlich große) Nische der Kfz-Werkstätten mit einem umfassenden Servicekonzept zur Versorgung mit Werkzeugen und Teilen. Es konnte damit eine solche Kundenbindung aufbauen, dass z.T. quasi-monopolistische Verhältnisse herrschen, die ein sehr hohes Preisniveau zulassen.

Bei der Konkurrentenanalyse gilt es, die an anderer Stelle (vgl. Kap. 2.3.3.2) bereits dargelegten *Asymmetrien* zu berücksichtigen, die Wettbewerber niedrigerer Preis-Qualitäts-Klassen weit weniger gefährlich machen als jene gleicher oder höherer. Senken Letztere den Preis, ist eine Kundenabwanderung deutlich wahrscheinlicher (Blattberg/Wisniewski 1989). Wie Sethuraman et al. in ihrer umfassenden Analyse feststellten, ist die Preisnähe der Wettbewerber ein guter Indikator für die Konkurrenzelastizität („*Nachbarschaftseffekt*"). Nach ihren Analysen in ganz verschiedenen Konsumgüterbranchen wird eine Marke am meisten von Preisnachlässen der nächst teueren Marke berührt, eng gefolgt von der nächst billigeren. Die Wettbewerbsintensität nimmt mit steigender Anzahl an Marken in der Produktkategorie ab. In Non-Food-Märkten ist die Wettbewerbsintensität höher als in Food-Märkten. Preissenkungen von Herstellermarken tangieren Handelsmarken stärker als umgekehrt. Dies gilt besonders für Niedrigpreismarken (Sethuraman/Srinivasan/Kim 1999).

(2) Zweites Element preisstrategischer Wettbewerbs-Konzepte sind *wettbewerbsstrategische Grundsätze* für den Einsatz preispolitischer Instrumente. In ihnen kommt der preispolitische Stil und das wettbewerbspolitische Selbstverständnis des Unternehmens zum Ausdruck. Überschneidungen mit dem Kundennutzen-Konzept (vgl. Kap. 11.4) sind zwangsläufig, denn auch dort wird nach einer einzigartigen Positionierung und Profilierung der Unternehmung im Vergleich zum Wettbewerb gesucht. Die Grundsätze betreffen verschiedene, sich z.T. überschneidende Aspekte, nämlich

- den *Stellenwert* von Preisvorteilen im Marktauftritt,

- das *Aktivitätsniveau* der Preispolitik (aktiv vs. passiv),

- die *Preisaggressivität* gegenüber Wettbewerbern und

- den Anspruch bzw. Verzicht auf die Rolle des *Preisführers* (Preisrolle im Wettbewerb).

Jedem Unternehmen steht es grundsätzlich frei, Schwerpunkte in seinem Marketing-Mix zu setzen. Die „unique selling proposition" (USP) kann z.B. in einer besonderen Produktqualität, in hoher Lieferbereitschaft, aber auch in besonders günstigen oder auch exklusiven Preisen bestehen. Bei einer *preisdominanten Preispolitik* wird i.d.R. dem im Vergleich zum Wettbewerb besonders niedrigen (seltener hohen) Preis ein besonderes Gewicht im Marketing-Mix zugemessen. Man versucht also, die relevanten Konkurrenten preislich zu unterbieten. Bei einer leistungsorientierten Preispolitik will man dagegen die Konkurrenten durch bessere Qualität, zusätzlichen Service oder andere Leistungskomponenten (bei gleichen oder unterproportional höheren Preisen) übertreffen (vgl. 11.4.1).

Hinsichtlich des *Aktivitätsniveaus* kann ein Anbieter eine *preisaktive* oder *-passive* Rolle im Wettbewerb spielen. Im ersten Fall wird er *preisinitiativ* agieren, d.h. versuchen, die *Preisführerschaft* am Markt zu übernehmen, und/oder *preisaggressiv* handeln, d.h. versuchen, die Preise der Konkurrenten zur Ausweitung des eigenen Marktanteils zu unterbieten, und/oder *preisflexibel* auftreten, d.h. seine Preise relativ häufig ändern und sich schnell an neue Marktgegebenheiten anpassen. Eine solche Strategie erleichtert das Eindringen in bestimmte Märkte. Dies gilt vor allem dann, wenn die bisherigen Anbieter sich relativ preispassiv verhalten haben. Ferner schafft sie oft Aufmerksamkeit und Sympathie bei den Abnehmern und fördert damit das Marken- oder Unternehmensimage. Sie ermöglicht es schließlich gegebenenfalls, *Kostenvorteile* gegenüber Mitwettbewerbern marktwirksam zu machen und diese u.U. sogar vom Markt zu verdrängen bzw. vom Markteintritt abzuhalten. Die Entwicklung des Autovermieters Sixt bietet dafür ein anschauliches Beispiel.

Insbesondere eine *aggressive* Preisstrategie kann langfristig allerdings nur unter bestimmten Bedingungen erfolgreich sein. Insbesondere muss sichergestellt werden, dass die den Kunden offerierten Preisvorteile gegenüber anderen Anbietern durch Kosten- oder Wechselkursvorteile so weit abgesichert sind, dass auch ein länger andauernder Preiskampf am Markt „durchgestanden" werden kann.

Wie die Erfolge der japanischen Anbieter auf den europäischen und US-amerikanischen Märkten in den 70er-Jahren zeigten, kann eine preisaggressive Strategie unter dieser Voraussetzung auch den Eintritt in oligopolistisch strukturierte Märkte erheblich erleichtern. Die Wirtschaftsgeschichte lehrt aber auch, dass viele der auf diese Weise in einen Markt eingedrungenen Unternehmen im weiteren Verlauf ein „*Trading up*" betreiben, d.h. den Preis als Marketinginstrument zunehmend durch leistungsbezogene Maßnahmen, wie die Sortiments- und Distributionspolitik, ergänzen. Ein klassisches Beispiel dafür war die Entwicklung vieler Betriebsformen des Einzelhandels („*wheel of retailing*"), die zunächst vor allem durch Preisvorteile ihren Marktdurchbruch erzielten, im Laufe der Zeit aber durch Ausweitung der Sortimente, bessere Waren- und Servicequalität, Standortverbesserungen oder andere Trading-Up-Maßnahmen dem Preiswettbewerb mit neuen, wiederum preisaktiven Betriebsformen zu entfliehen versuchten (vgl. 12.3).

Lücking (1995) konnte in einer auf die Märkte technischer Konsumgüter (Unterhaltungselektronik, Elektrokleingeräte) bezogenen Analyse feststellen, dass etwa die Hälfte der betrachteten Unternehmen ein eher aggressives Marktverhalten aufweisen und damit auch überdurchschnittlich erfolgreich sind. Allerdings kommt die Aggressivität eher selten (23%) in Niedrigpreisen und sehr viel häufiger (69%) in der Qualitäts-, Service- und Kommunikationspolitik bzw. in besseren Preis-Leistungs-Relationen zum Ausdruck (Lücking 1995, S.171ff.). Der reine Niedrigpreiswettbewerb beschränkt sich vor allem auf Unternehmen mit niedriger Produktqualität und niedrigem Marketing-Budget.

Der Preis muss also keineswegs immer im Vordergrund einer erfolgreichen Marketing-Konzeption stehen. Vielmehr kann man auch versuchen, den preispolitischen Erfordernissen durch eine *preispassive Politik* Rechnung zu tragen, bei der sich die Preisstellung am Marktpreis für ähnliche Produkte oder an der Preisstellung bestimmter Konkurrenten (als Preisführer) orientiert und man andere Marketinginstrumente zur Profilierung im Wettbewerb einsetzt (*„Anpassungsstrategie"*).

Unumgänglich ist ein solches Verhalten für einen Anbieter im *vollkommenen Polypol*. In dieser Marktform verliert ein Unternehmen sofort jegliche Nachfrage, wenn es den einheitlichen Marktpreis überschreitet. Andererseits führt eine Unterbietung des Marktpreises sofort zu einer kapazitätsmäßig nicht zu bewältigenden Übernachfrage bzw. zu einem sofortigen Nachziehen der Konkurrenten. Ein Unternehmen im vollkommenen Polypol kann sich deshalb nur als *Mengenanpasser* verhalten, wobei die gewinnmaximale Menge bei linearer Kostenfunktion an der Kapazitätsgrenze (wenn p > k) bzw. bei 0 (wenn p < k) liegt, während sie bei gekrümmter Gesamtkostenfunktion am Schnittpunkt der (vorgegebenen) Preisgeraden mit dem ansteigenden Ast der Grenzkostenfunktion liegt (Jacob 1971, S. 150ff.). Annäherungsweise erfüllt sind die Voraussetzungen des vollkommenen Polypols z.B. beim börsenmäßigen Absatz homogener Güter („commodities", z.B. Getreide, Kupfer, Kohle, Fette usw.).

Ein Unternehmen kann auf einen aktiven Preisauftritt verzichten, um folgenden Zielen Rechnung zu tragen:

- *Vermeidung von Preiskämpfen* mit Konkurrenten,

- *Verminderung der Absatzrisiken* auf Grund von Unsicherheiten über die Preiselastizität,

- *Vermeidung von organisatorischen und werbepolitischen Aufwendungen* (Preistests, Änderung von Preislisten, Anmeldung von Preisempfehlungen, Information des Außendienstes, Preiswerbung gegenüber den Kunden usw.),

- Erhaltung eines bestimmten *Qualitätsimages* und

- *Eindämmung des Preisinteresses der Abnehmer* durch preispolitische Ruhe am Markt und damit langfristige Sicherung eines hohen Preisniveaus.

Je ausgeprägter die Sättigungstendenzen auf bestimmten Märkten und je ausgereifter die Produkttechnologien sind, desto geringer wird der Spielraum für Absatzerfolge mit Nichtpreis-Instrumenten. In solchen Situationen steigt deshalb die Neigung der Anbieter, eine preisaktive oder sogar aggressive Marktstrategie zu betreiben.

Preisführerschaft im wettbewerbsstrategischen Sinne liegt vor, wenn ein ganz bestimmtes Unternehmen (*dominante Führerschaft*) bzw. Unternehmen im Wechsel (*barometrische Führerschaft*) die aktive Rolle im Preiswettbewerb einer Branche bzw. in einer strategischen Gruppe übernehmen und von den restlichen Wettbewerbern dann imitiert werden. Insb. gibt es immer wieder preispolitische Probleme und Anlässe, die wegen der Interdependenz der Wirkungseffekte nur von einem für diese Rolle befähigten Anbieter übernommen werden können. Beispiele hierfür sind:

- die Einführung eines neuen Preis- oder Konditionensystems (z.B. ECR-orientiertes Konditionensystem von Procter & Gamble),

- die Durchsetzung notwendiger Preiserhöhungen bei kostenorientierter Preiskalkulation (z.b. barometrisch bei Benzin),

- das Einläuten von Preissenkungsrunden (z.b. Aldi bei Kaffee),

- das Überspringen tradierter Preisschwellen (z.b. barometrisch bei Schokolade),

- die Kalkulation von „Leitpreisen", an denen sich die Preisfolger ausrichten (z.b. große Mineralölgesellschaften vs. freie Tankstellen),

- die Erschließung neuer Preislagen (z.b. Premiumpreise bei Mineralwasser durch bekannte Markenartikler wie Gerolsteiner, Perrier oder San Pelegrino).

Die Preisführerschaft erbringt dem Preisführer einerseits höhere Sicherheit und Stabilität, andererseits erfordert sie nicht selten Opfer bei Preiserhöhungen, weil der Preiswiderstand der Kunden zu Beginn der Preiserhöhung am höchsten ist. Die Rolle wird häufig durch öffentliche und frühzeitige *Ankündigungen* von Preisänderungen *("Preis-Signaling"* i.S. der Institutionenökonomie) abgesichert, die ggf. Widerstände gegen diese Politik bei Wettbewerbern bzw. deren Bereitschaft zur Preisanpassung deutlich macht, weil diese, z.b. durch die Fachpresse, zu Stellungnahmen herausgefordert werden.

Häufig versuchen Preisführer ihre Marktdominanz auch gegen potentielle Wettbewerber zu erhalten, indem sie *Markteintrittsbarrieren* errichten. Dies kann z.b. durch Patente, Lizenzen, Vertriebskontrakte mit bestimmten Absatzmittlern („Marktverstopfung"), niedrige Einführungspreise (Penetrationsstrategie) oder durch kurzfristige Preissenkungen kurz vor dem erwarteten Eintritt eines neuen Konkurrenten *(„entry limit pricing"*; vgl. Cassady J. 1964; Gaskins 1971; Kamien/Schwartz 1971; Hardes 1992) geschehen. Der notwendige Spielraum für solche konkurrenzorientierten Preissenkungen kann z.b. durch schnelle Realisierung von Erfahrungskurveneffekten (s.o.) geschaffen werden.

11.4 Preisstrategische Kundennutzen-Konzepte

11.4.1 Gegenstand und Typen von Kundennutzen-Konzepten

Bei Behandlung der Preiszufriedenheit im Kap. 4.7.3 wurde bereits deutlich gemacht, dass auch die Preispolitik eine *kundenorientierte Perspek-*

tive zu wählen hat, wenn sie die Erwartungen der Kunden treffen und Preiszufriedenheit erzeugen will. Dabei sind ein weites Preisverständnis und eine auf die Lösung von Preisproblemen gerichtete Konzeptentwicklung erforderlich. Dies führt zu einer nicht nur produktorientierten, sondern beziehungsorientierten, alle Ebenen der Kundenbeziehung berücksichtigenden und zeitübergreifenden preisstrategischen Perspektive, mit welcher erfolgreiche Kundennutzen-Konzepte entwickelt werden können.

> Preisstrategische Kundennutzen-Konzepte sind ganzheitliche Entwürfe zur Lösung von Preisproblemen bei den Kunden, die ein möglichst einzigartiges Preisversprechen („UPP" = Unique Price Proposition) definieren, das im Wettbewerb profilieren und die Kunden an das Unternehmen binden kann.

Die Definition einer UPP stellt eine strategische Aufgabe dar, weil sie nur durch eine *ganzheitliche* Mischung verschiedener Marketing- und insb. Preisinstrumente („Preis-Mix") zu erreichen ist, die ein bestimmtes Preisimage definiert, das nur *langfristig* aufgebaut werden kann und für den Unternehmensauftritt am Markt von *grundsätzlicher Bedeutung* ist. Dabei muss - dem strategischen Dreieck gemäß - der relativierende Blick stets auf die entsprechenden Konzepte der Wettbewerber gerichtet bleiben, weil auch die Kunden die Leistung einer Unternehmung im Vergleich zu dessen Wettbewerbern erleben. Insofern sind das preisstrategische Kundennutzen- und Wettbewerbs-Konzept eng aufeinander abzustimmen.

Kundennutzen ist eine *Saldogröße*, die aus der Differenz bzw. dem Quotienten aus den Angebotsleistungen einerseits und dem dafür zu zahlenden Preis andererseits zustande kommt (vgl. Kap. 6.2.3.1). Die Angebotsleistung wird zunächst v.a. durch die Produkt- und Sortimentsleistungen definiert. Bei der UPP handelt es sich aber um eine Preis-*Leistungs*-Relation, was jedoch nicht gleichbedeutend mit Preis-*Qualitäts*-Relation ist. Vielmehr gibt es Preisleistungen jenseits der Produktqualität und des Sortimentes, wie Preistransparenz, Preissicherheit und Preiszuverlässigkeit (vgl. 4.7.3.4), aber auch Preisemotionen, wie Preisstolz, Preisprestige, fehlender Preisärger etc. (vgl. Kap. 4.2.1). Sie können zur Konzipierung eines UPP eingesetzt werden. Oft sind sie mit bestimmten Serviceleistungen verbunden, etwa einer guten Preisberatung, klarer Preisauszeichnung, einer unkomplizierten Kaufabwicklung oder eines günstigen Reparaturservices.

Entscheidend für den Erfolg des gewählten Kundennutzen-Konzepts ist desgleichen die *Kommunizierbarkeit* dieses Nutzens und das *Kommunikationsgeschick* des Anbieters. Ein Slogan wie „Ich bin doch nicht blöd" hat z.B. den MediaMarkt bei seiner Zielgruppe der „smart shopper" in sehr pointierter Weise als Einkaufsstätte mit besonders günstigen Preisen und Preisgelegenheiten profiliert, bei dem der Käufer das Preisrisiko minimiert. Ähnlich hat es der Autovermieter Sixt mit seinen Anzeigenkampagnen und Plakaten geschafft, das Image des agilen und preisaggressiven Preisführers im Autovermietungsmarkt zu erlangen, das ihn nach nur rund 10-15 Jahren zum Marktführer in Deutschland machte. Umgekehrt wissen alle Kunden, dass sich mit der Marke Mövenpick ein besonders hoher Qualitätsanspruch verbindet, der einen erheblichen Preisaufschlag rechtfertigt. Ähnliches gilt für das Servicekonzept der Tiefkühlheimdienste von Eismann oder Bofrost. Dass derartige Imagepositionen veraltern können, zeigt das Beispiel von C&A, dessen günstiges Preisimage durch die fehlende Mode- und Life Style-Komponente erodierte und von moderneren Anbietern wie Hennes & Mauritz übertroffen wurde. Notwendig ist also eine ständige Analyse und Kontrolle der Wertvorstellungen und Preisprobleme der Kunden sowie derer Determinanten aus der technischen, ökonomischen, sozialen und gesellschaftlichen Umwelt.

Ein weiteres Merkmal erfolgreicher UPP ist deren *Originalität*, die wiederum eine gewisse *Kreativität* des Unternehmens voraussetzt. Je innovativer und unnachahmlicher ein Preiskonzept ausfällt, desto mehr Aufmerksamkeit und Identifikationspotential erzeugt es nämlich und umso leichter fällt die Imageprofilierung. Das „unmögliche Möbelhaus" IKEA war dafür in den 70er-Jahren ein markantes Beispiel.

Da i.d.R. mit einem einzigen Kundennutzen-Konzept nicht allen Kundenwünschen gleichzeitig Rechnung getragen werden kann, erfordert das Kundennutzen-Konzept auch eine strategisch abgewogene Segmentierung der Kunden (*„Preis-Segmentierung"*), die wir im nachfolgenden Abschnitt gesondert behandeln.

Ein *synergetisch* wirkendes Preis-Mix entsteht dann, wenn die verschiedenen preispolitischen Instrumente (Preis-Leistungsverhältnis, Preishöhe, -differenzierung, -bündelung, -variation, Sonderpreise, Dauertiefpreise, gebrochene Preise, Preislinienpolitik, Preisauszeichnung, Preiswerbung usw.) nach einem klar definierten Leitbild und Zielsystem zusammengestellt werden. In praxi fehlt dafür oft schon die organisatorische Voraussetzung, weil diese Instrumente ganz verschiedenen Abteilungen überantwortet werden, ohne dass es zu einer Abstimmung kommt. Vielfältige Verknüpfungen existieren auch mit der Produktlinien- und Sortimentspolitik (Tellis 1986, 147f.). Die synergetischen Wirkungen gut integrierter Preis-Mixes ergeben sich v.a. über Imageeffekte, deren Entstehung aber noch nicht gut erforscht ist (Gröppel 1997; Zentes/Swoboda 1997; Gröppel-Klein 1998). Eine wichtige Komponente betrifft die Breite des „*Preisbandes"* eines Produktes, also der Differenz aus höchstem und niedrigstem Preis innerhalb einer Periode (Davey et al. 1998). Es geht hierbei auch um die erlaubte Preisflexibilität am Markt. Wichtig dabei sind eine entsprechende Grundsatzentscheidung für die Preisvariation, die Preislinienpolitik und die Preispositionierung, aber auch die planmässige Durchsetzung der Preise in verschiedenen Absatzkanälen.

Die Vielfalt der Marketinginstrumente lässt für Kundennutzen-Konzepte einen riesigen Spielraum. Kaum ein Unternehmen der Praxis gleicht in seinem Preisauftritt exakt dem anderen, zumal selbst konsequente Imitatoren auf Grund ihrer individuellen Leistungspotentiale stets nicht alle Leistungen identisch zum Konzept des Innovators erbringen können. Burger King unterscheidet sich deshalb ebenso von McDonalds wie Norma von Aldi oder Rolex von Omega. Versucht man trotzdem eine (branchenübergreifende) Systematisierung der in der Praxis gepflegten preisstrategischen Kundennutzen-Konzepte aufzustellen, so lassen sich u.E. fünf Konzepttypen unterscheiden, die in Abb. 11-4 benannt, mit ihren typischen preispolitischen Merkmalen (Zeile 2) und Preisversprechen (Zeile 3) stichwortartig charakterisiert und an einigen Unternehmen (Zeile 4) exemplifiziert werden.

Die fünf Konzepte lassen sich in ganz verschiedenen Variationen realisieren, werden aber doch durch jeweils einen gemeinsamen Charakter geprägt, der nach außen auch im Preisimage wirksam wird.

Niedrigpreis-Konzepte

Niedrigpreis-Konzepte sind von besonders niedrigen Preisen geprägt. Im Fall der *Billigpreis-Konzepte* handelt es sich bei der UPP um reine Preisgünstigkeit. In anderen Fällen kann auch besondere Preiswürdigkeit, d.h. gute Preis-Qualitäts-Relationen im unteren bis mittleren Qualitätssegment versprochen werden. Billigkonzepte verzichten oft auf bestimmte Sortimentsleistungen (Randsortimente, ständige Lieferbereitschaft) und Serviceangebote (z.B. Roomservice, Klimatisierung oder Schwimmbad im Hotel), begnügen sich z.t. sogar mit reiner Postenware („Rudis Reste Rampe") oder mit Artikeln II. Wahl.

Bei *Generica-Konzepten* beschränkt sich der Anbieter konsequent auf die Grundfunktion des Produktes und verzichtet auf jegliche Zusatznutzenkomponenten. Beispiele hierfür finden sich in der Pharmaindustrie (z.B. Ratiopharm) oder im Lebensmittel- und Drogeriewarenbereich, wo sich sog. No-Name-Marken in bewusster Abgrenzung zu aufwendiger verpackten und vermarkteten Herstellermarken im unteren Preissegment positionieren. Viele Anbieter imitieren auch (z.T. gesetzeswidrig) Produkte bekannter Hersteller (z.B. Bekleidung, Möbel etc.) und bieten diese *Imitate* preisgünstig an.

Besonders leicht ist die Kreation von Billigpreiskonzepten im Dienstleistungssektor, wie zahlreiche Beispiele, etwa aus der Hotellerie (Formel 1, Ibis), der Gastronomie (Fast-Food-Ketten) oder der Touristik (Tjaeborg-Reisen, NUR-Reisen) zeigen. Hier wird v.a. auf Individualität und Komfort verzichtet und die Leistung auf Grundfunktionen „abgespeckt".

Niedrigpreis-Konzepte	Schnäpp-chen-Konzepte	Fairness-Konzepte	Value-Konzepte	Premium-Konzepte
• Discounting • Preisführer-schaft • Billig-konzepte • Generica • Partiewaren • II.Wahl-Artikel • Fabrik-verkauf	• Preisagilität • Posten-verkäufe • Sonder-angebote • Preisdiffe-renzierung • Preisbündel • Zweiteilige Tarife • Sonderkon-ditionen • Auktionen	• Transparenz von Preis und Leistung • Preis-baukästen • Ehrliche Preisaus-zeichnung • DNP • Preis-garantien • Preisethik	• Hohe/ origi-nelle Pro-duktqualität • Marken-vertrauen • Sortiment (Category Killer) • Neueste Produkt-technik • Full-Service • Pauschal-preise • Kulanz	• Höchst-Qualität • Markenaura • Design • Luxus/ Prestige • Haute Couture bzw. Pret-a-porter
• Preis-günstigkeit • Zeitersparnis • Sparsamkeit	• Preisgün-stigkeit • Cleverness • Preisstolz	• Preissicher-heit • Preisindivi-dualität • Lean Buying	• Preis-würdigkeit • Einzigartige Leistung • Preis-vertrauen	• Snob-Effekt (Exklusivität) • Prestige • Verwöhn-Effekt • Purismus
• Aldi • Ratiopharm • People Express • Ibis	• Media-Markt • McDonald • Ricardo • Last-Minute-Reisen	• Migros • City-Bank • IKEA • Lands End • Pit-Stop	• 3M • Ferrero • Miele • SAP	• Rolex • Mövenpick • Erco • Mercedes S-Klasse

Abb. 11-4: Typologie preisstrategischer Kundennutzen-Konzepte

Besonders ausdifferenziert ist das preisstrategische Nutzen- und Leistungskonzept der *Discounter*. Sie beschränken sich heute keineswegs mehr nur auf den Lebensmittelhandel, wo freilich mit Aldi der wohl erfolgreichste Betreiber dieses Konzeptes agiert. *Discounting* als strategisches Konzept findet man aber z.B. auch bei Finanzdienstleistern (z.B. Cosmos Direkt), Fluggesellschaften (Southwest Airlines, People Express) und sogar Bestattungsunternehmen.

Discounting lässt sich als eine strategische Unternehmenskonzeption definieren, die dem Kunden

1. wesentliche, dauerhafte *Preisvorteile* (Preisführerschaft) und

2. ein begrenztes, auf *Kernleistungen* zugeschnittenes Angebotsfeld (Leistungsvereinfachung) bietet, die

3. ihrerseits auf dem konsequenten Umsetzen von Prinzipien der *Kostenführerschaft* beruhen (vgl. Diller/Haas/Hausruckinger 1997).

Kostenführerschaft	Preisführerschaft	Leistungs-vereinfachung
• Vereinfachung der Unternehmensstrukturen und -prozesse • Wachstumsorientierung • Effizienzorientierung • innovatives Geschäftssystem	• Konzentration auf Produktfelder mit leicht erkennbaren Preisvorteilen • auf Dauer deutliche Preisvorteile • Preisehrlichkeit • Preisaggressivität	• Begrenzte Sortimente • Elimination der Qualitätsrisiken für die Kunden • einfacheres Einkaufen für die Kunden • Kundenintegration

Abb. 11-5: **Die strategischen Bausteine des Discounting (Diller/Haas/Hausruckinger, 1997, S. 22)**

Dieses Begriffsverständnis führt zu Unterscheidungen von Discounting und Discountern. Letztere sind all jene Unternehmen, welche die Prinzipien des Discounting ständig und systematisch anwenden – unabhängig von Branche oder Marktstufe.

Abb. 11-5 gibt einen Überblick über jene Prinzipien, welche zur Umsetzung des Konzeptes führen. An dieser Stelle interessieren vor allem die Kundennutzen-Aspekte, die freilich in allen drei Dimensionen, Kostenführerschaft, Preisführerschaft und Leistungsvereinfachung verankert sind (vgl. ausführlich Haas 2000, S. 36ff.).

Ohne Zweifel am wichtigsten ist hierbei die *Preisführerschaft* des Unternehmens, die nunmehr freilich nicht aus der Vogelperspektive des Wettbewerbs, sondern der Froschperspektive des einzelnen Kunden zu interpretieren ist. Hier versteht sie sich als das gelebte Versprechen eines Anbieters, (nahezu) immer die niedrigsten Preise bzw. das beste Preis-Leistungs-Verhältnis zu bieten und sich von keinem (unmittelbaren) Wettbewerber unterbieten zu lassen. Eine solche Politik erfordert insbesondere in der Anfangsphase des Marktauftritts eine besondere Niedrigpreispolitik und entsprechende Preisaggressivität sowie vom Kunden erlebbare Preis-Leistungs-Beweise. Ist erst einmal ein entsprechendes Preisimage etabliert, werden die Kunden weniger preisachtsam und -kritisch, sodass dann auch nicht jede punktuelle Preisunterbietung von Wettbewerbern beantwortet werden muss. Strategisch geschickt ist es im Hinblick auf diese Rolle des Preisführers, sich auf solche Produktfelder zu konzentrieren, bei denen der Kunde tatsächlich Preisinteresse zeigt und in der Lage ist, die Preisgünstigkeit bzw. -würdigkeit des Angebotes tatsächlich auch festzustellen. Hinzu kommen ein faires und ehrliches Preisgebaren sowie eine gewisse Aggressivität im Preiswettbewerb, etwa beim Zeitpunkt von Preisabsenkungen (Preisführerschaftsrolle) bzw. Anhebungen (Preisfolgerrolle).

Die *Leistungsvereinfachung* zielt einerseits auf eine Kostenreduzierung, andererseits aber auch kundenseitig auf Nutzeffekte, insbesondere einen schnellen und effizienten Einkauf durch Elimination von Qualitätsrisiken, komplizierten Auswahlprozessen, zeitraubenden Bedienungsvorgängen, übergroßen Ladenflächen etc. Teilweise wird der Kunde auch selbst in den Leistungserstellungsprozess einbezogen (z.B. Automatenbuchung bei Fluglinien). Eine transparente Preisauszeichnungspolitik sorgt für leichte Preisvergleiche und geringe Preisrisiken. In ähnliche Richtung zielen Preisgarantien und ein kulantes Verhalten bei Beschwerden. Letztendlich stellt das „Lean Buying" damit das Leitbild für die Kundennutzenkonzeption dar (Diller 1999a).

Intern ermöglicht wird ein solches strategisches Kundennutzenkonzept durch Erringung der *Kostenführerschaft*, was wiederum durch einfache Prozessabläufe, wettbewerbsfähige Betriebsgrößen, auf Effizienz ausgerichtete Prozessabläufe und Unternehmenskulturen sowie gegebenenfalls auch innovative Geschäftssysteme mit neuen, kostengünstigeren Wertschöpfungsprozessen (Beispiel IKEA) umgesetzt wird. Die im Wege einer solchen Politik eingesparten Kosten werden an die Kunden weitergegeben, statt in Form von Gewinnen abgeschöpft.

Schnäppchen-Konzepte

Schnäppchen-Konzepte versprechen als UPP besondere *Preisgelegenheiten*, d.h. Preise, die „normalerweise" nicht gelten. Wichtigste preispolitische Instrumente sind deshalb individuelle Preisnachlässe im Rahmen von Preisverhandlungen, weitere Formen der Preisdifferenzierung und die Preisvariation (vgl. Kap. 8 und 9). Schnäppchen-Konzepte richten sich an den besonders preisinteressierten, aber auch qualitätsbewussten „Optimierer" (vgl. Kap. 4.3.2), der Preisstolz empfindet, wenn er Sonderangebote und andere, besonders clevere und günstige Preisofferten (z.B. Graumarkt-Angebote, Beziehungkäufe, Räumungsverkäufe etc.) wahrnimmt. Wie das Beispiel von „Who is perfect?" (Münchner Händler von Designer-Möbeln mit kleinen Fehlern zu reduzierten Preisen) zeigt, muss aber hier nicht mit Billigqualitäten operiert werden. Im Gegenteil reizen gerade ansonsten besonders teure, ja unerschwingliche Angebote den Schnäppchenjäger zum Zugreifen.

Oft sind es auch besonders augenfällige *Preiskomponenten*, wie eine besonders niedrige Grundgebühr, eine besonders attraktive Finanzierung oder ein Startbonus bzw. eine besonders billige Zeitzone für einen Tarif, die den Schnäppchencharakter aktivieren. Typisch sind auch limitierte Mengen oder sogar Versteigerungen, wo der Gelegenheitscharakter besonders stark zur Geltung kommt. Ähnliches gilt für Last Minute-Angebote, die v.a. im Reisemarkt, aber nicht nur dort, auf großes Interesse stoßen. Besonders attraktiv für Schnäppchenjäger sind auch Bonusprogramme, versprechen sie doch Zusatzgratifikationen, die andere nicht erhalten (vgl. 8.4.3). Die positiven preispsychologischen Effekte solcher vieldimensionaler Preissysteme wurden im Kap 4.2 bereits dargestellt.

Fairness-Konzepte

Fairness-Konzepte besitzen als UPP die in Kap. 4.7.4.2 bereits erläuterten Merkmale der Preisfairness: Der Anbieter steht hier für ein *marktgerechtes Preis-Leistungsverhältnis*, ein *ehrliches* und *konsistentes* Preisgebaren, er *respektiert* die Rechte des Kunden und erbringt seine Leistungen *zuverlässig* und ggf. auch *kulant*.

Das Preis-Mix steht somit in krassem Gegensatz zum Schnäppchen-Konzept: Es ist seriös, nicht-diskriminierend und transparent. Durch Preisbaukästen (vgl. Kap. 8.4.3) kann den individuellen Leistungserfordernissen und Preisbereitschaften Rechnung getragen werden (z.b. Servicepakete der City-Bank). Dauerniedrigpreise entlasten den Kunden von der Jagd nach Preisgelegenheiten und bedienen alle Kunden gleich (Wal Mart). Die Preisberatung ist objektiv, die Preisgestaltung und -auszeichnung übersichtlich und ehrlich. Monopolsituationen (z.b. auf bestimmten Flugstrecken im Inland) werden nicht zu überhöhten Preisen ausgenutzt. Die Preissysteme werden den Interessen der Kunden gerecht und benachteiligen insb. nicht bestimmte Kundengruppen ohne guten Grund. U.U. bieten sich auch Pauschalpreise an, um die Preiszuverlässigkeit zu erhöhen (Pit-Stop-Autoservice).

Die *Problemlösung* solcher Konzepte beim Kunden besteht in Preistransparenz, Preissicherheit und –zuverlässigkeit sowie einem partnerschaftlichen Verhalten des Anbieters, der auf opportunistische Aktivitäten verzichtet und deshalb Preisvertrauen verdient (Diller 1997a). Dies kann u.a. auch durch (Preis-)Garantien belegt werden, was dem Kunden Suchkosten und eigene Absicherung vor dem Kauf erspart (Diller 1999a). Insofern enthält das Fairness-Konzept auch einen Komfort-Aspekt („lean buying"). Insb. bei niedrigem Involvement ist der Wunsch der Kunden nach lean buying stark, weil er mit Zeitersparnissen einhergeht.

Die *Kommunikation* dieses UPP ist in einem Umfeld stark emotionaler und marktschreierischer Preisreize schwierig und wird mehr von den Taten des Verkäufers geprägt (Corporate Behavior) als von der Corporate Communication. Die zunehmenden Erfolge von Dauerniedrigpreis-Systemen an Stelle der Schnäppchen-orientierten Sonderpreissysteme im Handel zeigt jedoch, dass hier ein Wandel im Gange ist. Dem Kunden muss die Ausgewogenheit des Preis-Leistungsverhältnisses sowohl durch Qualitäts- als auch durch Preisvergleiche nahe gebracht werden. Eine zweiseitige Argumentation, bei der auch unangemessene Verwendungsfelder oder generelle Nachteile des Angebotes zur Sprache kommen, erhöht die Glaubwürdigkeit (Beispiel: manche Reiseveranstalter-Kataloge). Die Gründe für Preiserhöhungen werden ehrlich erläutert und dafür um Verständnis geworben. Die Preisethik wird gelegentlich auch publik gemacht. Migros, größter Lebensmittelhändler der Schweiz, hat mit einer solchen Preisstrategie immerhin die Marktführerposition errungen und ein kaum einholbares Preisvertrauen aufgebaut.

Value-Konzepte

Value-Konzepte betonen das Preis-Leistungsverhältnis, also die *Preiswürdigkeit* des Angebotes, wobei insb. die Leistungskomponente zur Differenzierung vom Wettbewerb dient. Sie wollen dem Kunden möglichst viel Gegenwert für den zu entrichtenden Preis, also einen *überlegenen Nettokundennutzen* bieten (vgl. dazu Kap. 6.3.2.1). Da der Differenzierungsspielraum hierbei erheblich größer als auf der Preisseite ausfällt, sind Value-Konzepte sehr beliebt, wenngleich weit seltener erfolgreich. Der Grund hierfür liegt in der fehlenden Kundenorientierung. Die angebotene Leistung wird oft nicht aus der Kundenperspektive, sondern aus dem eigenen Leistungsvermögen heraus konzipiert und damit leicht an den wahren Bedürfnissen und Preisproblemen der Kunden vorbei geplant. Die Vielfalt des Wettbewerbs führt darüber hinaus dazu, dass nur wirklich profilierte, also möglichst einzigartige Nutzenkonzepte die Kunden faszinieren. Begeisterung über das Kundennutzen-Konzept ist allerdings eine Voraussetzung für langfristige Erfolge. Sie entsteht am ehesten bei ungewöhnlichen, also seltenen oder besonders originellen, bei besonders beständigen oder technisch herausragenden Leistungsmerkmalen, aber auch durch emotionale Komponenten, wie der Freundlichkeit beim Service oder der besonderen Aura einer Marke. Überhaupt sind Marken i.S. geschlossener Marketingkonzepte (Bruhn 2000) ein gut geeignetes System für Value-Konzepte. Oft verbindet sich ihr UPP mit technischer Höchstleistung (z.B. Canon), Innovationskraft (z.B. 3M), einer hohen Zuverlässigkeit (z.B. Miele) oder anderen Qualitätsmerkmalen, aber auch mit Designaspekten, seien sie funktional (z.B. Braun, Rosenthal) oder modisch (z.B. Boss, Aigner). Im Konsumgütersektor kann auch emotionaler Zusatznutzen einen hohen Kundennutzen erzeugen (z.B. Mon Cheri, Marlboro, BMW). Manche Firmen erzeugen Value durch ein besonders attraktives Sortiment, fungieren u.U. sogar als „category killer", der übliche Branchengrenzen sprengt und gerade deshalb bestimmte Zielgruppen begeistert (z.B. Toys´r Us, Obi).

Das *Preis-Mix* beim Value-Konzept wird folgerichtig von den Leistungskomponenten geprägt, welchen die preispolitischen Instrumente dann entsprechend folgen. Typisch sind höhere Preislagen, komplette Preislinien, Komplettpreise, ggf. Preisbündelung (Sets) und ein kulantes Preisgebaren bei Qualitätsmängeln oder Servicefehlern. Durch – allerdings nur gelegentliche – Preisaktionen kann auch in gewissem Umfang die Zielgruppe der Optimierer angesprochen werden. Der Haupt-Preisnutzen von Value-Konzepten besteht freilich nicht in Preisgünstigkeit, sondern hoher Qualität oder anderen „added values" zu angemessenen Preisen, also in Preiswürdigkeit. Dazu kann auch ein kundenindividuelles Target-Pricing für bestimmte Qualitätsmerkmale betrieben werden (Lauszus/Sebastian 1997, S. 4; Reinecke 1997).

Premium-Konzepte

Premium-Konzepte offerieren den Kunden als UPP eine über das übliche Qualitätsniveau auch angesehener Marken hinausgehende, überragende Leistung, sei es in technischer, geschmacklicher, ästhetischer, modischer, prestigemäßiger oder anderer Hinsicht, für die ein entsprechender, oft sogar überproportional hoher Preis zu bezahlen ist. Insofern könnte man Premium-Konzepte auch als Hochpreis-Variante von Value-Konzepten betrachten. Die Besonderheit liegt sicherlich darin, dass der hohe Preis dabei mehr oder minder selbst zum Nutzenmerkmal wird, weil er den Käufer solcher Produkte von der Masse der Käufer abhebt. Insofern erhalten Premium-Marken einen Preisaufschlag („Premium"), der über das Äquivalent für die funktionale Überlegenheit hinausgeht. Besonders deutlich wird dies an sog. Luxusmarken aus dem Schmuck- oder Modesektor sowie an Manufaktur-Marken mit Raritäten-Preispremium (Kapferer 1999).

Dem Kunden bietet sich mit Premium-Konzepten die Chance, sich selbst oder andere zu verwöhnen oder zu bestätigen, Prestige zu gewinnen, seiner Konsumfreude oder seinem Konsum-Purismus (z.b. hinsichtlich Ästhetik oder Geschmack) Ausdruck zu geben oder im Überfluss vorhandenes Geld (mit niedrigem Grenznutzen) durch Raritäten (mit höherem Grenznutzen) einzutauschen.

Eine Berater-Studie auf 40 US-Konsumgütermärkten machte deutlich, dass die Erfolgsträchtigkeit von Premium-Marken nicht nur von der gehoben oder sogar Top-Position in der Preisrange abhängt, sondern vom Umsatzanteil, der im jeweiligen Markt insgesamt auf Premium-Marken entfällt. Ist er groß, können sich Premium-Marken besser entfalten und höhere Renditen erwirtschaften (Vishwanath/Mark 1997). Premiummarken müssen ferner häufig ein Trading Up betreiben, um ihre qualitative Spitzenposition zu erhalten. Bei technischen Produkten sind dazu ständige F&E-Investitionen, bei anderen Gütern zumindest gelegentliche Relaunches mit neuer emotionaler Positionierung oder neuen Varietäten erforderlich.

Die Lancierung einer Premium-Marke ist aus der Perspektive der Preislinienpolitik leichter als deren Verteidigung. Bei der Neueinführung kannibalisiert man schlimmstenfalls die bisherige Höchstpreislage, was meist aber nicht so schädlich ist, da die Deckungsbeiträge in der Premiumlage (noch) höher sind. Gefährlicher sind Preisangriffe anderer (neuer) Premiummarken, weil man hier in Gefahr gerät, mit Preisnachlässen oder Zweitmarken „gegenzuhalten", was zur Erosion der Premiumposition führen kann (Simon/Dolan 1997, S. 239f.).

11.4.2 Preissegmentierung und -positionierung

Bei einer preisorientierten Segmentierungsstrategie, kurz „Preissegmentierung" genannt, werden Merkmale des Preisverhaltens der Kunden oder andere preisbezogene Marktcharakteristika zur Beschreibung und Auswahl von Zielgruppen bei der Marktbearbeitung herangezogen. Sollen Kundennutzenkonzepte implementiert werden, die z.T. sehr heterogene Preisbedürfnisse und –probleme der Abnehmer treffen, ist eine solche Segmentierung nahezu unverzichtbar. Grundsätzlich sind dabei zwei

Wege möglich (vgl. Kap. 8): Bei einer „passiven Preissegmentierung" (Preisdifferenzierung zweiten Grades) werden die Angebotsbedingungen so zugeschnitten, dass das Produkt überwiegend „von selbst" durch die anvisierten Zielgruppen gekauft wird. Bei der „aktiven Preissegmentierung" dagegen beschränkt der Anbieter von sich aus die Gültigkeit bestimmter Preise bzw. Preissysteme auf von ihm definierte Zielgruppen, die sich beim Kauf entsprechend identifizieren müssen.

Zur passiven Preissegmentierung zählt neben den verschiedenen Formen der Preisdifferenzierung zweiten Grades (z.b. nach Menge, Region, Produktdesign etc.) auch die *Preislagenpolitik* (vgl. Kap. 7). Auf vielen Absatzmärkten lassen sich die angebotenen Produkte unterschiedlichen *Qualitätsniveaus* oder *Qualitätsklassen* zuordnen, auch wenn der funktionale Verwendungszweck aller Produkte weitgehend gleich ist (Beispiele: Fernsehgeräte, Photoapparate, Gabelstapler). Mit den verschiedenen Qualitätsklassen korrespondieren unterschiedliche Preislagen (Gutenberg 1984, S. 239 ff.). Für eine Unternehmung, die auf solchen Märkten operiert, ergibt sich die Möglichkeit, ihr Produktangebot im Preis-Qualitätsfeld selbständig zu positionieren, was man verkürzt als *Preispositionierung* bezeichnet. Ihre preispolitische Bedeutung gewinnt die Preispositionierung vor allem dadurch, dass die Preisunterschiede für Produkte mit verschiedenem Qualitätsniveau im Allgemeinen nicht mit den Unterschieden der Produktions- und Marketingkosten korrespondieren. Darüber hinaus unterscheiden sich die in jeder Preislage anzutreffenden Rahmenbedingungen für die Preispolitik oft ganz wesentlich. Drei Beispiele aus ganz unterschiedlichen Märkten sollen dies verdeutlichen.

Die Endverbraucherpreise für einen Kasten Bier im Einzelhandel schwankten 1998 etwa zwischen DM 9,99 und DM 35,22 (GfK-Haushaltspanel 1998). Dies entspricht - bezogen auf den niedrigsten Preis - einer Preisdifferenz von ca. 352%! Selbst wenn man hierbei die unterschiedlichen Kalkulationsaufschläge des Handels berücksichtigen würde, erscheint der Unterschied der Abgabepreise der Brauereien immer noch signifikant. Die Kostenunterschiede der verschiedenen Biersorten und -marken sind jedoch weitaus geringer. Es verwundert deshalb nicht, dass viele Brauereien in den letzten Jahren versucht haben, sich mit einer eigenen Marke im sog. *Premiumsegment* anzusiedeln (vgl. Tietz 1979).

Auch die Angebote von *Reiseveranstaltern* unterscheiden sich häufig nur wenig in den Grundmerkmalen (Transportmittel, Zielort, Unterkunft usw.), weisen aber trotzdem große Preisunterschiede auf. Die Preisangebote für eine einwöchige Pauschalreise nach Mallorca schwankten z.B. im Jahr 1999 etwa zwischen DM 199,- und DM 4.500,-. Durchsetzbar werden solche Preisunterschiede vor allem durch die *Segmentierung* des Marktes in Individualreisende mit hoher Preisbereitschaft und „gehobenen" Leistungsansprüchen einerseits und preisinteressierten Reisenden, die mit dem Leistungsangebot des Massentourismus zufrieden gestellt werden können, andererseits.

Im Wettbewerb des *Bekleidungsfachhandels* konkurrieren z.B. sowohl discountähnliche Betriebsformen (z.B. Bekleidungsfachmärkte, Textilhäuser) als auch exklusive Fachgeschäfte (z.B. Herrenausstatter, Boutiquen) erfolgreich um die Gunst der Verbraucher. Die Kalkulationsspannen dieser Betriebsformen unterscheiden sich nicht selten um mehr als 100%, während das Kostenniveau weit weniger unterschiedlich ausfällt. Die niedrigpreisigen Anbieter versuchen dabei, ihr Gewinnziel durch *hohe Absatzmengen* zu erreichen, während die Anbieter in den höheren Preislagen durch *höhere Stückgewinne* bei geringeren Absatzmengen ihren Erfolg suchen. Die Anbieter beider Gruppen operieren dabei in Teilmärkten mit unterschiedlichen Preis-Absatzfunktionen. Auch Bekleidungshersteller, wie die Brinkmann-Gruppe, folgen einer solchen Preissegmentierung und erschließen daneben immer wieder neue Preisnischen, etwa mit Golf-Mode (Weber 1999).

Die Beispiele machen deutlich, dass es sich bei der Wahl der Preislage im Grunde um ein Problem der *Marktsegmentierung* handelt, bei der vor allem die Qualitätspräferenzen und die Preisbereitschaft der Abnehmer dazu herangezogen werden, um in sich relativ homogene, untereinander aber möglichst heterogene Käufergruppen zu identifizieren, die mit jeweils spezifischen Preis-Leistungskombinationen angesprochen werden können (vgl. dazu z.B. Freter 1983; Aust 1996). Durch eine solche segmentspezifische Preispolitik kann es gelingen,

- dem besonders intensiven Preiswettbewerb im Teilmarkt für standardisierte Massenware auszuweichen und durch Besetzung einer Marktnische eine monopolähnliche Stellung zu erzielen,

- Konsumentenrenten bei jenen Kunden abzuschöpfen, die weniger preisinteressiert und preisempfindlich sind,

- eine höhere Kundenloyalität und Preisbereitschaft durch „maßgeschneiderte" Problemlösungsangebote für die jeweilige Zielgruppe zu erreichen.

Die Marktbearbeitung kann dabei auf ein bestimmtes Segment beschränkt *(„konzentrierte Marketingstrategie")* oder auf mehrere Segmente ausgerichtet werden, wobei für jedes Segment verschiedene Marketingkonzepte zu entwickeln sind *(„differenzierte Marketingstrategie")*. Dabei gilt es zu berücksichtigen, dass bereits am Markt etablierte Produkte sehr viel schwieriger neu zu positionieren sind als neue Produkte, weil die vorhandenen Images ein starkes Beharrungsmoment beinhalten. Insbesondere ein Massenprodukthersteller kann deshalb sein bisheriges Preiskonkurrenzfeld kaum mehr nach oben verlassen, ohne Gefahr zu laufen, erhebliche Absatzverluste hinnehmen zu müssen.

Ferner wachsen im Wettbewerb die Ansprüche der Kunden ständig, sodass ein dynamisches Verständnis der Preislagen und eine mitlaufende strategische Überwachung der Preispositionierung erforderlich wird. Abb. 11-6 zeigt z.B. die „Reichweiten" verschiedener Preislagen bei SB-Warenhauskunden, die wir in eigenen, allerdings nicht repräsentativen Befragungen ermittelt haben (Diller 1995, S. 18ff.). Erkennbar wird die Ablehnung minderwertiger Qualität und die z.T. sehr hohen Qualitätsansprüche auch der Käufer in der untersten Preislage, was früher keineswegs so war. Hier haben die hybriden Preis-Leistungsangebote der Discounter (gute Qualität *und* niedriger Preis) offenkundig die Anspruchserwartungen der Kunden neu geprägt. Dies gilt keineswegs nur für die untere Preislage, sondern im umgekehrten Sinne auch für die obere: Hochwertige Produkte billig zu verkaufen ist nur eine andere Variante gleichermaßen hybrider Wettbewerbs-Konzepte (vgl. Fleck 1995). Die

Hybridität kann dabei sequentiell, multilokal oder simultan bewerkstelligt werden (vgl. Proff/Proff 1997). Auch die deutliche und immer noch zunehmende *Polarisierung der Märkte* (Becker 1998, S. 70ff.) hat preisstrategische Konsequenzen: Die Positionierung in der Mittelpreislage wird dadurch immer unattraktiver. Gleichzeitig wandert das gesamte Preislagensystem mit steigendem Wohlstand nach oben, sodass es immer wieder neue Premiumpreisschichten zu erschließen gilt (z.B. VW-Bentley, Mercedes-Maybach, Häagen-Dazs-Eiscreme). Gleichzeitig steigt mit zunehmendem globalen Auftritt vieler Unternehmen die Gefahr, von „globalen Nischenanbietern" mit entsprechender Wettbewerbsfähigkeit umzingelt und in der eigenen Wettbewerbsfähigkeit geschwächt zu werden (vgl. Nagle et al. 1998, S. 292).

Neben der Preislage existieren zahlreiche weitere Segmentierungskriterien (vgl. u.a. Simon 1992, S. 363ff.; Aust 1996; Nagle et al. 1998, S. 265ff.). Wir haben diese im Kap. 4 im Zusammenhang mit der Diskussion des Preisinteresses sowie im Rahmen der Preisdifferenzierung (Kap. 8) bereits mehrfach angesprochen.

Soziodemographische Merkmale erweisen sich meist als wenig trennscharf hinsichtlich des Preisinteresses der Kunden. Besser geeignet sind dagegen *Merkmale des beobachtbaren Kaufverhaltens*, insb. die Kaufhäufigkeit und das Ausmaß des Anbieterwechsels, die positiv mit dem Preisinteresse korrelieren (vgl. z.B. Kim/Srinivasan/Wilcox 1999). In Kap. 4 hatten wir eine direkte Segmentierungen nach dem *Preisinteresse* vorgestellt (Musssparer, Kannsparer, Optimierer, Tiefpreismeider). Die zunehmende „Schnäppchenorientierung" vieler Kunden macht auch die spezielle Neigung zur Wahrnehmung von Preisgelegenheiten zu einer interessanten Segmentierungsvariablen. Wie Lichtenstein/Netemeyer/Burton (1995) in zwei Studien empirisch belegen konnten, handelt es sich hier nicht um ein generelles, sondern um ein auf bestimmte Preisinstrumente (z.B. Aktionspreise, Preisnachlässe, Preisbündel, Bonuspunkte, Gewinnspiele etc.) spezifiziertes Interesse, das dann also auch differenziert erfasst werden sollte. Darüber hinaus greift man öfter auf *Einstellungsmerkmale* zurück, das bei entsprechender Auslegung der Preissysteme für eine Selbstselektion bestimmter Marktteilnehmer genutzt werden kann. Huber (1995) analysierte z.B. die Kategorie der preisunsensiblen, aber mode- und prestigebewussten Frühkäufer im Oberbekleidungsmarkt, die für Hersteller wie Händler von besonderer Ertragsbedeutung sind.

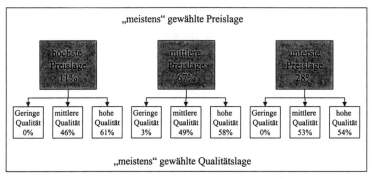

Abb. 11-6:   Präferenzen bei Preis- und Qualitätslagen

Man sollte bei der Segmentierung allerdings nicht nur die Intensität des Preisinteresses im Auge haben. Mit zunehmender Differenzierung der Preise und Individualisierung der Leistungsangebote werden Preisbereitschaft und Nutzenempfinden als Segmentierungsmerkmale immer wichtiger, zumal man mit dem Conjoint Measurement hierfür geeignete Daten bereitzustellen vermag (vgl. Kap. 5.5.3). Eine entsprechende *„Benefitsegmentierung"* (Haley 1968; Aust 1996) erfolgt auf Basis der individuellen Teilnutzenfunktionen, also der subjektiv empfundene Nutzenwahrnehmung gegenüber verschiedenen Teilqualitäten eines Angebotes sowie dessen Preises. Sie bieten sich v.a. für Value-Konzepte an, die auf Kunden mit speziellen Preis-Leistungs-Vorstellungen abzielen. Um die entsprechenden Segmente im Markt tatsächlich wiederaufzufinden, können Diskriminanzanalysen oder Scoring-Modelle zur Trennschäfe der Value-Segmente auf Basis sozio-demographischer und/oder Kaufverhaltens-Merkmale unternommen werden (z.B. Forsyth et al. 1999).

Kapitel 12: Preisdurchsetzung und Preisorganisation

12.1 Überblick

Im Gegensatz zur Betrachtungsweise der traditionellen betriebswirtschaftlichen Preistheorie endet die Preispolitik eines industriellen Anbieters keineswegs mit der Bestimmung der jeweiligen Abgabepreise. Vielmehr gilt es auch im Anschluss daran noch aktiv dafür Sorge zu tragen, dass der festgesetzte Angebotspreis tatsächlich umgesetzt und vom Markt akzeptiert wird. Wir bezeichnen die unter dieser Zielsetzung stehenden Regelungen und Maßnahmen als *Preisdurchsetzung*. Wie der Überblick in Abb. 12-1 veranschaulicht, gibt es dabei einerseits marktgerichtete Aktivitäten und andererseits unternehmensinterne Regelungen. Erstere zielen darauf ab, den Kunden von der Vorteilhaftigkeit der eigenen Preisstellung zu überzeugen, die Preisrisiken, die auf Käufer– wie Verkäuferseite entstehen, in Preisrisikovereinbarungen zu regeln sowie die in den Absatzprozess eingeschalteten Absatzmittler dahingehend zu beeinflussen, dass sie ihre Abgabepreise (auch) im Interesse des Herstellers festsetzen („vertikale Preisdurchsetzung"). Die Notwendigkeit für solche marktgerichteten Aktivitäten der Preisdurchsetzung ergibt sich aus verschiedenen *Preisrisiken*, die in Abschnitt 12.2 ausführlicher erläutert werden.

Ein zweiter Bereich der Preisdurchsetzung resultiert aus der organisatorischen Komplexität von Preisbildungsprozessen in Unternehmen. Die Vielfalt der einsetzbaren Instrumente, der dabei zu berücksichtigenden Wirkungsbeziehungen und der hierfür wiederum bereitzustellenden Informationen sowie die u.U. notwendigen Preisverhandlungen mit den Kunden führen dazu, dass Preisentscheidungen in aller Regel im Zusammenwirken mehrerer Organisationsbereiche einer Unternehmung getroffen werden. Daraus entsteht einerseits ein aufbau- und ablauforganisatorischer Regelungsbedarf *(„Preisorganisation";* vgl. 12.4.2). Andererseits gilt es zu berücksichtigen, dass verschiedene Abteilungen durchaus unterschiedliche Ziele bei der Preispolitik verfolgen, so dass Koordinationsbedarf entsteht, dem durch ein *Preiscontrolling* entsprochen werden kann (vgl. 12.4.3). Hierbei geht es insbesondere um die Ermittlung und Bereitstellung von Informationen, die für die Preiskoordination einschlägig sein können. Ein letzter Aspekt der unternehmensinternen Absicherung von Preisen soll schließlich mit dem bisher in der Literatur nicht gebräuchlichen Begriff der *„Preiskultur"* eingefangen werden. Mit ihm wird auf das subjektive *Bewusstsein* für die Bedeutung der Preispolitik aufseiten des Managements und auf die dafür zur Verfügung stehenden Wissenskomponenten *("Preisintelligenz")* abgestellt (vgl. 12.4.4).

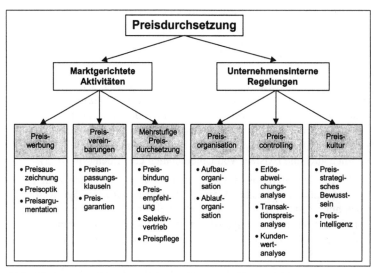

Abb. 12-1:   **Problembereiche und Entscheidungsfelder der Preis-durchsetzung**

12.2 Preisrisiken

Marktteilnehmer handeln im Gegensatz zu den Annahmen der Mikroökonomie in praxi nicht unter den Bedingungen vollkommener Märkte. Vielmehr sind ihre Entscheidungen aufgrund unvollkommener Markttransparenz und flexibler Präferenzen von mehr oder minder großer Unsicherheit geprägt (vgl. Oberender 1987). Aus dieser Unsicherheit entstehen Risiken für die Marktakteure, die sich auf die Nichtrealisation geplanter Zielgrößen, die erst nachträglich abschätzbare Vorteilhaftigkeit der jeweils gewählten Alternative und/oder sogar auf mögliche Vermögensverluste durch die jeweilige Entscheidung beziehen (vgl. Philipp 1967, S. 34ff.). Das Preisrisiko stellt somit die Gefahr dar, dass ein Marktakteur einen von ihm im Rahmen einer Transaktion erwarteten *(subjektives Preisrisiko)* bzw. einen objektiv realistischen *(objektives Preisrisiko)* Preis nicht realisiert. Für den Nachfrager bezieht sich das Preisrisiko auf den Preis, der in diesem Zusammenhang am besten als Quotient aus Entgelt und Leistung definiert wird.

Auf der *Anbieterseite* lassen sich im Wesentlichen fünf Arten von Preisrisiken unterscheiden:

(1) Kalkulationsrisiken

Hierbei werden relevante Kosten im Rahmen der Preisfestsetzung nicht als solche erkannt bzw. mit zu niedrigen oder zu hohen Werten angesetzt. Dies hat zur Konsequenz, dass die erwarteten Deckungsbeiträge geringer ausfallen als angenommen. Der erste Fall tritt bspw. auf, wenn sich Einsatzstoffe aufgrund hoher Inflationsraten *(Inflationsrisiko)* schneller verteuern als erwartet oder staatliche Beihilfen zur Produktion entfallen *(fiskalisches Risiko)* (Meffert 1994, S. 68f.). *Wechselkursrisiken* entstehen dadurch, dass bei Fakturierung in ausländischer Währung durch Verschiebungen im Tauschverhältnis von Fremd- zu Heimatwährung der tatsächlich erhaltene Preis unter dem geplanten liegt. Die damit einhergehenden (Opportunitäts-)Verluste können beträchtlich sein und gelegentlich auch die Existenz von Unternehmen gefährden (vgl. 10.2).

Nicht zuletzt durch solche Gefahren kommt es aber auch zum umgekehrten Kalkulationsrisiko: Wertansätze und Risikozuschläge werden zu hoch angesetzt, so dass der verlangte Preis eine Höhe annimmt, die auf dem Markt nur noch geringe Akzeptanz findet und den gewinnoptimalen Preis verfehlt *(Preiseskalationsrisiko)*. Schließlich entstehen selbst bei objektiver Rechtfertigung hoher Preise über die Kosten u.U. Gefahren für das Preisimage *(Preisimagerisiko)*, weil sich die Unternehmung dem Vorwurf „überhöhter" Preise ausgesetzt sehen kann. Spezielle Risiken im Zusammenhang mit der in Zahlung genommenen Ware entstehen bei Kompensationsgeschäften (vgl. 10.6.).

(2) Marktreaktionsrisiken

Unternehmen bieten ihre Leistungen auf Märkten an, die durch ungewisse und sich wandelnde Präferenzen der Kunden sowie schwer einschätzbare Verhaltensweisen der Konkurrenten gekennzeichnet sind. Dies bedeutet, dass viele preispolitische Entscheidungen unter ständig wechselnden und sehr komplexen Rahmenbedingungen zu treffen sind. Die Reaktion des Marktes auf das jeweils angebotene Entgelt-Leistungs-Bündel ist deshalb nicht mit Sicherheit prognostizierbar. Dadurch entstehen Marktreaktionsrisiken, d.h. (Opportunitäts-)Verluste durch andersartige Marktergebnisse als sie bei den preispolitischen Entscheidungen erwartet wurden.

(3) Auftragserlangungsrisiken

Preispolitisch relevante Risiken ergeben sich auch im Bereich der Konditionen, also der mit dem Abnehmer individuell vereinbarten Lieferungs- und Zahlungsbedingungen. Der Wettbewerb erzwingt hier häufig Zugeständnisse, welche die Rendite der zugrunde liegenden Transaktionen mindern. Gefahr droht insbesondere durch zu leichtfertig und ungeprüft zugesagte Rabatte, Skonti, Boni und Zahlungsziele, was ein entsprechendes Preiscontrolling erforderlich macht (vgl. 12.4.3).

(4) Zahlungsrisiken

Zahlungsrisiken entstehen, wenn der Abnehmer die vereinbarte Gegenleistung nicht erbringt *(Vertragserfüllungsrisiko)*. Ebenso ist denkbar, dass der Abnehmer unter Hinweis auf Mängel nur teilweise zahlt oder dass er die vereinbarte Summe erst später *(Fristenrisiko)* oder in anderer Zahlungsform als vereinbart leistet.

(5) Dispositions- und Transferrisiko

Im internationalen Geschäft ist teilweise die Verfügungsmacht über die von Abnehmern geforderten oder erhaltenen Gegenleistungen eingeschränkt. So ist die Preishoheit der Anbieter in vielen Ländern aus wirtschaftspolitischen Gründen staatlich beschnitten. Da solche Regelungen zu Beginn der Geschäftstätigkeit nicht immer abzusehen sind oder das Interesse des Staates an Eingriffen wachsen kann, unterliegt die betriebliche Preispolitik einem *Dispositionsrisiko*. Ein benachbarter Aspekt betrifft die Verwendung erwirtschafteter Gewinne, die nicht in allen Fällen frei bestimmbar ist. Da sich der Gewinnanfall im Rahmen der internationalen Verrechnungspreispolitik steuern lässt, ist dieses *Transferrisiko* ebenfalls ein Bestandteil des Preisrisikos (vgl. Schurer-Witzki 1995, S. 127).

Preisrisiken entstehen nicht nur für den Anbieter, sondern auch für den *Abnehmer*. Rein leistungsbezogene Gefahrenquellen sind etwa die Fehleinschätzung der Einsatzmöglichkeiten des Gutes *(Funktionsrisiko)* oder der Kauf einer Marke mit geringerem sozialem Prestige als angenommen *(soziales Risiko)*. Entgeltbezogen entstehen Preisrisiken dadurch, dass der Käufer das Gut u.U. bei anderen Anbietern in gleicher Qualität zu niedrigeren Preisen hätte erwerben können *(Preisgünstigkeitsrisiko)* bzw. hinsichtlich des Preis-Leistungs-Verhältnisses des Gutes in seinen Erwartungen enttäuscht wird *(Preiswürdigkeitsrisiko)*. Wegen der Subjektivität der Erwartungen fällt die Operationalisierung solcher Risiken schwer, was umgekehrt den Anbietern die Möglichkeit bietet, erfolgreich Vertrauenssignale einzusetzen. Preisgünstigkeitsrisiken auf der Abnehmerseite korrelieren stark mit der Transparenz des Marktes und den Preiskenntnissen der Kunden. Das Preiswürdigkeitsrisiko ist umso geringer, je besser der Kunde die Übereinstimmung von versprochener bzw. erwarteter Leistung und tatsächlicher Leistung objektiv überprüfen kann. Zeichnet sich die Leistung durch zahlreiche Erfahrungs- oder gar Vertrauenseigenschaften aus, so ist das Risiko, nicht die entsprechende Leistung für das fixierte Entgelt zu enthalten, hoch. In diesem Falle orientieren sich vor allem Letztverbraucher gerne am Preis als Qualitätsindikator, was gewisse Spielräume für die Durchsetzung und Argumentation hoher Preise bietet (vgl. 4.6.3.3).

Allerdings bestimmt auch die Macht des Kunden gegenüber dem Anbieter, welchem Preisrisiko er ausgesetzt ist. Je stärker es ihm möglich ist, den Anbieter zur Offenlegung relevanter Informationen zu bewegen oder ihn bei opportunistischem Verhalten wegen schlechter Erfüllung des Vertrags mit Sanktionen zu belegen, desto geringer wird für ihn die Gefahr eines Verlustes.

Wie stark die Anbieter und Abnehmer von den Preisrisiken betroffen sind, wird oft im Rahmen von Preisverhandlungen bzw. durch die allgemeinen Geschäftsbedingungen festgelegt. Schon insofern besteht also ein Gestaltungsspielraum für die preissetzende Unternehmung. Darüber hinaus lassen sich aber auch die in den nachfolgenden Abschnitten skizzierten Aktionsparameter einsetzen. Wegen der Vielfalt der praktischen Erscheinungsformen von Risikoabsicherungsstrategien und -taktiken sollten sie eher als Beispiele denn als vollständige Erörterung solcher Techniken interpretiert werden.

12.3 Marktgerichtete Aktivitäten der Preisdurchsetzung

Marktgerichtete Preisdurchsetzungsaktivitäten beinhalten zum einen die *Preiswerbung*, d.h. die Bekanntmachung der festgesetzten Angebotspreise und die damit verbundenen Versuche, die Preise in möglichst günstigem Lichte erscheinen zu lassen (Abschnitt 12.3.1). Sie zielen auf eine Minderung des Marktreaktionsrisikos. Ferner fallen darunter spezielle *Vereinbarungen bezüglich des Preisrisikos*, was sowohl die Kostenrisiken des Anbieters als auch die Preisrisiken des Nachfragers betrifft (Abschnitt 12.3.2). Schließlich werden *vertikale Preisdurchsetzungsaktivitäten* vorgestellt, die auf die zwischengeschalteten Absatzmittler gerichtet sind und aus der Sicht eines Konsumgüterherstellers dazu dienen, die für ihn optimalen Angebotspreise am Endverbrauchermarkt durchzusetzen (Abschnitt 12.3.3).

12.3.1 Preiswerbung

Zur Preiswerbung zählen wir alle Aktivitäten, welche die unmittelbaren oder mittelbaren Kunden eines Unternehmens über die jeweiligen Angebotspreise informieren und diese aus Sicht des Anbieters in einem möglichst günstigen Lichte darstellen sollen.

Preisauszeichnung

Eine erste Gruppe von Aktivitäten betrifft hier die Preisauszeichnung. Darunter sind alle schriftlichen Deklarationen des allgemein gültigen Preises am Produkt oder am Verkaufsregal sowie in Preislisten, Prospekten, Katalogen und anderen Werbemitteln des Anbieters zu verstehen. Durch die Art der Preisdarstellung, die Auffälligkeit der Preisangaben, die Übersichtlichkeit des Informationszugriffs und andere Merkmale kann der werblichen Funktion der Preisauszeichnung Rechnung getragen werden. Glaubt der Anbieter, besonders günstige Angebotspreise zu offerieren, muss er ferner versuchen, den Preis einem möglichst breiten Käuferkreis bekannt zu machen und seine Günstigkeit durch eine entsprechende Preisoptik hervorzuheben. Umgekehrt werden eher teure Anbieter versuchen, andere Aspekte als den Preis werblich hervorzuheben und ggf. den Preisvergleich sogar zu erschweren (*„Preisverschleierung"*). Dem sind in Deutschland freilich enge Grenzen gesetzt, weil nach § 1 der Verordnung über Preisangaben alle Preisinformationen den Grundsätzen der Preisklarheit und Preiswahrheit entsprechen müssen, d.h. der Preis muss dem Angebot eindeutig zuordenbar, deutlich lesbar bzw. gut wahrnehmbar sein. Ferner sind bei Fertigpackungen die im Eichgesetz und in der Fertigpackungsverordnung geregelten Bestimmungen zur Grundpreisauszeichnung (*Unit-Pricing*, d.h. Preisangaben pro Mengen- oder Volumeneinheit) zu beachten, wobei jedoch zahlreiche Ausnahmeregelungen für sogenannte Standardgrößen bestehen.

Neben der Werbefunktion können Preisangaben auch eine Servicefunktion übernehmen, weil sie es dem Kunden erleichtern, die durch Preisintransparenz verbundenen Risiken mit entsprechenden Preisübersichten und Vergleichen zu begrenzen. Die Bequemlichkeit derartiger Preisangabensysteme wird z.B. beim Reisekatalog oder bei anderen umfangreichen Preislisten deutlich, bei denen der Kunde nicht nur nützliche, sondern auch gut nutzbare Preisinformationen geboten bekommen sollte (vgl. Diller 1977, 1978c). In dieser Hinsicht besitzen elektronische Informationsmedien besondere Vorzüge. So können den Kunden in *elektronischen Produktkatalogen* z.B. eine Sortierfunktion der Angebote nach Preishöhe, eine Unit-Price-Berechnung oder andere Rechenoperationen angeboten werden. Manche Online-Shops bieten darüber hinaus einen *Budgetwarner*, der dem Kunden anzeigt, dass ein vorher eingegebenes Ausgabenlimit überschritten wird.

Auch im Einzelhandel setzt sich zunehmend die *elektronische Preisauszeichnung* am Regal durch, weil sie die richtige Preisauszeichnung garantiert, den Kunden vor falschen Preisberechnungen an der Kasse schützt und schnelle Preisänderungen ermöglicht. Aber auch für die Hersteller bringen elektronische Medien, z.B. elektronische Produktkataloge auf home pages oder CD-ROM, erhebliche Kostenvorteile, weil Preislisten häufiger und ohne großen Druck- und Papieraufwand im Echtzeitverfahren (auch als Down Load) an sich ändernde Marktverhältnisse angepasst werden können. Durch entsprechende Suchfunktionen vermindert sich dabei auch die Suchzeit für den Kunden, was im Sinne der Servicefunktion der Preisauszeichnung liegt (Mertens/Schumann 1996, S. 20).

Preisoptik

Trotz der in der Preisangabenverordnung enthaltenen Regelungen verbleibt den Anbietern bei der Preisauszeichnung genügend gestalterischer Freiraum, um ihre Preise in einem möglichst günstigen Lichte erscheinen zu lassen. Bei schriftlichen Preisinformationen geschieht dies vor allem durch sprachliche Etikettierung (z.b. „Knüllerpreis", „Sonderangebot"), plakative grafische Aufmachung und optische Präsentation, aber auch durch hervorgehobene Platzierung bzw. Darbietung des jeweiligen Artikels im Handel (z.b. Palettenplatzierung). All diese Signale wirken über das Auge auf die Wahrnehmung des Preises bzw. Produktes und werden deshalb als Preisoptik bezeichnet. Wie stark entsprechende preisoptische Maßnahmen wirken können, zeigte ein Feldexperiment von Diller (1982a), wo die auf einem Wurfzettel mit einem größeren Schrifttyp beworbenen Artikel einer Supermarktkette einen deutlich und statistisch signifikant besseren Preiseindruck bei den befragten Verbrauchern hervorriefen, als die identischen Preise bei kleinerer Schriftgröße. Gelegentlich wird die Preisoptik durch sehr simple Maßnahmen verbessert, etwa wenn Händler ihre niedrigpreisigen Handelsmarken unmittelbar neben den teuersten Markenartikeln der Hersteller im Regal platzieren und auf diese Weise einen direkten Preisvergleich provozieren.

Die Wirkung derartiger Maßnahmen beruht auf Generalisierungen und Vergröberungen der Preiswahrnehmung (vgl. Kap. 4.4) und Preisbeurteilung (vgl. Kap. 4.6). Besonders deutlich wird dies bei so genannten *Preisgegenüberstellungen*, bei denen der gültige Angebotspreis mit einem höheren Referenzpreis verglichen wird. Der Effekt kann durch Gegenüberstellungen mit vom Hersteller empfohlenen oder früher geforderten Preisen erreicht werden, obwohl diese Preise u.U. keine Marktbedeutung besitzen *(„Mondpreise")*. Seit 1998 sind in Deutschland auch Preisvergleiche mit Wettbewerbern grundsätzlich erlaubt, wenn sie objektiv und ohne Irreführung dargeboten werden. Wenn der Kunde keine weiteren Referenzgrößen aus dem Gedächtnis zur Verfügung hat, wird er – wenngleich möglicherweise mit Bedenken – auf den jeweils vom Anbieter gesetzten Referenzpreis zurückgreifen. Dass bei vielen preisoptischen Maßnahmen objektiv betrachtet nicht immer die vom Verbraucher vermutlich wahrgenommene Günstigkeit vorliegt, zeigte eine Studie von Diller (1978a).

Preisargumentation

Besondere Herausforderungen für die Preisdurchsetzung ergeben sich dann, wenn der endgültige Verkaufspreis letztlich im Rahmen von Verkaufsverhandlungen mit dem Kunden entschieden wird. In einer Studie von Wied-Nebbeling (1985) ergab sich, dass 69,9% der befragten deutschen Unternehmen Rabatte auf ihre Listenpreise gewähren. Dies zeigt, dass Listenpreise in aller Regel nur Ausgangspunkte für die Preisfindung darstellen und meist durch kundenindividuelle Verhandlungen im Einzelfall spezifiziert werden müssen (vgl. 8.4.1). Dies ist insbesondere dort erforderlich, wo die Leistungen sehr individuell auf den Kunden zugeschnitten werden (z.b. Anlagengeschäft, Systemgeschäft) oder wo professionelle und mit Einkaufsmacht ausgestattete Kunden versuchen, die Einkaufskonditionen zu verbessern (z.b. Key-Account-Geschäft, Verkauf an Behörden, große Handelskunden etc.). Nicht selten werden dabei heute den Verkäufern rein machtbedingte Preiszugeständnisse abgerungen. In solchen Situationen entarten Preisverhandlungen zu reinen Machtkämpfen. Die Einkäufer werden in ihrer Organisation oft sogar daran gemessen, welche Preisvorteile sie bei ihren Einkaufsverhandlungen herausschlagen konnten. Häufig werden dabei ohne nähere sachliche Begründung Zielmarken vorgegeben, die den Einkäufer unter Druck setzen sollen. Ähnliche Verhandlungssituationen entstehen z.B. bei Sonderforderungen von Kunden anlässlich Fusionen, Jubiläen oder anderen echten oder angeblichen Anlässen zu Nachverhandlungen *(Anzapfen)*.

Die hier in vielen Branchen eingerissenen „Wild-West"-Verhältnisse sind nicht zuletzt eine Auswirkung früherer Nachgiebigkeit der Anbieter in Preisverhandlungen in einer Zeit, als dafür die Kalkulation noch Spielräume bot. Dadurch entstand eine *Preisspreizung*, die bei manchen Firmen mehr als 50% des niedrigsten Abgabepreises erreichte. In einer solchen Situation muss es nicht verwundern, dass die Kunden kein Preisvertrauen entwickeln, sondern nichts unversucht lassen, der Diskriminierungsgefahr durch harte Preisverhandlungen zu entgehen. Das einzige Mittel, um in einer solchen Situation zumindest mittel- bis langfristig zu Normalverhältnissen zurückzukehren, ist ein konsequent leistungsbezogenes Konditionensystem, wie es im Kap. 8.4 geschildert wurde. Preisnachlässe sind bei einem solchen System strikt an entsprechende Minderleistungen gebunden. Dadurch wird die faire Behandlung aller Abnehmer gewährleistet und Preisvertrauen aufgebaut. Andererseits müssen dabei in der Übergangsphase gewisse relative Konditionenbesitzstände einzelner Kunden abgebaut werden, was z.T. erheblichen Widerstand hervorruft.

Preisverhandlungen werden auch bei einem leistungsbezogenen Konditionensystem keineswegs obsolet, gilt es doch, im Gespräch zwischen Ein- und Verkäufer den bestmöglichen Leistungszuschnitt für den Kunden zu definieren, die Präferenzen des Kunden auszuloten und nach Win-Win-Positionen zu suchen, durch die Wertschöpfungsspielraum geschaffen wird, der anschließend zwischen den Verhandlungspartnern verteilt werden kann. Hierbei muss die Verhandlungsführung auf die spezifischen Kundencharakteristika ausgerichtet werden (vgl. Nagle/Holden/ Larsen 1998, S. 242ff.). Stark preisorientierten Kunden kann mit Kundennutzenrechnungen, wie sie im Abschnitt 6.3 dargestellt wurden, argumentativ begegnet werden. Wege zu Preisnachlässen finden sich zum Teil auch durch Verlagerung von Herstellerleistungen auf den Kunden (z.B. Logistik, Merchandising), durch Rückgriff auf ältere Modelle im Produktionsprogramm oder Einstieg in Win-Win-Projekte (z.B. ECR). Bei qualitätsorientierten, loyalen Kunden wird die Argumentation insbesondere auf die Qualität und Zuverlässigkeit des eigenen Leistungsangebotes hin zugeschnitten. Belegbare Servicebereitschaft und Entgegenkommen bei Individualisierungswünschen lassen sich eher realisieren, wenn die Preisbereitschaft entsprechend höher ausfällt. Anders ist dies bei stark Preis-Leistungs-orientierten Käufern, die opportunistisch den jeweils besten Anbieter auswählen. In solchen Fällen muss die Nutzenargumentation besonders ausgeprägt sein. Den Kunden sollten schlagkräftige Beweise für die Vorteilhaftigkeit des eigenen Angebotes geliefert werden.

Die in der Praxis immer noch stark propagierten *preispsychologischen Gesprächstechniken* (vgl. z.B. Detroy 1990) verlieren angesichts der machtpolitischen Situation in vielen Preisverhandlungen und des vom Markt erzeugten Preisdrucks immer mehr an Durchschlagskraft. Von der „Preiseloquenz" des Verkäufers lassen sich immer weniger Kunden zu Preisnachgiebigkeit bewegen. Gegenüber unerfahrenen Käufern und insbesondere Endverbrauchern kann der Einsatz folgender Argumentationstechniken zur Begründung der Verkaufspreise freilich durchaus Wirkung zeigen (vgl. Bänsch 1976, S. 540f.):

- *Preiszerlegung*: Aufsplittung des Gesamtpreises in für sich jeweils relativ niedrig erscheinende Preise für Teilleistungen.

- *Preisverkleinerung*: Argumentation mit Preisen pro Mengeneinheit anstelle des Gesamtpreises für übliche Abnahmemengen.

- *Subtraktionsmethode*: Argumentation mit dem effektiven Zahlungsaufwand des Kunden bei Inzahlungnahme von Altgeräten bzw. Einrechnung der Ersparnisse des Kunden bei Gebrauch des neuen Produktes.

- *Gleichnismethode*: Vergleich des Verkaufspreises mit gewohnten, sich wiederholenden Kleinausgaben, etwa durch Berechnung von Tagespreisen für die Nutzung eines Kosmetikproduktes („Pennies-a-Day-Taktik, vgl. Gourville 1998).

- *Vergleichsmethode*: Vergleich des Verkaufspreises mit erheblich teureren Produktvarianten.

- *Bagatellisierungsmethode*: Herunterspielen absoluter Preisunterschiede zu Konkurrenzpreisen in Relation zur absoluten Preishöhe oder anderen Referenzgrößen bzw. zur Produktleistung oder zum Kaufrisiko.

- *Kompensationsmethode*: Ausführliche und detaillierte Auflistung, Erläuterung und u.U. auch Demonstration aller Produktvorteile, vor allem solcher, die Konkurrenzprodukte nicht bieten.

- *Positionierungsmethode*: Rückstellung des Preisthemas bis zu einem Zeitpunkt der Verhandlungen, in dem der Wert des Produktes bereits deutlich vor Augen steht.

- *Ausgrenzung*: Kritische Themen, wozu in aller Regel auch der Verkaufspreis zählt, werden zurückgestellt, bis andere Verhandlungsgegenstände befriedigend gelöst sind. Auf diese Weise steigt die Zielnähe des Verhandlungsabschlusses und damit die Bereitschaft zum Entgegenkommen.

Wie bereits erwähnt, verlieren derartige Taktiken jedoch im Zeichen des Beziehungsmarketing an Bedeutung. Hier gilt es vielmehr, die Preisprobleme des Kunden zu thematisieren und daraufhin abgestellte Preisgespräche zu führen (vgl. Diller 1997a; Fischer/Ury 1989).

12.3.2 Vertragliche Preisvereinbarungen

Unter Preisvereinbarungen subsumieren wir vertragliche Regelungen zur Senkung bestimmter Preisrisiken der an einer Transaktion beteiligten Marktparteien sowie spezielle Finanzierungshilfen für den Kunden. Durch Absenkung der dadurch betroffenen Risiken steigt die Wahrscheinlichkeit der Akzeptanz des geforderten Preises und damit die Chance zur Preisdurchsetzung. In der Neuen Institutionenökonomie, insb. der Theorie der Verfügungsrechte, wurde diese risikosenkende Rolle von Verträgen ausführlich analysiert (vgl. z.B. Bayon 1997). Für die industrielle Praxis sind insbesondere Preisanpassungsklauseln und Preisgarantien von Bedeutung.

(1) Preisanpassungsklauseln

Festpreise beinhalten in Perioden mit hohen Inflationsraten insbesondere bei Geschäftsabschlüssen, deren Erfüllung sich - wie z.B. in der Bauwirtschaft und im Maschinenbau - über Monate oder sogar Jahre erstreckt, ein erhebliches preispolitisches Risiko. Beispielsweise können große Verluste entstehen, wenn der Anbieter bei der Preisbestimmung zukünftige Lohn- oder Rohstoffpreissteigerungen (Wertgerüst der Kosten) oder Veränderungen der Kapazitätsauslastung und/oder der Produktionsstruktur unberücksichtigt lässt. Im Exportgeschäft treten auf der Erlösseite Wechselkursrisiken hinzu, wenn die Fakturierung in ausländischer Währung erfolgt (vgl. Kap. 10).

Zur Absicherung des Wertgerüsts der Kosten und ihrer Entgeltung im Verkaufspreis können mit den Abnehmern jedoch u.U. *Preisanpassungsklauseln,* auch *Indexklauseln* genannt, vereinbart werden, nach denen sich der Verkaufspreis oder Teile davon nach Maßgabe vereinbarter Leitgrößen im Nachhinein ändern lassen. Solche vertraglichen Regelungen unterliegen in Deutschland allerdings rechtlichen Beschränkungen, da die Währungsbehörden streng am *Nominalwertprinzip* festhalten und die Flexibilität des marktwirtschaftlichen Preissystems nach unten sicherstellen wollen (vgl. hierzu: Bontrup/Zyrowomyslaw 1995; Gerke 1982). Die wichtigsten Bestimmungen über Indexklauseln finden sich im § 3 des Währungsgesetzes, in den § 9, Abs. 2 und 11, Nr. 1 des AGB-Gesetzes sowie in der Verordnung über Preise bei öffentlichen Aufträgen (VPöA). Nach dem AGBG sind Preisänderungsklauseln bei Verträgen mit einer Laufzeit von über vier Monaten prinzipiell zulässig, so weit sie dem Kunden nicht unzumutbare Nachteile aufbürden. Für einen Anbieter mit längeren Lieferfristen als vier Monaten (z.B. Automobilindustrie) bedeutet dies, dass eine Preiserhöhung erst nach dieser Zeit faktisch wirksam wird.

Indexklauseln finden in der Praxis in sehr verschiedenen *Ausgestaltungsformen* Verwendung (vgl. Backhaus 1979; Gerke 1982). Bei sog. *Kostenelementsklauseln* ist der bei (Teil-)Lieferung vom Abnehmer zu zahlende Preis ganz oder teilweise an die Preisentwicklung verschiedener Kostenelemente des jeweiligen Gutes gebunden, die in Form von Preisindizes erfasst wird. Häufig wird auch nur ein Teil des Gesamtpreises variabel gehalten, während für den restlichen Anteil ein Festpreis gilt. So bestehen beispielsweise in der Elektrizitätswirtschaft Preisänderungsklauseln mit den Elementen Kohle oder Lohn oder Kohle und Lohn sowie einem Festanteil (vgl. Ebel 1995). Die formale Struktur der Kostenelementsklauseln ist meistens branchenmäßig standardisiert, um langwierige Einzelverhandlungen zu vermeiden. Wichtig ist, dass die herangezogenen Preisindizes für die tatsächliche Kostenentwicklung des jeweiligen Kostenelements repräsentativ sind und von den Vertragsparteien leicht festgestellt und überprüft werden können. Eine vom ECE (United Nations of Economic Commission for Europe) empfohlene Indexklausel lautet (vgl. Backhaus 1995, S. 486):

$$(12\text{-}1) \qquad P \;=\; \frac{P_0}{100}\left(a + m\frac{M}{M_0} + l\frac{L}{L_0}\right)$$

P	= endgültiger Preis
P_0	= Preis am Basisstichtag (z.B. bei Vertragsabschluss)
a	= fixer, nicht gleitender Preisanteil (in %)
m	= Materialkostenanteil am Preis (in %)
l	= Lohnkostenanteil am Preis (in %)
M_0, M	= Materialkosten am Basisstichtag (M_0) bzw. am Abrechnungstag (M)
L_0, L	= Lohnkosten am Basisstichtag (L_0) bzw. am Abrechnungsstichtag (L)
$a+m+l$	= 100

Im Gegensatz zu Kostenelementsklauseln verändert sich der Endpreis bei *Preisgleitklauseln* nicht anteilig, sondern insgesamt prozentual im selben Umfang wie der jeweilige Indexierungsmaßstab. Der Auswahl eines geeigneten Bezugsindex kommt deshalb hier besondere Bedeutung zu. Preisgleitklauseln gelten oft nur ab einer bestimmten Mindestveränderung des Index (*Bagatellklausel*) und bis zu einem Höchstbetrag (*Ceiling-Klausel*). Dadurch wird das Preisrisiko des Abnehmers begrenzt.

Bei *Preisvorbehaltsklauseln* als weiterer Form von Indexklauseln behält sich entweder der Käufer den Rücktritt von der Abnahmeverpflichtung für den Fall wesentlicher Preissteigerungen und/oder der Verkäufer die Rücknahme seines ursprünglichen Angebots bei wesentlichen Kostensteigerungen vor. Die Vertragspartner räumen sich dabei also im Grunde die Möglichkeit ein, zu einem späteren Zeitpunkt u.U. nochmals in Preisverhandlungen einzutreten.

Wie ersichtlich, haben Preisanpassungsklauseln das Ziel, das Preisrisiko ganz oder teilweise auf den Kunden zu überwälzen. Dies wird zum einen umso eher gelingen, je stärker die Machtposition des Anbieters ist. Zum anderen spielt es aber auch eine Rolle, ob der Verkäufer im Falle eines Festpreises *Festpreiszuschläge* einkalkuliert, sodass auch dann das Preisrisiko letztlich vom Käufer getragen wird. Wenn Festpreise in dieser Situation von vielen Abnehmern präferiert werden, liegt dies meist an der mit solchen Festpreisen verbundenen größeren Planungssicherheit beim Kunden. U.U. erhöht sich für den Abnehmer aber dadurch auch das Risiko, dass der Anbieter durch versteckte Leistungsverminderung („Abmagerung") einen kalkulatorischen Ausgleich für nicht eingeplante Kostensteigerungen sucht (vgl. Guiltinan 1976).

(2) Preisgarantien

Mit einer *Preisgarantie* verspricht ein Anbieter seinen Kunden, dass der von ihm verlangte Preis dem seiner Konkurrenten zumindest entspricht oder sogar niedriger ausfällt. Sollte ein Konkurrent dennoch einen noch niedrigeren Preis für das gleiche Produkt bei gleicher Leistung verlangen, so wird dem Kunden das Recht eingeräumt, die Ware zurückzugeben oder sich den Differenzbetrag auszahlen zu lassen. Damit wird also das rechtlich im BGB schon verankerte Recht zur Wandlung oder Minderung bewusst erweitert. Eine andere Form der Garantie sind so genannte *Geldzurück-Garantien* bei Nichtgefallen, fehlender Passform oder Nichteintritt eines bestimmten Produkterfolges, die sich nicht auf die Preishöhe beziehen und für die deshalb die Bezeichnung Preisgarantie eher irreführend erscheint. Präziser sollte man hier von Rücknahmegarantie bei Nichtgefallen sprechen.

Preisgarantien enthalten stets eine starke *kommunikative Komponente*, weil der Anbieter mit Ihnen zum Ausdruck bringen will, dass er preisgünstiger oder zumindest gleich preisgünstig wie andere Wettbewerber in seinem Markt ist. Dies darf nach der gültigen Rechtsprechung nicht nur behauptet werden, sondern muss auch nachweisbar sein. Unschärfen ergeben sich bezüglich der Vergleichbarkeit der Leistungen, die nicht nur von der Identität des Produktes, sondern auch von den begleitenden Dienstleistungen abhängt. Deshalb wird die Garantieformulierung häufig um die Bezeichnung „bei gleicher Leistung" ergänzt. Garantieträger sind in aller Regel Einzelhandelsbetriebe, obwohl grundsätzlich auch Hersteller und Großhändler darauf zurückgreifen können. Wegen der Rabattvielfalt auf den vorgelagerten Absatzstufen der Endverbrauchermärkte ist die Einräumung einer Preisgarantie hier aber eher fragwürdig, da ein Preisvergleich nur schwer möglich ist.

Die Garantieleistung kann unterschiedlich ausgestaltet werden:

Eintritt: In den meisten Fällen kann sie der Kunde dann einfordern, wenn ein Konkurrenzanbieter für die gleiche Leistung einen niedrigeren Preis verlangt. Bei manchen Betrieben tritt der Garantiefall dagegen schon dann ein, wenn der gezahlte Preis nicht mindestens um einen bestimmten Prozentsatz günstiger als der Preis eines Konkurrenten ist.

Abwicklung: Die Abwicklung kann in Form eines Rücktritts vom Kaufvertrag (Rückgabe der Ware und Auszahlung des Kaufpreises) oder durch Auszahlung des Differenzbetrages erfolgen. Im ersteren Fall überschneidet sich die Preisgarantie häufig mit der umfassenderen *Rückgabegarantie* ohne Begründungspflicht seitens des Kunden. Sie ist weitergehend, da der Kunde dann den günstigeren Preis eines Wettbewerbers nicht nachweisen muss. Einen Sonderfall stellt die Zusage des Garantieträgers dar, innerhalb der Garantiedauer auch denjenigen Kunden, die selbst kein günstigeres Angebot vorweisen, den Differenzbetrag auszuzahlen, sollte der Preis des gekauften Produktes gesenkt werden (*Preiskonstanzgarantie*). Notwendig ist dafür allerdings die Verfügbarkeit persönlicher und kaufspezifischer Daten aller Kunden. Wohl deshalb kommt diese Form der Garantieleistung äußerst selten vor. Da nach deutschem Recht Preisnachlässe für Endverbraucher nur in Höhe von 3% zulässig sind, muss der Händler bei Auszahlung des Differenzbetrages im Garantiefall den Warenpreis sofort allgemein, also für alle Kunden, auf den vom Kunden nachgewiesenen Preis senken. Die alleinige Auszahlung des Differenzbetrages wäre rechtswidrig. Dies bedeutet, dass der Kaufvertrag zum alten Preis rückabgewickelt und ein neuer Kaufvertrag zum neuen Preis abgeschlossen werden muss. Deshalb sind viele Händler dazu übergegangen, nicht mehr die Auszahlung des Differenzbetrages anzukündigen, sondern den Rücktritt vom Kaufvertrag. Einige Unternehmen (z.B. Obi) bieten darüber hinaus auch noch eine *Aufwandsentschädigung* oder Prämie für den Nachweis eines niedrigeren Konkurrenzangebotes, sozusagen als „Mühegeld", an.

Die *Garantiedauer* bei Preisgarantien variiert je nach Unternehmen erheblich. Grundsätzlich muss sie mindestens 5 Tage betragen (kürzere Zeiträume müssen sachlich begründet sein), gewöhnlich wird sie auf zwei bis vier Wochen ab Kaufdatum begrenzt. Eigene Studien (Diller 1999c) zeigen, dass die Handelskunden eine längere Garantiedauer überwiegend gar nicht wünschen, weil sie vermutlich innerlich mit dem Kaufprozess möglichst bald abschließen wollen.

Breite der Garantie: Befristete Preisgarantien dürfen sich generell nur auf einzelne Artikel beziehen, die nach Qualität und Preis zu kennzeichnen sind. Unbefristete Preisgarantien können sich sowohl auf einzelne Artikel als auch auf Teilsortimente oder das Gesamtsortiment beziehen. Sortimentsübergreifende Preisgarantien werden auch als *price matching plans* bezeichnet.

Auf eine *räumliche Abgrenzung* der Preisgarantie wird oft verzichtet, obwohl mit zunehmender Verbreitung des Tele-Selling die Gefahr größer wird, dass auch regional weit entfernte oder sogar ausländische Einkaufsstätten günstigere Preise anbieten. Dies gilt insbesondere nach Einführung des Euro.

Die marketingpolitische Zielrichtung der Preisgarantien verfolgt zwei Intentionen: Einerseits versuchen die Anbieter damit ein günstiges *Preisimage* aufzubauen, andererseits die *Kundenzufriedenheit* zu stärken, falls ein Kunde nach seinem Kauf für denselben Artikel günstigere Preise feststellt („critical incident"). Im letztgenannten Fall ist die Preisgarantie also auch ein Instrument des *Beschwerdemanagements*. Wichtiger scheint freilich die kommunikative Wirkung *(„price signaling")*, weil der Kunde vermutlich darauf vertraut, dass der Anbieter die Tragfähigkeit seiner Garantie überprüft hat und deshalb die Auslobung einer Preisgarantie der Behauptung gleichkommt, die günstigsten Preise in der jeweiligen Garantieregion anzubieten. Darüber hinaus wird ein Stück *Preisfairness* signalisiert, weil dem Kunden für den „Fehler" des Anbieters eine entsprechende Gegenleistung angeboten wird, sich der Anbieter also an faire Spielregeln zu halten verspricht. Nicht unbedeutend dürfte auch der mit der Preisgarantie gebotene *Bequemlichkeitsnutzen* sein, weil dem Kunden – vertraut er auf die Preisgarantie – die oft mühselige Arbeit des Preisvergleichs vom Anbieter abgenommen wird. Naturgemäß können diese Wirkungen nur dann eintreten, wenn die Preisgarantien eingehalten werden und nicht zu häufig in Anspruch genommen werden müssen. Im ersten Fall tritt ein Kostenproblem, im zweiten ein Vertrauensproblem auf.

(3) Finanzierungshilfen

Eine dritte Möglichkeit zur vertragsgestützten Preisdurchsetzung stellen Finanzierungshilfen für den Kunden dar. Sie spielen nicht nur im internationalen Geschäft mit Kunden aus devisenarmen Ländern, sondern auch generell im Investitionsgütergeschäft sowie beim Absatz langlebiger Gebrauchgüter und Immobilien für die Preisdurchsetzung eine beträchtliche Rolle. Der Grund dafür wurde im Zusammenhang mit der Preiswahrnehmung und -beurteilung (Kap. 4.4 und 4.6) sowie der Konditionenpolitik (Kap. 8.4.3) bereits erörtert. Für kreditsensitive Kunden ist die Liquiditätsbelastung pro Periode eines entsprechenden Finanzierungsbetrages oft ein wichtigeres Entscheidungskriterium als die Preishöhe. Liquiditätsmäßige Entlastungen durch Kredit- bzw. Leasingangebote können die Preisakzeptanz deshalb wesentlich verbessern, obwohl sie objektiv „eigentlich" als Preiskomponenten des gesamten Ausgabevolumens des Kunden anzusehen sind (vgl. auch Desai/Purohit 1999). Seaten/ Vogel (1980) konnten dies z. B. in experimenteller Form für den Kauf sowohl von Automobilen als auch von Immobilien empirisch belegen. Sie kommen deshalb zu dem Schluss, dass eine Senkung der Kreditzinsen für einen beträchtlichen Teil der Käufer einen so hohen Nutzenzuwachs erbringt, dass der Teilzahlungspreis erheblich über dem Barpreis liegen kann, ohne dass die Produktattraktivität beeinträchtigt wird. Den Anbietern bietet sich hier also eine zusätzliche und Erfolg versprechende Form der Mischkalkulation. Ähnliches gilt für die Inzahlungnahme von Altwaren oder für die Preise des sog. After-sales-Services.

12.3.3 Mehrstufige Preisdurchsetzung

Ein wesentlicher Unsicherheitsfaktor für industrielle Anbieter mit mehrstufigen Absatzwegen, also insb. Konsumgüterhersteller, liegt in der *Entwicklung des Endverbraucherpreises*. Dieser wird letztlich durch autonome Entscheidungen des zwischengeschalteten Groß- und Einzelhandels bestimmt, tangiert aber indirekt auch die Interessen des Herstellers. Durch verschiedene verhaltensbeeinflussende Maßnahmen sowohl auf der Endverbraucher- als auch der Handelsebene kann ein Hersteller versuchen, seine Vorstellungen über den Endverbraucherpreis durchzusetzen. Wir unterscheiden nachfolgend grob drei Gruppen, nämlich Preisbindung/-empfehlung, selektive Distribution und „Preispflege".

(1) Preisbindung und Preisempfehlung

Die *vertikale Preisbindung* („Preisbindung der zweiten Hand") beinhaltet eine vertragliche Verpflichtung der Abnehmer einer Ware, diese nur zu einem bestimmten Preis weiterzuverkaufen. Ein Hersteller von Konsumgütern hat damit also z.b. die Möglichkeit, den Abgabepreis des Großhandels an den Einzelhandel und/oder den vom Einzelhandel zu fordernden Endverbraucherpreis selbst zu bestimmen: Die Preishoheit im Absatzkanal geht damit voll auf den Hersteller über. Allerdings sind derartige Verträge nach § 14 KartG grundsätzlich verboten (Vgl. Witt 1988, Horst 1992). Seit der 2. Kartellrechtsnovelle vom 1.1.1974 wurden auch die bis dahin geltenden Ausnahmebestimmungen für Hersteller von Markenartikeln aufgehoben. Lediglich für Verlagserzeugnisse gilt nach § 15 KartG eine Ausnahmeregelung. Darüber hinaus können auch die Hersteller von Pharmazeutika den Endverbraucherpreis durch ihre Abgabepreise an den Pharmahandel steuern, da dessen Kalkulationsspannen durch staatliche Vorschriften reguliert werden (§§2-3 Arzneimittelpreisverordnung). Auch steuerrechtliche Bestimmungen, wie die auf den Abgabepreis zu berechnende, aber vom Hersteller abzuführende Tabaksteuer, können zu einer de-facto Preisbindung führen (§§15, 17 TabStG).

Herstellern von Konsumgütern bleibt damit im Wesentlichen nur noch die durch § 23 KartG geregelte Möglichkeit der *unverbindlichen Preisempfehlung,* um auf den Endverbraucherpreis Einfluss zu nehmen. Sie ist im Gegensatz zu einer Preisbindung für den Händler allerdings rechtlich unverbindlich und wird deshalb auch nicht durch Vertrag, sondern durch eine einseitige Erklärung des Produzenten (bzw. Großhändler) wirksam. Rechtliche Voraussetzung dafür sind nach § 23 KartG

- der Markencharakter der preisempfohlenen Ware,
- vorhandener Preiswettbewerb mit gleichartigen Waren anderer Hersteller,
- die ausdrückliche Kennzeichnung der Empfehlung als unverbindlich,
- die Empfehlung darf ausschließlich eine bestimmte Preisangabe enthalten,
- zur Durchsetzung darf kein wirtschaftlicher, gesellschaftlicher oder sonstiger Druck angewendet werden und
- die Empfehlung wird in der Erwartung ausgesprochen, dass der empfohlenen Preis dem von der Mehrheit der Empfehlungsempfänger voraussichtlich geforderten Preis entspricht.

Preisempfehlungen können entweder nur gegenüber dem Handel („*Handelspreisempfehlung"*) oder auch gegenüber den Endverbrauchern ausgesprochen werden („*Verbraucherpreisempfehlung"*). Im ersten, in der Praxis weitaus häufiger gewählten Fall bedienen sich die Hersteller sog. *Bruttopreislisten,* während Verbraucherpreisempfehlungen durch Preisangaben auf der Verpackung, in Prospekten oder durch die Mediawerbung bekannt gemacht werden. Wachsende Bedeutung erlangten Preisempfehlungen in den letzten Jahren durch die stark steigende Zahl von *Franchise-Unternehmen*. Diese streben aus Imagegründen nach einem möglichst einheitlichen Preisauftritt und werden deshalb von der Franchise-Zentrale durch (stille) rigorose Preisempfehlungen preispolitisch mehr oder minder ferngesteuert. Daran haben auch rechtskräftig Urteile, wie im Fall Sixt, wo die absolute Preisautonomie der Franchisenehmer vom Gericht herausgestellt wurde (Bundesgerichtshofentscheidung von 2.2.1999), nichts wesentliches geändert (Tietz 1991; Clemens 1988).

Ansonsten nimmt die praktische Bedeutung der Preisempfehlung gerade im klassischen Bereich der Güter des periodischen und kurzfristigen Bedarfs ständig ab. Die wesentlichen Ursachen dafür liegen in der scharfen Überwachungspraxis der Kartellämter sowie in der immer fragwürdigeren Wirkung dieses Preisdurchsetzungsinstruments. Eine ausführliche Diskussion der Preisbindung bzw. –empfehlung findet man bei Petri (1979) sowie Horst (1992).

(2) Selektivvertrieb

Besonders solchen Herstellern, die an der Aufrechterhaltung eines einheitlichen Marktpreisniveaus interessiert sind, bieten sich auch distributionspolitische Instrumente zur Durchsetzung bestimmter Endverbraucherpreise an. In Frage kommt insbesondere eine gezielte *Selektion* der in den Absatzkanal eingeschalteten Absatzmittler durch *vertikale Vertriebskontrakte*. Ihre Ausgestaltung kann außerordentlich vielgestaltig erfolgen und von lockeren Rahmenvereinbarungen (z.B. hinsichtlich der Sortimentsbreite, verkaufsfördernder Maßnahmen oder des Servicegrades beim Händler) über Vertriebsbindungen und Exklusivvertriebsvereinbarungen bis hin zu Kommissionsagenturverträgen mit nahezu vollständiger Einschränkung des preispolitischen Handlungsspielraums der Absatzmittler reichen (vgl. hierzu Tietz/Mathieu 1979; Ahlert/Schröder 1996, S. 384ff.).

Die preispolitische Zielsetzung eines solchen Selektivvertriebs ist es vor allem, Unternehmen der preisaggressiven Betriebsformen des Einzelhandels (Discountgeschäfte, Fachmärkte, SB-Warenhäuser usw.) vom Vertrieb auszuschließen, um das Preisniveau am Markt stabil zu halten, den Frieden im Absatzkanal zu wahren, die für bestimmte Serviceleistungen wichtige Fachgeschäfte als Distributionsstellen zu erhalten und das Produktimage zu fördern. Allerdings existieren auch für derartige Maßnahmen *rechtliche Schranken*. So unterliegen Vertriebsbindungen nach § 16 KartG einer Missbrauchsaufsicht durch die Kartellbehörden. Marktbeherrschende Anbieter dürfen nach § 20 KartG bestimmte Abnehmer nicht diskriminieren, sondern *müssen* sie bei einseitiger Abhängigkeit u.U. sogar beliefern. Darüber hinaus verbietet § 14 KartG grundsätzlich alle Vereinbarungen zwischen Unternehmen über Waren oder gewerbliche Leistungen, welche die Freiheit der Gestaltung von Preisen und Geschäftsbedingungen beim Vertragspartner einschränken. Diese Bestimmung kollidiert allerdings mit anderen Rechtsnormen, was insbesondere im Fall des *Kommissionsvertriebs mit dem Facheinzelhandel*, den z.B. die Telefunken Fernseh- und Rundfunk GmbH in den 80-iger Jahren zur Durchsetzung ihrer preispolitischen Ziele wählte, was zu erheblichen Rechtsunsicherheiten führte (Thiesing/Schmidt 1983; Kessler 1982).

Ein Kommissionär handelt in eigenem Namen, aber für fremde Rechnung. § 384 Abs. 1 HGB legt ihm dabei besondere Sorgfaltspflichten auf. U.a. kann der Kommittent auch den Preis vorschreiben, zu dem der Kommissionär die Ware weiterveräußern darf. Insofern ergibt sich hierbei für marktstarke Markenartikelproduzenten sogar die - allerdings wie erwähnt rechtlich umstrittene - Möglichkeit, den Endverbraucherpreis direkt zu beeinflussen. Andererseits ist ein solches Vertriebssystem für den Hersteller aber auch mit erheblichen organisatorischen Problemen, zusätzlichen Absatzrisiken, einer Einbuße an preispolitischer Flexibilität und mit finanziellen Belastungen für die Lagerfinanzierung beim Handel verbunden. Eine ausführliche Diskussion dieser Problematik findet man bei Thiesing/Schmidt (1983).

(3) Preispflege

Eher begleitenden Charakter im Hinblick auf die Durchsetzung von Endkundenpreisen besitzen Maßnahmen der Preispflege seitens des Herstellers. Zu ihnen zählen wir

- die konsequente rechtliche *Verfolgung von Preismissbräuchen* einzelner Handelsbetriebe (Lockvogelangebote, unzulässige Reimporte, Markenraub usw.),

- die lückenlose *Registrierung des Warenflusses* zur Aufklärung von Grauimporten (z.B. durch Produktnummerierung),

- die Androhung von *Liefersperren* bei Nichteinhaltung von Preisabsprachen,

- *punktuelles Eingreifen* in das Marktgeschehen (z.B. Aufkauf reimportierter Produkte) zum Schutz der Distributeure und der Preisempfehlung sowie

- *„moral suasion"* der Entscheidungsträger im Handel im Hinblick auf die Einhaltung bestimmter Preislinien oder -korridore (z.T. durch eigens dafür abgestelltes Personal), da diese argumentativen Beeinflussungsversuche nicht selten an den preispolitischen Zwängen des horizontalen Wettbewerbs auf der Handelsstufe scheitern;

- schließlich werden auch *Prämien* zur Einhaltung bestimmter Abgabepreise benutzt, um den Handel zu einem imagegerechten und langfristig ertragsreichen Preisgebaren zu bewegen.

Zahlreiche Preisschlachten der vergangenen Jahre haben gezeigt, dass dieser Politik meist nur ein geringer Erfolg beschieden war. Die Preisautonomie ist nach dem Fall der Preisbindung und der zunehmenden Unternehmenskonzentration stärker denn je in den Händen des Handels. Sie kann derzeit nur durch ein kooperatives *Category Management* zumindest teilweise wiedererlangt werden, bei dem die Verbraucherreaktionen zum Kompass gemeinsamer Preisaktivitäten werden (vgl. 12.3.3.2).

12.4 Unternehmensinterne Regelungen

12.4.1 Problemstellung und Überblick

Unternehmensinterne Regelungen betreffen die Preisdurchsetzung in einem weiteren als dem bisher definierten Sinne. Es geht hierbei nicht nur um die tatsächliche Realisation von festgesetzten Preisen am Markt, sondern auch um die Implementation organisatorischer Regelungen, die geeignet sind, die preispolitischen Entscheidungsprozesse im Sinne der übergeordneten Ziele und Strategien ablaufen zu lassen, also um die optimale *Implementation* der Preispolitik. Damit verwoben sind zweifellos auch unmittelbare Durchsetzungsaspekte, wird der endgültige Verkaufspreis in einer Unternehmensorganisation doch sehr häufig vom Vertrieb in individuellen Preisverhandlungen festgelegt, während der Listenpreis vom Marketing bzw. vom Controlling und anderen Abteilungen des Unternehmens bestimmt wird. Marn/Rosiello (1993) haben hier die nützliche Unterscheidung zwischen *Transaktionspreisen*, d.h. den letztendlich am Markt realisierten Preisen, und *Listenpreisen*, d.h. den geplanten Preisen, vorgenommen und in empirischen Studien festgestellt, dass beide Preise in vielen Unternehmen nicht unerheblich voneinander abweichen (vgl. 12.4.3).

Implementationsprobleme der Preispolitik ergeben sich insbesondere aus folgenden fünf Umständen:

(1) Die Preispolitik erfolgt nicht „uno actu", sondern in einer *Sequenz von Teilentscheidungen*, die miteinander verkettet werden müssen. Abb. 12-2 bietet einen groben Überblick über einschlägige Teilprozesse, die realiter freilich nicht streng sukzessiv ablaufen, sondern Überlappungen aufweisen. Unterschieden werden hier *fünf Hauptprozesse* mit jeweils zwei bis vier Unterprozessen, die an dieser Stelle nicht weiter erläutert werden müssen, da die entsprechenden Analysen und Entscheidungen in den vorangegangenen Kapiteln und Abschnitten bereits ausführlich behandelt wurden. In der *Analysephase* geht es um die Vorbereitung der Preisfestlegungen durch Beschaffung und Aufbereitung entsprechender Informationen über die Kunden, die Wettbewerber, die Kosten- und die strategische Situation. In der *Preisfestlegungsphase* werden darauf aufbauend die Listenpreise bestimmt und hinsichtlich der in Kap. 8 beschriebenen Merkmale differenziert und mit anderen Preisen – etwa im Rahmen der Preislinienpolitik (vgl. Kap. 7) – abgestimmt. Auch die *Preisorganisation* selbst ist – auf einer Metaebene – Gegenstand von Entscheidungsprozessen. Die *Preisdurchsetzungsphase* umfasst Preiswerbung und Preisverhandlungen sowie die letztendliche Festlegung des

für jeden Kunden gültigen Transaktionspreises. Schließlich laufen (überlappend) *Controllingprozesse* ab, bei denen es insbesondere um die Dokumentation und Analyse der Transaktionspreise und der jeweiligen Kundenwerte sowie die sich daraus ergebenden Profitabilitäten verschiedener Geschäftsfelder geht. Aufgabe des Preiscontrolling ist aber auch die Festlegung eines Informationssystems, das den optimalen Ablauf der Preisentscheidungsprozesse zu steuern vermag (vgl. 12.4.3). Die aufgeführten Teilprozesse lassen sich ohne Schwierigkeiten weiter in feinere Prozessschritte untergliedern. Schon in der vorliegenden Darstellung wird freilich deutlich, dass die Vielzahl der Teilprozesse nicht von einer einzelnen Person geleistet werden kann, sondern im Regelfall auf mehrere Aufgabenträger bzw. Abteilungen zu verteilen ist.

(2) Preispolitische Entscheidungen werden also von *mehreren Personen* getragen, die jeweils unterschiedliche Kompetenzen für die dabei anfallenden Aufgaben besitzen. Im unteren Teil der Abb. 12-2 sind die wichtigsten Stellen für die einzelnen Hauptprozesse in der vermutlichen Rangfolge ihrer Bedeutung (vgl. 12.4.2) aufgeführt. Die Verteilung der Kompetenzen für die Preispolitik hat einen *Koordinationsbedarf* zur Folge, der durch *ablauforganisatorische Regelungen* gedeckt werden muss. Würden die beteiligten Personen bzw. Stellen ohne Abstimmung nebeneinander her agieren, entstünden Widersprüche, Friktionen und Verzögerungen, was zu ineffektiven und ineffizienten Preisentscheidungen führen würden. Dies gilt umso mehr, als in die Preispolitik auch verschiedene *Hierarchieebenen* integriert werden müssen, so dass es nicht nur um eine sachliche, sondern auch eine hierarchische Abstimmung von Verantwortlichkeiten und Kompetenzen geht (*Zentralisation vs. Dezentralisation*).

(3) Preispolitische Entscheidungen verursachen einen hohen *Informationsbedarf*, wenn den hoch komplexen Wirkungsgefügen hinreichend Rechnung getragen werden soll. Daraus entstehen zum einen besondere Ansprüche an das *Marketingcontrolling* hinsichtlich der Informationssysteme der Preispolitik, andererseits hinsichtlich der *Entscheidungsregeln* für konfliktäre Entscheidungssituationen und Entscheidungen unter Risiko. Hierzu zählen z.B. die Preisspielräume für den Außendienst bei dessen Gesprächen mit den Kunden oder die Vorgabe zulässiger Konditionenarten für bestimmte Kundentypen oder Geschäftsvorfälle (vgl. 12.4.2).

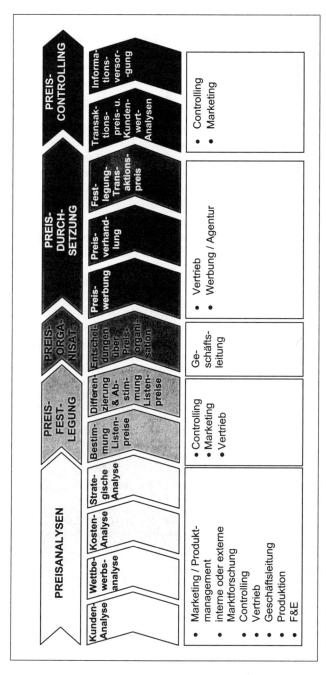

Abb. 12-2: Teilprozesse der Preispolitik und dafür zuständige Abteilungen

417

(4) Besonderer Regelungsbedarf ergibt sich bei den Preisentscheidungen auch durch den oftmals hohen *Differenzierungsgrad*. Wie insbesondere in Kap. 8 dargestellt wurde, können die Angebotspreise einer Unternehmung nach Produktmerkmalen, Kundenmerkmalen, Marktgegebenheiten, Regionen und vielen anderen Kriterien differenziert werden. Dies erfordert ein stimmiges Preissystem, für dessen Durchsetzung eine entsprechende Kompetenzabgrenzung und Informationsversorgung erforderlich ist. Besonders deutlich wird dies in den letzten Jahren im Zusammenhang mit der internationalen Preiskoordination (vgl. Kap. 10). Aber auch am Beispiel der Mineralölindustrie kann man sich veranschaulichen, welcher Organisationsbedarf durch die outletspezifische Differenzierung der Preise entsteht, müssen dort doch in z.T. Tausenden von Tankstellen mehrmals jährlich Preisanpassungen an die jeweilige Wettbewerbssituation zeitgerecht durchgeführt werden, ohne dass es zu einem widersprüchlichem Preisauftritt und einem Verlassen der langfristigen Preisstrategie kommt.

(5) Damit wird gleichzeitig ein fünftes Problem der Preisdurchsetzung offenkundig, nämlich die erforderliche *Preisflexibilität*. Zu späte Preisreaktionen können für ein Unternehmen gefährliche Folgen haben, so dass dafür Sorge zu tragen ist, dass die notwendigen Informationen für Preisveränderungen rasch zu den Entscheidern gelangen und/oder den Vertriebsmitarbeitern entsprechende Preisstellungskompetenz gegeben wird, um vor Ort flexibel auf die Marktbedingungen zu reagieren (vgl. 12.4.2).

Wissenschaftlich wurde das Thema der Preisorganisation lange Zeit völlig vernachlässigt, wenn man von dem speziellen Aspekt der Preiskompetenz des Außendienstes absieht. Erst 1998 erschien eine ausführliche Analyse dieser Probleme durch Wiltinger (1998). Er untersuchte die Fragestellung sowohl theoretisch als auch induktiv anhand von sechs Fallstudien und lokalisierte spezifische Informations-, Entscheidungs- und Koordinationsprobleme des Preismanagements sowie deren Kontingenz mit bestimmten Unternehmenssituationen, ohne freilich daraus schon Handlungsempfehlungen ableiten zu können. In den nachfolgenden drei Abschnitten soll versucht werden, den gegenwärtigen Erkenntnisstand in möglichst kompakter Form, d.h. unter Verzicht auf Details, darzustellen. Wir unterscheiden dabei aufbauorganisatorische und ablauforganisatorische Ansatzpunkte für die Preisorganisation sowie die sog. Preiskultur.

Alle drei Bereiche der Preisorganisation besitzen hohen aktuellen Stellenwert, signalisieren doch viele empirische Untersuchungen eine beträchtliche Diskrepanz zwischen dem in der Preispolitik vorhandenen Problemdruck und der Professionalität der preispolitischen Entscheidungsprozesse (vgl. Wiltinger 1998, S. 14ff.). Die Preisfindung und Durchsetzung erfolgt in vielen Fällen intuitiv und ohne systematische Vorbereitung und Kontrolle. Verantwortlich dafür ist vermutlich die langjährige Kostenorientierung der Preispolitik, bei der marktgerichtete Informationen und Entscheidungsprozesse kaum eine Rolle spielten. Der organisatorische Rückstand führt daher häufig zu einer zu defensiven und inaktiven Preispolitik, die zudem in sich widersprüchlich und suboptimal ausfällt (vgl. Huckemann 1997).

12.4.2 Preisorganisation

Die Organisation preispolitischer Aufgaben und Entscheidungsprozesse umfasst einen strukturellen und einen prozessualen Aspekt. Dementsprechend kann zwischen Aufbau- und Ablauforganisation unterschieden werden.

Aufbauorganisation

Die Aufbauorganisation entsteht durch Definition der verschiedenen, mit Preisentscheidungen verbundenen Aufgaben und deren Verteilung auf bestimmte Aufgabenträger bzw. Stellen. Hinsichtlich der Aufgabendefinition kann auf die in Abb. 12-2 dargestellten Teilprozesse bzw. die in den vorangegangenen Kapiteln erläuterten Teilentscheidungen verwiesen werden. Wegen fehlender Durchdringung der preispolitischen Entscheidungsstrukturen fehlt es in vielen Unternehmen an der Konkretisierung und Diskussion entsprechender Aufgabenlisten. Dies mag auch die Ursache dafür sein, dass in einigen Studien (z.B. Atkin/Skinner 1976) ein beträchtlicher Teil der Unternehmen keine Angaben über die Ansiedlung der Preisentscheidungskompetenz machen konnten.

Naturgemäß müssen nicht bei jeder preispolitischen Entscheidung alle Aktivitäten durchlaufen werden. Je nach Problemsituation können einzelne Sequenzen ausgelassen oder in reduzierter Form absolviert werden. Nur in Sonderfällen, etwa der Preisstellung für ein neues Produkt, wird man alle Teilprozesse mit großer Sorgfalt durchdringen, ist das Risiko von Fehlentscheidungen in diesem Falle doch besonders hoch. Dies gilt nicht nur wegen suboptimaler Gewinnbeiträge bei falscher Preishöhe, sondern auch deshalb, weil einmal gesetzte Preise in vielen Fällen nicht ohne Schaden kurzfristig veränderbar sind.

Bei der Zuweisung von Aufgaben muss darüber entschieden werden, welche Stelle bzw. Abteilung diese ausführen soll und damit die Kompetenz für den jeweiligen Teilprozess erhält. Daneben gilt es aber auch abzuwägen, ob bestimmte Aufgabenbündel nicht in einer eigenen Stelle zusammengeführt, also *zentralisiert* werden sollten. Schließlich ist darüber zu entscheiden, ob eine *funktionale* Stellenbildung vorzunehmen ist oder *objektgerichtete* Organisationsformen gewählt werden sollten. Im Rahmen der Preisorganisation wäre dies z.B. durch produkt- oder länderspezifische Kompetenzverteilungen der Fall. Grundsätzlich gilt für die Bildung von preispolitischen Entscheidungszentren, dass diese den Aufgabenbereich so autonom wie möglich, d.h. weitgehend unabhängig von der Aufgabenerfüllung anderer Abteilungen, wahrnehmen können sollten (vgl. Kieser 1993, Sp. 2096).

Angesichts der breiten Verfügbarkeit relevanter Informationen durch EDV-gestützte Informationssysteme wäre eine Verteilung der Preiskompetenzen auf viele Abteilungen, wie sie bisher üblich war, eigentlich nicht mehr erforderlich. Herkömmlich sind insbesondere das Produktmanagement, die Marketingleitung, der Vertrieb mit seinen verschiedenen Gliederungsebenen, das Controlling bzw. die Finanzabteilung sowie die Unternehmensleitung, in manchen Fällen (insb. bei Einzelfertigung), aber auch F&E- sowie die Produktionsabteilungen in den Preisbildungs- und -durchsetzungsprozess involviert (Diller 1992; NM Verlag 1994; Wiltinger 1998). Die eigentliche Entscheidungskompetenz ist dabei in den meisten Fällen der Geschäftsleitung vorbehalten, z.T. aber auch an die Marketing- bzw. Vertriebsleitung delegiert. In vielen Unternehmen besitzen die anderen Abteilungen jedoch Mitsprache- bzw. Durchführungskompetenz. Andere Abteilungen verfügen nur über eine stabsähnliche Zulieferfunktion, etwa wenn die Marktforschung Conjoint-Analysen oder Preistests durchführt oder die Produktionsabteilung Kostendaten bei bestimmten Veränderungen am Produkt oder Produktionsablauf abgibt. Je genauer und differenzierter der analytische Preisentscheidungsprozess abläuft, desto mehr Stellen sind darin einzubeziehen (vgl. auch Wiltinger 1998, S. 112ff.).

Wegen der ökonomischen Bedeutung von Preisentscheidungen empfiehlt es sich, die Kompetenzen soweit wie möglich zu zentralisieren, d.h. auf der oberen Hierarchieebenen der Unternehmensorganisation anzusiedeln. Andererseits erfordern die Marktdynamik und die Komplexität der Einflussfaktoren aber nicht selten eine Delegation zumindest eines Teils der Preiskompetenzen an den *Außendienst*. Der damit verbundenen Gefahr einer zu großen Preisnachgiebigkeit kann durch deckungsbeitragsorientierte Provisionssysteme begegnet werden (vgl. Weinberg 1975). Allerdings wird davon in der Praxis kaum Gebrauch gemacht (vgl. Huckemann 1997, S. 47). Eine Querschnittstudie von Stephenson/Cron/Frazier (1979) zeigte, dass jene Unternehmen, die ihrem Außendienst nur eine niedrige Preiskompetenz einräumten, signifikant (etwa 10%) höhere Deckungsbeiträge erwirtschafteten. Unter Umsatzaspekten erwies sich in dieser Studie eine mittlere Preiskompetenz als optimal, bei der die zulässigen Preisabweichungen auf eine genau begrenzte Bandbreite beschränkt werden. Die Autoren führen dies unter anderem darauf zurück,

dass die Abnehmer bei Kenntnis der Preiskompetenz ihres Gesprächs-
partners preisaggressiver verhandeln und die Verkäufer dem psychologischen Druck im Verkaufsgespräch eher nachgeben (vgl. auch Plinke
1982). Weitere Gefahren, die aus einer hohen Preiskompetenz des Außendienstes resultieren, sind die Vernachlässigung langfristiger Effekte
momentaner Preissenkungen (Preisniveauverfall) und zu hohe Preisunterschiede am Markt (Preisdiskriminierungsgefahr). Andererseits werden
die Position und damit die Motivation des Verkäufers bei hoher Preiskompetenz aufgewertet. Er kann noch während des Verkaufsgesprächs
flexibel und ohne organisatorisch komplizierte und zeitraubende Rück-
fragen auf bestimmte Verhandlungssituationen eingehen. Gleichzeitig
wird dem Verhandlungspartner damit weniger Gelegenheit zum „Rück-
zug" im Verhandlungsprozess geboten; er gerät bei Preiszugeständnissen
des Verkäufers damit in einen Zugzwang, der psychologisch für den
Kaufentschluss u.U. entscheidend sein kann.

Die Marketing- oder gar die Unternehmensleitung wird als Preisent-
scheidungsinstanz überfordert sein, wenn sie nicht auf die Informationen
des Vertriebs von der Verkaufsfront zugreifen kann. Die dort vorgebrachten Argumente des Kunden sowie die Eindrücke von den Stärken
und Schwächen der Wettbewerber stellen wichtige Inputs für marktge-
rechte Preisentscheidungen dar. Insofern spricht vieles dafür, Preisentscheidungen in *Teams* vorzubereiten, wobei alle einschlägigen Abteilungen an der Preisbildung beteiligt werden, so dass entsprechende Konflikte ausgetragen werden können. Bei Bedarf können dabei auch externe
Berater in den Entscheidungsprozess einbezogen werden (Out-Sourcing).
Wiltinger (1998, S. 112 f) weist ferner darauf hin, dass die formale Orga-
nisationsstruktur von Preisentscheidungen durch eine informale überlagert sein kann, welche die faktische Preiskompetenz u.U. beträchtlich
verschiebt.

Ablauforganisatorische Regelungen

Unter Ablauforganisation ist die zeitliche und räumliche Regelung der
zur Aufgabenerfüllung notwendigen Arbeitsprozesse im Hinblick auf
größtmögliche Effizienz und Effektivität zu verstehen. Für die Preisorganisation gilt es dabei durch entsprechende Regelungen insbesondere
sicherzustellen,

- dass die Aufgabenträger, die von der Unternehmensleitung vorzuge-
  benden Zielprioritäten beachten,
- dass die zeitliche Abfolge und der Rhythmus einzelner Teilprozesse
  der Preispolitik zeitlich aufeinander abgestimmt werden,

- dass die richtigen Preisfindungs- und Durchsetzungsmethoden angewandt sowie

- die dafür erforderlichen Informationen den verantwortlichen Stellen zur Verfügung gestellt werden.

Werden z.B. Preiserhöhungen erwogen, weil die Kosten gestiegen sind, ist klarzustellen, welche Priorität den Kosten gegenüber den u.U. zu befürchtenden Absatzeinbußen zukommt, wie die zur Lösung dieser Konflikte notwendigen Prioritäten entschieden werden sollen, inwieweit vorhandene Lagerbestände preispolitisch tangiert werden, wann entsprechende Preisankündigungen vorgenommen werden sollen und mit welchen Argumentationen die Außendienstmitarbeiter die Preiserhöhung am Markt vortragen sollen. Letztlich geht es bei der Ablauforganisation von Preisprozessen also um die Koordination entkoppelter Teilprozesse (vgl. hierzu Wiltinger 1998, S. 133ff.). Kritisch ist insbesondere die Trennung strategischer und operativer Pricing-Prozesse. Letztere werden vor allem unter dem aktuellen Wettbewerbsdruck getroffen, also vorwiegend unter Marktaspekten entschieden, während erstere ein umfassenderes Zielsystem zur Basis haben. Problematisch ist ferner die einheitliche Handhabung von Kunden im Hinblick auf Rabatte und Sonderpreise. Wenn hier einzelne Außendienstmitarbeiter unterschiedlich agieren, entstehen unerwünschte Preisspreizungen. Überall dort, wo im Zeitablauf verfallende Kapazitäten auszulasten sind (vor allem im Dienstleistungssektor) müssen die Preise darüber hinaus kurzfristig variiert werden, um das Ertragsmaximum zu erreichen (*Yield Management*, vgl. Kap. 13.2). Auch dies erfordert Abstimmung, etwa zwischen jenen Stellen, welche die erforderlichen Informationen bereitstellen und den Vertriebspartnern, welche die Kapazitäten vermarkten.

Unter den zahlreichen Detailregelungen, die hinsichtlich dieser Abläufe denkbar sind, seien folgende sieben hervorgehoben:

(1) *Kalkulationsregeln:* Hierbei handelt es sich um kostenorientierte Rechenschemata, nach denen ein Preis zu bestimmen ist (vgl. Kap. 6.2). Vorgegeben werden hierbei die zu berücksichtigenden Kostenarten, die entsprechenden Kostenzuschläge im Rahmen einer Zuschlagskalkulation, die zulässigen Rabattarten sowie gegebenenfalls die für den jeweiligen Kundentyp anzuwendende Preisklassen bzw. Aufschläge.

(2) *Interne Verrechnungspreise:* Hierbei werden die Waren wirtschaftlich selbstständig bzw. als Profitcenter agierenden Vertriebseinheiten zu intern berechneten Preisen abgegeben (vgl. 10.5). Die Kalkulation erfolgt dabei im Sinne der *pretialen Lenkung*, d.h. sodass die Allokation aller Einheiten insgesamt optimal verläuft (vgl. hierzu Matschke 1993). Da die Profitcenter ihrerseits bestimmte Gewinnvorgaben einhalten müssen,

wird durch derartige Verrechnungspreise der Marktdruck gänzlich auf die Vertriebseinheiten verlagert, so dass diese weniger preisnachgiebig agieren. Ein weiterer Aspekt ist die unterschiedliche Steuerbelastung für die jeweiligen Vertriebseinheiten, z.B. bei Auslandstätigkeit. Hier können durch niedrigere Verrechnungspreise an ausländische Vertriebsgesellschaften in Niedrigsteuerländern Gewinne dorthin verlagert werden. Umgekehrt werden mit hohen Verrechnungspreisen Gewinne „importiert" (vgl. hierzu Djanani/Winning 1999). Auch Wechselkursrisiken, Zölle und wertmäßige Ein- und Ausfuhrbestimmungen können durch Verrechnungspreisregelungen gewinnsteigernd bzw. risikosenkend berücksichtigt werden.

(3) *Preiskorridore:* Preiskorridore geben Ober- und Untergrenzen für die Preisstellung vor. Mit ihnen soll gewährleistet werden, dass die Preise auf verschiedenen Märkten (z.B. länderübergreifend) durch die dort jeweils herrschenden Wettbewerbsbedingungen nicht zu sehr auseinander driften und zu Reimporten oder anderen Arbitrageprozessen führen (vgl. 10.3). Aber auch innerhalb eines Marktes können Preiskorridore dazu eingesetzt werden, um den Preisspielraum nach Maßgabe der jeweils gültigen strategischen Leitlinien auszuschöpfen. Die Problematik liegt dabei in der Festlegung dieser Korridore, da hierbei nicht alle Faktoren im Voraus bedacht werden können, die für den letztendlichen Transaktionspreis von Bedeutung sind.

(4) *Vier-Augen-Prinzip:* Danach werden Preisentscheidungen mindestens von zwei Personen in der Unternehmensorganisation getroffen, nämlich (meist) einer von der Finanz- und einer von der Verkaufsseite (vgl. Simon/Dolan 1997, S. 340). Die möglichen Entscheidungskonflikte zwischen beiden Sektoren werden dadurch einer zwangsweisen Lösung zugeführt, was freilich auch zu emotionalen Spannungen und irrationalen Verhaltensweisen führen kann.

(5) *Informationspflichten:* Hierbei müssen bestimmte Personen bzw. Stellen einschlägige Informationen für die Preisbildung und –kontrolle in die Preisorganisation einspielen. Beispielsweise hat der Außendienst häufig die Aufgabe, die in den Verkaufsgesprächen offenkundig werdenden Präferenzen von Kunden oder Wettbewerbsmerkmale zu den planenden Stellen zurückzumelden.

(6) *Informationsrechte:* Umgekehrt kann durch Sicherstellung des Zugriffs auf entsprechende Daten sichergestellt werden, dass die einzelnen an den Preisentscheidungsprozessen beteiligten Stellen jene Informationen erhalten, die sie für eine Problemlösung benötigen.

(7) *Provisionsregelungen:* Besondere Bedeutung für eine ertragsorientierte Preispolitik hat das für den Außendienst gültige Provisionssystem. Die in der Praxis oft vorfindbaren umsatzorienten Anreizsysteme führen naturgemäß eher zur Preisnachgiebigkeit. Sie sind deshalb durch deckungsbeitragsorientierte oder an anderen Leistungskriterien verankerte Systeme zu ersetzen. Habel (1979) schlägt darüber hinaus ein Punktbewertungssystem für bestimmte Verhandlungssituationen vor, nach dem die organisatorische Kompetenz für Preisnachlässe und die Bedingungen für bestimmte Preisreduktionen genau festgelegt werden.

12.4.3 Preiscontrolling

12.4.3.1 Aufgabenstellung und Probleme

Eine effektive Preispolitik schafft hohen Informationsbedarf (vgl. Kap. 5). Dieser lässt sich grob in Markt-, Kosten- und Zielinformationen unterteilen. Kann der Informationsbedarf nicht gedeckt werden, so müssen die Entscheidungsträger auf eher unzulängliche Entscheidungsverfahren, wie Kosten-Plus- o.ä. Faustregeln zurückgreifen. Damit werden Preisfehler produziert und Preischancen ungenutzt gelassen. Der Informationsbedarf wird umso größer sein, je differenzierter die Preisstellung ausfällt und je dynamischer sich das Umfeld der Preisentscheider entwikkelt. Insbesondere die sich ständig wandelnden Wettbewerbsverhältnisse am Absatzmarkt machen eine volle Deckung des Informationsbedarfs nahezu unmöglich.

Allerdings garantiert selbst die Verfügbarkeit der relevanten Preisinformationen nicht deren Nutzung, da u.U. subjektive Nutzungsbarrieren existieren, welche die Akzeptanz solcher Informationen verhindern. Eine ausführliche Analyse dieser Probleme findet man bei Wiltinger (1998, S. 51ff.). Bei der *Gewinnung* einschlägiger Informationen kann es an mangelnder Investitionsbereitschaft und Zeit, aber auch an Methodenkompetenz fehlen, zumal gerade die Preispolitik stark auf Erfahrungswissen der beteiligten Manager basiert. Häufig fehlt es aber auch an Informationen aus dem Controlling über die Resultate vergangener Preisaktivitäten sowie über die einschlägigen Ziele und Zielprioritäten. Bei der Informations*verbreitung* im Unternehmen hindern oft Kulturdifferenzen zwischen technischen und kaufmännischen Abteilungen und hier wiederum zwischen Marketing und Vertrieb einen reibungslosen Informationsfluss. Emotionale Vorbehalte und „Klimastörungen" sowie eine unzureichende Schnittstellenorganisation bremsen die notwendigen Informationsflüsse zwischen den Abteilungen. Gelangen einschlägige Informationen doch noch an die zuständigen Stellen, so sind es nicht selten mangelndes Vertrauen in diese Informationen und Diskrepanzen zwischen den Preisbildungsregeln und den den Preisinformationen zugrunde liegenden Konzepten, welche die *Verwendung* dieser Preisinformationen behindern.

Abb. 12-3 zeigt die subjektive Bedeutung verschiedener Informationsquellen, die sich aus der Befragung von Preisentscheidern, vorwiegend Marketingleitern, Geschäftsführern und Produktmanagern sowie Controllern aus der deutschen Markenartikelindustrie, ergaben (Diller/ George/Haentsch 1992, S. 163). Man erkennt, welche Informationsmacht hier dem Außendienst zukommt, da er wichtige und ansonsten kaum erhältliche Informationen über die Konkurrenz und die Marktverhältnisse bzw. -reaktionen zu liefern vermag.

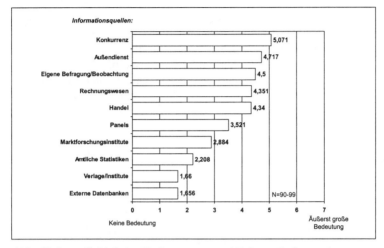

Abb. 12-3: **Subjektive Bedeutung verschiedener Informationsquellen der Preisentscheidung**

Dem Preiscontrolling kommt hier also die Aufgabe zu, den nötigen Informationsfluss der relevanten Preisinformationen zu gewährleisten und das Preismanagement durch Koordination, Planung und Kontrolle zu unterstützen (vgl. Köhler 1992, S. 657f.). Das spezifische Kernproblem des Preiscontrolling liegt in der Integration von Marktdaten über die Preisreaktion und internen Daten über Kosten und Deckungsbeiträge. Mit ihr soll dem schnittstellenübergreifenden Charakter der Preispolitik Rechnung getragen werden (vgl. Wiltinger 1998, S. 89ff.).

Ein effektives Preiscontrolling erfordert heute die Verfügbarmachung relevanter Preisinformationen in *elektronischer* Form. Eine eigene Studie in der deutschen Markenartikelindustrie, die allerdings bereits 1993 durchgeführt wurde, zeigte, dass diesbezüglich noch große Defizite existieren (vgl. Diller/George/Haentsch 1992, S. 167ff.). Elektronisch verfügbar waren meist nur Absatz-, Kosten- und Auftragsdaten, etwas seltener Deckungsbeiträge und effektive Transaktionspreise. Eher selten können die Manager dagegen auf Endverbraucherpreise, Preisentwicklungen am Markt, Ergebnisse von Sonderpreisaktionen, Handelsspannen, Konkurrenzpreisstellungen und andere marktbezogene Informationen elektronisch zu greifen. Eine Untergruppenbetrachtung brachte allerdings große Unterschiede zu Tage, die vor allem durch die Unternehmensgröße, aber auch die Branche erklärt werden können. Die ungedeckten Informationswünsche betrafen insbesondere die Vorbereitung und Durchführung von kundenspezifischen Preisverhandlungen. Hier werden von vielen Preisentscheidern offenkundig kundenspezifische Umsatz-, Gewinn- und Kundenwertinformationen gewünscht, die ein modernes Preisinformationssystem durchaus bereitzustellen vermag. Einige der dabei anwendbaren Verfahren werden beispielhaft im nachfolgenden Unterabschnitt dargestellt.

12.4.3.2 Ausgewählte Controlling-Verfahren

Im Rahmen der in diesem Buch behandelten preispolitischen Entscheidungen wurden bereits mehrfach einzelne Methoden des Preiscontrolling vorgestellt, z.B. bei der Nutzwertanalyse oder der Vor- und Nachkalkulation im Rahmen progressiver oder retrograder Preiskalkulationen (Kapitel 6). An dieser Stelle sollen deshalb nur drei Analysemethoden vorgestellt werden, die sich speziell im Hinblick auf das Ausmaß und die Hintergründe der Preisdurchsetzung am Markt einsetzen lassen, nämlich die Deckungsbeitragsflussrechnung, die Transaktionspreisanalyse sowie die Kundenwertanalyse.

Deckungsbeitragsflussrechnung

Die Deckungsbeitragsflussrechnung (DBFR) stellt ein Verfahren der dynamischen Erlösrechnung dar, bei welchem die Teilwirkungen einzelner Erfolgskomponenten (Menge bzw. Preis) auf den Deckungsbeitrag sichtbar gemacht werden sollen (vgl. Kap. 7.2.3 sowie Link 1979; Powelz/Leib 1982). Dazu werden die Erlös- und Kostenveränderungen zweier Perioden t und t-1 durch Ceteris-paribus-Rechnungen in Teilkomponenten aufgeschlüsselt. Hierbei lassen sich dann Preis-, Mengen-, Preis x Mengen-, Kosten- und Struktureffekte isolieren, die – additiv verknüpft – die Gesamtveränderung des Deckungsbeitrags ergeben.

In unserem Zusammenhang interessiert insbesondere der *Preiseffekt* C_p. Er beinhaltet jene Umsatzveränderung, die sich ergeben hätte, wenn zu den in t realisierten Preisen die Absatzmengen der Vorperiode abgesetzt worden wären:

$$(12\text{-}2) \qquad C_p = \sum_{i=1}^{n} x_{i,t-1} \cdot \Delta p_i$$

x_i = Absatzmenge des i-ten Artikels (i = 1 ... n)

p_i = Stückpreis

C_p bestimmt also jenes Erlösvolumen, dass im Vergleich zur Vorperiode gewonnen bzw. verloren wurde, weil sich die Preise erhöht bzw. vermindert haben. Eine entsprechende Rechnung kann durch Gegenüberstellung von Ist- und Sollgrößen vorgenommen werden. Da freilich Menge und Preis nicht unabhängig voneinander sind, stellen Preis- und Mengeneffekte nur Symptome, aber keine Ursachen für Erlösabweichungen dar (Albers 2000). Ziel einer korrekten Abweichungsanalyse muss es deshalb sein, den auf das jeweilige Handeln der Entscheidungsträger zurückführbaren Teil der Erlösabweichung zu ermitteln. Beispielsweise kann ein Produktmanager nur für den wertmäßigen Marktanteilseffekt verantwortlich gemacht werden, der sich aus der Differenz von Ist- zu Sollwertmäßigem Marktanteil bewertet mit dem Sollwertmäßigen Marktvolumen ergibt. Letzterer berechnet sich nach dem mengenmäßigen Marktanteil multipliziert mit dem relativen Preis (Unternehmen zu Branche).

Eine tiefere Ursache der Abweichungen ist möglich, wenn man zusätzlich eine Marktreaktionsfunktion in die Erlösabweichungsanalyse integriert. Dies geschieht z.B. durch eine Funktion des mengenmäßigen Marktanteils in Abhängigkeit vom eigenen Preis in Relation zum Branchenpreis. Auf dieser Basis lässt sich errechnen, welche Erlösabweichung dadurch zustande gekommen wäre, dass der Erlösverantwortliche nicht den Planpreis, sondern einen abweichenden Ist-Preis realisiert hat. Gleichzeitig lässt sich dadurch der Effekt der Konkurrenzreaktion isolieren. Er berechnet sich als Differenz des kalkulatorischen wertmäßigen Marktanteils (= Ist-Preis zu Ist-Branchenpreis mal dem sich dabei ergebenden wertmäßigen Marktanteil) und des „eigentlichen" wertmäßigen Marktanteils bewertet mit dem Sollwertmäßigen Marktvolumen (vgl. Albers 2000). Der durch diese beiden Ursachen noch nicht erklärte Teil der Erlösabweichung stellt dann eine Effektivitätsabweichung (Differenz aus tatsächlichem wertmäßigenMarktanteil bewertet mit dem sollwertmäßigen Marktvolumen) dar.

Weitere Aufschlüsse lassen sich mit Hilfe der Erlösabweichungsanalyse dadurch gewinnen, dass Produkt-Mix-Abweichungen und Kunden-Mix-Abweichungen sichtbar gemacht werden. Beide lassen sich als Differenzen der Summe der jeweiligen Erlösabweichungen pro Produktvariante bzw. Kunde zu entsprechenden mittleren Erlösabweichungen bestimmen.

Aufgrund der multiplikativen Verknüpfung von Preis und Menge bzw. Marktanteil und Marktvolumen muss man bei exakter Vorgehensweise einen Interaktionseffekt modellieren, wenn sich sowohl der Preis bzw. der Marktanteil als auch die Menge bzw. das Marktvolumen gegenüber der Vergleichsgrundlage verändert haben (vgl. Kloock 1988).

Transaktionspreisanalyse

Bei der Tansaktionspreisanalyse werden die Abweichungen zwischen geplanten Listen- und realisierten Transaktionspreisen bei jedem einzelnen Geschäftsabschluss nachgeprüft. Sicher ist ein derartiges Vorgehen aufwendig, rechtfertigt sich aber durch den häufig zu beobachtenden Abstieg auf der so genannten „Preistreppe", der entsteht, weil sich die Listenpreise durch unterschiedliche Rabatte, Erlösschmälerungen oder Begünstigungen des Kunden Schritt für Schritt immer weiter vom Listenpreis entfernen (vgl. Marn/Rosiello 1992/93).

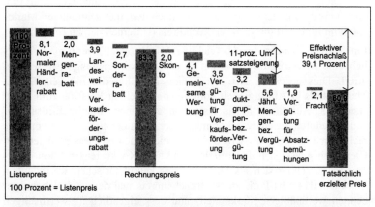

Abb. 12-4: **Die Preistreppe vom Listen- zum Transaktionspreis (Beispiel) (Quelle: Marn/Rosiello 1992, S. 86)**

Die sich daraus ergebenden „Pocket-Preise" (Netto-Netto-Preise pro Transaktion) weichen zwischen verschiedenen Kunden oft erheblich voneinander ab und verursachen in der Summe oft beträchtliche Erlöseinbußen. Daher lohnt es sich, die in Abb. 12-4 grafisch dargestellte

„Preistreppe" auf disaggregierter wie aggregierter Ebene zu analysieren, um Ansatzpunkte für eine bessere Preisdurchsetzung zu finden. Dazu sind auch verdeckte Marketing-Opportunitätskosten, wie kalkulatorische Zinsen für längere Zahlungsziele oder nur auf Jahresbasis ermittelbare Boni, zumindest kundenspezifisch offenzulegen. Dies ist gleichzeitig Grundlage für entsprechende Kundenwertrechnungen.

Kundenwertanalysen

Im Rahmen von Kundenwertanalysen wird versucht, den Gewinnbeitrag einzelner Kunden für das eigene Unternehmensergebnis zu ermitteln. Dabei lassen sich ökonomische und vorökonomische Wertkomponenten unterscheiden (vgl. Cornelsen 2000). An dieser Stelle interessieren nur die ökonomischen, dem Controlling zugänglichen Wertbeiträge einzelner Kunden. Sie bestimmen sich auf Grund der Abnahmemengen und Umsätze sowie der vom Kunden verursachten Kosten, die im Rahmen einer Kundendeckungsbeitragsrechnung offen zu legen sind. Um dabei möglichst viele Kosten (einigermaßen) verursachungsgerecht auf Kunden verteilen zu können, wird vielfach auf Prozesskostensätze zurückgegriffen, um z.B. die Besuchskosten zuzuschlüsseln. Die hierdurch erfolgende Fixkostenproportionalisierung ist so lange kein Problem, solange die Ergebnisse der Kundendeckungsbeitragsrechnung entsprechend vorsichtig interpretiert werden. Zielsetzung ist es zunächst, verschiedene Kunden hinsichtlich ihrer Gewinnträchtigkeit zu vergleichen. Dispositionsentscheidungen über eigene Resourcen können mit solchen Daten nicht fundiert werden.

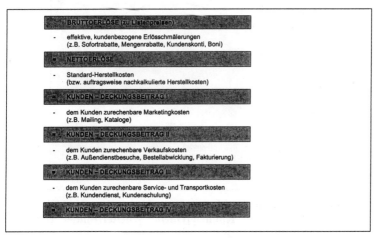

Abb. 12-5:   Schema einer Kundendeckungsbeitragsrechnung

Abb. 12-5 zeigt ein entsprechendes Kalkulationsschema für die Kunden-
wertrechnung, bei dem schrittweise immer mehr dem Kunden direkt zurechenbare Einzelkosten vom Kundenerlös abgezogen und entsprechend
abgestufte Kundendeckungsbeiträge ermittelt werden.

Im Hinblick auf das Preiscontrolling empfiehlt es sich darüber hinaus, die
umsatzmäßigen und kostenmäßigen Wirkungen einzelner Kunden bzw.
Transaktionen in einem zweidimensionalen Diagramm abzutragen, da für
Preisentscheidungen oft sowohl Umsatz- als auch Gewinnaspekte eine
Rolle spielen. Abb. 12-6 zeigt anhand einer entsprechenden Positionierung verschiedener Kunden eines Unternehmens, dass Groß- und Klein-
kunden in diesem Fall eher unterdurchschnittlich zum Gewinn beitragen.

Die Verfügbarkeit solcher Analysen kann auch unmittelbar für Preisgespräche nutzbar gemacht werden, wenn dem Kunden auf entsprechende
Konditionenforderungen hin seine u.U. mangelnde Gewinnträchtigkeit
vorgerechnet wird. Eine ertragsorientierte Preispolitik sollte danach
trachten, jenen Kunden entgegen zu kommen, welche überdurchschnittliche Deckungsbeiträge liefern, während gegenüber Kunden, die – auch
wenn sie hohe Umsätze erbringen – nur geringe oder negative Dek-
kungsbeiträge verursachen, Preishärte bewiesen werden muss. Entsprechende Portfoliodarstellungen sind z.B. von Scheiter/Bruder(1992) vorgeschlagen worden.

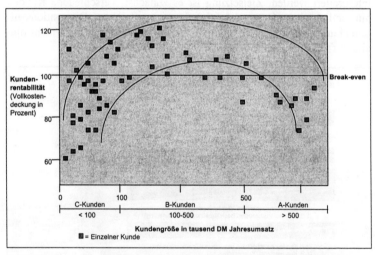

Abb. 12-6:   **Typische Kundenwertverteilung unterschiedlich um-
satzstarker Kunden (Quelle: Scheiter/Binder, 1992,
S.19)**

Ein weiterer Analyseschritt wird geleistet, wenn echte Kundenportfolio-analysen dahingehend durchgeführt werden, dass einerseits die Attraktivität und andererseits das Potential einzelner Kunden durch entsprechende Indikatoren erfasst und in eine Portfoliodarstellung eingetragen werden (vgl. Abb. 12-7; Götz/Diller 1992; Plinke 1995; Krafft 2000).

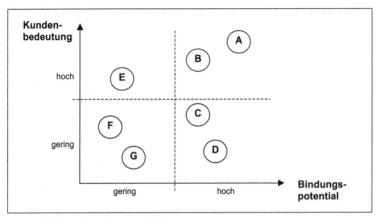

Abb. 12-7: **Kundenportfolio**

Die Kundenattraktivität wird hierbei durch geeignete Indikatoren wie den Umsatz, den Deckungsbeitrag, die technische Aufgeschlossenheit oder das Umsatzwachstum des Kunden erfasst und in einem entsprechenden Indexwert zusammengefasst. In gleicher Weise quantifiziert man das Bindungspotential des Kunden durch Verrechnung von Indikatorenwerten für die Kundenzufriedenheit, die Qualität der Geschäftsbeziehungen oder die Kundendurchdringungsrate. So wird sichergestellt, dass im Feld der besonders attraktiven Kunden (rechts oben) solche Kunden platziert sind, die einerseits als besonders attraktiv gelten, andererseits aber für die jeweilige Unternehmung auch gut zugänglich sind. Dadurch soll bewirkt werden, dass die Resourcen dorthin investiert werden, wo gute Aussichten auf entsprechende Amortisation solcher Kundeninvestitionen bestehen. Hierzu zählen auch Preisnachlässe, Sonderkonditionen und andere preispolitische Bevorzugungen des Kunden.

Nützlich sind im Rahmen des Preiscontrolling schließlich auch vergleichende Gegenüberstellungen der Rentabilität a priori definierter Kundengruppen, z.B. solcher in verschiedenen Absatzkanälen oder Absatzregionen. Je differenzierter die einzelnen Erlöskomponenten dabei ausgewiesen werden, desto eher werden konkrete Ansatzpunkte für ein proaktives Management der Preisdurchsetzung gegeben.

12.4.4 Preiskultur

Zu den unternehmensinternen Regelungen für eine erfolgreiche Preisdurchsetzung zählen wir neben der Preisorganisation und dem Preiscontrolling auch die Preiskultur. Die Preiskultur eines Unternehmens ist an
den Begriff der Unternehmens- bzw. Marketingskultur angelehnt (vgl.
Meffert 1998, S. 1022; Schober 2000). Folgt man den allgemeinen Defi-
nitionen von Unternehmenskultur als Gesamtheit aller Werte- und Nor-
menvorstellungen sowie Denk- und Verhaltensmuster (Heinen/Dill 1990,
S. 17), so kann die Preiskultur einerseits als das preisstategische Bewusstsein des Managements und andererseits als die Preisintelligenz der
am Preisbildungsprozess beteiligten Personen verstanden werden. Während das preisstrategische Bewusstsein die motivationalen Aspekte eines
erfolgreichen Preismanagements fokussiert („Wollen") zielt die Preisintelligenz auf das Wissen und die Lernfähigkeit der Preisorganisation
(„Können"). Es geht in beiden Bereichen um Führungsaufgaben im
Preismanagement, die insbesondere in den oberen Hierarchieebenen der
Unternehmung wahrgenommen werden müssen, will man das Erfolgs-
potential der Preispolitik ausschöpfen (vgl. Simon/Dolan 1997, S.354 ff).

12.4.4.1 Preisstrategisches Bewusstsein

In der Vergangenheit wurde Preispolitik in vielen Unternehmen als eine
operative Aufgabe interpretiert, die im Zweifel von untergeordneten
Preiskalkulatoren auf Grund vorgegebener Preisformeln erledigt werden
kann. Dass eine solche Auffassung weder dem wahren Charakter der
Preispolitik gerecht wird, noch die vielfältigen Ertragseinflüsse der
Preispolitik reflektiert, ist offenkundig. Je stärker der Markt auf die
Preise Einfluss nimmt und je wichtiger es wird, durch eigene preisstrategische und –taktische Entscheidungen das Preisgeschehen am Markt zu
steuern, umso bedeutsamer wird ein entsprechendes preisstrategisches
Bewusstsein beim Management. Es geht hierbei um die Verinnerlichung
der strategischen Bedeutung der Preispolitik für den gesamten Unternehmenserfolg. Wie insbesondere die Ausführungen im Kapitel 11 deutlich gemacht haben, kann ein Unternehmer mit einer geschickten und
langfristig angelegten Preisstrategie seine Wettbewerbsposition am
Markt entscheidend beeinflussen. Das Verantwortungsgefühl des Managements für eine kreative, durchschlagkräftige und vielleicht sogar visio-
näre Preisstrategie gehört deshalb zu den Grundpfeilern des preisstrategischen Bewusstseins. Hinzu kommt die Ausdauer und Hartnäckigkeit bei
der Durchsetzung dieser Strategie am Markt, aber auch innerhalb der
Unternehmensorganisation. Schließlich ist zum preisstrategischen Be-

wusstsein auch das Bekenntnis zur professionellen Handhabung der preispolitischen Entscheidungshilfen („Methodenbewusstsein") zu zählen. Erfolgte früher die Preisfindung oft nur intuitiv, imitativ und/oder impulsiv, so unterliegt sie heute in erfolgreich geführten Unternehmen einem analytisch von bestimmten Modellvorstellungen geleiteten Prozedere, das zudem durch empirische Daten aus der Marktforschung gestützt werden kann und damit auch Optimierungsversuchen zugänglich wird.

Professionalität beinhaltet aber auch das Bewusstsein für die Führungsbedürftigkeit der Preispolitik. Wie die Ausführungen im Abschnitt 12.4.2 deutlich gemacht haben, bedarf die Preispolitik einer Preisorganisation, die im Hinblick auf Effektivität und Effizienz zu führen ist. Die großen Erfolge, die Preispioniere wie Aldi (als Discounter), Würth (als servicebewusster Hochpreisanbieter) oder Rolex (als hochpreisiger Premium-Anbieter) errangen, waren sicherlich nicht ohne entsprechende Führungsqualitäten in der Unternehmensorganisation zu erreichen.

Die wissenschaftliche Durchdringung dieser Thematik ist bisher nicht weit fortgeschritten (vgl. Wiltinger 1998, S. 72ff.). Zweifellos gibt es sowohl unternehmensinterne Charakteristika als auch unternehmensexterne Einflussfaktoren, welche das preisstrategische Bewusstsein in seinem Ausmaß wie in seiner inhaltlichen Färbung beeinflussen. Beispielsweise hat Gröppel-Klein (1998, S. 231ff.) im Hinblick auf Preisstrategien im Einzelhandel festgestellt, dass Preisführerschaftsstrategien ein ganz spezielles Anforderungsprofil für die Preismanager mit sich bringen. Gröppel-Klein (1998, S. 279) charakterisiert dies folgendermaßen: „ Der erfolgreiche Preismanager kann als realistisch, unkompliziert und praktisch charakterisiert werden. Er muss in hohem Maße dominant sein und seine Strategie unbeirrt verfolgen". In einer Pilotstudie belegte sie, dass das Vorhandensein solcher Qualitäten den Strategieerfolg signifikant positiv beeinflusst.

12.4.4.2 Preisintelligenz

Unter Preisintelligenz verstehen wir das in einer Unternehmensorganisation vorhandene Wissen über preispolitisch relevante Zusammenhänge sowie die Kenntnis und Versiertheit im Umgang mit spezifischen Methoden der Entscheidungsfindung bei der Preispolitik. In vielen Unternehmen wird hier lediglich auf Erfahrungswissen zurückgegriffen, das meist aus nur wenigen und überwiegend kurzfristig angelegten Preisaktivitäten (Sonderpreisaktionen, Konditionenfestlegungen etc.) stammt (vgl. Wiltinger 1998, S. 72ff.). Ein solches Wissen ist weder hinreichend noch frei von Irrtümern, unterliegt es doch keiner systematischen Kontrolle und wird von vielen Störeinflüssen negativ geprägt. So werden häufig schlechte Marktergebnisse auf den Einfluss von Konkurrenzaktivitäten zurückgeführt, während Markterfolge der eigenen Preispolitik zugeschrieben werden. Oft genug fehlt es an der objektiven Kontrolle der tatsächlich eingetretenen Preisfolgen und deren Zustandekommen. Ein systematisches *Preislernen* findet demnach kaum statt. Eine in unserem Sinne intelligente Preisorganisation versucht diese Mängel abzustellen, und ein bewusstes Preislernen herbeizuführen. Darüber hinaus werden die Informationsbedarfe für Preisentscheidungen systematisch analysiert und jene Informationen beschafft, welche unter Nutzen-Kosten-Aspekten für ein professionelles Preismanagement empfehlenswert sind. Wir verweisen diesbezüglich auf Kap. 5 und die dort dargestellten Informationsinstrumente sowie die im vorangegangenen Abschnitt dargelegten Controlling-Instrumente.

Da es in einer immer stärker informationsgeprägten Wirtschaft weniger Mangel als Überfluss an Informationen gibt, wird eine solche Preisintelligenz zunehmend wichtiger. Die Preisimplementation erhält durch sie die notwendige informatorische Absicherung.

Kapitel 13:   Branchenspezifische Besonderheiten der Preispolitik

Die bisherige Darstellung preispolitischer Probleme und Instrumente war überwiegend auf die Situation in der Konsumgüterindustrie ausgerichtet. In diesem Kapitel werden deshalb die Besonderheiten der preispolitischen Entscheidungsfelder in drei anderen wichtigen Wirtschaftsbereichen herausgearbeitet und die dafür entwickelten Planungsinstrumente vorgestellt. Wir beginnen dabei mit der *Industriegüterindustrie,* behandeln dann die Preispolitik im *Dienstleistungssektor* sowie schließlich den *Einzelhandel.*

13.1   Preispolitik im Industriegüterbereich

Industriegüter können nach unterschiedlichen Kriterien von anderen Güterarten abgegrenzt werden. Zieht man den Käuferkreis und den Verwendungszweck des Gutes zur Definition heran, lassen sie sich als Leistungen kennzeichnen, die von Organisationen beschafft werden, um weitere Leistungen zu erstellen, die nicht in der Distribution an Letztkonsumenten bestehen (Backhaus 1999, S. 8). Diese Definition umfasst sowohl Roh-, Hilfs- und Betriebsstoffe, als auch Halbfabrikate, Zubehör- und Ersatzteile sowie gewerbliche Dienstleistungen. Letztere werden im Kap. 13.2 behandelt.

Backhaus (1999, S. 284ff.) unterscheidet bei Industriegütern zwischen vier *Geschäftstypen,* nämlich Zuliefer-, Anlagen-, Produkt- und Systemgeschäft. Sie besitzen unterschiedliche Vermarktungsbedingungen bezüglich des Geschäftscharakters (Einzeltransaktion vs. zeitlicher Kaufverbund), der notwendigen spezifischen Investitionen beider Seiten in die Geschäftsbeziehung (Umfang der Quasirenten) und der Individualität des Kundenkreises (Einzelkunde vs. anonymer Markt). Dies strahlt auch auf die Preispolitik aus: Im *Produktgeschäft* herrschen ähnliche preispolitische Bedingungen wie auf Konsumgütermärkten. Zwar verschärft hier das professionellere Einkaufsverhalten gewerblicher Einkäufer u.U. den Preiswettbewerb, strukturell treten aber kaum Besonderheiten auf. Im *Anlagen-* und *Zuliefergeschäft* herrscht dagegen eine stark individualisierte Preisfindung vor, weil direkte Kontakte mit den Kunden bestehen und eine kundenspezifische Leistungsgestaltung erforderlich ist. Der Preis-Leistungs-Quotient wird deshalb in entsprechenden Gesprächen und Verhandlungen intensiv thematisiert und individuell ausgehandelt. Im Anlagengeschäft treten ferner erhebliche Preisrisiken wegen des meist internationalen Charakters, der langen Laufzeit der Geschäfte und der u.U. erheblichen Vorleistungen der Anbieter auf, die zudem oft in Kooperation als Konsortium oder Anbietergemeinschaft operieren, was eine zusätzliche Preiskoordination erfordert. Das *Systemgeschäft* schließlich wird von sukzessiven Verbundkäufen komplementärer Elemente eines Produktsystems (z.B. EDV-Komponenten) geprägt, was besondere Herausforderungen an die Preislinienpolitik und die Preisbündelung stellt. Preispolitische Besonderheiten ergeben sich also v.a. für Anlagen und Anlagensysteme sowie kundenspezifische Zulieferteile bzw. -module, da hierbei im Gegensatz zum Vertrieb von Serienprodukten und Rohstoffen keine Routinetransaktionen erfolgen, wie sie auch für den Konsumgüterbereich typisch sind.

13.1.1 Besonderheiten des Entscheidungsfeldes

Die Besonderheiten des preispolitischen Entscheidungsfeldes im Industriegüterbereich lassen sich am Beispiel des Anlagengeschäftes gut verdeutlichen. Industrielle Anlagen sind „... ein durch die Verkaufs-(Vermarktungs-)fähigkeit abgegrenztes, von einem oder mehreren Anbietern in einem geschlossenen Angebot erstelltes Anlagen-Dienstleistungs-Bündel zur Befriedigung eines komplexen Bedarfs" (Arbeitskreis „Marketing in der Investitionsgüterindustrie" 1975, S. 759). Diese Definition weist bereits auf drei auch für die Preispolitik zentrale Aspekte des Entscheidungsfeldes hin:

(1) den *Systemcharakter des Leistungsangebotes,*

(2) die *Individualität* des auf den jeweiligen Bedarf des Nachfragers ausgerichteten *Leistungsangebotes* und

(3) die Einbindung mehrerer Parteien und Entscheidungsträger auf der Anbieter- wie der Nachfragerseite (*„multiorganisationaler Transaktionsprozess"*).

(4) Hinzu tritt der im Industriegüterbereich besonders *starke Einfluss des Makrosystems* und

(5) die *globale Ausrichtung* des Geschäfts.

13.1.1.1 Systemcharakter des Leistungsangebotes

Industriegüter vereinen oft eine Vielzahl von Leistungsbestandteilen in sich. Sie können deshalb in unterschiedlicher Weise zu komplexen *Systemangeboten* verknüpft werden. Der Leistungsumfang dieser Angebote kann dabei in vielfältiger Weise differenziert werden, z.B. hinsichtlich Materialqualität, Funktionsbreite, Funktionswirtschaftlichkeit, Integralqualität (Anpassung an vorhandene Anlagen), Kapazität, Projektierung und anderer pre-sales-Serviceleistungen, Lieferkonditionen, Implementierung, Anwendungsberatung, Kundendienst, Garantie- und anderer after-sales-Serviceleistungen, Kundenfinanzierung, Leasingkonditionen oder Inzahlungnahme von Altgeräten. Der Preisquotient besteht deshalb aus einer Mehrzahl von Teilquotienten („Preisbaukasten"), sodass der *Preisdifferenzierung* und der *auftragsinternen Mischkalkulation* bei getrenntem Ausweis verschiedener Leistungsbestandteile viele Möglichkeiten geboten sind (vgl. Kap. 8). Beispielsweise werden Kundendienst- oder Ersatzteilleistungen häufig mit sehr viel höheren Kalkulationsaufschlägen belegt als die Anlagen selbst. Im Extremfall - etwa bei der Planung und Erstellung eines neuen Flughafens - kann damit sogar eine *auftragsbezogene Preislinienpolitik* betrieben werden.

Bestimmte Leistungsmerkmale, z.B. die Betriebskosten einer Anlage, deren Installation oder der Wiederverkaufswert, sind für den Abnehmer allerdings unmittelbar kosten- bzw. erlöswirksam. *Preis-* und *Kostenbewusstsein* der Nachfrager sind deshalb auch in aller Regel sehr viel größer als auf Konsumgütermärkten, zumal oft professionelle Einkäufer am Werke sind, die versuchen, den günstigsten Einkaufspreis zu realisieren.

Spielraum für die Preisgestaltung besteht aber nicht nur hinsichtlich der bzw. des Preisnenner(s), sondern auch hinsichtlich der bzw. des Preiszähler(s). Als Entgelte werden nämlich - bedingt durch Devisenknappheit oder Finanzierungsengpässe bei den Nachfragern - in zunehmendem Maße *Waren oder Dienstleistungen* statt Geld vereinbart. Das *„Financial Engineering"* gewinnt dadurch im Preisverhandlungsprozess eine besondere Bedeutung. Eine der dabei verfügbaren Möglichkeiten sind *Kompensationsgeschäfte (Barter)*, bei denen der Kunde Waren oder Dienste als Zahlungsmittel verwendet (vgl. 10.6).

Je nachdem, ob der Verkäufer die Waren selbst einsetzt oder an Dritte weitervermarktet, liegt Eigen- oder Fremdkompensation vor. Häufig werden Liefergeschäft und Kompensationsgeschäft rechtlich getrennt (*"Parallelgeschäft"*). Bei *Buy-Back-Geschäften* wird der Kaufpreis mit Produkten beglichen, die auf der gelieferten Anlage produziert wurden. Immer häufiger operiert man dabei sogar auf Basis sog. *Betreibermodelle*, bei denen sich die an einem Anlagenprojekt beteiligten Partner (Lieferanten, Zulieferer, Banken etc.) in einer die Risiken des Geschäfts abdeckenden Betreibergesellschaft zusammenfinden, und der Kaufpreis aus dem Cash-flow der gelieferten Anlage aufgebracht wird (Backhaus 1999, S. 438f.).

Preispolitisch problematisch ist allerdings die Inkaufnahme von Waren, die mit den eigenen Produkten des Unternehmens konkurrieren, weil dadurch letztlich eine Kapazitätserweiterung finanziert wird, die den Angebotsdruck am eigenen Markt erhöht. Ähnliche Probleme können sich bei der Inzahlungnahme von gebrauchten Anlagen ergeben, weil das Preisniveau für Gebrauchtwaren auf die Akzeptanz der Neuwarenpreise gleichen oder ähnlichen Typs ausstrahlt (vgl. hierzu Seidel 1979). Zur Vermittlung der wachsenden Mengen an Kompensationswaren bieten sich zunehmend eigene Absatzmittler, sog. *Barter*, an.

13.1.1.2 Individualität des Leistungsangebotes

Insb. im Anlagen-Marketing stehen Umfang und Inhalt der angebotenen Leistungen oft nicht schon ex ante fest, sondern werden erst im Verlauf des Marketing-Prozesses durch Interaktionen von Anbietern und Nachfragern bestimmt (Backhaus 1999, S. 427ff.). Diese kunden- und auftragsspezifische Individualität des Leistungsangebots, die in geringerem Umfang auch im Produkt- und Systemgeschäft (z.B. Kopierautomaten, Computer, medizinisch-technischen Geräte), ja sogar für Rohstoffe (z.B. Verpackungsmaterial) durch Anreicherung mit Dienstleistungen (*„Systems Selling"*) erreicht werden kann, reduziert den Markteinfluss oft so erheblich, dass nur noch „isolierte betriebsindividuelle Nachfragemärkte" (Strothmann 1977) existieren. Das Marktgeschehen verlagert sich sozusagen in das nachfragende Unternehmen. Dies hat naturgemäß erhebliche Konsequenzen auf die Art und Intensität des *Preiswettbewerbs*.

Erstens konkurrieren oft nur wenige Anbieter bzw. Anbieterkoalitionen, was zu einer oligopsonistischen Marktstruktur führt. In solchen Märkten ist die Neigung zu (verbotenen) *horizontalen Preisabsprachen* besonders groß.

Zweitens greifen die Nachfrager in solchen Situationen zur Risikominderung häufig zum Instrument der *Ausschreibung* (Submission). Damit soll die Konkurrenzintensität der Anbieter gesteigert werden. Sie werden aufgefordert, für die im sog. Lastenheft genau spezifizierte Leistungsforderung Preisangebote abzugeben (vgl. Gandenberger 1961). Für den Anbieter erhöht sich dadurch das Auftragserlangungsrisiko. Eine relativ einfache Möglichkeit zur Handhabung dieses Risikos bieten sog. *Submissions-(Competitive Bidding-)Modelle* (vgl. 13.1.2.2).

Drittens resultiert aus dem reduzierten Marktgeschehen und dem unmittelbaren Kundenkontakt für den Anbieter aber auch die Chance, die *Nutzenvorstellungen des Nachfragers* relativ genau zu erfassen und damit die Preisobergrenze zu quantifizieren. Entsprechenden Analysemethoden, wie der Wert- oder der Conjoint Analyse, kommt deshalb gesteigerte Bedeutung zu (vgl. 13.1.2.3). Im Zuliefergeschäft praktiziert man z.T. sogar ein *„Corporate Target Pricing"*, d.h. eine gemeinsame Preisfindung nach Maßgabe der Wettbewerbsbedingungen auf der Abnehmerseite (vgl. 13.1.2.1).

Viertens führt die Individualität des Leistungsumfangs tendenziell zu einer *Abschwächung des Preisinteresses* bei den Abnehmern. Diese gehen nämlich u.U. ein *erhebliches Kaufrisiko* hinsichtlich Liefertermintreue, Installation, Gewährleistung, Reklamationsabwicklung, Reparaturservice usw. ein, wenn sie einen zwar preisgünstigen, aber u.U. im Leistungsvermögen schwer einschätzbaren Anbieter auswählen. Konterkariert wird diese Tendenz allerdings zunehmend durch ein streng budgetorientiertes Einkaufsverhalten der für die Beschaffung zuständigen Entscheidungsträger. Trotzdem kommt dem Signaling von Preis- und Leistungskompetenz wegen der hohen Anteile von Erfahrungseigenschaften bei vielen Industriegütern eine besondere Rolle für die Preisdurchsetzung zu. Hierzu zählen auch Referenzen, User Groups, Zertifizierungen oder Qualitäts-Awards, worauf an dieser Stelle nicht weiter eingegangen werden kann (vgl. Backhaus 1999, S. 605ff.).

Fünftens führt die Individualität des Leistungsumfangs auch für den Anbieter zu erheblichen finanziellen *Risiken:* Häufig investiert er schon in der Angebotsphase erhebliche Beträge für die Angeboterstellung. Er bindet mit Großaufträgen häufig hohe Kapazitäten, ohne dass die letztendliche Erfolgsträchtigkeit der Geschäftsabwicklung garantiert ist. Darüber hinaus sind Opportunitätskosten für entgangene Aufträge wegen der zeitlichen Diskontinuität des Auftragsanfalls kaum kalkulierbar. Deshalb besitzen *Preissicherungsmaßnahmen* (vgl. Kap. 12.3) im Industriegütermarketing eine besondere Bedeutung.

13.1.1.3 Preisentscheidungen als multiorganisationale Transaktionsprozesse

Kauf- bzw. Verkaufsentscheidungsprozesse spielen sich im Industriegüterbereich oft in Form von *Kollektivententscheidungen* ab. Dem sog. „Selling Center" auf der Anbieterseite steht dabei das sog. „Buying Center" auf der Nachfragerseite gegenüber (vgl. Webster/Wind, 1972). Dies führt dazu, dass sich

(1) erstens die Preisfindung in mehreren Phasen vollzieht.

(2) Zweitens gilt es für den Anbieter, Preisstrategie und Preistaktik auf die spezifischen *Eigenheiten des Buying Centers* auszurichten.

(3) Drittens sind *organisatorische Vorkehrungen* zur Abstimmung des Preisbildungsprozesses im Selling Center zu treffen (vgl. Kap. 12.4).

(1) Phasen des Preisbildungsprozesses

Unter preispolitischen Gesichtspunkten kann der Verkaufsprozess von Industriegütern in drei Phasen untergliedert werden, nämlich

- die Angebotserstellungsphase,

- die Verhandlungsphase und

- die Abwicklungs und Gewährleistungsphase (vgl. Backhaus 1999, S. 439ff.).

In der *Angebotserstellungsphase* ist eine Ausgangspreisforderung für den nachfolgenden Preisverhandlungsprozess festzulegen. Da häufig kein Marktpreis existiert, besitzen dabei *kostenorientierte Preiskalkulationen* einen besonderen Stellenwert (vgl. 13.1.2.1). Weitere Anhaltspunkte für die Preisfindung liefern *Nutzen-Kosten-Analysen* aus der Sicht des Nachfragers (vgl. 13.1.2.2) sowie *Risikoanalysen* hinsichtlich der Auftragserlangungswahrscheinlichkeit bei verschiedenen Angebotspreisen (vgl. 13.1.2.3).

In der *Verhandlungsphase* müssen die Kaufpreisvorstellungen des Nachfragers mit dem Angebotspreis in Übereinstimmung gebracht werden. Der Anbieter gerät dabei in vielen Fällen unter einen *Preisdruck,* der umso stärker sein wird, je ausgeprägter die relative Machtposition des Nachfragers ist (vgl. hierzu Jain/Laric 1979; Krelle 1976). Dem Preisdruck des Nachfragers steht der aus dem Deckungsbedarf des Anbieters resultierende *Deckungsdruck* gegenüber (Plinke 1982). Auch *situative Faktoren,* wie die Art des Auftrags (z.B. Referenzanlage), das politische Risiko oder staatlich beeinflusste Vergabebedingungen (z.B. Importrestriktionen) bestimmen den Preis-Verhandlungsspielraum. Eine Möglichkeit zur Lösung des Dilemmas besteht dann, wenn die angebotene Problemlösung ohne wesentliche Nutzeneinbußen beim Abnehmer „abgemagert" werden kann oder wenn Preiszugeständnisse der Vor- bzw. Unterlieferanten erzielt werden können (vgl. Arbeitskreis „Marketing", 1978, S. 12ff.). Um die negativen Ausstrahlungseffekte auf das Preisniveau der jeweiligen Produktgattung möglichst gering zu halten, werden Preiszugeständnisse häufig durch spezielle Rabatte bzw. Preissenkungen für Nebenleistungen (z.B. Kundenfinanzierung, Transport etc.) nach außen hin verschleiert (vgl. z.B. Sultan 1974). Darüber hinaus spielen im Rahmen von Preisverhandlungen die im Abschnitt 12.3 bereits dargestellten *preistaktischen Vorgehensweisen* bei der Argumentation und Verhandlungsführung eine wichtige Rolle.

Preispolitische Spielräume in der *Abwicklungs- und Gewährleistungsphase* bestehen nur noch dann, wenn eine Preisveränderung nach bestimmten *Preisanpassungsklauseln* (vgl. hierzu Kap. 12.3.2) vertraglich vereinbart wurde oder aus Fairnessgründen vom Käufer freiwillig zugestanden wird. Da sich die Abwicklung von Industriegütergeschäften manchmal über Jahre hin erstreckt, sind Preisanpassungsklauseln hier ein besonders wichtiges preispolitisches Instrument.

(2) Spezifische Eigenheiten des Buying Centers

Die am Kaufentscheidungsprozess des Nachfragers beteiligten Personen und Institutionen bilden ein Buying Center, dessen Zusammensetzung und Verhaltensweise den Preisbildungsprozess in spezifischer Weise beeinflussen können. Von besonderer Bedeutung ist dabei das *Preisinteresse* und die *Preistransparenz* der Mitglieder des Buying Centers. Nicht selten werden z.B. sog. *Consulting Engineers (Consultants)*, d.h. selbständige beratende Ingenieurbüros, in das Buying Center kooptiert, um die Preistransparenz zu verbessern. Da Consultants oft gleichzeitig die Rolle des Fachpromotors im Kaufentscheidungsprozess übernehmen, hat sich die Preiskommunikation des Anbieters auf sie besonders auszurichten (vgl. hierzu o.V. 1984a).

Über Stärke und Richtung des Preisinteresses des Buying Centers können wegen der unterschiedlichen Verhältnisse kaum generelle Aussagen gemacht werden (vgl. hierzu Poscharsky 1998, S. 57ff.). Bei Dominanz von technischen Kriterien im Buying Center schwächt sich das Preisinteresse ab. Bugdetgebundene Einkaufsrichtlinien wirken in entgegengesetzter Richtung. In empirischen Untersuchungen wurde teilweise ein relativ niedriges (vgl. Udell 1964), teilweise ein relativ hohes Preisinteresse (vgl. z.b. Backhaus 1977a) festgestellt. Strothmann (1968) konnte nachweisen, dass es auch unter den industriellen Einkäufern sog. „Image-Reagierer". gibt, deren Entscheidungsverhalten ähnlich vereinfachend oder habituell ist wie das vieler Konsumenten. Die Preisrechtfertigung in der Preisverhandlungsphase hat sich diesen Umständen des Entscheidungsverhaltens im Buying Center ebenso anzupassen, wie die mediale Preiswerbung des Anbieters.

(3) Abstimmung der Preisentscheidungsprozesse im Selling Center

Nicht nur das Buying Center, sondern auch das Selling Center nimmt mit seiner Zusammensetzung und Organisation Einfluss auf die Preisbildung. Im Zusammenhang mit der Frage nach der *Preiskompetenz* des Außendienstes wurde dies oben bereits an einem auch im Industriegüterbereich wichtigen Beispiel deutlich gemacht (vgl. 12.4.2). Ähnliche Probleme ergeben sich dann, wenn die *Vertriebseinheiten* des Anbieters als *eigenständige* Profit Centers organisiert sind (vgl. 12.4.2). Auf diese Weise werden innerhalb des Selling Centers Preisuntergrenzen leichter durchsetzbar. Dem Preisdruck am Markt wird ein entsprechender Kostendruck auf Grund der Gewinnverantwortlichkeit des Profit Centers entgegengesetzt.

Ein spezielles preispolitisches Problem kann sich schließlich dann ergeben, wenn sich das Selling Center aus einer *Anbietergemeinschaft* (Konsortium, Generalunternehmer mit Unterlieferanten etc.) zusammensetzt oder wenn sogar ein *Joint Venture* mit dem Abnehmer eingegangen wird (vgl. hierzu z. B. Engelhardt/Günter 1981, S. 160ff.). Die Preisbildungsproblematik wird hierbei durch Abstimmungs-(„Nahtstellen-")probleme und Ausfallrisiken zusätzlich erhöht. Andererseits bietet sich dabei u.U. aber auch die Möglichkeit eines internen kalkulatorischen Ausgleichs innerhalb der Selling-Center-Firmen, der seinerseits im Wege von Preisverhandlungen vorgenommen werden muss (vgl. Backhaus/Späth 1995).

13.1.1.4 Der besondere Einfluss des Makrosystems

Die Preisbildung im Industriegüterbereich unterliegt in besonders starkem Ausmaß dem Einfluss des Makrosystems (vgl. hierzu 2.3.4). Das gilt erstens wegen der ausgeprägten *Konjunkturabhängigkeit* der Nachfrage vieler Industriegüter und der dadurch bedingten zyklischen

Schwankungen im Absatz. Dies erfordert besondere Informationsaktivitäten, beispielsweise mittel- bis langfristige Preisprognosen (vgl. Monroe 1979, S. 103ff.), aber auch gezielte Kaufanreize (z.b. in Form hoher Gebrauchtwarenpreise) und zeitliche Preisdifferenzierungen zur Verstetigung des Absatzverlaufes. Gelegentlich wird auch ein *internationaler kalkulatorischer Ausgleich* gesucht, indem die Exportpreise in Ländern mit Hoch-(Niedrig-)konjunktur relativ hoch (niedrig) festgesetzt werden. Die zunehmende internationale Verflechtung vieler Buying Centers sowie die professionelle Steuerung des Reimports durch spezielle Händlerorganisationen beschränken die Möglichkeiten für eine solche Strategie aber immer stärker.

Ein zweiter wichtiger makroökonomischer Faktor ist die zunehmende Beeinflussung von Industriegütermärkten durch konjunkturpolitisch motivierte *Eingriffe des Staates*, beispielsweise in Form veränderter Abschreibungssätze, Investitionsprämien oder staatlicher Ausgabenprogramme. Darauf kann an dieser Stelle nicht weiter eingegangen werden.

Drittens ist auf die besondere *Zinsempfindlichkeit des* Investitonsgüterabsatzes hinzuweisen. Sie führt dazu, dass in Hochzinsphasen die Finanzierungs- und Zahlungsbedingungen für die Preisdurchsetzung oft ausschlaggebende Bedeutung erlangen.

Viertens besteht eine hohe *Exportabhängigkeit* vieler Industriegüterhersteller. Wegen der kleinen nationalen Märkte bestand schon immer eine eher globale Orientierung der Industriegüter- und insb. der Anlagenhersteller, was das internationale Preismarketing (vgl. Kap. 10) damit zum Normalfall macht. Manche deutsche Unternehmen leiden dabei unter ihrem Bemühen nach technischen Spitzenprodukten, die nur mit entsprechend hohen Preisen vermarktet werden können. Sie vernachlässigen niedrigere Preislagen und lassen sich in Nischenpositionen abdrängen. Durch kostenpolitische Maßnahmen muss hier ein Weg zurück zu den Massenmärkten gefunden werden, will man langfristig Wachstumspotenziale erschließen und die Wettbewerbsführerschaft behaupten (vgl. Backhaus 1999, S. 202ff.).

Die globale Ausrichtung bringt auch zusätzliche *Preisrisiken* (z.B. Wechselkursänderungen) mit sich (vgl. 12.2). Nur marktmächtigen Anbietern gelingt es, bei der Fakturierung ihre jeweils nationalen Währungen durchzusetzen. Sie können dadurch nach einer Studie von Samiee/Anckar (1998) ihre Gewinne erhöhen, müssen offenkundig aber auf Umsätze verzichten, die bei Fakturierung in der Kundenwährung möglich wären.

Dass schließlich fünftens die *technologische Entwicklung* gerade für die Preisbereitschaft der Nachfrager von Industriegütern von besonders großer Bedeutung ist, braucht nicht weiter erläutert zu werden. Technische Innovationen bieten in diesem Wirtschaftsbereich besonders attraktive preispolitische Spielräume, zumal sie in vielen Fällen durch Patente und Lizenzverträge für einen begrenzten Zeitraum abgesichert werden können. Allerdings wird der subjektiv empfundene Nutzen durch neue technische Lösungen seitens der Kunden von den Anbietern oft überschätzt, weil dort eine zu technische Sichtweise über Produktqualität vorliegt. Insofern gilt es umso mehr, die nachfolgend erläuterten Kalküle der Nutzenquantifizierung (13.1.2.2) tatsächlich zu nutzen, um das Preisakzeptanzrisiko von Produktinnovationen zu senken. Die empirische Innovationsforschung lehrt, dass falsch gesetzte Preise zu den häufigsten Ursachen für Neuprodukt-Flops zählen (Cooper 1996).

13.1.2 Spezifische Planungsinstrumente

13.1.2.1 Progressive Preiskalkulationen für Industriegüter

Vor allem in der Angebotsphase für industrielle Anlagen spielen progressive Kalkulationsverfahren auf Voll- oder Teilkostenbasis trotz deren bekannter Mängel (vgl. 6.2) eine praktisch unverzichtbare Rolle, weil ein Marktpreis oft nicht existiert. Wegen der Individualität des Leistungsumfangs sind aber auch die Kosten eines Auftrags häufig nicht nach den klassischen Verfahren der Kostenträgerrechnung ermittelbar. Die Praxis behilft sich deshalb mit mehr oder minder groben Kalkulationsansätzen, wie der *„Kilokostenmethode"*, der *Einflussgrößenkalkulation*, dem *Grobprojektierungsansatz* oder dem *Lernansatz* (vgl. Backhaus 1999, S. 469ff.).

Bei der *„Kilokostenmethode"* werden Erfahrungswerte über die Herstellkosten pro kg-Gewicht oder pro Einheit anderer Mengencharakteristika (z.B. m³ umbauter Raum) einer Anlage zur Kalkulation verwendet. Im Rahmen der *Einflussgrößenkalkulation* zieht man dagegen bereits Regressionsgleichungen über den Einfluss *mehrerer* Kostenbestimmungsgrößen heran, wobei technische Merkmale (Motorstärke, Temperaturwiderstand, Rohrmaße etc.) naturgemäß dominieren. Beide Verfahren verzichten aber auf einen differenzierten Ausweis des Mengengerüsts der zu erwartenden Kosten. Dagegen entwickelt man beim *Grobprojektierungsansatz* zunächst ein technisches Grobkonzept, das die wesentlichen Komponenten der Anlage (Mengengerüst der Kosten) enthält, deren Kostenwerte dann in einem zweiten Schritt unter Heranziehung von Erfahrungswerten und Preisprognosen geschätzt werden müssen. Der sich daraus ergebende sog. Basispreis der Anlage wird schließlich hinsichtlich kundenspezifischer Sondereinzelkosten (vor allem Vertriebssondereinzelkosten wie Transportkosten, Kosten für Montageleistungen, Bankgarantien usw.) modifiziert. Beim *Lernansatz* greift man auf „Lernmodelle" zurück. Sie basieren auf dem Grundgedanken, durch eine systematische hierarchische Aufgliederung der Bau- oder Konstruktionselemente jeder gefertigten Anlage eine strukturierte Speicherung bereits abgewickelter Projekte zu ermöglichen, um dann bei der Kalkulation neuer Projekte auf Subsysteme bereits abgewickelter Projekte zurückgreifen zu können. Beispiele und nähere Erläuterungen zu diesen Kalkulationsverfahren findet man bei Eversheim/Minolla/Fischer (1977) sowie Backhaus (1999, S. 469ff.).

Im System- und Zuliefergeschäft, wo oft intensive Beziehungen zumindest zu Schlüsselkunden bestehen, pflegt man ein sehr viel stärker marktbezogenes Kalkulationsgebaren, bei dem die Akzeptanz und Wettbewerbsfähigkeit des Angebotspreises beim Kunden im Mittelpunkt stehen (vgl. Kap. 6.3). Da gewerbliche Kunden ihrerseits unter Marktdruck stehen, hat die Preisfindung häufig schon auf diesen nachgelagerten Märkten ihren Ausgangspunkt. In gemeinsamen Gesprächen wird geprüft, welcher Angebotspreis beim Kunden wettbewerbsfähig ist und welche Abgabepreise dafür auf der Zulieferseite erreicht werden müssen. In einem Prozess des unternehmensübergreifenden *„Corporate Target Pricing"* kann dann gemeinsam nach Möglichkeiten gesucht werden, diesen Preis „rechenbar" zu machen, d.h. kalkulatorisch Gewinn bringend zu realisieren (vgl. Seidenschwarz 1993). Nicht selten wird von Zulieferseite dazu sogar (meist auf Druck des Schlüsselkunden) die Kostenkalkulation offen gelegt (*„gläserner Lieferant"*) und im Wege des Benchmarking gemeinsam mit dem Kunden nach Einsparmöglichkeiten und entsprechenden Kalkulationsspielräumen gesucht. Dazu setzt man alle sinnvollen Techniken der Wertanalyse und des Total Quality Management ein. Ein solches Vorgehen zeigt im Übrigen beispielhaft, wie wichtig das *Preisvertrauen* (vgl. Kap. 4.7.4) in Industriegüter-Geschäftsbeziehungen für den Markterfolg sein kann.

13.1.2.2 Nutzen-Kosten-Analysen

Neben kostenorientierten Kalkulationsverfahren bieten sich im Industriegüterbereich aus den eben beschriebenen Gründen *nachfragerorientierte Nutzen-Kosten-Analysen* als Planungshilfe für die Preisfindung besonders an. Wir haben diese Verfahren in den Kapiteln 5 und 6 bereits ausführlich erörtert und beschränken uns hier deshalb auf branchenspezifische Besonderheiten und Beispiele.

Die grundsätzliche Zielsetzung solcher Analysen ist es, das Preiswürdigkeitsurteil potentieller Kunden zu prognostizieren und/oder zu beeinflussen, indem die Nutzenbeurteilung bestimmter Leistungsangebote *aus deren Perspektive* heraus vorgenommen wird. Darauf aufbauend kann der Preis so festgelegt werden, dass der Nettonutzen für den Abnehmer groß genug ist, um dessen Preisbereitschaft zu gewährleisten. Dieses Konzept eines *„Nutzenpreises"* (vgl. Kap. 8) beinhaltet im Grunde nichts anderes als eine konsequente Anwendung des Tragfähigkeitsprinzips unter Ausnutzung individueller Qualitätspräferenzen der Nachfrager. Oxenfeldt (1979) verknüpft diesen Ansatz noch mit konkurrenzorientierten Aspekten. Er schlägt vor, eine „Überlegenheitsprämie" zu ermitteln. Sie ergibt sich aus den Nutzenvorteilen eigener Leistungsangebote gegenüber jenen der Konkurrenten. Die Anwendung solcher Konzepte erfordert allerdings eine *Operationalisierung des Nutzenempfindens* der Nachfrager, und zwar möglichst in geldäquivalenten Maßeinheiten. Dazu bieten sich für Industriegüter insbesondere jene Rechenkalküle an, die für rationale Beschaffungsentscheidungen gewerblicher Unternehmen entwickelt wurden.

(1) Investitionsrechnungskalküle

Der Anbieter kann durch statische Kosten-, Gewinn- oder Rentabilitätsvergleiche sowie durch Amortisationsrechnungen die relative Vorteilhaftigkeit seines Angebots für den Abnehmer im Vergleich zu vorhandenen Anlagen oder zu Konkurrenzanlagen ermitteln. Bei dynamischer Analyse sind der Kapitalwert für den Abnehmer bzw. die interne Verzinsung zu bestimmen. Kennt man die Rentabilitätsansprüche des Kunden, kann der Preis darauf abgestimmt werden. Typische Beispiele für derartige Investitionskalküle sind Kostenvergleichsrechnungen für maschinelle Anlagen mit unterschiedlichen Betriebskosten (Rationalisierungsinvestition) oder Kapitalwertrechnungen für Neuanlagen (z.B. für ein neues Fluggerät einer Luftfahrtgesellschaft).

(2) Wertanalysen

Wertanalysen sind systematische Suchverfahren zur Verbesserung der Teilqualitäten von Produkten und/oder zur Senkung der für diese Produkte entstehenden Kosten ohne Beeinträchtigung der erwünschten Funktionalität der Produkte (vgl. Engelhardt/Günter 1981, S. 59). Als Instrument zur Operationalisierung des Nutzens eignen sich Wertanalysen (aus der Sicht des Abnehmers) vor allem dann, wenn das angebotene Investitionsgut über Kostenvorteile hinaus qualitative Verbesserungen der Produktion oder der Produkte des Abnehmers leisten kann. Das Verfahren wird beispielsweise häufig zur Bestimmung der Vorteilhaftigkeit anderer als der bisher vom potentiellen Kunden eingesetzten Rohmaterialien (z.B. Kunststoffe statt Metalle) herangezogen. Hierbei spielen nicht nur Kostenerwägungen, sondern auch die Wertbeständigkeit, Verrottungsfestigkeit oder andere Qualitätseigenschaften eine Rolle. Zur Quantifizierung der Wertvorteile eigener Angebote kann auch auf die für die Lieferantenanalyse entwickelten *Scoring-Modelle* zurückgegriffen werden. Ein Beispiel dafür findet man bei Backhaus (1999, S. 665ff.). Ein anderer Weg wird beim *AHP (Analytic Hierarchy Process)* eingeschlagen (Saaty 1980). Der Kunde soll hier durch systematische Paarvergleiche bezüglich der subjektiven Wichtigkeit verschiedener Leistungskomponenten bzw. übergeordneten Leistungskategorien zur Offenlegung seiner Präferenzen befähigt werden. Im Ergebnis erhält man – ähnlich wie bei Konstantsummenskalen – Prozentgewichte für jede Leistungskomponente. Ein Anwendungsbeispiel findet sich bei Simon (1992, S. 67f.). Solche Modelle veranschaulichen also einerseits dem Nachfrager den Nutzenbeitrag verschiedener Qualitätskomponenten eigener Leistungsangebote und dienen andererseits der *„Preiszerlegung"*, einer im Industriegüterbereich häufig angewendeten Methode zur Verbesserung der *Preisoptik* (vgl. 12.3).

(3) Conjoint-Measurement

Stehen ausreichend Mittel, Zeit und Möglichkeiten zur Verfügung, Abnehmer nach ihren Qualitätspräferenzen zu befragen, so bieten sich insbesondere Conjoint-Analysen zur Bewertung bestimmter Leistungsangebote an (zur Methodik vgl. 5.5.3).

Ein Beispiel dafür liefert eine von Wind, Grashof und Goldhar (1978) durchgeführte Studie über die relative Bedeutung, die bestimmten Qualitätsmerkmalen von Informations-Retrievalsystemen für technische und wissenschaftliche Informationen beigemessen wird. Die Datenerhebung erfolgte nach einem fraktionierten Design bei 274 Wissenschaftlern, EDV-Spezialisten und Managern von 163 US-Firmen. Die wichtigsten Ergebnisse der Conjoint-Analyse sind in Tab. 13-1 dargestellt. Sie zeigen die zwölf untersuchten Teilqualitäten von Retrievalsystemen, ihre relative Bedeutung für die Befragten und für die vier bedeutsamsten Teilqualitäten die jeweils auf einen Wertebereich von 0 bis +1 normierten Teilnutzenwerte jeder Ausprägung. Da ein additives Präferenzmodell herangezogen wurde, kann man durch einfache additive Verrechnung der Teilnutzenwerte den Gesamtnutzen verschiedener Systemkonstellationen bzw. den Grenznutzen von Systemmodifikationen bestimmen.

Beispielsweise bringt eine Verbesserung der Datenbereitstellung von zwei bis drei Tagen auf einen Tag einen Nutzenzuwachs von 0,43 auf 0,51 oder acht Einheiten und damit unter Berücksichtigung der relativen Bedeutung dieses Merkmals (15,1%) einen Gesamtnutzenzuwachs um 1,208 Einheiten. Wird der Preis pro Anfrage dabei gleichzeitig von 50 auf 70 $ erhöht (isolierter Nutzenabfall von 0,88 auf 0,77, d.h. elf Einheiten; gewichtet mit 26,6% ergibt 2,926 Einheiten) so resultiert daraus eine Verminderung des Nettonutzens um 1,718 Einheiten (2,926 - 1,208). Der erhöhte Preis lässt sich allerdings rechtfertigen, wenn das System beispielsweise zusätzlich zu Quellenverweisen (Ausprägung 1.1) auch Abstracts und ausgewählte Dokumente (Ausprägung 1.4) bereitstellt. Der daraus resultierende gewichtete Nutzenzuwachs beträgt 4,34. Auf diese Weise lassen sich auch die Über- bzw. Unterlegenheit eigener Produkte gegenüber Konkurrenzofferten überprüfen.

Teilqualitäten	relative Bedeutung d. Teilqualität u. Teilnutzenwerte einzelner Ausprägungen	
1. Informationsaufbereitung	12,4 %	
1.1 Quellenverweise (QV)		0,01
1.2 QV + ausgewählte Abstracts (A)		0,32
1.3 QV + ausgewählte Dokumente (D)		0,33
1.4 QV + A + D		0,36
1.5 QV + A + Interpretationen (I)		0,39
1.6 QV + A + D + I		0,39
1.7 QB + aus den Dokumenten ableitbare Fakten		0,41
1.8 QB + Antwort auf ein spezielles Problem		0,46
2. Informationsformat	18,3 %	
2.1 Photokopie		0,62
2.2 Computerausdruck		0,52
2.3 Mikrofiche		0,38
2.4 Temporäre Bildschirmdarbietung		0,27
2.5 Mündliche Informationsübermittlung		0,11
3. Schnelligkeit der Datenbereitstellung	15,1 %	
3.1 Wenige Stunden		0,52
3.2 Innerhalb eines Tages		0,51
3.3 2-3 Tage		0,43
3.4 4-5 Tage		0,34
3.5 Mehr als eine Woche		0,09
4. Preis (Kosten pro Anfrage)	26,6 %	
4.1 90 $		0,26
4.2 70 $		0,74
4.3 50 $		0,88
4.4 30 $		1,00
5. Modalität der Anfrage (on-line / off-line)	2,1 %	
6. Modalität der Datendistribution	6,6 %	
7. Art der Bezahlung	2,0 %	
8. Daten-Supplier	6,0 %	
9. Kommunikationssprache (engl. Computersprache)	1,5 %	
10. Modalität des Datenkaufs	1,5 %	
11. Inhaltliche Abdeckung des Themengebiets (vollständig – fast vollständig)	1,9 %	
12. Zeitliche Abdeckung des Themengebiets	5,8 %	

Tab. 13-1: Relative Bedeutung von 12 Qualitätsmerkmalen für Retrievalsysteme und Teilnutzenwerte der vier wichtigsten Merkmale (Quelle: Wind/Grasdorf/Goldhar 1978)

13.1.2.3 Competitive-Bidding-Modelle

Industriegüteraufträge größeren Umfangs werden häufig im Wege von *Ausschreibungen (Submissionen)* vergeben. Für staatliche Institutionen besteht dazu teilweise (z.b. nach § 3, Absatz 3 der Bestimmungen für die Vergabe von Bauleistungen, VOB) sogar eine Verpflichtung. Dadurch kann auch für Individualleistungen künstlich ein Markt erzeugt und der Wettbewerb zwischen den Anbietern angeregt werden. Die Modalitäten der Ausschreibung sind in der Praxis äußerst unterschiedlich (vgl. Gandenberger 1961). Der klassische Fall des sog. *closed bid,* bei dem die Anbieter vertraulich Preisangebote abgeben und das preisgünstigste Angebot zum Zuge kommt, ist heute allerdings nur noch selten anzutreffen. Häufig werden erwartete bzw. im Angebot spezifizierte Qualitätsvorteile bei der Vergabe mit berücksichtigt und auch Nachverhandlungen zugelassen. Für den Teilnehmer an einer Ausschreibung ergibt sich aber in jedem Fall das Problem, die mit steigendem Preis sinkende Wahrscheinlichkeit der Auftragserlangung mit den zunehmenden Gewinnchancen gegeneinander abzuwägen.

Zur Lösung dieses Problems wurden neben spieltheoretischen vor allem entscheidungstheoretische Kalküle entwickelt, die als *Competitive-Bidding-* oder *Submissionspreismodelle* bezeichnet werden (Kempken 1980; Bibliographie von Stark/Rothkopf 1979). Die grundlegende Formulierung stammt von Friedman (1956). Sein Modell beinhaltet eine risikoanalytische Verknüpfung der Zuschlagswahrscheinlichkeiten bei verschiedenen eigenen Preisen und alternativen Konkurrenzpreisen sowie der Wahrscheinlichkeiten dieser Konkurrenzpreise. Unterstellt man,

- dass der Preis das alleinige Entscheidungskriterium des Nachfragers ist,

- die Preisgebote aller Anbieter voneinander unabhängige stochastische Größen und den jeweiligen Mitkonkurrenten unbekannt sind und

- ein bestimmter Anbieter sich risikoneutral verhält,

- so kann man den gewinnoptimalen Submissionspreis des Anbieters durch Differentiation folgender Definitionsgleichung des Gewinnerwartungswertes nach dem Preis ermitteln:

(13-1) $$E\,[G_i\,(p_i)] \;=\; W\,(p_i) \cdot (p_i - k_i)$$

mit

$E\,[G_i\,(p_i)]$ = Gewinnerwartungswert beim Preis p_i

$W\,(p_i)$ = Wahrscheinlichkeit der Auftragserlangung für i beim Preis p_i („Zuschlagswahrscheinlichkeit")

k_i = Kosten der Durchführung des Auftrags (inkl. Kosten der Submissionsabgabe)

Gemäß den Voraussetzungen gilt für die Zuschlagswahrscheinlichkeit:

$$(13\text{-}2) \qquad W\,(p_i) \quad = \quad \prod_{j=1}^{J} W\,(p_i < p_j)$$

mit $\qquad p_j \qquad$ = Preis des Konkurrenten j $\;(W\,(p_i < p_j) > 0)$

Die Wahrscheinlichkeiten dafür, dass der Preis des Konkurrenten j höher als der von i ist, müssen geschätzt werden. Dazu wird man in der Praxis auf Informationen über die Kosten- und Auslastungssituation der Konkurrenten sowie auf Erfahrungen aus vorangegangenen Submissionen und auf subjektive Einschätzungen des zukünftigen Preisverhaltens der j Konkurrenten zurückgreifen. Darin besteht das Anwendungsproblem der Competitive-Bidding-Modelle, das implizit aber auch bei einer „intuitiven" Angebotspreisfindung auftritt. Liegt die Verteilungsfunktion für alle $W(p_j)$ fest, kann das Maximum von (13-1) durch Differentiation ermittelt bzw. (bei diskreten Verteilungen) numerisch bestimmt werden.

Tab. 13-2 verdeutlicht das Vorgehen an einem einfachen Rechenbeispiel. Der relevante Preisbereich für den Anbieter i (Spalte 1) reicht dort von 1,6 bis 2,3 Mio. DM. Die Kosten der Erstellung der ausgeschriebenen Leistung betragen 1,6 Mio. DM. Daraus ergeben sich die in Spalte 2 aufgelisteten Gewinne zum jeweiligen Preis p_i. Die Spalten 3 bis 5 enthalten die geschätzten Wahrscheinlichkeiten dafür, dass die drei mitbietenden Konkurrenten den eigenen Preis p_i nicht unterbieten. Beispielsweise betragen sie für p_i = 1,8 bei Konkurrent 1 60%, bei Konkurrent 2 100% und bei Konkurrent 3 80%. Es handelt sich bei spaltenweiser Betrachtung also um konkurrentenspezifische Verteilungsfunktionen für die Wahrscheinlichkeit, dass p_i unterschritten wird. Die Spalte 6 vereint die drei Verteilungsfunktionen nach dem Multiplikationssatz für stochastische unabhängige Ereignisse und erbringt damit die Zuschlagswahrscheinlichkeiten für i beim Preis p_i. Sie werden mit den jeweiligen Gewinnen multipliziert und ergeben dann die in Spalte 7 ausgewiesenen Gewinnerwartungswerte, wobei im Beispiel ein Preis von 1,8 Mio. DM das beste Ergebnis erwarten lässt.

(1) pi	(2) pi-ki (ki = 1,6)	(3) W1(p)	(4) W2(p)	(5) W3(p)	(6) W(pi) = (3) · (4) · (5)	(7) E(G[pi]) = (2) · (6)
1,6	0	1,0	1,0	1,0	1,0	0
1,7	0,1	0,8	1,0	0,95	0,76	76.000
1,8	0,2	0,6	1,0	0,8	0,48	96.000
1,9	0,3	0,4	0,5	0,5	0,10	30.000
2,0	0,4	0,1	0,3	0,4	0,012	4.800
2,1	0,5	0,05	0,2	0,2	0,002	1.000
2,2	0,6	0,05	0,1	0,1	0,0005	300
2,3	0,7	0,0	0,0	0,0	0,0	0

Tab. 13-2: **Ermittlung der Zuschlagswahrscheinlichkeiten und Gewinnerwartungswerte bei einer Submission mit drei Konkurrenten**

Für das vorgestellte Grundmodell wurden vielfältige Modifikationen, z.B. für unterschiedliche Risikopräferenzen (z.B. Willenbrock 1973), Kapazitätsauslastungssituationen (z.B. Klimm 1982), Projektverbundenheit (z.B. Backhaus 1980) oder Zielfunktionen (z.B. Kempken 1980) entwickelt, die jedoch alle auf dem dargestellten Grundprinzip aufbauen. Empirische Anwendungsstudien - besonders bekannt wurde die Untersuchung von Edelmann (1969) - zeigten übereinstimmend, dass die Anwendung von Competitive-Bidding-Modellen durchweg zu besseren Ergebnissen führt als eine „gefühlsmäßige" Entscheidung. Insofern ist die immer noch recht geringe Verbreitung solcher Modelle wenig verständlich.

13.2 Preispolitik im Dienstleistungsbereich

Dienstleistungen weiten ihren Anteil in fortgeschrittenen Volkswirtschaften immer weiter aus. Zählt man auch die öffentlichen Dienste zu diesem Sektor, so vereinen sie in Deutschland bereits mehr als 50% des Bruttosozialproduktes auf sich. Hinzukommen dabei noch die zahlreichen, von Industriebetrieben erbrachten Dienste, die wegen großer Beliebtheit von added value-Strategien (vgl. 11.4.2) auch dort das Angebotsgeschehen immer stärker prägen. So entwickelt sich selbst die Automobilindustrie durch Reparatur-, Versicherungs-, Finanzierungs- und Mobilitätsservices zu einer Serviceindustrie (Dudenhöffer 1996). Immer mehr Güter werden verleast statt verkauft, und das Internet verstärkt den Trend zur einzeln bezahlten Nutzung („pay per use") von Gütern, statt deren Erwerb (Beispiel: Daten, Software, Musik, Spiele).

Viele der im Dienstleistungsmarketing relevanten preispolitischen Instrumente wurden in den vorangegangenen Kapiteln bereits behandelt. Insbesondere die Preislinienpolitik (Kap. 7), die Preisdifferenzierung (Kap. 8) und die Preisvariation (Kap. 9) sowie die Preisdurchsetzung (Kap. 12) finden auf Dienstleistungsmärkten ein facettenreiches Anwendungsfeld. Trotzdem bleiben einige Besonderheiten, die in diesem Unterkapitel erörtert werden sollen. Wir widmen uns dabei zunächst wieder den Besonderheiten des preispolitischen Entscheidungsfeldes (13.2.1) und erläutern dann einige spezifische bzw. besonders beliebte preispolitische Instrumente und Planungskonzepte (13.2.2).

Dabei sollte man sich bewusst machen, dass Dienstleistungen eine äußerst breite Spannweite an Erscheinungsformen besitzen, auf ganz unterschiedlich organisierten Märkten gehandelt und demzufolge auch unter divergierenden preispolitischen Ausgangsbedingungen vermarktet werden (vgl. hierzu Meffert/Bruhn 1995, S. 23ff.). Abbildung 13-1 zeigt eine entsprechende Klassifikation von Diller/That (1999, S. 20), die speziell im Hinblick auf drei für die Preispolitik wichtige Merkmale gebildet wurde. Wir kommen darauf an späterer Stelle zurück. Wenn nachfolgend „typische" Merkmale von Dienstleistungen erörtert werden, gilt dies deshalb meist nur für bestimmte Unterkategorien.

13.2.1 Besonderheiten des Entscheidungsfeldes

13.2.1.1 Gütercharakteristika

Dienstleistungen zeichnen sich durch eine Reihe preispolitisch relevanter Merkmale aus, die zwar nicht als „konstitutiv", aber in vielen Fällen als charakteristisch gelten können (Fassnacht 1996, S. 106ff). Sie lassen sich am Herstellungsprozess, an Gütereigenschaften oder an bestimmten Wir-

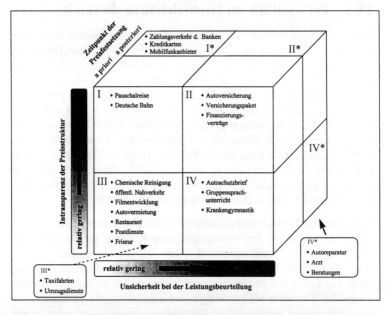

Abb. 13-1: Typologie von Dienstleistungen nach preispolitisch relevanten Merkmalen

kungen beim Kunden festmachen, was oft zu Überschneidungen in der Klassifikation führt. Vier Gütercharakteristika und drei letztlich daraus resultierende Kundenrisiken erscheinen besonders bedeutsam:

(1) **Intangibilität**: Dienstleistungen besitzen zwar nicht immer (z.B. Fast Food-Restaurants), aber häufig einen hohen Anteil immaterieller Qualitäten, z.B. bei Beratung, Versicherung, Unterhaltung oder beim Transport. Damit fehlen Inspektionseigenschaften, was die Qualitätsbeurtei-

lung erschwert und das *Kaufrisiko* erhöht. Gleichzeitig steigt damit das *Preisrisiko*, weil vor dem Kauf nicht hinreichend überprüft werden kann, ob der geforderte Preis mit der angebotenen Qualität in einem angemessenen Verhältnis steht (Preiswürdigkeit) und ob niedrigpreisigere Angebote anderer Anbieter mit dem vorliegenden Angebot wirklich vergleichbar sind (Preisgünstigkeit). Der Käufer muss deshalb zu *Ersatzindikatoren* für die Qualitätsbeurteilung greifen, etwa die Reputation des Anbieters, dessen Preisehrlichkeitsimage oder den Preis der Dienstleistung selbst (vgl. 4.6.3.4).

(2) **Individualität**: Viele Dienstleistungen werden individuell für den Kunden erbracht und unterscheiden sich deshalb von Fall zu Fall erheblich. Dies gilt insb. für die sog. persönlichen Dienstleistungen (Gesundheit, Körperpflege, Beratung etc.). Zum großen Teil erfolgt dabei die Produktion *„uno actu"* mit dem Verbrauch (Beispiel: Bildung, Unterhaltung). Es erfolgt also keine „Vor"-Produktion, die Dienstleistung ist damit nicht ex ante inspizierbar und auch nicht rückgabefähig. Auch dies erhöht die Qualitätsintransparenz und das Qualitätsrisiko. Gleichzeitig wird durch die Individualisierung ein hohes Maß an sachlicher Preisdifferenzierung bis hin zur totalen Individualisierung möglich. Die individuelle Erstellung von Dienstleistungen macht ebenso deren Übertragung an Dritte leichter kontrollier- oder sogar verhinderbar (*Kundenidentifikation*). Dies wiederum ermöglicht entsprechende personelle Preisdifferenzierungen und Mengenrabatte bzw. nicht-lineare Tarife oder Bonusprogramme. Die Preispolitik der Fluggesellschaften bietet dafür zahlreiche Anschauungsbeispiele. Auch dadurch steigt das *Preisrisiko* des Käufers. Wie das Beispiel der Autoreparaturen deutlich macht, führt die Individualität von Dienstleistungen schließlich häufig sogar zur Notwendigkeit der *nachträglichen Preisstellung*, weil erst mit der Produktion der Dienstleistung selbst deutlich wird, welche Teilleistungen hierbei zu erbringen sind. Für den Kunden impliziert dies gleichermaßen *Preisrisiken*. Ein vorab erstellter (i.d.R. unverbindlicher) *Kostenvoranschlag* kann hier nicht alle Unsicherheiten beseitigen, wenn auch der Anbieter u.U. erst im Verlauf der Dienstleistungserstellung erkennt, welche Aufwendungen ihm tatsächlich entstehen.

(3) **Integration des Kunden**: Viele Dienstleistungen erzwingen in mehr oder minder großem Ausmaß die Integration des Kunden in den Prozess der Dienstleistungsplanung, -erstellung oder -lieferung (Engelhardt/ Freiling 1995). Dadurch variieren die Leistungsmerkmale je nach Kunde u.U. beträchtlich, was erneut die Vergleichbarkeit und damit die Qualitäts- und Preistransparenz im Vorfeld des Dienstleistungskaufs beeinträchtigt. Besonders typisch ist das z.B. bei Beratungs- oder anderen sog. persönlichen Dienstleistungen, etwa in der Schönheitspflege oder in der Rechtsberatung. Die Kundenintegration mindert ferner oft den *Preiswiderstand* der Kunden, die im Allgemeinen gegenüber dem Service-

leister weder ein mangelndes Qualitätsbewusstsein dokumentieren noch in stressige Preisverhandlungen eintreten wollen, wenn mit dem Service erst einmal begonnen wurde.

(4) **Leistungskomplexität**: Manche Dienstleistungen umfassen eine Mehrzahl von Teilleistungen, die in unterschiedlicher Form gebündelt und miteinander kombiniert werden können. Tourismus-, Medizin- oder Unterhaltungsmärkte bieten dafür genügend Anschauungsbeispiele. Für die Anbieter ergeben sich daraus zahlreiche Möglichkeiten der *Mischkalkulation* sowie der Heterogenisierung des Marktes durch Produkt- und Preisbündelung. Naturgemäß wird damit die *Preistransparenz* eingeschränkt. Darüber hinaus resultieren für die Anbieter daraus auch Möglichkeiten zur *optischen Preisschönung*, wenn sie einzelne Leistungsbestandteile, die besonders günstig kalkuliert sind (z.b. Nachttarife beim Telefon), in der Preiswerbung herausstellen, während andere Teilleistungen mit hohen Preisen (z.B. Tagestarife) in den Hintergrund treten. Für den Kunden ergibt sich dadurch eine reduzierte *Preistransparenz*. Dies gilt insbesondere dann, wenn Leistungsbündel angeboten werden, die nicht voll den Präferenzen eines Kunden entsprechen, aber wegen reduzierter Pauschalpreise (*Preisbündelung*) zum Kaufe verleiten.

Immaterialität, Individualität, Kundenintegration und Komplexität von Dienstleistungen und die mit diesen Eigenschaften verbundenen Möglichkeiten einer differenzierten und individualisierten Preispolitik schaffen für den Dienstleistungskunden also eine Reihe spezifischer Preisprobleme, deren Lösung durch einen Anbieter wiederum als *begleitende Preisleistungen* interpretierbar sind. Dass sie im Dienstleistungssektor im Vergleich zur Preisgünstigkeit und Preiswürdigkeit eine überproportionale Bedeutung besitzen, wurde durch eigene empirischen Untersuchungen bei fünf Dienstleistungen bestätigt, über die im Kap. 4.7.3 bereits berichtet wurde. Abb. 13-2 gibt die hierbei (auf einer Konstantsummenskala ermittelten) Durchschnittswerte für die subjektive Wichtigkeit verschiedener Teilaspekte wieder. Dabei wird deutlich, wie eminent bedeutend die sog. Preisnebenleistungen, wie Preissicherheit, Preiszuverlässigkeit und Preisfairness im Dienstleistungssektor sind.

Weil das Spektrum der Dienstleistungen so breit ist, können sich die preispolitischen „Neben"-Probleme der Kunden beträchtlich unterscheiden. Für eine differenzierende Betrachtung empfiehlt es sich deshalb, eine *Dienstleistungstypologie* zu benutzen, welche diesen unterschiedlichen Preisproblemen der Kunden Rechnung trägt. Der eingangs bereits vorgestellte „Dienstleistungswürfel" (Abb. 13-1) zeigt unser entsprechendes, empirisch bereits bewährtes (vgl. Diller/That 1999, S. 16ff.) Raster mit drei Dimensionen von Preisproblemen:

(1) Unsicherheit bei der Leistungsbeurteilung,

(2) Intransparenz der Preisstruktur,

(3) Zeitpunkt der endgültigen Preisfixierung.

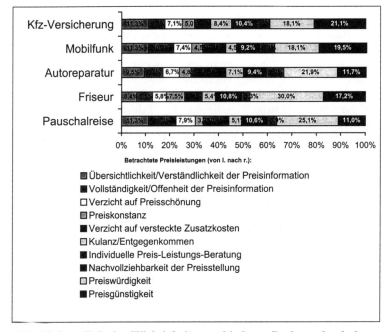

Abb. 13-2: **Relative Wichtigkeit verschiedener Preisaspekte bei ausgewählten Dienstleistungen (Diller/That 1999)**

Ad (1): Die Unsicherheit bei der *Leistungsbeurteilung* wird umso größer ausfallen,

- je weniger standardisiert die Qualität der Dienstleistung ist,
- je stärker der Kunde in den Dienstleistungsprozess miteinbezogen werden muss,
- je komplexer die Leistungsstruktur der Dienstleistung ist und
- je höher der Immaterialitätsgrad der Dienstleistung ausfällt.

Zwischen verschiedenen Dienstleistungen treten diesbezüglich große Unterschiede auf. Können z.B. die Leistungen eines Fastfood-Restaurants zumindest von Kunden mit gewisser Einkaufserfahrung relativ sicher beurteilt werden, so besteht hinsichtlich der Qualität eines bisher unbekannten Beratungsdienstleisters (Steuerberater, Rechtsanwalt, Mediziner etc.) nahezu vollständige Unsicherheit. Institutionenökonomisch formuliert, liegen hier Fälle von Informationsasymmetrie vor, was mit unterschiedlich großen Spielräumen zu versteckt-opportunistischem und für den Kunden nachteiligen Verhalten führt. „Hidden characteristics", „hidden intention" und „hidden actions" sind in unserem zweitgenannten Beispiel sehr viel eher möglich als im erstgenannten.

Ad (2): Wie oben dargestellt, eröffnen die spezifischen Merkmale von Dienstleistungen den Anbietern großen Spielraum für eine differenzierte und transparenzmindernde Preis- und Konditionenpolitik. Dafür ausschlaggebend sind insbesondere die Komplexität der Leistungsstruktur und die damit verbundenen Möglichkeiten zur Preisbündelung sowie die Möglichkeiten zur personellen und zeitlichen Preisdifferenzierung auf Grundlage des direkten Kundenkontaktes bzw. entsprechender Kundendatenbanken. Danach lassen sich Dienstleistungen mit relativ geringer bzw. relativ hoher Intransparenz der Preisstruktur unterscheiden. Zur ersteren zählen z.B. (bisher) Postdienste, photographische Bilderdienste, der öffentliche Nahverkehr oder chemische Reinigungen, zu letzteren Reiseangebote, Transportdienstleistungen, Telekommunikationsdienste oder Versicherungen. Wegen sich wandelnder Gewohnheiten im Preismanagement verschiedener Branchen kann eine Zuweisung bestimmter Dienstleistungen hier immer nur nach den jeweiligen Praxisusancen erfolgen. Die Intransparenz der Preisstellung stellt ein „non monetary burden" dar, das durch verschiedene Maßnahmen der Anbieter erleichtert werden kann. Deshalb werden die Kunden diesbezüglich umso eher Erwartungen an die Anbieter hegen, je größer die dienstleistungsspezifische Unsicherheit hinsichtlich der Preissituation ausfällt.

Ad (3): Eine dritte, von den beiden bisher erläuterten Dimensionen deutlich abtrennbare Eigenschaft von Dienstleistungen betrifft den *Zeitpunkt der Preisfestsetzung*. Nachträgliche Preisfixierung führt zum Zeitpunkt des Kaufentscheides zu erheblicher Preisunsicherheit, was gegebenenfalls durch Preisgarantien oder Pauschalpreise abgebaut werden kann. Insofern ist hier mit spezifischen Preiserwartungen der Kunden zu rechnen, welche die Preiszufriedenheit beeinflussen. Im Gegensatz zu den beiden vorangegangenen Dimensionen gibt es hinsichtlich des Zeitpunkts der Preisfestsetzung eine klare Trennbarkeit von zwei Kategorien, nämlich Dienstleistungen mit Preisstellung im Vorhinein (vor dem Kaufentscheid) bzw. im Nachhinein. Letzteres ist z.B. für Taxifahrten oder Umzugsdienste, für Autoreparaturen, Mobilfunkdienste oder viele persönliche Dienstleistungen (Architekten, Rechtswälte etc.) der Fall. Manche Unternehmen mit Pauschalpreissystemen (z.B. „Pit-Stop-Pauschalpreise" für Auspuffreparaturen zeigen, dass dieser Aspekt auch in der Praxis zur preispolitischen Profilierung genutzt wird. Bei Dienstleistungen mit nachträglicher Preisfestsetzung ist die *Preiszuverlässigkeit* von höherer subjektiver Wichtigkeit als bei Produkten mit zum Kaufzeitpunkt bekannten Preisen.

13.2.1.2 Markt- und Wettbewerbsverhältnisse

Die große Spannweite an Dienstleistungsarten bringt eine entsprechende Spannweite an Markt- und Wettbewerbsverhältnissen mit sich. Sie reicht von (quasi-)monopolistischen Strukturen (Bahn, Betriebssoftware, Inlands-Luftverkehr) bis hin zu typischen Polypolen, z.B. in der Gastronomie und Hotellerie oder bei persönlichen Diensten (z.B. Frisör, Rechtsanwälte, Ärzte). Insbesondere bei niedriger Kapitalintensität und geringen Marktzutrittsschranken, z.b. durch staatliche Konzessionen (Notare, Taxis, Flugüberwachung), mangelndes Raumangebot (Freizeitparks) oder hohe Qualifikationshürden (Wirtschaftsprüfer, Schlachtbetriebe) ist das Marktgeschehen von kleinen, meist nur lokal oder regional aktiven Unternehmen mit entsprechend geringer Wettbewerbskraft geprägt. Die Konzentrationsrate ist dort sehr gering. Der *Marktauftritt* dieser Firmen wird deshalb in aller Regel vom Bemühen um individuelle Leistungserstellung und Differenzierung von anderen Anbietern gekennzeichnet. Für eine preisdominante Strategie, etwa in Form des Discounting, fehlen meist die Voraussetzungen (Economies of Scale, strenges Kostenmanagement, Wille zur Vereinfachung der Leistungsprozesse etc.; vgl. Kap. 11). Die Preispolitik dieser Unternehmen ist dadurch eher passiv und im Marketing-Mix von untergeordneter Bedeutung. Solche Marktverhältnisse beinhalten allerdings oft ein *latentes* Potential für das Discounting, das dann gelegentlich sehr schnell erschlossen werden kann. Teilmärkte der Gastronomie, des Bestattungsgewerbes und auch bestimmter Bankdienstleistungen liefern dafür Beispiele (vgl. Haas 2000). Auch die zunehmende *Internationalisierung* vieler Dienstleistungsmärkte fördert die Unternehmenskonzentration oder zumindest – kooperation, und dies nicht zuletzt deshalb, weil die Diensteanbieter ihrerseits ihren Kunden bei deren Internationalisierung folgen müssen (Marktforschung, Unternehmens-, Rechts- und Steuerberatung, Logistik etc.).

Andererseits gibt es aber auch bisher schon außerordentlich kompetitive, von Großunternehmen geprägte Dienstleistungsmärkte mit allen Varianten preisstrategischer Auftritte. Insbesondere die Deregulierung vieler ehemals staatlich „gezähmter" Märkte im Sektor der Telekommunikation, des Transportwesens (Paketdienste) oder des Verkehrs hinterließ oft Oligopole mit intensivem Preiswettbewerb. Solche Unternehmen kämpfen sowohl um die Ausweitung als auch um die Bindung des jeweiligen Kundenstamms, was die Preispolitik in den Vordergund des Marketing-Mix rückt (z.B. Telekommunikation, Stromversorger). In vielen Fällen können Großdienstleister auch enorme *Economies of Scale* realisieren und *Imagevorteile* durch (z.T. globale) Multiplikation lokaler Outlets erringen (z.B. McDonalds, McKinsey, UPS). In besonderem Maße kompetitiv sind die Strategien auch in solchen Märkten ausgerichtet, wo *kritische Mengen* an Kunden oder Umsätzen erzielt werden müssen, um rentabel zu arbeiten (Flugverkehr, Kabelnetze, Mobilfunk etc.). Standardisierbarkeit der Dienstleistung wegen geringer Individualisierung lässt trotz hoher Arbeitsintensität sog. „*Service Factories"* zu, in denen Kostenvorteile realisiert und Niedrigpreisstrategien gefahren werden können (Speditionen, Reinigungsdienste, Fast-Food-Restaurants). Ähnliches gilt im sog. „*Mass Service"* , der – wie z.B. bei Discount-Brokern – ohne großen Arbeitseinsatz an vielen Kunden erbracht wird (vgl. Schemmer 1988).

In immer noch zahlreichen Dienstleistungsbranchen ist der Preiswettbewerb durch staatliche Vorgaben, Werbeverbote, verbandsrechtliche Gebührenordnungen oder Preisgenehmigungspflichten stark *reguliert*, was zwar dem Qualitätswettbewerb dient und die Kunden u.U. auch vor unseriösen Niedrigpreisanbietern schützt, aber andererseits auch innovative Marketingkonzepte (z.B. Bonusprogramme) und auf breite Distribution angewiesene Niedrigpreisstrategien behindert. Beispielsweise könnten im vom Kostendruck besonders gekennzeichneten Gesundheitswesen mit standardisierten Diensten zu Discountpreisen für problemarme Indikationen (Impfungen, Gesundheitstests, einfache Behandlungen etc.) durchaus Wohlfahrtsgewinne und produktivitätssteigernde Effekte erzielt werden. Der durchschlagende Erfolg von Fielmann im Optikergeschäft liefert dafür ein anschauliches Beispiel.

13.2.1.3 Preisverhalten der Kunden

Bei der Behandlung der Dienstleistungscharakteristika (12.2.1.1) wurde bereits deutlich, wie groß sowohl das *Qualitäts-* als auch das *Preisrisiko* bei vielen (freilich keineswegs allen) Dienstleistungen für die Käufer ausfällt. Dieser Umstand prägt in vielfältiger Weise deren Preisverhalten (vgl. Müller/Klein 1993; Berry/Yadav 1997). Es dämpft zunächst das Preisinteresse und damit die Preiselastizität, zumal gelegentlich auch die *Bedarfsdringlichkeit* keine extensiven Kaufentscheidungsprozesse und Anbietervergleiche zulässt (Abschleppdienste, Reparaturservices, Rechtsberatung). Ferner lenkt es die Preisaufmerksamkeit auf Ersatzindikatoren, insb. das *Preisimage* des Anbieters oder den *Preis als Qualitätsindikator*. Beispielsweise hat Schneider (1999a, S. 81) in einer Befragung von Reisenden festgestellt, dass unter ihnen nur rund 30% vor Reiseantritt zumindest gelegentlich einen Preisvergleich anstellen und eine bewusste Verkehrsmittelwahl treffen, während sich rund 70% ausschließlich an ihren diesbezüglichen Einstellungen, also am Preisimage orientieren. Die Preiskenntnisse sind eher vage und verzerrt (Schneider 1999a, S. 89ff.). Die Preiseinstellung ist stark von der Preistransparenz geprägt, und die Verkehrsmittelwahl wird sogar am stärksten von der subjektiven Sicherheit über die Preisgünstigkeit bestimmter Preisofferten beeinflusst (Schneider 1999a, S. 146ff.). Dies dürfte auch in vielen anderen Dienstleistungsmärkten mit großer Intransparenz der Angebotspreise ähnlich sein. Anders stellt sich das Preisverhalten dagegen bei stark standardisierten Dienstleistungen wie Autovermietungen, Tanzkursen oder Reinigungsservices dar, wo deshalb preisaktive Anbieter (z.B. Sixt) erhebliche Markterfolge erzielen konnten.

Wenn Preistransparenz und Preissicherheit objektive Defizite aufweisen, gewinnen für die Käufer die vermutete *Preisfairness* und *Preis-*

ehrlichkeit der Anbieter an Bedeutung (vgl. 4.7.4). Diesbezüglich sei nochmals auf Abb. 13-2 mit den empirischen Befunden zum Stellenwert sog. *Preisnebenleistungen* verwiesen. „Dienstleistungen ... laden zu Missbrauch bei Preis und Leistung ein. Kunden wissen, dass sie dem ziemlich ausgesetzt sind; sie argwöhnen deshalb, über den Tisch gezogen zu werden, und sind nachtragend, falls es wirklich passiert" (Berry/Yadav 1997, S. 59).

Für viele Anbieter, insbes. im oberen Preisbereich, stellt sich auch das Problem, dass der Nutzen ihrer Diensleistungsangebote wegen der Immaterialität wenig „griffig" und deshalb schwer beurteilbar ist. Nicht selten handelt es sich um Vertrauensgüter (Gesundheitsdiagnose, Unternehmensberatung etc.). Im Gegensatz zum Sachgüterkauf erwirbt man bei Dienstleistungen auch keinen Besitz an Gütern, was die Wertanmutung mindert, den Preiswiderstand hebt und eine nutzenorientierte Preisstellung erschwert. Trotz intensiver Nutzung des Fernsehens ist z.B. die Preisbereitschaft für (private wie öffentliche) Kabelanschlüsse oder TV-Gebüren äußerst gering, während beim Kauf eines (tangiblen) Videofilms nicht selten mehr als eine TV-Jahresgebühr ausgegeben wird. Reiseveranstalter stehen hier einer gänzlich anderen Situation gegenüber, weil die Reise sehr bewusst erlebt wird und viel leichter kommunizierbar ist. „Der Schlüssel zu einer besseren Preisfindung bei Serviceleistungen liegt darin, dass für den Kunden eine klare Beziehung zwischen dem bezahlten Preis und dem Wert, den er dafür erhält, erkennbar wird" (Berry/Yadav 1997, S. 60). Der *Preiswerbung* kommt damit eine besonders wichtige Rolle im Preismarketing für Dienstleistungen zu.

Ein anderer Weg zu Nutzenpreisen bei Dienstleistungen wird *über mengenabhängige (nicht-lineare) Tarife* gesucht, weil dies dem Gossenschen Gesetz des abnehmenden Grenznutzens bei Verzehr zusätzlicher Einheiten eines Gutes entspricht. Dienstleistungsmärkte bieten dafür zahlreiche Anwendungsmöglichkeiten, soweit es sich um repetitive Dienste, z.B. im Bereich Telekommunikation, Verkehr oder Kultur handelt (Skiera 1998).

13.2.1.4 Kostensituation

Dienstleistungen sind in dem Sinne *„verderbliche" Güter*, als sie dann, wenn sie bei Erstellung nicht (hinreichend) genutzt werden, wertlos verfallen (uno actu-Prinzip). Nicht benutzte Flugzeugsitze, Hotelbetten oder Mietwagen pro Zeiteinheit bieten dafür vielfältige Bespiele. Serviceanbieter müssen deshalb in ganz besonderem Maße auf ihre *Kapazitätsauslastung* achten, weil diese unmittelbaren Einfluss auf die Ertragslage nimmt („Yield-" oder „Revenue-Management", vgl. unten). Auslastungskennziffern wie „Sitzladefaktor" (Flugverkehr) oder „Leerfahr-Kilometer" (Transportgewerbe) spielen deshalb für das Preismanagement eine große Rolle. Nicht selten sind die Grenzkosten einer verkauften Einheit (z.B. Flugsitz) nahe Null, sodass die Absatz- bzw. Umsatzmaximierung zum kurzfristig wichtigsten preispolitischen Ziel avanciert. Im Fall fehlender Grenzkosten fallen bekanntlich gewinnmaximaler und umsatzmaximaler Preis zusammen (vgl. Kap. 3.3/3.5).

Umgekehrt existieren relativ hohe *Fixkostenblöcke*, deren Verrechnung auf einzelne Absatzeinheiten preiskalkulatorisch keinen Sinn macht (vgl. Kap. 6.2). Einer kostenorientierten Preiskalkulation sind schon von daher enge Grenzen gesetzt. Wie das Beispiel der Last-Minute-Angebote im Flugverkehr deutlich macht, erbringt selbst ein nur noch minimaler Abgabepreis verglichen mit dem Nicht-Verkauf einen zusätzlichen Deckungsbeitrag. Im Break-Even-Diagramm verläuft die Gesamtkostengerade wegen des höheren Fixkostenblocks sehr viel flacher und auf höherem Niveau. Dies bedeutet, dass der Gewinn erheblich elastischer auf unterschiedliche Erlöse reagiert als bei niedrigem Fixkostenanteil (vgl. Simon 1992, S. 569). Vor diesem Hintergrund kann es nicht verwundern, dass die *zeitliche Preisdifferenzierung* im Dienstleistungssektor einen ganz besonderen Stellenwert besitzt, weil mit nahendem Verfallsdatum der Druck auf die Kapazitätsauslastung kontinuierlich steigt. Kapazitäten können aber auch durch Gewinnung zusätzlicher *Kundensegmente* ausgelastet werden, was auch die personelle und räumliche Preisdifferenzierung attraktiv werden lässt.

Aus Sicht einer kostenorientierten Preiskalkulation kommt erschwerend hinzu, dass ein hoher Kostenanteil auf *Gemeinkosten* entfällt, wenn die Serviceanbieter mehrere Dienstleistungen parallel anbieten (z.B. Restaurants, Reiseveranstalter, Fitnessclubs, Bankdienste etc.). Da es sich überwiegend um Bereitschaftskosten handelt, bringt eine Sortimentsausweitung im Dienstleistungssektor wenig Mehrkosten mit sich. Damit steigt der Anreiz zum *Cross Selling* und zur *Preisbündelung,* beides Formen der marktorientierten Preisfindung. Sie können bei Vorliegen entsprechender Preis-Absatz- bzw. Zahlungsbereitschaftsfunktionen durch marginalanalytische Kalküle ergänzt werden (vgl. Kap. 8).

13.2.2 Spezifische Konzepte und Planungshilfen

13.2.2.1 Preisstrategische Konzepte

Entsprechend der Unterschiedlichkeit der Gütercharakteristik und der Marktsituation bieten sich im Dienstleistungssektor auch unterschiedliche preistrategische Zielkonzepte an. Berry/Yadav (1997) unterscheiden drei Möglichkeiten:

(1) *Zufriedenheitsorientierte Preisstrategie*: Hier wird versucht, die Kunden durch besonders gute Preis-Leistungs-Relationen zu überzeugen oder sogar zu begeistern. Es handelt sich um das von uns in Kap. 11.4.1

bereits vorgestellte *„Value-Konzept"*. Friege (1997) zählt dazu auch „sicherheitsorientierte" Konzepte, bei denen die Preis- und Qualitätsrisiken der Kunden vor allem durch Preis- und Leistungsgarantien sowie Pauschalpreise vermindert werden, was unserem oben erläuterten *Fairnesskonzept* entspricht.

Eine weitere Variante sind „vorteilsbezogene Preise" (Berry/Yadav, 1997, S. 62f.), die in unmittelbarem Bezug zur Nutzung der Dienste stehen, sodass der Kunde besser erkennt, wofür er zahlt. Friege (1997, S. 13) nennt in Anlehnung an Vandermerwe (1993) dafür einige nicht klar unterscheidbare Möglichkeiten, z.B. das *„quantified result pricing".* Hier garantiert der Anbieter einen bestimmten Erfolg und bemisst den Preis am Ausmaß dieses Erfolges (z.B. Erfolgshonorare in der Unternehmensberatung). U.U. werden für den Fall von Misserfolgen oder Qualitätsmängeln sogar negative Preise (Kompensationszahlungen des Anbieters) ausgelobt. Beim *„relative gain pricing"* bemisst sich der Preis ganz ähnlich an der relativen Verbesserung bestimmter ökonomischer Größen, die sich beim Kunden entwickeln. *„Total cost pricing"* nimmt auf die insgesamt z.B. beim Outsourcing von Prozessen an Dienstleistern erreichten Kostenvorteile Bezug und *„opportunity cost pricing"* orientiert sich an den durch den Service eingesparten Kosten beim Kunden.

(2) *Beziehungsorientierte Preisstrategie*: Hierbei versucht man den Servicekunden durch langfristige *Belieferungsverträge* (z.B. Wartungsverträge), *Bonusprogramme* (vgl. 9.4.7) sowie *Preisbündelung*, z.B. durch Verknüpfung einer Anfangsleistung mit Folgeleistungen, langfristig an das Unternehmen zu binden.

(3) *Effizienzorientierte Preisstrategie*: Hierbei wird eine typische Niedrigpreis- oder Discountstrategie (vgl. 11.3) verfolgt, d.h. nach jedweden Rationalisierungsmöglichkeiten in der Produktion und Distribution der Dienste unter Einschluss von Funktionsverlagerungen auf den Kunden (z.B. Selbstbedienung am Automaten) gesucht und der Preis entsprechend abgesenkt.

Daneben kann man im Dienstleistungssektor aber auch *Premiumkonzepte* (Hotellerie, Gastronomie) sowie *Schnäppchenkonzepte* („Happy Hour-Preise", Nebensaisonpreise etc.) feststellen.

13.2.2.2 Preissysteme

Eng mit der Preisstrategie verknüpft sind verschiedene *Preissysteme*, die den Charakteristika von Dienstleistungen in spezifischer Weise gerecht werden sollen. So wird beim *Fest-* oder *Pauschalpreis* das durch einen ungewissen Leistungsumfang entstehende Preisrisiko vom Anbieter getragen (z.B. Autoreparaturen, Fallpauschalen in der Rechtsberatung). Bei einer *leistungsspezifischen Preisfindung* übernimmt dagegen der Kunde dieses Risiko, weil sich der Preis nach den letztlich individuell erbrachten Leistungen bemisst (z.B. Handwerkerleistungen, Tagessätze in der Beratung etc.).

Inklusiv- oder *Komplettpreise* schließen alle Teilleistungen eines u.U. sehr komplexen Leistungspaketes ein (z.B. Hotelübernachtung inkl. Schwimmbad- und Saunabenutzung), während *Preisbaukästen* eine

Aufteilung des Preises und gezielten Kauf im Falle des Bedarfs ermöglichen (vgl. Kap. 9.4.4). Relevant sind solche Systeme auch für begleitende Dienstleistungen im Sachgütergeschäft, die früher oftmals kostenlos
gewährt wurden, nunmehr aber bedarfsorientierter und erlöswirksam
eingesetzt werden (Binder/Gierl 1993).

Im Online-Vertrieb digitaler Dienstleistungen (Musik, Spiele, Informationen etc.) werden *Pay-per-use-Systeme* attraktiv, weil auch sie dem
Kunden eine bedarfsorientierte Zahlungsweise offerieren, die sich gut mit
Bonussystemen und anderen Mengenrabatten verbinden. Der Abruf bestimmter Dienste löst dabei automatisch eine Fakturierung aus, die z.b.
über Kreditkarten oder Telefongebühren abgewickelt werden kann. Ähnlich arbeiten die in den USA bereits eingeführten *road-pricing-Systeme*,
bei denen eine automatische Fahrzeugerkennung (via GMS oder Scanner) eingesetzt wird. Zur Verkehrssteuerung differenziert man hier die
Preise je nach Stoßzeit und ermöglicht eiligen Kunden die Fahrt auf weniger frequentierten, da teureren Fahrspuren.

13.2.2 3 Spezielle Formen der Preisdifferenzierung

Wie bereits erwähnt, drängt die spezifische Kosten- und Kapazitätssitua-
tion bei vielen Dienstleistungen ganz besonders zu einer *zeitlichen Preisdifferenzierung*. Mit ihr lassen sich erhebliche Ertragsspielräume erschließen, wie insbesondere die diesbezüglich besonders ausgefeilten
Preissysteme der Verkehrssdienstleister deutlich machen. Manche Fluggesellschaften verfügen für gleiche Strecken je nach Saison, Wochentag,
Rückflugdatum und Klasse über mehrere 100 Tarife, sodass die Preisübersichtlichkeit darunter beträchtlich leidet. Ähnliches gilt für die hoch
differenzierten Zeitzonen der Telekommunikationsdienstleister.

Umgesetzt wird die zeitliche Preisdifferenzierung insb. durch *Zeitzonentarife, Last-Minute-* bzw. *Stand by-Angebote* und/oder *Nebensaisonra-
batte* (vgl. Kap. 8). In all diesen Fällen gilt es die Substitutionseffekte der
Niedrigtarife auf die Hochpreistarife zu bedenken bzw. durch entsprechende Konditionen zu beschränken. Nicht die maximale Kapazitätsauslastung, sondern der maximale Gewinn sollte im Regelfall ausschlaggebend für das Preisgebaren sein. Auch negative Rückwirkungen starker
Preisdifferenzen auf die subjektiv empfundene Fairness dürfen nicht vernachlässigt werden (vgl. 8.3).

In der wohlfahrtstheoretisch ausgerichteten Preistheorie wird das Thema der optimalen
Kapazitätsdimensionierung und –auslastung unter dem Titel *peak-load-pricing* (Spit-
zennachfrage-Preise) behandelt (vgl. z.B. Lerch 1998). Die Maximierung der Wohlfahrt
(Summe der Konsumenten- und Produzentenrente) ergibt sich normalerweise in der
Hochbelastungszeit dort, wo der Angebotspreis den langfristigen Grenzkosten, d.h. jene
Kosten, die bei Aufbau zusätzlicher Kapazitätseinheiten entstehen, entspricht, während
in der Tiefbelastungszeit die kurzfristigen Grenzkosten das Preiskriterium darstellen.
Kommt es allerdings durch die niedrigeren Preise in der Tieflastzone zu starken Nach-
frageverlagerungen dorthin („shifting peak"), müssen Teile der langfristigen Grenzkosten auch dort berücksichtigt werden (vgl. Sohmen, 1976, S. 392ff.).

Neben der zeitlichen Preisdifferenzierung lassen sich wegen der direkten Kontakte zum Kunden und der damit verbundenen Identifizierbarkeit auch *mengenmäßige* und *personelle Preisdifferenzierungen* umsetzen. Beispiele hierfür sind Großkundenabonnements, Bonusprogramme mit entsprechenden Preisvorteilen für Intensivkäufer oder zweiteilige Tarife wie bei den Mobilfunktarifen mit verschieden hohen Sockelbeträgen und entsprechenden Minutenpreisen. Im Einzelnen sei hier auf Kap. 8.4 verwiesen.

Die *Preisbündelung* benutzt man z.B. bei Pauschalreisen, Menues oder Servicepaketen von Banken und Versicherungen. Ihr kommt wegen der umsatzsteigernden Wirkung („Cross Selling") ohne (Opportunitäts-)Kosten für die Neukundengewinnung derzeit besondere Beliebtheit zu (vgl. 8.4.3). Manche Firmen nutzen hier auch das sog. *Co-Branding*, d.h. eine Kooperation mit anderen komplementären Anbietern von Dienstleistungsmarken (z.B. Visa mit weltweit über 5000 Kooperationen).

Eine empirische Studie von Fassnacht aus dem Jahre 1996, bei der entsprechendes Prospektmaterial und Anzeigen von Dienstleistern ausgewertet wurden, ergab, dass die *zeitliche* Preisdifferenzierung im Dienstleistungssektor mit ca. 44% am stärksten genutzt wird, gefolgt von der *leistungsbezogenen* (32,5%) und der Preisbündelung (29,2%) sowie der *räumlichen* mit nur 7,8%. In fast der Hälfte bzw. 10,1% der beobachteten Fälle werden zwei bzw. sogar drei Differenzierungsformen gleichzeitig eingesetzt. Der Anbieterinflexibilität auf Grund gegebener Kapazitäten und der Individualität des Geschäfts kommen dabei als Treiber der Preisdifferenzierung die größte Bedeutung zu.

13.2.2.4 Yield Management

Yield Management, auch *Revenue Management* genannt (Friege 1996; Klophaus 1998; Corsten/Stuhlmann 1998), beinhaltet eine ertragsorientierte Steuerung der Angebotsmengen von Dienstleistungen, die, wie bei Flügen, Übernachtungen, Mietwagen etc., im Voraus buchbar sind und an unterschiedlich preissensitive Kundengruppen vertrieben werden (Vogel 1989; Daudel/Vialle 1992). Es handelt sich um umfassende Dispositionssysteme, die weit über die eigentliche Preisstellung hinausreichen und insbesondere für die flexible Kontingentierung und Vertriebsfreigabe von verschiedenen Buchungsklassen eingesetzt werden (*Reservierungssysteme*). Die Deutsche Lufthansa hat durch die Einführung eines solchen Systems allein im Jahr 1997 1,4 Mrd (!) DM Ertragssteigerung erzielt (Klophaus 1998, S. 154). Die hohen Ertragszuwächse haben zur raschen Diffusion solcher Systeme bei den Fluggesellschaften und in anderen Branchen (Autovermietung, Hotellerie etc.) geführt.

Die Maximierung des Gewinns erfolgt nach dem preistheoretischen Modell der Preisdifferenzierung zweiten Grades (vgl. Kap. 8.1). Den verschiedenen Tarifklassen bzw. Preislagen, deren Abgrenzung durch entsprechende Buchungsvoraussetzungen erfolgt, werden nach den zu erwartenden Nachfragemengen berechnete Kontingente zugeschlagen, die sich in Annäherung zum Verfallszeitpunkt immer feiner an die jeweilige Buchungssituation anpassen. Dazu kann ein unter normalen Umständen zu erwartender *Reservierungskorridor* definiert werden, der sich mit nahendem Zeitpunkt der Leistungserstellung ständig verengt. Bei Ausbrüchen der tatsächlichen Buchungen aus diesem Korridor werden entsprechende Preisveränderungen vorgenommen, um die Nachfrage anzuheben bzw. zu dämpfen (vgl. Friege 1996, S. 618). Die bestmögliche Aufteilung der Kapazitäten auf die verschiedenen Preiskategorien bzw. Buchungsklassen liegt dann vor, wenn die mit den aktuellen Nachfragewahrscheinlichkeiten gewichteten Durchschnittserlöse, d.h. die erwarteten Grenzumsätze, in allen Preiskategorien gleich sind. Belobaba (1989, S. 183ff.) schlägt deshalb vor, abzuschätzen, ob die derzeitige Nachfrage zum Preis p_t oder die zukünftige Nachfrage zum Preis von p_{t+1}, die mit der Wahrscheinlichkeit W_{t+1} auftritt, vorgezogen werden sollte. Ist dieser gewichtete Nachfragewert für t+1 günstiger, so wird die derzeitige Nachfrage zum Preis von p_t abgelehnt bzw. nur zu einem höheren Preis befriedigt. Erscheint die derzeitige Nachfrage vorteilhaft, so kann man den Preis entsprechend senken, um weitere Nachfrage zu aktivieren. Die Lufthansa nutzt dieses sog. *Bid Price Verfahren* (Klophaus 1998).

Das mit Prognose- und Optimierungsmodulen sowie einer Datenbank und entsprechenden Schnittstellen zum Systemmanager und zu den Vertriebsstellen (Reisebüros, Filialen etc.) ausgestattete Yield-Management-System kontingentiert die Gesamt- und Teilkapazitäten incl. etwaiger Überbuchungszuschläge statisch (einmalig) oder dynamisch (in Anpassung an den Buchungsverlauf) und meldet dies im Echtzeitbetrieb an das elektronische Vertriebssystem. Damit wird eine nachfragegerechte, flexible sowie gewinnsteigernde Feinsteuerung des Angebots möglich. Die Optimierung erfolgt einerseits preistheoretisch auf der Grundlage separat zu schätzender Preiselastizitäten und andererseits durch Allokation der Angebotsmengen im Hinblick auf maximale Umsatzerwartungswerte. Diese errechnen sich auf Basis wahrscheinlichkeits- und risikotheoretischer Kalküle, mit denen das Fehlmengen- gegen das Leerkostenrisiko abgeglichen wird. Das Herzstück des Systems liegt in der die historischen Buchungsverläufe und Stornierungen in differenzierter Form (Termine, Orte, Vertriebskanäle, Kundenmerkmale etc.) erfassenden *Datenbank*. Diese enthält darüber hinaus alle Merkmale der eigenen und der konkurrierenden Angebote sowie u.U. auch Verbunderlöse. Auf dieser Basis werden mittels entsprechender Regressionsmodelle *Nachfrage- und Stornoprognosen* erstellt, die eine Kalkulation des Kundenaufkommens, des damit erzielbaren Umsatzes und Gewinns zulassen (Krüger

1990). Fortgeschrittene Varianten des Y.M. greifen auch auf Expertensysteme zurück.

Im Luftverkehr und in der Hotellerie mit hohen „No-Show"- bzw. Stornoraten werden im Yield Management auch gezielte *Überbuchungskalküle* angestellt, um den dadurch verursachten Umsatz- und Gewinnausfall zu minimieren. Dazu sind die mit wachsender Überbuchung abnehmenden Opportunitätsverluste durch bessere Auslastung mit den steigenden Kosten der Überbuchungen (Ersatzleistungen, rechnerische Imageverluste etc.) gegenzurechnen. Die Lufthansa konnte 1997 durch solche Überbuchungen 630.000 Buchungen mehr bestätigen und damit ca. 250 Mio. DM Mehrerlöse erzielen (Klophaus 1998, S. 154).

13.3 Preispolitik im Einzelhandel

13.3.1 Die Bedeutung der Preispolitik im Einzelhandel

Die Preispolitik stellt heute im Rahmen des Marketing-Mix vieler Handelsbetriebe ein *dominantes Marketinginstrument* dar. Dafür gibt es zahlreiche Erklärungen:

(1) Die Wettbewerbsdynamik im Einzelhandel wird von der Konkurrenz verschiedener *Betriebsformen* getragen. Nach dem von Nieschlag (1954) formulierten Gesetz der Dynamik der Betriebsformen spielt für das Entstehen und Vordringen neuer Betriebsformen eine aggressive Niedrigpreispolitik die entscheidende Rolle. In den Nachkriegsjahren ragten in Europa dabei die SB-Warenhäuser (Hypermärkte) sowie insb. die Discounter heraus, die einen beispiellosen Siegeszug antraten und in vielen Branchen zu den Marktführern aufstiegen (vgl. Diller 1999).

(2) Das eigenständige Leistungsangebot des Handels (Warenbeschaffung, -zusammenstellung, -präsentation, -information, -kreditierung usw.) trägt weitgehend *Dienstleistungscharakter* und ist damit im Vergleich zu industriellen Produkten für den Kunden weit weniger leicht fassbar. Damit gewinnt das Entgelt einen stärkeren Aufforderungsgrad und eine höhere Wirkungselastizität.

(3) Hinzu kommt, dass viele Handelsleistungen, etwa die Sortimentszusammenstellung, die Beratung oder die Präsentation, entgeltmäßig vom Warenverkauf nicht losgelöst werden können. Anbieter ohne solche Leistungsangebote und entsprechend entlasteter Kostensituation können deshalb als „*Trittbrettfahrer*" im Wettbewerb billiger anbieten, ohne dass

der Käufer auf diese Leistungen verzichten muss, wenn er sie bei anderen Betrieben in Anspruch nimmt. Eine stark leistungs- und weniger preisbezogene Marketingstrategie stößt also im Handel schnell an kostenmäßige Grenzen.

(4) Der Einzelhandel operiert auf Gütermärkten, die im Gegensatz zu Dienstleistungen besonders stark von *Sättigungserscheinungen* geprägt sind. Die vorhandenen (Über-)Kapazitäten lösen dabei leicht Preiskämpfe aus und lassen damit den Preis in den Vordergrund des Marktgeschehens treten.

(5) Auf vielen Einzelhandelsmärkten haben sich durch internes Wachstum, Kooperationen und Fusionen der Anbieter *oligopolistische Strukturen* herausgebildet. Dies schuf sowohl von der Kosten- wie von der Absatzseite her Spielraum für eine eigenständige Preispolitik.

(6) Der *Online-Verkauf* via *Internet* entwickelt sich immer mehr zu einem ernst zu nehmenden Wettbewerbskanal für den stationären Handel. Er wird aus Kostengründen von preisaktiven Anbietern überproportional genutzt, sorgt tendenziell für mehr Preistransparenz und wird in Zukunft wohl auch Preisführerfunktionen übernehmen, zumal immer mehr Hersteller das Internet zum Direktabsatz nutzen. Dies heizt den Preiswettbewerb weiter an.

(7) Der Einzelhandel war lange Zeit und ist teilweise auch heute noch einem *kurzfristigen Umsatzdenken* verhaftet, dem durch preispolitische Aktivitäten am leichtesten Rechnung zu tragen ist. Deshalb sorgt er immer wieder für Preiskämpfe, obwohl damit kaum Marktanteile zu gewinnen sind, da die Wettbewerber unverzüglich gleichziehen.

Eine Dominanz der Preispolitik im Rahmen des Marketing-Mix darf allerdings nicht mit Preisaggressivität gleichgesetzt werden. Vorstoßende Preissenkungen sind vielmehr nur eines von vielen preispolitischen Instrumenten, die dem Handel zur Verfügung stehen. Wie bei der industriellen Preispolitik geht es auch beim Preismanagement des Handels darum, diese Instrumente gezielt und in Abstimmung mit anderen Marketingaktivitäten einzusetzen. Wir behandeln im Folgenden nur einige besonders wichtige Aspekte aus diesem Problemfeld, weil es auch in dem Band „Handelsmarketing" der Kohlhammer-Edition Marketing ausführlich behandelt wird (vgl. Müller-Hagedorn 1993).

13.3.2 Besonderheiten des Entscheidungsfeldes

Bei der Preispolitik im Einzelhandel sind insbesondere vier Besonderheiten zu berücksichtigen, die in den nachfolgenden Abschnitten näher erläutert werden:

(1) Die Vielzahl der festzulegenden Einzelpreise,

(2) der *Sortimentsverbund* und die aus ihm resultierende besondere Bedeutung der *Mischkalkulation,*

(3) die *spezifische Kostenstruktur* im Einzelhandel und

(4) das spezifische *Preisverhalten der Verbraucher bei der Einkaufsstättenwahl.*

13.3.2.1 Die Vielzahl von Einzelpreisentscheidungen

Große Supermärkte führen heute durchschnittlich 8.000, SB-Warenhäuser rund 30.000 Artikel in ihrem Sortiment. Ähnlich ist die Situation in vielen anderen Einzelhandelsbranchen. Diese Vielzahl an Kalkulationsobjekten erzeugt ein besonderes *organisatorisches Problem:* Die Fülle der Einzelpreisentscheidungen bei gleichzeitigem Zwang zur Flexibilität am Markt kann nicht in extensiven Entscheidungsprozessen über jeden einzelnen Angebotspreis bewältigt werden. Man behilft sich deshalb mit

- vereinfachten, u.U. sogar automatisierten *Aufschlagskalkulationen* (vgl. 13.3.3.3),

- mit einer *hierarchischen Verteilung der Preiskompetenz;* die Unternehmensleitung entscheidet dabei über die *Preisstrategie,* insbesondere das Preisniveau des gesamten Sortiments (vgl. 13.3.3.1) und die Preispolitik für bestimmte Warenkategorien im Rahmen eines strategischen Category Management (vgl. 13.3.3.2), die Filial- oder Marktleiter über standort- und konkurrenzspezifische *Preislagen* und die Abteilungsleiter über *Einzelpreise,* insbesondere im Zusammenhang mit *Sonderangeboten.* Als Planungsinstrument können dabei entsprechend hierarchisch gestufte *Deckungsbudgets* eingesetzt werden (vgl. 6.3.2.5);

- durch Anlehnung an *Preisempfehlungen* der Lieferanten, insbesondere des Großhandels, der seine Ordersätze in aller Regel mit *Handelspreisempfehlungen* verbindet,

- mit *Beschränkung der aktiven Preispolitik* auf jene Artikel, die im Brennpunkt des Preiswettbewerbs stehen („Eckartikel") sowie auf die besonders umsatz- bzw. ertragsstarken A-Artikel.

13.3.2.2 Sortimentsverbund und Mischkalkulation

Eine zweite Besonderheit der Preispolitik im Einzelhandel ist der starke absatzbezogene Sortimentsverbund. Er tritt vor allem als sog. *Einkaufsverbund* auf, wenn Käufer während eines Einkaufs in einem bestimmten Geschäft verschiedene Artikel gemeinsam erwerben („one stop shopping"). Dem kann vom Einzelhandel durch eine entsprechende *Sortimentspolitik* und durch ausgeprägte *Mischkalkulation,* insbesondere in

Form von Sonderangeboten, Rechnung getragen werden. Das Grundprinzip einer solchen Preispolitik ist der sog. *kalkulatorische Ausgleich*, der im Zusammenhang mit der *Preislinienpolitik* bereits behandelt wurde (vgl. 7.1). Preis- und Sortimentspolitik sind hier unauflöslich ineinander verflochten, was eine optimierende, analytische Handhabung der Preisfindung ungemein erschwert (vgl. Merkle 1981; Fischer 1995; Zeisel 1999).

Zielsetzung der *Mischkalkulation* im Einzelhandel ist es, den unterschiedlichen Preisspielräumen bei verschiedenen Artikeln bzw. Artikelgruppen Rechnung zu tragen. Darüber hinaus soll sie einen *Anlockeffekt* auf die Nachfrager ausüben, indem einzelne Artikel im Vergleich zu Konkurrenzanbietern besonders preisgünstig oder sogar unter Einstandspreis (*„loss leader"*) angeboten werden. Kaufen die auf diese Weise gewonnenen Kunden beim gleichen Einkauf auch andere, höher kalkulierte Artikel, wird der kalkulatorische Ausgleich unmittelbar sichergestellt *(Ausgleichs-Effekt)*. Darüber hinaus kann auch ein *zeitlicher* Ausgleich erfolgen, wenn der Kunde durch den Kontakt mit dem Anbieter ein einkaufsstättentreues Verhalten entwickelt, d.h. auch bei nachfolgenden Einkäufen diesen Anbieter präferiert *(Kundenbindungs-Effekt)*. Die Nutzung dieser Effekte setzt profunde Kenntnisse über das *Einkaufsstättenwahlverhalten* und dessen Abhängigkeit von der Preispolitik voraus (vgl. unten).

Ein wesentliches Entscheidungsproblem der Mischkalkulation betrifft den *Umfang* der *Preisreduktion* bei Ausgleichsnehmern. Die Anwendung *elastizitätsorientierter Entscheidungsmodelle,* wie z.B. die in Kap. 7 erläuterte Niehans-Formel, ist kaum möglich. Denn diese Modelle (vgl. z.B. Niehans 1956; Theisen 1960; Albach 1962; Simon 1980) bauen auf Kreuzpreiselastizitäten auf, deren Schätzung im Einzelhandel wegen der Vielzahl und Variabilität der Verbundbeziehungen trotz Scannertechnologie und dadurch bedingter Möglichkeit zu Warenkorbanalysen schwierig und mühselig bleibt (Zeisel 1999). Man behilft sich deshalb in der Praxis weithin mit mehr oder minder problematischen Heuristiken der Handelsspannenrechnung (vgl. 13.3.3.3) und einem an Kennzahlen orientierten Category-Preiscontrolling (vgl. 13.3.3.2).

13.3.2.3 Die spezifische Kostenstruktur des Einzelhandels

In der Kostenstruktur des Einzelhandels spielen die *Wareneinstandskosten* eine dominierende Rolle. Je nach Betriebsform vereinen sie etwa 50 bis 85 % aller Kosten auf sich (vgl. hierzu Müller-Hagedorn, 1993). Da es sich beim Wareneinstand um *variable Kosten* handelt, schlägt sich ein preisbedingter Umsatzrückgang also weniger stark im Gewinn nieder als in der Industrie, wo der Fixkostenanteil oft sehr viel höher liegt. Die restlichen Kostenarten, oft auch *Handlungskosten* genannt (Personal, Raum, Fuhrpark, Werbung, Zinsen, Abschreibungen, Verwaltung usw.), tragen überwiegend Fix- und Gemeinkostencharakter. Sie lassen sich also nicht exakt nach dem Kostenverursachungsprinzip den einzelnen Artikeln zurechnen. Auch scheinbar verursachungsgerechte Gemeinkostenschlüssel, wie z.b. die Verkaufsfläche als Raumkostenschlüssel, erweisen sich als ungenau, weil sich die Wertigkeit der Verkaufsflächen innerhalb eines Geschäftes u.U. stark unterscheidet und selbst von den innerbetrieblichen Standorten einzelner Sortimentsgruppen und Artikel abhängt. Der Handel verzichtet deshalb häufig auf eine Vollkostenkalkulation und verwendet stattdessen *Teilkostenkalkulationen* auf Basis der Wareneinstandskosten (vgl. 13.3.3.3). Selbst die Einstandskosten (Netto-Nettobezugspreis zzgl. Transportkosten) sind allerdings einer einzelnen Artikeleinheit dann nicht direkt zurechenbar, wenn die Lieferanten artikelunabhängige Boni oder Prämien leisten bzw. Sach- oder Dienstleistungen erbringen, die man als Gemeinkostenschmälerungen der Einstandskosten interpretieren muss.

13.3.2.4 Das Preisverhalten der Verbraucher bei der Einkaufsstättenwahl

Das Preisverhalten der Verbraucher ist für die Preispolitik im Einzelhandel sowohl unter strategischen wie unter taktischen Gesichtspunkten von großer Bedeutung. So bestimmt die *Intensität des Preisinteresses* bei der Einkaufsstättenwahl weitgehend die Erfolgschancen einer preisdominanten Marketingstrategie, wie sie beispielsweise mit dem Discountprinzip verfolgt wird. Weiterhin beeinflusst z.B. das *Zusatzkostenbewusstsein* die Akzeptanz dislozierter Einkaufsstätten, wie z.B. großer SB-Warenhäuser an der Peripherie der Städte. Schließlich bestimmen nicht objektive Preise, sondern *Preisimages* die Preiswahrnehmung der Verbraucher und prägen damit Einkaufsstättenwahl und Ladentreue. Unter preistaktischen Gesichtspunkten interessiert vor allem die Beeinflussbarkeit des Preisgünstigkeitsurteils einzelner Angebotspreise durch preisoptische Maßnahmen, wie sie in Kap. 12.3.1 bereits dargelegt wurden.

Grundsätzlich ist das *Preisinteresse* der Verbraucher bei der Einkaufsstättenwahl relativ groß und - wie verschiedene Befragungen auf breiter Basis belegten - in den letzten Jahren ständig gewachsen. Zu einem nicht unbeträchtlichen Teil ist dieses Preisinteresse vom Preismarketing des Handels selbst aktiviert worden. Trotzdem existieren auf nahezu allen Einzelhandels-Märkten mehrere *Verbrauchersegmente* mit unterschiedlich ausgeprägter Neigung, den Preis bei der Geschäftswahl in den Vordergrund zu rücken (vgl. Kap. 4.3). Maßgebenden Einfluss darauf nehmen

- die individuellen Qualitäts, Sortiments- und Serviceansprüche,
- die subjektiv empfundenen Risiken beim Einkauf in „billigen" bzw. „teuren" Einkaufsstätten hinsichtlich Qualität, Sozialprestige und finanzieller Übervorteilung (Preisunterschiede zu Konkurrenzanbietern), die ihrerseits wieder von der jeweiligen Markttransparenz mitbestimmt werden, und
- die durch *individuelle Merkmale der Verbraucher* (Einkommen, ökonomische Leistungsmotivation, Sparsamkeitsstreben etc.) bedingte Prädisposition zum preisorientierten Einkauf.

Beim *Preisbeurteilungsverhalten* gegenüber Einkaufsstätten ist, wie bei Produktpreisurteilen (vgl. 4.6), mit *vereinfachenden Urteilsstrategien* zu rechnen, zumal die Beurteilung des durchschnittlichen Preisniveaus eines Geschäftes für einen Außenstehenden angesichts der großen Artikelzahl und der Mischkalkulation außerordentlich schwierig ist. Andererseits sind die Verbraucher auf ein solches Urteil angewiesen, wenn sie ihre Einkaufsstättenwahlentscheidung nicht vor jedem Einkaufsgang und für jeden einzelnen Artikel neu treffen, sondern routinemäßig vornehmen wollen. Dies wird insbesondere beim Einkauf von Gütern des periodischen Bedarfs der Fall sein. Aber auch in anderen Warenbereichen ist oft eine hohe *Einkaufsstättentreue* zu beobachten (vgl. Heinemann 1976; Goerdt 1999). Abb. 13-3 zeigt die Ergebnisse entsprechender Panelanalysen für acht Produktgruppen des täglichen Bedarfs (Diller/Goerdt/Gais 1997, S. 29). Die sog. Erstkaufraten (Anteil der Einkaufsmenge in der am meisten präferierten Einkaufsstätte in % der totalen Einkaufsmenge eines Jahres) liegen durchweg auf sehr hohem Niveau um 70%. Die Verbraucher konzentrieren ihre Einkäufe *pro Warengruppe* durchschnittlich auf nur 2,7 Geschäfte, besuchen aber über alle acht Warengruppen hinweg durchschnittlich 10,8 Geschäfte. Sehr viele Verbraucher von Fast Moving Consumer Goods zeigen für *bestimmte* Warengruppen also hohe Ladentreue, präferieren aber für *verschiedene* Warengruppen oft ganz verschiedene Einkaufsstätten und Betriebstypen *("Category-Treue")*. Nicht zuletzt deshalb gewinnt das Category-Management im Handel eine immer größere Bedeutung.

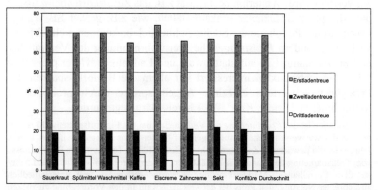

Abb. 13-3: **Anteil der Erst-, Zweit- und Drittpräferenz am gesamten Einkauf**

Zur Erklärung eines solchen Verhaltens wurden in den letzten Jahren eine Reihe von Einkaufsstättenwahlmodellen entwickelt und mit Scannerdaten geschätzt (z.B. Dobson/Kalish 1988; Kohli/Mahajan 1991). Dabei überprüfte man sowohl sortiments- als auch preispolitische Parameter, weil sich auch aus Sicht des Kunden stets die Frage stellt, ob er bei Nichtgefallen bzw. Nichtverfügbarkeit seiner Erstpräferenz den Kauf unterlässt bzw. verschiebt, ein anderes Geschäft aufsucht oder einen anderen Artikel wählt.

Die Befunde zeigen in der Tendenz ein in der Tat stark vereinfachtes, oft nicht-kompensatorisches Entscheidungsverhalten. So stellten Vilcassim/Chintagunta (1995) in einer Scannerdatenanalyse fest, dass US-Yoghurt-Käufer ihre Kaufentscheidungen nach dem Modell des *Reservationspreises* tätigen, d.h. die verfügbaren Artikel in der Reihenfolge ihrer subjektiven Attraktivität daraufhin überprüfen, ob der Artikel eine bestimmte Preisbereitschaftschwelle überschreitet oder nicht. Damit findet also keine kompensatorische Abwägung von Preis und Qualität für jeden Artikel mit anschließender Auswahl des Artikels mit dem besten „*Nutzenpreis*", sondern eine nicht-kompensatorische Auswahl statt.

Eigene (vertrauliche) Studien deutscher Supermarktkunden aus dem Jahre 1999 zeigten darüber hinaus, dass die *Einkaufskriterien* in den verschiedenen Warenkategorien variieren und der Preis nur bei qualitativ problemlosen Artikeln dominiert (was oft zur Präferenz von Discountern führt), während bei Frischwaren Sauberkeit, Qualität und Auswahl im Vordergrund der Ladenwahl stehen.

Maßgeblicher Treiber eines solchen Einkaufsstättenwahlverhaltens sind die globalen oder Category-spezifischen *Preisimages*. Eine bereits ältere diesbezügliche Studie (Diller 1977b) ergab, dass eine solche Differenzierung der Preisimages umso eher zu erwarten ist, je einkaufserfahrener die Kunden sind.

Preisimages sind das Ergebnis der Beurteilung des Preisniveaus von Geschäften oder Sortimentsteilen eines Geschäfts (vgl. Brown 1969; Nyström 1970; Müller-Hagedorn 1983; Diller 1977b, 1991). Es handelt sich um Generalisierungen im Sinne der Lerntheorie, bei denen Einzeleindrücke von Preisgünstigkeit bzw. -würdigkeit zu einem Gesamteindruck zusammengefasst und auf andere Artikel übertragen werden. Im dreidimensionalen *Imagemodell von Diller* (1991; 1992) wurden mit der Preis-Leistungs-Klasse (Betriebstyp) des Geschäfts, der Preisgünstigkeit und der Preisehrlichkeit drei Dimensionen mit entsprechenden Determinanten für solche Images postuliert (vgl. Abb. 13-4).

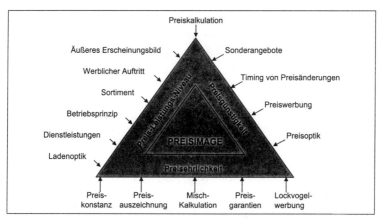

Abb. 13-4:   Determinanten des Preisimage (Diller 1995)

Das *Preis-Leistungs-Niveau* stellt dabei im Grunde eine hierarchisch übergeordnete bzw. zeitlich vorgelagerte Wahrnehmungsdimension dar.

Hier werden Geschäfte ähnlicher Art (Warenhäuser, Verbrauchermärkte, Discountgeschäfte etc.) gruppiert und mit den als typisch empfundenen Merkmalen dieser Kategorie verknüpft. Die *Preisgünstigkeit* repräsentiert das ladenspezifische Preisniveau des Sortiments im Vergleich zu den betriebsformengleichen Wettbewerbern. Die *Preisehrlichkeit* nimmt auf die Transparenz und Konstanz der Preise, die Fairness der Preisstellung und die Preiszuverlässigkeit Bezug. Sie hat sich allerdings in unseren bisherigen empirischen Tests faktoranalytisch nicht separieren lassen. Typisch sind Ergebnisse, wie das in Abb 13-5 dargestellte, die auf einer sehr breiten, über 4000 Fälle umfassenden Befragung deutscher Verbraucher beruhen. Sie repräsentieren die Einstufungen der jeweils bevorzugten Einkaufsstätten im Hinblick auf 58 Merkmale der wichtigsten Anbieter im Lebensmitteleinzelhandel. Die faktorielle Positionierung mit zwei Dimensionen (55,8% Varianzaufklärung) zeigt deutlich die Gruppierung der SB-Warenhäuser und Großverbrauchermärkte (V) einerseits und der Discounter (D) andererseits sowie die dazwischen angesiedelten Supermarktbetreiber (S), die in keiner der beiden Dimensionen Spitzenwerte erreichen. Die beiden Achsen lassen sich aus den Faktorladungen der Beurteilungskriterien eindeutig als „Leistungsklasse (Betriebstyp)" und „Preisgünstigkeit" interpretieren.

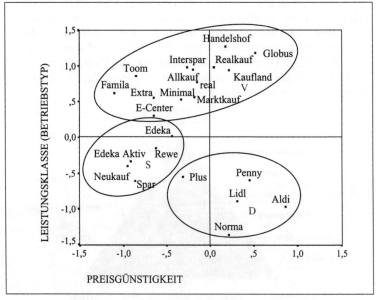

Abb. 13-5: **Positionierung von Einkaufsstätten anhand der Faktoren „Preis" und „Leistungsklasse"**

Eine aus praktischer Sicht besonders wichtige Frage ist der Einfluss bestimmter Artikel auf die Preisgünstigkeitsbeurteilung. Für Nyström

470

(1970) ist dafür die *Anzahl* und nicht so sehr das Ausmaß positiver Preiserlebnisse entscheidend. Er operationalisiert das Preisimage deshalb als *Anteil der positiven Urteile* an allen Urteilen über die Produktpreise eines Anbieters. Artikel, bei denen das Preisinteresse relativ groß ist („Eckartikel"), spielen für das Preisimage allerdings vermutlich eine überdurchschnittliche Rolle. Da gerade solche Artikel häufig als *Sonderangebote* ausgewählt werden, prägen diese das Preisimage vermutlich stark mit (*Akzentuierungs-Effekt*). Außergewöhnlich preisgünstige Schlagerangebote werden dagegen u.U. als untypisch für das Preisniveau angesehen (*Kontrast-Effekt*), während relativ kleine Unterschiede in der Preisgünstigkeit bestimmter Artikel entsprechend dem jeweiligen Preisimage des Anbieters assimiliert werden. Insofern gelten für das Preisimage die in der Assimilations-Kontrast-Theorie bzw. in der Prospect-Theorie postulierten Gesetzmäßigkeiten (vgl. 4.4). Sie unterliegen einer permanenten *Dynamik,* passen sich an die jeweils neuen *Preiserfahrungen* an, verfestigen sich allerdings im Laufe der Zeit und erhalten dadurch ihren starken Einfluss auf das Verhalten. So konnte z.B. Aldi trotz objektivem Gleichziehen seiner Hauptwettbewerber Lidl und Penny bei den Angebotspreisen seinen Imagevorsprung und die damit verbundenen Verbraucherpräferenzen wahren (o.V. 2000).

13.3.3 Spezifische Konzepte und Instrumente

13.3.3.1 Preisstrategische Konzepte

Die schnellen Veränderungen in der Technik, Gesellschaft und bei den Konsumenten sorgen zusammen mit der Warendynamik im Handelsmarketing für ganz besonders dynamische Verhältnisse, an die sich die Unternehmen immer wieder strategisch anpassen müssen. (Tietz 1993; Rudolph 1997). Im „Gesetz" der *Dynamik der Betriebsformen* (Nieschlag 1954) fand dies auch seinen theoretischen Niederschlag. Danach entstehen neue Betriebsformen meist mit preisaggressiven Konzepten, die im Laufe der Zeit im Bestreben nach zusätzlichen Angebotsleistungen und dadurch bewirkter Profilierung im Wettbewerb wieder „aufgeweicht" werden. Dies fördert ein Trading Up, das nach einer gewissen Zeit wiederum neuen preisaggressiven Anbietern den Platz einräumt, um das „wheele of retailing" erneut anzustossen. Auch wenn die Gesetzmäßigkeit einer solchen Dynamik falsifiziert ist (vgl. Müller-Hagedorn 1984), das Preismarketing bedarf im dynamischen Wettbewerbsgeschehen immer wieder einer Nachjustierung und ggf. auch Erneuerung. Beispielsweise haben sich aus dem ursprünglichen Discount-Typ im Lebensmittelhandel mit dem sog. Hard- und Soft-Discount zwei Unterformen herausgebildet (vgl. Diller 1999), enstanden preisaggressive Fachmärkte und Factory Outlets als neue Betriebsformen, und wird der elektronische

Handel erneut innovative Konzepte im Preismarketing, etwa mit Hilfe von Auktionen, Margenwerbung oder Preisgarantien, hervorbringen.

In den Jahren nach 1985 ist eine *Polarisierung* der Handelslandschaft entstanden, bei der erlebnisorientierte und preisorientierte Konzepte in immer prononcierterer Form entwickelt wurden, welche die Betriebsformen im Bereich dazwischen (insb. die Warenhäuser und Fachgeschäfte) stark bedrängten. Die entsprechenden Niedrigpreiskonzepte sind in Kapitel 11.4 sowie bei Diller (1984) ausführlich charakterisiert. Patt (1988) und Gröppel-Klein (1998) konnten belegen, dass man im Handel (zur Zeit) nicht versuchen sollte, Discountkonzepte mit Fachgeschäfts- oder Erlebniskonzepten zu vermischen, da dies zu geringerem Unternehmenserfolg führt. Freilich wird auch dies nicht für alle Zeiten gelten. Z.B. zeichnet sich in den in Deutschland (noch) stark behinderten, aber in den USA bereits extrem erfolgreichen *Factory Outlet Centers* eine neue Betriebsform ab, bei der sich durchaus anspruchsvolle und erlebnisreiche Elemente von Markenwelten mit Niedrigpreiskonzepten verbinden (Lademann/Treis 1998).

Die Ertragsfalle, in die sich vor allem der Lebensmittelhandel in Deutschland durch jahrelange Preiskriege selbst manövriert hat, wird zunehmend auch durch *Kundenbindungskonzepte* aufzulösen versucht. In ihnen spielen Aspekte der Preisehrlichkeit, wie Preistransparenz, Preisgarantien und Dauerniedrigpreise, eine größere Rolle (Müller-Hagedorn 1993, Goerdt 1999). Seit Ende der 90er-Jahre lässt sich z.B. eine stark zunehmende Verbreitung von *Dauerniedrigpreisen* (DNP) als strategisches Prinzip im Lebensmittelhandel feststellen, bei dem bewusst auf Sonderpreisaktionen verzichtet und stattdessen alle oder Teile der Artikel eines Handelssortimentes im Preis dauerhaft abgesenkt werden, was durch die eingesparten Erlöseinbußen bei den Aktionen kalkulatorisch leicht möglich ist (Diller 1995; Hoch/Drèze/Purk 1994, Schindler/ Rogulic 1998).

Für den Kunden offerieren DNP mehr Preiszuverlässigkeit und weniger Preisärger wegen verpasster Preisgelegenheiten. Allerdings gehen die emotionalen Preisanreize von „Schlagerangeboten" verloren, an die sich gerade die deutschen Verbraucher in den 90er Jahren sehr gewöhnt haben. DNP setzen deshalb bereits ein hohes Maß an Kundenzufriedenheit und Kundenbindung voraus und sind vor allem für wohnstättennahe Betriebsformen geeignet, bei denen der Einkaufsaufwand nicht so sehr ins Gewicht fällt. Häufig richten sich DNP-Sortimente auch unmittelbar gegen die entsprechenden Discountsortimente, an deren Preisniveau sie sich deshalb orientieren. Ein wesentlicher Aspekt von DNP-Konzepten sind schließlich die durch den Wegfall der Belastungsspitzen erreichbaren Kosteneinsparungen in Verwaltung und Logistik. Gewisse Probleme macht dagegen aus Handelssicht die Umwidmung ehemaliger Aktionszuschüsse der Lieferanten in „Dauertiefpreiszuschüsse", da der Werbeeffekt für Dauerniedrigpreisartikel deutlich schwächer als für Aktionsartikel ausfällt. Auch die preisliche Positionierung der Handelsmarken wird schwieriger, da mit DNP der Preisabstand zu den früheren „Benchmarks" der Herstellermarken sinkt und eine Preisabsenkung oft nicht ohne deutliche Ertragseinbußen möglich ist. Nur höherwertige Handelsmarken(programme) versprechen hier echte Abhilfe.

13.3.3.2 Category Pricing und Efficient Pricing

Entsprechend dem warengruppenspezifischen Preisverhalten der Verbraucher (s.o.) muss die Preispolitik im Handel zunehmend in das sog. Category Management (CM) eingebunden und als „Category Pricing" (CP) ausgestaltet werden (Prechtl/Schmalen/Schweitzer 1992; Richardson/Jain/Dick 1996; McIntyre/Miller 1999; Zeisel 1999, 2000). CM beinhaltet eine strategische, ganzheitliche und professionelle, d.h. datengestützte und ggf. in Kooperation mit den Lieferanten ausgestaltete, marktorientierte Führung der verschiedenen Warengruppen eines Handelsbetriebes (vgl. ausführlich: Holzkämper 1999). CP ist Bestandteil des CM. Es folgt *preisstrategisch* der jeweiligen Rollenzuweisung für die Warengruppe (z.B. „Profilierung", „Pflicht", „Ergänzung" etc.) und den aus einer strategischen Analyse heraus erkennbaren Chancen und Risiken für diese Warengruppe im Umfeld der Unternehmung und den eigenen Category-Stärken und -Schwächen. Dazu sind Preissensitivitäts-, Preisentwicklungs- und Preisabstandsanalysen sowie differenzierte Zielgruppenbetrachtungen erforderlich. Die Warenkörbe der eigenen Kunden werden analytisch durchleuchtet und mit den entsprechenden Werten von Wettbewerbern verglichen (vgl. Fischer 1995; Zeisel 1999). Scannerkassendaten können dabei mit speziellen Kennzahlensystemen wertvolle Hilfestellungen leisten. In Betracht kommen z.B. Koeffizienten für

- Category-spezifische *Käuferfrequenzen* und *Kaufmengen* bzw. *Umsätze pro Einkaufsbon,*

- *Verbundhäufigkeit* und *Zentralität* einzelner Arikel (in wie vielen Bons enthalten, mit welchen Artikeln wie oft zusammen gekauft?, vgl. auch 7.2.2),

- Category-spezifische *Durchschnittspreise* und *Spannen pro Bon,*

- *„Conjoint Profit"*, d.h. ein Verbundertrag, bei dem „...zunächst der Deckungsbeitrag aller in einem bestimmten Warenkorb enthaltenen Produkte festgestellt wird, um dann den Beitrag jedes Produktes nach Maßgabe des Umsatzes, den es erwirtschaftet hat, zurückzuschlüsseln. Anschließend wird für jedes Produkt über diese geschlüsselten Deckungsbeiträge summiert" (Zeisel 2000, S. 91),

- spezifische *Reaktionselastizitäten* für den Einsatz von Preis-, Platzierungs- und Kommunikationsinstrumenten in spezifischen Warengruppen.

Mit den letztgenannten Größen kann insbesondere ein „effizientes" Pricing im Sinne des ECR unterstützt werden, dass den oft sehr unterschiedlichen Preis- und Kreuzpreiselastizitäten durch Einsatz entsprechender Optimierungskalküle (vgl. Kap. 7) Rechnung trägt. Insofern erfährt die marginalanalytische Preistheorie hier eine Renaissance. Zeisel (1999, S. 148) setzt dafür auch *spektralanalytische* Verfahren ein, bei denen statt Kreuzpreis- sog. Doppelelastizitäten der Optimierung dienen, die sehr viel leichter ermittelbar sind.

Bei der *Umsetzung* solcher Analysen im Rahmen des Category Pricing geht es vor allem um

- die Sortimentstiefe und –breite der Warengruppe,
- die optimale Preisliniengestaltung für die Warengruppe (vgl. Kap. 7),
- die Regalflächenzuweisung für einzelne Artikel und Preislagen,
- die richtige Einfügung der Handelsmarken im Preislagengefüge,
- die optimale Anzahl und Artikelzusammensetzung von Preisaktionen samt der hierbei verfolgten Spannengestaltung und
- die Ausgestaltung der instore- und outstore-Preiswerbung (vgl. hierzu Schmalen/Lang 1998).

13.3.3.3 Handelsspannenrechnung

Der hohe Anteil der Wareneinstandskosten an den Gesamtkosten und die besonderen Probleme einer kostenverursachungsgemäßen Verteilung der Handlungskosten haben dazu geführt, dass im Einzelhandel eine spezielle Form der Kosten-plus-Kalkulation, die sog. Handelsspannenrechnung, breite Verwendung findet (vgl. Barth 1993, S.174ff.).

Die Handelsspanne ist ein globaler Aufschlag auf den Einstandspreis, also eine Deckungsspanne, durch die die Handlungskosten gedeckt und die Gewinnansprüche befriedigt werden sollen. Die Handelsspanne kann absolut oder in Prozent vom Verkaufspreis formuliert werden. Dafür gilt:

(13-3) $H_i = p_i - EP_i$

H_i = absolute Handelsspanne des Artikels i
p_i = Netto-Verkaufspreis von i (inkl. Mehrwertsteuer)
EP_i = Einstandspreis von i (ohne Vorsteuer)

(13-4) $h_i = 100 (p_i - EP_i) / p_i$

h_i = relative Handelsspanne (in % des Verkaufspreises)

Zu Zwecken der Preiskalkulation wird ein der Handelsspanne entsprechender *Kalkulationsaufschlag* dem Einstandspreis zugeschlagen. Dafür gilt:

(13-5) $p_i = EP_i (1 + \dfrac{a_i}{100})$

(13-6) $a_i = h_i \cdot 100/(100 - h_i)$

a_i = Kalkulationsaufschlag (in % des Einstandspreises)

Man erkennt aus Formel (11-5), dass es sich hierbei um eine progressive Preiskalkulation auf Teilkostenbasis handelt (vgl. Formel 6-8), für die alle in Abschnitt 6.2 erläuterten Vor- und Nachteile gelten. Allerdings lässt sich Formel (13-5) unter Berücksichtigung der Definitionsgleichungen (13-4) und (13-6) auch als stückbezogenes Deckungsbudget im Sinne der retrograden Preiskalkulation interpretieren (vgl. 6.3). Es gilt nämlich:

$$(13-7) \qquad h_i = \frac{a_i \cdot 100}{100 + a_i}$$

Wird h_i durch Zielentscheidungen *vorgegeben*, ist a_i kein Gemeinkostenzuschlagssatz, sondern ein (prozentuales) Deckungsbudget, in dessen Festlegung auch marktorientierte Überlegungen einfließen können (vgl. unten).

Häufig wird in der Praxis a_i jedoch allein durch periodenbezogene Nachkalkulation der zur Deckung aller Handlungskosten erforderlichen Handelsspanne h_i bestimmt. In dieser Form beinhaltet die Spannenkalkulation dann über die den progressiven Kalkulationsverfahren generell anhaftenden Nachteile hinaus zwei zusätzliche Gefahren (vgl. Oehme 1983, S. 265f.): Erstens belastet sie verschiedene Artikel völlig unabhängig von deren jeweiligem Einfluss auf die Gemeinkosten mit absolut sehr unterschiedlichen Kalkulationsaufschlägen. Bei $a_i = 50\%$ wird z.B. ein Paar Schuhe mit 40 € Einstandspreis mit 20 €, eines mit 100 € Einstandspreis dagegen mit 50 € belastet, ohne dass es für diese unterschiedliche Behandlung eine stichfeste Begründung gibt. Die Handlungskosten werden im Grunde also völlig willkürlich auf die Kostenträger verteilt.

Ein zweiter Nachteil tritt bei einer Senkung der Einstandspreise während der Abrechnungsperiode ein. Da der Verkaufspreis an den Einstandspreis gebunden ist, muss dieser dann gesenkt werden, obwohl sich die Handlungskosten nicht verändern; damit sinkt die Handelsspanne und es treten u.U. Gewinnminderungen bzw. sogar Kostenunterdeckungen auf, wenn die Preissenkung keine entsprechenden Absatzsteigerungen hervorruft.

Die Prinzipien der Mischkalkulation und der retrograden Kalkulation legen es nahe, den Kalkulationsaufschlag nach Artikeln und Artikelgruppen zu *differenzieren*. Als Differenzierungskriterium kommen dafür vor allem folgende Größen in Frage (vgl. hierzu u.a.: Theisen 1960, S. 79ff.; Gabor 1977, S. 137ff.; Sweeny 1973; Hansen 1990, S. 327ff.):

(1) die Umschlagsgeschwindigkeit,

(2) der Umsatz pro Regal- oder Verkaufsflächeneinheit,

(3) die Preiskenntnisse und das Preisinteresse der Verbraucher beim jeweiligen Artikel,

(4) die Lockkraft bestimmter Artikel,

(5) die artikelspezifische Preiselastizität.

Die Größen (1) und (2) werden in der Praxis häufig deshalb gewählt, um eine kosten-verursachungsgerechtere, stärkere kalkulatorische Belastung kapitalintensiver bzw. raumintensiver Artikel(gruppen) zu erreichen. Dabei wird allerdings übersehen, dass diese Schlüsselgrößen selbst vom Preis abhängen. Sinnvoller ist deshalb die Verwen-dung der marktbezogenen Merkmale (3), (4) und (5). Dabei wird man Artikel mit hoher Lockkraft bzw. mit hoher (absoluter) Preiselastizität mit relativ niedrigen Aufschlags-sätzen kalkulieren. Dies entspricht im Übrigen im Prinzip der Amoroso-Robinson-Re-lation (3-25) für gewinnoptimale Preise, die einen Aufschlag in Höhe von $\varepsilon/(1+\varepsilon)$ auf die Grenzkosten verlangt. Die Grenzkosten sind im Einzelhandel weitgehend durch die Wareneinstandspreise bestimmt, wenn man von Verbundbeziehungen im Sortiment absieht.

Durch Verwendung variabler Aufschlagssätze gewinnt die Preispolitik im Einzelhandel die notwendige *Flexibilität*. Allerdings ist damit der kalkulatorische Ausgleich unsicherer. Deshalb sind variable Aufschlags-sätze in jedem Fall durch regelmäßig zu erstellende, kontrollierende und entsprechend zu korrigierende *Deckungsbudgets* für bestimmte Artikel-gruppen zu ergänzen. Die diesbezügliche Vorgehensweise wurde in Ab-schnitt 6.3.2.5 behandelt. Die Ausgleichs-Effekte durch erhöhte Absatz-mengen bei reduzierter Handelsspanne werden in der Praxis häufig über-schätzt. Um den Periodenrohertrag konstant zu halten, muss sich der Ab-satz bei gesenkter Handelsspanne nämlich oft beträchtlich erhöhen. Es gilt hierfür die Bedingung

$$(13\text{-}8) \qquad x_{i2} \;=\; \frac{H_{i1}}{H_{i2}} \cdot x_{i1} \text{ bzw.}$$

$$(13\text{-}9) \qquad m \;=\; \frac{h_{i1}}{h_{i2}}$$

$x_{i1}, x_{i2} =$ Absatzmenge pro Periode bei Handelsspanne 1 bzw. 2 für Artikel i

$m \quad =$ erforderlicher Absatzmultiplikator zu Wahrung des perioden-bezogenen Rohertrags bei Senkung der prozentualen Handels-spanne

Wird die Spanne eines Artikels also z.B. von 25% auf 10% abgesenkt, so muss der Absatz des Artikels ohne Berücksichtigung von Verbundeffek-ten das 2,5-fache des bisherigen Absatzes erreichen, wenn keine Ertrags-verschlechterung eintreten soll.

13.3.3.4 Preisvariationen im Handel

Preisvariationen gehören angesichts der Wettbewerbsdynamik, der Sor-timentsrisiken und des großen Interesses vieler Verbraucher an Preisge-legenheiten zu den im deutschen Einzelhandel besonders beliebten preis-politischen Instrumenten. Wir haben sie grundsätzlich im Kap. 9 bereits ausführlich behandelt und beschränken uns hier auf einige zusätzliche, handelsspezifische Aspekte. Dabei müssen kurzfristige *Preisaktionen* mit und *Preisabschriften* ohne Rückkehr zum ursprünglichen Ausgangspreis unterschieden werden.

13.3.3.4.1 Preisaktionen

Preisaktionen sind eine Erscheinungsform der kurzfristigen Verkaufsförderung, bei denen der Angebotspreis für eine kurze Zeit im Preis abgesenkt wird, um anschließend wieder auf das Ausgangsniveau angehoben zu werden. Der dadurch entstehende „Gelegenheitscharakter" solcher Offerten (Preisänderungs-Effekt) verstärkt hier den „normalen" Elastizitätseffekt oft erheblich. Absatzsteigerungen von mehreren 100% bei deutlicher Preisabsenkung (-20% und mehr) sind keine Seltenheit. Oftmals wird sogar der eigene Einstandspreis unterschritten, um möglichst viele Kunden anzulocken und zu Verbundkäufen zu verführen, die den Verlust beim „loss leader" ausgleichen. Es handelt sich also um eine Form der Mischkalkulation (s.o.).

Die *Entscheidungsproblematik* liegt erstens darin, die Lockkraft bestimmter Artikel und Artikelpreise zu bestimmen. Dafür sind eine Vielzahl von Einflussfaktoren maßgebend, die teils artikel-, teils kunden- und teils situationsspezifisch sind (vgl. Hansen 1976, S. 358ff.). Welzel (1974, S. 278ff.) hat dafür eine umfangreiche Checkliste entwickelt. Einschlägige empirische Befunde enthalten z.B. die Studien von Eckhardt (1976) und Glinz (1978). Unzweifelhaft ist, dass sich bekannte und qualitativ unzweifelhafte Markenartikel besonders gut als Sonderangebotsartikel eignen, weil sie den Verbrauchern eine Lösung des latenten Preis-Qualitätskonflikts anbieten (vgl. 4.3.4). Dies führt allerdings insbesondere im Fall von *Untereinstandspreisverkäufen* zu Konflikten mit den Herstellern, die durch solche Angebote v.a. ihr Markenimage gefährdet sehen und auf längere Sicht einen Preisverfall und Distributionsverlust befürchten (vgl. hierzu Diller 1979, 1983; Schneider 1982).

Eine exemplarische Überprüfung des Anlock- wie des Ausgleichseffektes der Mischkalkulation mit Sonderangebotspreisen wurde vom Verfasser 1979 im Wege eines breit angelegten Feldexperimentes vorgenommen (Diller 1981a). Dabei stellte sich heraus (vgl. Tab. 13-3), dass der Anlockeffekt - gemessen am Anteil jener Kunden, die wegen der Schlagerangebote die Testgeschäfte aufsuchten (Zeile 1) - relativ gering ist und selbst im Fall von Untereinstandspreisen nur 10,5% erreicht. Auch unter diesen Kunden zählt ein beträchtlicher Teil jedoch bereits zum Kundenstamm der jeweiligen Testgeschäfte (Zeile 2). Der „echte" Kundengewinn beträgt deshalb nur 1,4% (3,4%, 5,5%) des jeweiligen Kundenaufkommens in jeder Testperiode (Zeile 3). Die in den Zeilen 5 bis 16 dargestellte betriebswirtschaftliche Kalkulation zeigt, dass dieser Anlockeffekt nicht ausreicht, um einen kalkulatorischen Ausgleich für das besonders niedrige Preisniveau der Schlagerangebote herzustellen. Der Deckungsbeitrag pro Periode (Zeile 15) ist beim mittleren Preisniveau, das etwa bei den Einstandspreisen der Schlagerangebote lag, am höchsten. Die maßgebliche Ursache dafür ist, dass die Verbundkaufintensität bei Untereinstandspreisniveau abnimmt, weil viele Kunden (nahezu) ausschließlich die jeweiligen Schlagerangebote kaufen, sodass deren Umsatzanteil pro Kunde auf durchschnittlich 15% ansteigt (vgl. Zeile 6).

Ähnliche Befunde erbrachte eine Studie von Shankar/Krishnamurthi (1996) bei amerikanischen Baumarktkunden. Auch dort war der Verbundkaufeffekt der wegen der Aktionsangebote angelockten Kunden sehr gering. Die durch die Preisaktion angelockten Kunden (13,6%) erbrachten nur 9,7% vom Umsatz, wobei 6% auf die Aktionsartikel entfielen, also Verbundumsätze kaum erzielt werden konnten.

Experimentell kontrollierte Daten	Preisniveau der Schlagerangebote		
	10 % über Einstands-preis	beim Einstands-preis	10 % unter Einstands-preis
Anlockeffekt	ÜEP	ZEP	UEP
(1) Anteil der durch Schlagerangebote angelockten Kunden	3,0 %	4,6 %	10,5 %
(2) Anteil der angelockten Kunden, die auch ansonsten regelmäßig im Testgeschäft einkaufen	1,7 %	1,4 %	5,2 %
(3) Anteil der angelockten Kunden, die ansonsten nur selten oder gelegentlich im Testgeschäft einkaufen	1,4 %	3,4 %	5,5 %
(4) Kundenaufkommen	100 %	107,5 %	107,9 %
Ausgleichseffekt			
(5) Einkaufbetrag pro Kunde (DM) (netto)	21, 76	20,82	22,02
(6) Umsatz an Testangeboten (DM) (8,6 bzw. 6,1 bzw. 15 %)	1,87	1,27	3,30
(7) Handelsspanne der Testangebote	0,09	0,00	-0,11
(8) Deckungsbeitrag aus Testangeboten (DM) (7) · (8)	0,17	0,00	-0,36
(9) Umsatz an sonstigen Artikeln (DM) (5) – (6)	19,89	19,55	18,72
(10) Handelsspanne der sonstigen Artikel	0,17	0,17	0,17
(11) Deckungsbeitrag aus sonstigen Artikeln (DM) (9) · (10)	3,38	3,32	3,18
(12) Deckungsbeitrag pro Kunde (DM) (8) + (11)	3,55	3,32	2,82
(13) DB pro Kunde in % des Einkaufsbetrags	16,31	15,95	12,81
(14) Kundenzahlen (netto)	3.316	3.564	3.578
(15) DB pro Testperiode (DM) (13) + (14)	11.772	11.832	10.091
		+0,5 %	-14,7 %
		-14,3 %	

Tab. 13-3: Anlock- und Ausgleichseffekte bei unterschiedlich hohem Preisniveau eines Warenkorbes von Schlagerangeboten (Quelle: Diller 1981a)

Sträflich vernachlässigt werden bei der Aktionspreispolitik die *langfristigen Wirkungen* auf das mittlere Preisempfinden und die damit einhergehende Preisbereitschaft der Verbraucher, die angesichts der Häufigkeit

478

solcher Aktionen immer weniger bereit sind, den (angeblichen) Normal-preis zu bezahlen. Gewichtet mit den Verkaufsmengen stellt dieser bei typischen Aktionsartikeln (Bohnenkaffee, Waschmittel, Magarine etc.) sowieso schon lange nicht mehr den Normal-, sondern eher den Ausnah-mepreis dar. Die hohe Aktionsdichte hat dabei zwischenzeitlich auch bereits zu sinkenden Bevorratungskäufen und damit nachlassender Ela-stizität von Preisaktionen geführt, weil immer mehr Verbraucher wissen, dass Preisaktionen mit gängigen Eckartikeln keine Preisgelegenheiten sind, sondern sich bald wiederholen werden. Dadurch wird zusätzlich die Ladentreue der Kunden nachweisbar unterminiert (vgl. Diller/Goerdt 2000).

Diese negativen Effekte von Preisaktionen, verbunden mit deren über-triebener Anwendung, hat vermutlich ganz wesentlich dazu beigetragen, dass in den letzten Jahren in vielen Handelsunternehmen Dauerniedrig-preisprogramme anstelle der „Hoch-Tief"-Aktionspreispolitik favorisiert werden.

13.3.3.4.2 Preisabschriften

Preisabschriften sind *dauerhafte* Reduktionen eines ursprünglich ge-planten Verkaufspreises für einen bestimmten Artikel (Hansen 1990, S. 357ff.). Gebräuchlich ist der Begriff vor allem im Textileinzelhandel, wo es die beträchtlichen modischen Unsicherheiten selten zulassen, dass die ursprünglich geplanten Preise tatsächlich ohne Restbestände am Markt durchgesetzt werden können. Insofern geht es bei Preisabschriften auch um die (misslungene) *Preisdurchsetzung* der für eine bestimmte Absatzsaison vorgesehenen Preise. Zu den Preisabschriften kann man auch die *Räumungsverkäufe* zum Saisonschluss zählen.

Neben ungeplanten finden sich auch *geplante Preisabschriften*. Ein erster Unterfall betrifft hier das *„Saison-Skimming"*, bei dem ein Anbieter ei-nen Artikel bewusst in der frühen Phase der Saison zu höheren Preisen als in späteren Phasen anbietet, um die höhere Preisbereitschaft be-stimmter Nachfrager auszunutzen und damit Konsumentenrente abzu-schöpfen. Insofern handelt es sich hier gleichzeitig um einen Fall der zeitlichen Preisdifferenzierung (vgl. Kap. 8.4.10).

Ein weiterer Unterfall betrifft die geplante Reduktion eines Artikelpreises zu Zwecken der Verkaufsförderung, d.h. im Hinblick auf die Kundenfre-quenz des Betriebes. Nachdem Preisreduktionen erfahrungsgemäß starke Anreizwirkungen auf die Verbraucher ausüben, kann geplant werden, einen Artikelpreis im Verlauf der Saison gezielt abzusenken, um den Verbrauchern damit systematisch *„Preisgelegenheiten"* zu offerieren. Im Gegensatz zu normalen Preisaktionen, bei denen der Preis nach der Akti-on wieder angehoben wird, könnte man hier von einer *„Preisreduktions-aktion"* sprechen. Der höhere Ausgangspreis wird hier als Preisanker eingesetzt, um dem Verbraucher einen zusätzlichen Anreiz zum Kauf der Ware zu bieten (vgl. Kap. 9).

Preisabschriften erfordern die Festlegung mehrerer *Entscheidungsparameter* sowie die Abstimmung mit anderen absatzpolitischen Instrumenten. Zu den Entscheidungsparametern sind zu zählen

- die Artikelauswahl (Anzahl, Art und Preislage der Artikel),
- die zeitliche Struktur der Preisabschriften, also die Anzahl der Preisabschriften pro Saison und der Zeitpunkt der ersten und ggf. weiterer Preisabschriften,
- die Höhe der Preisabschriften und
- die Art (und Auffälligkeit) der Kenntlichmachung am Produkt (Preisauszeichnung).

Interdependent mit anderen Entscheidungsbereichen des Marketing-Mix sind

- die Art und Intensität der Bewerbung der Preisabschriften und
- die Platzierung der reduzierten Artikel im Geschäft.

Darüber hinaus sind organisatorische Regelungen für die Handhabung der Preisabschriften und die Bereitstellung der hierfür erforderlichen Informationen zu treffen.

Der Entscheidungsbedarf erscheint also durchaus so beträchtlich, dass man insgesamt von einem *Preisabschriftensystem* sprechen kann, das vor allem von solchen Unternehmen systematisch zu entwickeln ist, die modische Produkte oder Artikel verkaufen, die aufgrund anderer Umstände im Absatzverlauf schwer prognostizierbar sind (z.B. stark wetterabhängige Produkte wie Regenschirme, Badeutensilien etc.). Der Bezug des Preisabschriftensystems zur Sortimentspolitik ist offenkundig. Bei großen Handelsunternehmen werden die Preisabschriften deshalb nicht artikelspezifisch, sondern warengruppenspezifisch geplant und überwacht.

Literaturverzeichnis

Abe, M. (1998): Measuring Consumer. Nonlinear Brand Choice Response to Price, in: JoRet, Vol 74, No. 4 1998, S. 541-568.

Abrams, J. (1964): A New Method for Testing Pricing Decisions, in: JM, Vol. 28, 1964, S. 6-9.

Adlwarth, W. (1983): Formen und Bestimmungsgründe prestigegeleiteten Konsumverhaltens, München, Florenz 1983.

Agerwall, M.K.; Ratchford, B.T. (1980): Estimating Demand Functions for Product Characteristics: The Case of Automobiles, in: JCR, Vol. 7, 1980, S. 249-262.

Ahlen, D. (1972): Absatzförderung durch Absatzkredite an Abnehmer. Theorie und Praxis der Absatzkreditpolitik, Wiesbaden 1972.

Ahlert, D. (1996): Rechtliche Grundlagen des Marketing, 2. Aufl., Stuttgart 1996.

Ahlert, D.; Schröder, H. (1989): Rechtliche Grundlagen des Marketing, Stuttgart 1989.

Alba, J.W.; Broniarczyk, S.; Shimp, T.A.; Urbany, J.E. (1994): "The influence of Prior Beliefs, Frequency cues, and Magnitude Cues on Consumers" Perceptions of Comparative Price Data, in: JCR, Vol. 21, 1994, S. 219-235.

Albach, H. (1962): Zur Sortimentskalkulation im Einzelhandel, in: Handelsbetrieb und Marktforschung, Wiesbaden 1962, S. 13-40.

Albach, H. (1973): Das Gutenberg-Oligopol, in: Koch, H. (Hrsg.): Zur Theorie des Absatzes, Wiesbaden 1973, S. 9-33.

Albach, H. (1979), Market Organization and Pricing Behaviour of Oligopolistic Firms in the Ethical Drugs Industry - An Essay in the Measurement of Effective Competition, in: Kyklos, Vol. 32 (1979), S. 523-540.

Albers (1996): Absatzplanung von ÖPNV-Ticketarten bei differenzierter Preispolitik, Zeitschrift für Verkehrswissenschaft, 67. Jg. (1996), S. 122-137.

Albers, S. (2000): Erlös-Abweichungsanalyse, in: Diller, H. (Hrsg.): Vahlens Großes Marketing-Lexikon, 2. Aufl., München 2000.

Albers, S.; Clement, M.; Peters, K. (1998): Marketing mit interaktiven Medien. Strategien zum Marktingerfolg, Frankfurt a. M. 1998.

Albert, H. (1966): Modell-Platonismus: Der neoklassische Stil des ökonomischen Denkens in kritischer Beleuchtung, in: Topitsch, E. (Hrsg.): Logik der Sozialwissenschaften, 3. Aufl., Köln, Berlin 1966, S. 406-434.

Anderson, J.C.; Narus, J.A.(1999): Welchen Wert hat Ihr Angebot für den Kunden, in: HBM, 21. Jg., Heft 4 1999, S. 97-107.

Anderson, N.H. (1981): Foundations of Information Integration Theory, New York 1981.

Anttila, M. (1977): Consumer Price Perception, Diss., Helsinki 1977.

Arbeitskreis "Marketing in der Investitionsgüterindustrie" der Schmalenbachgesellschaft (1978): Einige Besonderheiten der Preisbildung im Seriengeschäft und Anlagengeschäft, in: ZfbF, 30. Jg., 1978, S. 2-18.

Arbeitskreis Hax der Schmalenbachgesellschaft (1980): Der Preis als Instrument der Absatzpolitik, in: ZfbF, 32. Jg., 1980, S. 701-720.

Arnold, D.; Hoffmann, K.; McCormick, J. (1989): Service Pricing: A Differentiation Premium Approach, in: Journal of Service Marketing, Vol. 3, No. 3 1989, S. 25-33.

Atkin, B.; Skinner, R. (1976): How British Industrie Price, Oldwoking 1976.

Atkinson, J.W. (1964): An Introduction to Motivation, Princeton 1964.

Atkinson, S.E.; Halvorsen, R. (1983): A new Hedonic Technique for estimating Attribute Demand. An Aplication to the Demand for Automobil Fuel Efficiency, in: The Review of Economics and Statistics, 1983, S. 417-426.

Aust, E. (1996): Simultane Conjointanalyse, Benefitsegmentierung, Produktlinien- und Preisgestaltung, Frankfurt 1996.

Backhaus, K. (1977): Preisgleitklauseln als risikopolitisches Instrument bei langfristigen Fertigungs- und Absatzprozessen, in: ZfbF, 31. Jg., Heft 1 1979, S. 3-10.

Backhaus, K. (1977a): Fallstudien zum Investitionsgütermarketing, München 1977.

Backhaus, K. (1995): Investitionsgütermarketing, 4. Aufl., München 1995.

Backhaus, K. (1999): Industriegütermarketing, 6. Aufl., Wiesbaden 1999.

Backhaus, K., Erichson, B.; Plinke, W.; Weiber, R. (1996): Multivariate Analysemethoden - Eine anwendungsorientierte Einführung, 8. Aufl., Berlin usw. 1996.

Backhaus, K.; Büschken, J.; Voeth, M. (1998): Internationales Marketing, 2. Aufl., Stuttgart 1998.

Backhaus, K.; Späth, M. (1995): Dynamische Preisplanung auf mehrdimensionalen Märkten - Das Beispiel Telekommunikation, in: Albach, H.; Delfmann, W. (Hrsg.): Dynamik und Risikofreude in der Unternehmensführung, ZfB Edition, Wiesbaden 1995, S. 97-122.

Baetge, J. (1974): Ein Regelungsmodell für die Preispolitik, in: Hansen, R. (Hrsg.): Computergestützte Marketingplanung, München 1974, S. 156-173.

Bailom, F.; Hinterhuber, H.H.; Matzler, K.; Sauerwein, E. (1996): Das Kano-Modell der Kundenzufriedenheit, in: Marketing-ZFP, 18. Jg., Heft 2 1996, S. 117-126.

Balderjahn, I. (1991): Ein Verfahren zur empirischen Bestimmung von Preisresponsefunktionen, in: Marketing-ZFP, Heft 1 1991, S. 33-42.

Bamberg, G.; Coenenberg, A.G. (1977): Betriebswirtschaftliche Entscheidungslehre, 2. Aufl., München 1977.

Bänsch, A. (1977): Verkaufspsychologie und Verkaufstechnik, Stuttgart usw. 1977.

Bänsch, A. (1985): Käuferverhalten, 2. Aufl., München usw. 1985.

Bänsch, A. (1995): Variety Seeking, Marketingfolgerungen aus Überlegungen und Untersuchungen zum Abwechslungsbedürfnis von Konsumenten, in: Jahrbuch der Absatz- und Verbraucherforschung, Heft 4 1995, S. 342-365.

Barcley, W.D. (1969): Factorial Design in a Pricing Experiment, in: JMR, Vol. 6, November 1969, S. 427-429.

Barth, K. (1999): Betriebswirtschaftslehre des Handels, 4. Aufl., Wiesbaden 1999.

Bartling, K. (1980): Leitbilder der Wettbewerbspolitik, München 1980.

Bauer, H. (1975): Die Überprüfung der Rabattstruktur, in: Böcker, F.; Dichtl, E. (Hrsg.): Erfolgskontrolle im Marketing, Berlin 1975, S.213-223.

Bauer, H. (1980): Die Entscheidung des Handels über die Aufnahme neuer Produkte. Eine verhaltenstheoretische Analyse, Berlin 1980.

Bauer, H. (1992): Marktabgrenzung, in: Diller, H. (Hrsg.): Vahlens Großes Marketing-Lexikon, München 1992, S. 1113-1115.

Bauer, H. (1992a): Markt, in: Diller, H. (Hrsg.): Vahlens Großes Marketing-Lexikon, München 1992, S. 710-711.

Bauer, H. (2000): Conjoint Measurement, in: Diller, H. (Hrsg.): Vahlens Großes Marketing-Lexikon, München 2000.

Baumgartner, B. (1997): Monetäre Bewertung von Produkteigenschaften auf dem deutschen Automobilmarkt mit Hilfe hedonischer Modelle, in: Marketing-ZFP, 19. Jg., Heft 1 1997, S.15-22.

Bayon, T. (1997): Neuere Mikroökonomie und Marketing, Wiesbaden 1997.

Bayus, B.L. (1992): The Dynamic Pricing of Next Generation Consumer Durables, in: Marketing Science, Vol. 11, No. 3 1992, S. 251-265.

Becker, J. (1991): Besonderheiten der Kalkulation von Außenhandelsaufträgen, in: ZfB, Vol. 61, Heft 11 1991, S.1243-1265.

Becker, J. (1998): Marketing-Konzeption: Grundlagen des strategischen Marketing-Managements, 6. Aufl., München 1998.

Behrens, G. (1988): Konsumentenverhalten, Heidelberg 1988.

Behrens, G. (1992a): Psychophysik, in: Diller, H. (Hrsg.): Vahlens Großes Marketing-Lexikon, München 1992.

Behrens, G. (1992b): Wahrnehmung, in: Diller, H. (Hrsg.): Vahlens Großes Marketing-Lexikon, München 1992.

Belobaba, P.P. (1987): Air Travel Demand and Airline Seat Inventory Management, Diss., Massachusets Institute of Technology, Cambridge (Mass.) 1987.

Belz, C. (1989): Konstruktives Marketing, Savosa, St. Gallen 1989.

Berekoven, L. (1967): Grundlagen der Vermietung mobiler Güter, Essen 1967.

Berekoven, L. (1985): Internationales Marketing, Herne, Berlin 1985.

Berekoven, L.; Eckert, W.; Ellenrieder, P. (1999): Marktforschung, 8. Aufl., Wiesbaden 1999.

Berkowitz, E.N.; Walton, J.R. (1980): Contextual Influences on Consumer Price Responses – An Experimental Analysis, in: JMR, Vol. 17, 1980, S. 349-358.

Berndt, R. (1983): Preisbildung bei öffentlichen Aufträgen, in: Wisu, Heft 1 1993, S. 11-16.

Bernet, B.; Schmid, P. (1995): Retail Banking. Visionen, Konzepte und Strategien für die Zukunft, Wiesbaden 1995.

Berry, L.L.; Yadav, M.S. (1996): Capture and Communivate Value in the Pricing of Services, in: Sloan Management Review, Vol. 37, No.4 1996.

Berry, L.L.; Yadav, M.S. (1997): Oft falsch berechnet und verwirrend - die Preise für Dienstleistungen, in: HBM, 19. Jg., Heft 1 1997, S. 57-67.

Beßlich, J.; Lumber, H.-J. (1994): Wertschöpfungspartnerschaft statt einseitiger Preisdiskussion, in: Beschaffung aktuell, Heft 9 1994, S. 26-30.

Bettman, J.R. (1971): The Structure of Consumer Choice Processes, in: JMR, Vol. 9, 1971, S. 465-471.

Binder, P.; Gierl, H. (1993): Internationale Preisgestaltung von Serviceleistungen, in: Der Markt, Nr. 124, Heft 1 1993, S. 12-21.

Blair, E.A.; Landon, E.L.J. (1981): The Effects of Reference Prices in Retail Advertisements, in: JM, Vol. 45, 1981, S. 61-69.

Blamires, C. (1979): Pricing Research Techniques: A Review and a New Approach, in: Journal of the Market Research Society, Vol. 23, No. 3 1979, S. 103-126.

Blattberg, R.; Buesing, T.; Peacock, P.; Sen, S. (1978): Identifying the Deal Prone Segment, in: JMR, Vol. 15, August 1978, S. 369-377.

Blattberg, R.C.; Neslin, S.A. (1990): Sales Promotion: Concepts, Methods and Strategics, New York 1990.

Blattberg, R.C.; Wisniewski, K.J. (1989): Price-Induced Patterns of Competition, in: Marketing Science, Vol. 8, Fall 1989, S. 291-309.

Bleicker, U. (1983): Produktbeurteilung der Konsumenten, Würzburg, Wien 1983.

Bliemel, F.; Fasscott, G.; Theobald, A. (1999): Electrinic Commerce. Herausforderungen – Anwendungen – Perspectiven, Wiesbaden 1999.

Böcker, F. (1978): Die Bestimmung der Kaufverbundenheit von Produkten, Berlin 1978.

Böcker, F. (1986): Entscheider, Entscheidungssituation und Risikoaversion, in: ZfbF, 38. Jg., Heft 4 1986, S. 979-995.

Böcker, F. (1986): Präferenzforschung als Mittel marktorientierter Unterehmensführung, in: ZfbF, Heft 3 1986, S. 543-574.

Böcker, F. (1996): Marketing, 6. Aufl., Stuttgart 1996.

Böcker, F.; Achter, D. (1981): Stochastische Prozeßmodelle des Markenwahlverhaltens. Ein Vergleich einiger Verhaltens- und einiger Entscheidungsmodelle, in: ZfB, 51. Jg., 1981, S. 831-853.

Böcker, F.; Merkle, E. (1975): Mantel kauft Bluse, in: Rationeller Handel, Heft 1 1975, S. 14-20.

Bolz, J. (1992): Wettbewerbsorientierte Standardisierung der internationalen Marktbearbeitung, Darmstadt 1992.

Bontrup, H.-J.; Zdrowomyslaw, N. (1995): Zur Anwendungsproblematik von Preisgleitklauseln, in: Kostenrechnungs-Praxis, Heft 4 1995, S. 221-226.

Boulding, W.; Kalra, A.; Staelin, R.; Zeithalm, V. (1993): A Dynamic Process Model of Service Quality: From Expectation to Behavioral Intentions, in: JMR, Vol. 30, February 1993, S. 7-27.

Brandt, H. (1995): Eine Nahverkehrs Card?, in: Der Nahverkehr, No. 13, S. 22-25.

Brede, H. (1969): Lassen sich Preis-Absatz-Funktionen für neuartige Erzeugnisse durch Befragung ableiten?, in: ZfB, 39. Jg., 1969, S. 809-827.

Brede, H. (1976): Absatzpolitik mit Hilfe der Nachfrageverwandtschaft, Wiesbaden 1976.

Brielmaier, A. (1998): Euro Key Account Management. Konzeptionelle und organisatorische Gestaltung des Vertriebsmanagements im Konsumgütergeschäft mit internationalen Key Accounts, Nürnberg 1998.

Briesch, R.A.; Krishnamurthi, L.; Mazumdar, T.; Raj, S. (1997): A Comparative Analysis of Reference Price Models, in: JCR, Vol. 24, Heft 2 1997, S.202-214.

Brock, G.W. (1975): The U.S. Computer Industry, A Study of Market Power, Cambridge (Mass.) 1975.

Brockhoff, H. (1993): Produktpolitik, 3. Aufl., Stuttgart usw. 1993.

Brockhoff, K. (1968): On a Duopoly with a Doubly Kinked Demand Function, in: Zeitschrift für die gesamte Staatswissenschaft, Band 124, 1968, S. 451-466.

Brockhoff, K. (1992): Positionierungsmodelle, in: Diller, H. (Hrsg.): Vahlens Großes Marketing-Lexikon, München 1992, S. 880-881.

Brockhoff, K. (1996): Management von Innovationen, Wiesbaden 1996.

Brockhoff, K.; Schütt, K.-P. (1981): Preis-Absatz-Funktionen bei Idealpunkt-Präferenzen, in: ZfB, 51. Jg., 1981, S. 258-273.

Brown, F.E. (1969): Price Image Versus Price Reality, in: JMR, Vol. 6, May 1969, S. 185-191.

Brown, J.N.; Rosen, H.S. (1982): On the Estimation of Structural Hedonic Price Models, in: Econometrica, Vol. 50, 1982, S. 765-774.

Bruhn, M. (2000): Markenpolitik, in: Diller, H. (Hrsg.): Vahlens Großes Marketing-Lexikon, München 2000.

Bruhn, M.; Homburg, C. (Hrsg.) (1999): Handbuch Kundenbindungsmanagement, Grundlagen - Konzepte - Erfahrungen, 2. Aufl., Wiesbaden 1999.

Bruse, H. (1980): Der Absatzbereich von Unternehmen – Theorie, Methoden, empirische Untersuchung, Diss., Bonn 1980.

Buckingham, C. (1994): Category Management in Europe, in: European Retail Digest, Oxford, Winter 1994, S. 4-9.

Buggert W.; Wielpütz, A. (1995): Target Costing – Grundlagen und Umsetzung des Zielkostenmanagements, München usw. 1995.

Bukhari, I. (1998): Marktreaktionsfunktionen, in: Diller, H. (Hrsg.): Marketingplanung, München 1998, S. 293-337.

Bukhari, I. (1999): Europäisches Brand-Management: Entwicklung und Umsetzung erfolgreicher europäischer Marketingkonzepte, Wiesbaden 1999.

Bukhari, I.; Cordes, C. (1994): Ein Modell zur Prognose des Schadenspotentials von Arbitragehandel für einen Gebrauchsgüterhersteller, Arbeitspapier Nr. 29 des Lehrstuhls für Marketing der Universität Erlangen-Nürnberg, Nürnberg 1994.

Bunk, B. (1996): In Wertschöpfung vereint?, in: asw, Heft 7 1996, S. 30-37.

Burger, A. (1999): Kostenmanagement, 3. Aufl., München usw. 1999.

Büschken, J. (1997): Sequentielle nicht-lineare Tarife, Wiesbaden 1997.

Buzzel, R.D.; Gale, B.T. (1989): Das PIMS-Programm: Strategien und Unternehmenserfolg, Wiesbaden 1989.

Campbell, M.C. (1999): Perceptions of Price Unfairness: Antecedents and Consequences, in: JMR, Vol. 36, May 1999, S.187-199.

Cardozo, R.N. (1965): An Experimental Study of Consumer Effort, Expectation and Satisfaction, in: JMR, Vol. 2, 1965, S. 37 und 244-249.

Carmone, F. J. (1987): ACA System for Adaptive Conjoint Analysis, in: Journal of Marketing Research, Vol. 18, S. 325-327.

Cassady, P.-J. (1964): The Price Skirmish - A Distinctive Pattern of Competition Behaviour, in: California Management Review, Winter 1964, S. 11-16.

Chang, K.; Ding, C.G. (1995): The Influence of Culture on Industrial Buying Selection Criteria in Taiwan and Mainland China, in: Industrial Marketing Management, Vol. 24, 1995, S. 277-284.

Chen, S.S.; Monroe, K.B.; Lou, Y. (1998): The Effects of Framing Price Promotion Messages on Consumers' Perceptions and Purchase Intentions, in: JoRet, Vol. 74, Heft 3 1998, S. 353-372.

Clemens, R. (1988): Die Bedeutung des Franchising in der Bundesrepublik Deutschland – Eine emp. Untersuchung von Franchisenehmern u. -systemen, Stuttgart 1988.

Cohen, M.; Jaffaray, J.-Y.; Said, T. (1987): Experimental Comparision of Individual Behavior under Risk and under Uncertainty for Gains and for Loses, in: Organizational Behavior and Human Decision Processes, Vol. 39, 1987, S. 1-22.

Coney, K.A. (1975): Levelling - Sharpening: a Cognitive Control Approach to Consumer Information Recall, in: Mazze, E.M. (Hrsg.): Combined Proceedings, AMA, Chicago 1975, S. 162-166.

Cooper, L. G.; Nakanishi, M. (1988): Market-Share Analysis, Boston 1988.

Cooper, P. (1969): Subjective Economics: Factors in a Psychology of Spending, in: Taylor, B.; Wills, G. (Hrsg.): Pricing Strategy, London 1969, S. 112-121.

Cooper, R. (1996): Overhauling the New Product Process, in: Industrial Marketing Management, Vol. 25, 1996, S. 465-482.

Cooper, R.; Kaplan, R.S. (1991): Activity Based Costing: Ressourcenmanagement at its best, in: Harvard Manager, Heft 4 1991, S. 87-94.

Cooper, R.; Kaplan, R.S. (1993): Prozeßorientierte Systeme: Die Kosten der Ressourcennutzung messen, in: Kostenrechnungspraxis, Sonderheft 2 1993, S. 7-14.

Cornelsen, J. (2000): Kundenwertanalysen im Beziehungsmarketing, Nürnberg 2000.

Corsten, H.; Stuhlmann, S. (1998): Yield Management – Ein Ansatz zur Kapazitätsplanung und -steuerung in Dienstleistungsunternehmungen, Arbeitspapier Nr. 18 des Lehrstuhls für Produktionswirtschaft an der Universität Kaiserslautern, Kaiserslautern 1998.

Cready, W.M. (1991): Premium Bundling, in: Economic Inquiry, Vol. 29, January 1991, S. 173-179.

Crowther, J.F. (1964): Rationale for Quantity Discounts, in: HBR, Vol. 42, March/April 1964, S. 121-127.

Curry, D. J.; Bosse, A. B. (1994): Fact-Based Selling. Category Management and Optimal Pricing, Working Paper, University of Cincinnati, Cincinnati (Ohio) 1994.

Danner, S. (1996): Ganzheitliches Anforderungsmanagement für marktorientierte Entwicklungsprozesse, München 1996.

Daudel, S.; Vialle, G. (1992): Yield-Management, Frankfurt/Main, New York 1992.

D'Aveni (1995): Hyperwettbewerb, Strategien für die neue Dynamik der Märkte, Frankfurt/Main usw. 1995.

Davey, K.K.S; Childs, A.; Carlotti, S.J. (1998): Why your price band is wider than it should be, in: The McKinsey Quarterly, No. 3 1998, S. 116-127.

Dean, J. (1951): Pricing Policies for New Products, in: HBR, Vol. 18, November 1951, S. 45-96.

Detroy, E.N. (1990): Sich Durchsetzen in Preisgesprächen und -verhandlungen, Zürich 1990.

Deutsch, M. (1975): Equity, Equality and Need, in: Journal of Social Issues, Vol. 31, 1975, S. 137-150.

Deutsch, W.; Rieder, B. (1980): Das Modellsystem von Rao/Thomas als Entscheidungshilfe für Sonderpreis-Aktions-Entscheidungen von Markenartikelherstellern, Arbeitspapier Nr. 5 des Instituts für Marketing der Universität Mannheim, Mannheim 1980.

Dichtl, E. (1967): Über Wesen und Struktur absatzpolitischer Entscheidungen, Berlin 1967.

Dichtl, E. (1975): Verbraucherschutz in der Marktwirtschaft, Berlin 1975.

Dichtl, E. (1979a): Das Diskriminierungsverbot, in: WiSt, 8. Jg., 1979, S. 231-232.

Dichtl, E. (1984): Möglichkeiten einer monetären Bewertung von Produkteigenschaften, in: Marketing-ZFP, 6. Jg., 1984, S. 121-128.

Dichtl, E.; Andritzky, K.; Schobert. R. (1977): Ein Verfahren zur Abgrenzung des "relevanten Marktes" auf der Basis von Produktperzeptionen und Präferenzurteilen, in: WiSt, 6. Jg., 1977, S. 290-301.

Dichtl, E.; Diller., H. (1972): Gemeinschaft im konkreten Fall, in: Lebensmittelzeitung, 24. Jg., Nr. 15 1972, S. I-XV.

Dickson, P.; Sawyer, A. (1990): The Price Knowledge and Search of Supermarket Shoppers, in: JM, Vol. 54, No. 2 1990, S. 48-52.

Dieckheuer, G. (1990): Internationale Wirtschaftsbeziehungen, München 1990.

Diller, H. (1975): Produkt-Management und Marketing-Informationssysteme, Berlin 1975.

Diller, H. (1976): Ausstrahlungseffekte, in: WiSt, 5. Jg., 1976, S. 177-181, wieder-abgedruckt in: Schanz, G. (Hrsg.): Betriebswirtschaftliche Gesetze, Effekte und Prinzipien, München 1979, S. 95-105.

Diller, H. (1977): Unit-Pricing als absatz- und verbraucherpolitisches Instrument, in: Markenartikel, 39. Jg., Heft 4 1977, S. 143-153.

Diller, H. (1977a): Der Preis als Qualitätsindikator, in: DBW, 37. Jg., 1977, S. 219-234.

Diller, H. (1977b): Prädisposition und Differenzierung in Preisbeurteilungsprozessen von Letztverbrauchern, in: Der Markt, Nr. 61, Heft 1 1977, S. 11-21.

Diller, H. (1978): Das Preisbewußtsein der Verbraucher und seine Förderung durch Bereitstellung von Verbraucherinformationen, Habilitationsschrift, Mannheim 1978.

Diller, H. (1978a): Theoretische und empirische Grundlagen zur Erfassung der Irre-führung über die Preisbemessung, in: WiSt, 7. Jg., 1978, S. 249-255.

Diller, H. (1978b): Unit Pricing, in: WiSt, 7. Jg., Heft 5 1978, S. 239-241.

Diller, H. (1978c): Verbesserungsmöglichkeiten der Verbraucherinformation durch Berücksichtigung verhaltenstheoretischer Erkenntnisse, in: Zeitschrift für Ver-braucherpolitik - Journal of Consumer Policy, 2. Jg., 1978, S. 24-41.

Diller, H. (1979): Verkäufe unter Einstandspreisen, in: Marketing-ZFP, 1. Jg., 1979, S. 7-12.

Diller, H. (1979a): Preisinteresse und Informationsverhalten beim Einkauf dauerhafter Lebensmittel, in: Meffert, H.; Sieffenhagen, H.; Freter, H. (Hrsg.): Konsu-mentenverhalten und Information, Wiesbaden 1979, S. 67-84.

Diller, H. (1981): Die Preispolitik als Wettbewerbswaffe in der Marktwirtschaft, in: wrp-Wettbewerb in Recht und Praxis, 28. Jg., Heft 2 1981, S. 63-70.

Diller, H. (1981a): Die Wirkung von Verkäufen unter Einstandspreisen im Lebens-mitteleinzelhandel. Eine empirische Studie, in: DBW, 41. Jg., 1981, S. 409-418.

Diller, H. (1982): Das Preisinteresse der Verbraucher, in: ZfbF, 34. Jg., 1982, S. 315-334.

Diller, H. (1982a): Die Wirkung von Hervorhebungen in der Preiswerbung des Le-bensmitteleinzelhandels - Ergebnisse eines Feldexperiments, in: FfH-Mitteilungen, 23. Jg., Heft 4 1982, S. 1-10.

Diller, H. (1983): Informationssysteme für die Preispolitik. Zum Stand der Infor-mationstechniken zur Unterstützung der Preispolitik unter besonderer Berück-sichtigung der Scannertechnologie, in: Marketing-ZFP, 5. Jg., 1983, S. 273-279.

Diller, H. (1983a): Markenschädigung durch Untereinstandspreisverkäufe?, in: Marken-artikel, 45. Jg., Heft 2 1983, S. 52-58.

Diller, H. (1984): Strategische Grundlagen des Preis-Marketing im Einzelhandel, in: Hasitschka, W.; Hruschka, H. (Hrsg.): Handels-Marketing, Berlin, New York 1984, S. 237-250.

Diller, H. (1987): Die Preispolitik der internationalen Unternehmung, in: WiSt, 16. Jg., Heft 6 1987, S. 269-275.

Diller, H. (1988a): Das Preiswissen von Konsumenten. Neue Ansatzpunkte und empiri-sche Befunde, in: Marketing-ZFP, 10. Jg., Nr.1 1988, S.17-24.

Diller, H. (1988b): Die Preis-Qualitäts-Relation von Konsumgütern im 10-Jahres-vergleich, in: DBW, Heft 2 1988, S. 195-200.

Diller, H. (1989): Key-Account-Management als vertikales Marketingkonzept. Theore-tische Grundlagen und empirische Befunde aus der deutschen Lebensmittelindustrie, in: Marketing-ZFP, 11. Jg., Heft 4 1989, S. 213-223.

Diller, H. (1991): Das Preisimage als Wettbewerbsfaktor, in: Lebensmittelzeitung Nr. 50, 13.12.1991, S. 60 - 62.

Diller, H. (1992): Preismanagement in der Markenartikelindustrie, in: ZfbF, 44. Jg., Dezember 1992, S. 1109-1125.

Diller, H. (1993): Preisbaukästen als preispolitische Option, in: WiSt, 22. Jg., Heft 6 1993, S. 270-275.

Diller, H. (1995): Tiefpreispolitik: Aktuelle Entwicklungen und Erfolgsaussichten, Arbeitspapier Nr. 38 des Lehrstuhls für Marketing an der Universität Erlangen-Nürnberg, Nürnberg 1995.

Diller, H. (1995a): Beziehungs-Marketing, in: WiSt, 24. Jg., H. 9 1995, S. 442 - 447.

Diller, H. (1996): Kundenbindung als Marketingziel, in: Marketing-ZFP, 18. Jg., Heft 2 1996, S. 81 - 94.

Diller, H. (1997): Preis-Management im Zeichen des Beziehungs-Marketing, in: DBW, 57. Jg., Heft 6 1997, S. 749-763.

Diller, H. (1997): Veränderung im Marketing durch Online-Medien, in: Bruhn, M.; Steffenhagen, H. (Hrsg.): Marktorientierte Unternehmensführung: Reflexionen - Denkanstöße - Perspektiven, Wiesbaden 1997, S. 513-537.

Diller, H. (1997a): Preisehrlichkeit - Eine neue Zielgröße im Preismanagement des Einzelhändlers, in: Thexis, 14. Jg., Nr. 2 1997, S. 16-21.

Diller, H. (1998): Risiko- und Break-Even-Analyse, in: Diller, H. (Hrsg.): Marketingplanung, 2. Aufl., München 1998, S. 267-290.

Diller, H. (1998a): Entscheidungsbäume und Roll-back-Analyse, in: Diller, H. (Hrsg.): Marketingplanung, 2. Aufl., München 1998, S. 233-245.

Diller, H. (1998b): Zielplanung, in: Diller, H. (Hrsg.): Marketingplanung, 2. Aufl., München 1998, S. 163-198.

Diller, H. (1998c): Preispsychologische Effekte der Währungsumstellung zum Euro. Theoretische Grundlagen und empirische Befunde, in: Marketing-ZFP, 20. Jg., Nr. 4 1998, S. 265-274.

Diller, H. (1999): Entwicklungslinien in Preistheorie und -management, in: Marketing-ZFP, 21. Jg., Heft 1 1999, S. 39-60.

Diller, H. (1999a): Preisgarantie: Zweifel an der Wirksamkeit, in: Lebensmittelzeitung, Nr. 36 1999, S. 72.

Diller, H. (1999b): Größenwahn oder Größenzwang?, unveröffentlicher Vortrag bei der GIM - Jahrestagung "Strategische Optionen im Größenwettbewerb", 21. Oktober 1999, Gesellschaft für Innovatives Marketing e.V.

Diller, H. (1999c): Discountig: Erfolgsgeschichte oder Irrweg?, in: Beisheim, O.(Hrsg.): Distribution im Aufbruch, München 1999, S. 351-372.

Diller, H.; Brielmaier, A. (1996): Die Wirkung gebrochener und runder Preise, in: ZfbF, 48. Jg., Heft 7/8 1996, S. 695-710.

Diller, H.; Bukhari, I. (1994): Pricing Conditions in the European Common Market, in: European Management Journal, Vol. 12, No. 2 (June) 1994, S. 163 -170.

Diller, H.; George, G.; Haentsch, T. (1992): EDV-gestützte Preispolitik in der Markenartikelindustrie – Ergebnisse einer empirischen Erhebung, in: Jahrbuch der Absatz- und Verbrauchsforschung, 38. Jg., Heft 2 1992, S. 156-183.

Diller, H.; Goerdt, T. (1998): Die Marken- und Einkaufsstättentreue der Konsumenten als Bestimmungsfaktor der Markenführung im vertikalen Beziehungsmarketing, in: Esch, F.-R. (Hrsg.): Perspektiven moderner Markenführung, Wiesbaden 1998, S. 941-956.

Diller, H.; Goerdt, T. (2000): Einflußfaktoren der Kundenbindung im Lebensmittel-Einzelhandel. Ergebnisse von Panelanalysen für Güter des täglichen Bedarfs, in: Trommsdorff, V. (Hrsg.): Handelsforschung 1999/2000, Wiesbaden 2000, S. 163-194.

Diller, H.; Goerdt, T.; Geiss, G. (1997): Marken- und Einkaufsstättentreue bei Konsumgütern, Arbeitspapier Nr. 58 des Lehrstuhls für Marketing an der Universität Erlangen-Nürnberg, Nürnberg 1997.

Diller, H.; Haas, A.; Hausruckinger, G. (1997): Discounting - erfolgreich nicht nur im Handel, in: HBM, 19. Jg., 4. Quartal 1997, S. 19-28.

Diller, H.; Heinzelbecker, K. (1992): Marketing-Informationssysteme, in: Diller, H. (1992): Vahlens Großes Marketing-Lexikon, München 1992.

Diller, H.; Ivens, B.S. (1998): Deutsch-chinesische Geschäftsbeziehungen, Arbeitspapier Nr. 69 des Lehrstuhls für Marketing der Universität Erlangen-Nürnberg, Nürnberg 1998.

Diller, H.; Köhler, L.; Kneer, A. (1991): Preismanagement im Exportgeschäft. Eine empirische Analyse, Arbeitspapier Nr. 5 des Lehrstuhls für Marketing der Universität Erlangen-Nürnberg, Nürnberg 1991.

Diller, H.; Kusterer, M. (1986): Erlebnisbetonte Ladengestaltung im Einzelhandel – eine empirische Studie, in: Trommsdorff, V. (Hrsg.): Handelsforschung 1986, Heidelberg 1986, S. 105-123.

Diller, H.; Kusterer, M. (1988): Beziehungsmanagement. Theoretische Grundlagen und explorative Befunde, in: Marketing-ZFP, 10. Jg., Heft 3 1988, S. 211-220.

Diller, H.; Lücking, J. (1992): Strategisches Marketing, in: Diller, H. (Hrsg.): Vahlens Großes Marketing-Lexikon, München 1992, S. 1113-1115.

Diller, H.; That, D. (1999): Die Preiszufriedenheit bei Dienstleistungen, Arbeitspapier Nr. 79 des Lehrstuhls für Marketing der Universität Erlangen-Nürnberg, Nürnberg 1999.

Djanini, C.; Winning, M. (1999): Der Verrechnungspreis im Spannungsfeld zwischen betriebswirtschaftlichen und steuer(recht)lichen Anforderungen, in: Kutschker, M. (Hrsg.): Perspektiven der internationalen Wirtschaft, Wiesbaden 1999, S. 243-268.

Dobson, G.; Kalish, S. (1988): Positioning and Pricing a Product Line, in: Marketing Science, Vol. 7, No. 2 1988, S. 107-125.

Drumm, K.-J. (1972): Theorie und Praxis der Lenkungspreise, in: ZfbF, 24. Jg., 1972, S. 253-266.

Dudenhöffer, F. (1996): Automobile: Abschied von der "Produktmarke"?, in: Markenartikel, Nr. 12 1995, S. 552-556.

Dudenhöffer, F. (1998): Abschied vom Massenmarketing: Systemmarken und Beziehungen erobern, Düsseldorf, München 1998.

Dülfer, E. (1991): Internationales Management in unterschiedlichen Kulturbereichen, München, Wien 1991.

Ebel, B.; Lauszus, D. (1995): Preisabsatzfunktionen, in: Hermann, A.; Homburh, Ch. (Hrsg.): Marktforschung, Wiesbaden 1995.

Ebel, H.-R. (1995): Rechtliche Anforderungen an die neuen Preisgleitklauseln in Stromlieferungsverträgen für Industriekunden, in: Der Betrieb, Heft 4 1995, S. 2356-2358.

Eckhardt, K. (1976): Sonderangebotspolitik in Warenhandelsbetrieben – Eine empirische Studie, Wiesbaden 1976.

Edelmann, F. (1965): Art and Science of Competitive Bidding, in: HBR, Vol. 43, 1965, S. 53-66.

Eichhorn, W. (1973): Modelle der vertikalen Preisbildung, Meisenheim/Glan 1973.

Ellinghaus, U.W. (1964): Die Grundlagen der Theorie der Preisdifferenzierung, Tübingen 1964.

Emery, F. (1969): Some Psychological Aspects of Price, in: Taylor, B.; Willis, G. (Hrsg.): Pricing Strategy, London 1969, S. 98-111.

Engelhardt, W.H. (1976): Mehrstufige Absatzstrategien, in: ZW, 28. Jg., 1976, S. 175-182.

Engelhardt, W.H.; Freiling, J. (1995): Die integrative Gestaltung von Leistungspotentialen, in: ZfbB, Heft 10 1995, S. 899-918.

Engelhardt, W.H.; Günter, B. (1981): Investitionsgüter-Marketing. Anlagen, Einzelaggregate, Teile, Roh- und Ersatzstoffe, Energieträger, Stuttgart 1981.

Eversheim, W.; Minolla, W.; Fischer, W. (1977): Angebotskalkulation mit Kostenfunktionen, Berlin, Köln 1977.

Fader, C.; McAlister, L. (1990): An Elemination by Aspects Model of Consumer Response to Promotion Calibrated an UPC Scanner Data, in: JMR, Vol. 27, August 1990, S.322-332.

Faßnacht, M. (1996): Preisdifferenzierung bei Dienstleistungen. Implementationsformen und Determinanen, Wiesbaden 1996.

Faßnacht, M. (1998): Preisdifferenzierungsintensität bei Dienstleistern, in: ZfB, 68. Jg., Heft 7 1998, S. 183-187.

Fehl, U.; Oberender, P. (1999): Grundlagen der Mikroökonomie, München 1999.

Ferner, W. (1966): Modelle zur Programmplanung im Absatzbereich, Köln usw. 1966.

Fischer, C. (1995): Verbundorientierte Preispolitik im Lebensmittelhandel. Ein Ansatz zur computergestützten Nutzung von Informationen über das Verbundkaufverhalten der Kunden am Point of Sale, Berlin 1995.

Fischer, R.; Rogalski, M. (1993): Preispolitik auf der Grundlage eines entscheidungsorientierten Kosten- und Erlöscontrolling, in: Zeitschrift für Betriebswirtschaft, 63. Jg., H. 3 1993, S. 235-252.

Fleck, A. (1995): Hybride Wettbewerbsstrategien: Zur Synthese von Kosten- und Differenzierungsvorteilen, Wiesbaden 1995.

Fletcher, R. (1998): A Holistic Approach to Countertrade, in: Industrial Marketing Management, Vol. 27, 1998, S. 511-528.

Fog, B. (1960): Industrial Pricing Policies, Amsterdam 1960.

Fotsyth, J. (1999): A Segmentation You Can Act On, in: McKinsey Quarterly, Heft 3 1999, S. 7-15.

Frank, R.E.; Massy, W.F. (1971): An Econometric Approach to a Marketing Decision Model, Cambridge/Mass., London 1971.

Frank, R.E.; Massy, W.F. (1971a): The Effect of Retail Promotion Activities on Sales, in: Decision Sciences, Vol. 2, 1971, S. 405-431.

Frederick, D.G. (1971): The Industrial Pricing Decision Using Bayesian Multivariate Analysis, in: JMR, Vol. 8, 1971, S. 199-203.

Freter, H. (1983): Marktsegmentierung, Stuttgart usw. 1983.

Friedman, L. (1956): A Competitive Bidding Strategy, in: Operations Research, Vol. 4, No. 1 1956, S. 104-112.

Friege, C. (1996): Yield Management, in: WiSt, Heft 12 1996, S. 616-622.

Friege, C. (1997): Preispolitik für Dienstleistungen, in: Thexis, Nr. 2 1997, S. 9-14.

Gabor, A. (1977): Pricing, Principles and Practices, London 1977.

Gabor, A. (1988): Pricing: Concepts and Methods for Effective Marketing, 2. Aufl., Hants 1988.

Gabor, A.; Granger, C. (1964): Price Sensitivity of the Consumer, in: Journal of Advertising Research, Vol. 4, No. 4 November 1964, S. 40-44.

Gabor, A.; Granger, C. (1966): Price as an Indicator of Quality: Report on an Enquiry, in: Economic, Vol. 33, February 1966, S. 43-70.

Gabor., A.; Granger, C. (1961): Price Consciousness of Consumers, in: Applied Statistics, Vol. 10, 1961, S. 170-188.

Gaenslen, F. (1975): Der Zielkonflikt zwischen Produktion und Absatz, in: WiSt, 4. Jg., 1975, S. 407-414.

Galinski, B. (1981): Theoretische Grundlagen der Handelspolitik gegenüber Dumpingeinfuhren, in: Volkswirtschaftliche Schriften, Band 9, Düsseldorf 1981.

Gälweiler, A. (1974): Unternehmensplanung – Grundlagen und Praxis, Frankfurt a.M. 1974.

Gälweiler, A.; Schwaninger, M. (1987): Strategische Unternehmensführung, München 1987.

Gandenberger, O. (1961): Die Ausschreibung - Organisierte Konkurrenz um öffentliche Aufträge, Heidelberg 1961.

Gaskins, D.W. (1971): Dynamic Limit Pricing: Optimal Pricing under Threat of Entry, in: Journal of Economic Theory, Vol. 3, September 1971, S. 306-322.

Gaul, W.; Löffler, M. (1999): Zur Charakterisierung von Preisspielräumen, in: ZfbF, 51. Jg., Nr. 11 1999, S. 1056-1074.

Gedenk, K.; Sattler, H. (1997): Preisschwellen und Deckungsbeitrag - Verschenkt der Handel große Potentiale?, in: Diskussionspapier Reihe A, Nr. 97/04, Friedrich-Schiller-Universität Jena 1997.

Gegenmantel, R. (1996): Key Account Management in der Konsumgüterindustrie, Wiesbaden 1996.

Gehlen, A. (1958): Der Mensch. Seine Natur und seine Stellung in der Welt, 6. Aufl., Bonn 1958.

Geist, M. (1974): Selektive Absatzpolitik auf der Grundlage der Absatzsegmentrechnung, 2. Aufl., Stuttgart 1974.

Gerke, W. (1982): Indexklauseln, in: WiSt, 11. Jg., 1982, S. 97-101.

Gierl, H. (1990): Die Erklärung der Preislagenwahl bei Konsumgütern, Berlin 1990.

Givon, M. (1984): Variety Seeking through brand switching, in: Marketing Science, Vol. 3, Heft 1 1984, S. 1-22.

Glinz, M. (1978): Sonderpreisaktionen des Herstellers und des Handels, Wiesbaden 1978.

Goerdt, T. (1999): Die Marken- und Einkaufsstättentreue der Konsumenten als Bestimmungsfaktoren des vertikalen Beziehungsmarketing, Nürnberg 1999.

Goodman, D.; Moody, K. (1970): Determining Optimum Price Promotion Quantities, in: JM, Vol. 34, October 1970, S. 31-39.

Gossen, H.H. (1854): Entwicklung der Gesetze des Menschlichen Verkehrs und der daraus fließenden Regeln für Menschliches Handeln, Braunschweig 1854.

Götze, U. (1997): Einsatzmöglichkeiten und Grenzen der Prozeßkostenrechnung, in: Freidank, C. et al. (Hrsg.): Kostenmanagement, Berlin usw. 1997, S. 141-174.

Gourville, J.T.; Soman, D. (1998): Payment Depreciston: The Behavioral Effects of Temporally Separating Payments from Consumption, in: JCR, Vol. 25, September 1998, S. 160-174.

Green, P. E. (1974): On the Design of Choice Experiments Involving Multifactor Alternatives, in: JCR, Vol. 1 (Sept. 1974), S. 61-68.

Green, P. E.; Caroll, J. D.; Carmone, F. J. (1977): Design Considerations in Attitude Measurement, in: Wind, Y., Greenberg, M. G. (Hrsg.), Moving Ahead with Attitude Research, Chigaco (AMA) 1977, S. 9-18.

Green, P. E.; Krieger, A. M.; Agarwal, M. K. (1991): Adaptive Conjoint Analysis. Some Caveats and Suggestions: A Cautionary Note, in: Journal of Marketing Research, Vol. 25, S. 215-222.

Green, P.E. (1963): Bayesian Decision Theory in Pricing Strategy, in: JM, Vol. 27, No. 1 1963, S. 5-14.

Green, P.E.; Krieger, A.M.; Bansal, P. (1988): Completely Unacceptable Levels in Conjoint Analysis: A Cautionary Note, in: JMR, Vol. 25, August 1988, S. 293-300.

Green, P.E.; Rao, V.R. (1971): Conjoint Measurement for Quantifying Judgement Data, in: JMR, Vol. 8, August 1971, S. 355-363.

Green, P.E.; Srinivasan, V. (1978): Conjoint Analysis in Consumer Research: Issues and Outlook, in: JCR, Vol. 5, September 1978, S. 103-123.

Green, P.E.; Tull, D.S.; Albaum, G. (1988): Research for Marketing Decision, 5th ed., Englewood-Cliffs: Prentice Hall 1988.

Green, P.E.; Wind, Y. (1975): New Way to Measure Consumers' Judgement, in: Havard Business Review, Vol. 53, No. 4, July/August 1975, S. 107-115.

Greene, W.H. (1997): Econometric Analysis, 3. ed., NJ: Prentice Hall 1997.

Grewal, D., Marmorstein, H.; Sharma, A. (1996): Communicating Price Information through Semantic Cues: The Moderating Effects of Situation and Discount Size, in: JCR, Vol. 23, September 1996, S.148-155.

Grewal, D.; Marmorstein, H. (1994): Market Price Variation, Perceived Price Variation, and Consumers' Price Search Decisions for Durable Goods, in: JCR, Vol. 21, December 1994, S. 453-460.

Grey Strategic Planning (1995): Smart Shopper, Düsseldorf 1995.

Gröppel, A. (1991): Erlebnisstrategien im Einzelhandel, Heidelberg 1991.

Gröppel, A. (1997): Preiswürdigkeitsimages und Differenzierungsstrategien - Der Einfluß der am Point-of-Sale empfundenen Dominanz auf die Preisbeurteilung, in: Trommsdorff, V. (Hrsg.): Handelsforschung 1996/97, Jahrbuch der Forschungsstelle für den Handel Berlin (FfH) e.V., S. 297-315.

Gröppel-Klein, A. (1998): Wettbewerbsstrategien im Einzelhandel. Chancen und Risiken von Preisführerschaft und Differenzierung, Wiesbaden 1998.

Grunert, K.G. (1983): Magnitude-Skalierung, in: Marketing-ZFP, 5. Jg., 1983, S. 108-112.

Guerville, J.T.; Pennies A.-D. (1998): The Effect of temporal Reframing on Transaction Evaluation, in: JCR, Vol. 24, March 1998, S. 395-408.

Guiltinan, J.P. (1976): Risk-Aversive Pricing Policies: Problems and Alternatives, in: JM, Vol. 40, January 1976, S. 10-15.

Gümbel, R. (1963): Die Sortimentspolitik in den Betrieben des Wareneinzelhandels, Köln 1963.

Günther, M.; Vossbein, U.; Wildner, R. (1998): Marktforschung mit Panels, Wiesbaden 1998.

Gutenberg, E. (1984): Grundlagen der Betriebswirtschaftslehre, Band II: Der Absatz, 17. Aufl., Berlin 1984.

Gutman, J.; Reynolds, T.J. (1988): Laddering theory, method, analysis and interpretation, in: Journal of Advertising Research, Vol. 28, Heft 1 1988, S. 11-34.

Gutsche, J. (1995): Produktpräferenzanalyse – Ein modelltheorietsches und methodisches Konzept zur Marktsimulation mittels Präferenzerfassungsmodellen, Berlin 1995.

Haas, A. (1995): Die Optimierung von Preisstrukturen im Haushaltsgroßgerätemarkt – Ein Fallbeispiel für das Category Management, unveröff. Diplomarbeit, Nürnberg 1995.

Haas, A. (1999): Discountability, Arbeitspapier Nr. 82 des Lehrstuhls für Marketing der Universität Erlangen-Nürnberg, Nürnberg 1999.

Haas, A. (2000): Discounting – Konzeption und Anwendbarkeit als Marketingstrategie, Nürnberg 2000.

Haas, C. (1965): Unsicherheit und Risiko in der Preisbildung, Köln 1965.

Habel, B.D. (1979): Kampfpreispolitik, in: asw, 21. Jg., Heft 9 1979, S. 82-85.

Hagemann, H. (1996): Aktionswirkung und Nebenwirkungen, in: Dynamik im Handel, Nr. 1 1996, S. 44.

Hahn, C. (1997): Conjoint- und Discrete Choice-Analyse als Verfahren zur Abbildung von Präferenzstrukturen und Produktauswahlentscheidungen – ein theoretischer und computergestützer empirischer Vergleich, Münster 1997.

Haley, R.I. (1968): Benefit Segmentation: A Decision Oriented Research Tool, in: JM, Vol. 32, No. 1 1968, S. 30-35.

Hammann, P. (1974): Modelle zur Preispolitik, in: Hansen, H.-R. (Hrsg.): Computergestützte Marketingplanung, München 1974, S. 198-217.

Hammann, P. (1975): Entscheidungsanalysen im Marketing, Berlin 1975.

Hammann, P.; Erichson, B. (1994): Marktforschung, 3. Auflage, Stuttgart usw. 1994.

Hansen, P. (1972): Die handelsgerichtete Absatzpolitik der Hersteller im Wettbewerb um den Regalplatz, Berlin 1972.

Hansen, U. (1990): Absatz- und Beschaffungsmarketing des Einzelhandels, 2. Aufl., Göttingen 1990.

Hansen, U.; Bode, M. (1999): Marketing und Konsum, München 1999.

Hanson, W. (1992): The Dynamics of Cost-Plus Pricing, in: Managerial and Decision Economics, Vol. 13, 1992, S. 149-162.

Hanson, W.A.; Martin, R.K. (1990): Optimal Bundle Pricing, in: Management Science, Vol. 36, No.2 1990.

Hanssens, D.M.; Parsons, L.J.; Schultz, R.L. (1992): Market Response Models: Econometric and Time Series Analysis, 2. printing, Boston: Kluwer 1992.

Hardes, H.-D. (1992): Preisverhalten im Oligopol. Ein anwendungsorientierter Überblick, in: WiSt, Heft 5 1992, S. 224-230.

Härdtl, G. (1995): Informationsgrundlagen zur leistungsbezogenen Konditionengewährung, Wiesbaden 1995.

Hartmann, R.S.; Doane, M.J.; Woo, C.-K. (1991): Consumer Rationality and the Status Quo, in: Quaterly Journal of Economics, Vol. 6, 1991, S.141-162.

Harvey, A.C. (1994): Ökonometrische Analyse von Zeitreihen, 2. Aufl., München usw. 1994.

Hax, H. (1957): Die Substanzerhaltung der Betriebe, Köln 1957.

Hax, H. (1961): Vertikale Preisbindung in der Markenartikelindustrie, Köln 1961.

Hax, H. (1970): Pretiale Lenkung des Rechnungswesens, in: Kosiol, E. (Hrsg.): Handwörterbuch des Rechnungswesens, Stuttgart 1970, S. 1430-1437.

Hax, H. (1975): Preisbindung, vertikale, in: Tietz, B. (Hrsg.): Handwörterbuch der Absatzwirtschaft, Stuttgart 1975, S. 1642-1652.

Hay, C. (1987): Die Verarbeitung von Preisinformationen durch Konsumenten, Heidelberg 1987.

Hefermehl, W.; Baumbach, A. (1996): Wettbewerbsrecht, 19. Aufl., München 1996.

Heidel, B. (1990): Scannerdaten im Einzelhandelsmarketing, Wiesbaden 1990.

Heigl, A.; Uecker, P. (Hrsg.) (1979): Betriebswirtschaft und Recht, Wiesbaden 1979, S. 257-284.

Heimel, J. P. (1994): Konnektionistische Analyse des Kaufverhaltens, Berlin 1994.

Heinemann, M. (1976): Einkaufsstättenwahl und Firmentreue der Konsumenten, Wiesbaden 1976.

Heinen, E. (1976): Grundlagen betriebswirtschaftlicher Entscheidungen. Das Zielsystem der Unternehmung, 3. Aufl., Wiesbaden 1976.

Heinen, E. (1982): Einführung in die Betriebswirtschaftslehre, 8. Aufl., Wiesbaden 1982.

Heinen, E.; Dill, H. (1990): Unternehmenskultur aus betriebswirtschaftlicher Sicht, in: Simon, H. (Hrsg.): Herausforderung und Unternehmenskultur, Stuttgart 1990, S. 12-24.

Helmig, B. (1997): Variety-seeking-behavior im Konsumgüterbereich, Wiesbaden 1997.

Helson, H. (1964): Adaptation Level Theory, New York 1964.

Henderson, B.D. (1974): Die Erfahrungskurve in der Unternehmenstrategie, Frankfurt/Main 1974.

Herp, T. (1982): Der Marktwert von Marken des Gebrauchsgütersektors, Frankfurt/Main, Bern 1982.

Herrmann, A. (1996): Nachfrageorientierte Produktgestaltung: ein Ansatz auf Basis der "means-end"-Theorie, Wiesbaden 1996.

Herrmann, A. (1998): Conjoint Analysen zur Produkt- und Preisplanung, in: Diller, H. (Hrsg.): Marketingplanung, 2. Aufl., München 1998, S. 339-358.

Herrmann, A., Gustaffson, A.; Huber, F.; Vollmer, I. (1999): Ein integrierter Ansatz zur Produktentwicklung und Kundenzufriedenheitsmessung, in: Controlling, Heft 11 1999, S. 509-516.

Herrmann, A.; Bauer, H.H. (1996): Ein Ansatz zur Preisbündelung auf der Basis der "prospect"-Theorie, in: ZfbF, 48. Jg., Heft 7/8 1996, S. 675-694.

Herrmann, A.; Bauer, H.H.; Huber, F. (1997): Wenn Käufer auch verkaufen. Preispolitische Implikationen der "prospect"-Theorie, in: Marketing-ZFP, 19. Jg., Heft 1 1997, S. 5-14.

Herrmann, A.; Wricke, M. (1998): Evaluating multidimensional prices, in: Journal of Product & Brand Management, Vol. 7, No. 2 1998, S. 161-169.

Herstatt, C.; Hippel v., E. (1992): From Experience: Developing New Product Concepts Via Lead User Method: A Case Study in „Low-Tech" Field, in: Journal of Product Innovation Management, Vol. 9, Heft 3 1992, S. 213-221.

Hettich, G. (1998): Entscheidungskriterien, Entscheidungsregeln, Entscheidungsprinzipien, in: Diller, H. (Hrsg.): Marketingplanung, 2. Aufl., München 1998, S. 215-232.

Hinkle, C.L. (1965): The Strategy of Price Deals, in: HBR, Vol. 43, July/August 1965, S. 73-95.

Hippel v., E. (1988): The Sources of Innovation, New York usw. 1988.

Hoch, J.S.; Drèze, X.; Purk, M.E. (1994): DLP, Hi-Lo, and Margin Arithmetic, in: JM, Vol. 58, October 1994, S. 16-27.

Hofacker, T. (1985): Entscheidung als Infomationsverarbeitung: Eine empirische Untersuchung zur Produktentscheidung, Diss., Frankfurt/Main 1985.

Höhn, E.; Wysocki v., K. (1982): Fremdfinanzierung von Kapitalgesellschaften durch Anteilseigner im deutschen und ausländischen Körperschaftssteuerrecht, München 1982.

Holzkämper, O. (1999): Category-Management: Strategische Positionierung des Handels, Göttingen 1999.

Homburg, C.; Daum, D. (1997): Auf der Suche nach den entgangenen Erlösen, in: asw, 40. Jg., Heft 10 1997, S. 96-101.

Horst, J.-P. (1992): Das Verbot der vertikalen Preisbindung. Interdisziplinäre Analyse eines Tabus auf marketingwissenschaftlicher und wettbewerbspolitischer Grundlage, Frankfurt 1992.

Horvàth, P. (1993): Target Costing – Marktorientierte Zielkosten in der deutschen Praxis, Stuttgart 1993.

Howard, J.A.; Sheth, J. (1969): The Theory of Buyer Behavior, New York 1969.

Hruschka, H. (1999): Spezifikation, Schätzung und empirische Befunde der Gutenberg Preis-Absatz-Funktion, in: Albach, H. et al. (Hrsg.): Die Theorie der Unternehmung in Forschung und Praxis, Berlin 1999.

Hsiao, C. (1993): Analysis of Panel Data, Cambridge (Mass.) 1993.

Huber, F. (1995): Ein Konzept zur Ermittlung und Bearbeitung des Frühkäufersegments im Bekleidungsmarkt, in: Marketing-ZFP, 17. Jg., 2. Quartal 1995, S.110-121.

Huckemann, M. (1997): Pricing – Gewinnen durch die richtigen Preise. Ergebnisse einer Mercurie International Studie zur aktuellen Preispolitik in Deutschen Industrieunternehmen, in: Thexis, Heft 2 1997, S. 46-48.

Hummel, S.; Männel, W. (1993): Kostenrechnung-Band 2: Moderne Verfahren und Systeme, Wiesbaden 1993.

Hummel, S.; Männel, W. (1995): Kostenrechnung-Band 1: Grundlagen, Aufbau und Anwendung, 4. Aufl., Wiesbaden 1995.

Huppert, E. (1974): Das Marktexperiment als Entscheidungshilfe, in: Der Marktforscher, 18. Jg., Heft 6 1974, S. 125-130.

Huppert, E. (1981): Scanning aus der Perspektive der Marktforschung, in: Marketing-ZFP, 3. Jg., 1981, S. 153-160.

Hüttner, M. (1999): Grundzüge der Marktforschung, 6. Aufl., München 1999.

IFUA Horváth & Partner (Hrsg.) (1991): Prozeßkostenmanagement, München 1991.

Inman, J.J.; Peter, A.C.; Raghubir, P. (1997): Framing the Deal: The Role of Restrictions in Accentuating Deal Value, in: JCR, Vol. 24, June 1997, S. 68-79.

Irle, M. (1975): Lehrbuch der Sozialpsychologie, Gattingen 1973.

Ivens, B.S. (1997a): Aktuelle Forschungsfelder im internationalen Marketing, Arbeitspapier Nr. 55 des Lehrstuhls für Marketing der Universität Erlangen-Nürnberg, Nürnberg 1997.

Ivens, B.S. (1997b): Der Euro - ein Marketingthema? Überlegungen zu den Auswirkungen der Europäischen Währungsunion auf das Marketing, Arbeitspapier Nr. 57 des Lehrstuhls für Marketing der Universität Erlangen-Nürnberg, Nürnberg 1997.

Jacob, H. (1971): Preispolitik, 2. Aufl., Wiesbaden 1971.

Jacob, H. (1985): Preisbildung und Preiswettbewerb in der Industriewirtschaft. Eine empirische Untersuchung, in: FIW-Schriftenreihe, Heft 111, Köln usw. 1985.

Jacobson, R.; Obermiller, C. (1990): The formation of expected future price, in: JCR, Vol. 16, Heft 4 1990, S. 420-432.

Jacoby, J.; Olson, J. (1977): Consumer Response to Price: An Attitudinal, Information Processing Perspective, in: Wind, Y.; Greenberg, M. (Hrsg.): Mooving Ahead with Attitude Research, Chicago 1977, S. 73-96.

Jain, S.C.; Laric, M.V. (1979): A Framework for Strategic Industrial Pricing, in: Industrial Marketing Management, Vol. 8, 1979, S. 75-80.

Janiszewski, C.; Lichtenstein, D.R. (1999): A Range Theory Account of Price Perception, in: JCR, Vol. 25, March 1999, S. 353-368.

Jevons, W.S. (1888): The Theory of Political Economy, London 1888.

Johnson, M.D. (1997): Customer Orientation and Market Action, Upper Saddle River 1997.

Johnson, R.M. (1974): Trade-Off Analysis of Consumer Values, in: JMR, Vol. 11, May 1974, S. 121-127.

Kaas, K.P. (1977): Empirische Preisabsatzfunktionen bei Konsumgütern, Berlin, Heidelberg, New York 1977.

Kaas, K.P. (1981): Zum Standort der Preispolitik in Forschung und Praxis, in: Geist, M.; Köhler, R. (Hrsg.): Die Führung des Betriebes, Stuttgart 1981, S. 331-340.

Kaas, K.P. (1995): Marketing zwischen Markt und Hierarchie, in: ZfbF, Sonderheft 35 1995, S. 19-42.

Kaas, K.P. (2000): Marketing-Mix, in: Diller, H. (Hrsg.): Vahlens Großes Marketinglexikon, München 2000.

Kaas, K.P.; Dieterich, M. (1979): Die Entstehung von Kaufgewohnheiten, in: Marketing-ZFP, 1. Jg., 1979, S. 13-22.

Kaas, K.P.; Hay, C. (1984): Preisschwellen bei Konsumgüter - eine theoretische und empirische Anlyse, in: ZfbF, 36. Jg., 1984, S. 333-346.

Kaas, K.P.; Runow, H. (1984): Wie befriedigend sind die Ergebnisse der Forschung zur Verbraucherzufriedenheit?, in: DBW, 44. Jg., Heft 3 1984, S. 451-460.

Kade, G. (1962): Die Grundannahmen der Preistheorie. Eine Kritik in den Ausgangsgrundsätzen der mikroökonomischen Modellbildung, Berlin, Frankfurt/Main 1962.

Kadiyali, V.; Vilcassim, N.J.; Chintagunta, P.K. (1996): Empirical Analysis of Intertemporal Competitive Product Line Pricing Decisions: Lead, Follow or Move Together?, in: Journal of Business, October 1996.

Kahenberg, H. (1998): Novelliertes deutsches Kartellrecht, in: Betriebs-Berater, 53. Jg., Heft 31 1998, S. 1593-1599.

Kahn, B.E.; Louie, T.A. (1990): Effects of retraction of price promotion on brand choice behavior for varity- seeking and last-purchase-loyal consumers, in: JMR, Vol. 27, August 1990, S. 279-289.

Kahn, B.E.; Raju, J.S. (1991): Effects of price promotion on variety-seeking and reinforcement behavior, in: Marketing Science, Vol. 10, Heft 4 1991, S. 316-337.

Kahnemann, D.; Knetsch J.L.; Thaler, R.H. (1986): Fairness and the Assumptions of Economics, in: Journal of Business, Vol. 59, No. 4 1986, S. 285-300.

Kahnemann, D.; Tversky, A. (1979): Prospect Theory: An Analysis of Decision under Risk, in: Econometrica, Vol. 47, No. 2 1979, S. 263-291.

Kahnemann, D.; Twersky, A. (1984): Choices, Values and Frames, in: American Psychologist, Vol. 39, 1984, S. 341-350.

Kaicker, A.; Bearden, W.O.; Manning, K.C. (1995): Component versus Bundle Pricing: The Role of Selling Price Deviations from Price Expectations, in: Journal of Business Research, Vol. 33, No. 3 1995, S. 231-239.

Kaiser, A. (1978): Die Identifikation von Marktsegmenten, Berlin 1978.

Kalapurakal, R.; Dickson, P.R.; Urbany, J.E. (1991): Perceived price fairness and dual entitlement, in: Advances in Consumer Research, Vol. 18, 1991, S. 788-793.

Kalwani, M.U., Yim, C.; Rinne, H.; Sujita, Y. (1990): A Price Expectation Model of Consumer Brand Choice, in: JMR, Vol. 27, August 1990, S. 251-262.

Kalwani, M.U.; Yim, C.K. (1992): Consumer Price and Promotion Expectations: An Empirical Study, in: JMR, Vol. 29, February 1992, S. 90-100.

Kalwani, M.U.; Yim, C.K.; Sujita, Y. (1990): A Price Expectation Model of Consumer Brand Choice, in: JMR, Vol. 27, August 1990, S. 251-262.

Kalyanaram, G.; Winer, R.S. (1995): Empirical Generalizations from Reference Price Research, in: Marketing Science, Vol. 14, No. 31995, Part 2 of 2, S. G161-G169.

Kamien, M.J.; Schwartz, N.L. (1971): Limit Pricing and Uncertain Entry, in: Econometrica, Vol. 39, 1971, S. 441-454.

Kamien, M.J.; Toman, R.J. (1970): Psychophysics of Prices, in: JMR, Vol. 7, 1970, S. 27-35.

Kapferer, J.-N. (1999): Luxusmarken, in: Esch, F.-J. (Hrsg.): Moderne Markenführung, Wiesbaden 1999, S. 317-336.

Karande, K.W.; Kumar, V. (1995): The Effect of Brand Characteristics and Retailer Policies on Response to Retail Price Promotions: Implications for Retailers, in: JoRet, Vol. 71, No. 3 1995, S. 249-278.

Kaufmann, P.J.; Stern, L.W. (1988): Relational exchange norms, perceptions of unfairness, and retained hostility in commercial litigation, in: Journal of Conflict Resolution, Vol. 32, September 1988, S. 534-552.

Kavandi, S. (1998): Ziel- und Prozeßkostenmanagement als Controllinginstrumente, Wiesbaden 1998.

Keiser, S.K.; Krum, J.R. (1976): Consumer Perceptions of Retail Advertising with Overstated Price Savings, in: JoRet, Vol. 52, No. 3 1976, S. 27-36.

Keller, D. (1991): Herstellerkonditionen und Handelsleistungen, Frankfurt/Main 1991.

Kempken, J. (1980): Optimale Preisstrategien bei Ausschreibungen, Düsseldorf 1980.

Kieser, A. (1993): Organisation, in: Handwörterbuch der Betriebswirtschaft, Teilband II, 5. Aufl., Stuttgart 1993, Sp. 2988-3006.

Kilger, W. (1962): Die quantitative Ableitung polypolistischer Preisabsatzfunktionen aus den Heterogenitätsbedingungen atomistischer Märkte, in: Koch, H. (1962): Zur Theorie der Unternehmung, Wiesbaden 1962.

Kilger, W. (1973): Optimale Produktions- und Absatzplanung. Entscheidungsmodelle für den Produktions- und Absatzbereich industrieller Betriebe, Opladen 1973.

Kilger, W. (1982): Bestimmung von Preisuntergrenzen, in: Wisu, Heft 4 1982, S. 167-171 und Heft 5 1982, S. 219-222.

Kilger, W.; Vikas, K. (1993): Flexible Plankostenrechnung und Deckungsbeitragsrechnung, 10. Aufl., Wiesbaden 1993.

Kim, B.; Srinivasan, K., Wilcox, R.T. (1999): Identifiying Price Sensitive Consumers: The Relative Merits of Demographic vs. Purchase Pattern Information, in: JoRet, Vol. 75, Heft 2 1999, S. 173-193.

Kind, H.-J. (1979): Sonderveranstaltungen. Handbuch des Ausverkaufsrechts, Karlsruhe 1979.

Klimm, J. (1982): Optimale Gebote bei Ausschreibungen: Marktentwicklung und Kapazitätsauslastung als Parameter der Offertenpolitik, Frankfurt/Main, Bern 1982.

Kloock, J. (1988): Erfolgskontrolle mit der diffenziert-kumulativen Abweichungsanalyse, in: ZfB, 58. Jg., S. 423-434.

Klophaus, R. (1998): Revenue-Management – Wie die Airline Ertragswachstum schafft, in: asw, Sondernummer Oktober 1998, S. 146-155.

Koch, S. (1989): Die Abwehr von Dumping – Das Beispiel des amerikanischen Rechts, in: Sandrock, O. (Hrsg.): Abhandlung zum Recht der internationalen Wirtschaft, Band 11, Heidelberg 1989.

Köhler, H. (1999): "Verkauf unter Einstandspreis" im neuen GWB, in: Betriebs-Berater, 54. Jg., Heft 14 1999, S. 697-701.

Köhler, R. (1968): Das Problem "richtiger" preispolitischer Entscheidungen bei unvollkommener Voraussicht, in: ZfbF, 20. Jg., 1968, S. 249-274.

Köhler, R. (1976): Nutzen Sie Ihr Rechnungswesen für die Preispolitik, in: Marketing Journal, Heft 5 1976, S. 485-492.

Köhler, R. (1981): Grundprobleme der strategischen Marketingplanung, in: Geist, H.; Köhler, R. (Hrsg.): Die Führung des Betriebes, Stuttgart 1981, S. 261-292.

Köhler, R. (1982): Marketing Controlling, in: DBW, 42. Jg., 1982, S. 197-215.

Köhler, R. (1992): Kosteninformationen für Marketing-Entscheidungen (Marketing-Accounting), in: Männel, W. (Hrsg.): Handbuch Kostenrechnung, Wiesbaden 1992, S. 837-857.

Köhler, R. (1992a): Marketing-Controlling in: Diller, H. (Hrsg.): Vahlens Großes Marketing-Lexikon, München 1992, S. 657-659.

Köhler, R.; Uebele, H. (1983): Straplag AG. Risikoanalytische Evaluierung von Preisstrategien bei einer Neuprodukteinführung, in: WiSt, 12. Jg., 1973, S. 160-162, S. 211-213.

Kohli, R.; Mahajan, V. (1991): A Reservation-Price Model for Optimal Pricing of Mul-tiattribute Products in Conjoint Analysis, in: JMR, Vol. 28, August 1991, S. 347-354.

Koll, W. (1979): Inflation und Rentabilität, Wiesbaden 1979.

Kollat, D.; Blackwell, R.; Robeson, J. (1972): Strategic Marketing, New York usw. 1972.

Koppelmann, U. (1997): Beschaffungsmarketing für die Praxis. Ein strategisches Handlungskonzept, Berlin 1997.

Kostecki, M.M. (1991): Marketing Strategies between Dumping and Anti-Dumping Action, in: European Journal of Marketing, Vol. 25, No. 12 1991, S. 7-19.

Kotler, P.; Bliemel, F. (1999): Marketing-Management. Analyse, Planung, Umsetzung und Steuerung, 9. Aufl., Stuttgart 1999.

Kräckel, M. (1992): Auktionen und interner Beteiligungsmarkt, Wiesbaden 1992.

Krafft, M. (1999): Der Kunde im Fokus: Kundennähe, Kundenzufriedenheit, Kunden-bindung – und Kundenwert?, in: DBW, 59. Jg., Heft 4 1999, S. 511-530.

Krelle, W. (1957): Unsicherheit und Risiko in der Preisbildung, in: Zeitschrift für die gesamte Staatswissenschaft, Band 113, 1957, S. 632-677.

Krelle, W. (1976): Preistheorie, 2. Aufl., Tübingen 1976.

Kretschmer, H.J.; Kretschmer, A. (1974): Perspektiven inflationsbedingter Preispolitik, in: Der Betrieb, 27. Jg., 1974, S. 1585-1590.

Kreutzer, R. (1989): Global-Marketing – Konzeption eines länderübergreifenden Mar-keting: Erfolgsbedingungen, Analysekonzepte, Gestaltungs- und Implementierungs-ansätze, Wiesbaden 1989.

Krishna, A. (1991): Effect of Dealing Patterns on Consumer Perceptions of Deal Fre-quency and Willingness to Pay, in: JMR, Vol. 28, November 1991, S. 441-451.

Krishna, A.; Currim, I.; Shoemaker, R. (1991): Consumer Perceptions of Promotional Activity, in: JM, Vol. 55, April 1991, S. 4-16.

Kroeber-Riel, W. (1970): Absatzpreisänderungen und Unternehmenserhaltung, in: ZfbF, 22. Jg., 1970, S. 359-371.

Kroeber-Riel, W.; Weinberg, P. (1996): Konsumentenverhalten, 6. Aufl., München 1996.

Krüger, L. (1990): Yield Management: Dynamische Gewinnsteuerung im Rahmen inte-grierter Informationstechnologie, in: Controlling, 5. Jg., 1990, S. 240–251.

Kucher, E. (1985): Scannerdaten und Preissensitivität bei Konsumgütern, Wiesbaden 1985.

Kucher, E.; Simon, H. (1987): Conjoint Measurement - Durchbruch bei der Preisent-scheidung, in: Harvard Manager, 1987, S. 28-36.

Kulhavy, E. (1981): Internationales Marketing, Linz 1981.

Kupsch, P. (1979): Unternehmensziele, Stuttgart New York 1979.

Lademann, R.P.; Treis, B. (1998): Factory-Outlet-Center – Innovation gegen den insti-tutionellen Einzelhandel? in: GfK Nürnberg (Hrsg.): Jahrbuch der Absatz- und Ver-brauchsforschung, 44. Jg., Heft 2 1998, S. 116-129.

Landsittel, R. (1987): Dumping im Außenhandels- und Wettbewerbsrecht, Saarbrücken 1987.

Lange, M. (1972): Preisbildung bei neuen Produkten, Berlin 1972.

Lanzilotti, R.F. (1958): Pricing Objectives in Large Companies, in: The American Eco-nomic Review, Vol. 48, 1958, S. 921-940.

Lauszus, D.; Sebastian, K.-H. (1997): Value based-Pricing, in: Thexis, Heft 2 1997, S. 2-8.

Layer, M. (1967): Möglichkeiten und Grenzen der Anwendbarkeit der Deckungs-beitragsrechnung im Rechnungswesen der Unternehmung, Berlin 1967.

Lerch, A. (1998): Peak-Load Pricing, in: WiSt, Heft 10 1998, S. 539-541.

Leventhal, G. (1976): Fairness in Social Relationships, in: Thibeaut, J.; Carson, R. (Hrsg.): Contemporary Topics in Social Psychology, Morristown (N.J.) 1976, S. 211-239.

Leventhal, G.S.; Karuza, J.; Fry, W.I. (1980): Beyond fairness: A theory of allocation preferences, in: Mikula, G. (Hrsg.): Justice and social interaction, New York 1980.

Lichtenstein, D.R.; Bearden, W.O. (1989): Contextual influences on perceptions of merchant-supplied reference prices, in: Journal of Consumer Research, Vol. 16, Heft 1 1989, S. 55-66.

Lichtenstein, D.R.; Netemeyer, R.G.; Burton, S. (1995): Assessing the Domain Specificity of Deal Proneness: A Field Study, in: JCR, Vol. 22, December 1995, S. 314-326.

Link, J. (1979): Die automatisierte Deckungsbeitrags-Flußrechnung als Instrument der Unternehmungsführung, in: ZfB, 49. Jg., 1979, S. 267-280.

Link, J.; Hildebrand, V. (1995): EDV-gestütztes Marketing im Mittelstand, München 1995.

Listl, A. (1998): Target Costing zur Ermittlung der Preisuntergrenze, Frankfurt/Main usw. 1998.

Little, J.D.C. (1979): Entscheidungsunterstützung für Marketingmanager, in: ZfB, 49. Jg., 1979, S. 982-1007.

Lücking, J. (1995): Marktaggressivität und Unternehmenserfolg: theoretische Ansätze und empirische Untersuchung in Märkten für technische Gebrauchsgüter, Berlin 1995.

Maddala, G.S. (1993): The econometrics of panel data, Aldershot Elgar 1993.

Mahajan, V.; Green, P. E.; Goldberg, St. M. (1982): A Conjoint Model for Measuring Self- and Cross-Price/Demand Relationships, in: JMR, Vol. 19 (August 1992), S. 334-342

Männel, W. (1974): Mengenrabatte in der entscheidungsorientierten Erlösrechnung, Opladen 1974.

Männel, W. (1977): Die Berücksichtigung von Erlösschmälerungen bei der Erlösplanung und Erlöskontrolle, in: ZfbF, Sonderheft 6/1977, S. 86-96.

Männel, W. (1992): Bedeutung der Erlösrechnung für die Ergebnisrechnung, in: Männel, W. (Hrsg.): Handbuch Kostenrechnung, Wiesbaden 1992, S. 631-655.

Männel, W. (1992a): Kalkulationsverfahren, in: Diller, H. (Hrsg): Vahlens Großes Marketing-Lexikon, München 1992.

Männel, W. (1993): Kostenrechnung als Führungsinstrument, Lauf an der Pegnitz 1993.

Männel, W. (1998): Mängel und Gefahren traditioneller Vollkosten- und Nettoergebnisrechnung, in: Entwicklungsperspektiven der Kostenrechnung, 4. Aufl., Lauf an der Pegnitz 1998.

Männel, W. (Hrsg.) (1995): Prozeßkostenrechnung – Bedeutung, Methode, Branchenerfahrungen und Softwarelösungen, Wiesbaden 1995.

Marn, M.V., Rosiello, R.L. (1992): Managing Price, Gaining Profit, in: HBR, Sept./Okt. 1992, S. 84-94.

Marn, M.V.; Rosiello, R.L (1993): Balanceakt auf der Preistreppe, in: HBM, 15. Jg., Heft 2 1993, S. 46-56.

Massy, W.F.; Frank, R.E. (1965): Short Term Price and Dealing Effects in Selected Market Segments, in: JMR, Vol. 2, Mai 1965, S. 171-185.

Matschke, M.J. (1993): Lenkungspreise in : Handwörterbuch der Betriebswirtschaft, Teilband II, 5. Aufl., Stuttgart 1993, Sp. 2581-2594.

Maxwell, S. (1995): What makes a price increase "fair"? in: Pricing Strategy and Practice, Vol. 3, No. 4 1995, S. 21-27.

Mayer, R. (1991): Prozeßkostenrechnung und Prozeßkostenmanagement: Konzept, Vorgehensweise und Einsatzmöglichkeiten, in: IFUA Horváth & Partner (Hrsg.), München 1991, S. 73-99.

Mayhew, G.; Winer, R. (1992): An Experimental Analysis of Internal and External Reference Price Using Scanner Data, in: JCR, Vol. 19, June 1992, S. 62-70.

McAfee, R.P.; McMillan, J. (1987): Auctions and Bidding, in: Journal of Economic Literature, Vol. 25, S. 699-728.

McAlister, L.; Pessemier, E. (1982): A Dynamic Attribute Satiation Model of Variety-Seeking Behavior, in: Journal of Consumer Research, Vol. 9, 1982, S. 311-322.

McIntyre, S.H.; Miller, C.M. (1999): The Selection and Pricing of Retail Assortments: An Empirical Approach, in: JoRet, Vol. 75, No. 3, Fall 1999, S. 279-280.

Meffert, H. (1994): Marketing-Management. Analyse-Strategie-Implementierung, Wiesbaden 1994.

Meffert, H. (1998): Marketing. Grundlagen marktorientierter Unternehmensführung, 8. Aufl., Wiesbaden 1998.

Meffert, H.; Bolz, J. (1994): Internationales Marketing-Management, 2. Aufl., Stuttgart, Berlin, Köln 1994.

Meffert, H.; Breitung, A. (1976): Mengenrabattpolitik. Ein Ansatz zur quantitativen Analyse rabattpolitischer Verhandlungen, Arbeitspapier Nr. 10 des Instituts für Marketing der Universität Münster, Münster 1976.

Meffert, H.; Bruhn, M. (1995): Dienstleistungsmarketing: Grundlagen, Konzepte, Methoden, Wiesbaden 1995.

Meffert, H.; Steffenhagen, H. (1976): Konflikte zwischen Industrie und Handel, Wiesbaden 1976.

Merkle, E. (1981): Die Erfassung und Nutzung von Informationen über den Sortimentsverbund in Handelsbetrieben, Berlin 1981.

Mertens, P.; Griese, J. (1993): Integrierte Informationsverarbeitung 2 - Planungs- und Kontrollsysteme in der Industrie, 7. Aufl., Wiesbaden 1993.

Mertens, P.; Schumann, P. (1996): Electronic Shopping: Formen, Entwicklungstrends und strategische Überlegungen, Erlangen usw. 1996.

Meyer, A.; Dornach, F. (1998): Das Deutsche Kundenbarometer - Qualität und Zufriedenheit. Eine Studie zur Kundenzufriedenheit in der Bundesrepublik Deutschland 1998, Hrsg.: Deutsche Marketing-Vereinigung e.V. und Deutsche Post AG, Düsseldorf 1998.

Meyer, A.; Streich, K. (1998): Preispolitik für Dienstleistungen, in: Meyer, A. (Hrsg.): Handbuch Dienstleistungs-Marketing, Stuttgart 1998, S. 846-865.

Meyer, M.; Hansen, K.; Rohde, M. (1973): Mathematische Planungsverfahren - Eine anwendungsorientierte Einführung in die lineare Programmierung und die Netzplantechniken, Essen 1973.

Mikula, G. (1980): Gerechtigkeit und und soziale Interaktion, Berlin 1980.

Möller, H. (1962): Kalkulation, Absatzpolitik und Preisbildung, Tübingen 1962.

Monden, J.; Hoque, M. (1999): Target Costing Based on QFD, in: Controlling, 11. Jg., Heft 11 1999, S. 525-534.

Monroe, K.B. (1971a): Psychophysics of Prices, A Reappraisal, in: JMR, Vol. 8 (1971), S. 248-251.

Monroe, K.B. (1971b): Measuring Price Tresholds by Psychophysics and Latitudes of Acceptance, in: JMR, Vol. 8, 1971, S. 460-464.

Monroe, K.B. (1971c): The Information Content of Prices: A Preliminary Model for Estimating Buyer Response, in: Management Science, Vol. 17 (April 1971), S. B519-B532

Monroe, K.B. (1973): Buyers' Subjective Perception of Price, in: JMR, Vol. 10, 1973, S. 73-80.

Monroe, K.B. (1977): Contextual Influences on Subjective Price Perceptions, in: Journal of Business Research, Vol. 5, December 1977, S. 277-291.

Monroe, K.B. (1979): Pricing: Making Profitable Decisions, New York usw. 1979.

Monroe, K.B.; Della Bitta, A.J. (1978): Models for Pricing Decisions, in: JMR, Vol. 15, August 1978, S. 413-428.

Monroe, K.B.; Zoltners, A.A. (1979): Pricing the Product Line during Periods of Scarcity, in: JM, Vol. 43, Summer 1979, S. 49-59.

Montgomery, D.B. (1971): Consumer Characteristics Associated with Dealing: An Empirical Example, in: JMR, Vol. 8, Feb. 1971, S. 118-120.

Mulhern, F.J.; Padgett, D.T. (1995): The Relationships between Retail Price Promotions and Regular Price Purchases, in: JM, Vol. 59, Okt. 1995, S. 83-90.

Müller, S.; Brücken, M.; Heuer-Potthast, J. (1982): Die Wirkung gebrochener Preise bei Entscheidungen mit geringem und hohem Risiko, in: Jahrbuch der Absatz- und Verbrauchsforschung, 28. Jg., Heft 4 1998, S. 360-385.

Müller, W.; Klein, S. (1993): Grundzüge einer verhaltensorientierten Preistheorie im integrativen Dienstleistungsmarketing, Teil 1, in: Jahrbuch der Absatz- und Verbrauchsforschung, Heft 3 1993, S. 261-282, Teil 2 in Heft 4 1993, S. 360-385.

Müller-Hagedorn, L. (1983): Wahrnehmung und Verarbeitung von Preisen durch Verbraucher - Ein theoretischer Rahmen, in: ZfbF, 35. Jg. (1983), S. 939-951.

Müller-Hagedorn, L. (1984): Die Beurteilung von Preisen durch Konsumenten - Erkenntnisse und Lücken, in: Mazanek, J.; Scheuch, F. (Hrsg.): Marktorientierte Unternehmensführung. Wissenschaftliche Tagung an der Wirtschaftsuniversität Wien, Wien 1984, S. 539-558.

Müller-Hagedorn, L. (1993): Handelsmarketing, 2. Aufl., Stuttgart usw. 1993.

Müller-Hagedorn, L. (1998): Der Handel, Stuttgart usw. 1998.

Müller-Hagedorn, L.; Zielke, S. (1998): Das Preissetzungsverhalten von Handelsbetrieben im Zuge der Währungsumstellung auf den Euro, in: ZfbF, 50. Jg., Nr. 10 1998, S. 946-965.

Müller-Merbach, H. (1966): Die Bestimmung des optimalen Mengenrabatts, in: Battelle-Institut e. V. (Hrsg.): Probleme und Methoden des Marketing in der Produktions- und Investitionsgüterindustrie, Frankfurt 1966, S. 19/14-19/21.

Munzinger, D.K. (1977): Missbräuchliche Preise, Preisbildungssysteme und Preisstrukturen nach § 22 GWB, Köln usw. 1977.

Naert, P.A.; Leeflang, P.S.H. (1978): Building Implementable Marketing Models, Leiden, Boston 1979.

Nagle, T.T.; Holden, R.K.; Larsen, G.M. (1998): Pricing - Praxis der optimalen Preisfindung, Berlin usw. 1998.

Nagtegaal, H. (1974): Der Verkaufspreis in der Industrie, Wiesbaden 1974.

Nahata, B.; Ostaszewski, K.; Sahoo, P.: Buffet Pricing, in: Journal of Business, Vol. 72, No. 2 1999, pp. 215-229.

Narayana, C.L.; Markin, R.J. (1975): Consumer Behavior and Product Performance: An Alternative Conceptionalization, in: JM, Vol. 39, No. 4 1975, S. 1-6.

Nash, J.F. (1953): Two-Person Cooperative Games, in: Econometrica, 21. Jg., 1953, S. 124-140.

Natter, M.; Hruschka, H. (1997): Ankerpreise als Erwartungen oder dynamisch latente Variablen in Marktreaktionmodellen, Report No. 3, May 1997, Vienna University of Economics and Business Administration.

Natter, M.; Hruschka, H. (o.J.): Dynamische Nichtlineare Referenzpreismodelle mit Latenten Variablen, Regensburger Diskussionsbeitrage zur Wirtschaftswissenschaft Nr. 269, Regensburg o.J.

Natzmer v., W. (1978): Die Preisbildung in der Industrie, Tübingen 1978.

Neumann, M. (2000): Wettbewerbspolitik. Geschichte, Theorie und Praxis, Wiesbaden 2000.

Niehans, J. (1956): Preistheoretischer Leitfaden für Verkehrswissenschaftler, in: Schweizerisches Archiv für Verkehrswissenschaft und Verkehrspolitik, 11. Jg., 1956, S. 293 - 320.

Nieschlag, R. (1954): Die Dynamik der Betriebsformen im Handel, Essen 1954.

Nieschlag, R.; Dichtl, E.; Hörschgen, H. (1997): Marketing, 18. Aufl., Berlin, 1997.

Niestrath, U. (1983): Das Informations- und Entscheidungsverhalten von Sonderangebotskäufern, in: FfH-Mitteilungen, 24. Jg., Heft 12 1983, S. 1-10.

Nitzsch v., R. (1998): Prospect Theory und Käuferverhalten, in: DBW, 58. Jg., Heft 5 1998, S. 622-634.

NM Verlag Norbert Müller (Hrsg.) (1994): Die Preispolitik in deutschen Unternehmen, ein Untersuchungsbericht über Preisstrategien, Kalkulationssysteme und ihre betriebswirtschaftlichen Auswirkungen, München 1994.

Nwokoye, N.G. (1975): Subjective Judgements of Price: the Effects of Price Parameters on Adaption Levels, in: Mazze, E.M. (1975): Combined Proceedings of AMA, Chicago 1975, S. 545-548.

Nyström, H. (1970): Retail Pricing, Stockholm 1970.

o.V. (1979): Der Handel lebt nicht vom Rabatt allein, in: asw, Heft 9 1979, S. 6-16.

o.V. (1984): Investitionsgütermarketing: Sichergehen mit Ingenieurconsulting, in: asw, Heft 4 1984, S. 32-42.

o.V. (2000): Keine Chance gegen den billigen Jacob - Aldi-Preisimage ist unantastbar, in: Lebensmittelzeitung 7 v. 18. Februar 2000, S. 10.

Oberender, P. (1987): Markttransparenz, in: Dichtl, E.; Issing, O. (Hrsg.): Vahlens Großes Wirtschaftslexikon, München 1987, S. 125.

Oehme, W. (1983): Handels-Marketing, München 1983.

Ohmae, K. (1985): Macht der Triade, Wiesbaden 1985.

Olson, J. (1980): Implications of Information Processing Approach to Pricing Research, Working Series in Marketing Research, No. 95, Pennsylvania State University, 1980.

Oxenfeldt, A.R. (1960): Multi-Stage Approach to Pricing, in: HBR, Vol. 38, July/ August 1960, S. 125-133.

Oxenfeldt, A.R. (1966): Product Line Pricing, in: HBR, Vol. 44, July/August 1966, S. 135-143.

Oxenfeldt, A.R. (1973): A Decision-making Structure for Price Decisions, in: JM, Vol. 37, 1973, S. 48-53.

Oxenfeldt, A.R. (1975): Pricing Strategies, New York 1975.

Oxenfeldt, A.R. (1979): The Differential Method of Pricing, in: European Journal of Marketing, Vol. 13, 1979, S. 199-212.

Pack, L. (1962): Maximierung der Rentabilitit als preispolitisches Ziel, in: Koch, H. (Hrsg.): Zur Theorie der Unternehmung, Wiesbaden 1962, S. 73-135.

Palda, K.S. (1971): Pricing Decisions and Marketing Policy, Englewood Cliffs, 1971.

Parducci, A. (1974): Contextual Effects. A Range-Frequency Analysis, in: Canerette, E.C.; Friedman, M.P. (Hrsg.): Handbook of Perception, Vol. II, Psychological judgement and Measurement, New York 1964, S. 127-141.

Patt, P.-J. (1988): Strategische Erfolgsfaktoren im Einzelhandel, Frankfurt usw. 1988.

Patterson, D. W. (1997): Künstliche neuronale Netze, 2. Aufl., München, Prentice Hall 1997.

Payne, J.W.; Laughhunn, D.J.; Crum, R. (1980): Translation Effects of Gambles and Aspiration Level Effects in Risky Choice Behavior, in: Management Science, Vol. 26, 1980, S. 1039-1060.

Perrey (1996): Erhebungsdesign-Effekte bei der Conjoint-Analyse, in: Marketing-ZfP, H. 2 1996, S. 105-116.

Pessemier, E.A.; Teach, R.D. (1966): Pricing Experiments, Scaling Consumer Preferences, and Predicting Purchase Behaviour, in: Haas, R.M. (Hrsg.): Science, Technology, and Marketing (1966 Fall Conference Proceedings of the AMA), Chicago 1966, S. 541-557.

Pfaderer, S. (1999): Wir entdecken immer neue Anwendungen (Interview), in: McKinsey Akzente, Nr. 14, Dezember 1999, S. 18-21.

Pfeiffer, W.; Weiss, E. (2000): Erfahrungskurve, in: Diller (Hrsg.): Vahlens Großes Marketing-Lexikon, München 2000.

Pfeiffer, W.; Dörrie, U.; Stoll, E. (1977): Menschliche Arbeit in der industriellen Produktion, Göttingen 1977.

Pfohl, H.C.; Braun, G. (1981): Entscheidungstheorie: normative und deskriptive Grundlagen des Entscheidens, München 1981.

Philis, F. (1967): Risiko und Risikopolitik, Stuttgart 1967.

Piekenbrock, D. (1978): Preisabsatzfunktionen und Preisautonomien bei heterogenem Wettbewerb, Frankfurt/Main 1978.

Pigou, A.C. (1962): The economics of Welfare, London 1962.

Plinke, W. (1979): Betriebswirtschaftliche Aspekte der Erfassung von Preisstruktur-mißbräuchen marktbeherrschender Unternehmen, Arbeitspapiere zum Marketing Nr. 6, Ruhr-Universität Bochum, Bochum 1979.

Plinke, W. (1982): Der Einfluß von Kosteninformationen auf Preisentscheidungen. Eine Analyse des Entscheidungsverhaltens unter Preisdruck auf Investitionsgüter-Märkten, in: Marketing-ZFP, 4. Jg., 1982, S. 246-254.

Plinke, W. (1983): Periodenbezogene Mengenrabatte marktbeherrschender Unternehmen, in: ZfbF, 35. Jg., 1983, S. 224-238.

Plinke, W. (1995): Kundenanalyse, in: Tietz, B.; Köhler, R.; Zentes, J. (Hrsg.): Handwörterbuch des Marketing, Sp. 1328-1340.

Plötner, O. (1995): Das Vertrauen des Kunden, Wiesbaden 1995.

Porter, M.E. (1987): Wettbewerbsstrategie, Frankfurt usw. 1987.

Poscharsky, N. (1998): Preismanagement im Investitionsgütermarketing: Modelle für reife Märkte, Wiesbaden 1998.

Powelz, H.; Leib, P. (1982): Ein Programm zur Umsatzanalyse als Beitrag zum Gewinn-Marketing, in: Marketing-ZFP, 4. Jg., 1982, S. 5-14.

Prechtl, H.; Schmalen, H.; Schweitzer, W. (1992): Sonderangebote und ihre Ausstrahlung auf die Markenfamilie, in: Trommsdorff, V. (Hrsg.): Handelsforschung 1991, Wiesbaden 1992, S. 225-240.

Prelec, D.; Loewenstein, G. (1998): The Red and the Black: Mental Accounting of Savings and Depts, in: Marketing Science, Vol. 17, No. 1 1998, S. 4-28.

Priemer, V.M. (1997): Bundling im Marketing. Potentiale, Strategien und psychologische Ansätze zur Erklärung der Bündelwahrnehmung, empirisch untersucht bei spanischen Automobilkäufern, Wien 1997.

Proff, H.; Proff, H.V. (1997): Möglichkeiten und Grenzen hybrider Strategien - dargestellt am Beispiel der deutschen Automobilindustrie, in: DBW, 57. Jg., Heft 6 1997, S. 796-809.

Putler, D. (1992): Incorporating reference price effects into a theory of consumer choice, in: Marketing Science, Vol. 11, Heft 3 1992, S. 287-309.

Raffée, H. (1961): Kurzfristige Preisuntergrenzen als betriebswirtschaftliches Problem, Köln 1961.

Raffée, H. (1969): Konsumenteninformation und Beschaffungsentscheidung des privaten Haushalts, Stuttgart 1969.

Raffée, H. (1974/1982): Preisuntergrenzen, in: WiSt, 3. Jg., 1974, S. 145-131, Wiederabdr. in: Böcker, F. (Hrsg.): Preistheorie und Preisverhalten, München 1982, S. 141-158.

Raffée, H.; Rieder, B.; Deutsch, W. (1981): Quantitative Modelle als Entscheidungshilfen bei Sonderpreisaktionen von Konsumgüterherstellern, in: Marketing-ZFP, 4. Jg., 1981, S. 267-278.

Raju, P.S. (1980): Optimum Stimulation Level: It's a Relationship to Personality, Demographics and Explorative Bahavior, in: JCR, Vol. 7, 1980, S. 272-282.

Ramaswamy, V.; Gatignon, H.; Reibstein, D.J. (1994): Competitive Marketing Behavior In Industrial Markets, in: JM, Vol. 58, April 1994, S. 45-55.

Rao, A. (1980): Quantity Discounts in Today's Markets, in: JM, Vol. 44, Nr.4 1980, S. 44-51.

Rao, A. (1980): Quantity Discounts in Today's Markets, in: JM, Vol. 44 (Fall 1980), S. 44-51.

Rao, A.; Thomas, J.L. (1973): Dynamic Models of Sales Promotion Policies, in: Operations Research Quarterly, Vol. 24, 1973, S. 403-417.

Rao, A.R.; Bergen, M.E. (1992): Price Premium Variations as a Consequence of Buyers' Lack of Information, in: JCR, Vol. 19, 1992, S. 412-420.

Recktenwald, H.C.; Krelle, W. (1988): Gossens Gesetze - Leitmuster moderner Nutzentheorie, Stuttgart, Wiesbaden 1988.

Reichman, T. (1973): Kosten und Preisgrenzen, Wiesbaden 1973.

Reinecke, S. (1997). Preise am Kundennutzen orientieren, in: Thexis, Heft 2 1997, S. 40-45.

Richardson, P.; Jain, A.; Dick, A. (1996): Household Store Brand Proneness: A Framework, in: JoRet, Vol. 72, No. 2 1996, S. 159-185.

Riebel, P. (1964): Die Preiskalkulation auf Grundlage von "Selbstkosten" oder von relativen Einzelkosten und Deckungsbeiträgen, in: ZfbF, 16. Jg., 1964, S. 549-612.

Riebel, P. (1972): Kosten und Preise bei verbundener Produktion, Substitutionskonkurrenz und verbundener Nachfrage, 2. Aufl., Opladen 1972.

Riebel, P. (1994): Einzelkosten- und Deckungsbeitragsrechnung, 7. Aufl., Wiesbaden 1994.

Robertson, D.; Ulrich, K. (1999): Produktplattformen: Was sie leisten, was sie erfordern, in: HBM, 21. Jg., Heft 4 1999, S. 75-85.

Rook, D.W. (1987): The buying impulse, in: JCR, Vol. 14, Nr. 2 1987, S. 189-199.

Rudolph, T. (1997): Profilieren mit Methode. Von der Positionierung zum Markterfolg, Frankfurt 1997.

Russo, E. (1977): The Value of Unit Price Information, in: JMR, Vol. 14, 1977, S. 193-207.

Saaty, T.L. (1980): The Analytic Hierarchy Process, New York 1980.

Samiee, S.; Anckar, P. (1998): Currency Choice in Industrial Pricing: A Cross-National Evaluation, in: JM, Vol. 62, July 1998, S. 112-127.

Sander, M. (1994): Die Bewertung internationaler Marken auf Basis der hedonischen Theorie, in: Marketing-ZFP, 16. Jg., Nr. 4 1994, S. 234-245.

Sander, M. (1994a): Die Bestimmung und Steuerung des Wertes von Marken – Eine Analyse aus Sicht des Markeninhabers, Heidelberg 1994.

Sawtooth Softwar, Inc. (1995): The CBC System for Choice Based Conjoint Analysis, Technical Paper, Veröffentlicheung der Sawtooth Software, Inc., Sequim (www.sawtoothsoftware.com).

Scheiter, S.; Binder, C. (1999): Kennen Sie Ihre rentablen Kunden?, in: Harvard Manager, 14. Jg., Heft 2 1992, S. 68-79.

Schildbach, T., Schweigert, R. (1974): Die Auswirkungen der Besteuerung des nominellen Gewinnes auf die Preispolitik in Inflationszeiten, in: Der Betrieb, 27. Jg., 1974, S. 541-594.

Schindler, H. (1999): Sonderangebote oder Dauerniedrigpreise, in: asw, Heft 3 1999, S. 84-92.

Schindler, H.; Rogulic, B. (1998): Vom Preiskampf zur Steuerung des Preisimages, in: asw, Nr. 12 1998, S. 68-73.

Schinzinger, F. (1982): Der gerechte Preis, in: WiSt, 11. Jg., Heft 1 1982, S. 581-595.

Schlissel, M.R.; Chasin, J. (1991): Pricing of Services: An Interdisciplinary Review, in: The Service Industries Journal, Vol. 11, No. 3 1991, S. 271-286.

Schlüter, M. (1965): Der Verlauf von Preisabsatzfunktionen bei polypolistischer Konkurrenz, Diss., Köln 1965.

Schmalen, H. (1995): Preispolitik, 2. Aufl., Stuttgart 1995.

Schmalen, H.; Lang, H. (1998): Hybrides Kaufverhalten und das Definitionskriterium des Mehrproduktfalls. Theoretische Grundlegung, Problematik und empirischer Lösungsansatz, in: Marketing-ZFP, Heft 1 1998, S. 5-13.

Schmalen, H.; Prechtl, H. (1995): Die Absatzwirkung von Sonderangebotsaktionen im Lebensmitteleinzelhandel, in: ZfB, 65. Jg., Heft 6 1995, S. 587-607.

Schmalen, H.; Prechtl, H.; Schweitzer, W. (1996): Sonderangebotspolitik im Lebensmitteleinzelhandel: eine empirische Analyse der Wirkungseffekte von Sonderangeboten auf Grundlage von Scanner-Daten, Stuttgart 1996.

Schmalenbachgesellschaft (1977): Erlösplanung und Erlöskontrolle als Instrumente der Absatzpolitik, in: ZfbB-Sonderheft 6 1977.

Schmalensee, R. (1984): Gaussian Demand and Commodity Bundling, Journal of Business, Vol. 57, January 1984, S. 211-230.

Schmenner, R.W. (1988): How Can Service Business Survive and Prosper?, in: Lovelook, C.H. (Hrsg.): Managing Services. Marketing, Operations and Human Ressources, Englewood Cliffs, N. J. 1988, S. 25-36.

Schmitz, G. (1968): Kalkulatorischer Ausgleich als betriebspolitische Aufgabe der Handelsunternehmung, in: Sundhoff, E. (Hrsg.): Distributionswirtschaft, Festschrift für Rudolf Seyffert, Köln, Opladen 1968, S. 1-27.

Schneider, C. (1997): Präferenzbildung bei Qualitätsunsicherheit – Das Beispiel Wein, Berlin 1997.

Schneider, D. (1981): Geschichte betriebswissenschaftlicher Theorie: Allgemeine Betriebswirtschaftslehre für das Hauptstudium, München, Wien 1981.

Schneider, H. (1999): Preisbeurteilung im Verkehrsdienstleistungsbereich. Konzeptuelle Grundlagen und Ergebnisse einer empirischen Analyse am Beispiel der Deutschen Bahn AG, Münster 1999.

Schneider, H. (1999a): Preisbeurteilung als Determinante der Verkehrsmittelwahl, Wiesbaden 1999.

Schneider, H. (1999b): Preisbeurteilung im Verkehrsdienstleistungsbereich, Konzeptionelle Grundlagen und Ergebnisse einer empirischen Analyse am Beispiel der Deutschen Bahn AG, Arbeitspapier Nr. 126 der Wilhelms-Universität Münster, Münster 1999.

Schneider, K.-H. (1982): Die Preisstellung unter Einstandspreis im Einzelhandel, Berlin 1982.

Schneider, K.-H. (1982): Die Preisstellung unter Einstandspreis im Einzelhandel, Berlin 1982.

Schober, K. (2000): Marketingkultur, in: Diller, H. (Hrsg.): Vahlens Großes Marketing Lexikon, 2. Aufl., München 2000.

Schobert, F. (1996): Procter & Gamble's "Neuer Weg", in: Marketing Journal, Heft 4 1996, S. 264-270.

Schöneburg, E.; Hansen, N.; Gawelczyk, A. (1990): Neuronale Netzwerke, Haar bei München 1990.

Schubert, B. (1991): Entwicklung von Konzepten für Produktinnovationen mittels Conjoint-Analyse, Stuttgart 1991.

Schulz, C.E. (1928): Das Problem der Preisuntergrenzen und ihrer Arten, Berlin, Leipzig, Wien 1928.

Schumann, J. (1983): Wohlfahrtsökonomik, in: WiSt, 12. Jg., 1983, S. 512-520.

Schurer-Witzki, W. (1995): Praxis des internationalen Marketing. Grundlagen und Fallbeispiele, Wiesbaden, 1995

Schuster, F. (1988): Countertrade professionell, Wiesbaden 1988.

Schütze, R. (1992): Kundenzufriedenheit: After-Sales-Marketing auf industriellen Märkten, Wiesbaden 1992.

Schwarze, J. (1994): Netzplantechnik, 7. Aufl., Herne usw. 1994.

Schweinhardt, H. (1975): Preiskalkulation, in: Tietz, B. (Hrsg.): Handwörterbuch der Absatzwirtschaft, Stuttgart 1975, Sp. 1657-1665.

Schweitzer, M.; Küpper, H.-U. (1998): Systeme der Kosten- und Erlösrechnung, 7. Aufl., München 1998.

Schwinger, T. (1980): Gerechte Güterverteilungen. Entschedungen zwischen drei Prinzipien, in: Mikula, G. (Hrsg.): Gerechtigkeit und soziale Interaktion, Berlin 1980, S. 107-139.

Seaton, B.; Vogel, R.H. (1980): Price Structure as a Marketing Variable: An Experimental Investigation, in: Journal of Business Research, Vol. 8, 1980, S. 315-327.

Seidel, J. (1979): Die Bedeutung der Preisstrategie als Absatzförderung im Investitionsgüterbereich, in: Maschinenmarkt, 85. Jg., Nr. 98 vom 4. 12. 1979, S. 2044-2046.

Seidenschwarz, W. (1993): Target Costing. Marktorientiertes Zielkostenmanagement, München 1993.

Seidenschwarz, W. (1997): Nie wieder zu teuer!, Stuttgart 1997.

Selten, R. (1970): Preispolitik der Mehrproduktunternehmung in der statischen Theorie, Berlin, Heidelberg, New York 1970.

Sengupta, O.S. (1967): Operations Research in Sellers' Competition, New York 1967.

Senti, R. (1990): Dumping und Subventionen im internationalen Handel, Zürich 1990.

503

Sethuraman, R. (1996): A Model of How Discounting High-Priced Brands Affects the Sales of Low-Priced Brands, in: JMR , Vol. 33, November 1996, S. 399-409.

Sethuraman, R.; Srinivasan, V.; Kim, D. (1999): Asymmetric and Neighborhood Cross-Price Effects: Some Empirical Generalizations, in: Marketing Science, Vol. 18, No.1 1999, S. 23-41.

Shankar, V.; Krishnamurthi, L. (1996): Relating Price Sensitivity to Retailer Promotional Variables and Pricing Policy: An Empirical Analysis, in: JoRet, Vol. 73, No. 3 1996, S. 249-272.

Shapiro, B.P. (1973): Price Reliance: Existence and Sources, in: JMR, Vol. 10, 1973, S. 286-294.

Sherif, C. (1963): Social Categorization as a Function of Latitudes of Acceptance and Series Range, in: Journal of Abnormal and Social Psychology, Vol. 67, August 1963, S. 148-156.

Simon, H. (1976): Preisstrategien für neue Produkte, Opladen 1976.

Simon, H. (1980): Dynamisches Produktlinienmarketing, Habilitationsschrift, Bonn 1980.

Simon, H. (1992): Preismanagement: Analyse, Strategie, Umsetzung, 2.Aufl., Wiesbaden 1992.

Simon, H. (1992a): Pricing Opportunities - And How to Exploit Them, in: Sloan Management Review, 33. Jg., Winter 1992, S. 55-65.

Simon, H. (1994): Preispolitik für industrielle Dienstleistungen, Working Paper 07-94.

Simon, H. (1998): Mit einfallsreicher Preispolitik die Kunden binden, in: HBM, Heft 2 1998, S. 94-103.

Simon, H.; Dolan, R.J. (1997): Profit durch Power Pricing: Strategien aktiver Preispolitik, Frankfurt/Main, New York 1997.

Simon, H.; Kucher, E.; Sebastian, K.-H. (1982): Scanner-Daten in Marktforschung und Marketingentscheidungen, in: ZfB, 52. Jg., Heft 2 1982, S. 555-579.

Simon, H.; Schumann, H.; Butscher, S.A. (1999): Das Zeitalter des Echtzeit-Pricing, in: asw, Heft 4 1999, S. 48-54.

Simon, H.; Wiese, C. (1995): Internationale Preispolitik, in: Hermanns, A.; Wissmeier, U.K. (Hrsg.): Internationales Marketing Management, München 1995, S. 245-269.

Sivakumar, K.; Raj, S.P. (1997): Quality Competition: How Price Change Influences Brand Choice and Category Choice, in: JM, Vol. 61, July 1997, S. 71-84.

Skiera, B. (1998): Mengenbezogene Preisdifferenzierung bei Dienstleistungen, unveröff. Habil., Wiesbaden 1998.

Skiera, B. (1998a): Auktionen, in: Marketing mit iteraktiven Medien, in: Albers, S.; Clement, M.; Peters, K. (Hrsg.): Frankfurt/Main 1998, S. 297-310.

Skiera, B.; Revenstorff, I. (1999): Auktionen als Instrument zur Erhebung von Zahlungsbereitschaften, in: ZfbF, 51. Jg., 1999, S. 224-242.

Skiera, B.; Wertenbroch, K.; Schweiger, B. (1998): Incentive Compatible Elicitation of Consumer Reservation Prices at the Point of Purchase, Arbeitspapier des Lehrstuhls für Betriebswirtschaftslehre, insb. Electronic Commerce der Johann Wolfgang Goethe -Universität Frankfurt/Main, Frankfurt/Main 1998.

Smith, E.M.; Broome, C.L. (1966a): A Laboratory Experiment for Establishing Indifference Prices Between Brands of Consumer Products, in: Haas, R. M. (Hrsg.), Science, Technology, and Marketing (1966 Fall Conference Proceedings of the AMA), Chicago 1966, S. 511-519.

Smith, E.M.; Broome, C.L. (1966b): Experimental Determination of the Effect of Price and Market-Standing Information on Consumer's Brand Preferences, in: Haas, R.M. (Hrsg.), Science, Technology, and Marketing (1966 Fall Conference Proceedings of the AMA), Chicago 1966, S. 520-531.

Snay, K.(1999): Preisbündelung bei Telekommunikations-Leistungen, Arbeitspapier Nr. 77 des Lehrstuhls für Marketing an der Universität Erlangen-Nürnberg, Nürnberg 1999.

Sohmen, E. (1976): Allokationstheorie und Wirtschaftspolitik, Tübingen 1976.

504

Sowter, A.P.; Gabor, A.; Granger, E.W. (1969): The Influence of Price Differences on Brand Shares and Switching, in: British Journal of Marketing, Winter 1969, S. 223-230.

Spang, S.; Scheer, A.-W. (1992): Zum Entwicklungsstand von Marketing-Informationssystemen, in: ZfbB, 44. Jg., 1992, S. 183-208.

Spence, M. (1980): Multiproduct Quantity-Dependent Prices and Profitability Constraints, in: Review of Economic Studies, 47. Jg., 1980, S.821-841.

Spreng, R.A.; MacKenzie, S.B.; Olshavski, R.W. (1996): A Reexamination of the Determinants of Consumer Satisfaction, JM, Vol. 60, July 1996, S. 15-32.

Stark, R.M.; Rothkopf, M.H. (1979): Competitive Bidding: A Comprehensive Bibliography, in: Operations Research, Vol. 27, No. 2 1979, S. 364-390.

Stauss, B. (1999): Kundenzufriedenheit, in: Marketing-ZFP, 21. Jg., Heft 1 1999, S. 5-24.

Steffenhagen, H. (1978): Wirkungen absatzpolitischer Maßnahmen. Theorie und Messung der Marktreaktion, Stuttgart 1978.

Steffenhagen, H. (1994a): Marketing, 3. Aufl., Stuttgart 1994.

Steffenhagen, H. (1995): Konditionengestaltung zwischen Industrie und Handel, Wien 1995.

Steffenhagen, H. (1996): 10 Schritte zum leistungsorientierten Konditionensystem, in: Markenartilel, Nr. 2 1996, S. 42-47.

Steffenhagen, H.(1994): Effizienz und Flexibilität in leistungsorientierten Konditionensystemen der Markenartikelindustrie, in: Bruhn, M.; Meffert, H.; Wehrle, F. (Hrsg.): Marktorientierte Unternehmensführung im Umbruch, Stuttgart 1994.

Steinmark, T. (1979): Die Zulässigkeit des selektiven Vertriebs nach dem Kartellrecht, in: WiSt, 8. Jg., 1979, S. 333-335.

Stephenson, P.R.; Cron, W.E.; Frazier, G.L. (1979): Delegating Pricing Authority to the Sales Force: The Effects on Sales and Profit Performance, in: JM, Vol. 43 (Spring 1979), S. 21-28.

Stigler, G.J. (1947): The Kinky Oligopoly Demand Curve and Rigid Prices, in: Journal of Political Economy, Vol. 55, 1947, S. 432-449, wiederabgedruckt in: Ott, A.E. (Hrsg.): Preistheorie, 3. Aufl., Köln, Berlin 1968, S. 326-349.

Stigler, G.J. (1961): The Economics of Information, in: Journal of Political Economy, Vol. 69, 1961, S. 213-225.

Stigler, G.J. (1975): The Theory of Price, 4. Aufl., New York 1987.

Stiving, M.; Winer, R.S. (1997): An Empirical Analysis of Price Endings with Scanner Data, in: JCR, Vol. 24, Nr. 1 1997, S. 57-67.

Strothmann, K.-H. (1968): Das Informations- und Entscheidungsverhalten einkaufsentscheidender Fachleute der Industrie als Erkenntnisobjekt der industriellen Markt- und Werbeforschung, in: Rembeck, M.. Eichholz, G. R. (Hrsg.): Der Markt als Erkenntnisobjekt der empirischen Wirtschafts- und Sozialforschung, Bern, Stuttgart 1968, S. 174-187.

Strothmann, K.-H. (1977): Die Bedeutung der Preispolitik im Investitionsgütermarketing, in: Haedrich, G. (Hrsg.): Operationale Entscheidungshilfen für Marketingplanung, Berlin 1977, S. 133-142.

Sultan, R.G.M. (1974): Pricing in the Electrical Oligopoly, Cambridge (Mass.) 1974.

Sweeny, D.J. (1973): Improving the Profitability of Retail Merchandising Decisions, in: JM, Vol. 37, No. 1 1973, S. 60-68.

Sweezy, P.M. (1939): Demand under Conditions of Oligopoly, in: Journal of Political Economy, Vol. 47, 1939, S. 568-573, wiederabgedruckt in: Ott, A.E. (Hrsg.): Preistheorie, 3. Aufl., Köln, Berlin 1968, S. 320-325.

Tacke, G. (1989): Nichtlineare Preisbildung: Theorie, Messung und Anwendung, Wiesbaden 1989.

Tacke, G. (1997): Strategisches Pricing - Herausforderung für die Automobilindustie, in: ZfbF, 49. Jg., 1997, S. 993-1010.

Taylor, B.; Wills, G. (Hrsg.) (1969): Pricing Strategy, Princeton 1969.

Tellis, G.J. (1986): Beyond the Many Faces of Price: An Integration of Pricing Strategies, in: JM, Vol. 50, October 1986, S. 146-160.

Tellis, G.J. (1988): The Price Elasticity of Selective Demand: A Meta-Analysis of Econometric Models of Scales, in: JCR, Vol. 25, November 1988, S. 331-341.

Terpstra, V.; Sarathy, R. (1997): International Marketing, 7.Aufl., Orlando, Fort Worth 1997.

Teuerkauf, I. (1989): Kundennutzenmessung mit Conjoint, in: ZfB, 59.Jg., 1989, S. 1179-1192.

Thaler, R. (1985): Mental Accounting and Consumer Choice, in: Marketing Science, Vol. 4, No. 3 1985, S. 199-214.

Thaler, R.; Johnson, E.J. (1990): Gambling with the house money and trying to break even: the effects of prior outcomes on risky choice, in: Management Science, Vol. 36, Nr. 6 1990, S. 643-660.

Theisen, P. (1960): Die betriebliche Preispolitik im Einzelhandel, Köln, Opladen 1960.

Theisen, P. (1975): Preispolitik der Mehrproduktunternehmung, in: WiSt, 4. Jg., 1975, S. 273-281.

Thiesing, E.-O.; Schmidt, E. (1983): Der Kommissionsvertrieb als alternative Vertriebsstrategie im Konsumgüterbereich, in: DBW, 43. Jg. 1983, S. 369-380.

Thomas, L. (1979): Conjoint Measurement als Instrument der Absatzforschung, in: Marketing-ZFP, 1. Jg. 1979, S. 199-211.

Tietz, B. (1975): Absatzfinanzierung, in: Tietz, B. (Hrsg.): Handwörterbuch der Asw, Stuttgart 1975, Sp. 34-42.

Tietz, B. (1975): Die Grundlagen des Marketing, Band 1: Die Marketingmethoden, 2. Aufl., München 1975.

Tietz, B. (1979): Markt & Marketing für Bier, Privatbrauerei Thier, Dortmund 1979.

Tietz, B. (1984): Konsument und Einzelhandel, 3. Aufl., Frankfurt 1984.

Tietz, B. (1985): Struktur und Dynamik des Direktvertriebs, Landsberg am Lech 1985.

Tietz, B. (1990): Euro-Marketing: Unternehmensstrategien für den Binnenmarkt, 2. Aufl., Landsberg am Lech 1990.

Tietz, B. (1991): Handbuch Franchising: Zukunftstrategien für die Marktbearbeitung, 2. Aufl., Landsberg am Lech 1991.

Tietz, B. (1993): Der Handelsbetrieb, 2. Aufl., München 1993.

Tietz, B.; Mathieu, G. (1979): Das Kontraktmarketing als Kooperationsmodell. Eine Analyse der Beziehungen zwischen Konsumgüterindustrie und Handel, Köln usw. 1979

Toman, W. (1973): Einführung in die allgemeine Psychologie, Freiburg 1973.

Triffin, R. (1962): Monopolistic Competition and General Equilibrium Theory, 7. Aufl., Cambridge (Mass.) 1962.

Trommsdorff, V. (1975): Die Messung von Produktimages für das Marketing. Grundlagen und Operationalisierungen, Köln, Berlin 1975.

Trommsdorff, V. (1998): Konsumentenverhalten, 3. Aufl., Stuttgart usw.1998.

Trommsdorff, V.; Gizycki v., V. (1995): Fallstudien zum Innovationsmarketing, München 1995.

Tscheulin, D.K. (1994): "Variety-seeking-behavior" bei nicht habitualisierten Konsumentenentscheidungen. Eine empirische Studie, in: ZfbF, Heft 1 1994, S. 54-62.

Tucker, S.A. (1966): Pricing for Higher Profit, New York usw. 1966.

Tull, D.S.; Boring, R.A.; Gonsion, M.A. (1964): A Note on the Relationship of Price and Imputed Quality, in: Journal of Business, Vol. 37, 1964, S. 186-191.

Turner, B.E. (1972): Die Risikoanalyse als Entscheidungshilfe bei der betrieblichen Anwendung klassischer preistheoretischer Modelle, Bern, Frankfurt 1972.

Twardawa, W. (1998): Zwischen Zweifel und Zuversicht: Die Antwort des Verbrauchers, in: GfK-Nürnberg e.V. (Hrg.): Europa vor dem Euro - Neue Chancen für Marketing und Vertrieb, Nürnberg 1998, S. 15-27.

Udell, J.G. (1964): How Important Is Pricing in Competitive Strategy, in: JM, Vol. 28, No. 1, January 1964, S. 44-48.

Uhl, J.N.; Brown, H.L. (1971): Consumer Perception of Experimental Retail Food Price Changes, in: Journal of Consumer Affairs, Vol. 5, Winter 1971, S. 174-185.

Urban, G. (1969): A Mathematical Modeling Approach to Product Line Decisions, in: JMR, Vol. 6, Feb. 1969, S. 40-47.

Urbany, J.E.; Bearden, W.O.; Kaicker, A.; Smith-de Borrero, M. (1997) Transaction Utility Effects When Quality Is Uncertain, in: Journal of the Academy of Marketing Science, Vol. 25, No. 1 1997, S. 45-55.

Urbany, J.E.; Dickson, P.R.; Kalapurakal, R. (1996): Price Search in the Retail Grocery Market, in: JM, Vol. 60, April 1996, S. 91-104.

Vandermerwe, S. (1994): Competing through services, New York usw. 1994.

Vandermerwe, S. (1994): Quality in services: The "softer" side is "harder" (and smarter), in: Long Range Planning, H. 2 1994, Vol. 27, S. 45- 56.

Vaziri, R.; Fitzgerald, R.L. (1997): Pricing Implementation: Umsetzung einer neuen Preisstrategie für industrielle Produkte im deutschen Markt, in: Thexis, Heft 2 1997, S. 31-35.

Vilcassim, N.J.; Chintagunta, P.K. (1995): A two-period repeated game advertising investment model for oligopolistic makets with an application to the beer industry, in: Decision Sciences Journal, Vol. 26, H. 4 1995, S. 531-545.

Vilcassim, N.J.; Chintagunta, P.K. (1995): Investigating Retailer Product Category Pricing From Household Scanner Panel Data, in: JoRet, Vol. 71, No. 2 1995, S. 103-128.

Vilcassim, N.J.; Chintagunta, P.K. (1995): Marketing Investment Decisions in a Dynamic Duopoly: A Model and Empirical Analysis, in: International Journal of Research in Marketing, Vol. 11, 1994, S. 287-306.

Vilcassim, N.J.; Wittink, D.R. (1987): Supporting a Higher Shelf Price Through Coupon Distributions, in: Journal of Consumer Marketing, Spring 1987, S. 29-39.

Vishwanath, V.; Mark, J. (1997): Premiummarken richtig führen, in: HBM, 19. Jg., 4. Quartal 1997, S. 31-38.

Voeth, M.; Hahn, Ch. (1998): Limit Conjoint Analysis, in: Marketing-ZFP, H. 2 1998, S. 119-132.

Vogel, H. (1989): Yield Management - Optimale Kapazität für jedes Marktsegment zum richtigen Preis, in: Fremdenverkehrswirtschaft International, Nr. 22, 10.10.1989.

Vogelsang, I. (1969): Die Mitwirkung von Marktinformationen an rationalen Entscheidungen, Diss., Heidelberg 1969.

Voss, G.B.; Parasuraman, A.; Grewal, D. (1998): The Role of Price, Performance, and Expectations in Determining Satisfaction in Service Exchanges, in: JM, Vol. 62, Heft 4, October 1998, S. 46-61.

Vriens, M. (1995): Conjoint-Analysis in Marketing, Groningen 1995.

Wacker, G. F. (1962): Die Steuerwirkungen im Industriebetrieb, Diss., Mannheim 1962.

Wacker, P.A. (1980): Die Erfahrungskurve in der Unternehmensplanung, München 1980.

Wakefield, K.L.; Inman, J.J. (1993): Who are the Price Vigitantes? An Investigation of Differentiating Characteristics Influenting Price Information Processing, in: JoRet, Vol. 69, No. 2, Summer 1993, S. 107-118.

Wärneryd, K. (1990): Economic conventions, Stockholm 1990.

Weber, M. (1993): Besitztumseffekte: eine theoretische und empirische Analyse, in: DBW, 53. Jg., 1993, S. 479-490.

Weber, S. (1999): Als Springreiter gewohnt, Hindernisse zu nehemen, in: Süddeutsche Zeitung, 20/23. März 1999, S.66.

Webster, F. E.; Wind, Y. (1972): Organizational Buying Behaviour, Englewood Cliffs, New Jersey, 1972.

Webster, F.E. (1965): Modelling the industrial buying process, in: International Journal of Marketing, H. 2 1965, S.370-389.

Webster, F.E. (1965): New Direction im Marketing, 48. National Conference. Proceedings June 14-16, 1965.

Webster, F.E. (1965): The "Deal-Prone" Consumer, in: JMR, Vol. 2, May 1965, S.186-189.

Weiber, R.; Rosendahl, Th. (1997): Anwendungsprobleme der Conjoint-Analyse, in: Marketing-ZFP, H. 2 1997, S. 107-118.

Weigand, R.E. (1993): Reciprocal Trading: Putting Numbers to Prices, in: Columbia Journal of World Business, Heft 2 1993, S. 7-25.

Weinberg, C.B. (1975): An Optimal Commission Plan for Salesmen's Control over Price, in: Management Science, Vol. 21, 1975, S. 937-943.

Weinberg, P. (1992): Erlebnismarketing, in: Diller, H. (Hrsg.): Vahlens Großes Marketing-Lexikon, München 1992.

Weinberg, P.; Behrens, G.; Kaas, K. (Hrsg.) (1974): Marketingentscheidungen, Köln 1974.

Welsh, S.J. (1968): A Planned Approach to New Product Pricing, in: Eastluck, J.O.Jr. (Ed.): New Product Development, New York 1968, S. 67-81.

Welzel, K. (1974): Marketing im Einzelhandel, Wiesbaden 1974.

Wesphal, S. (1999): Innovative Dienstleistungen für Marktplatz Internet - Preisagenturen, in: Forum Telekommunikation des Münchener Kreises, Band 16, Heidelberg, 1999 (Tagungsband, Referate des Kongresses "Marktplatz Internet" am 25. und 26.02.1999), S. 153-161.

Weston, J.F. (1972): Pricing Behaviour of Large Firms, in: Western Economic Journal, Vol. 10, March 1972, S. 1-18.

Westwood, D.; Lunn, T.; Beazley, D. (1975): The trade-off model and its extensions, in: Journal of The Market Research Society, Vol. 16, No. 3 1975, S. 227-241.

Wiebe, W. (1997): Zukunftschance Segmentierung, in: asw, Heft 5 1997, S. 52-53.

Wied-Nebbeling, S. (1985): Das Preisverhalten in der Industrie, Tübingen 1985.

Wiegmann, H.-H. (1977): Modelle zur Preisentscheidung im Marketing, Berlin 1977.

Wildner, R. (1998): The Introduction of the Euro – The Importance of Understanding Consumer Reactions, Papier der GfK, Nürnberg 1998.

Willecke, F.U. (1962): Autonome Preisintervalle im heterogenen Duopol, Jahrbücher für Nationalökonomie und Statistik (1967), S. 373-396.

Willenbrock, F.U. (1973): Utility Function Determination for Bidding Models, in: Journal of Construction, Vol. 99, July 1973, S. 133-153.

Wilson, R. (1993): Nonlinear Pricing, New York 1993.

Wiltinger, K. (1997): Preismanagement in der unternehmerischen Praxis. Probleme in der organisatorischen Implementierung, Wiesbaden 1997.

Wimmer, F. (1975): Das Qualitätsurteil der Konsumenten. Theoretische Grundlagen und empirische Ergebnisse, Frankfurt/Main 1975.

Wimmer, F. (1982): Mangelnde Effizienz im Einkaufsverhalten sozial schwacher, älterer Konsumenten? Eine inhaltliche Spezifizierung und theoretisch-empirische Untersuchung zur These "die Armen zahlen mehr", Habilitationsschrift, Nürnberg 1982.

Wimmer, F.; Roleff, R. (1998): Streuung der Kundenzufriedenheit bei Dienstleistungen, in: Meyer, A. (Hrsg.): Handbuch Dienstleistungs-Marketing, Stuttgart 1998, S. 1241-1254.

Wind, Y.; Grashof, J.; Goldhar, J. (1978): Market Baged Guidefines For Design of Industrial Products, in: JM, Vol. 42, July 1978, S. 27-37.

Winer, R.S. (1986): A Reference Price Model of Brand Choice for Frequently Purchased Products, in: JCR, Heft 2 1986, S. 250-256.

Wirtz, K.-E. (1981): Rechtliche Probleme bei der Preisfestsetzung, in: WiSt, 10. Jg., Heft 5 1981, S. 218-224.

Wöhe, G. (1982): Der Einfluß der Besteuerung auf die Wahl und den Wechsel der Rechtsform des Betriebes, 4. Aufl., 1982.

Wolfstetter, E. (1996): Auctions: An Introduction, Journal of Economic Surveys, Vol. 10, S. 367-420.

Wrobbel, E.; Tietz, W. (1998): Die Kausalanalyse als Instrument der Marketingforschung - dargestellt am Beispiel des Preisimages von Großhandelsbetrieben, Arbeitspapier Nr. 72 des Lehrstuhls für Marketing an der Universität Erlangen-Nürnberg, Nürnberg 1998.

Wübker, G. (1998): Preisbündelung. Formen, Theorie, Messung und Umsetzung, Wiesbaden 1998.

Yadav, M.S.; Monroe, K.B. (1993): How Buyers Perceive Savings in a Bundle Price: An Examination of a Bundle's Transaction Value, in: JMR, Vol. 30, August 1993, S. 350-358.

Yadav, M.S.; Seiders, K. (1998): Is the Price Right? Understanding Contigent Processing in Reference Price Formation, in: JoRet, Vol. 74, Heft 3 1998, S. 311-329.

Zeisel, S. (1999): Efficient Pricing und Efficient Assortment Planning für große Handels- und Dienstleistungssortimente, Diss., Bochum 1998, Münster 1999.

Zeisel, S. (2000): Sonderangebote – die tückische Falle, in: HBM, 22. Jg., Heft 1 2000, S. 87-93.

Zeithaml, V. (1998): Consumer Perceptions of Price, Quality and Value: A Means-End Model and Sythesis of Evidence, in: JM, Vol. 52 , July 1998, S. 2-22.

Zenor, M.J. (1994): The Profit Benefits of Category Management, in: JMR, Vol. 31, May 1994, S. 202-213.

Zentes, J. (1996): Convenience Shopping? - Ein neuer Einkaufstrend? in: Trommsdorff, V.(Hrsg.): Handelsforschung 1996/1997 - Positionierung des Handels, Wiesbaden 1996, S. 227-238.

Zentes, J. (1996): TopTrend Convenience: Herausforderungen und Chancen für Handel und Industrie, in: CPC-Symposium: Dialoge – Bausteine zum Erfolg, Heilbronn 1996, S. 83-125.

Zentes, J.; Swoboda, B. (1997): Profilierungsdimension des Tankstellen-Shopping, in: Lekkerland Studie in Zusammenarbeit mit dem Institut für Handel und Internationales Marketing der Universität des Saarlandes, Saarbrücken 1997.

Zimmerer, Th. (1997): Künstliche neuronale Netze versus ökonometrische und zeitreihenanalytische Verfahren zur Prognose ökonomischer Zeitreihen, Frankfurt am Main usw. 1997.

Zimmermann, G. (1974): Preistheorie der Mehrproduktunternehmung, Frankfurt, Zürich 1974.

Stichwortverzeichnis

Werner Kroeber-Riel/Franz-Rudolf Esch

Strategie und Technik der Werbung

Verhaltenswissenschaftliche Ansätze
5., völlig neu bearb. und erw. Auflage
2000. 316 Seiten
Fester Einband/Fadenheftung
DM 58,–/öS 423,–/sFr 52,50
ISBN 3-17-016560-7
Kohlhammer Edition Marketing
(Herausgegeben von Prof. Dr. Richard Köhler
und Prof. Dr. Dr. h.c. Heribert Meffert)

Die Werbelandschaft ist voll mit austauschbaren, langweiligen und blutleeren Werbungen, die keinen Beitrag zur Markenaktualisierung und -profilierung leisten. Es klafft eine Professionalitätslücke bei der Entwicklung und Umsetzung von Werbung.

Das Bauchgefühl bei der Werbegestaltung ist durch fundiertes Werbewissen zu ersetzen. Die Werbung ist an die sich ständig verschärfenden Markt- und Kommunikationsbedingungen anzupassen.

Die fünfte Auflage stellt Strategien und Techniken zur wirksamen Gestaltung von Werbung wissenschaftlich fundiert, anschaulich und auf dem neuesten Stand internationaler Erkenntnisse dar. Zahlreiche Praxisbeispiele und die umfassenden beruflichen Erfahrungen der Autoren sorgen für anschauliche und anwendbare Lösungen.

Kohlhammer

W. Kohlhammer GmbH · 70549 Stuttgart